# 混合动力汽车

## 结构·原理·检测·维修

HUNHE DONGLI QICHE JIEGOU YUANLI JIANCE WEIXIU

宁德发 主编

化学工业出版社
·北京·

本书主要内容包括混合动力汽车基础知识，混合动力汽车的动力系统，丰田普锐斯混合动力汽车，本田思域混合动力汽车，宝马X6混合动力汽车，奥迪Q5混合动力汽车，别克君越混合动力汽车，混合动力汽车故障维修案例。

本书内容实用，可操作性强，配有大量的图片加以说明，方便初学者快速掌握混合动力汽车的结构、原理、检测及维修。本书可作大中专院校汽车相关专业教材，也可作汽车新技术培训参考教材，同时也可供汽车维修企业技术人员参考使用。

**图书在版编目（CIP）数据**

混合动力汽车结构·原理·检测·维修/宁德发主编．—北京：化学工业出版社，2018.1（2023.1重印）
ISBN 978-7-122-30965-5

Ⅰ.①混… Ⅱ.①宁… Ⅲ.①混合动力汽车-结构②混合动力汽车-车辆修理 Ⅳ.①U469.7

中国版本图书馆CIP数据核字（2017）第276602号

责任编辑：陈景薇　　文字编辑：张燕文
责任校对：宋　夏　　装帧设计：王晓宇

出版发行：化学工业出版社（北京市东城区青年湖南街13号　邮政编码100011）
印　　装：三河市延风印装有限公司
787mm×1092mm　1/16　印张17¾　字数426千字　2023年1月北京第1版第5次印刷

购书咨询：010-64518888　　售后服务：010-64518899
网　　址：http://www.cip.com.cn
凡购买本书，如有缺损质量问题，本社销售中心负责调换。

**定　　价：76.00元**

# 前言

Foreword

石油短缺、环境污染和气候变暖是全球汽车产业面临的共同挑战，各国政府及产业都积极应对，纷纷提出各自的发展战略。混合动力汽车凭借其节能、环保的优点日渐成为汽车工业的发展热点，由两种以上动力源推进汽车行驶的汽车被定义为混合动力汽车，与大小相同却只使用内燃机作为动力源的汽车相比，混合动力汽车的燃料经济性更佳。为了普及和传播混合动力汽车的相关知识，为混合动力汽车走向市场做好技术知识储备，我们组织编写了此书。

本书共8章，内容包括混合动力汽车基础知识，混合动力汽车的动力系统，丰田普锐斯混合动力汽车，本田思域混合动力汽车，宝马X6混合动力汽车，奥迪Q5混合动力汽车，别克君越混合动力汽车，混合动力汽车故障维修案例。

本书内容实用，可操作性强，配有大量的图片加以说明，易看、易懂，方便初学者快速掌握混合动力汽车的结构、原理、检测及维修。本书可作大中专院校汽车相关专业教材，也可作汽车新技术培训参考教材，同时也可供汽车维修企业技术人员参考使用。

本书由宁德发主编，参与编写的人员还有杨晓、荣星、郭芃、杜岳、于振斌、许洁、张宁、张祎、张金玉、张静、李良军、肖利萍、李艳飞、李凌、孙雨安、孙莉媛、李丹、宋立音、白雅君。

由于笔者的经验和学识有限，虽尽心尽力编写，但内容难免有疏漏之处，敬请广大读者批评指正。

编　者

# 目录
CONTENTS

## 第 1 章 混合动力汽车的基础知识 / 1

1.1 混合动力汽车概述 / 1
1.1.1 混合动力汽车的定义与特点 / 1
1.1.2 混合动力汽车的发展状况 / 3
1.1.3 混合动力汽车的类型 / 6
1.1.4 动力融合技术 / 8
1.1.5 控制系统 / 9
1.2 混合动力汽车的工作过程 / 11
1.2.1 混合动力工作模式 / 11
1.2.2 混合动力模式的工作过程 / 11
1.3 混合动力汽车的维修安全 / 16

## 第 2 章 混合动力汽车的动力系统 / 19

2.1 混合动力汽车的发动机 / 19
2.1.1 汽油发动机 / 19
2.1.2 柴油发动机 / 22
2.1.3 混合动力汽车对发动机的要求 / 23
2.2 混合动力汽车的电动机 / 24
2.2.1 直流电动机 / 26
2.2.2 交流电动机 / 27
2.2.3 永磁电动机 / 27
2.2.4 开关磁阻电动机 / 33
2.2.5 电动机控制系统 / 36
2.3 混合动力汽车的蓄电池 / 43
2.3.1 蓄电池的性能要求 / 43
2.3.2 铅酸蓄电池 / 45
2.3.3 镍-镉电池 / 47
2.3.4 镍-氢电池 / 48
2.3.5 锂离子电池 / 50
2.3.6 蓄电池管理系统 / 54

## 第 3 章 丰田普锐斯混合动力汽车 / 58

3.1 丰田普锐斯混合动力的工作原理 / 58
3.1.1 丰田混合动力系统的组成 / 58

3.1.2 丰田混合动力系统工作状态 / 64
3.1.3 丰田混合动力系统工作原理 / 65
3.2 丰田普锐斯混合动力控制系统 / 73
3.2.1 丰田混合动力汽车控制系统的组成 / 73
3.2.2 丰田混合动力系统的检查 / 75
3.2.3 丰田混合动力控制系统故障判断 / 80
3.2.4 丰田混合动力系统的拆装 / 85
3.3 丰田普锐斯发动机控制系统 / 90
3.3.1 发动机控制系统的电路 / 90
3.3.2 发动机维修的注意事项 / 91
3.3.3 发动机控制系统的检查 / 92
3.3.4 故障诊断 / 95
3.4 丰田普锐斯混合动力电池系统 / 99
3.4.1 控制功能概述 / 99
3.4.2 电池系统的检修 / 100
3.4.3 蓄电池自检系统 / 102
3.5 丰田普锐斯混合动力变速驱动桥 / 107
3.5.1 丰田普锐斯变速驱动桥及换挡控制系统 / 107
3.5.2 丰田普锐斯变速驱动桥的检查 / 114
3.5.3 丰田普锐斯混合动力汽车变速驱动桥总成更换 / 117

**第 4 章 本田思域混合动力汽车 / 123**

4.1 本田思域混合动力系统原理 / 123
4.1.1 思域混合动力系统的组成 / 123
4.1.2 思域混合动力系统的工作原理 / 125
4.1.3 思域混合动力 IMA 控制系统 / 128
4.1.4 思域混合动力车型制动系统 / 128
4.1.5 思域混合动力 IMA 系统维修注意事项 / 128
4.2 本田思域混合动力一般故障处理信息 / 130
4.3 本田思域混合动力电动部分 / 134
4.3.1 混合动力的工作模式 / 134
4.3.2 系统组成与电路控制 / 136
4.3.3 混合动力电动部分的主要部件 / 139
4.3.4 部件的拆卸 / 142
4.4 本田思域混合动力发动机部分 / 144
4.5 本田思域混合动力制动系统 / 147
4.5.1 制动系统的原理 / 147
4.5.2 主要部件和功能 / 147
4.5.3 再生制动 / 151
4.5.4 故障诊断 / 153
4.6 本田思域变速驱动桥系统 / 154
4.6.1 概述 / 154
4.6.2 启动离合器 / 155
4.6.3 检测颤振 / 155

4.6.4 检查变速驱动桥油液 / 156
4.6.5 挡位自动控制 / 157

第 5 章 宝马 X6 混合动力汽车 / 158

5.1 宝马 X6 混合动力概述 / 158
5.2 宝马 X6 混合动力发动机 / 160
5.3 宝马 X6 混合动力主动变速器 / 161
5.3.1 总体组成 / 161
5.3.2 分布式功能 / 164
5.3.3 自适应变速器控制系统 / 165
5.3.4 主动变速器的状态 / 165
5.4 宝马 X6 混合动力制动系统 / 168
5.4.1 系统结构 / 168
5.4.2 系统组件 / 170
5.4.3 系统功能 / 174
5.5 宝马 X6 混合动力电动转向系统 / 177
5.5.1 系统组成 / 177
5.5.2 系统功能 / 178
5.5.3 系统组件 / 180
5.6 宝马 X6 混合动力供电系统 / 181
5.7 宝马 X6 高电压蓄电池单元 / 185
5.7.1 概述 / 185
5.7.2 功能 / 190
5.7.3 维修及其注意事项 / 193
5.8 宝马 X6 供电电子装置 / 196
5.8.1 APM / 197
5.8.2 配电盒 / 201

第 6 章 奥迪 Q5 混合动力汽车 / 203

6.1 奥迪 Q5 混合动力系统原理 / 203
6.2 奥迪 Q5 混合动力汽车发动机 / 206
6.3 奥迪 Q5 混合动力转向和制动系统 / 208
6.4 奥迪 Q5 混合动力电气系统 / 209
6.5 奥迪 Q5 混合动力电动机 / 213
6.6 奥迪 Q5 混合动力汽车空调 / 214
6.7 奥迪 Q5 混合动力汽车高压系统 / 215
6.8 奥迪 Q5 混合动力显示和操纵单元 / 220
6.9 混合动力检测适配接头、术语 / 223

第 7 章 别克君越混合动力汽车 / 226

7.1 别克君越混合动力系统概述 / 226
7.2 别克君越混合动力控制系统 / 228
7.2.1 混合动力控制系统结构原理 / 228
7.2.2 混合动力控制系统部件更换 / 231

7.3　别克君越混合动力能量存储系统 / 236
7.3.1　混合动力能量存储系统结构原理 / 236
7.3.2　混合动力能量存储系统维修 / 237
7.4　别克君越混合动力冷却系统 / 248
7.4.1　混合动力冷却系统结构原理 / 248
7.4.2　混合动力冷却系统维修 / 251

**第 8 章　混合动力汽车故障维修案例 / 253**

8.1　丰田普锐斯无法起步 / 253
8.2　丰田普锐斯发动机无法启动 / 254
8.3　丰田普锐斯发动机不能正常熄火 / 258
8.4　丰田普锐斯驱动电动机变频器电压过低 / 260
8.5　丰田普锐斯驱动电动机无法运转 / 263
8.6　丰田普锐斯凸轮轴位置执行器电路故障 / 266
8.7　丰田普锐斯质量式或体积式空气流量计电路故障 / 269
8.8　丰田普锐斯系统电压故障 / 273
8.9　宝马 X6 混合动力车无法行驶 / 274

**参考文献 / 276**

# 第1章 混合动力汽车的基础知识

## 1.1 混合动力汽车概述

### 1.1.1 混合动力汽车的定义与特点

#### 1.1.1.1 混合动力汽车的定义

从广义上说，混合动力汽车是指拥有至少两种动力源，使用其中一种或多种动力源提供部分或者全部动力的车辆，也称为复合动力汽车。在现今的实际生活中，混合动力汽车多数是指采用传统的内燃机和电动机作为动力源，通过混合使用热能与电力两套动力系统的汽车。使用的内燃机既有柴油机又有汽油机，所以可以使用传统汽油或者柴油，也有的发动机经过改造使用其他替代燃料，如压缩天然气、丙烷和乙醇燃料等。使用的电力系统中包括高效强化的电动机、发电机和蓄电池。图 1-1 所示为混合动力电驱动系统的概念示意图，以及可能的各种动力流通路。

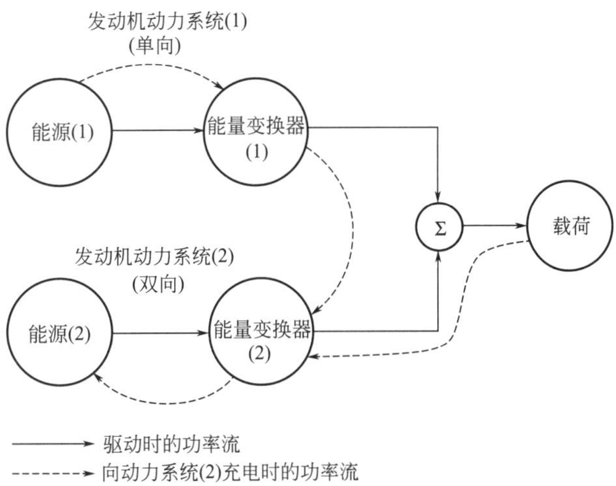


图 1-1 混合动力电驱动系统的概念示意图

混合动力电驱动系统通过被采用的动力系统向载荷供应其动力。在由汽油（柴油）机［发动机动力系统（1）］与蓄电池-电动机［发动机动力系统（2），也称电力系统（2）］混合集成的情况下，与载荷需求相配合的由两动力系统运作的有效模式共包括九种，分别如下。

① 发动机动力系统（1）单独向载荷提供动力。这一模式是单发动机驱动模式，可应用在蓄电池组近乎完全放电而发动机没有剩余功率给蓄电池组充电的情况，也可应用于蓄电池组已经完全充电而发动机可以供应足够的动力去满足车辆动力需求的情况。

② 电力系统（2）单独向载荷提供动力。这一模式是纯粹的电驱动模式，其中发动机是

关闭的。此种模式可应用在发动机无法有效运行的场合，如极低速状态，或在禁止排放的区域内行驶的场合。

③ 发动机动力系统（1）和电力系统（2）两者都向载荷提供动力。这一模式是混合牵引模式，可应用在需要大量动力供给的情况，如当急剧加速或爬陡坡时。

④ 电力系统（2）由载荷获得功率（再生制动）。这一模式是再生制动模式，借助于电动机运行在发电机状态，车辆的动能或位能得以回收。回收的能量储存在蓄电池组，并在以后重复利用。

⑤ 电力系统（2）从发动机动力系统（1）中获得功率。这一模式是发动机向蓄电池组充电的模式，此时车辆处于停止、惯性滑行或小坡度下坡运行状态，没有动力应用于载荷或来自载荷。

⑥ 电力系统（2）从发动机动力系统（1）和载荷中同时获得功率。这一模式是同时存在再生制动与内燃机向蓄电池组充电的模式。

⑦ 发动机动力系统（1）同时向载荷和电力系统（2）提供动力。这一模式是发动机驱动车辆并同时向蓄电池组充电的模式。

⑧ 发动机动力系统（1）向电力系统（2）提供功率，同时电力系统（2）向载荷提供动力。这一模式是发动机向蓄电池组充电，同时蓄电池组向载荷供应功率的模式。

⑨ 发动机动力系统（1）向载荷提供动力，同时载荷向电力系统（2）提供功率。这一模式是借助于车辆的质量，来自于热机的动力流进入蓄电池组的模式。

在混合动力汽车中，稳定的功率可由内燃机、斯特林发动机或燃料电池等提供。由于动态功率取自动态功率源，因此所采用的内燃机或燃料电池比单动力系统设计中的内燃机或燃料电池要小得多，于是就能令其稳定地运行在最佳效率区。动态功率可通过配置蓄电池组的电动机、超级电容器组或飞轮组（机械蓄电池组）提供，或由它们组合配置提供。

### 1.1.1.2 混合动力系统的主要部件

（1）发动机　内燃机是现今汽车应用的最主要动力装置。在可预见的将来，它将仍是主要的汽车动力装置。在混合动力汽车中，内燃机也将是主要电源的第一选择。然而，混合动力汽车的工作和传统汽车有所不同，混合动力汽车中的发动机需较长时间以高功率运转，而不需频繁变换功率输出。到目前为止，专为混合动力汽车设计和控制的发动机系统还没有得到充分的开发。

混合动力汽车可以广泛地采用四冲程内燃机（包括汽油机和柴油机）、二冲程内燃机（包括汽油机和柴油机）、转子发动机、燃气轮机和斯特林发动机等。通常转子发动机和燃气轮机的燃烧效率比较高，排放也比较洁净，采用不同的发动机即可组成不同的混合动力汽车。

（2）电动机　混合动力汽车的电动机作为辅助动力来降低燃料的消耗并实现低污染，或在纯电动驱动模式时实现“零污染”。混合动力汽车上电动机的工作条件及其工作模式和传统电动机相比有着很大的区别，这些区别使工业电动机不适于汽车使用。混合动力汽车可以采用直流电动机、交流感应电动机、永磁电动机以及开关磁阻电动机等。随着混合动力汽车的发展，直流电动机已经很少使用，多数采用了感应电动机和永磁电动机，开关磁阻电动机的应用也得到重视，还可以采用特种电动机为混合动力汽车的驱动电动机，应用不同的电动机就可以组成不同的混合动力汽车。

（3）电池　混合动力汽车具有两个蓄电池系统：一个是12V直流蓄电池系统，它主要是为车上常规的用电器提供电压；另一个是电压更高的直流蓄电池系统，它经过DC-DC转换器将直流转换后给电机提供交流电能，同时它还将存储电机发电所产生并经DC-DC转换器转换后的直流电。高压直流蓄电池系统储电量和电压随着混合动力系统的要求而变化。混合动力汽车的高压直流蓄电池从36V至600V以上不等，所有混合动力设计采用串联连接的蓄电池都是为获取所需的直流电源电压。

（4）混合动力控制系统　在混合动力汽车上普遍采用以计算机为核心的现代计算机技术及自动控制技术，各种智能控制系统包括自适应控制技术、模糊控制技术、专家控制系统、神经网络控制系统等，它们逐步应用到混合动力汽车上，使混合动力汽车更加安全、节能、环保和舒适。

混合动力汽车控制系统的功能如下。

① 使混合动力汽车的动力性能可以达到或接近现代内燃机汽车的水平，逐步实现混合动力汽车的实用化。

② 最大限度地发挥了电动机驱动的辅助作用，使混合动力汽车的燃油消耗量尽可能降低，实现发动机的节能化。目前混合动力汽车油耗已经达到 3L/100km 左右的水平。

③ 在环保方面，实现“超低污染”的环保标准。

④ 在混合动力汽车上实现对发动机驱动系统以及对电动机驱动系统的双重控制。发动机与电动机的动力系统应进行最有效的组合，实现最佳匹配与高效利用，能够回收再生制动能量，延长车辆的行驶里程，改进混合动力汽车的环保性能。

⑤ 在操纵装置和操纵方法上继承或沿用内燃机汽车主要的操纵装置和操纵方法，适应驾驶员的操作习惯，使操作简单化和规范化。

⑥ 在整车控制系统中，采用全自动、机电一体化控制系统，达到安全、可靠、节能、环保及控制灵活的目的。

#### 1.1.1.3　混合动力汽车的优缺点

（1）混合动力汽车的优点

① 混合动力汽车按平均需用的功率来确定发动机的最大功率，这时处于油耗低、污染少的最优工况下工作。需要大功率但发动机功率不足时，由蓄电池来供应；负荷少时，多出来的功率可给蓄电池充电，因为发动机可持续工作，蓄电池又可以不断得到充电，所以其行程和普通汽车一样。

② 由于有了蓄电池，可以十分方便地回收制动时、下坡时、怠速时的能量。

③ 在繁华市区，可关闭发动机，由蓄电池单独驱动，实现“零”排放。

④ 发动机可以非常方便地解决空调、取暖、除霜耗能大等纯电动汽车遇到的难题。

⑤ 可以利用现有的加油站加油，不必再投资。

⑥ 可让蓄电池保持在良好的工作状态，不发生过充电和过放电，延长其使用寿命，降低成本。

（2）混合动力汽车的缺点　混合动力汽车包括两套动力，各自有各自的管理控制系统，结构更复杂，技术更难，成本更高。

### 1.1.2　混合动力汽车的发展状况

20 世纪 90 年代以来，世界各国对保护环境的呼声日益高涨，各种各样的电动汽车脱颖而出，但是目前的电池技术问题阻碍了电动汽车的应用，因为电池的能量密度与汽油相比差上百倍，远未达到人们所要求的数值。专家预测在未来 10 年内电动汽车还无法取代燃油发动机汽车（除非燃料电池技术有重大突破）。

现实迫使工程师们开发了一种混合动力装置（HEV）的汽车。所谓混合动力装置就是将电动机和辅助动力单元组合在一辆汽车上作驱动力，辅助动力单元实际上是一台小型燃料发动机或动力发电机组。形象一点说，就是将传统发动机尽可能做小，让一部分动力由电池-电动机系统承担。这种混合动力装置既发挥了发动机持续工作时间长、动力性好的优点，又能够发挥电动机无污染、低噪声的好处，二者“并肩战斗”，取长补短，汽车的热效率可以提高 10%以上，废气排放可改善 30%以上。作为一项崭新的技术，自 20 世纪 90 年代初以来，混合动力汽车的开发得到了美国、日本及欧洲很多发达国家的高度重视，并已取得了一些重大的成果和进展。下面介绍当前世界各国混合动力汽车的技术发展状况。

（1）国外混合动力汽车的技术发展状况

① 20 世纪 90 年代，美国斥巨资组织各大汽车公司及有关部门积极开展混合动力汽车的研究工作。1993 年提出了旨在开发新一代高效节能汽车的 PNGV 计划。美国先进项目局（ARPA）在 1993 年订立电动汽车和混合动力汽车项目，出资 2500 万美元研究 EV 和 PEV 技术。1994 年 ARPA 项目投资已经增加到 4600 万美元。美国能源部与三大汽车公司在 1993 年签订了混合动力电动汽车开发合同，进行为期 5 年的研发工作，并在 1998 年北美国际汽车展上展出了样车。随着 PNGV 计划的实施，美国三大汽车公司进行了一系列的整车技术开发与研制的工作。

1990 年，美国通用汽车公司在洛杉矶展出“冲击”牌电动轿车，就是人们常说的 EV1 电动轿车。其时速可达 128km/h（采用了电子限速，曾创下了 292.8km/h 的电动汽车车速纪录），0～96km/h 加速时间小于 9s，高速公路行驶一次充电续驶里程达到 144km，电池剩余容量即荷电状态（SOC）为 15%，采用车载充电机充电时间是 15h，而采用固定充电机充电时间只有 3h。EV1 成为现代电动汽车的典范。通用汽车公司在推出电动汽车 EV1 的同时，也致力于串联式混合动力汽车与并联式混合动力汽车的研制，他们以原来的产品 EV1 为基础，在 1998 年开发了 EV1 型 4 座混合动力汽车，并于 2000 年 11 月开发出混合动力皮卡车，并且在美国多个城市进行了商业试运行，到 2008 年年底，通用汽车公司在北美地区拥有 8 款混合动力汽车，其中，通用君越混合动力 ECO-Hybrid 已于 2008 年 9 月在我国开始销售。

福特汽车公司已经开发出福行 P2000 型 5 座并联式混合动力汽车，福特汽车公司新开发出的“优异 2010”概念车试验平台的性能已经达到了 PNGV 计划的部分目标，同时福特又在 2003 年推出了汽油机与电动机共同驱动的混合动力小型运动车 Escape，曾多次加冕美国月销量冠军。

1998 年 1 月，克莱斯勒汽车公司宣布开发出道奇“无畏”WSX2 串联式混合动力汽车。1997 年由美国国家航空航天局（NASA）Lewis 中心、俄亥俄州政府与工业界、大学等 9 个单位合作，开发出串联式电动喷气涡轮混合动力大客车。

② 从目前世界范围内的整个形势来看，日本是电动汽车技术发展速度最快的少数几个国家之一，尤其是在发展混合动力汽车方面，日本居世界领先地位。目前，世界上可以批量产销混合动力汽车的企业，只有日本的丰田与本田两家汽车公司。

1997 年 12 月，丰田汽车公司首先在日本市场上推出了世界上第一款批量生产的混合动力轿车普锐斯，2000 年起就在北美、欧洲及世界各地公开发售。到了 2001 年，丰田汽车公司又在日本推出了 Ectima 混合动力小货车及使用弱混合动力的皇冠豪华小轿车和 Dyna 混合动力轻型货车。在实现低排放的前提下，为了提高车辆的动力性，2003 年丰田汽车公司将新一代的混合动力系统引入了第二代的普锐斯。2005 年丰田汽车公司把这套系统的使用范围扩展到了对动力性能要求更高的 SUV 车型上——雷克萨斯 RX400h（日本名为 Harrier Hybrid）及 Highander Hybrid（日本名为 Kluger Hybrid）。丰田汽车公司第三代普锐斯于 2009 年年初在底特律车展上亮相，并在 5 月 18 日开始在日本各地发售。第三代普锐斯搭载阿特金森循环 1.8L 4 缸发动机，代替旧款的 1.5L 发动机，最大功率为 98hp[1]，比旧款提高 22hp，转矩为 142N · m，比旧款增加 31N · m，加上电动机动力，整车最大功率是 134hp，低速转矩进一步提升，这也意味着低速时可以获得更好的燃油经济性，百公里加速时间比旧

[1] 1hp=745.7W。

款提高 1s，只需 9.8s。丰田第三代普锐斯提供 4 种驾驶模式：Normal 是正常模式；EV-Drive 模式允许驾驶者在低速状态下单纯依靠电力行驶约 1.6km；Power（动力）模式提高油门灵敏度，使驾驶感向跑车趋近；Eco 模式则能够帮助驾驶员获得最佳的燃油经济性。第四代普锐斯百公里油耗仅为 2.5L。

继丰田普锐斯混合动力汽车成功推向市场后，本田汽车公司也开发了自己的混合动力汽车产品，目前本田汽车公司主要销售两个品牌，一个是 1999 年推出的 Insight，另一个是 2001 年推出的 Civic，并实现了在北美与日本市场上的销售。截至 2008 年年底，本田汽车公司混合动力车型的累计销量达到约 30 万辆，2009 年 2 月 6 日，全新款 Insight 登陆日本市场。本田汽车公司还在混合动力车的开发上，通过研究新型发动机、镍-氢蓄电池等追求动力高效化；通过开发新型轻质铝车身、树脂油箱等谋求车辆的轻型化，使汽车达到每升汽油可行驶 35km 的世界最高水平，并且使汽车尾气排放达到世界要求最严格的标准。

1995 年 5 月日产汽车公司开发了能够使续驶里程增加 1 倍的串联式混合动力微型轿车。同年 9 月日产汽车公司又研发出使耗油量降低一半，并且可以批量生产的并联式混合动力汽车系统。日野汽车公司在 1997 年 12 月开发出柴油机/电动机并联式混合型系统的客车。日本富士重工将研制微型混合动力汽车作为自己的主攻目标。三菱电机公司已开发出轻型串联式混合动力卡车。

③ 欧洲也正在积极进行混合动力汽车的开发、研制及推广工作，法国雷诺公司研制的 VERT 与 HYMME 两款混合动力汽车已在法国接受 10000km 的运行试验，并在 1998 年研制出电动汽油两用车，这种电动汽油两用车前部安装一台汽油发动机，2 台 7kW 电动机装在两个后轮上。瑞典沃尔沃公司也开发出基于沃尔沃 FL6 卡车改装的混合动力汽车，最高车速达 90km/h。德国已有几十辆混合动力大客车在斯图加特与威塞尔市运行。德国开发的并联式混合动力车 DUO 已小批量生产。

在各大汽车公司纷纷推出具有各自特色的混合动力汽车的同时，以日本作为主导的混合动力汽车产业格局将被打破，混合动力汽车将逐渐成为各大汽车公司在国际市场上竞争的主流产品。

（2）我国在混合动力汽车领域的开发动态　我国在“八五”和“九五”期间均有计划地开展了电动汽车的关键技术攻关和整车研制工作，在此基础上也进行了混合动力汽车的若干技术领域的开发。

清华大学 1995 年即开始研究混合动力汽车关键技术和系统及理论。目前我国各大汽车集团均在进行混合动力电动汽车研发，多数以混合动力电动客车为主，这种研发方向符合我国国情，有助于我国电动汽车的研究发展。一汽集团研发的红旗 HQ3 在 2006 年投产；东风汽车集团的混合动力公交车已于 2005 年 7 月完成最终产品定型，样车试验并通过验收；长安汽车集团具有完全自主知识产权的羚羊混合动力电动车已经产出样车，其装备混合动力技术的长安 CV9 已经下线；奇瑞汽车集团成立了国家节能环保汽车工程技术研究中心，在 2006 年下半年重点推出第一自主品牌真正意义上的混合动力汽车——代号是“BSG”的混合动力车。广州本田汽车公司更是紧跟丰田汽车公司的步伐，也在 2006 年下半年推出国产雅阁混合动力车。上汽集团和通用汽车公司签署协议，联手开发混合动力轿车与公交客车。中兴汽车公司和美国在“汽车混合动力技术、转子发动机技术及飞行汽车技术”等方面有着雄厚的技术实力的梅尔莱普顿集团签订了合作意向书，正式介入“油汽混合动力技术”领域。2007 年 11 月底，10 辆奇瑞 BSG（带驱动起动机）混合动力轿车率先销售到奇瑞出租车公司，小批量投放出租车市场；2007 年 12 月 13 日，长安汽车集团自主研发了首款量产杰勋牌混合动力汽车。与此同时，新能源汽车作为未来汽车的主要发展方向，国家一直给予了支持与鼓励。

## 1.1.3 混合动力汽车的类型

（1）按结构分类　目前世界各国研究开发的混合动力汽车有不同的结构形式，根据其动力传动系统的配置及组合方式不同，分为串联式、并联式、混联式及复合式 4 种形式。

① 串联式混合动力系统。图 1-2 所示为串联式混合动力系统的示意图。串联式混合动力系统的关键特征是在功率变换器中两个电功率被加在一起。该功率变换器起电耦合器的作用，控制从蓄电池组和发电机至电动机的功率流，或反向控制从电动机至蓄电池组的功率流。燃油箱、发动机和发电机组成基本能源，而蓄电池组则起到能量缓冲器的作用。

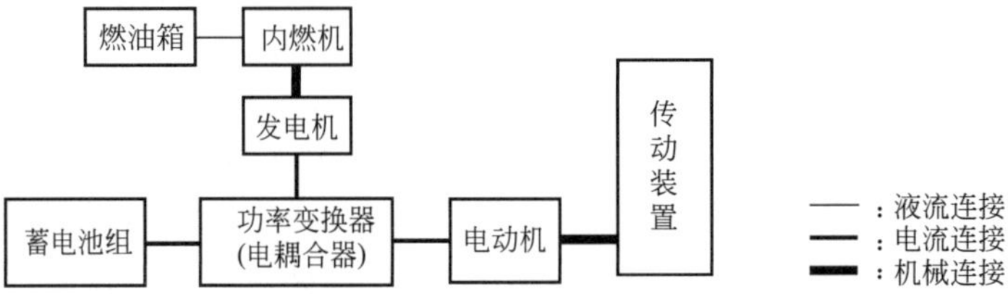

图 1-2　串联式混合动力系统的示意图

② 并联式混合动力系统。图 1-3 所示为并联式混合动力系统的示意图。它的关键特征是在机械耦合器中两个机械功率被加在一起。发动机是基本能源设备，而蓄电池组与电动机驱动装置则组成能量缓冲器。这时，功率流仅受动力装置——发动机和电动机所控制。

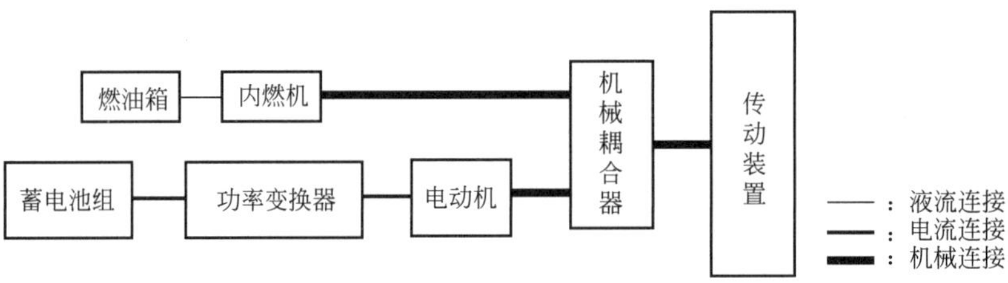

图 1-3　并联式混合动力系统的示意图

③ 混联式混合动力系统。图 1-4 所示为混联式混合动力系统的示意图。这一构造的显著特征是使用了两个功率耦合器——机械的和电气的耦合器。实际上，这一构造是串联式与并联式结构的组合，它具有两者的主要特性，而且相比于串联式或并联式的单一结构，拥有更多的运行模式。从另一方面而言，它的结构相对地更为复杂，且多半成本较高。

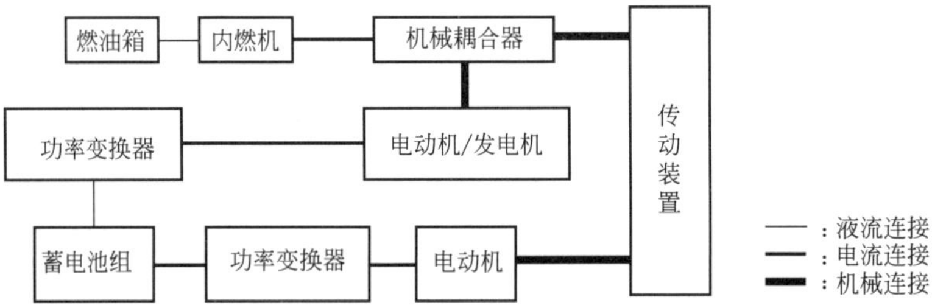

图 1-4　混联式混合动力系统的示意图

④ 复合式混合动力系统。图 1-5 所示为典型复合式混合动力系统的示意图。它具有和混联式相似的结构。唯一的差异在于电耦合功能由功率变换器转移至蓄电池组，并且在电动机/发电机组和蓄电池组之间加入了一个功率变换器。

上述分类在科学意义上并不是十分清晰，容易引起混淆。实际上，混合动力汽车中，在

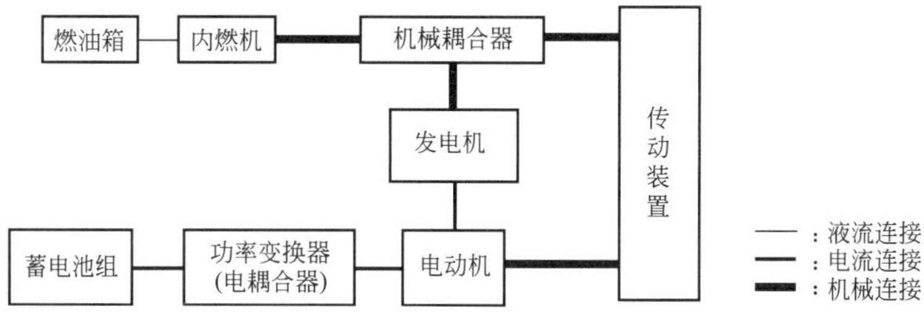


图 1-5　典型复合式混合动力系统的示意图

驱动系统内存在着两类能量流：一类为机械能量流；另一类为电能量流。在功率交汇点处，始终以同一类功率形式，即机械的或电气的功率形式，而不是呈现着两个功率的相加或将一个功率分解成两个功率。这样，或可由功率耦合或解耦特性来更准确地定义混合动力汽车电力驱动系统的构造，如机械耦合驱动系统、电气耦合驱动系统以及机械-电气耦合驱动系统。

（2）按混合程度分类　根据在混合动力系统中，电机的输出功率在整个系统输出功率中占的比重，即混合度的不同，混合动力系统还可分为微混合动力系统、轻混合动力系统、中混合动力系统、全混合动力系统以及插电混合动力系统 5 种类型，它们的电力/燃油所占比例如图 1-6 所示。

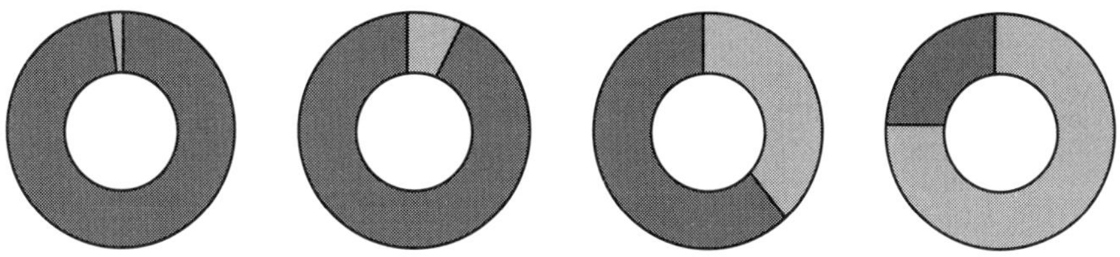

(a) 轻/微混合动力　　(b) 中混合动力　　(c) 全混合动力　　(d) 插电混合动力

图 1-6　电力/燃油所占比例

■—燃油；■—电力

① 微混合动力系统（BSG 系统）。该系统在传统发动机的起动机（通常为 12V）上加装了带驱动起动机（BSG）。该电机是发电机-起动机一体式电机，用来控制发动机的启动和停止，从而取消了发动机的怠速，降低了油耗与排放。从严格意义上说，微混合动力系统的汽车不属于真正的混合动力汽车，由于它的电机并没有为汽车行驶提供持续的动力。在微混合动力系统里，电机的电压一般有两种——12V 和 42V，其中 42V 主要用于柴油混合动力系统。微混合动力系统的代表车型是 PSA 汽车公司的混合动力版 C3 与丰田汽车公司的混合动力版 Vitz。

② 轻混合动力系统（ISG 系统）。该系统采用了电动机-发电机一体化（ISG）技术。与微混合动力系统相比，轻混合动力系统除了可以实现用发电机控制发动机的启动和停止外，还能够实现：在减速和制动工况下，对部分能量进行回收；在行驶过程中，发动机等速运转，发动机产生的能量能够在车轮的驱动需求和发电机的充电需求之间进行调节。轻混合动力系统的混合度通常在 20％以下。轻混合动力系统的代表车型是通用汽车公司的混合动力皮卡车。

③ 中混合动力系统。该系统同样采用了 ISG 系统，但和轻混合动力系统不同的是使用了高压电机。另外，中混合动力系统还增加了一个功能：在车辆处于加速或大负荷工况时，电动机可以辅助驱动车轮，从而补充发动机本身动力输出的不足，从而提高了整车的性能。这种系统的混合程度能够达到 30％左右，技术已经成熟，应用比较广泛。中混合动力系统的代表车型为本田汽车公司旗下混合动力的音赛特、雅阁和思域等车型。

④ 全混合动力系统。该系统采用了272～650V的高压起动机，混合程度更高。与中混合动力系统相比，全混合动力系统的混合度能够达到50%以上。技术的发展将使全混合动力系统慢慢成为混合动力技术的主要发展方向。全混合动力系统的代表车型为丰田汽车公司的普锐斯和未来的Estima。

⑤ 插电混合动力系统。该系统是一种将纯电动系统与现有混合动力系统相结合的产物。因为车辆带有外接插入式充电系统，车辆可以单独依靠电动机行驶较长的距离，将内燃机的工作比例进一步缩小，提供更好的节油比例，但可能消耗一定的电能。同时，又解决了目前纯电动汽车续驶里程短的问题。但随着电池技术的发展，插电式混合动力系统只是一种过渡方案。

## 1.1.4 动力融合技术

术语“POWERSPLIT”用于描述电动机和内燃机的能量输出融合在一起的设计方式，一般这两种能量在变速箱中融合，如图1-7所示。

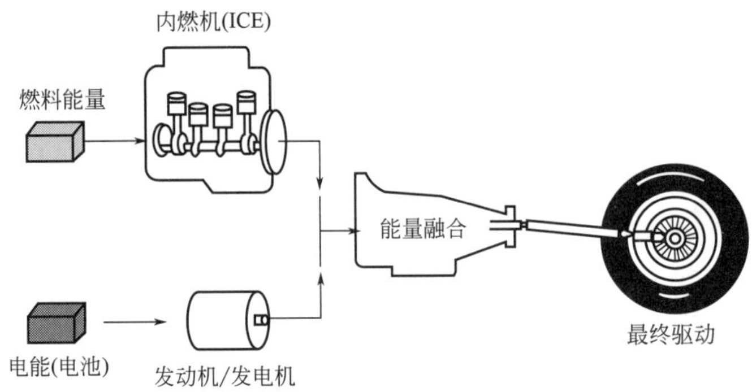


图1-7 POWERSPLIT混合动力系统设计方式

在典型的POWERSPLIT设计中，电动机速度一般决定了输出比，这种类型的变速箱称为电动无级变速箱（EVT）。POWERSPLIT还可以进一步细分为输入分离、输出分离以及组合分流模式，如图1-8所示。

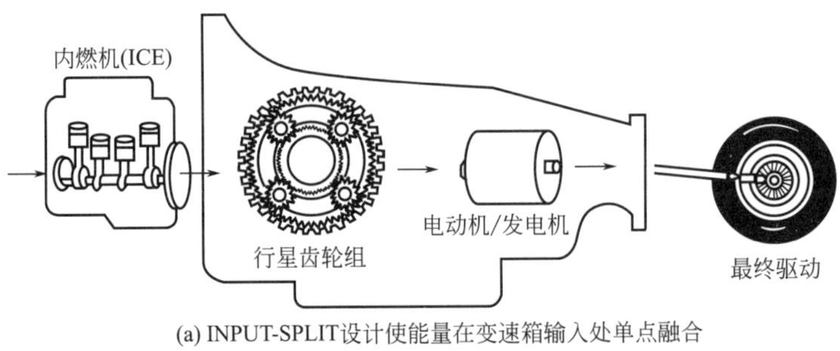


(a) INPUT-SPLIT设计使能量在变速箱输入处单点融合

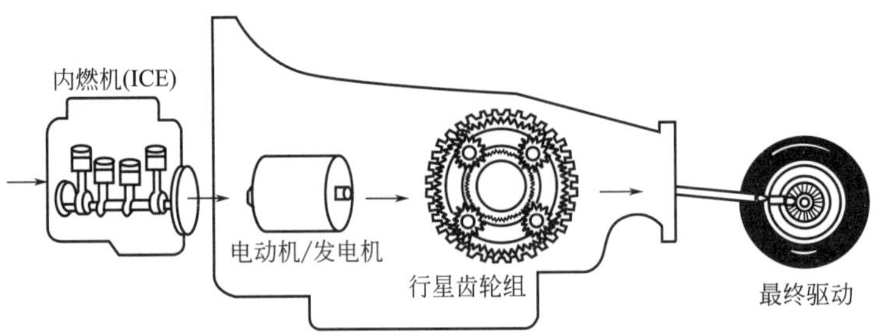


(b) OUTPUT-SPLIT设计使能量在变速箱输出处单点融合

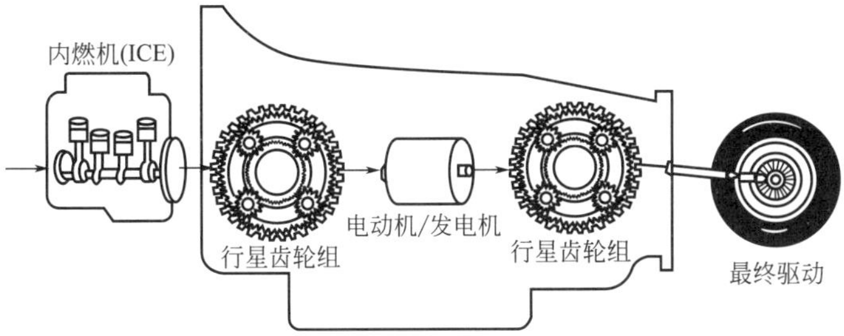


(c) SOMPOUND-SPLIT设计使能量在变速箱输入和输出处融合

图 1-8　POWERSPLIT 的三种类型

在对混合动力汽车进行定义时，POWERSPLIT 类型混合动力设计还用到术语“单模式”与“双模式”。单模式混合动力是指 EVT 中具有单个连续可变速比宽度，双模式混合动力是指具有两个连续可变速比宽度。

POWERSPLIT 混合动力变速器将串联与并联动力传输路径结合在一起，将内燃机与电动机的能量通过齿轮组分流使用，如图 1-9 所示。POWERSPLIT 系统具有单个连续无级变速传动比范围，目前通用汽车公司不提供单模式 POWERSPLIT HEV。

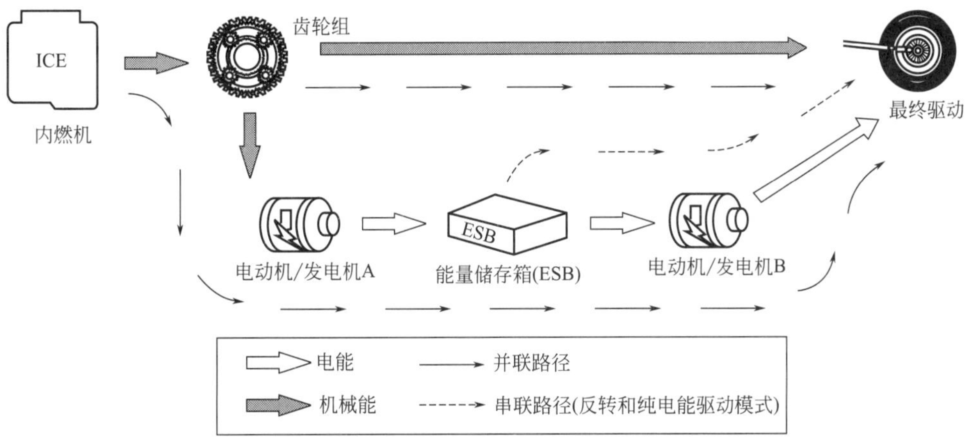


图 1-9　POWERSPLIT 混合动力变速器（含齿轮组）

双模式混合动力变速器可以在两个连续无级变速传动比范围内工作，其原理是通过使用离合器与多个行星齿轮组，使 GM 双模式混合动力变速器可工作在输入分离或者组合分流模式。

两种齿轮传动比使 GM 双模式 HEV 系统比单模式动力融合 HEV 系统拥有更高的系统效率。GM 双模式混合动力变速器的电动机尺寸可以设计得更小，且电能要求更低。

## 1.1.5　控制系统

在混合动力汽车上普遍采用以计算机为核心的现代计算机技术与自动控制技术，各种智能控制系统包括自适应控制技术、模糊控制技术、专家控制系统、神经网络系统等也渐渐应用到混合动力汽车上，使混合动力汽车更加安全、节能、环保和舒适。

（1）混合动力汽车控制系统的功能

① 使混合动力汽车的动力性能接近或达到现代内燃机汽车的水平，逐渐实现混合动力汽车的实用化。

② 最大限度发挥电动机驱动的辅助作用，使混合动力汽车的燃油消耗量尽可能降低，实现发动机的节能化。

③ 在环保方面，达到“超低污染”的环保标准。

④ 在混合动力汽车上实现多能源动力控制，对内燃机驱动系统及电动机驱动系统实现双重控制是混合动力汽车的关键控制技术。发动机和电动机的动力系统应进行最有效的组合和实现最佳匹配，发动机和驱动系统、电动机和驱动系统均能具有高效率，能够回收再生制动能量，延长混合动力汽车的行驶里程，改进混合动力汽车的节能性。

⑤ 在操纵装置与操纵方法上继承或沿用内燃机汽车主要的操纵装置和操纵方法，适应驾驶员的操作习惯，使操作简单化和规范化，在整车控制系统中，使用全自动、机电一体化控制系统，达到安全、可靠、节能、环保和灵活的目的。

混合动力汽车一般是内燃机汽车的替代和延伸，继承并沿用了很大一部分内燃机汽车的传动系统，保留了人们已经习惯的内燃机汽车的操纵装置，包括发动机控制装置加速踏板（控制发动机的节气门和电动机）、制动踏板（机械式 ABS 制动和控制制动反馈）及离合器、自动离合器、变速器的操纵装置等，由这些操纵装置发出控制信号，通过以计算机 CPU 作为核心的中央控制器和各种控制模块，向内燃机驱动系统或电动机驱动系统发出单独驱动指令或混合驱动指令，使其工作在不同的驱动模式下，根据驾驶员的意图，实现混合动力汽车的启动、行驶、加速、爬坡、减速和制动时驱动模式转换的控制。

(2) 混合动力汽车控制系统的基本组成　混合动力汽车主要控制系统：控制系统，由操纵装置、中央控制器及各种控制模块共同组成；电动机与驱动系统，以及电动机和电动机驱动系统的控制系统；发动机与驱动系统，以及发动机和发动机驱动系统的控制系统；信号反馈和检测装置，包括各电信号检测装置（电压表、电流表等）、显示装置和自诊断系统等。

(3) 混合动力汽车的控制策略　如果混合动力汽车各部件的配置确定，那么如何优化控制策略是实现混合动力汽车低油耗、低排放目标的关键所在。在满足汽车的动力性及其他基本技术性能和成本等要求的前提下，针对各部件的特性及汽车的运行工况，控制策略应实现能量在发动机、电动机之间有效而合理的分配，使整车系统效率达到最高，获得整车最大的燃油经济性、最低的排放以及平稳的驾驶性能。控制策略的基本思路一般包括两种：一为直接法，即直接将优化目标表示为系统状态变量、控制变量等的函数；二为间接法，即最小损失法，从计算当前驱动条件下各个部件的效率入手，获得整个系统的能量损失，损失最小的状态变量即为当前驱动条件下应选择的状态变量，如发动机转矩、转速及电池的放电电流等。驱动条件常用驱动轴的转矩与转速来表示。从这两种基本思路出发，可以得到很多种具体的控制策略。

不同的混合动力汽车控制策略包括很多种，下面介绍的是比较简单的基于规则的混合动力汽车稳态能量管理策略。基于规则的稳态能量管理策略主要依靠工程经验及试验，通过限定发动机的工作区域和工作方式，达到降低燃油消耗和排放的目的，这种方法比较简单直观，所以更具有实用价值，在实际混合动力汽车的能量管理系统中得到了广泛的应用。

基于规则的稳态能量管理策略的主要依据为工程经验，根据部件的稳态效率 MAP 图来确定如何进行发动机与电动机之间的动力分配。将混合动力汽车控制分成了 3 种模式，即正常行驶模式、充电模式和制动能量回收模式，同时将发动机的效率 MAP 图划分为纯电动、发动机驱动及电动机功率辅助 3 个区域，如图 1-10 所示。在不同模式下，根据发动机的稳态效率 MAP 图决定发动机与电动机的动力分配方式。

① 正常行驶模式。在发动机效率 MAP 图上分别用“发动机工作最小功率”曲线及“电动机助力最小功率”曲线将发动机效率 MAP 图划分为 3 个区域：纯电动区域；发动机驱动区域；电动机功率辅助区域。

功率分配规则：若需求的驱动功率小于发动机工作的最小功率，则由电动机提供全部的驱动功率；若需求的驱动功率超过该限值，则由发动机取代电动机驱动车辆前进；若需求的驱动

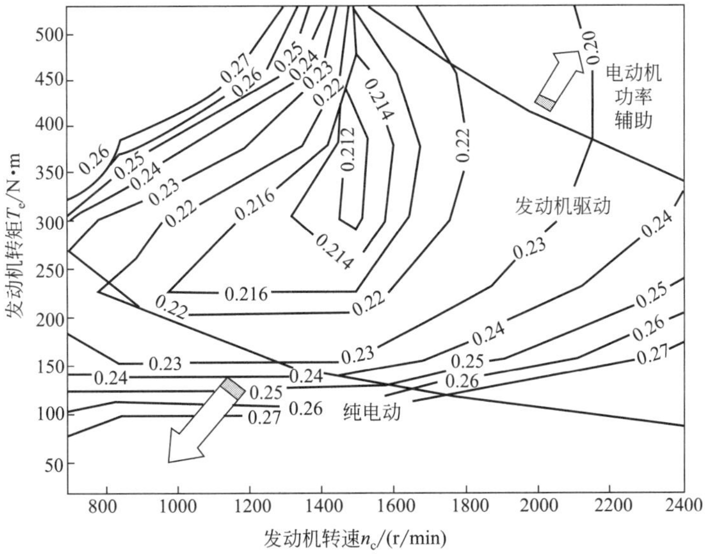


图 1-10　发动机效率 MAP 图

功率大于电动机助力最小功率，则由电动机提供额外的驱动功率。在正常行驶模式下，发动机总是工作在“发动机工作最小功率”与“电动机助力最小功率”之间效率最高的区域。

② 充电模式。对电池能量的管理采用了充电维持策略，即始终保持电池的荷电状态（SOC）值位于最高效率区的上下限值之间（设定为 55%～60%）。当 SOC 值低于 55%时，应切换至充电模式（当且仅当 SOC 值大于 60%时充电过程完成），并计算电池的充电功率，该功率同时也作为电动机的目标功率。发动机的目标功率为需求的驱动功率和充电功率之和。充电模式中存在一个特例：当发动机的目标功率低于发动机工作的最小功率时，为了防止发动机在效率极低的区域内工作，仍然依靠电动机提供驱动力。

③ 制动能量回收模式。驾驶员踩下制动踏板，表明了驾驶员对负驱动功率的需求，需进入制动能量回收模式，吸收混合动力汽车制动时的能量。

# 1.2 混合动力汽车的工作过程

## 1.2.1 混合动力工作模式

混合动力工作模式如图 1-11 所示，有些混合动力车辆（HEV）可只通过电能以有限的速度（最高 20～30mile[1]/h）行驶或行驶有限的距离。

## 1.2.2 混合动力模式的工作过程

双模式混合动力推动技术的使用如图 1-12 所示，它表明在标准行驶过程中各种推动技术的使用情况。

（1）电力驱动　有些混合动力设计可以只通过电能驱动汽车，且在汽车达到一定速度或一定动力要求前混合动力发动机保持关闭状态。由于电动机在转速为零时可 100%传输额定转矩，在汽车初始加速过程中电动机可以提供比内燃机更好的性能。

[1] 1mile=1.609km

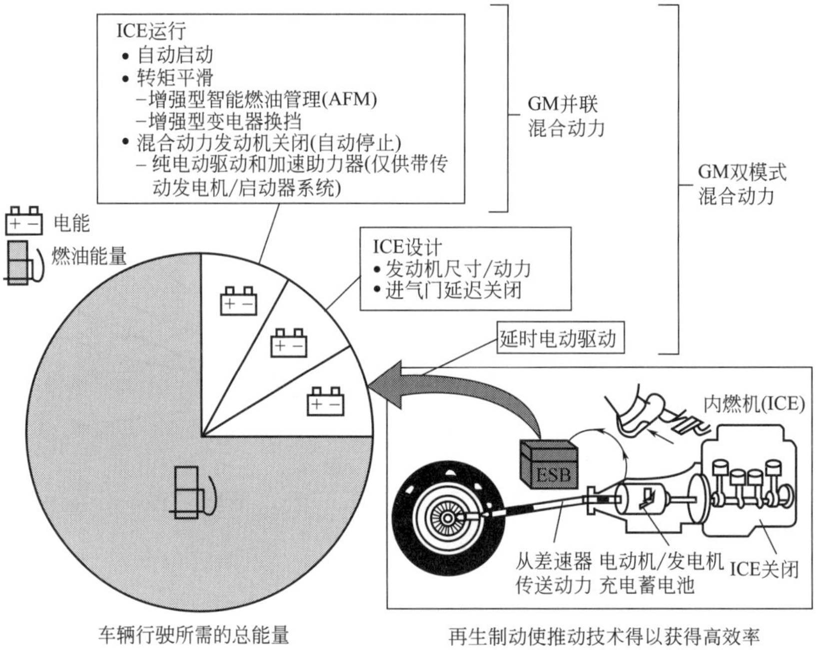


图 1-11　混合动力工作模式

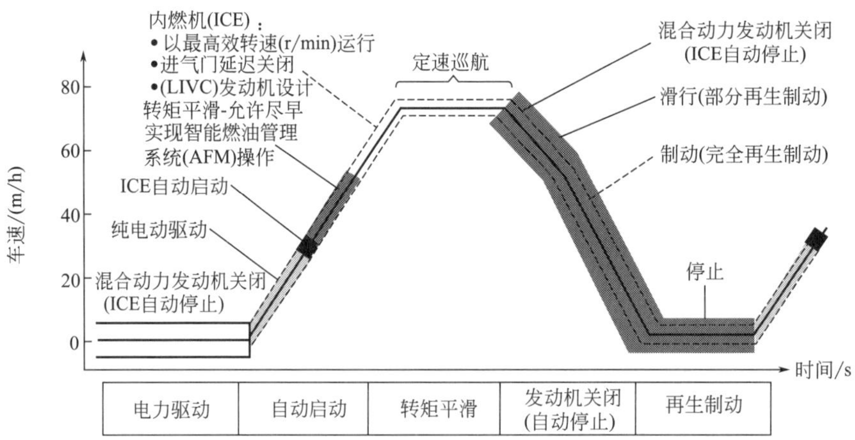


图 1-12　双模式混合动力推动技术的使用

内燃机必须达到每分钟几千转方可达到最大转矩，与内燃机相比，电动机启动模式的排气量更小。除了纯电能启动，一些混合动力设计还能够结合电动机/发电机和内燃机的能量在高速或高负载时驱动汽车。虽然这并未提高燃料燃烧的效率，但混合动力汽车的内燃机功率可以设计得更小，并能够保持或超过传统汽车的加速能力，功率更小的内燃机会比非混合动力汽车消耗更少的燃料，所以提高了混合动力汽车的整体燃料燃烧效率。

（2）发动机自动启动　传统汽车发动机具有低电压启动电动机，驱动发动机从停止状态达到约 200r/min 的转速，启动时间仅需 2～3s，如图 1-13 所示，在发动机启动转速较低时，发动机发动需要额外燃料并造成废气排量增加。因为混合动力汽车的电动机/发电机比传统上安装在发动机内的启动器更为强大，能够驱动内燃机在 300ms（0.3s）之内达到标准怠速（约 600r/min），如图 1-14 所示，在启动速度如此高的情况下，无需额外燃料，也减少了废气排量。对于汽车的驾驶员而言，混合动力汽车发动机的启动可瞬间完成。

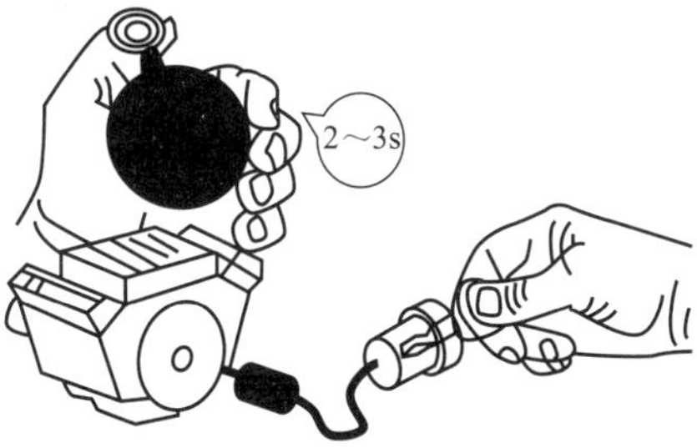

图 1-13　非混合动力内燃机（ICE）启动

图 1-14　混合动力汽车内燃机在 300ms 内重新启动

（3）转矩平滑　内燃机的曲轴并不是在发动机的所有转速上均可以平滑地转动。燃烧过程的脉冲会导致曲轴速度每秒变化多次，这些振动在发动机转速高的时候一般被掩盖住了，所以，非混合动力汽车的高发动机转速被校准入变速箱换挡速度以及变矩器离合器操作。

另外，汽车的动力传动系统在以一定速度及负载转动时也会传递振动，转矩平滑是指去除这些发动机和传动系统造成的振动的过程。

在传统行驶条件下，混合动力电动汽车使用转矩平滑和传动系统缓冲可以比非混合动力汽车校准更低的发动机转速，从而提高燃料燃烧效率并降低排气量，这些条件包括：更低的发动机转速变速箱换挡点；提早的变矩器离合器（TCC）闭锁（第二齿轮）；智能燃料管理系统的扩展。

混合动力电动汽车可以通过电子机械方式减小这些较低发动机转速所带来的振动，并可主动或被动执行。

发动机/发电机在发动机操作与发电机操作间每秒循环多次，以进行智能转矩平滑，其情形包括发电机负载减小曲轴速度、发动机帮助增加曲轴速度、平均效果平滑曲轴振动。

电动机从零开始采用 100％的额定转矩来达到其最大额定速度，当曲轴速度因为燃烧循环开始变慢，即使发动机速度也变慢，发动机转矩也将保持稳定，这表示其具有比较“平滑”的转矩曲线。电动机在电动机辅助系统和发电机之间的稳定转矩减少曲轴速度的变化，所以发动机辅助系统或发电机负载帮助平滑曲轴的振动。飞轮式发电机启动器混合动力技术和 GM 双模式混合动力技术应用了智能转矩平滑，带传动发电机启动器混合动力技术应用了被动转矩平滑，发动机/发电机平滑的相同过程可应用在混合动力汽车传动系统以减缓底盘的振动。

（4）混合动力发动机关闭（自动停止）　混合动力汽车的内燃机在汽车停止状态下是不需要怠速运转的，这是由于混合动力系统的强大电动机/发电机能够快速地自动启动内燃机，如图 1-15 所示。混合动力控制系统一般仅在汽车初始启动或内燃机低于正常工作温度时允许内燃机怠速，当内燃机处于正常工作温度时，只要油门没有被踩下，内燃机均可以被关闭，如图 1-16 所示。取决于具体行驶情况，内燃机能够完全停止转动或继续转动，但是所有燃料喷射口都会关闭。因为行驶性能的原因，一般内燃机仅能在汽车处于较低速度或停止状态时可以停止转动。混合动力发动机关闭（自动停止）模式能够在某些情况下禁用，如当混合动力蓄电池亏电需要充电辅助或仅有在内燃机工作时才能达到车内制冷供暖要求，汽车工作在自动停止模式可能需要对汽车其他系统做出改良。

（5）再生制动　制动作为汽车的三大基本功能（行驶、转向和制动）之一，直接影响汽车的安全性。在混合动力汽车的研究与开发中，再生制动是一种降低能耗、减小排放、增加续驶里程的重要手段。以一辆自重 1500kg 的轿车为例，当它以 70km/h 的速度行驶时开始

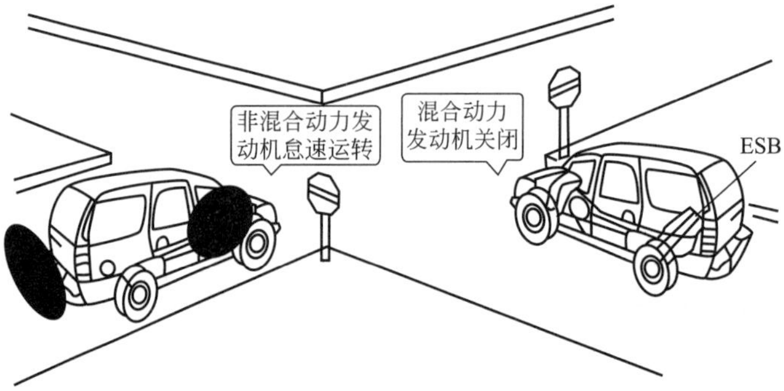


图 1-15　混合动力发动机关闭模式（自动停止）

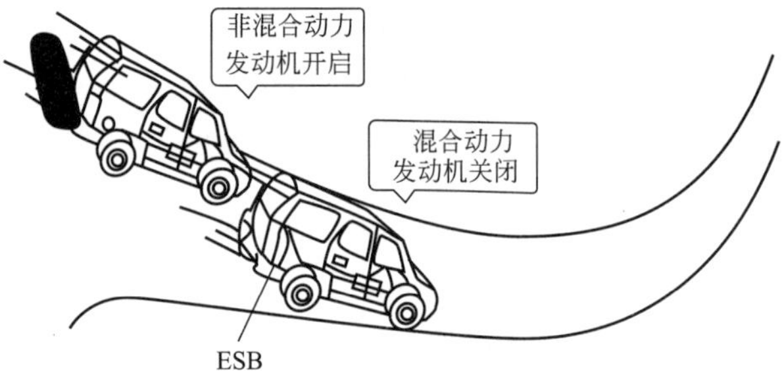


图 1-16　混合动力发动机关闭模式（下坡滑行）

制动，起始动能可达 300kJ，若这些能量可以全部回收并用于整车行驶，能够驱动车辆行驶 1.8km。但在传统汽车中无再生制动系统，这些能量大部分以热能的形式消耗掉了。我国西部大部分地区道路起伏变化显著，常有数百米的坡道，在下坡时将车辆的制动减速能量回收储存起来，需要时再释放出来使用，不仅可以节省能源，还可减少制动系统的磨损。在城市交通中，因为汽车保有量的急剧增加导致道路拥堵等问题日益严重，频繁的加速和减速更需要再生制动系统回收能量。所以，对有量产的混合动力汽车再生制动系统的研究具有重要意义，技术成熟后将产生巨大的经济价值和社会效益。

再生制动也称反馈制动，是一种多应用在汽车或铁路列车上的制动技术，是在汽车行驶时获取可以使用但是在传统汽车制动时浪费掉的能量的过程。非混合动力汽车在制动时，制动系统将汽车的动量转化为热能，所以在制动时，汽车在运动时“储存”在汽车内的动能被浪费掉了。在混合动力设计中，这些在制动时浪费掉的汽车能量的一部分可以通过电动机转化为电能，电动机将作为发电机工作，在使汽车制动的同时形成电能并且向混合动力蓄电池充电，如图 1-17 所示。

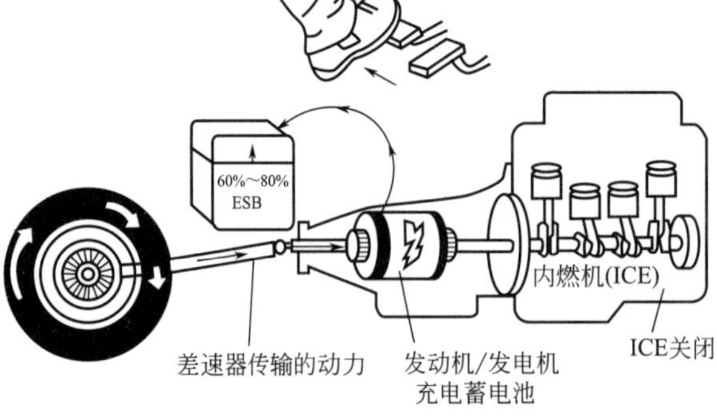


图 1-17　再生制动过程

产生电能的负载和标准液压制动系统一起使汽车减速。当驾驶员踩下制动踏板后，电动泵使制动液增压产生所需的制动力，制动控制和电动机控制协同工作，确定电动汽车上的再生制动力矩与前后轮上的液压制动力。再生制动时，再生制动控制回收再生制动能量，并反充到动力电池中。与传统燃油车相同，电动汽车上的 ABS 及其控制阀的作用是产生最大的制动力。

系统使用更多时间结合再生制动与液压制动系统，所以对于汽车驾驶员而言，制动时间较为理想。取得之前浪费的能量也是使混合动力电动汽车比非混合动力汽车更节省能源的优势之一。在制动中得到的能量越多，则内燃机向混合动力蓄电池充电所需时间就越短。除了增加燃料燃烧效率，因为制动无需全部承担降低车速的工作，所以汽车的制动间隔也得到提高。

（6）发动机空转关闭操作的系统　需在传统非混合动力汽车中，动力制动、动力转向、暖风与制冷（HVAC）、自动变速箱等系统由发动机直接驱动，如图 1-18 所示，所有以上系统的工作都依赖于内燃机曲轴的转动。若内燃机的曲轴停止旋转，这些系统均将无法工作。

为了节约燃料并降低排放，HEV 需要时常启动混合动力发动机关闭（自动关闭）模式，相对于传统的非混合动力汽车而言，这些系统必须重新设计，以最大限度地延长混合动力汽车发动机关闭后能工作的时间，并且要确保控制性能、驾驶员的舒适程度及人员和汽车的安全性。

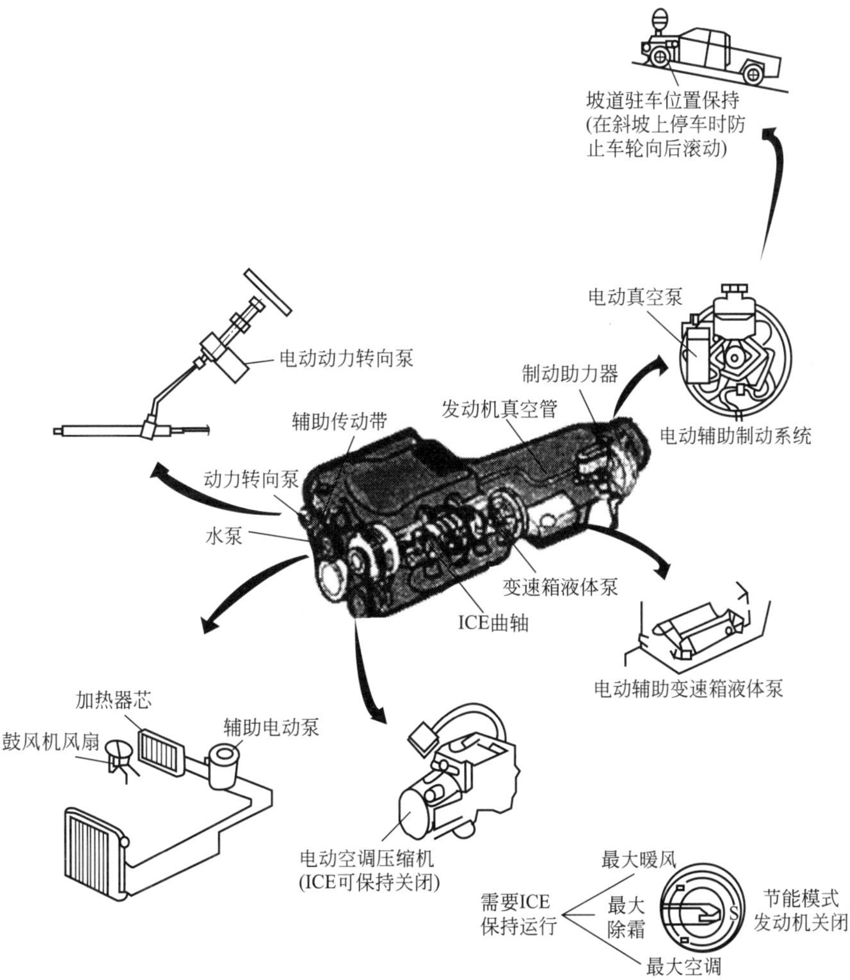


图 1-18　发动机关闭后需重新设计的系统

## 1.3 混合动力汽车的维修安全

作为混合动力汽车，为保证其安全操作及维修的安全，不同的技术团体已开发出多种高压风险指导方针，以尽可能帮助确定这些安全规则。

一般认为对人体接触有危险的电压限值约为 60V 直流电。在混合动力车辆维修前需要了解车辆为操作和维修设置的元件或功能，遵循适当的维修程序。

以通用汽车公司为例，通用汽车公司将所有不小于 60V 直流电的电压确定为高压，车辆使用者和维修者需注意车辆上会有一些高压危险的提示，如图 1-19 所示，通用还规定了专门的预防措施以及要求安装在汽车内的安全装置。高压安全装置包括但不限于以下事项：蓄电池断开装置；故障绝缘检测；高压电路互锁保护；手动断电装置；用于识别电压级别的独特颜色导线管。

除高压标准外，通用汽车公司进一步规定大于或等于 30V 直流电及小于或等于 60V 直流电的电压为中压。通用汽车公司的规定还包括通过采用指定的颜色来识别这些电压级别。中蓝色的导线管代表中压电线，橙色的导线管代表高压电线/电缆。这些颜色有助于区别中压和高压电线及传统的低压（12V）电线，如图 1-20 所示。

图 1-19　高压危险提示

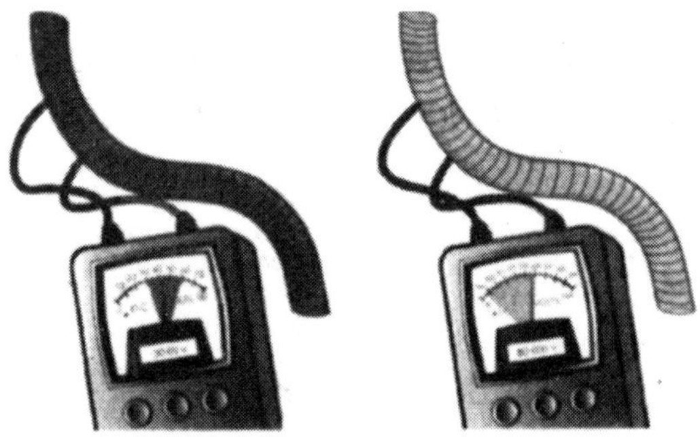

(a) 中压　　(b) 高压

图 1-20　导线颜色有助于区别高低压

混合动力汽车利用蓄电池电压断电装置在需要时断开能量储存箱（ESB）内混合动力蓄电池电压的电路，如图 1-21 所示，并将混合动力蓄电池电压与汽车的其他部位绝缘。这些断电装置可以由一个控制模块自动控制或由人进行手动控制。

蓄电池电压的自动断开模块（BDM）位于 ESB 内，位置如图 1-22 所示，该模块由电子装置控制。一些特定事件发生时，BDM 是限制潜在高压/大电流混合动力电路暴露所必需的。这些情况包括：气囊展开；检测到绝缘故障；高压互锁回路（HVIL）电路启动；控制模块检测到系统故障，并设置相应的故障诊断码（DTC）；维修技师已经开启手动断电开关。

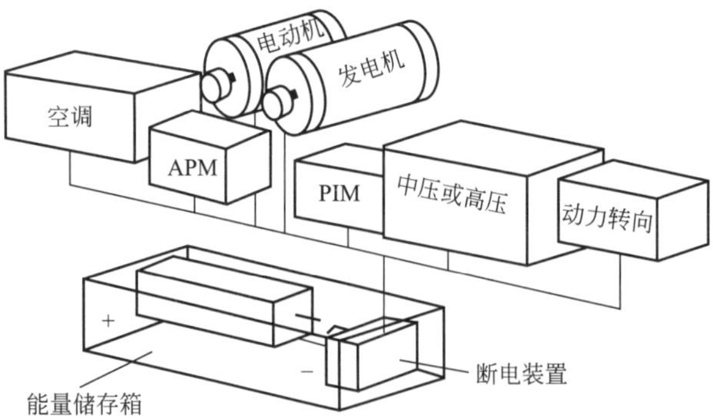


图 1-21　混合动力蓄电池电压的断电装置

蓄电池电压手动断电装置位于能量存储箱（ESB）的外面，在车辆存储期限延长（大于 30 天）的情况下，要开启手动断电装置的开关，来限制可能发生的混合电力蓄电池的放电

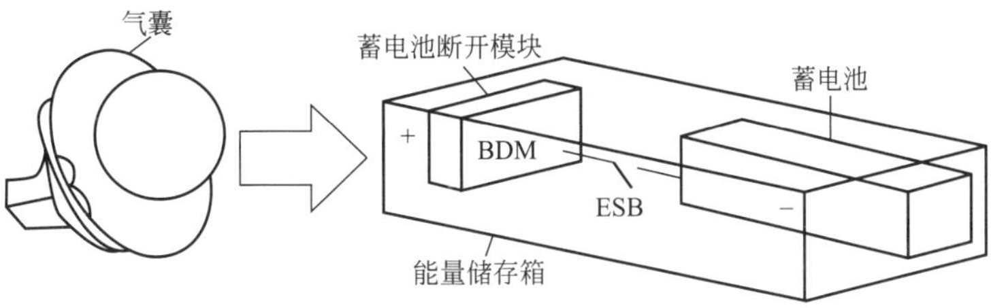


图 1-22　蓄电池断开模块位置

量。在执行某些维修程序之前，也要开启手动断电装置。在维修期间，应设计手动断电装置，即在敞开位置取下或锁上断电装置开关的一部分。车辆维修期间，技师一般持有断电装置开关或钥匙，以保证在操作员未知的情况下，ESB 未重新通电。

就一些带有中压的应用设备来说，手动断电装置要安置在 ESB 的电压电线盖之内。取下电线盖，利用 ESB 的负极与正极电线启动断开装置开关。由此开关控制自动蓄电池断开模块（BDM）来断开混合动力蓄电池电压。

虽然断电装置已经断开汽车其余部位的混合动力蓄电池电压，但是因为控制模块的内部电容，连接这些部位的一些模块与电线将依然含有高压。在蓄电池断电期间，要规范地操控这些电容器，使其通过各自的控制模块排空存储的能量。然而能量的排空将需要几分钟的时间。实施任何维修作业前，应采用适当的电压表始终检测高压线、连接器及模块的电压，如图 1-23 所示。

混合动力汽车上的控制模块始终监测高压系统零部件与汽车底盘之间的电压。经检测汽车底盘有高压的情况下，该控制模块要求启动自动蓄电池断电装置以降低电击风险。然后由经授权且经培训的维修人员采用专用检测器来检测高压线零部件的完整性并确认短路零部件的位置。

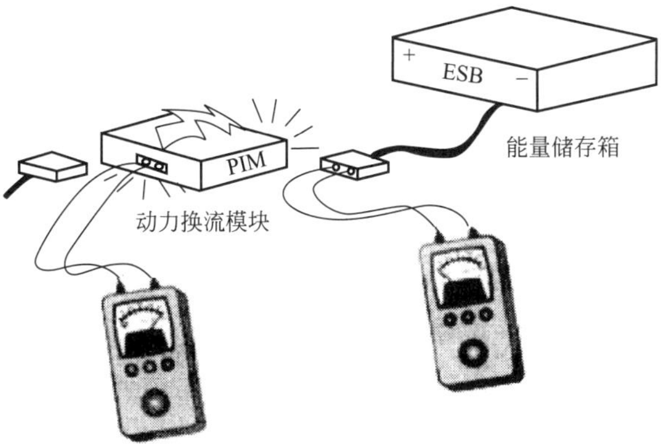


图 1-23　维修前要始终检测高压线、连接器和模块

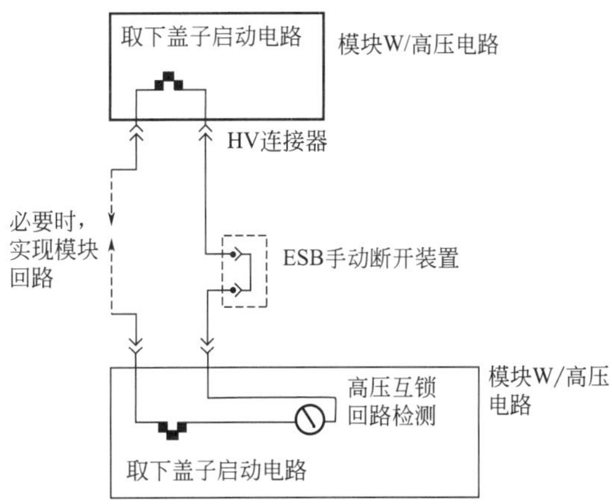


图 1-24　高压互锁回路

有些混合动力车型设置有高压互锁回路，如图 1-24 所示，互锁回路是典型的小型线路测量回路，凭借高压电线/电缆走向且经过同样的零部件及模块。在高压零部件即将运作的情况下，互锁回路也将启动并且向控制模块发出信号，高压线路可用并可能存在电击风险。互锁回路的启动可以引发控制模块对自动蓄电池断电装置开启的要求，以减小电击风险。

随着电压级别的攀升，零部件受损及人身伤害的可能性也会增加。42V 电压系统产生电弧的可能性是 14V 电压系统的 50～100 倍。这种电弧的温度可达 1800℉（约 982.2℃）。

若未按适当的程序操作或没有适当的知识，像更换熔丝这样简单的操作都可能引起危险。

断开中压与高压连接器时所产生的电弧是另一件要注意的事情，如图 1-25 所示，断开带有电压与电流的端子时，零部件很可能受损，人身也可能受到伤害。在中压/高压系统上或其附近从事任何维修作业时，必须遵循适当的电能储存箱（ESB）手动断电和/或高压断电程序。

图 1-25　断开有电流的高压连接器是有危险的

Chapter 02

# 第2章 混合动力汽车的动力系统

## 2.1 混合动力汽车的发动机

在电动汽车的电力能源为完全解决之前，综合发挥发动机汽车及电动汽车各自的优势，使发动机的燃料消耗率降到最低，发动机排放的污染减至最小，并充分发挥电力驱动的效率，这是混合动力汽车得以快速发展的基础。

### 2.1.1 汽油发动机

汽油发动机在当前混合动力汽车上占有主导地位，汽油发动机技术上已经相当成熟，在节能和环保方面也取得了极大的进展。混合动力汽车选择发动机时，侧重于选择小型化、低油耗、低排放的发动机，并且控制在最佳效率范围内稳定运转。在混合动力汽车上除了采用最新的各种节能和环保措施外，还采取下列控制方法：采用全新的理论及全新结构的发动机；由电动/发电机在短暂的时间内，完成发动机的启动加速，减少发动机的启动时间和排放；采用“开-关”控制方式，完全避开发动机的低效率运转（如怠速）工况范围；减少泵气阻力及各种运动副中摩擦阻力等。

（1）汽油发动机节能和环保的主要技术措施　为了节能和环保，现代汽油发动机应用了各种各样的机外或机内的控制技术，努力使发动机在节能和环保方面达到各国越来越严格的燃油消耗及排放标准的要求。由于维护厂家的不同，各个厂家所采用的发动机降低燃油消耗和对有害气体排放的控制对策和具体措施各有不同的特色，在发动机燃烧室结构、活塞顶结构、气门结构、电控喷射系统、电子控制系统等各有特长。目前，混合动力汽车仍然是以采用发动机为主要方法，在选用发动机时应扬长避短，并结合不同的混合动力汽车所需要的发动机的应用特点，来取得最佳节能效果和“超低污染”的环保效果。汽油发动机节能和环保的主要技术措施见表2-1。一般只是在小型混合动力汽车上才采用汽油发动机作为动力源。

**表2-1　汽油发动机节能和环保的主要技术措施**

| 控制项目 | 控制对策 | 控制技术 |
|---|---|---|
| 燃料 | 提高燃料品质 | 采用无铅汽油和高辛烷值燃料 |
| | 降低燃料中的有害杂质 | 低硫燃料 |

续表

| 控制项目 | 控制对策 | 控制技术 |
|---|---|---|
| 代用燃料 | 开发“低污染”代用燃料和“低污染”燃料供应系统 | 压缩天然气(GNG) |
| | | 液化石油气(LPG) |
| | | 甲醇等有机燃料 |
| | | 氢气($H_2$) |
| | | 油、气混合燃料 |
| 燃料逸散 | 防止燃料蒸发，曲轴箱窜气回收 | 炭罐和炭罐控制阀 |
| | | 发动机曲轴箱通风装置 |
| 提高机械效率 | 改进活塞裙结构，降低泵送损失，降低机械摩擦损失 | 降低机械摩擦损失 |
| | | 气门和气道改进 |
| | | 降低摩擦因数采用滚动轴承 |
| | | 提高润滑油性能 |
| 发动机结构改进 | 高效燃烧室结构和活塞顶的形状的改进与提高燃烧效率 | 楔形燃烧室、挤气燃烧室 |
| | | 分层燃烧 |
| 进气系统 | 进气量控制，气门结构改进 | 多气门系统(4、5气门结构) |
| | | 可变气门系统(VVT)开启气门数量改变，气门开度改变 |
| | | 可变谐振增压系统，增加充气量 |
| | 进气温度控制 | 用节温器及风扇控制冷却水温度 |
| 燃料系统 | 改进喷嘴结构，改善燃料雾化 | 燃料直喷技术和高精度燃料喷射 |
| | | 采用氧传感器和空燃比传感器 |
| | | 反馈控制 |
| | 燃油泵调节装置控制 | 燃油泵精确控制燃料量 |
| | | 燃料压力控制 |
| | | 燃油正时控制 |
| 燃烧状态 | 改善混合气质量 | 控制空燃比(A/F)，实现超稀薄燃烧(空燃比达到26∶1) |
| | 改进燃烧方法 | 分层燃烧 |
| | 改进燃烧循环状态 | 气门定时控制实现高膨胀比循环控制 |
| | 怠速排放控制 | 实时转速闭环控制系统或自动停车 |
| 点火系统 | 燃烧速度控制 | 点火线圈电流控制和电子点火时间控制 |
| | 爆震控制 | 点火提前角控制，点火滞后控制 |
| | 采用电子控制点火系统 | 发动机计算机点火控制系统 |
| 排放后处理 | 排气净化处理，控制尾气中有害气体排放量 | 二次空气喷射 |
| | | $NO_x$还原催化剂 |
| | | 氧传感器和三元催化器 |
| | | 废气再循环(EGR)系统 |
| 混合动力汽车扩展项目 | 启动加速控制 | 用电动机快速启动发动机 |
| | 发动机稳定运转控制 | 用发电机控制发动机的功率输出，使发动机保持在最佳效率转速范围内运转 |
| | 发动机“开-关”方式控制 | 用自动控制实现发动机“开-关”控制模式 |
| | 制动能量回收控制 | 制动能量反馈回收系统 |

（2）本田汽车公司 Insight 混合动力车的汽油发动机　Insight 混合动力车以汽油发动机作为主要动力，电动/发电机为辅助动力，它们的动力配比为 9∶1。Insight 混合动力车的发动机是 1L、直列 3 缸、直喷式、铝制气缸体。发动机最大功率为 52kW（6000r/min），转矩为 91N·m(4600r/min)，当电动机介入时，系统在 1500r/min 时的转矩为 107N·m。发动机的质量只有 60kg，是当前世界上 1L 级发动机中质量最小、效率最高的发动机。

① 极端稀薄燃烧技术。发动机的排气门采用铝制结构，进、排气门由同一个摇臂轴支撑，能够使进、排气门之间的夹角达到 30°，进气门接近垂直状态，紧凑排列的进、排气门，能够增强进气时气体的旋转涡流，涡流的旋转速度比通常稀薄燃烧的发动机高出 20%；并且使燃烧室的结构更加紧凑，有利于稀薄燃烧气体充分混合。此外，发动机横置，进气口一侧朝前，这种设计有助于增加进气压力。

每个气缸有 4 个气门，对发动机混合气的控制发挥重要作用，使混合气的空燃比由过去 23∶1 扩大至 26∶1 的极端稀薄比例。

在低速运转时，可以将每个气缸的两个进气门中的一个关闭，来增强发动机低速运转时进气的旋转涡流，可以使油气混合更加均匀，保证发动机在低速时仍然保持稀薄燃烧状态。

② 高效催化转化，实现超低污染。双催化转化器和发动机铝制气缸盖一体化，这样可以有效地加热催化转化器，促进催化反应，实现超低污染。当在理论空燃比工况下燃烧时，催化转化器能够吸附燃料燃烧后产生的大部分 $NO_x$，经过催化和转化后，因为 HC 和 CO 的还原作用，使 $NO_x$ 被还原为 $N_2$ 再排入大气，所以，Insight 的 HC、CO、$NO_x$ 排放量比日本标准所规定的排放量低 68%，催化转化器的重量也大大减小。

发动机配置了“开-关”自动控制系统，可以在汽车启动时使发动机快速启动，并根据行驶工况，自动控制汽车发动机启动与关闭，进一步避免发动机在启动和低速运转时排气造成的污染，从而达到“超低污染”排放标准的要求。

③ 先进的结构，降低发动机的质量。发动机气缸体采取铝合金压铸法制造，内铸薄壁钢衬套，油底壳用镁合金铸造，质量为 2.1kg，是铝合金制造油底壳的 65%。凸轮轴由单级无声链驱动，再通过 4 个气门摇臂操纵每缸的 4 个气门，气门摇臂采用滚动轴承，有效地减少了摩擦，进气歧管用轻质材料制造。锻造的连杆经过表面碳化处理，强度增大，使每个连杆的质量降低到 258g。在发动机轻量化方面，采取了新材料、新技术及新工艺，使发动机的质量降低到 60kg。

因为发动机采用铝合金、镁合金和轻质树脂等多种轻质材料制造零件，所以，该发动机是当今世界上最轻的 1L 发动机。

④ 有效的措施减少运动副中摩擦阻力。为了降低活塞在由下止点向上止点运动时因连杆作用力的“拍击”作用而产生的活塞和气缸壁的摩擦，气缸中心线和活塞中心线有微小的偏移。活塞微观表面呈波纹状，有助于保持活塞表面的油膜和润滑。活塞装有两道厚度分别是 0.8mm、1.0mm 的压缩环和一道厚度是 2.0mm 的油环，采用低刚度弹簧，双环设计能够获得最小的活塞环缩进量，一方面提高了气密性，另一方面还使活塞和气缸壁的摩擦力大幅降低，与传统的结构相比，能够使摩擦能量损耗减少 10%。

气门摇臂轴与气门摇臂采用滚动轴承，使运动结构件之间的摩擦能量损失减少了 70% 左右，改进后的进气歧管，使泵气损失明显降低，降低了发动机各个部分的摩擦阻力，有效地提高了发动机的效率。

根据日本汽车运行试验法规要求，Insight 混合动力跑车在配置 5 挡变速器时创造了 3L 汽油行驶 105km 的世界纪录，在配置无级变速器时创造了 3L 汽油行驶 96km 的好成绩。

## 2.1.2 柴油发动机

目前，柴油发动机在汽车上的使用逐渐增多，在节能和环保技术上已经有很大的进展，近年来开发了多种小型化、低油耗、低排放和高性能的4冲程柴油发动机，已经被各种混合动力汽车所采用，尤其是在混合动力大中型客车上普遍采用。通常所采取的控制策略如下。

① 采用多气门技术、废气涡轮增压、增压中冷、高压喷射或超高压喷射、电磁阀正时控制、扩散燃烧及稀薄燃烧等新技术。

② 采用部分废气再循环来降低 $NO_x$ 或采用新型 $NO_x$ 催化剂来降低 $NO_x$ 的排放。采用颗粒滤清器（DPF）减少黑烟中的固体颗粒。柴油机四效催化转化器可以同时吸收废气中的HC、CO、$CN_x$ 和碳颗粒（PM）中的SOF（有机溶剂可溶成分）。采用小型柴油发动机的燃油经济性优于汽油机。

（1）柴油发动机节能和环保的主要技术措施　现代柴油发动机在节能及环保方面已经采取了各种先进的技术措施。根据混合动力汽车上发动机使用的特点，利用电动/发电机调节功率输出，维持柴油发动机在一定范围内稳定运转，充分利用柴油发动机的特性，进一步减少燃料消耗并减少了排气污染。柴油发动机节能和环保的主要技术措施见表2-2。

**表2-2　柴油发动机节能和环保的主要技术措施**

<table>
<tr><th>控制项目</th><th>控制对策</th><th>控制技术</th></tr>
<tr><td rowspan="4">燃料</td><td>提高现有燃料品质</td><td>提高柴油十六辛烷值</td></tr>
<tr><td>降低燃料中的有害杂质</td><td>低硫燃料(含硫量≤0.08%)</td></tr>
<tr><td rowspan="2">代用燃料</td><td>液化石油气(LPG)</td></tr>
<tr><td>二甲醚(DME)等</td></tr>
<tr><td rowspan="4">提高机械效率</td><td rowspan="4">改进活塞裙部结构,降低泵送损失,降低机械摩擦损失</td><td>降低活塞与气缸壁的摩擦,采用偏心销结构</td></tr>
<tr><td>气门和气道改进</td></tr>
<tr><td>采用滚动轴承降低摩擦因数</td></tr>
<tr><td>提高润滑油性能</td></tr>
<tr><td rowspan="2">发动机结构改进</td><td>高效燃烧室结构</td><td>采用新型燃烧室提高压缩比和控制气流旋转</td></tr>
<tr><td>活塞顶的形状</td><td>控制气流旋转,形成涡旋气流</td></tr>
<tr><td rowspan="4">进气系统</td><td rowspan="4">增加进气压力和进气量,提高压缩比</td><td>废气涡轮增压</td></tr>
<tr><td>增压中冷技术</td></tr>
<tr><td>多气门结构</td></tr>
<tr><td>气门及进气道改进</td></tr>
<tr><td rowspan="3">燃料系统</td><td rowspan="3">燃油泵的喷油嘴控制</td><td>采用新型燃油泵对燃料流量精确控制</td></tr>
<tr><td>喷油嘴小型化和多孔化</td></tr>
<tr><td>喷油正时控制</td></tr>
<tr><td rowspan="7">燃烧状态</td><td rowspan="6">改善燃料雾化,提高对空燃比(A/F)精度的控制,实现扩散燃烧和稀薄燃烧等新技术</td><td>燃料直喷技术</td></tr>
<tr><td>电磁阀正时控制</td></tr>
<tr><td>缸内燃料喷射</td></tr>
<tr><td>高压燃料喷射和超高压燃料喷射</td></tr>
<tr><td>高精度燃料喷射</td></tr>
<tr><td>多次喷射技术</td></tr>
<tr><td>怠速排放控制</td><td>实时转速闭环怠速控制系统</td></tr>
</table>

续表

| 控制项目 | 控制对策 | 控制技术 |
| --- | --- | --- |
| 排放后处理 | 排气净化处理 | 部分废气再循环系统 |
| | | 新型 $NO_x$ 还原催化剂 |
| | | 氧化催化器 |
| | | 四效催化转化器 |
| | 控制尾气中有害气体和碳微粒的排放量 | DPF 碳烟和微粒过滤器 |
| | | 有机溶剂可溶成分 SOF 的过滤 |
| 混合动力汽车扩展项目 | 发动机"开-关"方式控制 | 用自动控制实现发动机"开-关"控制模式 |
| | 发动机启动加速控制 | 用电动机快速启动发动机 |
| | 发动机稳定运转控制 | 用发电机控制发动机的功率输出的无怠速运转 |
| | 制动能量回收控制 | 制动能量反馈回收系统 |
| | 发动机转速控制 | 发动机保持在最佳效率转速范围内运转 |

(2) 大众高尔夫 TDI Hybrid 柴油混合动力发动机　大众高尔夫 TDI Hybrid 混合动力汽车采用的是著名的 TDI 柴油发动机，其结构是直列 3 缸，排量为 1.2L，最大功率为 75hp，最大转矩为 182N・m，其燃油系统采用高压共轨系统。高尔夫 TDI Hybrid 概念车的百公里平均油耗为 3.5L，其 $CO_2$ 排放量达到 89g/km 的优异水平。其电动/发电机最大功率为 27hp，最大转矩为 142N・m。电池应用镍-氢电池模块，质量为 45kg，电压为 220V，储电量为 1.4kW/h。整车配备 7 速 DSG 双离合器变速箱，使用两片干式离合器，与过去的湿式离合器相比，具有轻量化的优点。

(3) 福特汽车公司 Prodigy 发动机　福特汽车公司 Prodigy 安装直列 4 缸、1.2L、4 气门直喷式 DLATA 发动机，功率为 54.4kW，转矩为 153N・m。DLATA 代表直接喷射、铝缸体、贯穿式螺栓总成的一种新型结构的发动机，这种发动机结构在世界上属于首创。发动机装在汽车的前部，通过自动离合器、MTX-75 型 5 挡变速器、主减速器及差速器，带动汽车前轴行驶。其结构和传统的内燃机汽车基本相同，动力系统总质量为 488kg。发动机的输出轴上安装电动/发电机（S/A），它代替了发动机的飞轮及发动机的启动电动机，可以快速启动发动机。发动机启动后所发出的电能储存到电池组中。

## 2.1.3 混合动力汽车对发动机的要求

开发混合动力汽车的目的就是解决节能和环保问题，所以混合动力汽车必须围绕着节能和环保来选用所需要的发动机，发动机的动力性、经济性和排放是选择发动机的基本内容，混合动力汽车发动机的控制目标如图 2-1 所示。

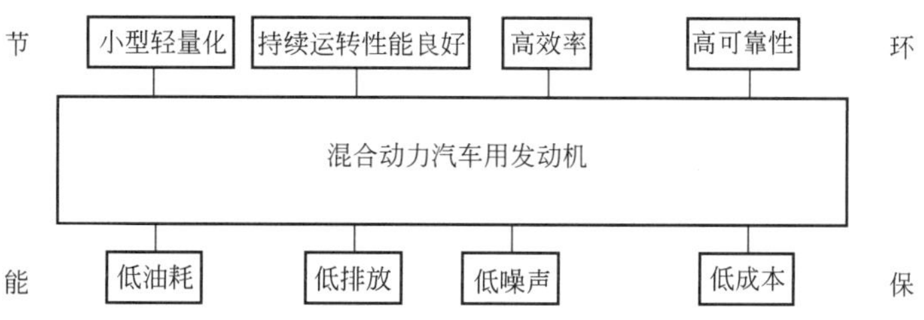


图 2-1　混合动力汽车发动机的控制目标

目前汽车上可参考选用的发动机包括汽油机、柴油机、二冲程柴油机、压缩天然气发动机、液化石油气发动机、甲醇发动机、转子发动机、燃气轮机发动机、斯特林发动机、氢发动机、二甲醚（DME）发动机等。这些发动机均可能应用在混合动力汽车上，设计时通常从以下几个方面进行考虑。

（1）发动机的动力性　混合动力汽车的节能和环保效果，主要表现为如何在确保车辆动力性能的情况下，使发动机动力适中，确保电力驱动系统发挥最大效率，从而能够在混合动力汽车上采用既满足车辆动力性要求，以接近内燃机汽车动力水平，又可以降低燃料消耗和减少排放的小排量发动机。混合动力汽车必须经过动力匹配计算及优化设计来选择所需的发动机。

混合动力汽车的发动机要求具有一定的驱动功率、足够的动力性能和机动性能，能够达到混合动力汽车的基本动力性能要求，并且能够与驱动电动机一同提供混合动力汽车所需的最大功率，使混合动力汽车可以达到或接近内燃机汽车的动力性能水平。

混合动力汽车可根据汽车类型的不同（轿车、客车、货车和重型自卸车等）、使用条件的不同（城市、高速公路或混合条件下使用）以及所设计性能要求的不同（载客量或载重量、舒适性和智能化水平等）来选用不同类型的发动机。

通常汽油机和柴油机仍然是首选的发动机，二冲程柴油机也可满足大多数混合动力汽车配套需要。转子发动机和燃气轮机通常用于大型客车、载货车和非公路重型自卸车。

串联式混合动力汽车的发动机功率等于或接近于其行驶时所需要的最大功率。混联式和并联式混合动力汽车的发动机功率可以小于行驶时所需要的最大功率。这是因为电力驱动系统在需要提供最大功率时发挥了重要作用。

（2）发动机的经济性　通常情况下，用发动机的比油耗［g/(kW·h)］来表达发动机的燃料经济性，可作为混合动力汽车按照“节能”要求选择发动机时的参考。在混合动力汽车中，因为采用“开-关”控制模式，电动/发电机带动快速启动方式以及发动机控制在比较狭窄的转速范围内稳定运转等特有的条件下工作，所以，发动机的比油耗将会低于或接近于发动机的最低比油耗。

（3）发动机的环保性　混合动力汽车必须是“超低污染”和接近“零污染”的车辆，尤其是在城市低速行驶条件下，必须实现“零污染”行驶，这是混合动力汽车存在及发展的基本条件。在上述各种发动机中，介绍了各种发动机在节能及环保等方面采取的各种措施和方法。因为混合动力汽车进一步采取了电力辅助驱动系统及通过中央控制器控制的发动机“开-关”控制模式、发动机启动加速控制、发动机稳定运转控制和制动能量回收等措施，使混合动力汽车发动机的排放进一步降低。

## 2.2 混合动力汽车的电动机

（1）混合动力汽车的电动机系统特点　混合动力汽车上电动机系统的工作条件以及其工作模式和传统工业电动机相比有着很大的区别，这些区别使传统工业电动机不适合在汽车上使用。与传统工业电动机相比较，混合动力汽车上所使用的电动机系统有下列特点。

① 混合动力汽车上所使用的电动机通常要求频繁启停、频繁加减速以及工作模式的频繁切换（作为电动机使用驱动汽车以及作为发电机使用实现能量回收和发电的功能），这对电动机的响应性能提出了更高的要求。

② 混合动力汽车驱动电动机需要有4～5倍的过载转矩，来满足短时加速行驶与最大爬坡度的要求；而工业驱动电动机仅要求有2倍的过载转矩就可以了。此外，混合动力汽车驱动电动机的最高转速要求达到公路上巡航时基速的4～5倍，而工业驱动电动机仅要求达到恒定功率时基速的2倍。

③ 因为汽车内部空间紧张，通常要求电动机系统体积小、重量轻以及具有较高的功率密度和工作效率等性能。此外，相对于传统工业电动机来说，混合动力汽车上所使用的电动机系统的工作环境更为恶劣，干扰更大，从而要求它具有更高的可靠性、抗振性及抗干扰性。

④ 传统电动机通常工作在额定工作点附近，而混合动力汽车电动机的工作范围相对较宽，且因为混合动力电动机工作模式的特殊性（电动机的工况常常处于动态变化中），额定功率这个参数对于混合动力汽车所使用的电动机来说，没有太大的意义，因此对其额定功率的要求并不严格，而在高效工作区间，这个参数则更为实际和重要。

⑤ 在供电方式上，传统工业电动机由常规标准的电源供电，而混合动力电动机所应用的电能来源于蓄电池，且由功率转化器直接供给。此外电动机的使用电压及形式并不确定，从减少功率损耗及降低电动机逆变器成本的角度来说，通常倾向于使用较高的电压。

由此可知，混合动力汽车对它使用的电动机系统有着以下特殊要求：频繁切换性能好，比功率大，体积较小，抗振性、抗干扰性好，高效工作范围宽，容错能力强，噪声小，以及对电压波动的适应能力和可以接受的成本等。

（2）混合动力汽车驱动电动机种类　高功率密度、高效率、宽调速的车辆牵引电动机及其控制系统既是混合动力汽车的“心脏”，又是混合动力汽车研制的关键技术之一。

混合动力汽车在不同的历史时期选用了不同的电动机，最早是采用了控制性能好和成本较低的直流电动机。随着电子技术、机械制造技术及自动控制技术的发展，交流电动机、永磁电动机和开关磁阻电动机显示出比直流电动机更为优越的性能，这些电动机正在逐渐取代直流电动机。图 2-2 所示为现代混合动力汽车所采用的各种电动机，表 2-3 为现代混合动力汽车所采用的各种电动机的基本性能比较。

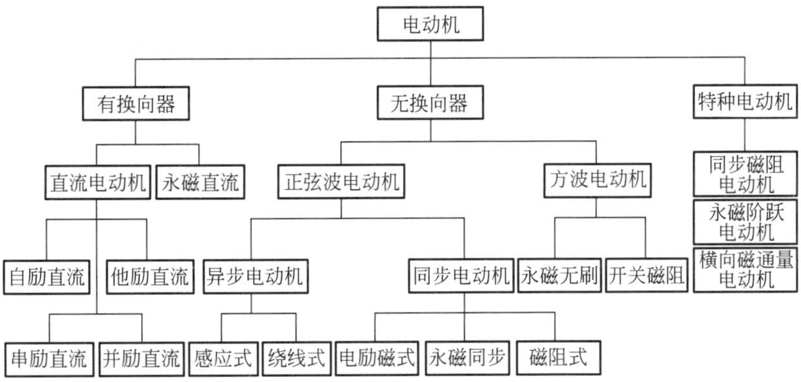


图 2-2　现代混合动力汽车采用的各种电动机

**表 2-3　现代混合动力汽车所采用的各种电动机的基本性能比较**

| 项目 | 直流电动机 | 感应式电动机 | 永磁式电动机 | 开关磁阻式电动机 |
| --- | --- | --- | --- | --- |
| 功率密度 | 低 | 中 | 高 | 较高 |
| 过载能力/% | 200 | 300～500 | 300 | 300～500 |
| 峰值效率/% | 85～89 | 94～95 | 95～97 | 90 |
| 负荷效率/% | 80～87 | 90～92 | 85～97 | 78～86 |
| 功率因数/% | — | 82～85 | 90～93 | 60～65 |
| 恒功率比 | — | 1∶5 | 1∶2.25 | 1∶3 |
| 转速范围/(r/min) | 4000～6000 | 12000～20000 | 4000～10000 | ＞15000 |

续表

| 项目 | 直流电动机 | 感应式电动机 | 永磁式电动机 | 开关磁阻式电动机 |
| --- | --- | --- | --- | --- |
| 可靠性 | 一般 | 好 | 优良 | 好 |
| 结构的坚固性 | 差 | 好 | 一般 | 优良 |
| 电动机外形尺寸 | 大 | 中 | 小 | 小 |
| 电动机重量 | 重 | 中 | 轻 | 轻 |
| 控制操作性能 | 最好 | 好 | 好 | 好 |
| 控制器成本 | 低 | 高 | 高 | 一般 |

注：只进行各电动机之间的定性比较。

（3）混合动力汽车对电动机性能的基本要求　混合动力汽车驱动电动机的主要参数包括电动机类型、额定电压、机械特性、效率、尺寸参数、质量参数、可靠性和成本等。此外，为电动机所配置的电子控制系统和驱动系统也会影响驱动电动机的性能。

① 在允许的范围内，尽量采用高电压，这样可以减小电动机的尺寸和导线等装备的尺寸，尤其是可以降低逆变器的成本。

② 电动汽车所采用的感应电动机转速能够达到8000～12000r/min，高转速电动机的体积较小，质量较小，有助于降低混合动力汽车的整车的装备质量。

③ 电动机采用铝合金外壳，以减小电动机的质量，各种控制装置的质量和冷却系统的质量等也要求尽量小。此外，还要求电动机和控制装置在运转时的噪声要低。

④ 电动机应具有较大的启动转矩和较大范围的调速性能，使混合动力汽车具有良好的启动性能和加速性能，以获得所需要的启动、加速、行驶、减速、制动等的功率和转矩。电动机具有自动调速功能，可以减轻驾驶员的操纵强度，提高驾驶的舒适性，并且可以达到与内燃机汽车加速踏板同样的控制响应。

⑤ 混合动力汽车应有最优化的能量利用，电动机应高效率、低损耗，并且在车辆减速时，实现再生制动能量的回收。再生制动回收的能量通常可达到总能量的10%～15%，这在内燃机汽车上是无法实现的。

⑥ 各种动力电池组和电动机的工作电压可以达到300V以上，其电气系统的安全性与控制系统的安全性必须符合国家（或国际）有关车辆电气控制安全性能的标准和规定，配置高压保护设备。

此外，电动机还要求可靠性好，耐温和耐潮性能强，运行时噪声低，可以在较恶劣的环境下长期工作，结构简单，适合大批量生产，使用维修方便，价格便宜等。

## 2.2.1　直流电动机

在早期开发的混合动力汽车上多使用直流电动机，但在新研制的混合动力汽车上已基本不再使用直流电动机。直流电动机具有优良的电磁转矩控制特性，调速比较方便，控制装置简单、价廉；但效率较低、重量大、体积大、价格高。

（1）直流电动机的种类和基本性能　在混合动力汽车上，最常采用的包括他励直流电动机和串励直流电动机。

① 他励直流电动机。可以分别控制励磁电流和电枢电流，来实现对他励直流电动机的控制。他励直流电动机具有线性特性与稳定输出特性，可以扩大其调速范围，可以实现在减速和制动时的再生制动，回收一部分能量。

② 串励直流电动机。励磁电流与电枢电流相等，能获得每单位电流的最高转矩，启动转矩大，具有较好的启动特性以及较宽的恒功率调速范围，有助于提高混合动力汽车的动力

性能。

（2）直流电动机的控制系统　直流电动机在电源电路上，可以采用较少的控制元件，通常用斩波器来控制，最常采用的有 IGBT 电子功率开关的斩波器用作控制装置。IGBT 斩波器是在直流电源和直流电动机之间的一个周期性的通断开关装置，斩波器按照直流电动机输出转矩的需要，脉冲输出和变换直流电动机所需电压从零到最高电压，和直流电动机输出的功率相匹配，来驱动和控制直流电动机运转。IGBT 斩波器已经商品化，可以供用户选用。

（3）直流电动机的特点　直流电动机的电枢和磁场可以分别控制，所以控制起来比较容易，而且控制性能较好，直流电动机的容量范围很广，能够根据所需的转矩和最高转速来选用所需要的容量，市场上具有各种不同结构的直流电动机供选用。直流电动机的制造技术和控制技术均较为成熟，驱动系统较便宜。

由于直流电动机在结构上有电刷、换向器等接触零件，它们容易磨损，在高速旋转时电刷和换向器之间会产生火花，严重时形成“环火”，限制了直流电动机转速的提高。直流电动机相对于其他电动机，结构比较复杂，体积较庞大，也较笨重，对使用环境要求高，可靠性较差，价格高，需经常维护和修理。

## 2.2.2　交流电动机

（1）三相异步感应电动机的结构　三相异步感应电动机包括笼型异步感应电动机（简称感应电动机）和绕线型异步感应电动机两种。笼型异步感应电动机是应用最广泛的电动机。

三相异步感应电动机的定子与转子由层叠、压紧的硅钢片组成，两端采用铝盖封装，在转子和定子之间没有相互接触的部件，结构简单，运行可靠，持久耐用，价格低廉。

（2）三相异步感应电动机的基本性能　三相异步笼型感应电动机的功率容量覆盖面非常广，最高转速可达 10000～12000r/min，可以采取空气冷却或液体冷却方式，冷却自由度高，对环境的适应性好，而且能够实现再生反馈制动。与同功率的直流电动机相比，效率较高，质量约减小一半左右。三相异步感应电动机已可以大批量生产，有各种不同型号规格的产品供用户选用，价格便宜，维修简单方便，得到普遍的应用。

（3）三相异步感应电动机的控制系统　在混合动力汽车上，通常采用发电机或动力电池组作为电源，三相异步感应电动机无法直接使用直流电源，此外，三相异步感应电动机具有非线性输出特性，所以，在采用三相异步感应电动机时，需要应用逆变器中的功率半导体变换器件，将直流电变换为频率和幅值均可以调节的交流电，来实现对三相异步感应电动机的控制。在混合动力汽车上，按照混合动力汽车的模型结构不同，一般功率电路有交-直-交逆变器系统、交-交变频器系统、直-交逆变器系统。在装有交流发电机的混合动力汽车上，根据动力系统模型结构的要求，可以采用前两种变频器系统。

## 2.2.3　永磁电动机

### 2.2.3.1　永磁电动机的种类

永磁电动机有两种形式，两种永磁电动机的同步特性的区别，表现在它们的电波曲线形状上：矩形脉冲波电流，永磁无刷直流电动机 PM BDC 具有矩形脉冲波电流；正弦波电流，永磁同步电动机 SPM 具有正弦波电流。

永磁电动机的电波曲线形状是由电动机的类型及其控制系统来确定的，但因为它们是从不同类型的电动机发展而来的，所以具有不同的名称。这两种永磁电动机在结构及工作原理上大致相同，转子都是永久磁铁，定子通过对称交流电来产生转矩，定子电枢大多采用整距集中绕组。

永磁电动机的同步特性比较如图 2-3 所示。

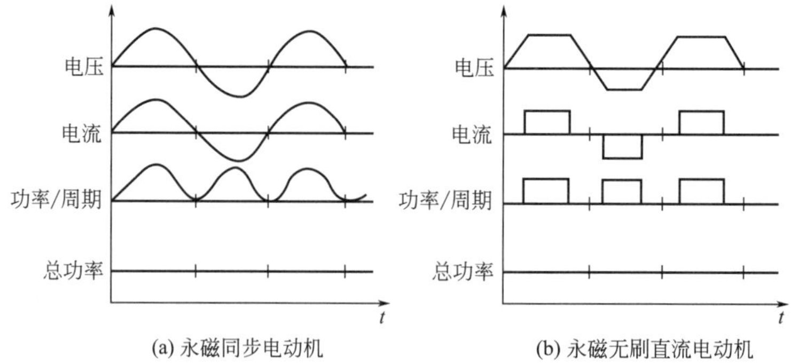

图 2-3 永磁电动机的同步特性比较

### 2.2.3.2 永磁电动机的结构

按照永久磁铁在永磁电动机上的布置，可以将永磁电动机分为内部永磁型 IPM、表面永磁型 SPM 以及镶嵌式（混合式）永磁型 ISPM 几种结构形式，将永磁磁极按照 N 极和 S 级顺序排列组成永磁电动机的磁性转子。

（1）磁性转子的结构

① 内部永磁型磁性转子。其磁路结构可分为径向型磁路结构、切向型磁路结构及混合型磁路结构。

图 2-4 中 1～5 为径向型内部永磁转子结构，径向型磁路磁性转子漏磁小，而且不需要隔离环，但它的每个磁极的有效面积仅约为切向型内部永磁转子的一半，为了提高径向型内部永磁转子的有效面积，大多采用图 2-4 中 5 的截面形状。图 2-4 中 6～8 为切向型内部永磁转子结构，切向型内部永磁转子会由于 q 轴电枢反应较强，从而减少了有效转矩，可以采用图 2-4 中 8 的形式，在转子上开闭口空气槽，能够改善对其转矩的影响。图 2-4 中 9 为混合型内部永磁转子结构。

图 2-4 永久磁铁的磁路结构形式

1～5—径向型内部永磁转子结构；6～8—切向型内部永磁转子结构；9—混合型内部永磁转子结构；10～12—表面永磁型转子结构

② 表面永磁型磁性转子。图 2-4 中 10～12 为表面永磁型转子结构，表面永磁型转子的使用正在逐渐增多。图 2-5 所示为表面永磁型转子永磁电动机的横截面。

③ 混合式永磁型磁性转子。图 2-6 所示为一种混合式永磁型磁性转子，这种混合式永磁型磁性转子能够用嵌入永久磁铁中的励磁绕组来对磁通量进行控制，从而改变永磁电动机的机械特性。

（2）磁极的数量　通常感应电动机的磁极数量增多以后，电动机在相同的转速下，工作频率随之增加，定子的铜损和铁损也相应增加，将造成功率因数急剧下降。磁阻电动机的磁极数量增多以后，会使电动机输出的最大转矩和最小转矩之间的差值很大，对磁阻电动机的性能影响较大，独立励磁电动机的磁极数量增多之后，将无法达到额定的转矩。而永磁电动机的磁极增加一定数量以后，不但对电动机的性能没有明显的影响，还可以有效地减小永磁电动机的尺寸及重量。

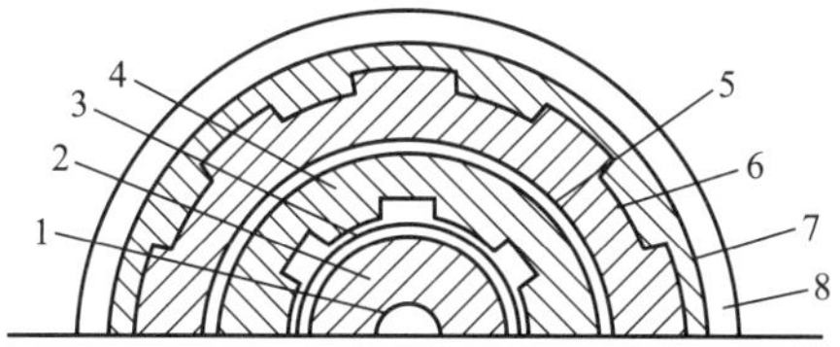


图 2-5 表面永磁型转子永磁电动机的横截面

1—电动机轴；2—转子；3—转子磁体固定环；4—钕-铁-硼永磁体；5—钕-铁-硼永磁体卡环；6—定子绕组；7—定子铁芯；8—电动机冷却水套

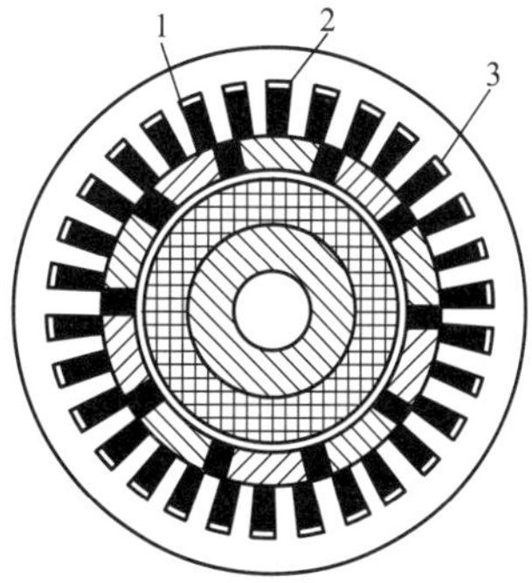


图 2-6 混合式永磁型磁性转子

1—定子绕组；2—励磁绕组；3—永久磁体

永磁电动机的气隙直径与有效长度受电动机的额定转矩、气隙磁通密度、定子绕组的线电流密度等参数变化的影响。气隙磁通密度主要受磁性材料磁性的限制，所以需要采用磁能密度高的磁性材料。此外，在气隙磁通密度相同的条件下，增加磁极的数量，即可减小电动机磁极的横截面面积，从而减小电动机转子铁芯的直径。图 2-7 所示为一个四极永磁转子铁芯与一个十六极永磁转子铁芯的尺寸比较，后者的横截面面积要小于前者，所以可以减小电动机的重量。增加磁通密度、改进磁路结构、减弱电枢反应和提高电动机的转速，是提高永磁电动机性能及效率的主要途径。

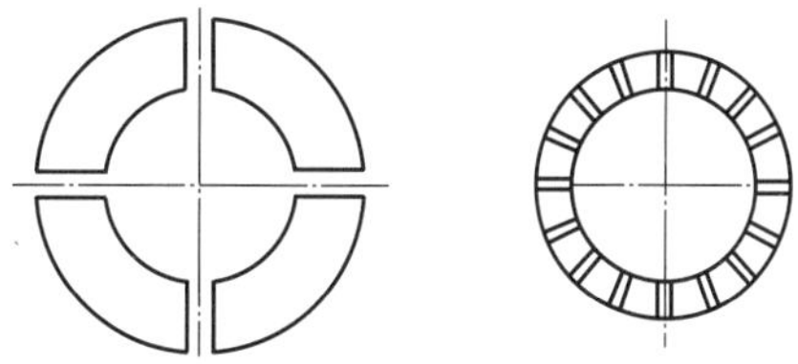

(a) 四极永磁转子铁芯　(b) 十六极永磁转子铁芯

图 2-7 四极永磁转子铁芯与十六极永磁转子铁芯的尺寸比较

（3）永磁材料　永磁电动机的永磁材料种类繁多，如 KS 磁钢、铁氧体、锰铝碳、铝镍钴和稀土合金等，铁氧体价格低廉，而且去磁特性接近一条直线，但是铁氧体的磁能很低，使永磁电动机的体积增大，结构比较笨重。现代主要采用稀土合金永磁材料来制造永磁电动机的磁极，它的能量密度明显超过其他永磁材料制成的磁极。钕-铁-硼（Nd-Fe-B）稀土合金的磁能积最高，具有最高的剩磁和矫顽力，加工性能好，资源广泛，应用发展最快，是目前最理想的永磁材料，而且相对价格也不高。磁极的磁性材料不同，电动机的磁通量密度也不同，磁通量密度大时，永磁电动机的体积和重量均将减小。

采用钕-铁-硼稀土合金永磁材料时，因为其在高温时磁性会发生不可逆的急速衰退，以致完全失去磁性，所以，用钕-铁-硼稀土合金永磁材料制成的永磁电动机的工作温度必须控制在 150℃以下，通常在电动机上要采取强制冷却措施。钕-铁-硼稀土合金要比钐-钴（Sm-Co）稀土合金具有更好的力学性能，价格也较低，稀土合金永磁材料在制造中都必须进行适当加固，否则无法承受高速运转时的作用力。

### 2.2.3.3 永磁无刷直流电动机

（1）永磁无刷直流电动机的结构　永磁无刷电动机可以视为一台用电子换向装置代替机

械换向装置的直流电动机，永磁无刷直流电动机主要由永磁电动机本体、转子位置传感器以及电子换向电路组成。无论是结构还是控制方式，永磁无刷直流电动机与传统的直流电动机都有很多相似之处：用装有永磁体的转子取代有刷直流电动机的定子磁极；用具有多相绕组的定子代替电枢；用由固态逆变器及轴位置检测器组成的电子换向器取代机械换向器和电刷。

（2）永磁无刷直流电动机的性能　永磁无刷直流电动机在工作时，直接将方波（矩形脉冲波）电流输入其定子中，控制永磁无刷直流电动机转动。矩形脉冲波电流可以使电动机得到较大的转矩。永磁无刷直流电动机的优点为效率高（比交流电动机高 6%）、出力大、高速操作性能好、无电刷、结构简单牢固、免维护或少维护、体积小、重量轻。输出转矩和转动惯量比值大于相似的三相感应电动机。永磁电动机在材料的电磁性能、磁极数量、磁场衰退等多方面的性能均优于其他种类的电动机。若输出的波形不好，会发生较大的转矩冲击式输出，影响电动机的低速性能，电流损耗大，工作噪声大。

由于电流反馈控制的无刷直流电动机具有近似正弦气隙磁通密度和正弦定子反馈电流，因此它要比同样体积的永磁同步电动机的输出功率大 15%。在同样转速的情况下，电流反馈控制的无刷直流电动机输出的转矩比永磁同步电动机也要大 15%。但是无刷直流电动机的损耗、噪声和转矩波动，均比永磁同步电动机大，对无刷直流电动机的使用带来一些影响。

（3）永磁无刷直流电动机的控制系统　永磁无刷直流电动机具有很高的功率密度及宽广的调速范围。永磁无刷直流电动机的控制系统比较复杂，有多种控制策略，采用方波电流（实际上方波为顶宽不小于 120°的矩形波）的永磁无刷直流电动机的控制则较为容易，驱动效率也最高。

永磁无刷直流电动机的基本控制系统由直流电源、电容器、三相绝缘栅双极晶体管（IGBT）逆变器、永磁无刷直流电动机（PMBDC）、电动机转轴位置检测器（PS）、逻辑控制单元 120°导通型脉宽调制信号发生器（PWM）驱动电路以及其他一些电子器件共同组成。

转轴位置检测器检测转轴位置的信号，并且经过位置信号处理，将信号输送到逻辑控制单元，码盘检测电动机的转速，通过速度反馈单元、速度调节器，对电动机的运行状态进行判别，将信号输送至逻辑控制单元，经过逻辑控制单元计算后，将控制信号传送到 PWM 发生器。

电流检测器根据闭环控制方式，将反馈电流进行综合，经过电流调节器调控，也将电流信号输入 PWM 发生器。

由转轴位置检测器依据转角 $\theta$ 和速度调节器对电动机的运行状态进行判别，共同发出转子位置的信号 DA、DB、DC，以及电流检测器对电流的调控信号，共同输入 PWM 发生器后，产生脉宽调制的信号，自动换流来改变定子绕组的供电频率及电流的大小，控制逆变器功率开关元件的导通规律。如图 2-8 所示，逆变器的功率开关由上半桥开关元件 $S_1$～$S_3$ 与下半桥开关元件 $S_4$～$S_6$ 组成，在同一时刻只有处于不同桥臂上的一只开关元件（IGBT）被导通（例如 $S_1$ 和 $S_6$），电动机的电磁转矩和开关元件导通的电流成正比。

#### 2.2.3.4　永磁磁阻同步电动机

（1）永磁磁阻同步电动机的结构　永磁磁阻同步电动机是将永久磁铁代替他励同步电动机的转子励磁绕组，将磁铁插入转子内部，形成同步旋转的磁极。电动机的定子和普通同步电动机两层六极永磁磁阻同步电动机的定子一样，如图 2-9 所示，转子上不再用励磁绕组、集电环以及电刷等来为转子输入励磁电流，输入转子的是三相正弦波电流。永磁磁阻同步电动机具有高效率（达 97%）及高比功率（远远超过 1kW/kg）的优点。输出转矩与转动惯量

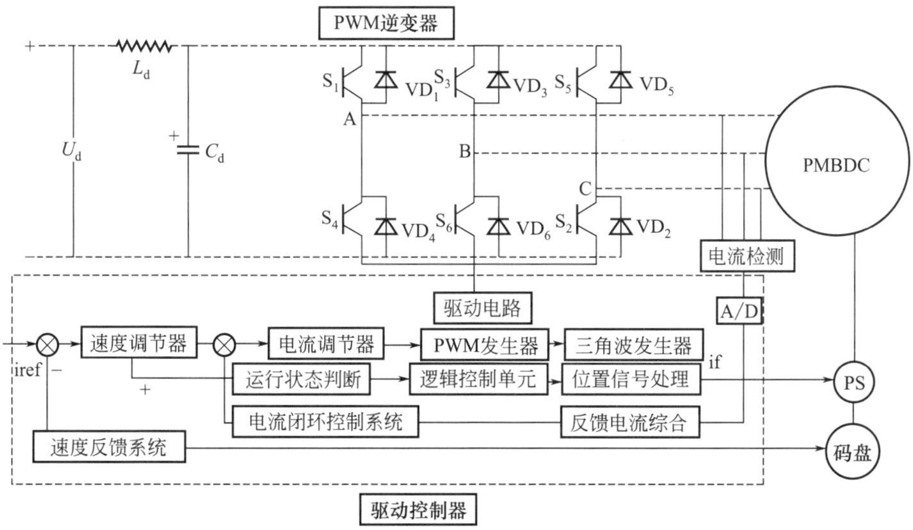


图 2-8 永磁无刷直流电动机控制策略

比均大于相似的三相感应电动机。在高速转动时有良好的可靠性，平稳工作时电流损耗小。永磁磁阻电动机在材料的电磁性能、磁极数量、磁场衰退等多方面的性能均优于其他种类的电动机，工作噪声也低。

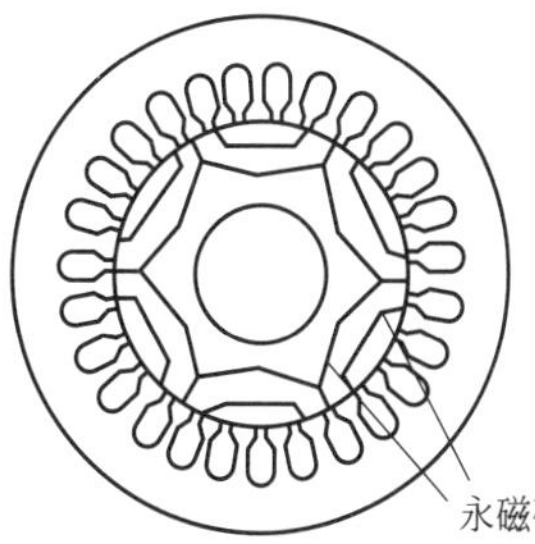


图 2-9 两层六极永磁磁阻同步电动机的定子和转子

在同步电动机的轴上安装转子位置传感器和速度传感器，它们产生的信号是驱动控制器的输入信号。永磁磁阻同步电动机具有功率密度高、调速范围宽、效率高、性能更加可靠、结构更加简单、体积小的优点。和相同功率的其他类型的电动机相比，它更加适宜作为 EV、FCEV 和混合动力汽车的驱动电动机。

永磁磁阻电动机为了增加电动机的转矩，采用增加 q 轴磁阻和 d 轴磁阻之差，来获得更大的磁阻转矩，所以采用多层的转子结构。不同层数的永磁磁阻同步电动机的转子如图 2-10 所示，有单层、双层、3 层和 10 层等。转子的层数增加，q 轴绕组电感-d 轴绕组电感也增大，但增加层数超过 3 层，q 轴绕组电感-d 轴绕组电感变化不大，通常为 2～3 层。

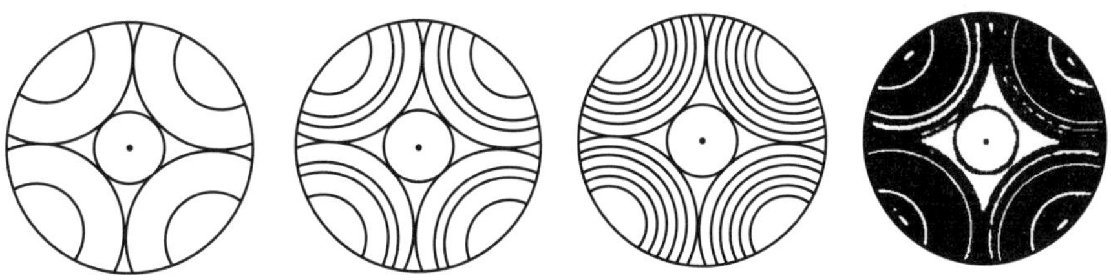

(a) 单层　(b) 双层　(c) 3层　(d) 10层

图 2-10 不同层数的永磁磁阻同步电动机的转子

（2）永磁磁阻同步电动机的控制系统　永磁磁阻同步电动机采用带有矢量变换电路的逆变器系统进行控制，其控制系统由直流电源、电容器、三相绝缘栅双极晶体管（IGBT）逆变器、永磁同步电动机（PSM）、电动机转轴位置检测器（PS）、速度传感器、电流检测器、驱动电路及其他一些元件等共同组成。

微处理器控制模块中有乘法器、矢量变换电路、弱磁控制器、转子位置检测系统、速度调节系统、电流控制系统、PWM逆变器等主要电子器件，PWM逆变器的作用是将直流电通过脉宽调制变为频率和电压可变的交流电，电压波形有正弦波或方波。

① 转子位置检测器根据检测转子磁极的位置信号与矢量变换电路发出的控制信号，共同通过电流分配信号发生器来对转子位置信号进行调节，形成电流分配信号，将信号分别输入A、B乘法器中。

② 速度传感器、速度变换电路和速度调节器，对电动机的运行状态进行判别及处理，将电动机的运行状态信号分别输入A、B乘法器中。

③ 控制驱动器采用不同的控制方法，由电流分配信号发生器及速度调节器对系统提供信号，经过乘法器逻辑控制单元的计算后产生控制信号，并和电流传感器输入的电流信号共同保持转子磁链和定子电流之间的确定关系，将电流频率与相位变换信号分别输入各自独立的电流调节器中，然后输出至PWM逆变器中，控制逆变器换流IGBT开关元件的通断，完成脉宽调制，为永磁同步电动机提供正弦波形的三相交流电，同时控制定子绕组的供电频率、电压以及电流的大小，使永磁同步电动机产生恒定的转矩，并对永磁同步电动机进行调速控制。

④ 系统的给定量是转子转速的大小，系统可以根据不同的给定速度运行，调速范围宽，调速精度也较高。

根据电动机转子位置检测器测得的转子的正方向转角 $\theta$ 位置的信号DA、DB、DC，使分别属于上桥臂与下桥臂的两只开关元件导通，而且仅在下桥臂的开关元件受控于PWM状态时，电动机处于电动状态运转。

根据电动机转轴位置检测器得到的转子反方向转动的信号DA′、DB′、DC′时，分别属于上桥臂与下桥臂的6只开关元件按周期规律交替导通，在每个周期中每只开关元件轮流导通工作60°电角度，PWM处于脉宽调制状态时，电动机处于发电状态运转。

永磁磁阻同步电动机的控制系统如图2-11所示。

（3）永磁磁阻同步电动机的机械特性　永磁磁阻同步电动机在牵引控制中采取矢量控制方法，在额定转速以下恒转矩运转时，使定子电流相位领先一个 $\beta$ 角，这样，一方面可以增加电动机的转矩，另一方面因为 $\beta$ 角领先产生的弱薄作用，使电动机额定转速点增高，从而增加了电动机在恒转矩运转时的调速范围，如 $\beta$ 角继续增加电动机将运行在恒功率状态。永磁磁阻同步电动机可以实现反馈制动。图2-12所示为永磁磁阻同步电动机的机械特性曲线。

#### 2.2.3.5 永磁电动机的特点

因为永磁电动机的转子上无绕组，无铜耗，磁通量小，在低负荷时铁损很小，所以永磁电动机具有较高的质量功率，比其他类型的电动机具有更高的工作频率、更大的输出转矩。转子电磁时间常数较小，电动机的动态特性好，极限转速与制动性能等都优于其他类型的电动机。永磁电动机定子绕组是主要的发热源，其冷却系统较为简单。

在混合动力汽车上，通常要求电动机的输出功率保持恒定，即电动机的输出功率不随转速增加而改变，这就要求电动机在转速增加时，电压保持恒定，对通常电动机可以用调节励磁电流来控制，而永磁电动机因为其磁场产生恒定的磁通量，随着电流的增加，电动机的转矩和电流成正比增加，所以，基本上拥有最大的转矩。随着电动机转速的增加，电动机的功率也增加，同时电压随之增加。永磁电动机磁场的磁通量调节起来是比较困难的，所以需要采用磁场控制技术来实现，这使永磁电动机的控制系统变得更加复杂，而且增加了成本。

永磁电动机受到永磁材料制造工艺的影响及限制，使永磁电动机的功率范围较小，最大

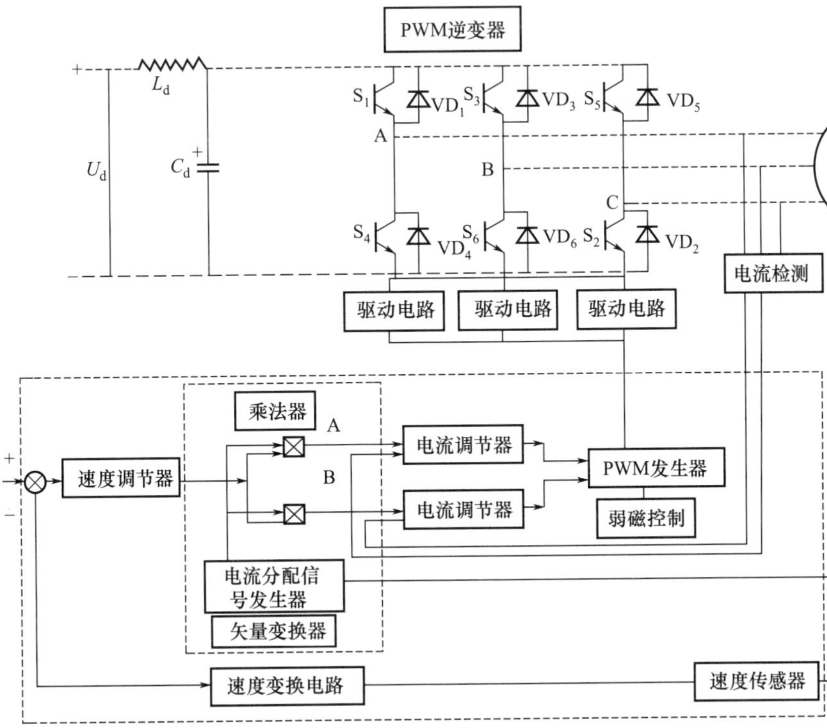


图 2-11 永磁磁阻同步电动机的控制系统

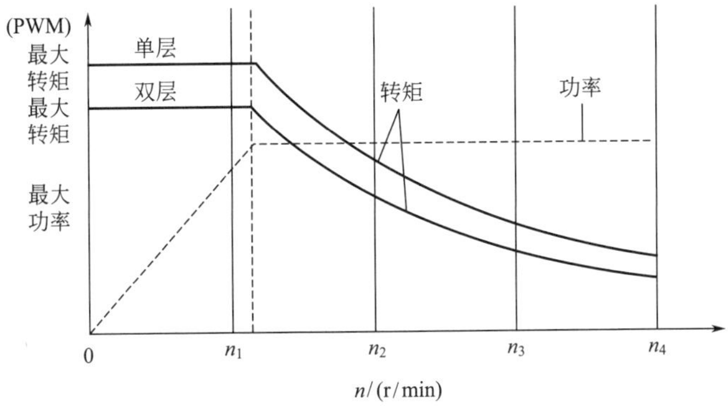


图 2-12 永磁磁阻同步电动机的机械特性曲线

功率只有数十千瓦。永磁材料在受到振动、高温和过载电流作用时，可能会使导磁性能降低或发生退磁现象，因此降低永磁电动机的性能，严重时还会损坏永磁电动机，在使用中必须严格控制其不发生过载，永磁电动机在恒功率模式下，操纵比较复杂，永磁电动机和三相感应式电动机同样需要一套复杂的控制系统，从而使永磁电动机的控制系统造价也非常高，最新研制和开发的混合励磁永磁磁阻同步电动机使永磁磁阻同步电动机的控制性能得到较大的改进。

## 2.2.4 开关磁阻电动机

### 2.2.4.1 开关磁阻电动机的性能

开关磁阻电动机是一种新型调速电动机，调速系统具有直流和交流两类调速系统的优点，是继变频调速系统、无刷直流电动机调速系统的最新一代无级调速系统。它的结构简单，在电动机的转子上没有滑环、绕组等转子导体及永久磁铁等。开关磁阻电动机的定子和转子均是凸极结构，只在电动机的定子上安装有简单的集中励磁绕组，励磁绕组的端部较短，没有相间跨接线，磁通量集中在磁极区，通过定子电流来励磁。各组磁路的磁阻随转子位置不同而改变，转子的运转依靠磁引力来运行，转速可达 15000r/min，在较宽的转速范围及较宽的转矩范围内效率可达 85%～93%，比三相感应电动机要高，其转矩-转速特性好，在较宽的转速范围内，转矩、转速可以灵活控制，调速控制比较简单，并可实现四象限运行。具有较高的启动转矩和较低的启动功率，开关磁阻电动机功率密度高，结构简单坚固，可靠性好，但是转矩脉动大，控制系统较复杂，工作噪声大，体积比同样功率的感应电动机要大一些。

目前，开关磁阻电动机的应用和发展取得了显著的进步，已成功地应用于电动车驱动、通用工业、家用电器以及纺织机械等各个领域，功率范围从 10W 到 5MW，最大转速高达 100000r/min。

### 2.2.4.2 开关磁阻电动机的结构

开关磁阻电动机的定子和转子采用凸极结构，定子和转子均是由硅钢片叠片组成的。开关磁阻电动机的定子和转子极数不同，具有多种组合方式，最常见的包括三相 6/4 结构和四相 8/6 结构。三相开关磁阻电动机的定子上有 6 个凸极，转子上有 4 个凸极。四相开关磁阻电动机的定子上有 8 个凸极，转子上有 6 个凸极。在定子相对称的两个凸极上的集中绕组互相串联，组成一相，但在转子上没有任何绕组。所以，定子上有 6 个凸极的为三相开关磁阻电动机，定子上有 8 个凸极的为四相开关磁阻电动机。依此类推，因为开关磁阻电动机的定子凸极数量不同，形成不同极数的开关磁阻电动机。开关磁阻电动机的结构方案见表 2-4。

**表 2-4 开关磁阻电动机的结构方案**

| 相数 | 3 | 4 | 5 | 6 | 7 | 8 | 9 |
|---|---|---|---|---|---|---|---|
| 定子极数 $N_s$ | 6 | 8 | 10 | 12 | 14 | 16 | 19 |
| 转子极数 $N_r$ | 4 | 6 | 8 | 10 | 12 | 14 | 16 |
| 步进角 | 30° | 15° | 9° | 6° | 4.28° | 3.21° | 2.5° |

图 2-13(a) 所示为三相 6/4 凸极单绕组结构的开关磁阻电动机的定子和转子结构，图 2-13(b) 所示为三相 12/8 凸极双绕组结构的开关磁阻电动机的定子和转子结构，图 2-13(c) 所示为四相 8/6 凸极结构的开关磁阻电动机的定子和转子结构。

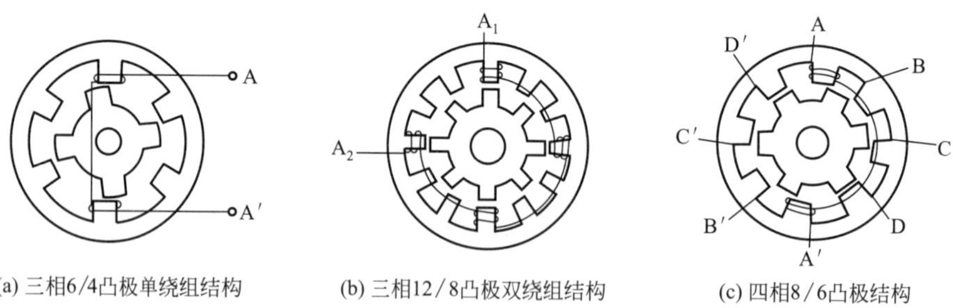

(a) 三相6/4凸极单绕组结构　(b) 三相12/8凸极双绕组结构　(c) 四相8/6凸极结构

图 2-13 不同的凸极开关磁阻电动机的结构

### 2.2.4.3 开关磁阻电动机的工作原理

图 2-14 所示为三相开关磁阻电动机的工作原理。从图 2-14 中可以看出若按 A、B、C、

A 的顺序向定子绕组轮流通电时，定子便产生按照顺序变换的磁场，这时，电动机的转子就会连续不断逆时针地转动。若反过来按 A′、C′、B′、A′改变定子绕组通电顺序时，开关磁阻电动机转子就可以改变转动的方向。图 2-14 所示的三相开关磁阻电动机定子的凸极数为 6 个，转子的凸极数为 4 个，当 A、B、C 三相轮流通电一次时，转子共转 π/2 步进角。若改变电流的大小，则可改变电动机转矩的大小进而改变电动机的转速。若控制在转子极离开定子极通电，即可产生与转子旋转方向相反的制动转矩。

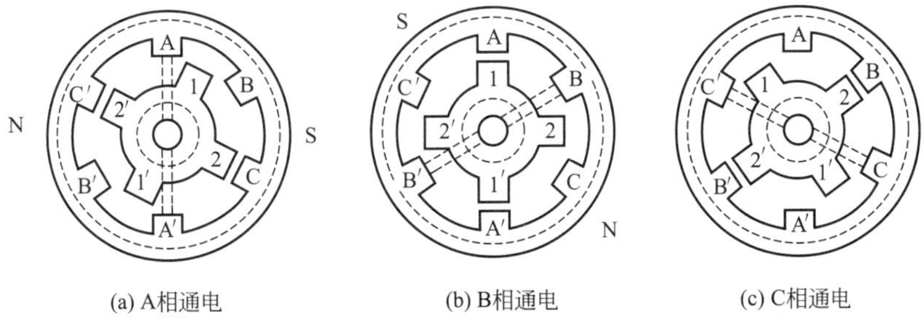

图 2-14　三相开关磁阻电动机的工作原理

### 2.2.4.4　开关磁阻电动机的特点

（1）开关磁阻电动机的优点　开关磁阻电动机传动系统综合了感应电动机传动系统与直流电动机传动系统的优点，主要如下。

① 高启动转矩、低启动电流。试验结果显示，开关磁阻电动机在 15%的额定电流时，即可获得 100%的额定转矩，而且还能够延伸到低速运行段，恒转矩的调速范围可达 1∶30。而通常直流电动机在 100%的额定电流时可获得 100%的额定转矩，感应电动机在 300%额定电流时，方可获得 100%的额定转矩。用低启动电流即可获得高启动转矩，而且没有启动冲击电流，是开关磁阻电动机的最大特点。开关磁阻电动机具有较高的功率密度，其效率及输出功率又可在宽广的转速和负载范围内保持较高的水平实现高效优化调节控制，其系统效率能够达到 85%以上，具有明显的节能效果，比不调速电动机的效率还要高，非常适于混合动力汽车的驱动要求，这对采用电池作为动力能源的混合动力汽车具有极大的吸引力和实用性。

② 高效率、低损耗、耐温。开关磁阻电动机的调速系统效率非常高，电流的幅值、转矩的方向及大小均能得到控制，可实现软启动和四象限运转，控制起来灵活、方便，具有其他调速系统很难达到的水平。开关磁阻电动机系统在运行时电动机绕组通电状态的改变和电动机转子位置变化相同步，因此不会产生失步现象。开关磁阻电动机的可控参数多，动态响应快，所以在宽转速范围运行区内和不同负载的条件下，也不会发生在变频器供电时三相异步电动机在低频时易发生的不稳定的振荡现象和永磁电动机因受高温影响而出现的失磁现象。开关磁阻电动机的转子从结构上就不存在铜损，在运转时绕组电阻损耗和铁损均只出现在定子上，使电动机的散热比较容易，另外在转子上没有绕组与永磁体，转子允许的最高温度明显高于其他类型的电动机。

③ 电动机结构简单，适用于高速运转。开关磁阻电动机的转子仅是一段叠片铁芯，上面没有任何形式的绕组，转子惯量低，系统动态响应快，转子的机械强度高，对转子的转速限制少，可以在 15000～50000r/min 及更高转速下运转，具有更大的调速范围，还不存在因高速和高温引起的退磁现象，这是开关磁阻电动机的突出特点。其定子上也只有结构简单的集中绕组，转子和定子都是大齿槽结构，绕组端部短而且牢固。它的结构比一般认为最简单的笼型感应电动机的结构还要简单，可靠性高，绝缘结构简单，制造方便，便于维修，这也

是开关磁阻电动机的突出特点。

④ 电动机的功率电路简单。通常感应电动机绕组需要通过双向电流，所以为它供应电流的PWM变频器的功率电路每相均需要两个功率开关。而开关磁阻电动机转矩方向和电流方向无关，只需要单方向绕组电流，为它供应电流的功率电路每相仅需要一个功率开关，功率开关和辅助器件少，电路结构简单，开关磁阻电动机功率变换器系统中的保护电路能够简化，从而提高了功率变换器系统的可靠性，并适用于在频繁启、停、变速和制动的工况下工作。此外，开关磁阻电动机的功率开关器件直接与电动机定子绕组串联，完全避免了在感应电动机及直流无刷电动机驱动系统的逆变器中，上下两个开关同时导通而形成直通短路引起功率开关器件被烧毁的现象发生。

⑤ 可靠性好。通常感应电动机是在各相绕组和磁路共同作用下产生一个圆形磁场，电动机才能正常运转，若其中有一相电路发生故障时感应电动机就无法正常运转以致烧毁，开关磁阻电动机各相的定子绕组及磁路互相独立，各相电路单独为本相绕组供电，并且各自在一定的转角范围内产生电磁转矩，通常也是独立工作。当开关磁阻电动机的一相绕组和磁路或控制器的一相电路发生故障时，仅需停止该相工作，电动机仍然可以继续运转，只是减少了电动机的输出总功率，没有其他影响，是一种可靠性极高的系统。

⑥ 良好的适应性，成本低。开关磁阻电动机加速时间与减速时间可以自动与负载相适应，还可以按照使用条件来设定。瞬时断电时不跳闸，能够自动恢复以前的运行状态。因为其结构简单牢固，转子上没有任何形式的绕组，更适宜在潮湿、多粉尘的恶劣环境条件下工作，结构特性好，制造成本低，不需要进行维护。

（2）开关磁阻电动机的缺点

① 转矩有脉动现象。从工作原理可知，S开关磁阻电动机转子上产生的转矩是由一系列脉冲转矩叠加而成的，因为双凸极结构和磁路饱和非线性的影响，合成转矩不是一个恒定转矩，而是有一定的谐波分量，这影响了开关磁阻电动机低速运行性能。目前只能够在不太宽的转速范围内，使开关磁阻电动机的脉动下降到交流感应电动机的水平，但要在宽度较大的转速范围内均能控制脉动在小的范围内，限于开关磁阻电动机系统有高的非线性特性，实际控制中是非常困难的。

② 振动与噪声。开关磁阻电动机的转速与转矩有脉动现象，此外还有单边磁拉力的作用，使电动机产生振动与噪声，有时功率变换器的开关频率也会产生噪声，通常开关磁阻电动机的噪声要超过其他类型的电动机。

③ 控制系统复杂。开关磁阻电动机的控制系统相对于其他电动机的控制系统要复杂一些，包括位置检测器及电流检测器等控制总成，开关磁阻电动机的引线比其他电动机要多，使控制及接线更复杂。

④ 脉冲电流的影响。开关磁阻电动机的相电流是脉冲电流，这就会对为它供电的直流电源产生很大的脉冲电流，所以功率变换器直流电流一侧的电流波动也较大，因此在直流母线上需要设置一个很大的滤波电容器。

上述缺点通过对混合动力汽车电动机进行精心设计，采取合适措施，并从控制角度考虑采用合理策略可以得到改进。

## 2.2.5 电动机控制系统

在混合动力汽车上电动机控制系统的终极目标是确保车辆的安全、节能、环保以及舒适和通信等，对混合动力汽车的动力系统、车身、底盘及车载电子、电气设备进行全方位的自动控制，因此对混合动力汽车智能化控制与智能汽车控制系统结构大致相同。车身、底盘、电子、电气设备绝大部分可以和智能汽车通用，但混合动力汽车的特点，在于动力系统和内燃机汽车动力系统有本质的区别。在混合动力汽车上采用电源-电源转换器-驱动电动机的动力系统，属于电力驱动技术范畴，所以对混合动力汽车驱动电动机的控制和智能控制的研究，是混合动力汽车的关键技术。

电动汽车的电动机具有多种控制模式。传统的线性控制如 PID 无法满足高性能电动机驱动的苛刻要求。传统的变频变压（VVVF）控制技术无法使电动机满足所要求的驱动性能。异步电动机大多采用矢量控制（FOC），是较好的控制方法。近几年，很多先进的控制策略，包括自适应控制、变结构控制、模糊控制以及神经网络控制等适用于电动机驱动。

自适应控制包括自调节控制（STC）和模型参考自适应控制（MRAC）。运用 STC，控制器的参数能够根据系统参数的变化进行自动调整。关键是用一个识别模块来跟踪系统参数的变化，通过控制器的自调整模块更新控制器的参数，来获得理想的闭环控制性能。运用 MRAC，输出模型的响应跟踪参考模型的响应，基于利用参考模型和系统输出差别的自适应算法，控制器的参数不断进行调整，从而得到理想的闭环控制性能。现在，STC 和 MRAC 均用于电动汽车无换向电动机驱动系统中。

变结构控制（VSC）已应用到电动机驱动中，和自适应控制进行竞争。运用 VSC，系统提供不敏感的参数特性，规定误差动态并且简化所执行的操作。根据开关控制理论，系统必须按照预定的轨道在相应平面内运行，而无论系统参数如何变化。

模糊逻辑（FUZZY）和神经网络等技术也被引入电动机控制领域。模糊控制是一种语言过程，它基于人类使用的先前经验及试探法则。神经网络控制（NNC），控制器具有可能解释系统的动态行为，然后自学并进行自我调整。这种控制策略可以结合其他控制策略形成新的控制模式，如自适应模糊控制、模糊 NNC 及模糊 VSC 等。不久的将来，利用人工智能（AI）的控制器不需人的干预即可进行系统诊断和错误修正。

各种大功率电子器件，如 MOSFET、IGBT、COMFET、MCT 和 STT 等的使用，还有微机处理器 DSP 等硬件的应用，为电动汽车的电动机控制方法和智能控制提供了重要保障。

### 2.2.5.1 混合动力汽车电动机的控制系统组成

动力电池组、电流转换器（逆变器）、发动机-发电机组和驱动电动机以及一些电气线路共同组成了混合动力汽车动力系统和驱动力控制系统，所以混合动力汽车的关键是对动力电池组、发动机-发电机组、驱动电动机进行控制或智能控制。

混合动力汽车电动机的控制系统基本由以下四部分组成。

（1）信号输入　驾驶员踩动加速踏板的位移量以及由电动机反馈的信号与监测装置反馈的信号等是混合动力汽车的主要输入信号，该信号通常转换为电信号，经过接口输入计算机中。

（2）信号处理和输出　以车载计算机为核心的中央控制器作为信号处理和指令输出的核心，在中央控制器中安装测量元件、乘法器、比较元件、逻辑控制单元、数据库和各种传感器等电子器件，对输入控制信号的输入量进行快速、精确的运算，并产生相应的偏差信号，将运算得出的微弱偏差信号经放大元件进行放大或变换，使输出指令的偏差信号足够大，然后通过接口输送到各控制模块中去。

（3）执行元件　控制模块与各执行机构是控制系统的执行元件，根据放大元件所放大或变换的偏差信号，控制模块及各执行机构对被控制对象发出的控制指令，使被控制对象按照规定的指令（参数）运行。

（4）信息反馈　电动机运转监测装置上的传感器对电动机的运转进行监测，并将电动机运转中的机械量和电量的变化及时反馈至中央控制器，中央控制器将反馈信息进行对比、运算后，对输出的指令进行调整及修改，使被控制对象的运行参数和输入信号的给定值趋向一致，并使被控制对象按新的指令（参数）运行。

### 2.2.5.2　变频器

（1）变频器的功能　在混合动力汽车上，采用动力电池组的直流电作为电源，和采用三相交流电动机作为驱动电动机时，三相交流电动机不能直接使用直流电源，此外三相交流电动机具有非线性输出特性，需要使用变频器中的功率半导体变换器件来实现直流电源和三相交流电动机之间电流的传输和变换，并要求能够实现频率调节，在所调节的频率范围内保持功率的连续输出，同时实现电压的调节，可以在恒定转矩范围内维持气隙磁通恒定，将直流电变换为频率与幅值可调且电压可调的交流电来驱动三相交流电动机。

用变频器对三相交流电动机进行调速控制的控制系统的特点如下。

① 实现了对三相交流电动机的调速控制，拓宽了交流电动机的转速范围，实现恒功率范围内的运转，可以对交流电动机进行高速驱动。

② 可以实现大范围内的高效率连续调速控制。进行高频率启动与停止运转，并进行电气制动，快速控制交流电动机的正、反转的切换。

③ 所需要的电源容量较小，电源功率因数较大，能够用一台变频器对数台交流电动机进行控制，组成高性能的控制系统等。

（2）变频器基本结构模型　变频器在混合动力汽车上应用非常普遍，变频器的基本功率电路有以下几种。

① 交-直-交逆变器系统。在有 220/380V 交流电源处，通常采用交-直-交逆变器系统，基本功率电路如图 2-15 所示。

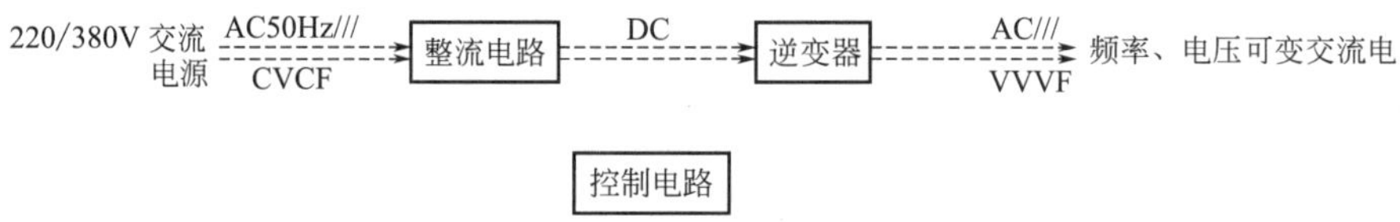


图 2-15　交-直-交逆变器系统基本功率电路

② 交-交变频器系统。在有 220/380V 交流电源处，可以采用交-交变频器系统，其基本功率电路如图 2-16 所示。

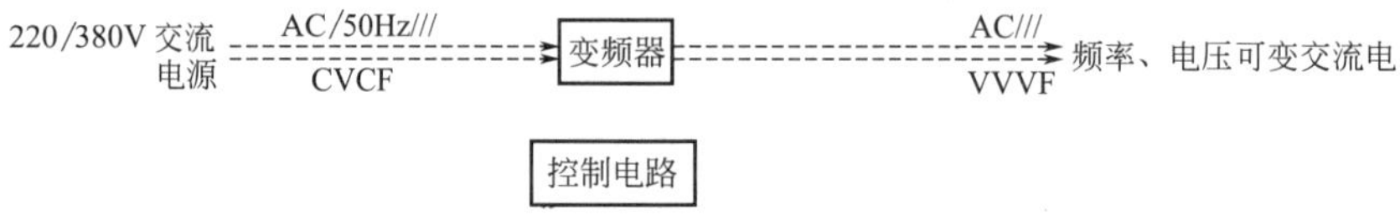


图 2-16　交-交变频器系统基本功率电路

③ 直-交逆变器系统。在混合动力汽车有直流动力电池组电源时，可以采用直-交逆变器系统，其基本功率电路如图 2-17 所示。

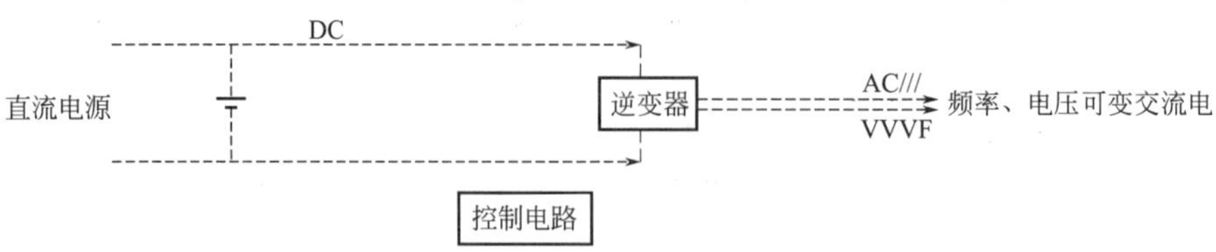


图 2-17　直-交逆变器系统基本功率电路

（3）变频器的种类　随着电气设备技术的发展，变频器和逆变器均采用现代电子控制技术或智能控制技术，使它们在多种电动机的控制上得到广泛使用。变频器有多种结构模型和多种应用场合，可以用下列方法分类。

① 按主要功率电路分类。

a. 电压型变频器。又称电压源逆变器，其主要功率电路结构模型如图 2-18 所示，最简单的电压型变频器由晶闸管整流器与电压型逆变器组成，用晶闸管整流器调压，电压型逆变器调频，电源电流通过整流器整流为直流电，经平滑大电容滤波，使中间直流电源近似恒压源及低阻抗，经逆变器输出的交流电压，具有电压源性质，不受负载性质的影响，适用于多电动机的驱动，但调速动态响应较慢，因为反馈能量传送到中间直流电环节并联的电容中，会引起直流电压上升，为防止换流器件被损坏，需要在功率电路安装专门的放电电路。

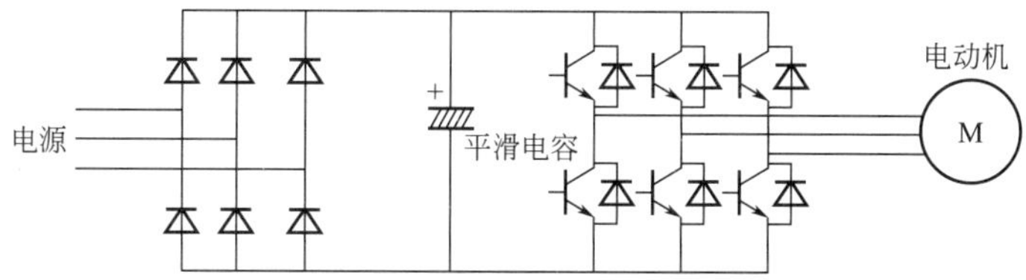


图 2-18　电压型变频器基本电路

电压型变频器的三相逆变电路由 6 个具有单向导电性的功率半导体电子开关所组成，每个电子开关上反并联 1 个续流二极管，6 个电子开关每隔 60°电角度触发导通 1 次。

b. 电流型变频器。又称电流源逆变器，其主要功率电路结构模型如图 2-19 所示，最简单的电流型变频器由晶闸管整流器与电流型逆变器组成，用晶闸管整流器调压，电流型逆变器调频，电源电流通过整流器整流为直流电，串联在回路中的大容量电感起限流作用，使中间直流电波平滑输出，逆变器向负载输出的交流电流为不受负载影响的矩形波，具有电流源性质，电流型变频器调速动态响应快，能够实现正、反向转动并便于反馈制动。

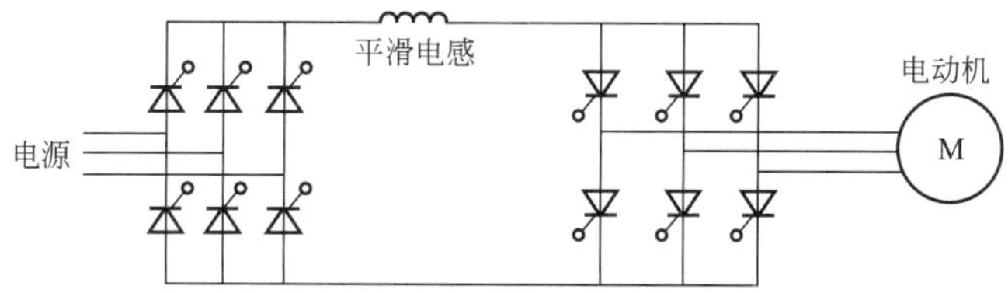


图 2-19　电流型变频器基本电路

在电动机制动时，可以通过中间直流电环节电压反向的方式使整流电路变成逆变电路，将负载反馈的能量回馈给电源，而且在负载短路时不难处理，更适合于混合动力汽车应用。

电流型变频器的三相逆变电路仍然是由 6 个具有单向导电性的功率半导体电子开关所组成，但在每个电子开关上没有反并联续流二极管。

② 按开关方式分类。通常变频器按开关方式分类时，是指按变频器中的逆变器开关方式分类，通常分为以下几种。

a. PAM 控制。PAM 称为脉冲振幅调制，是指在变频器整流电路中对输出电压（电流）的幅值进行控制，以及在变频器逆变电路中对输出的频率进行控制的控制方式。PAM 控制时逆变电路换流器件的开关频率（载波频率）为变频器的输出频率，是一种同步调速方式。

PAM 控制载波频率比较低，在用 PAM 控制进行调速驱动时，电动机的运转效率高，噪声较低。但是 PAM 控制必须对整流电路和逆变电路同时进行控制，控制电路比较复杂，此外在电动机低速运转时波比较大，其基本电路如图 2-20 所示。

b. PWM 控制。PWM 称为脉冲宽度调制，是在变频器的逆变电路中，同时对输出电压

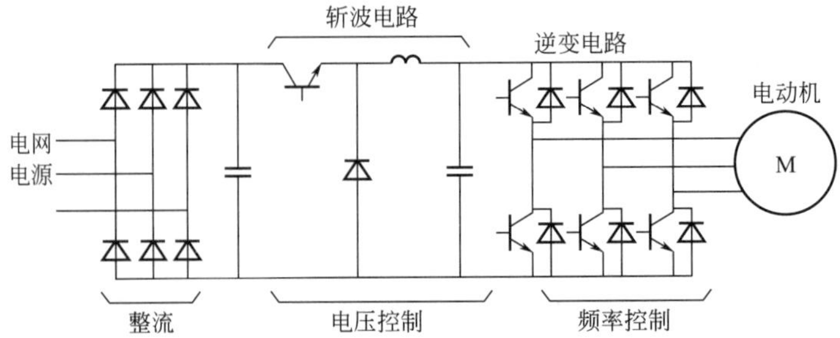

图 2-20　电压型 PAM 控制基本电路

（电流）的幅值及频率进行控制的控制方式。在 PWM 控制时，比较高的频率对逆变电路的半导体开关元器件进行通断控制，通过变换输出脉冲的宽度来实现控制电压（电流）的目的。PWM 控制时变频器输出的频率不等于逆变电路换流器件的开关频率，属于异步调速方式。

PWM 控制方式可以降低高次谐波带来的各种不良影响，转矩波动小，控制电路简单，成本也不高。但当载波频率不合适时，电动机在运转时会产生较大的运转噪声，在系统中增加一个调整变频器载波频率的系统，就能降低电动机在运转时的运转噪声。

一般采用正弦波 PWM 控制，通过改变 PWM 输出的脉冲宽度，使电压的平均值接近于正弦波，可以使异步电动机在进行调速运转时更加平稳。电压型 PWM 控制基本电路如图 2-21 所示。

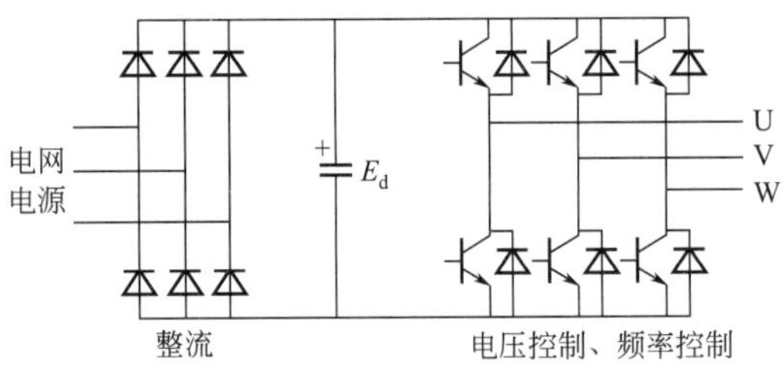

图 2-21　电压型 PWM 控制基本电路

c. 高载频 PWM 控制。高载频 PWM 称为高载频脉冲宽度调制，是 PWM 控制方式的改进。在高载频 PWM 控制方式中，将载频的频率提高至超过人耳可以分辨的频率（10～20kHz）以上，从而降低电动机运转噪声，因为高载频 PWM 要求逆变电路换流器件的开关速度很快，所以只能采用 IGBT 和 MOSFET 等有较大容量的半导体元器件，但是变频器的容量还是受到限制。高载频 PWM 控制时变频器输出的频率不等于逆变电路换流器件的开关频率，属于异步调速方式。高载频 PWM 控制适用于低噪声型变频器。

③ 按工作原理分类。变频器按工作原理分类有如下几种。

a. $V/f$ 变频器。$V/f$（幅频比）变频器在工作时对变频器的电压幅值及频率同时进行控制，使 $V/f$ 保持一定，来得到电动机所需的转矩。$V/f$ 控制方式是一种比较简单的控制方式，大多用于对精度要求不太高的通用变频器，控制电路的成本也不高。

b. 转差率控制变频器。它是 $V/f$ 变频器的改良，在转差率控制变频器控制系统中，利用装在电动机上的速度传感器的速度闭环控制及变频器电脉冲控制电动机的实际转速。变频器的输出频率则是由电动机的实际转速和所需转差率而被自动设定的，从而达到在进行速度调控的同时控制电动机输出转矩的目的。这种变频器的优点是，在负载发生较大变化时，仍可以保持较高的速度精度以及较好的转矩特性。

c. 矢量控制变频器。其原理是将交流电动机定子电流进行矢量变换，按照矢量变换规律由三相变为两相，将静止坐标转换成旋转坐标，把交流电动机定子电流矢量分为产生磁场的励磁电流分量以及与其相垂直的产生转矩的转矩电流分量。在控制中同时对定子电流的幅值及相位进行控制，也就是对定子电流矢量的控制。

矢量控制方式可以对交流电动机进行高性能的控制，采用矢量控制方式不但使交流电动机的调速范围能够达到直流电动机的水平，而且可以控制交流电动机产生的转矩。矢量控制方式通常需要准确地掌握所控制的电动机的性能参数，所以需要变频器与专用电动机配套使用。新型矢量控制方式具有自调整功能，自调整矢量控制方式可以在电动机正常运转以前，自动对电动机的运转参数进行识别，并按照识别情况调整和控制计算中的有关参数，使自调整矢量控制方式可以应用到普通交流电动机上。

④ 按用途分类。

a. 通用变频器。它可以对普通交流电动机进行控制。分为简易型通用变频器与高性能通用变频器两种。简易型通用变频器适用于对调速性能要求不高的场合。高性能通用变频器在控制系统硬件及软件方面增加了相应的功能，用户可以根据电动机负载的特性选择算法并对变频器的参数进行设定。图 2-22 所示为通用变频器的内部结构，这类通用变频器具有以下功能。

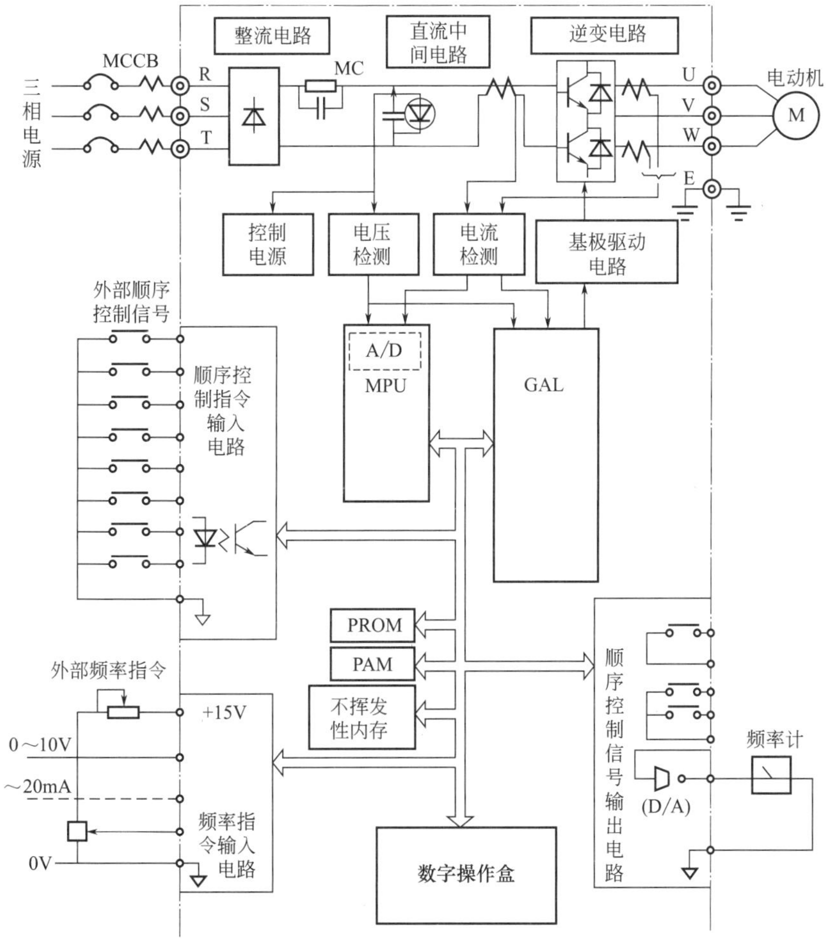


图 2-22 通用变频器的内部结构

ⅰ. 对电动机具有全区域自动转矩补偿功能，以免失速功能和过转矩限定了运行。

ⅱ. 对带励磁释放型制动器电动机进行可靠的驱动和调速控制，并确保带励磁释放型制动器电动机的制动器能够可靠释放。

ⅲ. 减少机械振动和缓解冲击作用。

ⅳ. 具有运转状态检测显示功能，根据设定机械运行的互锁，使操作人员及时了解和控制变频器的运行状态，对机械进行保护等。

b. 高频变频器。在混合动力汽车上经常采用高速电动机，用 PAM 控制方式控制的高速电动机用变频器输出的频率可达 3kHz，在驱动交流电动机时，最高转速可达 18000r/min。

c. 高性能专用变频器。高性能专用变频器均采用矢量控制方式，并与专用电动机配套使用，在调速性能以及对转矩的控制方面都超过了直流伺服系统，而且能够满足特定电动机的需要，通常在混合动力汽车上都采用高性能专用变频器进行控制。

高性能专用变频器的主要功能如下。

ⅰ. 根据驾驶仪操纵装置输入的信号以及各部分传感器的反馈信号自动调节与控制电动机的转速和转矩。

ⅱ. 在恒转矩范围和恒功率的大范围内对电动机的转速和转矩进行调节与控制。

ⅲ. 蓄电池过电压或电压不足的限制。

ⅳ. 制动能量的反馈回收。

ⅴ. 自动运行并保证系统安全。

ⅵ. 在显示屏上显示蓄电池、动力系统和车辆的动态信号等。

（4）各种不同控制方式变频器的特点　各种控制方式变频器的应用范围和基本特性对比见表 2-5。

**表 2-5　各种控制方式变频器的应用范围和基本特性对比**

| 比较项目 | | 控制方式 | | | |
|---|---|---|---|---|---|
| | | $V/f$ 控制 | 转差率控制 | 矢量控制(无速度传感器) | 矢量控制(有速度传感器) |
| 变频器形式 | 电压型变频器 | 适合 | 适合 | 不适合[①] | 不适合[①] |
| | 电流型变频器 | 适合 | 适合 | 适合 | 适合 |
| | 电压型 PWM 变频器 | 适合 | 适合 | 适合 | 适合 |
| 速度传感器 | | 不需要 | 需要 | 不需要 | 需要 |
| 速度控制 | 零速运行 | 不可 | 不可 | 不可 | 可 |
| | 极低速运行 | 不可 | 可 | 不可 | 可 |
| | 速度控制范围 | (1∶10)～(1∶20) | (1∶20)～(1∶50) | (1∶20)～(1∶50) | 1∶1000 |
| | 响应速度 | 慢 | 快于 $V/f$ 控制 | 快 | 快(30～1000rad/s) |
| | 定常精度 | 转差随负载转矩变化 | 模拟控制 0.1%<br>数字控制 0.1% | 0.5% | 模拟控制 0.1%<br>数字控制 0.01% |
| 转矩控制 | 是否适合 | 不可 | 一般不用 | 适合 | 适合 |
| | 响应速度 | | 慢 | 快 | 快 |
| 电路结构 | | 最简单 | 简单 | 最复杂 | 复杂 |
| 特征 | 优点 | ①结构简单<br>②容易调整<br>③可以用于普通电动机 | 加减速和定常特性优于 $V/f$ 控制 | ①可以进行转矩控制<br>②不需要接地保护<br>③转矩响应速度快 | ①转矩性能控制好<br>②转矩响应速度快<br>③速度控制范围宽 |

续表

| 比较项目 | | 控制方式 | | | |
|---|---|---|---|---|---|
| | | $V/f$ 控制 | 转差率控制 | 矢量控制(无速度传感器) | 矢量控制(有速度传感器) |
| 特征 | 缺点 | ①低速时难以保证转矩<br>②不能进行转矩控制<br>③急加速和负载突增时将发生失速 | ①需要设定转差频率<br>②需要高精度的接地保护 | 需要正确设定电动机参数 | ①需要正确设定电动机参数<br>②需要高精度的接地保护 |

①因为采用的是电压源，所以无法在逆变电路部分对瞬时电流进行控制。

## 2.3 混合动力汽车的蓄电池

在内燃机汽车上，蓄电池通常作为发动机启动、点火系统、照明系统、信号系统、刮水器和喷淋器以及车载视听和通信设备等的电源。它们所需要的电能容量较小，工作时间较短。蓄电池和发动机、发电机组共同组成内燃机汽车的电气系统。在混合动力汽车上，动力电池组必须是具有强大能量的动力电源，除了作为驱动动力能源外，还应向空调系统、动力转向系统等提供电力能源，另一方面还应为点火系统、照明系统、信号系统、刮水器和喷淋器以及车载视听和通信设备等提供低压电源，在混合动力汽车上蓄电池是辅助电力能源，用来作为发动机的辅助动力能源，提高整车的动力性能，或作为电动机驱动车辆时的电力能源。

各种电池通常是供给直流电，然后经过变频器或逆变器转变成频率和电压幅值可调的交流电，供给驱动电动机来驱动车辆行驶，通常电动汽车所采用的电力电池组，要求有较大的比能量，而混合动力汽车所采用的动力电池组，则需要有较大的比功率，两种电池在性能方面各有侧重，混合动力汽车对蓄电池有以下基本要求。

① 比能量。这是确保混合动力汽车能够达到基本合理的续驶里程的重要性能，连续2h放电率的比能量最少不低于44W·h/kg。

② 充电时间短。蓄电池对充电技术没有特殊要求，可以实现感应充电。蓄电池的正常充电时间应小于6h，蓄电池可以适应快速充电的要求，蓄电池快速充电达到额定容量的50%所需时间为20min左右。

③ 连续放电率高，自放电率低。蓄电池能够适应快速放电的要求，连续1h放电率能够达到额定容量的70%左右，自放电率要低，蓄电池能够长期存放。

④ 不需要复杂的运行环境。蓄电池能够在常温条件下正常、稳定、可靠地工作，不受环境温度的影响，可以适应混合动力汽车行驶时振动的要求。

⑤ 安全可靠。蓄电池应干燥、洁净，电解质不会渗漏腐蚀接线柱和外壳，不会发生自燃或燃烧，在发生碰撞等事故时，不会对乘员带来伤害，废蓄电池能够进行回收处理和再生处理，蓄电池中有害重金属可以进行集中回收处理，电池组可以采用机械装置进行整体快速更换，线路连接方便。

⑥ 寿命长、免维修、制造成本低。蓄电池的循环寿命不低于1000次，在使用寿命限定期间内，无需进行维护。

### 2.3.1 蓄电池的性能要求

蓄电池的作用是储蓄电能，蓄电池在充电过程中，充电时利用外部的电能使内部活性物质再生，将电能储存为化学能，需要放电时再次把化学能转换为电能输出。各种蓄电池的基本工作原理为电能-化学能-电能-化学能的可逆变换过程，能够反复使用，通常将能够把化学能转换为电能的电池称为蓄电池。

自20世纪70年代以来，各种高能蓄电池问世，它们在比能量和比功率方面有很大提高，在第二代混合动力汽车上，大多数采用了高能蓄电池，各种高能蓄电池的作用仍然是储存电能，也仍然是按照电能-化学能-电能-化学能的可逆变换过程来工作的，能量转换受到“活性物质”的局限。高能蓄电池的不断发展，使混合动力汽车的动力性能不断提高，一次充电后的续驶里程也不断延长，蓄电池主要性能指标如下。

(1) 电压 (V)

① 电动势：外电路断开，即没有电流通过电池时在正、负极间量得的电位差。

② 开路电压：电池在开路时的端电压，通常开路电压与电动势近似相等。

③ 额定电压：电池在标准规定条件下工作时需达到的电压。

④ 工作电压(负载电压、放电电压)：在电池两端接上负载后，在放电过程中显示出的电压。

⑤ 终止电压：电池在一定标准所规定的放电条件下放电时，电池的电压将慢慢降低，当电池不宜再继续放电时，电池的最低工作电压。

(2) 电池容量 (A·h)

① 理论容量：根据蓄电池活性物质的特性，按照法拉第定律计算出的最高理论值，通常用质量容量(A·h/kg)或体积容量(A·h/L)来表示。

② 实际容量：在一定条件下所能输出的电量，等于放电电流和放电时间的乘积。

③ 标称容量(公称容量)：用来鉴别电池适当的近似容量值，因为没有指定放电条件，所以只标明电池的容量范围而没有确切值。

④ 额定容量(保证容量)：按一定标准所规定的放电条件，电池应放出的最低限度的容量。

⑤ 荷电状态(SOC)：指参加反应电池容量的变化。SOC=1即表示电池为充满状态，随着蓄电池放电，蓄电池的电荷逐渐减少，这时，可以用SOC的百分数来表示蓄电池中电荷的变化状态，通常蓄电池放电高效率区SOC为50%~80%。对SOC精确的实时辨识，是电池管理系统的一个关键技术。

(3) 能量 (W·h、kW·h)　电池的能量决定电动汽车的行驶距离。

① 标称能量：按照一定标准所规定的条件下，电池所输出的能量，是电池的额定容量和额定电压的乘积。

② 实际能量：在一定条件下电池所能输出的能量，是电池的实际容量和平均工作电压的乘积。

③ 比能量(W·h/kg)：参与电极反应的单位质量的电极材料放出电能的大小，通俗讲是指动力电池组单位质量中所能输出的能量。表2-6为各种电池的比能量。

④ 能量密度(W·h/L)：是指动力电池组单位体积中所能输出的能量。

**表2-6　各种电池的比能量**

| 电池种类 | 工作电压/V | 理论比能量/(W·h/kg) | 实际比能量/(W·h/kg) | 能量密度/(W·h/L) |
|---|---|---|---|---|
| 铅酸蓄电池 | 2.0 | 175.5 | 35 | 80 |
| 镍-镉蓄电池 | 1.2 | 214.3 | 35 | 80 |
| 镍-氢蓄电池 | 1.2 |  | 375 |  |

(4) 功率(W、kW) 在一定的放电制度下，电池在单位时间内所输出的能量，电池的功率决定混合动力汽车的加速性能。

① 比功率(W/kg)：是指电池单位质量中所具有的电能的功率。

② 功率密度(W/L)：是指电池单位体积中所具有的电能的功率。

(5) 电池的内阻 电流通过电池内受到的阻力，使电池的电压降低，此阻力称为电池的内阻。因为电池的内阻作用，使电池在放电时端电压低于电动势和开路电压；在充电时充电的端电压高于电动势和开路电压。电池的内阻越小越好。

(6) 循环次数(次) 蓄电池的工作是一个不断充电-放电-再充电的循环过程，按照一定标准的规定放电，当电池的容量降到某一个规定值以前，就要停止继续放电，然后就需要充电方可继续使用，在每一个循环中，电池中的化学活性物质要发生一次可逆性的化学反应。随着充电与放电次数的增加，电池中的化学活性物质会发生老化变质，化学功能逐渐降低，使电池的充电和放电的效率逐渐降低，最后电池损失全部功能而报废。蓄电池充电与放电的循环次数与电池的充电和放电的形式、电池的温度和放电深度相关，放电深度“浅”时，有利于延长电池的寿命。尤其是电池在混合动力汽车上的使用环境，包括电池组中各个电池的均衡性、安装、固定方式、所受的振动及线路的安装等，都会影响电池的工作循环次数，直至最后完全丧失其充电与放电的功能而报废。

(7) 使用年限(年) 电池除了以循环次数表示使用时间外，一般还要用电池的使用年限来表示电池的寿命。

(8) 放电速率(放电率) 通常用电池在放电时的时间或放电电流与额定电流的比例来表示。

① 时率：电池以某种电流强度放电直至电池的电压降低到终止电压时所经过的放电时间。

② 倍率：电池以某种电流强度放电的数值是额定容量数值的倍数。

(9) 自放电率 因为电池的局部作用造成的电池容量的消耗，容量损失和搁置之前的容量之比称为蓄电池的自由放电率，自放电率用单位时间(月/年)内电池容量下降的百分数来表示。

(10) 成本 电池的成本与电池的技术含量、材料、制作方法和生产规模有关，目前新开发的高比能量的电池成本较高，使混合动力汽车的造价也居高不下，开发和研制高效、低成本的电池是电动汽车发展的关键。

除上述主要性能指标外，还要求电池无毒性，对周围环境不会产生污染或腐蚀，使用安全，有良好的充电性能，充电操作方便，耐振动，无记忆性，对环境温度变化不敏感，易于调整及维护等。

## 2.3.2 铅酸蓄电池

(1) 铅酸蓄电池的种类 铅酸蓄电池是电极主要由铅及其氧化物制成，电解液为硫酸溶液的一种蓄电池，铅酸蓄电池广泛应用于燃油汽车的启动。铅酸蓄电池按其工作环境可分为移动式与固定式两大类，固定式铅酸蓄电池按照电池槽结构分为半密封式与密封式，半密封式又分为防酸式与消氢式，依据排气方式，密封式铅酸蓄电池可分为排气式和非排气式两种。

铅酸蓄电池的特点是高容量，开路电压高，放电电压平稳，充电效率高，可在常温下正常工作，生产技术成熟，价格便宜，规格齐全。所以，近10年来，国内外开发的第一代电动汽车广泛使用了铅酸蓄电池。表2-7为在混合动力汽车上使用的铅酸蓄电池的种类及特点。

**表 2-7　在混合动力汽车上使用的铅酸蓄电池的种类及特点**

| 铅酸蓄电池种类 | 主要特点 |
|---|---|
| 开口管式铅酸蓄电池 | 有较高的比能量，良好的循环寿命，自动加水，少维护 |
| 阀控胶质管式铅酸蓄电池 | 有较高的比能量和质量比功率，良好的循环寿命，免维护 |
| 平板阀控铅酸蓄电池 | 有较高的比功率，免维护 |
| 薄平板阀控铅酸蓄电池 | 有较高的峰值功率，浅循环放电，免维护 |

混合动力汽车的牵引用动力铅酸蓄电池（简称动力铅酸蓄电池）性能和启动用铅酸蓄电池的要求是不同的，动力铅酸蓄电池要求有高的比能量及比功率、高的循环次数和使用寿命，以及快速充电性能等。目前，很多专业公司研发了各种新型铅酸蓄电池，使铅酸蓄电池的性能有了较大的提高。

（2）铅酸蓄电池的工作原理　铅酸蓄电池放电和充电的反应过程，是铅酸蓄电池中活性物质进行的可逆化学变化过程，它们可用如下化学反应方程式表示。

$$\underset{(正极)}{PbO_2}+2H_2SO_4+\underset{(负极)}{Pb}\underset{充电}{\overset{放电}{\rightleftharpoons}}\underset{(正极)}{PbSO_4}+2H_2O+\underset{(负极)}{PbSO_4}$$

铅酸蓄电池在放电过程中，化学反应由左向右进行，其相反的过程是充电过程的化学反应。充电是将外部直流电源连在蓄电池上进行充电，使电能转化为化学能储存起来。放电是电能从蓄电池中释放出来去驱动外部设备。因为在放电过程中铅酸蓄电池中 $H_2SO_4$ 的浓度会慢慢减小，所以可用密度计来测定 $H_2SO_4$ 的密度，再由铅酸蓄电池密度确定铅酸蓄电池放电程度。单体铅酸蓄电池的电压是 2V，在使用或存放一段时间后，电池的电压可能减小到 1.8V 以下，或 $H_2SO_4$ 溶液的密度下降到 $1.2g/cm^3$ 时，铅酸蓄电池就必须充电，若电压继续下降，铅酸蓄电池将会损坏。

（3）铅酸蓄电池的构造　铅酸蓄电池最明显的特征是其顶部有 6 个可拧开的塑料密封盖，上面还有通气孔。这些密封盖作为加注、检查电解液和排放气体之用。按照理论上讲，铅酸蓄电池需要在每次保养时检查电解液的高度，若有缺少需添加蒸馏水。但随着蓄电池制造技术的升级，铅酸蓄电池的维护也不再麻烦。正常使用，2～3 年间铅酸蓄电池均无需添加电解液或蒸馏水。

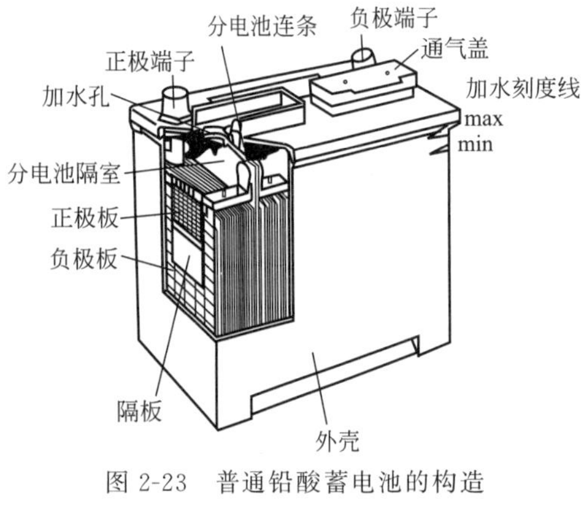

图 2-23　普通铅酸蓄电池的构造

图 2-23 所示为普通铅酸蓄电池的构造。铅酸蓄电池的基本单元是单体电池，每个单体电池均由正极板、负极板和装在正极板与负极板之间的隔板组成，其基本电压为 2V，将不同容量的单体电池按照使用要求进行组合，装置在不同的塑料外壳中，获得不同电压及不同容量的铅酸蓄电池，铅酸蓄电池总成经过灌装电解液以及充电后，就可从铅酸蓄电池的接线柱上引出电流。铅酸蓄电池一般采用密封、无锑网隔板等技术措施，并在普通铅酸蓄电池的电解液中加入硅酸胶（$Na_2SiO_3$）一类的凝聚剂，使电解质成为胶状物，形成一种“胶体”电解质，采用“胶体”电解质的铅酸蓄电池，应用起来更加方便，硅酸胶（$Na_2SiO_3$）与硫酸的反应如下。

$$H_2SO_4+Na_2SiO_3 \longrightarrow H_2SO_3+Na_2SiO_4$$

图 2-24 所示为安装了排气阀的铅酸蓄电池的构造，该电池的特点是带有催化剂，能够使充电时产生的氢气和氧气反应生成水流回蓄电池，因此可以防止充电时产生的氢气和氧气逸散，控制水的消耗。

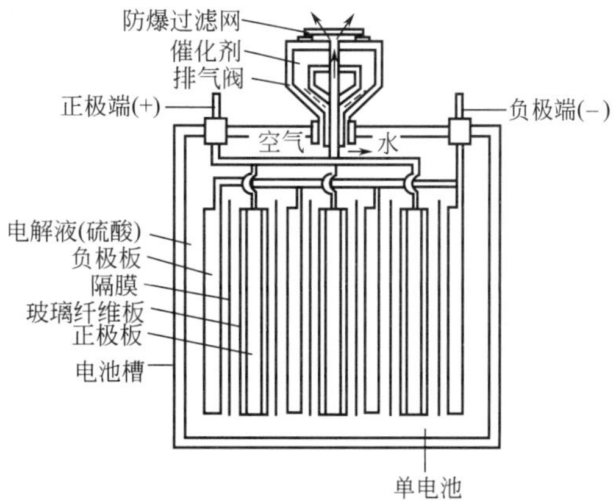

图 2-24 安装了排气阀的铅酸蓄电池的构造

## 2.3.3 镍-镉电池

镍-镉（Ni-Cd）电池是最早应用于手机等设备的电池种类，它具有良好的大电流放电特性，耐过充放电能力强，维护简单。镍-镉电池属于一种碱性电池，是混合动力汽车的首选电池之一。镍-镉电池极板强度高，工作电压平稳，能够带电充电，并可快速充电。镍-镉电池过充电与过放电性能好，有高倍率的放电特性，瞬时脉冲放电率很大，深度放电性能也好。其循环使用寿命长，是铅酸蓄电池的 2 倍，采用全封闭外壳，能够在真空环境中正常工作，低温性能较好，能够长时间存放。

（1）镍-镉电池的工作原理 镍-镉电池是以羟基氢氧化镍为正极，金属镉为负极，位于负极的镉（Cd）与氢氧化钾（KOH）中的氢氧根离子（$OH^-$）化合成氢氧化镉，并附着在阳极上，同时释放出电子。电子沿着电线至阴极，和阴极的二氧化镍与氢氧化钾溶液中的水反应形成氢氧化镍及氢氧根离子，氢氧化镍会附着在阴极上，氢氧根离子则又回到氢氧化钾溶液中，因此氢氧化钾溶液浓度不会随着时间而下降。为了提高寿命和改善高温性能，一般在电解液中加入氧化锂。镍-镉电池的化学反应如下。

$$\underset{\text{(正极)}}{2Ni(OH)_3} + 2KOH + \underset{\text{(负极)}}{Cd} \underset{\text{充电}}{\overset{\text{放电}}{\rightleftharpoons}} \underset{\text{(正极)}}{2Ni(OH)_2} + 2KOH + \underset{\text{(负极)}}{Cd(OH)_2}$$

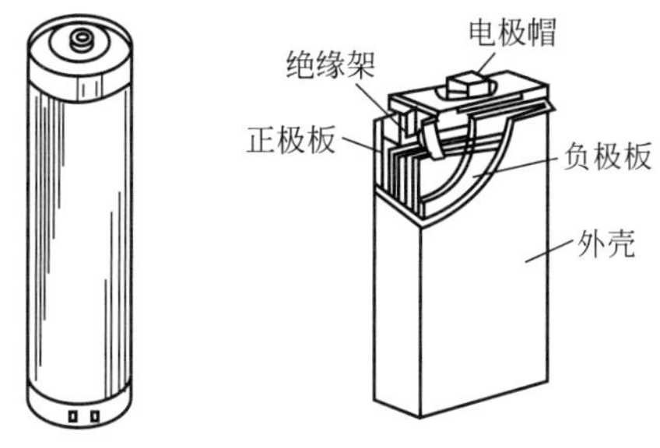

(a) 电芯 (b) 电池外观

图 2-25 镍-镉电池的构造

（2）镍-镉电池的构造 图 2-25 所示为镍-镉电池的构造。镍-镉电池的每个单体电池均由正极板、负极板和装在正极板和负极板之间的隔板组成。将单体电池按照不同的组合装置在不同塑料外壳中，可得到所需要的不同电压和不同容量的镍-镉电池总成，市场上有多种不同型号规格的镍-镉电池总成可供选择。在灌装电解液并经充电后，就可以从电池的接线柱上引出电流。

（3）镍-镉电池的特点 镍-镉电池的工作电压较低，单体电池的标称电压为 12V，比能量为 55W·h/kg，比功率可以超过 225W/kg，循环使用寿命达 2000 次以上。充电 15min 能恢复 50%的容量，充电 1h 可恢复 100%的容量，但通常情况下完全充电需要 6h，深放电达 100%，自放电率低于 0.5%/天，可以在 40～80℃的环境温度条件下正常工作，具有快速充电能力，充电 18min 容量即可从 40%达到 80%。

镍-镉电池最致命的缺点是，在充放电过程中若处理不当，会出现严重的记忆效应，使用寿命会明显缩短。镍-镉电池的成本约为铅酸蓄电池的 4～5 倍，初始购置费用较高，但镍-镉电池的比能量和循环使用寿命均大大地高于铅酸蓄电池，所以在电动汽车实际使用时，总的费用不会超过铅酸蓄电池的费用。因为镍-镉电池使用性能比铅酸蓄电池好，在混合动力汽车上得到广泛使用。克莱斯勒公司的面包车，标致 106 型混合动力汽车、雪铁龙 TX-EV 和日本本田汽车公司、日产汽车公司等生产的混合动力汽车上均采用了镍-镉电池。但是，因为镍-镉电池中采用的镉（Cd）是一种有害的重金属，所以镍-镉电池不利于生态环境的保护，在电池报废后必须进行有效回收，众多的缺点使镍-镉电池已经基本被淘汰。

## 2.3.4 镍-氢电池

镍-氢（Ni-MH）电池是 20 世纪 90 年代发展起来的一种新型电池。它的正极活性物质主要由镍制成，负极活性物质主要由储氢合金制成，也是一种碱性蓄电池。

镍-氢电池具有高比能量、高功率，适于大电流放电，可循环充放电，无污染，被誉为“绿色电源”。镍-氢电池的比功率是铅酸蓄电池的 2 倍，可提高车辆的启动性能和加速性能。其有高倍率的放电特性，短时间可以 $3C$（$C$ 是按额定电流放电时的实际放电容量）放电，瞬时脉冲放电率很大。镍-氢电池的过充电与过放电性能好，能够带电充电，并可快速充电，在 15min 内可充 60％的容量，1h 内可完全充满，应急补充充电的时间短。其在 80％的放电深度下，循环寿命可达 1000 次以上，采用全封闭外壳，可在真空环境中正常工作，低温性能良好，能够长时间存放。镍-氢电池中没有 Pb 和 Cd 等重金属元素，不会对环境造成污染。镍-氢电池可随充随放，不会发生镍-镉电池在没有放完电后即充电而产生的记忆效应。

（1）镍-氢电池的工作原理　镍-氢电池的正极，是球状氢氧化镍粉末和添加剂钴等金属、塑料和胶黏剂等制成的涂膏，用自动涂膏机涂在正极板上，再经过干燥处理成发泡的氢氧化镍正极板。在正极材料 $Ni(OH)_2$ 中添加 Ca、Co、Zn 或稀土元素，对稳定电极的性能有显著的改善作用。采用高分子材料作为胶黏剂或用挤压和轧制成的泡沫镍电极，并使用镍粉、石墨等作为导电剂，可提高大电流时的放电性能。

镍-氢电池负极的关键技术为储氢合金，要求储氢合金可以稳定地经受反复的储气和放气的循环。对于理想的金属储氢材料应具有以下条件：在不太高的温度下，储氢量大，释放氢量也大；原料来源广，价格便宜，易于制备；经多次吸、放氢，其性能不会衰减；有较平坦及较宽的平衡压力平台区，即大部分氢都可在一持续压力范围内放出；易活化，反应动力学性能好。储氢合金是一种允许氢原子进入或分离的多金属合金的晶格基块，使用钛、钒、锆、镍、铬五种基本元素，与钴、锰等金属元素烧结的合金，通过加氢、粉碎、成形和烧结成负极板。储氢合金的种类及性能对镍-氢电池的性能有直接影响。负极在充电或放电过程中既不溶解，也不再结晶，电极不会出现结构性的变化，在保持自身化学功能的同时，还确保本身的机械坚固性，储氢合金通常需要进行热处理和表面处理，以增加储氢合金的防腐性能，这有助于提高镍-氢电池的比能量、比功率和使用寿命。

电解质是水溶性氢氧化钾与氢氧化锂的混合物，在电池充电过程中，水在电解质溶液中分解为氢离子与氢氧根离子，氢离子被负极吸收，负极由金属转化成金属氢化物，在放电过程中，氢离子离开了负极，氢氧根离子离开了正极，氢离子与氢氧根离子在电解质氢氧化钾中结合成水并释放电能。镍-氢电池的化学反应如下。

$$\underset{\text{（正极）}}{2NiOOH}+KOH+\underset{\text{（负极）}}{H_2}\xrightleftharpoons[\text{充电}]{\text{放电}}\underset{\text{（正极）}}{Ni(OH)_2}+KOH+\underset{\text{（负极）}}{Ni(OH)_2}$$

图 2-26 所示为镍-氢电池在碱性电解液中进行反应的模型。

（2）镍-氢电池的构造　镍-氢电池正极是活性物质氢氧化镍 $Ni(OH)_2$，负极是储氢合金，电解质为氢氧化钾，在正、负极之间存在隔膜，共同组成镍-氢单体电池，在金属铂的催化作用下，完成充电与放电的可逆反应。镍-氢电池的特性和镍-镉电池基本相同，但氢气

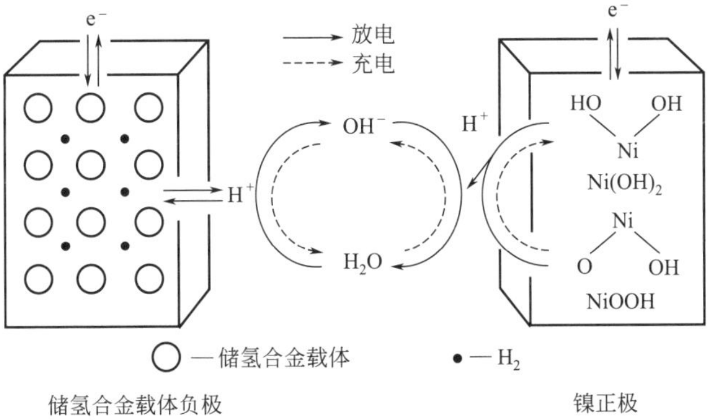


图 2-26 镍-氢电池在碱性电解液中进行反应的模型

是无毒性的物质，无污染，安全可靠，使用寿命长，而且不需要补充水分。

镍-氢电池的极板有发泡体与烧结体两种，发泡体极板的镍-氢电池放电电压不得低于0.9V，工作电压也不太稳定，尤其是存放一段时间后，老化现象比较严重，会有近20%的电荷流失，电池在出厂前必须进行预充电，以免发泡体极板的镍-氢电池老化所造成的内阻增高，经过改良的镍-氢电池的烧结体极板本身就是活性物质，不需要进行活性处理，也无需进行预充电，电压平衡、稳定，具有低温放电性能好、不易老化和寿命长的优点。

图 2-27 所示为圆形镍-氢电池的构造。镍-氢电池的基本单元为单体电池，每个单体电池都由正极板、负极板和装在正极板与负极板之间的隔膜组成。每节电池的额定电压为13.2V（充电时最大电压16V），然后将电池按照使用要求组合成不同电压和不同容量的镍-氢电池总成。这种镍-氢电池比能量达70W·h/kg，能量密度达165W·h/L，比功率在50%的放电深度下为220W/kg，在80%的放电深度下为200W/kg，能够大幅提高混合动力汽车的动力性能。镍-氢电池的外形一般有方形和圆形两种。

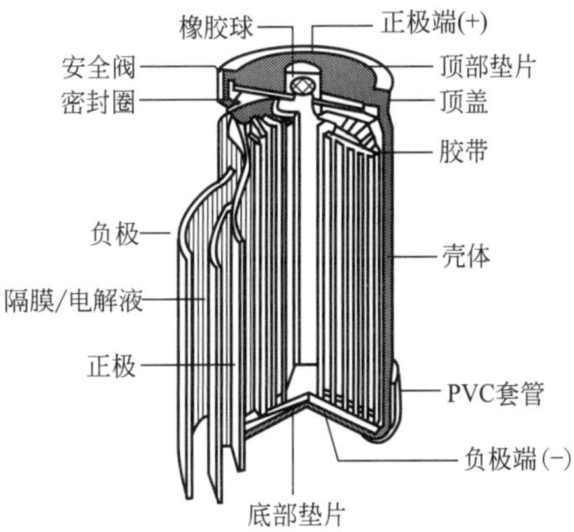


图 2-27 圆形镍-氢电池的构造

（3）镍-氢电池的充、放电特性　D型镍-氢电池（6个单体电池组件）放电时，3C的功率输出时的质量比功率可达500W/kg以上，2C的功率输出时的质量比功率可达600W/kg以上，深度范围内质量比功率的变化比较平稳，对混合动力汽车动力性能的控制非常有利，电池的寿命可达100000km以上。

D型镍-氢电池的充电接受性很好，充电效率几乎达到100%，可以有效地接受混合动力汽车在制动时反馈的电能。此外，因为能量损耗较小，镍-氢电池的发热量被抑制在最小范围内，可以有效地控制剩余电量，并用电流来显示电池的剩余电量。

混合动力汽车动力电池组常常处于充电和放电状态，而且充电和放电是不规则进行的，这对电池的寿命而言是一个严峻的考验。松下电池公司用模拟混合动力汽车行驶工况对镍-氢电池进行仿真试验，证实镍-氢电池的特性几乎不发生改变，镍-氢电池用于混合动力汽车是比较合适的。

（4）镍-氢电池的特点　镍-氢电池单体电池的电压是1.2V，能量密度达200W·h/L，3h比能量为75～80W·h/kg，比功率为160～230W/kg，功率密度为400～600W/kg，充电 18min 可恢复 40%～80%的容量，应急补充充电性能好，一次充电后续驶里程长，而且启动加速性能良好，在环境温度为−28～80℃的条件下都可正常工作，但在高温条件下使用时电荷量急剧降低，自放电损耗较大，价格较贵。镍-氢电池的比功率和放电能力不如镍-镉电池，镍-氢电池在使用时还应充分注意各个单体电池之间的一致性（均匀性），尤其是在高速率、深放电情况下，各个单体电池之间的容量和电压差较显著，应注意对电池组在充、放电过程中的导热管理和电池安全装置的设计。

镍-氢电池的成本很高，不同的储氢合金具有不同的储氢能力，价格也不相同。我国自行研制了稀土系的储氢合金，已经达到世界水平，为我国镍-氢电池的推广提供了有利条件。

镍-氢电池用于电动汽车上的主要优点为启动加速性能好，一次充电后的续驶里程较长，而且过充过放没有记忆效应，不会对周围环境造成污染，易于维护，快速补充充电时间短。

镍-氢电池在充电过程中容易发热，发热产生的高温会对镍-氢电池产生负面影响。高温状态下，正极板的充电效率变差，并加快正极板的氧化，使电池的寿命缩短，镍-氢电池在充电后期，会生成大量的氧气，在高温的条件下，将加速负极储氢合金氧化，并使储氢合金平衡压力增加，使储氢合金的储氢量减少而降低镍-氢电池的性能。尼龙无纺布隔膜在高温的作用下，会发生降解及氧化，尼龙无纺布隔膜发生降解时，产生铵离子与硝酸根离子，加速了镍-氢电池的自放电，尼龙无纺布隔膜发生氧化时，氧化成碳酸根，使镍-氢电池的内阻增加，在镍-氢电池充电的过程中，电池温度快速升高，会使充电效率降低，并产生大量氧气，若安全阀不能及时开启，会有发生爆炸的危险。

在镍-氢电池的制造技术上进行一些改进，例如正极板采用多极板技术，负极板采用端面焊接技术，在电解液中适当加入 LiOH 和 NaOH，应用抗氧化能力强的聚丙烯做隔膜等，可以有效地提高镍-氢电池耐高温能力，在镍-氢电池动力电池组的单体镍-氢电池之间，增大散热间隙，采取有效的散热措施和建立自动热管理系统，可以确保镍-氢电池正常工作并延长使用寿命。

## 2.3.5 锂离子电池

锂离子电池是目前世界上最新一代的充电电池。与其他蓄电池相比，锂离子电池具有电压高、内阻小、比能量高、充放电寿命长、无记忆效应、无污染、充电快速、自放电率低、工作温度范围宽以及安全可靠等优点，它已成为未来电动汽车较为理想的动力电源，相较于镍-氢电池，混合动力汽车采用锂离子电池，可使电池组的质量下降 40%～50%，体积减小 20%～30%，能源效率也存在一定程度的提高。

### 2.3.5.1 锂离子电池的分类

根据锂离子电池的外形可分为方形锂离子电池和圆柱形锂离子电池。根据锂离子电池正极材料不同，锂离子电池主要分为锰酸锂离子电池、磷酸铁锂离子电池、镍钴锂离子电池和镍钴锰锂离子电池。

第一代车用锂离子电池是锰酸锂离子电池，具有成本低，安全性良好的优点，但循环寿命欠佳，在高温环境下循环寿命更短，高温时会发生锰离子溶出的现象。第二代车用锂离子电池是磷酸铁锂离子电池，美国德克萨斯州大学具有对其的专利权，是目前锂离子电池的发展方向，因为原材料价格低且磷、铁、锂的资源丰富，工作电压适中，充放电特性好，放电功率高，可迅速充电且循环寿命长，高温和高热稳定性好，储能特性强，完全无毒。

为了防止磷酸铁锂离子电池的专利纠纷，一些国家开发镍钴锂离子电池或镍钴锰锂离子电池，其循环寿命优于锰酸锂离子电池；但因为钴价格昂贵，所以成本较高，安全性比磷酸铁锂离子电池稍差，阻碍了这些电池的发展。

锂离子电池由正极、负极、隔板、电解液及安全阀等组成。圆柱形锂离子电池结构如

图 2-28 所示。

正极物质是嵌锂过渡金属氧化物，在锰酸锂离子电池中以锰酸锂作为主要原料，在磷酸铁锂离子电池中以磷酸铁锂为主要原料，在镍钴锂离子电池中以镍钴锂作为主要材料，在镍钴锰锂离子电池中以镍钴锰锂作为主要材料。在正极活性物质中再加入导电剂、树脂胶黏剂，并涂覆在铝基体上，呈细薄层分布。

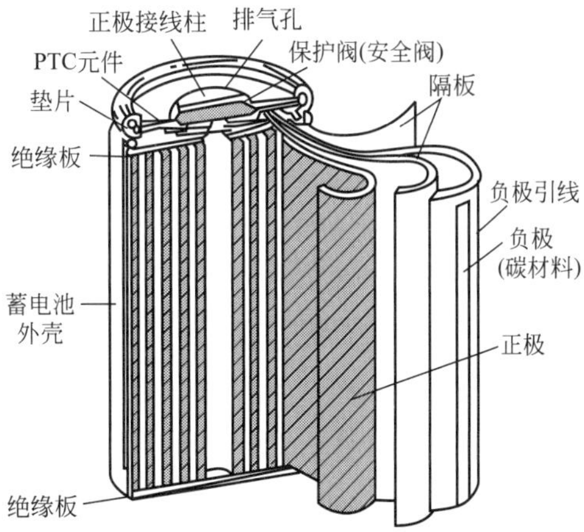

图 2-28　圆柱形锂离子电池

负极活性物质为电位接近锂电位的可嵌入锂化合物，主要是由碳材料与胶黏剂的混合物再加入有机溶剂调制成糊状，并涂覆在铜基上，呈薄层状分布。

隔板的功能是关闭或阻断通道，通常使用聚乙烯或聚丙烯材料的微多孔膜，主要材料包括 PE、PP 或它们的复合膜，如 PP/PE/PP 三层隔膜等。其关闭或阻断功能可在电池出现温度异常升高时，阻塞或阻断作为离子通道的细孔，使蓄电池停止充放电反应。隔板可避免因外部短路等引起的过大电流使电池产生异常发热现象，这种现象即使出现一次，电池就不能正常使用。

电解液是以 LIPF6 的烷基碳酸酯搭配高分子材料混合溶剂为主体的有机电解液，为了使主要电解质成分的锂盐溶解，必须具有高电容率，并且具有和锂离子相容性好的溶剂，以不阻碍离子移动的低黏度的有机溶液为宜，而且在锂离子蓄电池的工作温度范围内，必须呈液态，凝固点低，沸点高。电解液对于活性物质具有化学稳定性，必须能良好适应充放电反应过程中发生的剧烈的氧化还原反应。因为使用单一溶剂很难满足上述严苛条件，所以电解液通常混合不同性质的几种溶剂使用。

为了确保锂离子电池的使用安全性，通常通过对外部电路的控制或者在蓄电池内部设有异常电流切断的安全装置。即使这样，在应用过程中也有可能有其他原因引起蓄电池内压异常上升，此时，安全阀释放气体，以避免蓄电池破裂，安全阀实际上是一次性非修复式的破裂膜，用以保护蓄电池使其停止工作，是蓄电池的最后保护手段。

### 2.3.5.2　锂离子电池的特点

离子电池有很多显著特点，它的优点主要表现在以下几个方面。

① 工作电压高：锂离子电池工作电压为 3.6～3.8V，充满电时的电压（终止充电电压）通常为 4.2V，终止放电电压不小于 2.5V。

② 比能量高：锂离子电池比能量高达 150W·h/kg。

③ 循环寿命长：目前锂离子电池循环寿命通常均可达到 500 次以上，甚至 1000 次以上，磷酸铁锂电池可以达到 2000 次以上，在低放电深度下可以达几万次。

④ 自放电率低：室温下满电存储 1 个月的自放电率为 6%～8%，低于镍-镉电池（25%～30%）和镍-氢电池（15%～20%）。

⑤ 无记忆性：电池无论处于什么状态，可随充随用，无需先放完电再充电，不会降低电池性能。

⑥ 对环境无污染：没有任何有毒有害物质，不会对环境构成任何污染，被世界公认为绿色环保电池，该电池无论在生产及使用中，都无污染，是名副其实的“绿色电池”。

⑦ 能够制造成任意形状。

锂离子电池也有一些不足，主要表现在下列几个方面。

① 成本高：主要表现在 $LiCoO_2$的价格高（Co 的资源较少），电解质体系提纯困难，但按照单位能量（W·h）的价格来计算，已经低于镍-氢电池，和镍-镉电池持平，但高于铅酸蓄电池。

② 必须有特殊的保护电路。

过充保护：电池过充将破坏正极结构而影响性能及寿命，同时过充使电解液分解，内部压力过高而造成漏液等问题，故必须在 4.1～4.2V 的恒压下充电。

过放保护：过放会导致活性物质的恢复困难，因此也需要有保护线路控制。

### 2.3.5.3 锂离子电池的工作原理

锂离子电池正极材料使用锂化合物 $LiCoO_2$、$LiNiC_2$或 $LiNn_2O_4$，负极采用锂-碳层间化合物 $Li_xC_6$，电解液为有机溶液。

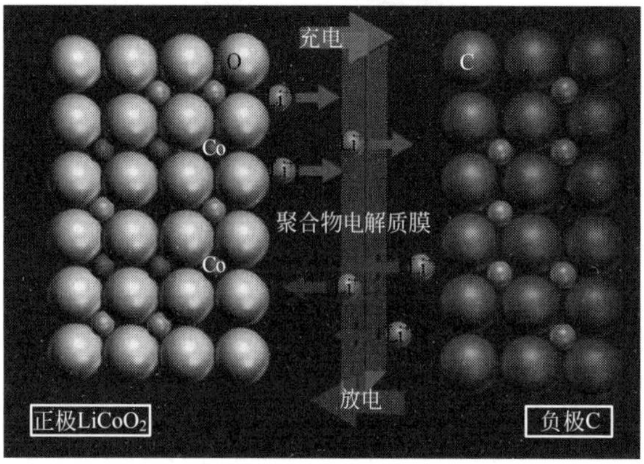


图 2-29 锂离子电池的工作原理

图 2-29 所示为锂离子电池的工作原理，当对电池进行充电时，电池的正极上有锂离子生成，生成的锂离子经过电解液运动至负极。而作为负极的碳呈层状结构，它有很多微孔，达到负极的锂离子就嵌入至碳层的微孔中，嵌入的锂离子越多，充电容量越高。同样，当对电池进行放电时（即应用电池的过程），嵌在负极碳层中的锂离子脱出，又运动回正极。回正极的锂离子越多，放电容量越高。在整个充放电过程中，锂离子往返在正极与负极之间。

以 $LiCoO_2$为正极材料、石墨为负极材料的锂离子电池，正、负极的电化学反应为

$$LiCoO_2 \longrightarrow Li_1-CoO_2+xLi^++xe^-$$

$$6C+xLi^++xe^- \longrightarrow Li_xC_6$$

总反应为

$$LiCoO_2+6C \longrightarrow Li_1-CoO_2+Li_xC_6$$

因为锂离子电池只涉及锂离子而不涉及金属锂的充放电过程，从根本上解决了因锂结晶的产生而带来的电池循环性和安全性问题。

### 2.3.5.4 锂离子电池的充放电特性

在电压方面，充满电时的终止充电电压和电池负极材料有关，焦炭为 4.1V，而石墨为 4.2V，通常称为 4.1V 锂离子电池及 4.2V 锂离子电池。在充电时需注意 4.1V 的电池不能用 4.2V 的充电器充电，否则会有过充危险（4.1V 和 4.2V 的充电器所用的充电器 IC 不同）。锂离子电池对充电的要求是很高的，它要求精密的充电电路以确保充电的安全。终止充电电压精度允差为额定值的±1%（例如充 4.2V 的锂离子电池，其允差是±0.042V），过压充电会造成锂离子电池永久性损坏。

充电电流方面，锂离子电池充电电流需根据电池生产厂的建议，并要求有限流电路以免发生过流（过热）。通常用的充电率为 0.25～1$C$，推荐的充电电流为 0.5$C$（$C$ 是电池的容量，如标称容量 1500mA·h 的电池，充电电流为 0.5×1500=750mA）。在大电流充电时通常要检测电池温度，以免因过热而损坏电池或产生爆炸。

锂离子电池的额定电压是 3.6V（有的产品为 3.7V），放电终止电压是 2.5～2.75V（电

池厂给出工作电压范围或给出放电终止电压，各个参数略有不同)。电池的放电终止电压不应小于2.5V，低于放电终止电压继续放电称为过放，过放会使电池寿命缩短，严重时会引起电池失效。电池不用时，应将电池充电至保有20%的电容量，再进行防潮包装保存，3～6个月检测电压1次，并进行充电，确保电池电压在安全电压值（3V以上）范围内。

锂离子电池不适合大电流放电，过大电流放电时内部会产生较高的温度而损耗能量，减少放电时间，如果电池中无保护元件还会产生过热而损坏电池。所以电池生产厂给出最大放电电流，在使用中不得超过产品特性表中给出的最大放电电流。

不同温度下的放电曲线是不同的。在不同温度下，锂离子电池的放电电压和放电时间也不同，电池应在−20～+60℃温度范围内进行放电（工作）。

对电池充电时，其环境温度不得超过产品特性表中所列的温度范围。电池应在0～45℃温度范围内进行充电，远离高温（高于60℃）与低温（−20℃）环境。

### 2.3.5.5 锂离子电池的充电方法

锂离子电池可以采取不同的充电方法，其中最简单的是恒压充电。采用恒压充电时，电池电压保持不变，而充电电流将逐渐降低。当充电电流低于0.8$C$时，可认为电池被充分充电了。为了避免有缺陷的电池无休止地进行充电，使用一个备用定时器来终止充电周期。恒压充电是一个相对节省成本的方法，但是这种方法需要很长的电池充电时间。因为在电池充电期间充电电压保持一定，充电电流下降很快，因而充电速率也降低很快。这样，电池就是在比其能够接受的低得多的电流强度下进行充电。

兼顾充电过程的安全性、快速性及电池使用的高效性，锂离子电池一般都采用恒流恒压充电方法，其充电过程可分为涓流充电（预充电）、恒流充电及恒压充电三个阶段，如图2-30所示。

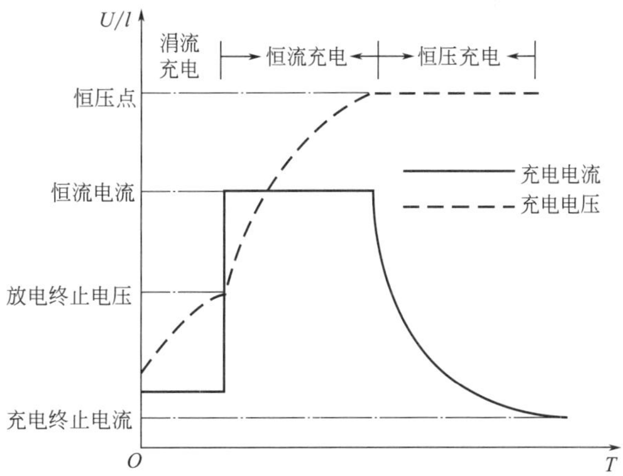

图2-30 锂离子电池充电特性曲线

(1) 预充电阶段 首先检测单节锂离子电池电压是否较低于3V，若是则采用涓流充电，即一个比较小的恒定电流对电池进行充电直到电池电压上升到一个安全值。否则可以省略该阶段，这也是最普遍的情况，由于预充电主要是完成对过放电的锂电池进行修复。

(2) 恒流充电阶段 涓流充电后，充电器转入恒流充电状态。该状态下，充电电流保持不变的较大的值，电池的最大充电电流取决于电池的容量。

在恒流充电及预充电状态下，通过连续监控电池的电压和温度，可以采用下列两种恒流充电终止法，终止恒流充电。

① 电池最高电压终止法：当单节锂电池电压达到4.2V，恒流充电状态需立即终止。

② 电池最高温度终止法：在恒流充电过程中，当电池的温度达到60℃时，恒流充电状态应立即终止。

(3) 恒压充电阶段 恒流充电结束后，则转入恒压充电状态。在该状态下，充电电压保持恒定。由于锂离子电池对充电电压精度的要求比较高，单节电池恒压充电电压需在规定值的±1%之间变化，因此要严格控制锂离子电池的充电电压，在恒压充电过程中，充电器连续监控电池的电压、温度、充电电流和充电时间。

常用的恒压充电终止方法有下列四种。

① 电池最高电压：当单节锂离子电池的电压达到 4.25V 时，恒压充电状态自动终止。

② 电池最高温度：当锂离子电池的最高温度达到 60℃时，恒压充电状态自动终止。

③ 最长充电时间：为了保证锂离子电池安全充电，除了设定最高电压和最高温度外，还需设置最长恒压充电时间，在温度和电压检测失败的情况下，可以确保锂离子电池安全充电。

④ 最小的充电电流：在恒压充电过程中，锂离子电池的充电电流逐渐减弱，当充电电流下降到一定数值（一般为恒流充电电流的 1/10）时，恒压充电状态自动终止。

另外，电池充足电后，若电池仍插在充电器上，电池会因为自动放电而损失电量。充电器应以非常小的电流对电池充电或监测电池电位以备对电池再充电，这种状态称为维护充电状态。

## 2.3.6 蓄电池管理系统

### 2.3.6.1 混合动力汽车的动力电池组管理系统简介

混合动力汽车的整车性能很大程度上依赖于动力蓄电池，高性能、高可靠性的电池管理系统能使电池在各种工作条件下得到最佳的性能，通过蓄电池管理系统（BMS）来实时监测电池状态，如电池电压、充放电电流等，估计电池最大允许充放电电流，以提升电池性能和寿命，提高混合动力汽车的可靠性及安全性。

根据电动车辆所采用的蓄电池的类型及动力电池组的组合方法，电池组管理系统主要包括热（温度）管理子系统、电池组管理子系统、线路管理子系统，如图 2-31 所示。

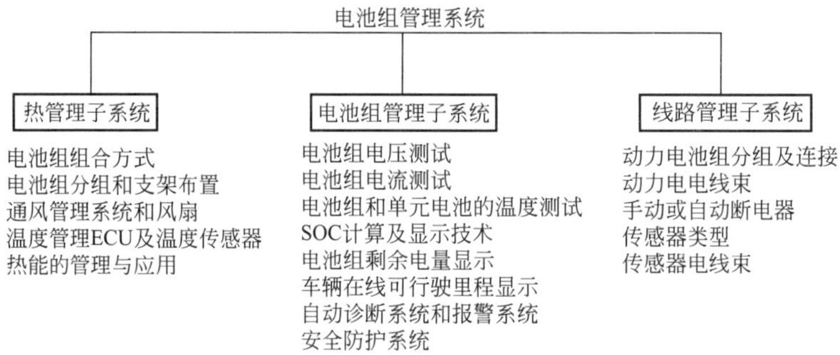


图 2-31　电池组管理系统

（1）热管理子系统　温度是直接影响电池性能和寿命的关键性因素，混合动力汽车上使用的动力电池组在工作时均会有发热现象，不同的蓄电池的发热程度各不相同，有的蓄电池采用自然通风即可满足电池组的散热要求，但有的蓄电池则必须采用强制通风来进行冷却，才能确保电池组正常工作并延长蓄电池的寿命。此外，在混合动力汽车上因为动力电池组的各个蓄电池或各个分电池组布置在车架不同的位置上，各处的散热条件和周围环境均不同，这些差别也会对蓄电池充放电性能和蓄电池的使用寿命造成影响。为了确保每个蓄电池都能有良好的散热条件和环境，将混合动力汽车的动力电池安装在一个强制冷却系统中，使各个蓄电池的温度保持一致或相接近，以及使各个蓄电池的周边环境条件类似。

根据动力电池组在电动车辆上的设置，动力电池组的热管理子系统中，为方便动力电池组或其分组的安装，首先应合理安排动力电池组的支架，要求可以实现机械化装卸，便于各种电线束的连接。在动力电池组的支架位置及形状确定后设计通风管道、风扇、动力电池组

ECU 和温度传感器等，混合动力汽车上水平布置的温度管理系统如图 2-32 所示，垂直布置的温度管理系统如图 2-33 所示。



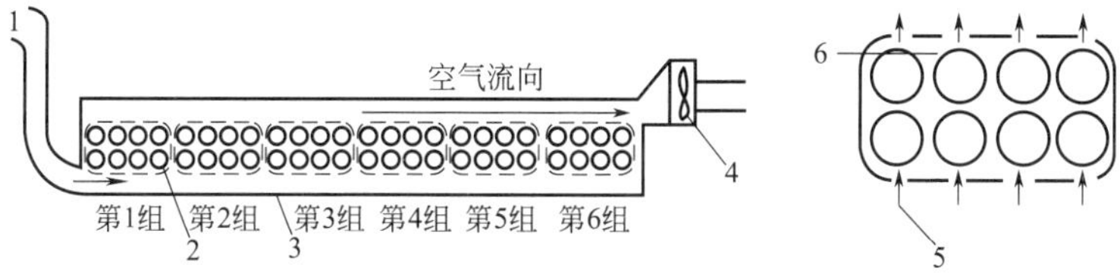


图 2-32 动力电池组水平布置的温度管理系统

1—空气吸入管道；2—分电池组；3—动力电池组密封支架；4—冷却风扇；5—分电池组冷却气流；6—温度传感器

在某些蓄电池工作时，会产生较高的温度，此时，可充分利用其产生的热量，如用于取暖和给挡风玻璃除霜等，使热量得到管理和应用。

（2）电池组管理子系统 其作用是对电池的组合、安装、充电、放电、电池组中各个电池的不均衡性、电池的热管理以及电池的维护等进行监管，使电池组能够提高工作效率，确保正常运转并达到最佳状态，避免发生电池的过充电和过放电，能够有效延长电池的寿命，以及对动力电池组的安全管理和保洁等。电池组管理子系统主要包括下列几个方面。

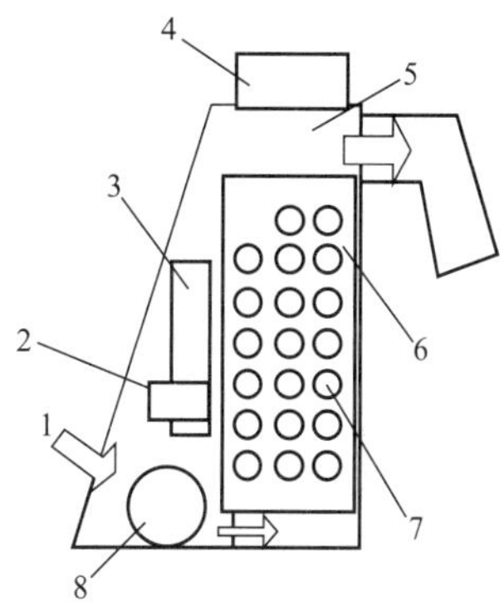

图 2-33 动力电池组垂直布置的温度管理系统

1—冷却空气吸入管道；2—温度传感器；3—电池组管理 ECU；4—充电器；5—电池组通风箱；6—单元电池；7—分电池组；8—风扇

① 电池的技术性能。不同类型和不同型号、不同使用程度的电池均具有不同的性能，包括电池的容量、工作电压、终止电压、质量、外形尺寸和电池特性（包括记忆特性）等，所以要对动力电池组建立技术档案，实际上即使是同一型号、同一批次的电池，由于制造原因、电解质的浓度差异和使用情况的不同，性能也不尽相同，若将性能差异较大的电池组合在一起，会给整个动力电池组的性能带来影响。因此，在安装电池组之前，需对每个电池进行认真检测，将性能差异不大的电池组成动力电池组。

② 电池状态的管理。混合动力汽车的动力电池组由多个单节电池组成，其基本状态包括在充电与放电时双向作业时的电压、电流、温度、SOC 的比例等。在正常情况下动力电池组的电压、电流、温度、SOC 的比例等应可以进行双向计算和显示。

因为多种原因在动力电池组中个别电池会出现性能的改变，使动力电池组在充电时无法充足，而在放电时很快将电能放尽，这就要求电池管理系统应能够随时自动检测各个单节电池的状态，当检测出某节电池出现损坏状态时，及时报警，以便将“坏”电池剔出、更换。

③ 动力电池组的安全管理。动力电池组的总电压能够达到 90～400V，如此高的电压对人体会造成危害，应采取有效的隔离措施，通常是将动力电池组与车辆的乘坐区分离，将动力电池组安装在地板下面或车架的两侧，在正常情况下，车辆停止使用时，一般会自动切断电源，只有在混合动力汽车启动时才接通电源，当混合动力汽车发生碰撞或倾覆时，电池管理系统应能迅速切断电源，防止高压电引起的人身事故及火灾，并防止电解液造成的伤害，以确保人身安全。

（3）线路管理子系统 动力电池组是很多节单节电池串联组成的，铅酸蓄电池需要 8～32 节 12V 的单节电池串联起来，其他电池需要使用更多单节电池串联而成，为了能够分别安装在混合动力汽车的不同位置处，一般动力电池组上分为多个小的电池组分散进行布置，这样有助于电池组的机械化安装、拆卸和检修。

线路管理子系统管理电池与电池、电池组与电池组之间的线路。当动力电池组的总电压较高时，导线的截面积较小，有助于电线束的连接和固定，但高电压要求有更可靠的防护。当动力电池组的总电压较低时，电流比较大，线路损耗也非常大，需要的导线截面积也比较大，安装较不方便。在各个电池组之间还需要安装连接导线将各个电池组串联起来，通常在电池组与电池组之间，装有手动或自动断电器，以利于在安装、拆卸和检修时切断电流。此外，在电池管理系统中还有各种传感器线路等，所以在混合动力汽车上有各种各样的电线束，要求电线之间存在可靠的绝缘，并能快速连接。

### 2.3.6.2 动力电池组管理系统功能及组成

动力电池组管理系统承担着动力电池组的全面管理，一方面要确保动力电池组的正常运作，显示动力电池组的动态响应并及时报警，以便使驾驶员随时掌握动力电池组的情况；另一方面要对人身和车辆进行安全保护，防止因电池引起的各种事故。

（1）动力电池组管理系统的基本功能　动力电池组管理系统使用先进的微处理器进行控制，通过标准通信接口和控制模块对动力电池组进行管理，通常有以下几个方面。

① 动力电池组管理。监视动力电池组的双向总电压和电流、动力电池组的温升，并通过液晶屏幕动态地显示出总电压、电流及温升的变化，防止动力电池组过充电或过放电，使动力电池组不会受到人为的损坏。

② 单节电池管理。对动力电池组中的单节电池的管理，可以监测单节电池的电状态，对单节电池动态电压及温度的变化进行实时监测，以便及时发现单节电池存在的问题，同时采取有效的预防措施。

③ 荷电状态的估计和故障诊断。动力电池组管理系统需具有对荷电状态的估计和故障诊断的功能，可以有效地反映和显示荷电状态（SOC）。目前对荷电状态的估计误差通常控制在10%左右，配备故障诊断专家系统，可以早期预报动力电池组的故障及隐患。

（2）动力电池组管理系统组成　综合动力电池组管理系统的各种功能，动力电池组管理系统的基本组成如图2-34所示。

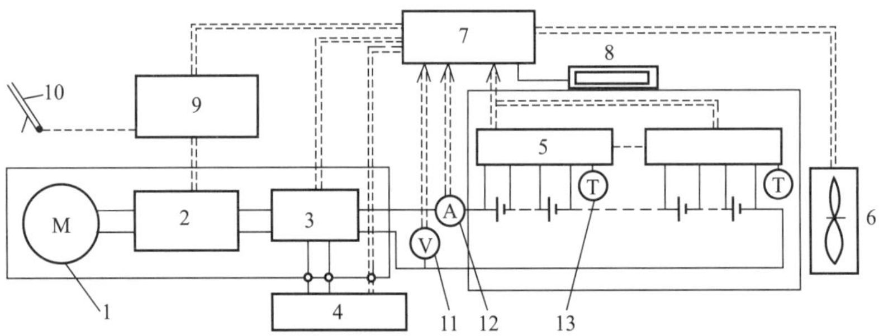


图2-34　动力电池组管理系统的基本组成

1—电动机；2—逆变器；3—继电器箱；4—充电器；5—动力电池组（由多个分电池组组成）；
6—冷却风扇；7—动力电池组管理系统；8—荷电状态（SOC）显示器；9—车辆中央控制器；
10—驾驶员控制信号输入；11—电压表；12—电流表；13—温度测量计

带有温度测量装置的动力电池组管理系统的基本组成如图2-35所示。带有温度测量装置的动力电池组管理系统，是凭借损坏的电池在充电过程中电池的温度高于正常电池温度的原理，用温度传感器来测定与监控每一个电池在充电过程中的温度是否在允许的范围内。若发现某个电池的温度处于异常状态，荷电状态（SOC）显示也不正常时，立刻向动力电池组管理系统反馈某个电池在线的响应信息，并由故障诊断系统预报动力电池组的故障。



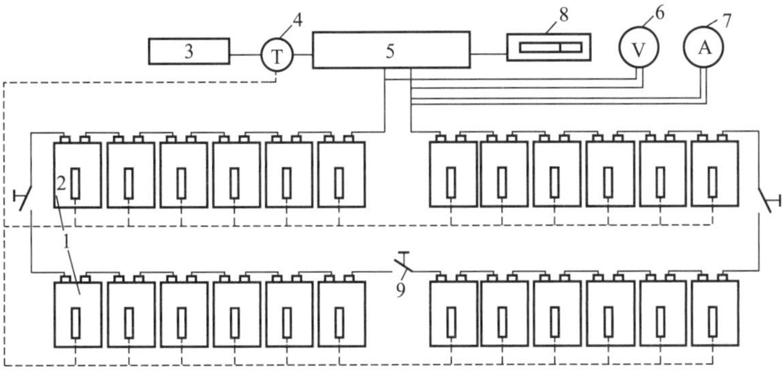


图 2-35 带有温度测量装置的动力电池组管理系统的基本组成

1—电池组；2—温度传感器；3—故障诊断器；4—温度表；5—动力电池组管理系统；6—电压表；7—电流表；8—荷电状态（SOC）显示；9—断路线

03
Chapter

# 第3章

# 丰田普锐斯混合动力汽车

## 3.1 丰田普锐斯混合动力的工作原理

### 3.1.1 丰田混合动力系统的组成

丰田混合动力汽车的动力核心是丰田混合动力系统（THS），它使用汽油机与电动机两种动力，通过串联与并联相结合即混联的方式进行工作，达到了低排放的效果。2003 年，丰田公司又推出了应用 THS-Ⅱ（第二代丰田混合动力系统）的普锐斯混合动力汽车。

丰田混合动力系统主要部件在车上的位置如图 3-1 和图 3-2 所示。

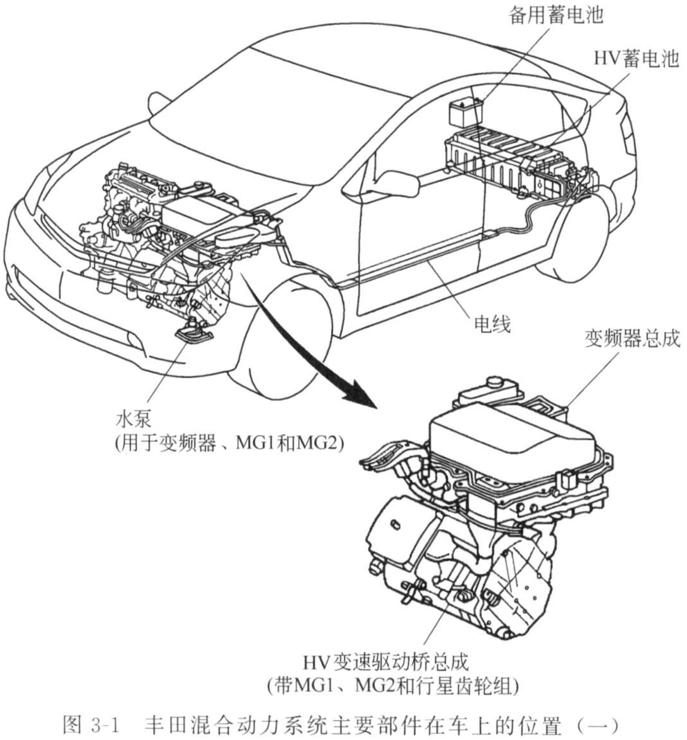


图 3-1 丰田混合动力系统主要部件在车上的位置（一）

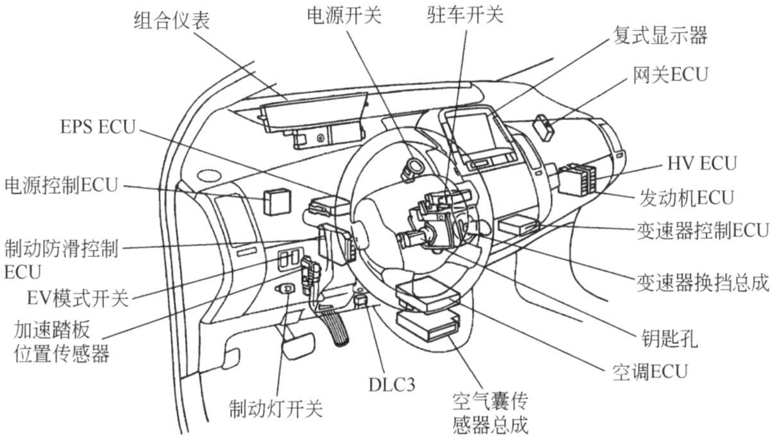


图 3-2 丰田混合动力系统主要部件在车上的位置（二）

(1) HV（混合动力汽车）变速驱动桥 混合动力汽车（HV）变速驱动桥由发电机（MG1）、电动机（MG2）及行星齿轮组组成。

① 发电机（MG1）。它由发动机带动旋转产生高压电来操作电动机（MG2）或为 HV 蓄电池充电。同时，它还能够作为起动机启动发动机。

② 电动机（MG2）。由发电机（MG1）或 HV 蓄电池的电能驱动，产生车辆动力。制动期间或松开加速踏板时，它生成电能为 HV 蓄电池再次充电（再生制动控制）。

发电机（MG1）和电动机（MG2）结构紧凑、重量轻、高效，是交流永磁同步电动机/发电机（图 3-3）。

在必要时，发电机（MG1）作为辅助动力源为发动机提供辅助动力，使车辆达到优良的动态性能，其中包括平稳起步及加速。启动再生制动时，电动机（MG2）将车辆的动能转换为电能并储存在 HV 蓄电池中。

发电机（MG1）为 HV 蓄电池重新充电并为电动机（MG2）供电。另外，通过调节发电量（改变发电机的转速），发电机（MG1）有效地控制变速驱动桥的连续可变变速器的功能。发电机（MG1）同样作为起动机启动发动机。

发电机（MG1）和电动机（MG2）的电路图如图 3-4 所示。

图 3-3 MG1 和 MG2

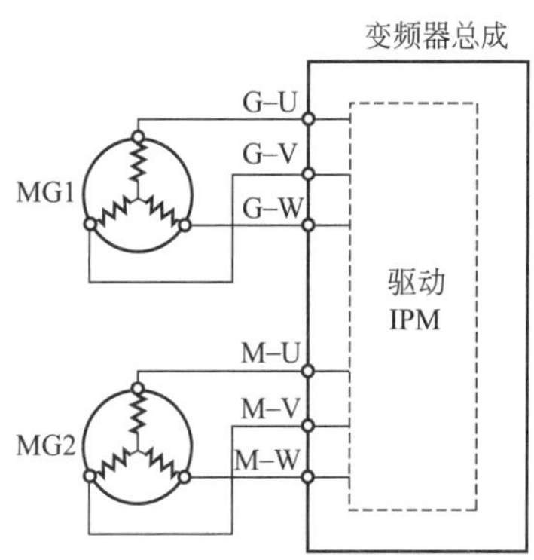


图 3-4 发电机（MG1）和电动机（MG2）的电路图

发电机（MG1）和电动机（MG2）是永磁电动机，其三相交流电经过定子线圈的三相绕组时，电动机内形成旋转磁场。发电机（MG1）和电动机（MG2）的工作原理如图 3-5

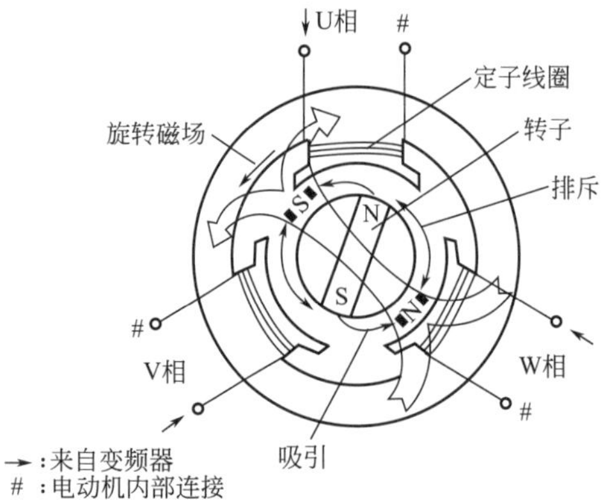


图 3-5　发电机（MG1）和电动机（MG2）的工作原理

所示。通过以转子的旋转位置及转速控制旋转磁场从而使转子的永磁铁受到旋转磁场的吸引形成转矩，产生的转矩可用于与电流相匹配的所有用途，而转速由交流电的频率控制。另外，通过对旋转磁场和转子磁铁的角度作适当的调整，可以产生较大的转矩以及较高的转速。

③ 行星齿轮组。以适当的比例分配发动机驱动力来直接驱动车辆及发电机。

（2）HV 蓄电池　如图 3-6 所示，在起步、加速和上坡时，将电能提供给电动机/发电机。

普锐斯采用镍-氢（Ni-MH）蓄电池作为 HV 蓄电池，其安装在行李厢内后排座位下。该 HV 蓄电池高能、重量轻，并且配合 THS-Ⅱ系统特性使用时间较长。车辆正常工作时，因为 THS-Ⅱ系统通过充电/放电来保持 HV 蓄电池 SOC（荷电状态）为恒定数值，所以车辆不依赖外部设备来充电。

（3）变频器总成　如图 3-7 所示。

① 作用及组成。变频器总成用于将高压直流电（HV 蓄电池）转换成交流电（发电机和电动机）；反之亦可，将交流电（AC）转换成直流电（DC）。其组成部件包括增压转换器、DC/DC 转换器和空调变频器。

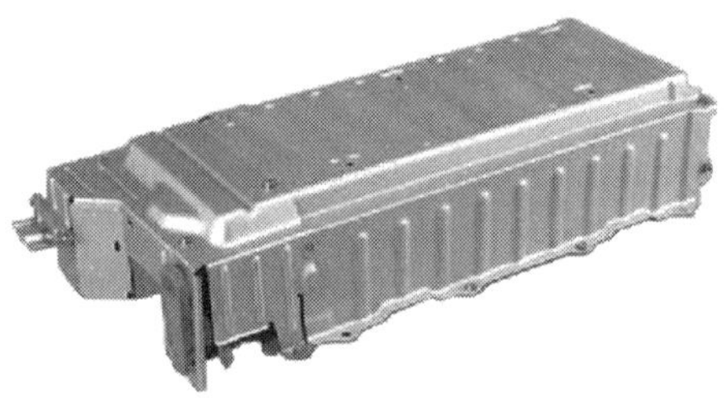

图 3-6　HV 蓄电池

图 3-7　变频器总成

a. 增压转换器。将 HV 蓄电池的最高电压从 DC 201.6V 增加至 DC 500V；反之亦可，从 DC 500V 降至 DC 201.6V。

b. DC/DC 转换器。将最高电压从 DC 201.6V 降至 DC 12V，为车身电气组件供电以及为备用蓄电池再次充电（DC 12V）。

c. 空调变频器。将 HV 蓄电池的额定电压 DC 201.6V 转换为 AC 201.6V，为空调系统中的电动变频压缩机供电。

② 工作原理。变频器将 HV 蓄电池的高压直流电转换成三相交流电来驱动发电机（MG1）和电动机（MG2）。功率晶体管的启动由 HV ECU 控制。另外，变频器将用于电流控制（如输出电流或电压）的信息传输到 HV ECU。变频器与发电机（MG1）、电动机（MG2）一起，由发动机冷却系统分离的专用散热器冷却。若车辆发生碰撞，安装在变速器内部的断路器传感器会检测到碰撞信号从而关闭系统。

变频器总成中的增压转换器将 HV 蓄电池 DC 201.6V 的额定电压增加到 DC 500V，提升电压后，变频器将直流电转换为交流电。

发电机（MG1）、电动机（MG2）桥电路及信号处理/保护功能处理器已集成在 IPM（智能功率模块）中（变频器电路图如图 3-8 所示），以提高车辆性能。变频器总成中的空调变频器为空调系统中的电动变频压缩机供电。将变频器散热器与发动机散热器集成为一体，更加合理地利用了发动机室内的空间。

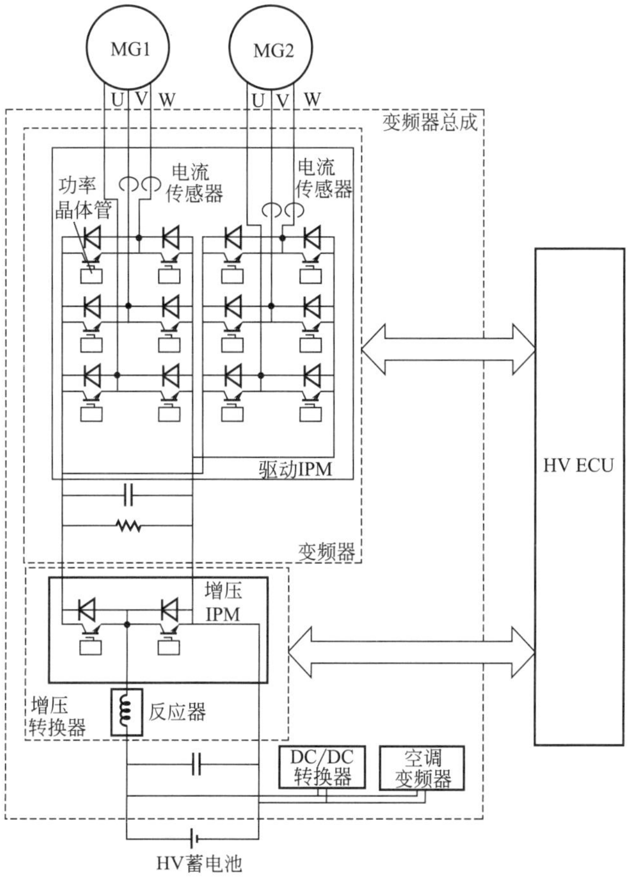


图 3-8　变频器电路图

a. 增压转换器。它可将 HV 蓄电池输出的额定电压 DC 201.6V 提升到 DC 500V（增压转换器电路图如图 3-9 所示）。转换器包括增压 IPM（智能功率模块）、IGBT（绝缘栅双极晶体管）。通过这些组件，转换器将电压提升。

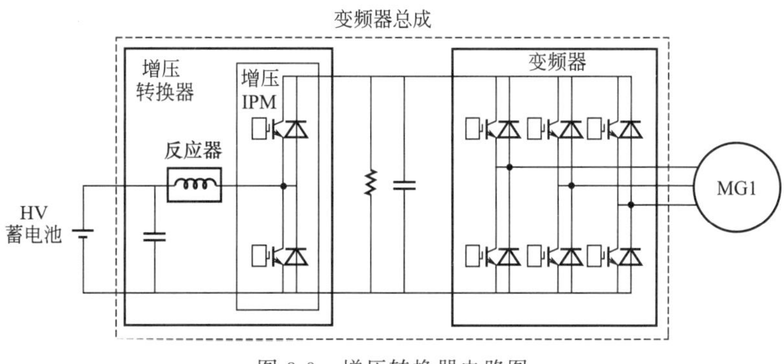


图 3-9　增压转换器电路图

发电机（MG1）或电动机（MG2）作为发电机工作时，变频器通过其将交流电（201.6～500V）转换为直流电，接着增压转换器将其降低到 DC 201.6V，为 HV 蓄电池充电。

b. DC/DC 转换器。车辆的辅助设备，如车灯、音响系统、空调系统（除空调压缩机）和 ECU，它们由 DC 12V 的供电系统供电。因为 THS-Ⅱ 发电机输出额定电压为 DC 201.6V，所以需要转换器将电压降低到 DC 12V 来为备用蓄电池充电。DC/DC 转换器安装在变频器的下部。DC/DC 转换器电路图如图 3-10 所示。

c. 空调变频器。变频器总成中的空调变频器为空调系统中电动变频压缩机供电。空调变频器将 HV 蓄电池的额定电压 DC 201.6V 转换成 AC 201.6V，来为空调系统中的压缩机供电。空调变频器电路图如图 3-11 所示。

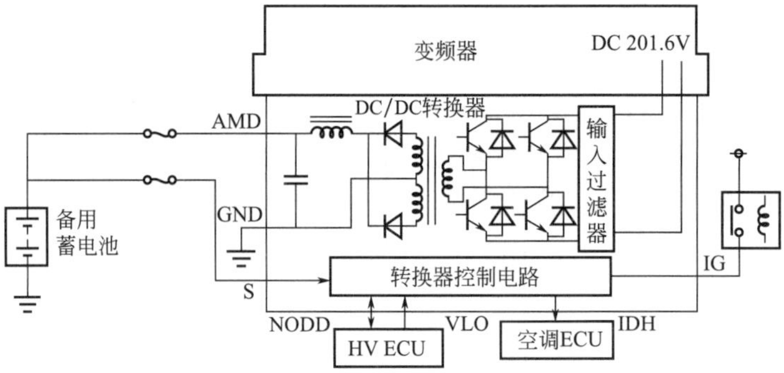


图 3-10　DC/DC 转换器电路图

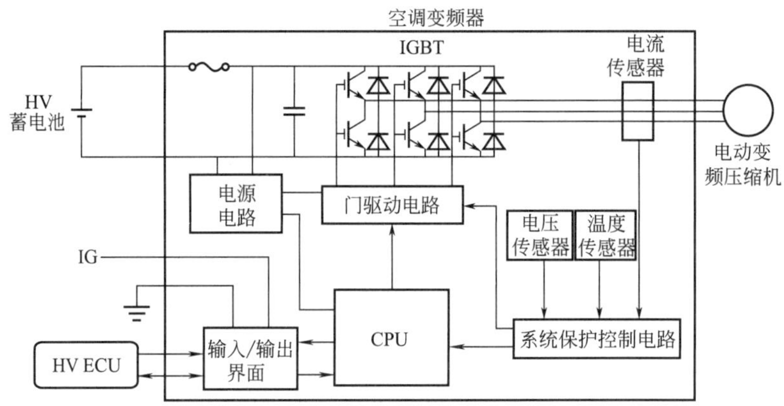


图 3-11　空调变频器电路图

d. 冷却系统。车辆使用的是配备有水泵的发电机（MG1）和电动机（MG2）冷却系统，而且将其与发动机冷却系统分开。变频器、发电机（MG1）和电动机（MG2）的冷却系统如图 3-12 所示。冷却系统的散热器集成在发动机的散热器中，如此，散热器的结构得到简化，空间也得到有效利用。

（4）HV ECU　接收每个传感器和 ECU（发动机 ECU、蓄电池 ECU、制动防滑控制 ECU 和 EPS ECU）的信息，根据此信息计算所需的转矩及输出功率。

HV ECU 将计算结果发送给发动机 ECU、变频器总成、蓄电池 ECU 和制动防滑控制 ECU。

（5）发动机 ECU　根据接收到的来自 HV ECU 的目标发动机转速以及所需的发动机动力启动 ETCS-i（智能电子节气门）。

(6) 蓄电池ECU 监控HV蓄电池的充电状态。

(7) 制动防滑控制ECU 控制电动机/发电机产生的再生制动以及控制液压制动，使总制动力等于仅配备液压制动的传统车辆。同样，制动防滑控制ECU照常进行制动系统控制(带EBD的ABS、制动辅助和VSC+)。

(8) 加速踏板位置传感器 将加速踏板角度转换为电信号并且输出到HV ECU。

加速踏板受到不同的力时，安装在加速踏板臂基部的磁轭以不同速度围绕霍尔IC旋转，此时，磁通的变化量由霍尔IC转换为电信号并输出给HV ECU，显示加速踏板受力强弱(图3-13和图3-14)。

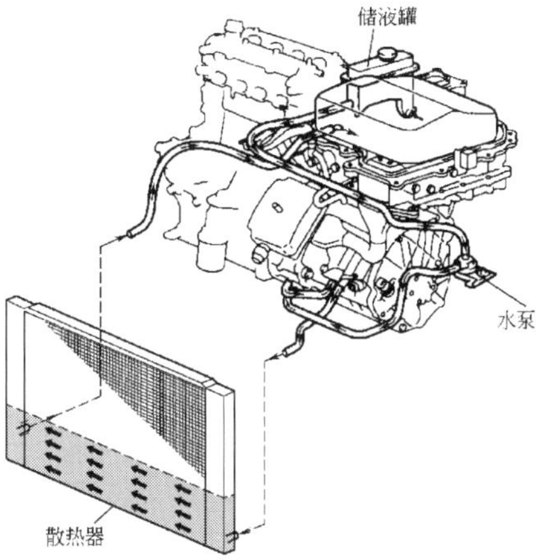


图3-12 变频器、发电机(MG1)和电动机(MG2)的冷却系统

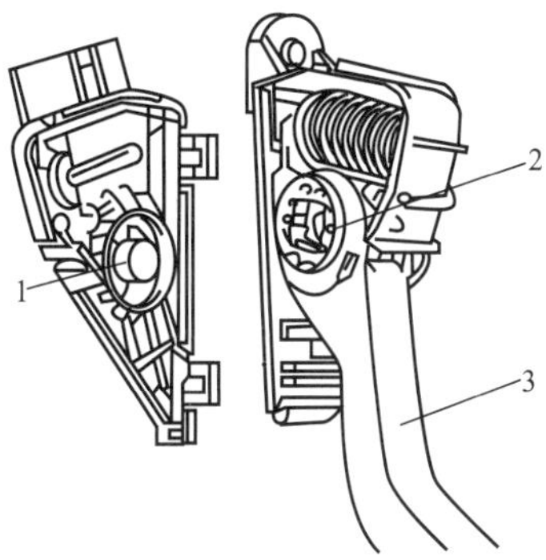


图3-13 传感器位置
1—霍尔IC；2—磁轭；3—加速踏板臂

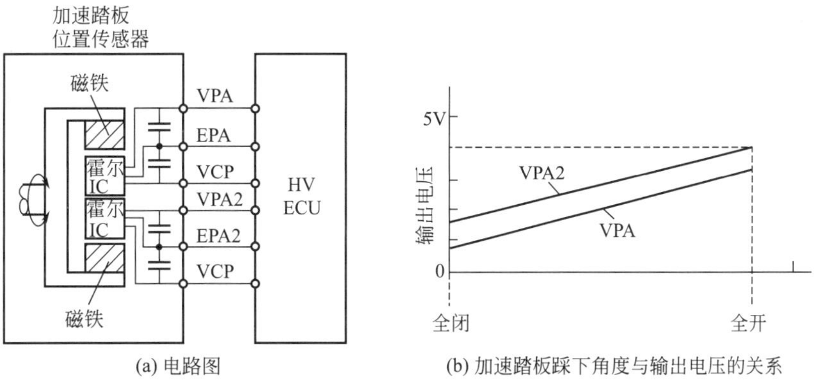


图3-14 加速踏板位置传感器电路图及加速踏板踩下角度与输出电压的关系

(9) 挡位传感器 将挡位转换成电信号并输出到HV ECU。

(10) SMR(系统主继电器) 用来自HV ECU的信号连接或断开蓄电池与变频器总成间的高压电路。

(11) 互锁开关 用于变频器盖和检修塞，确认变频器盖和检修塞都已安装完毕。

(12) 断路器传感器 若检测到车辆发生碰撞，则切断高压电路。

(13) 检修塞 在检查或维修车辆时，应拆下此塞，关闭HV蓄电池高压电路。

(14) 电线 将变频器与HV蓄电池、发电机(MG1)、电动机(MG2)以及空调压缩机等部件相连，来传输高电压、高电流。电线一端接在行李厢中HV蓄电池的左前连接器

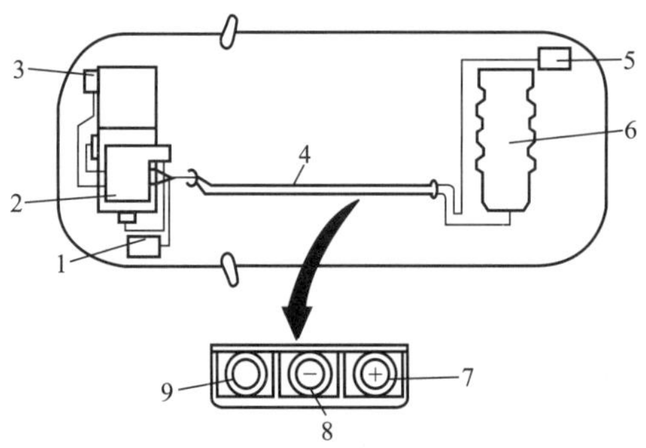


图 3-15 高压电线

1—接线盒；2—变频器；3—空调压缩机；4—穿过中央地板的部分；5—备用蓄电池；6—HV 蓄电池；7—电线电压（+）；8—电线电压（−）；9—DC 12V（+）

上，而另一端从后排座椅下经过，穿过地板顺着地板下加强件一直连接到发动机室中的变频器，如图 3-15 所示。这种屏蔽电线可以减少电磁干扰。辅助蓄电池的 DC 12V 配线排布和上述电线相同。高压线束和接头采用橙色，用来显示区别于普通低压线束。

## 3.1.2 丰田混合动力系统工作状态

根据行驶条件的不同，汽车在稳定运行过程中，混合动力系统可能处在不同的工作状态，以最大限度地适应车辆的行驶状况。

① HV 蓄电池向电动机（MG2）供电，来驱动车辆（图 3-16）。

② 发动机通过行星齿轮机构驱动车辆时，发电机（MG1）由发动机通过行星齿轮机构带动旋转，为电动机（MG2）提供电能（图 3-17）。

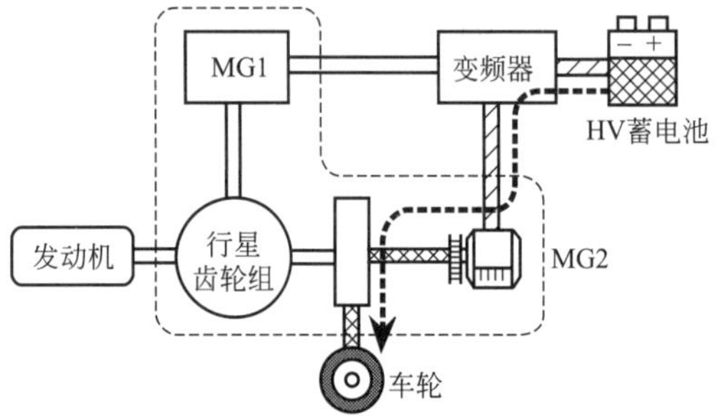


图 3-16 蓄电池供电

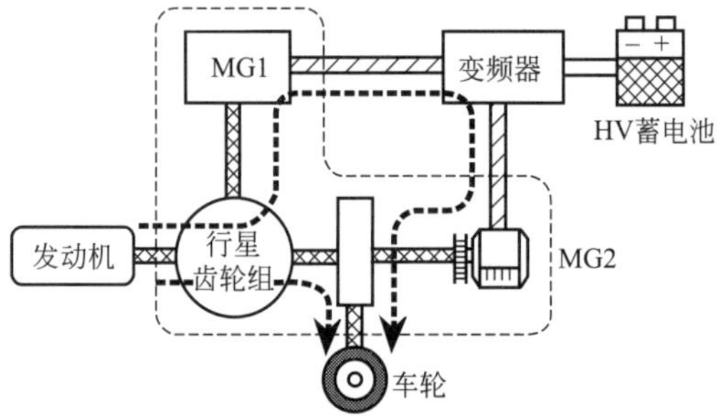


图 3-17 发动机驱动车轮

③ 发电机（MG1）由发动机通过行星齿轮机构带动旋转，为 HV 蓄电池充电（图 3-18）。

④ 车辆减速时，车轮的动能被回收并且转化为电能，并通过电动机/发电机（MG2）为 HV 蓄电池再次充电（图 3-19）。

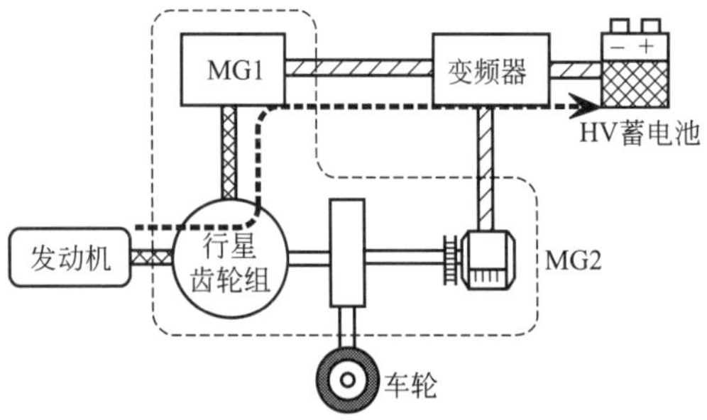


图 3-18 发电机发电

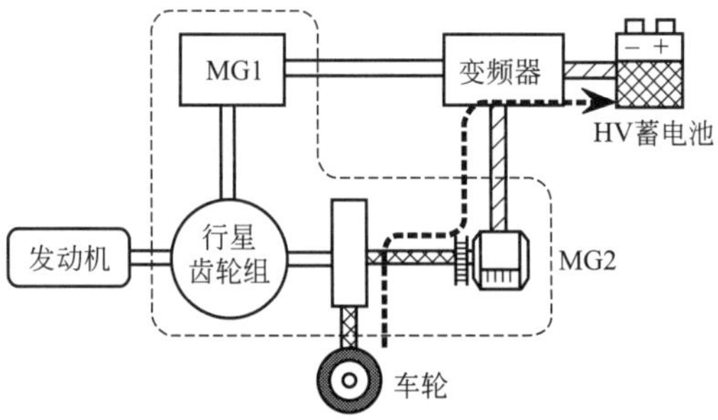


图 3-19 车轮的动能回收

HV ECU 按照车辆行驶状况在①、②、③、①+②+③或④工作模式间转换。HV 蓄电池的 SOC（荷电状态）较低时，发动机将带动发电机（MG1）为 HV 蓄电池充电。

THS-Ⅱ（第二代丰田混合动力系统）使用发动机与电动机（MG2）提供的两种动力，并使用 MG1 作为发电机。系统依照各种车辆行驶状况优化组合这两种动力。

HV ECU 始终监视 SOC、蓄电池温度、水温及电载荷状况。在“READY”指示灯亮，车辆处于“P”挡或车辆倒车时，若监视项目符合条件，HV ECU 发出指令，启动发动机，驱动发电机（MG1），并为 HV 蓄电池充电。

## 3.1.3 丰田混合动力系统工作原理

图 3-20 反映了车辆的常见行驶状况。可以按照图 3-20 来分析 THS-Ⅱ系统是如何控制发动机、MG1 和 MG2 来驱动汽车的。

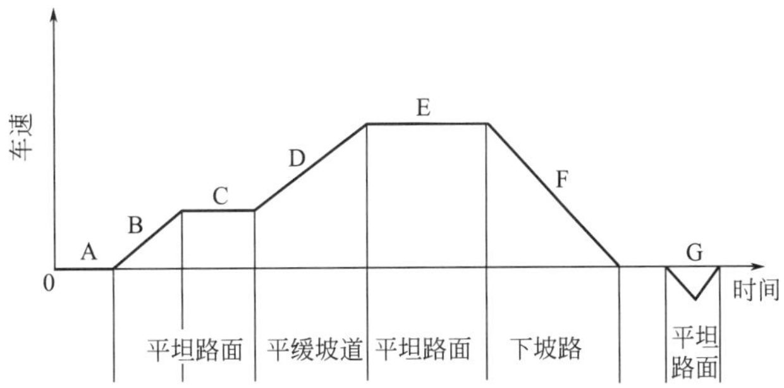


图 3-20 车辆行驶状况

A—仪表板上“READY”灯亮；B—车辆起步；C—发动机微加速；D—小负荷巡航；E—节气门全开加速；F—减速行驶；G—倒车

图 3-21 所示为行星齿轮组与发动机、MG1 和 MG2 的连接关系。发动机连接行星架，MG1 连接太阳轮，MG2 连接环齿轮。根据相对运动关系可以用模拟杠杆清楚地表示出行星齿轮机构（组）各部件的转速关系（图 3-22）。杠杆的 3 个节点的相对位置由太阳轮（MG1）和环齿轮（MG2）的齿数确定，相对于水平基准位置，同侧代表运转方向相同，异侧代表运转方向相反，相对于基准位置的高度（垂直位移）相似于转速。

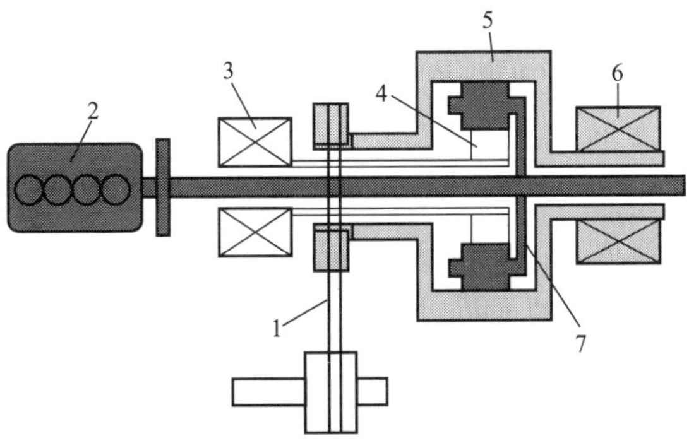


图 3-21 行星齿轮组与发动机、MG1 和 MG2 的连接关系

1—驱动链；2—发动机；3—MG1；4—太阳轮；5—环齿轮；6—MG2；7—行星架

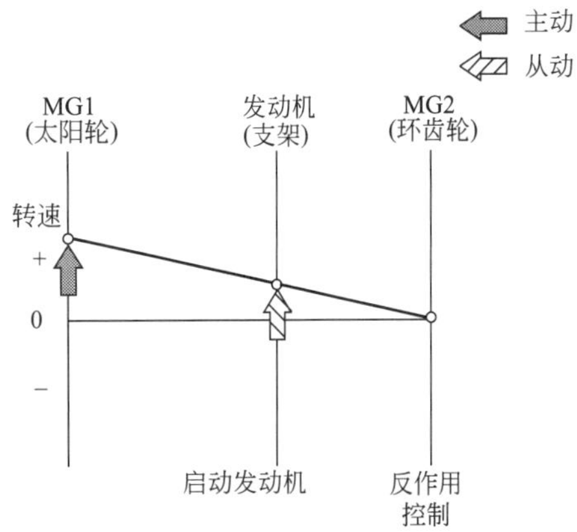


图 3-22 表示行星轮系角速度关系的模拟杠杆

（1）准备启动状态（图 3-20 中的 A 阶段） 若水温、SOC、蓄电池温度和电载荷状态不满足条件，即使驾驶员按下“POWER”开关，“READY”指示灯打开，发动机也不会转动。

启动发动机：仪表盘上的“READY”指示灯亮、车辆处于“P”或者倒挡时，若 HV

ECU监视的任何项目都正常，HV ECU启动发电机（MG1），从而启动发动机。

运行期间，为避免发电机（MG1）太阳轮的反作用力转动电动机（MG2）的环齿轮并驱动车轮，电动机（MG2）接收电流，施加制动（图3-23、图3-24），这个功能称为“反作用控制”。

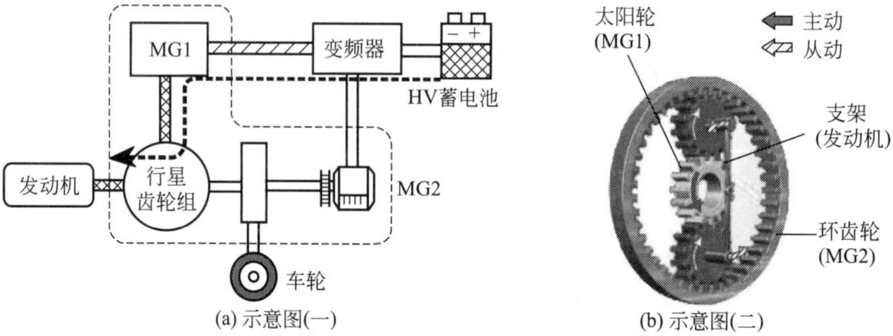


图3-23　准备启动状态

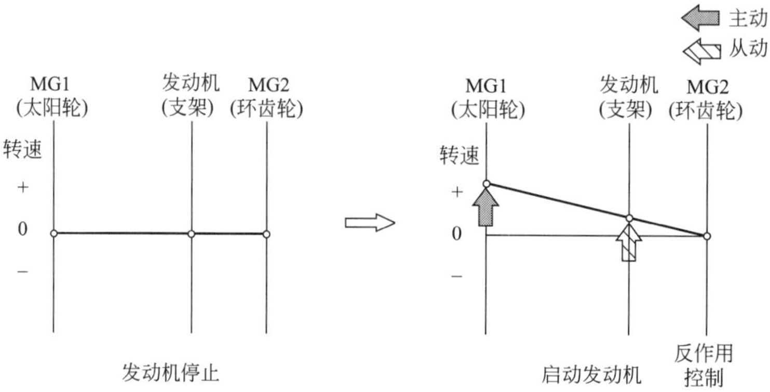


图3-24　行星齿轮机构模拟杠杆图（一）

在随后的状态中，运转中的发动机驱动发电机（MG1），为HV蓄电池进行充电，如图3-25、图3-26所示。

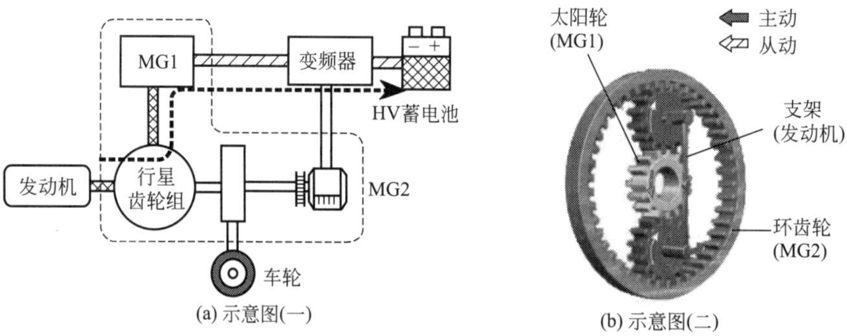


图3-25　启动后蓄电池充电

（2）起步工况（图3-20中的B阶段）　电动机（MG2）驱动车辆起步后，车辆只由电动机（MG2）驱动。此时，发动机保持停止状态，发电机（MG1）以反方向旋转而不发电（图3-27、图3-28）。

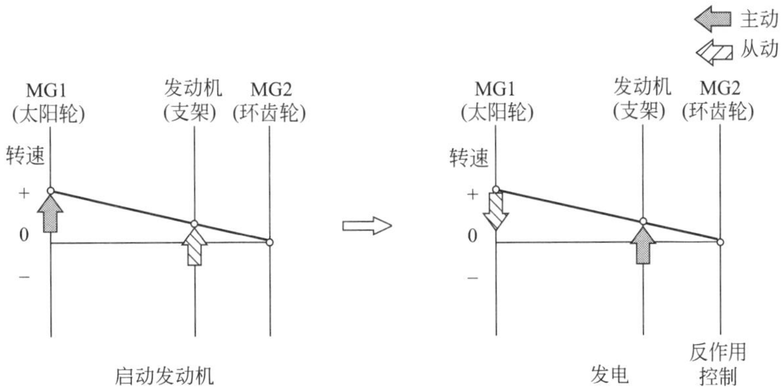


图 3-26 行星齿轮机构模拟杠杆图（二）

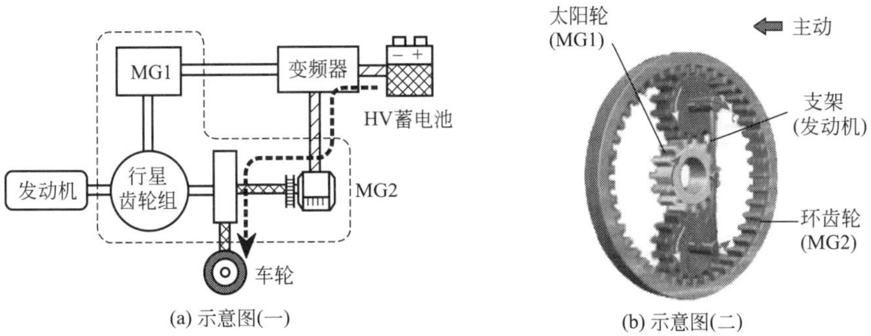


图 3-27 起步工况

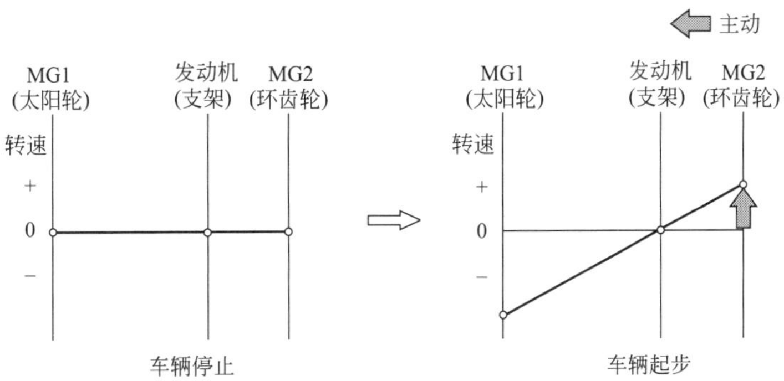


图 3-28 行星齿轮机构模拟杠杆图（三）

启动发动机：只有电动机（MG2）工作时，增加所需驱动转矩，发电机（MG1）才能被启动，进而启动发动机；同样，若 HV ECU 监视的任何项目如 SOC、蓄电池温度、水温和电载荷状态与规定值有偏差，发电机（MG1）将被启动，进而启动发动机（图 3-29、图 3-30）。

在随后的状态中，已经启动的发动机将使发电机（MG1）为 HV 蓄电池充电。若需要增加所需驱动转矩，发动机将启动发电机（MG1）并转变为“发动机微加速”模式（图 3-31、图 3-32）。

（3）发动机微加速工况（图 3-20 中的 C 阶段） 发动机微加速时，发动机的动力由行星齿轮组分配。其中一部分动力直接输出，剩余动力用于发电机（MG1）发电，通过变频器输出，电力输送到电动机（MG2），用来输出动力（图 3-33、图 3-34）。

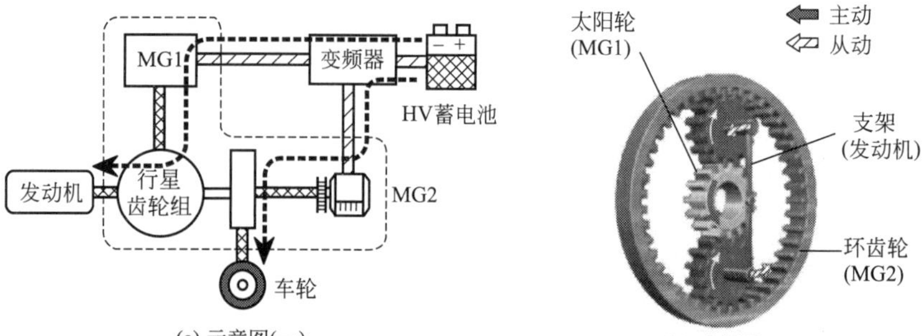


(a) 示意图(一)　　(b) 示意图(二)

图 3-29　汽车起步后发动机启动

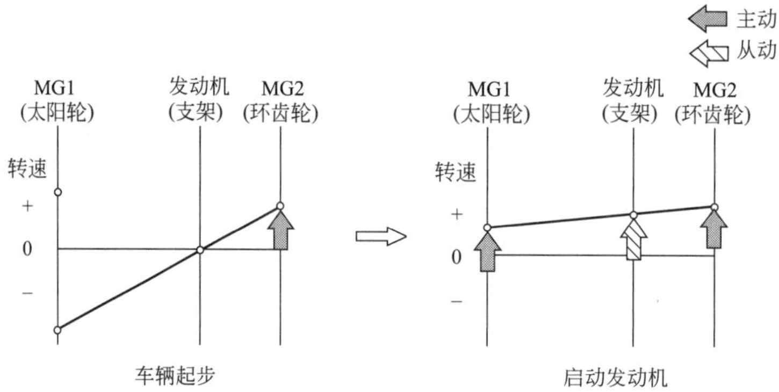


图 3-30　行星齿轮机构模拟杠杆图（四）

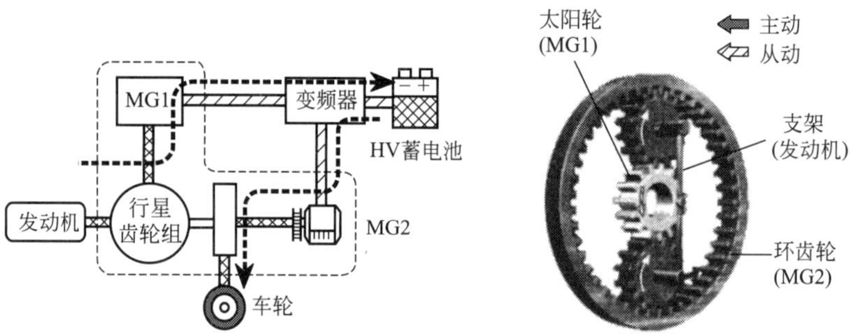


(a) 示意图(一)　　(b) 示意图(二)

图 3-31　发动机驱动发电机

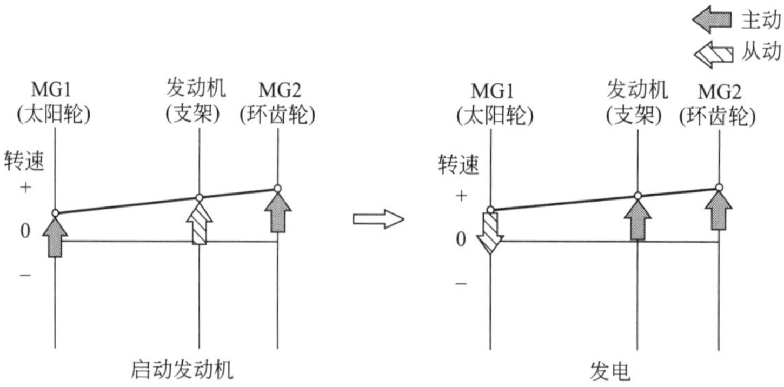


图 3-32　行星齿轮机构模拟杠杆图（五）

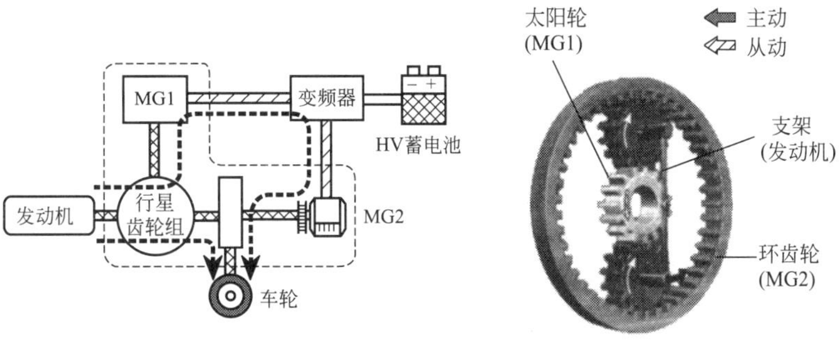


(a) 示意图(一)　(b) 示意图(二)

图 3-33　发动机微加速工况

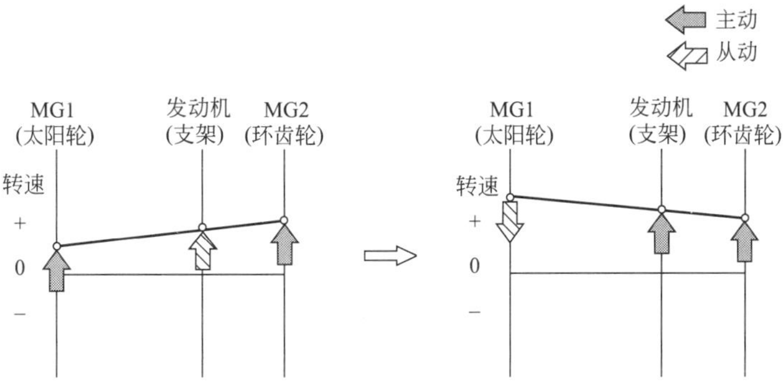


MG2驱动时发动机启动　发动机正常驱动

图 3-34　行星齿轮机构模拟杠杆图（六）

（4）低载荷巡航工况（图 3-20 中的 D 阶段）　车辆以低载荷巡航时，发动机的动力由行星齿轮分配。其中一部分动力直接输出，剩余动力用于发电机（MG1）发电，通过变频器传输，电力输送到电动机（MG2），用来输出动力（图 3-35、图 3-36）。

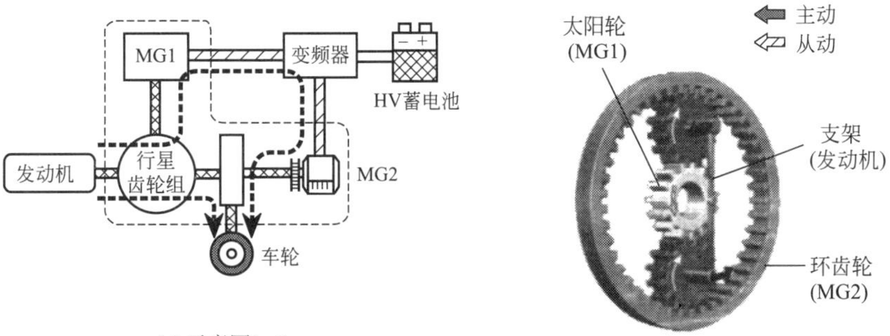


(a) 示意图(一)　(b) 示意图(二)

图 3-35　低载荷巡航工况

（5）节气门全开加速工况（图 3-20 中的 E 阶段）　车辆从低载荷巡航转换为节气门全开加速模式时，系统将在确保电动机（MG2）动力的基础上，增加 HV 蓄电池的电动力（图 3-37、图 3-38）。

（6）减速工况（图 3-20 中的 F 阶段）

①"D"挡减速。车辆以"D"挡减速行驶时，发动机停止工作。此时，车轮驱动电动机（MG2），使电动机（MG2）作为发电机运转，为 HV 蓄电池充电（图 3-39、图 3-40）。

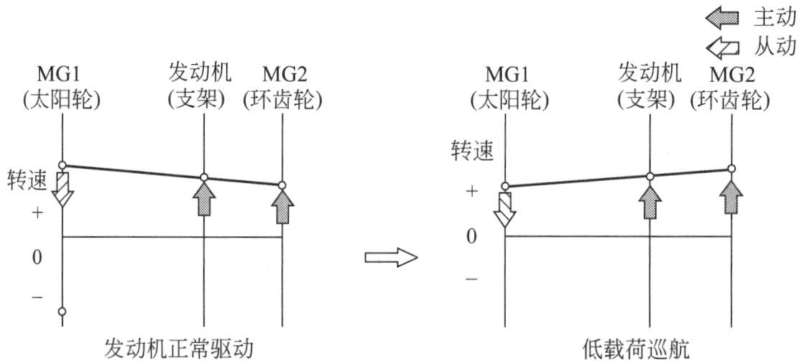


图 3-36　行星齿轮机构模拟杠杆图（七）

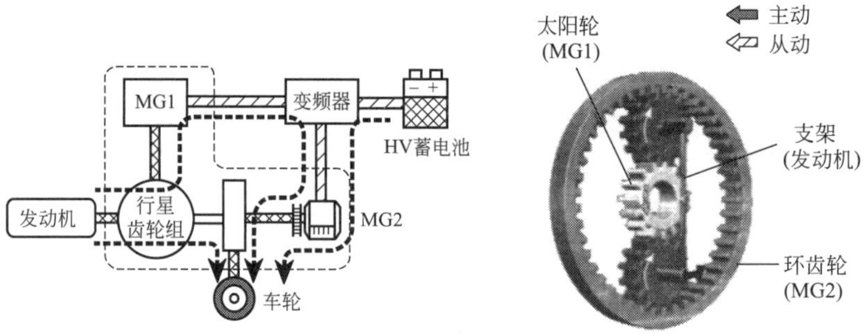


(a) 示意图(一)　(b) 示意图(二)

图 3-37　节气门全开加速工况

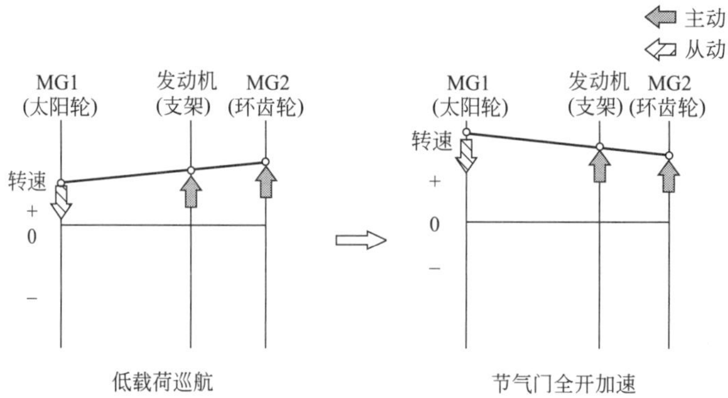


图 3-38　行星齿轮机构模拟杠杆图（八）

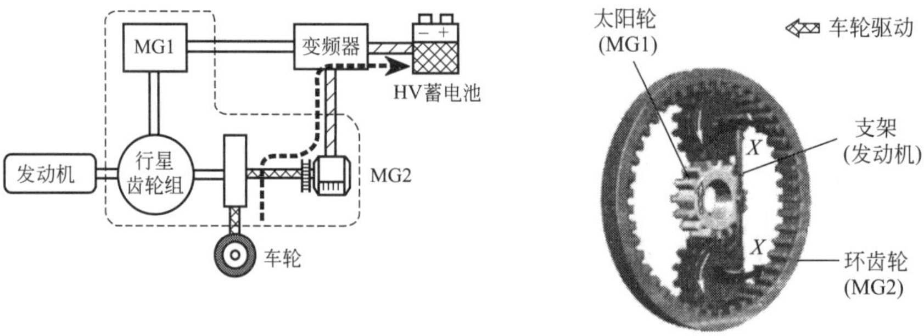


(a) 示意图(一)　(b) 示意图(二)

图 3-39　“D”挡减速行驶

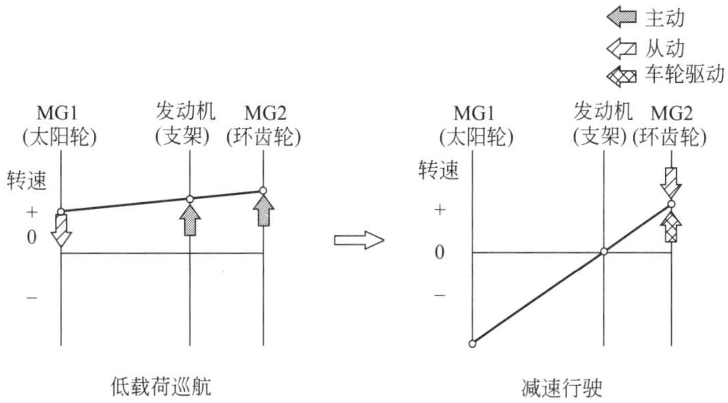


图 3-40 行星齿轮机构模拟杠杆图（九）

车辆从较高速度开始减速时，发动机以预定速度继续工作，保护行星齿轮机构。

②“B”挡减速行驶。车辆以“B”挡减速行驶时，车轮驱动电动机（MG2），使电动机（MG2）作为发电机工作，为 HV 蓄电池进行充电，并为发电机（MG1）供电。这样，MG1 保持发动机转速并施加发动机制动（图 3-41、图 3-42）。此时，发动机燃油供给被切断。

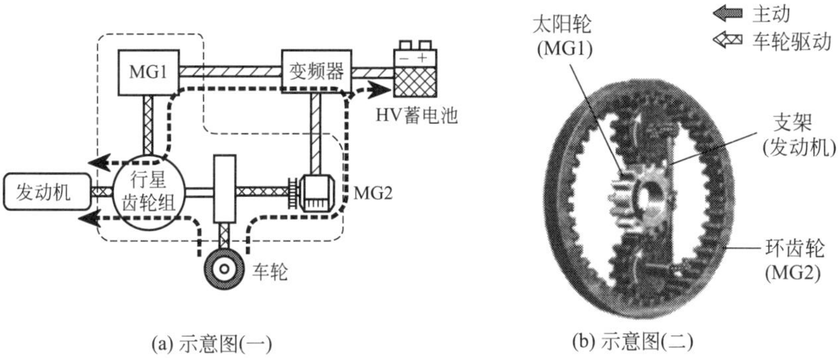


图 3-41 “B”挡减速行驶

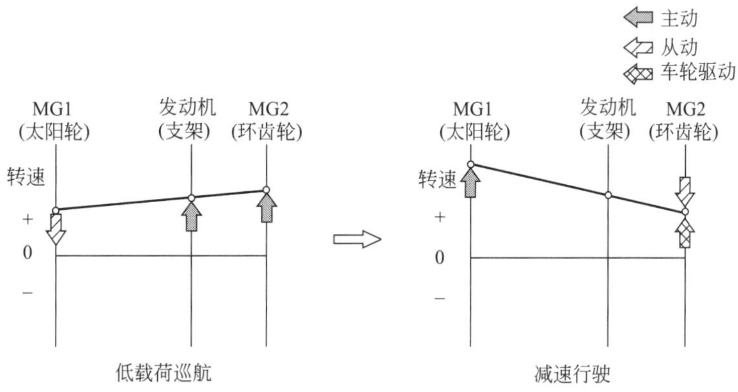


图 3-42 行星齿轮机构模拟杠杆图（十）

（7）倒车工况（图 3-20 中 G 阶段）

① 车辆倒车。仅由电动机（MG2）为车辆提供动力。此时，电动机（MG2）反向旋转，发动机不工作，发电机（MG1）正向旋转但是不发电（图 3-43、图 3-44）。

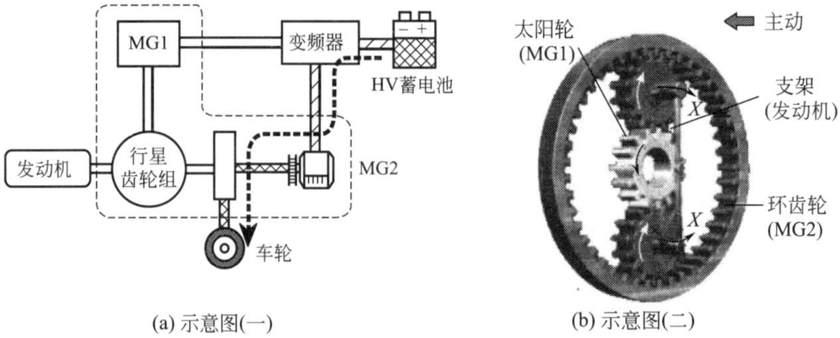


图 3-43 倒车工况

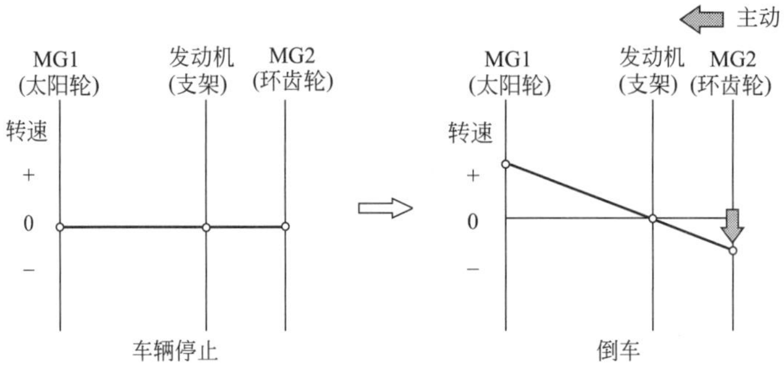


图 3-44 行星齿轮机构模拟杠杆图（十一）

② 启动发动机。若 HV ECU 监视的任何项目如 SOC、蓄电池温度、水温和电载荷状况与规定值有偏差，发电机（MG1）将启动发动机（图 3-45、图 3-46）。

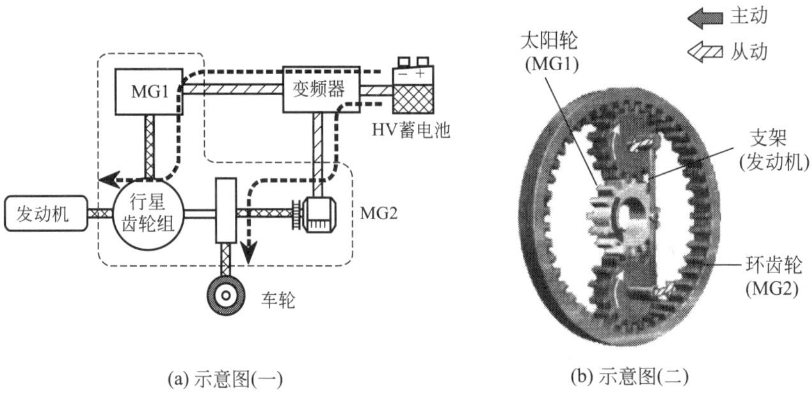


图 3-45 启动发动机

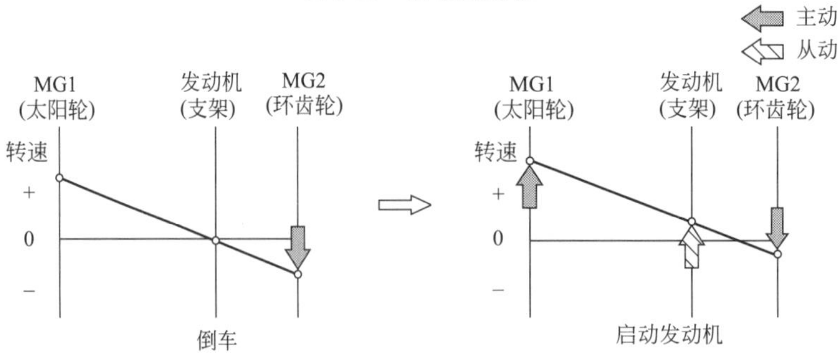


图 3-46 行星齿轮机构模拟杠杆图（十二）

在随后的状态中，已经启动的发动机驱动发电机（MG1），为 HV 蓄电池进行充电（图 3-47、图 3-48）。

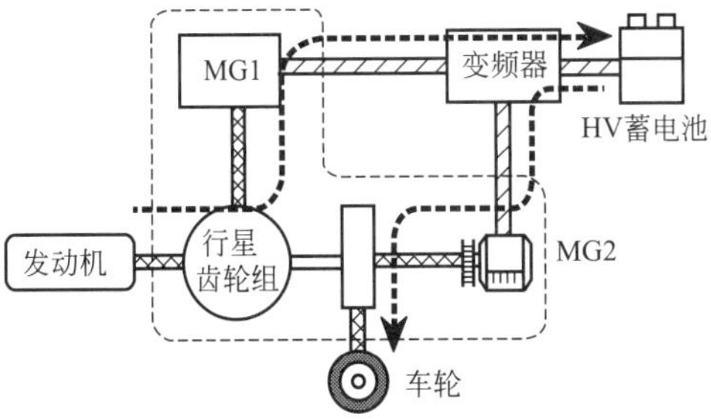

(a) 示意图(一)

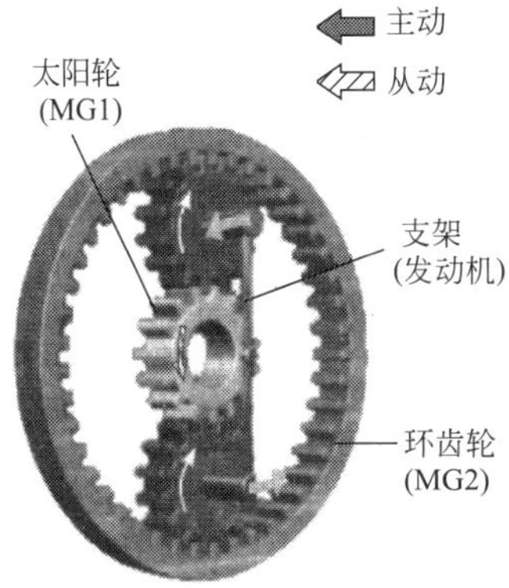

(b) 示意图(二)

图 3-47 发动机驱动发电机

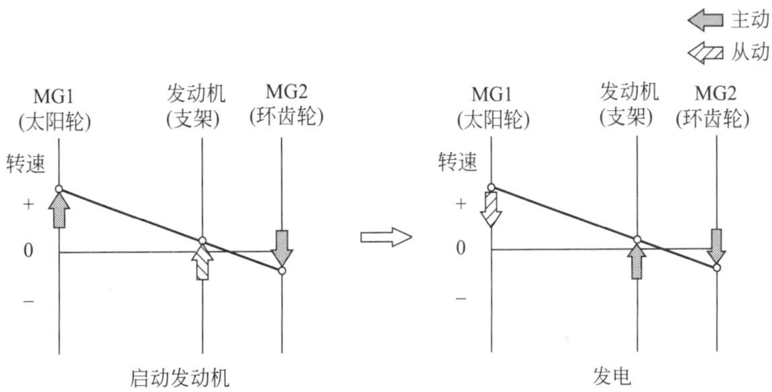

图 3-48 行星齿轮机构模拟杠杆图（十三）

# 3.2 丰田普锐斯混合动力控制系统

## 3.2.1 丰田混合动力汽车控制系统的组成

混合动力汽车（HV）控制系统的组成如图 3-49 所示。

（1）混合动力系统 ECU 的控制　根据请求转矩、再生制动控制及 HV 蓄电池的 SOC（荷电状态）来控制发电机（MG1）、电动机（MG2）和发动机。具体工作状态由挡位、加速踏板踩下角度以及车速来确定。

混合动力系统 ECU 监控 HV 蓄电池的 SOC 和 HV 蓄电池的温度以及发电机（MG1）和电动机（MG2），并且对这些项目实施最优控制。

车辆处于“N”挡（空挡）时，HV ECU 采取关闭控制，自动关闭发电机（MG1）和电动机（MG2）。

车辆在陡坡上松开制动而启动时，上坡辅助控制能够防止车辆下滑。

若驱动轮在没有附着力时空转，HV ECU 提供电动机牵引力控制，抑制电动机（MG2）旋转，进而保护行星齿轮组，同时避免发电机（MG1）产生过大的电流。

为防止电路电压过高并确保电路切断的可靠性，HV ECU 通过三个继电器的作用实施（系统主继电器）SMR 控制来连接和关闭高压电路。

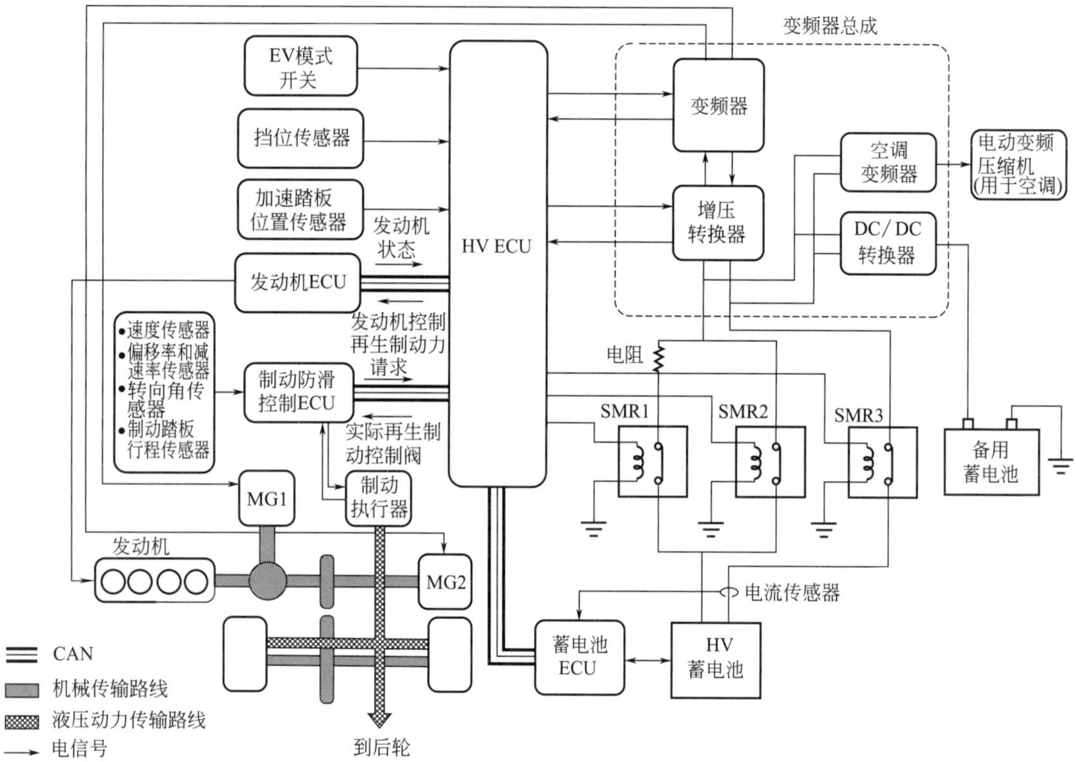


图 3-49 HV 控制系统的组成（仅带 VSC+系统的车型）

（2）发动机 ECU 的控制　发动机 ECU 接收 HV ECU 发送的目标发动机转速及所需的发动机动力，来控制 ETCS-i 系统、燃油喷射量、点火正时以及 VVT-i 系统。

（3）变频器的控制　根据 HV ECU 提供的信号，变频器将 HV 蓄电池的直流电转换成交流电来驱动发电机（MG1）、电动机（MG2），同样也可进行逆向过程。另外，变频器将发电机（MG1）的交流电提供给电动机（MG2）。

HV ECU 向变频器内的功率晶体管传递信号，来转换发电机（MG1）、电动机（MG2）的 U、V 和 W 相来驱动发电机（MG1）和电动机（MG2）。

HV ECU 从变频器接收到过热、过流或故障电压信号后立即关闭。

（4）增压转换器的控制　根据 HV ECU 提供的信号，增压转换器将额定电压 DC 201.6V 增大到最高电压 DC 500V。

发电机（MG1）或电动机（MG2）产生的最高电压 AC 500V 由变频器转换成直流电，根据 HV ECU 的信号，增压转换器将直流电转换为 DC 201.6V（用于 HV 蓄电池）。

（5）转换器的控制　将额定电压 DC 201.6V 转化成 DC 12V，为车身电气组件供电，同时为备用蓄电池充电（DC 12V），转换器将备用蓄电池控制在恒定电压状态。

（6）空调变频器的控制　将 HV 蓄电池的额定电压 DC 201.6V 转换成 AC 201.6V，为空调系统的电动变频压缩机供电。

（7）发电机（MG1）和电动机（MG2）的控制

① 发电机（MG1）由发动机带动旋转，形成高压（最高电压 AC 500V），操作电动机（MG2）并为 HV 蓄电池充电。此外，它作为起动机启动发动机。

② 由发电机（MG1）或 HV 蓄电池供电驱动，生成车辆动力。

③ 制动期间或松开加速踏板时，它生成电能为 HV 蓄电池再次充电（再生制动控制）。

④ 速度传感器（转角传感器）检测到发电机（MG1）、电动机（MG2）的转速及位置并将信号输出到 HV ECU。

⑤ 电动机（MG2）上的温度传感器检测温度，并将温度信号输送到 HV ECU。

（8）制动防滑控制 ECU 的控制　制动时，制动防滑控制 ECU 计算所需的再生制动力并将信号发送到 HV ECU。一接收到信号，HV ECU 立即将实际的再生制动控制数据传输到制动防滑控制 ECU。根据这个结果，制动防滑控制 ECU 计算并执行所需的液压制动力。

（9）蓄电池 ECU 的控制　蓄电池 ECU 实施监视控制，监视 HV 蓄电池与冷却风扇控制的状态，使 HV 蓄电池保持在预定的温度，对这些组件采取最优控制。

（10）换挡的控制　HV ECU 按照挡位传感器提供的信号检测挡位（“R”“N”“D”或“B”），控制发电机（MG1）、电动机（MG2）和发动机调整车辆行驶状态来适应所选挡位。

变速器控制 ECU 通过 HV ECU 提供的信号检测驾驶员是否按下驻车开关。然后，它操作换挡控制执行器，通过机械结构锁止变速驱动桥。

（11）碰撞时的控制　发生碰撞时，若 HV ECU 收到空气囊传感器总成发出的空气囊张开信号，或变频器中断路器传感器发出的执行信号，则关闭 SMR（系统主继电器）来切断整个电源。

（12）电动机驱动模式的控制　仪表板上的 EV 模式开关被驾驶员手动打开时，若所需条件满足，则 HV ECU 使车辆仅由电动机（MG2）驱动运行。

（13）巡航控制系统操作的控制　HV ECU 中的巡航控制：ECU 收到巡航控制开关信号时，根据驾驶员的要求，将发动机、发电机（MG1）和电动机（MG2）的动力调节到最理想的组合，获得目标车速。

（14）指示灯和警告灯点亮的控制　使灯点亮或闪烁，通知驾驶员车辆状态或系统故障。

（15）诊断　HV ECU 检测到故障时，进行诊断并存储故障的相应数据。

（16）安全保护　HV ECU 检测到故障时，根据存储在存储器中的数据停止或控制执行器与 ECU。

THS 控制系统的组成框图如图 3-50 所示。

## 3.2.2 丰田混合动力系统的检查

（1）检查变频器　检修前需戴好绝缘手套。检查转换器和变频器前先检查 DTC，并进行相应的故障排除。

① 关闭电源开关。

② 拆下检修塞。

③ 拆下变频器盖。

④ 如图 3-51 所示，将连接端子 A 和连接端子 B 断开。

⑤ 打开电源开关（IG 位置）。

特别提示

拆下检修塞和变频器盖后，若再打开电源开关（IG 位置），系统会生成互锁开关系统的 DTC（故障诊断码）。

⑥ 用万用表测量电压，再用万用表欧姆挡测量电阻。

特别提示

此项检查不要在端子侧进行，而应在线束侧进行测量。

（2）检查转换器　检修前应戴好绝缘手套。若 HV 系统的警告灯、主警告灯（图 3-52）和充电警告灯（图 3-53）同时点亮，则需检查 DTC 并进行相应的故障排除。

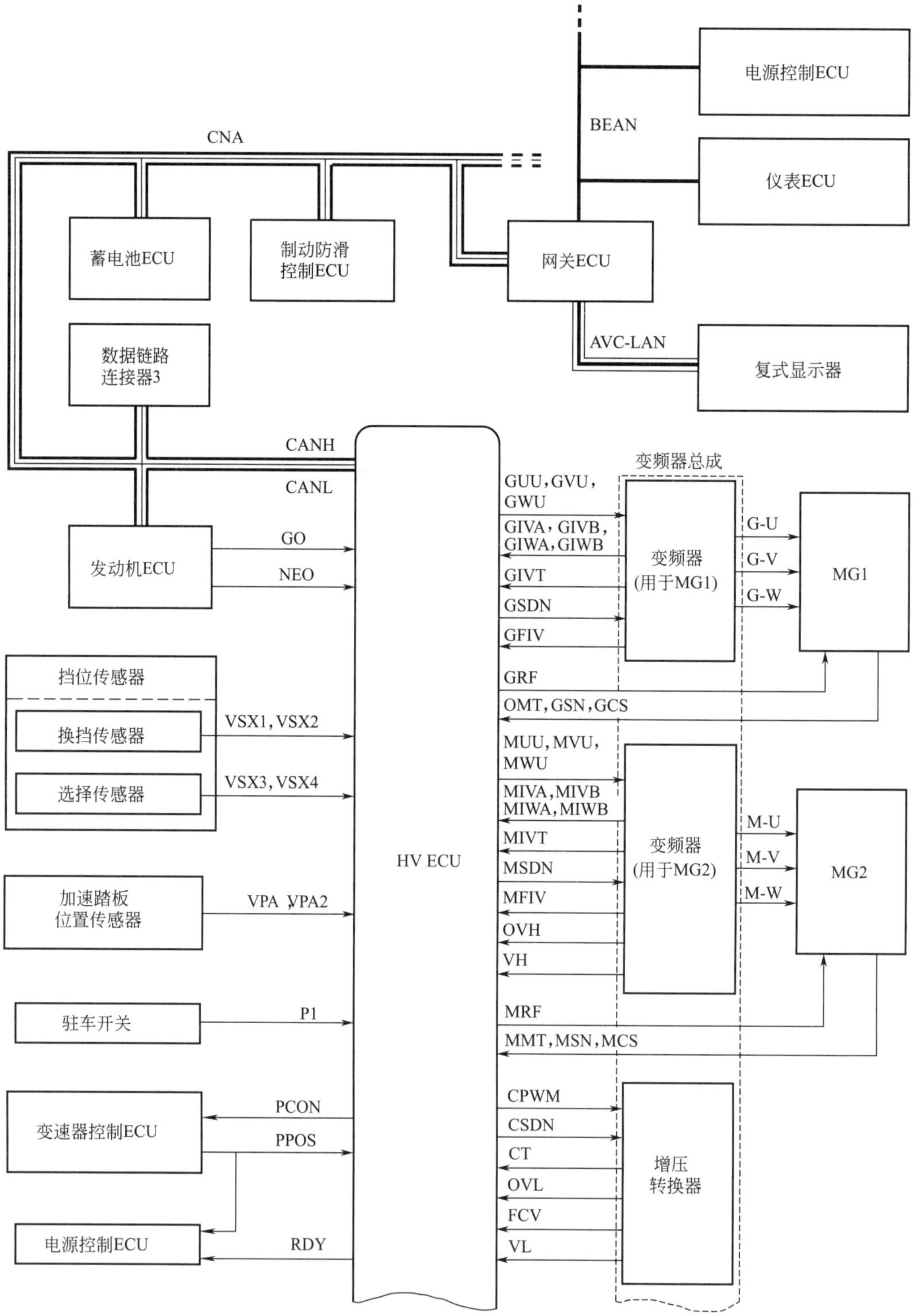


(a) 框图(一)

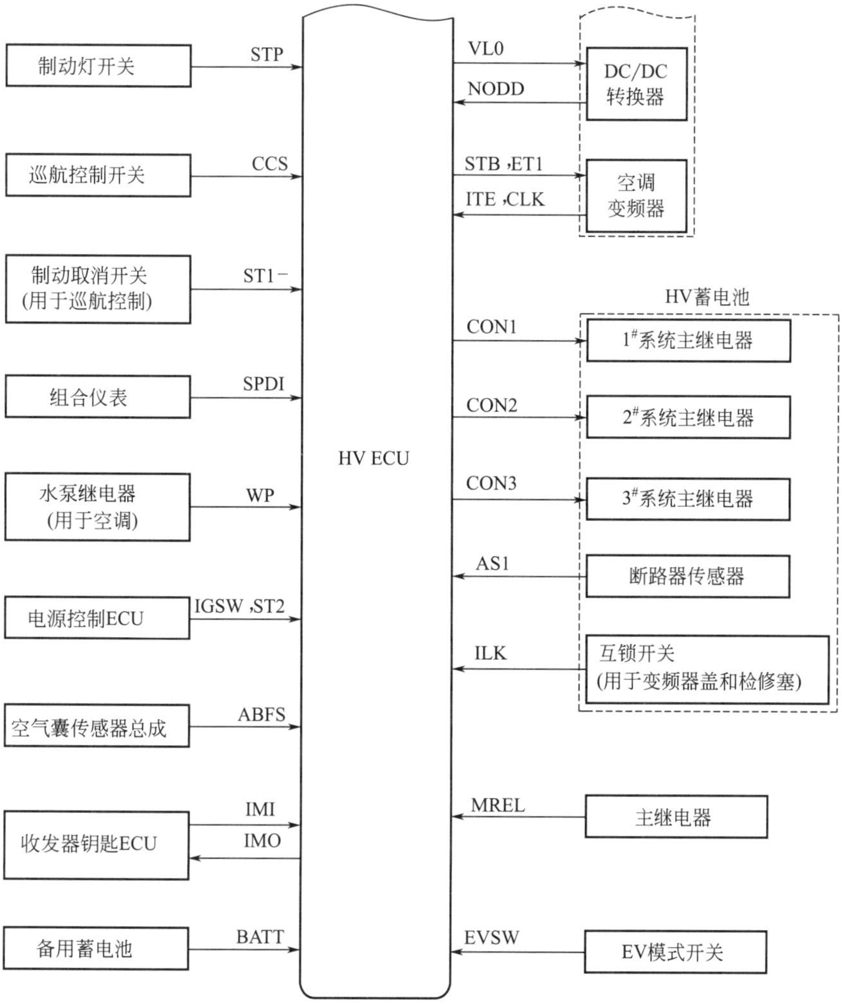


(b) 框图(二)

图 3-50　THS 控制系统的组成框图

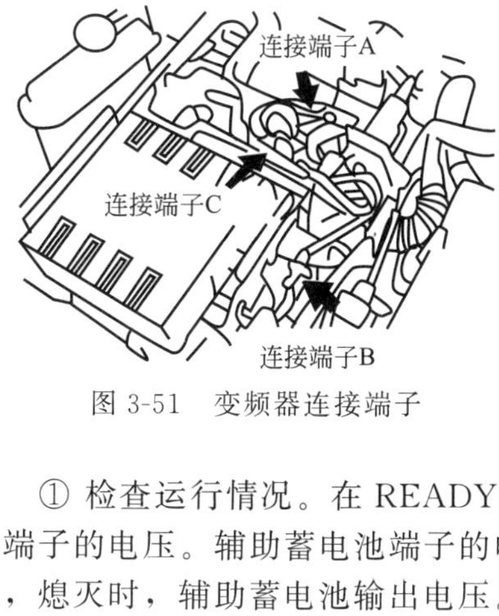


图 3-51　变频器连接端子

组合仪表:

图 3-52　主警告灯

复式信息显示器:

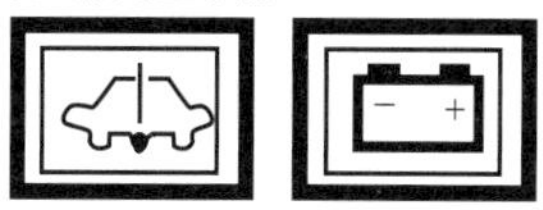


图 3-53　充电警告灯

① 检查运行情况。在 READY 灯（图 3-54）点亮、熄灭时，使用电压表测量辅助蓄电池端子的电压。辅助蓄电池端子的电压标准值见表 3-1。当 READY 灯亮时，转换器输出电压，熄灭时，辅助蓄电池输出电压。

图 3-54　READY 灯

**表 3-1　辅助蓄电池端子的电压标准值**

| READY 灯状态 | 电压 |
| --- | --- |
| ON | DC 14V |
| OFF | DC 12V |

② 测量输出电流。

a. 断开变频器上的 MG1 与 MG2 电缆。

b. 在如图 3-55 所示位置，安装万用表和交/直流 400A 的探针。

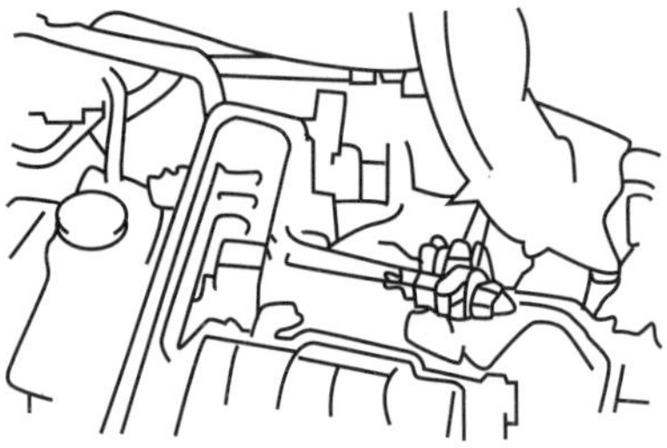

图 3-55　安装万用表和探针

c. 将 MG1 与 MG2 电线连接到变频器。

d. 在 READY 灯亮的条件下，依次操作 12V 的电气设备，然后测量输出电流。标准为不大于 80A，若输出电流为零或大于 80A，则检查输入/输出信号。

③ 检查输入/输出信号。

a. 如图 3-56 所示断开连接器。

b. 用万用表测量车身接地和车辆侧线束连接器的端子间的电压，此电压应和辅助蓄电池端子电压相同。

c. 打开电源开关（在 IG 位置），用万用表的电压挡和欧姆挡检测车辆线束侧连接器端子（图 3-57）间的电压和电阻。连接器端子间的电压和电阻标准值见表 3-2。若不符合标准值，则更换带变频器的转换器总成。

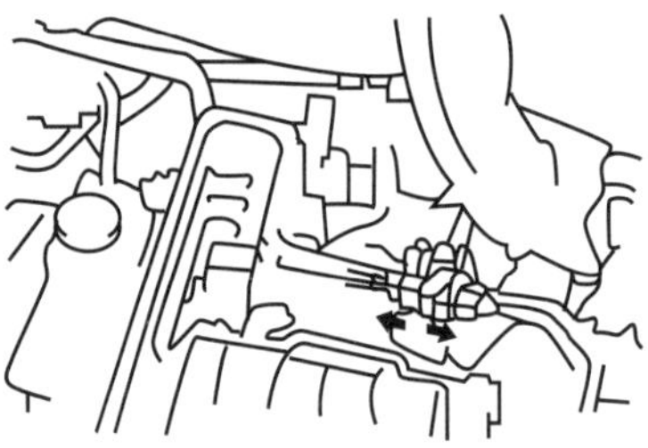

图 3-56　断开连接器

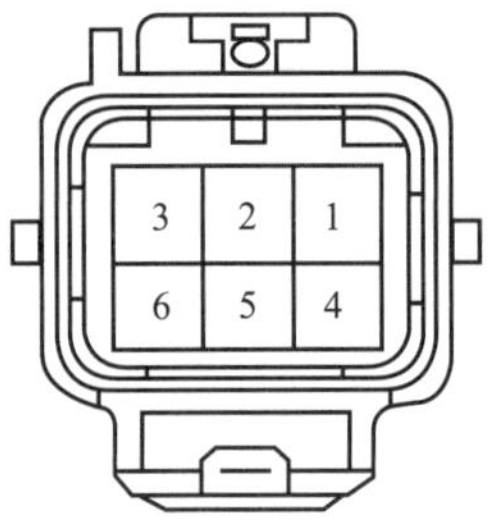


图 3-57　连接器端子

**表 3-2　连接器端子间的电压和电阻标准值**

| 测试端子 | 标准数值 |
| --- | --- |
| 端子 5-车身接地(LGCT-车身接地) | 8～16V |
| 端子 3-车身接地(S-车身接地) | 同辅助蓄电池端子电压 |
| 端子 1-车身接地(S-车身接地) | 120～140Ω |

(3) 检查速度传感器　速度传感器位置如图 3-58 所示。用万用表测量端子间的电阻，如图 3-59、图 3-60 所示。速度传感器标准值见表 3-3。若不符合标准值，则更换混合动力车辆变速驱动桥总成。

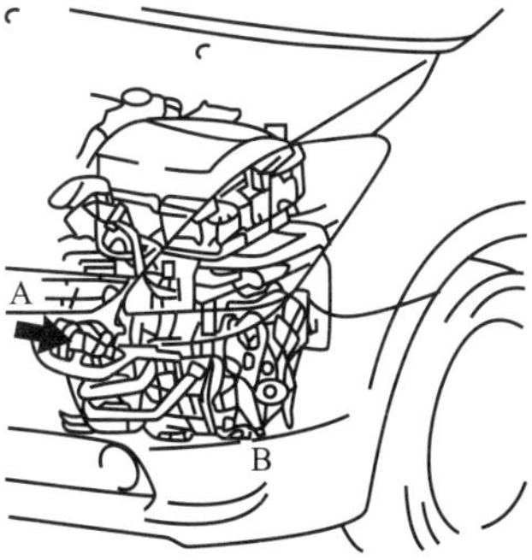


图 3-58 速度传感器位置

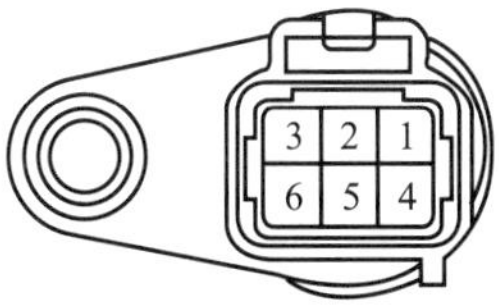


图 3-59 连接器 A

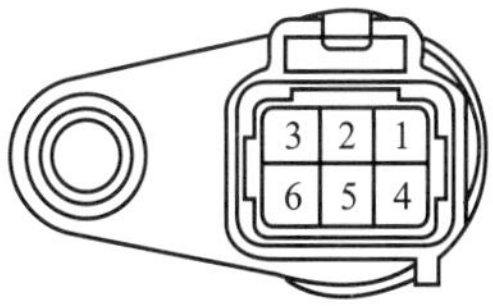


图 3-60 连接器 B

**表 3-3 速度传感器标准值**

| 测试端子 | 标准数值 |
|---|---|
| A1-A4(GCS-GCSG) | 12.6～16.8Ω |
| A2-A5(GSN-GSNG) | 12.6～16.8Ω |
| A3-A6(GRF-GRFG) | 7.65～10.2Ω |
| B1-B4(MRF-MRFG) | 7.65～10.2Ω |
| B2-B5(MSN-MSNG) | 12.6～16.8Ω |
| B3-B6(MCS-MCSG) | 12.6～16.8Ω |
| 上述所有端子-变速驱动桥壳 | ≥10000Ω |

(4) 检查温度传感器　温度传感器位置如图 3-61 所示。用万用表测量端子间的电阻，如图 3-62、图 3-63 所示。端子间的标准电阻值见表 3-4。标准值随着传感器温度改变而变化，若测量结果不符合标准值，则更换混合动力车辆变速驱动桥总成。

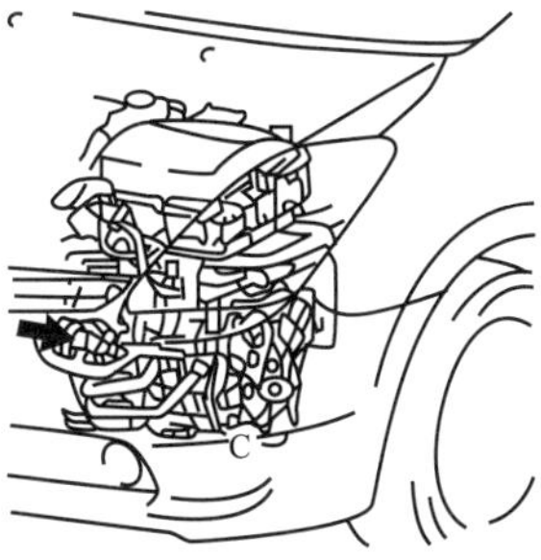


图 3-61 温度传感器位置

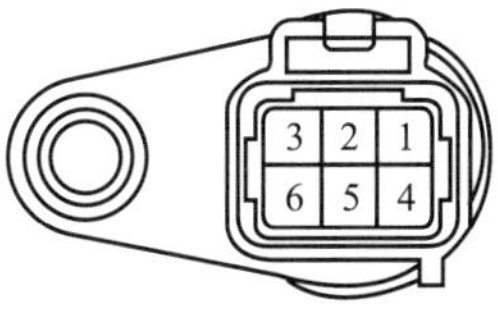


图 3-62 连接器 C

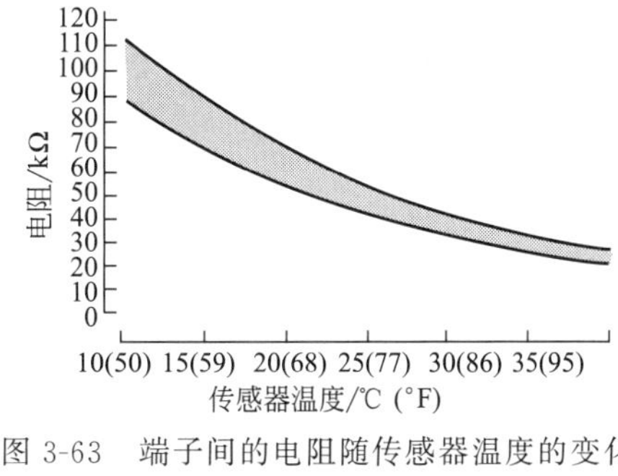


图 3-63 端子间的电阻随传感器温度的变化

**表 3-4 端子间的电阻标准值**

| 测试端子 | 标准数值 |
|---|---|
| C1-C4(MMT-MMTG) | 10℃(50℉)时,87.3～110.5kΩ<br>40℃(104℉)时,23.8～28.5kΩ |
| C3-C6(OMT-OMTG) | 10℃(50℉)时,87.3～110.5kΩ<br>40℃(104℉)时,23.8～28.5kΩ |
| 上述所有端子-变速驱动桥壳 | ≥10kΩ |

(5) 检查加速踏板位置　检修时，不需从加速踏板上拆下连接器。在连接器的混合动力

车辆控制 ECU 侧进行测量。

① 打开电源开关（在 IG 位置）。

② 用万用表电压挡测量。加速踏板位置端子间电压传感器标准值见表 3-5。若不符合标准值，则更换加速踏板连杆总成。

**表 3-5　加速踏板位置端子间电压传感器标准值**

| 测量端子 | 测量条件 | 标准数值 |
|---|---|---|
| B25-B27(VCP-EPA) | 正常 | 4.5～5.5V |
| B26-B27(VPA-EPA) | 没有踩下加速踏板 | 0.5～1.1V |
| B26-B27(VPA-EPA) | 逐渐踩下加速踏板 | 电压缓慢升高 |
| B26-B27(VPA-EPA) | 完全踩下加速踏板 | 2.6～4.5V |
| B33-B35(VCP2-EPA2) | 正常 | 4.5～5.5V |
| B34-B35(VPA2-EPA2) | 没有踩下加速踏板 | 1.2～2.0V |
| B34-B35(VPA2-EPA2) | 逐渐踩下加速踏板 | 电压缓慢升高 |
| B34-B35(VPA2-EPA2) | 完全踩下加速踏板 | 3.4～5.3V |

## 3.2.3 丰田混合动力控制系统故障判断

（1）故障诊断步骤

① 车辆进入维修车间。

② 分析客户所描述的故障。

③ 将智能测试仪Ⅱ连接至 DLC3（数据链路连接器），若测试仪显示通信故障，则应检查 DLC3。

④ 检查并记录 DTC 和历史数据，若显示与 CAN 通信系统有关的故障的 DTC，则首先检查并修理 CAN 通信系统。

⑤ 清除 DTC。

⑥ 确认故障现象，如果故障未出现，进行步骤⑦。如果故障出现，进行步骤⑧。

⑦ 现象模拟。

⑧ 检查 DTC。

⑨ 查 DTC 表。

⑩ 电路检查。

⑪ 故障识别。

⑫ 调整和/或修理。

⑬ 确认故障排除试验。

⑭ 结束。

特别提示

步骤③～⑤、步骤⑧需使用智能测试仪Ⅱ。

图 3-64 所示智能测试仪Ⅱ，是丰田汽车公司最新推出的第二代汽车检测仪，可以用来检测丰田和雷克萨斯所有装备 CAN BUS 系统的车型。智能测试仪Ⅱ采用手持电脑，结构紧凑坚固，触摸屏操作，中文显示。诊断功能支持所有可诊断系统，包括防盗、ABS、安全气囊、发动机和变速器等，智能测试仪Ⅱ内置双通道示波器和万用表，在很大程度上扩展了仪器功能。

(2) 故障自诊断系统　HV 控制 ECU 具有完善的自诊断系统。若混合动力车辆控制系统或其他组件操作不当，ECU 会检测出故障，使组合仪表上的主警告灯（图 3-65）点亮，或者在复式显示器上其他灯点亮，如 HV 系统警告灯（图 3-66）、蓄电池警告灯或放电警告灯。

主警告灯点亮表示 THS-Ⅱ存在故障，在检查模式下主警告灯闪烁。

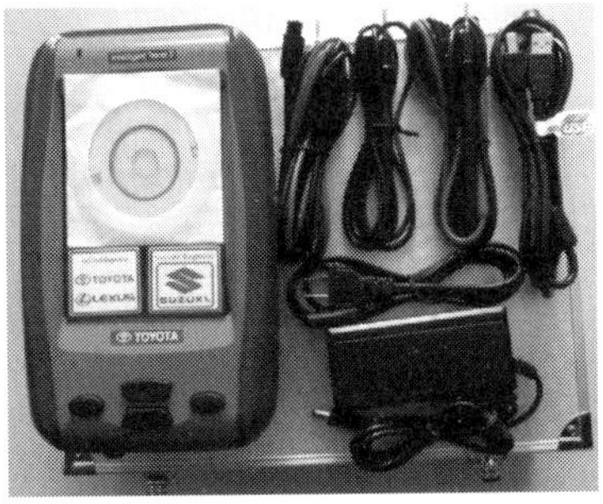


图 3-64　智能测试仪Ⅱ

图 3-65　主警告灯

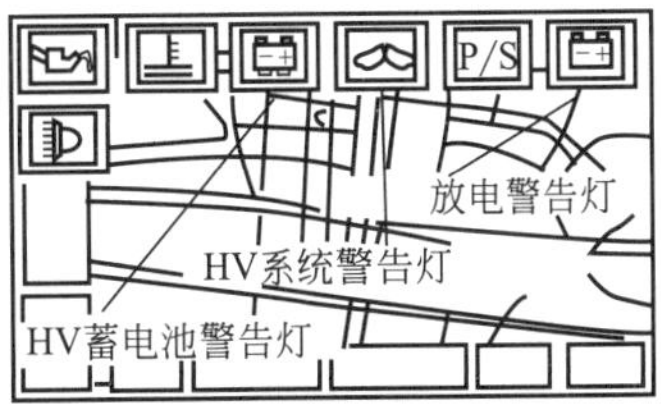


图 3-66　HV 系统警告灯

将智能测试仪Ⅱ连接到车辆上，然后读取车辆 ECU 输出的各类数据，当车载计算机在检测到本身或驾驶系统组件发生故障时，会点亮仪表盘上的发动机检查警告灯（CHK ENG）灯，如图 3-67 所示。此外，可应用的诊断故障代码（DTC）被保存在 HV 控制 ECU 存储器中，若故障没有重现，则 CHK ENG 灯会在电源关闭后熄灭，而 DTC 也将继续存储在 HV ECU 存储器中。

将智能测试仪Ⅱ与车辆的数据链路连接器 3（DLC3）连接起来，如图 3-68 所示，然后检测 DTC。智能测试仪Ⅱ还可以用来清除 DTC 或者检测历史数据和不同类型的 THS-Ⅱ数据。

① 检查 DLC3。HV 控制 ECU 采用 ISO9141-2（Euro-OBD）/ISO14230（M-OBD）通信协议，DLC3 的端子排列顺序符合 ISO15031-03 标准并和 ISO9141-2/ISO14230 格式相匹配。数据链路连接器 3（DLC3）如图 3-69 所示，其定义见表 3-6。

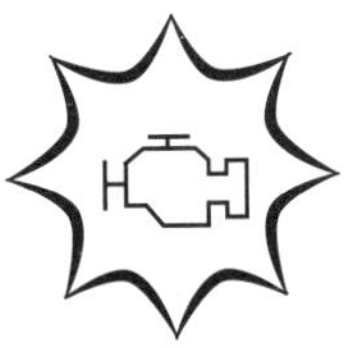

图 3-67　发动机检查警告灯（CHK ENG 灯）

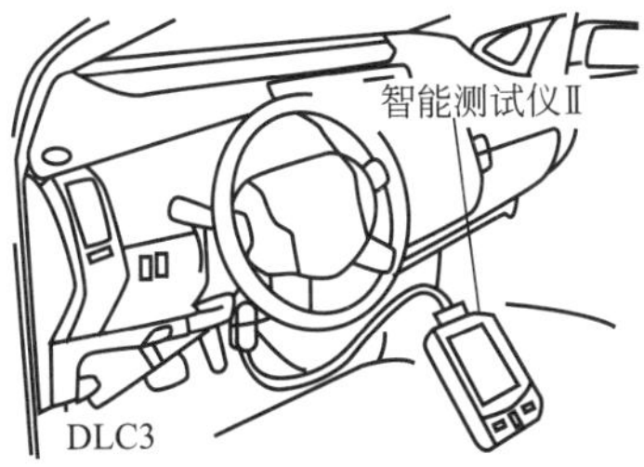


图 3-68　智能测试仪Ⅱ与车辆的数据链路连接器 3（DLC3）的连接

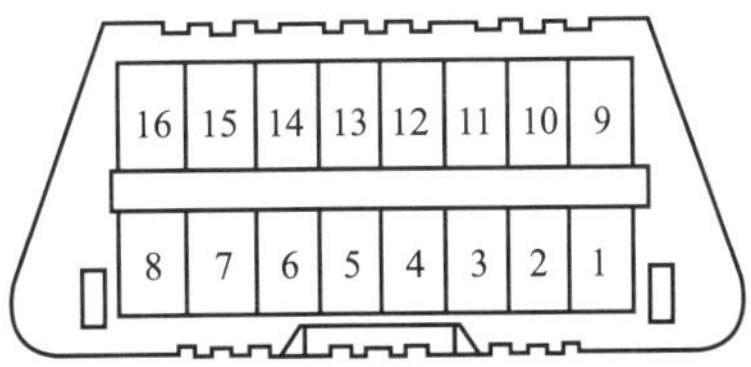


图 3-69　数据链路连接器 3（DLC3）

**表 3-6　数据链路连接器（DLC3）部分端子的含义**

| 端子号 | 符号 | 定义 | 测量值 | 条件 |
|---|---|---|---|---|
| 7 | SIL | 总线“+”连线 | 脉冲 | 通信过程中 |
| 4 | CG | 底盘接线 | ≤1Ω | 始终 |
| 5 | SG | 信号接地 | ≤1Ω | 始终 |
| 16 | BAT | 蓄电池正极 | 11～14V | 始终 |

若将智能测试仪Ⅱ电缆连接到 DLC3 上，打开电源开关同时操作智能测试仪Ⅱ，而显示器没有显示任何有效信息，则表明车辆或者测试仪本身有故障。

为了进一步判断故障，可将测试仪连接至其他车辆上，若在同样模式下通信正常，则说明原车辆的 DLC3 和通信总线有故障。

若将测试仪连接到其他车辆上，在同样模式下通信仍然异常，则测试仪本身可能存在故障，可咨询操作手册上列出的相关维修部门。

② 检查辅助蓄电池。

a. 测量辅助蓄电池电压，电压标准值为 11～14V。

b. 检查辅助蓄电池、熔断器、线束、连接器和接地。

③ 检查 CHK ENG 灯。

a. 电源开关打开和 READY 灯关闭时，CHK ENG 灯点亮。若 CHK ENG 灯没有点亮，则说明 CHK ENG 灯电路出现故障。

b. READY 灯点亮时，CHK ENG 灯应熄灭。若 CHK ENG 灯一直亮，则诊断系统已在系统中检测到故障或异常。

④ DTC 检查/清除。

a. 检查 DTC（混合动力控制）。

ⅰ. 将智能测试仪Ⅱ连接至主 DLC3。

ⅱ. 打开电源开关（在 IG 位置）。

ⅲ. 在系统选择画面中，进入 Powertrain/Hybrid Control/DTC 菜单，如图 3-70 所示。读取控制系统的 DTC。

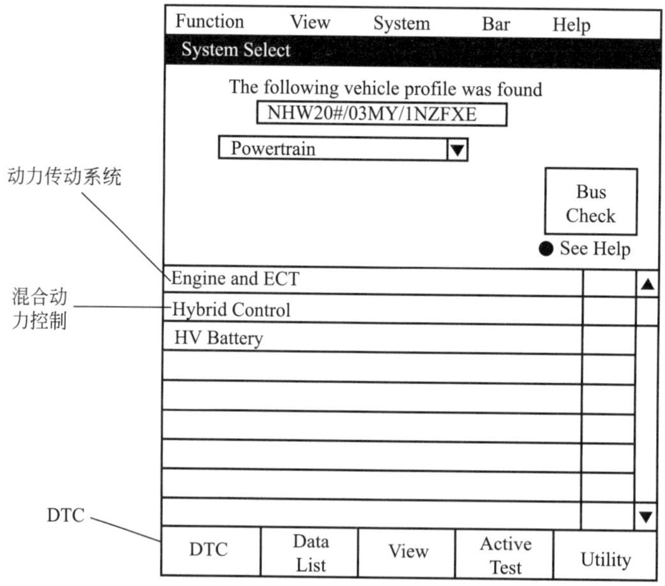


图 3-70　系统选择

b. 检查历史数据和信息。

ⅰ. 若出现 DTC，选择该 DTC 以显示历史数据，如图 3-71 所示。

ⅱ. 在检测 DTC 时读取已经存储的历史数据，如图 3-72 所示。

ⅲ. 读取信息。

• 在含有 INF 代码的详细代码中选择详细信息。如图 3-73 所示，详细代码 2 中含有

INF 代码 349，在这种情况下，需选择详细信息 2。

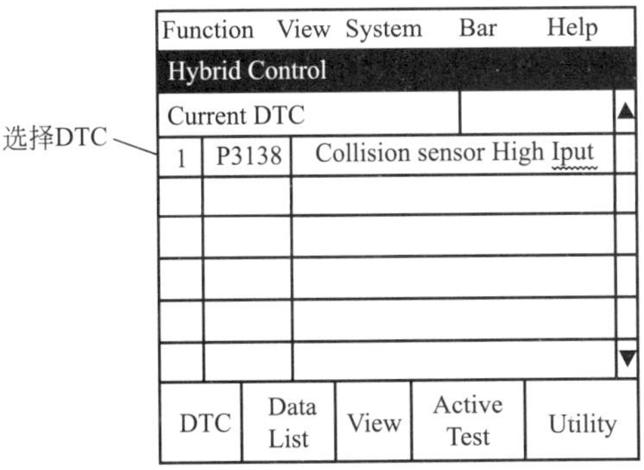


图 3-71 历史数据

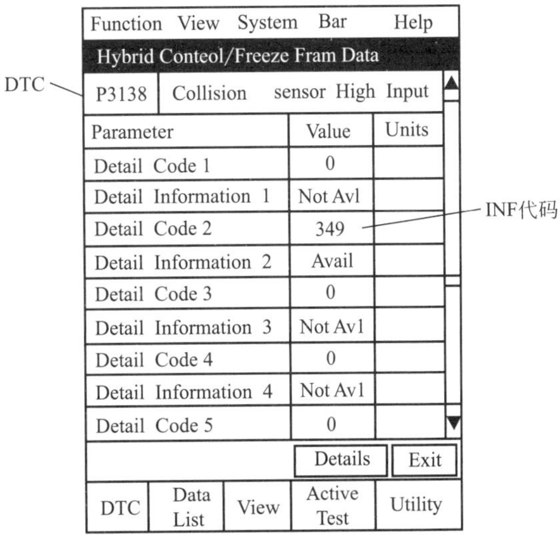


图 3-72 信息代码（INF 代码）显示

• 按下 “Details” 键。
• 显示信息如图 3-74 所示。

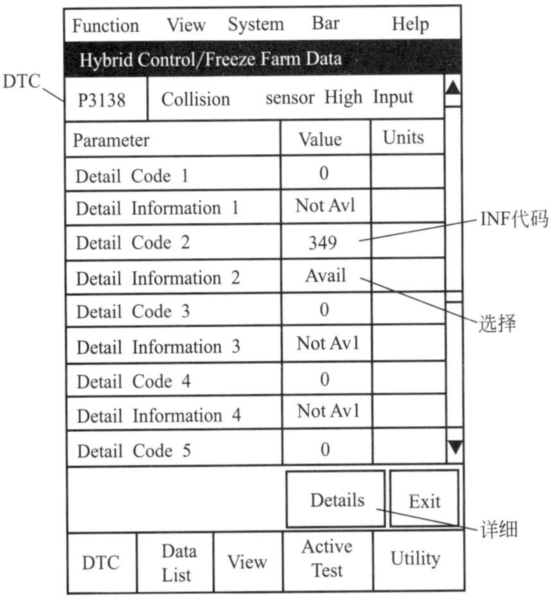


图 3-73 详细信息

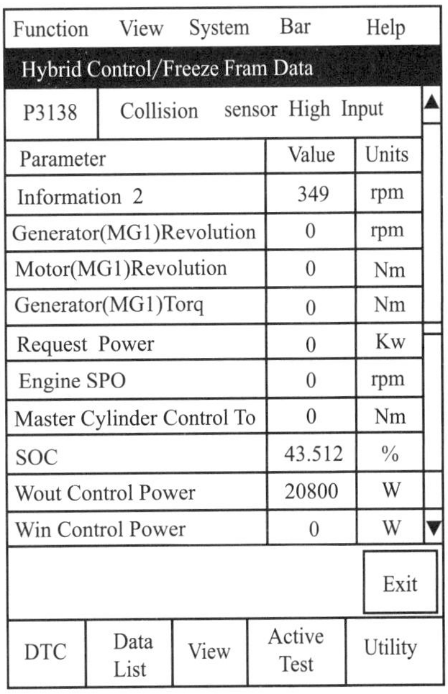


图 3-74 显示的信息

c. 检查 DTC（总线检查）。

ⅰ. 在系统选择界面中选择总线检查，如图 3-75 所示。

ⅱ. 在总线检查界面中，选择通信故障 DTC，如图 3-76 所示，然后读取通信故障 DTC。若在其他 DTC 检测过程中发现 CAN 通信系统 DTC，则首先在 CAN 通信系统中排除故障。

d. 检查 DTC（除混合和控制系统外）。因为 HV 控制 ECU 和计算机始终都保持相互通信，包括 ECM、蓄电池 ECU、制动防滑控制 ECU、动力转向 ECU 和其他部分。所以，若

HV 控制 ECU 输出警告信号，就必须检查和记录上述所有系统 DTC。

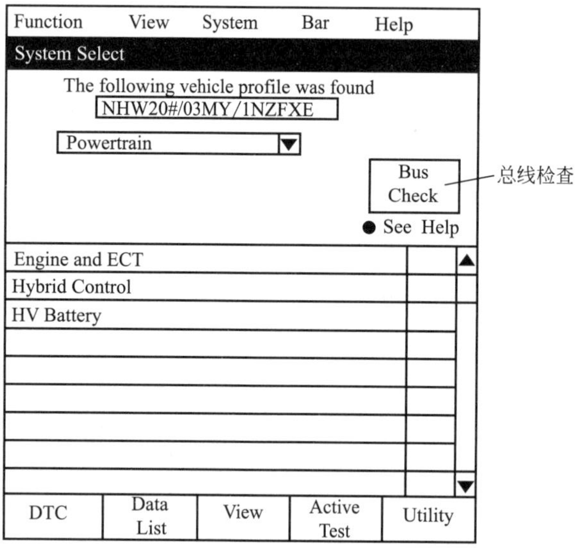


图 3-75 总线检查

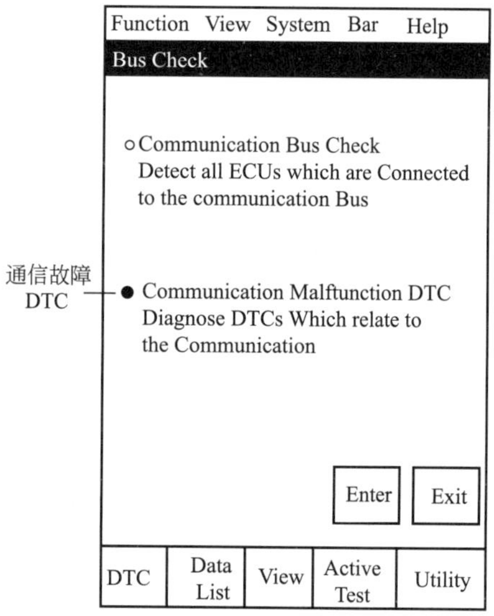


图 3-76 通信故障 DTC

ⅰ. 在系统选择界面中，进入 Utility/All Codes 菜单。

ⅱ. 若出现 DTC（图 3-77），则检查相应系统。

e. 清除 DTC。

ⅰ. 将智能测试仪Ⅱ连接到 DLC3。

ⅱ. 打开电源开关（IG 位置）。

ⅲ. 打开智能测试仪Ⅱ。

ⅳ. 检查挡位是否位于“P”挡。

ⅴ. 打开混合动力控制/DTC 界面，并按下界面右下清除键，如图 3-78 所示。清除 DTC 的同时会清除历史数据、信息。

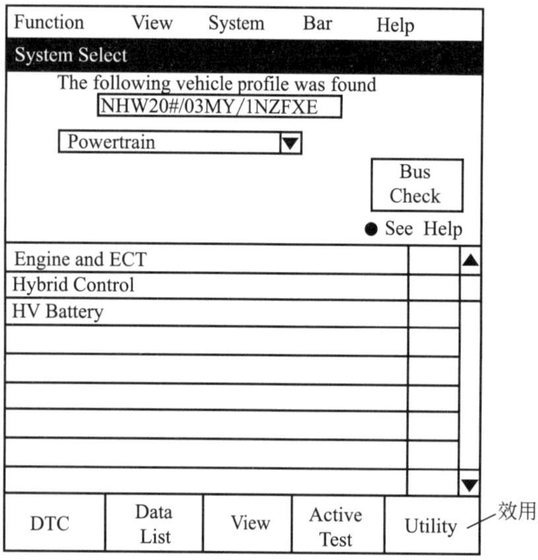


图 3-77 DTC 显示

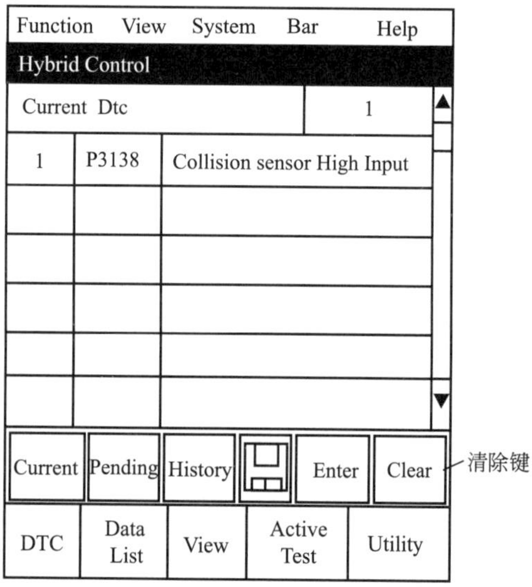


图 3-78 清除 DTC

## 3.2.4 丰田混合动力系统的拆装

混合动力系统主要部件位置如图 3-79 所示，变频器总成位置如图 3-80 所示。

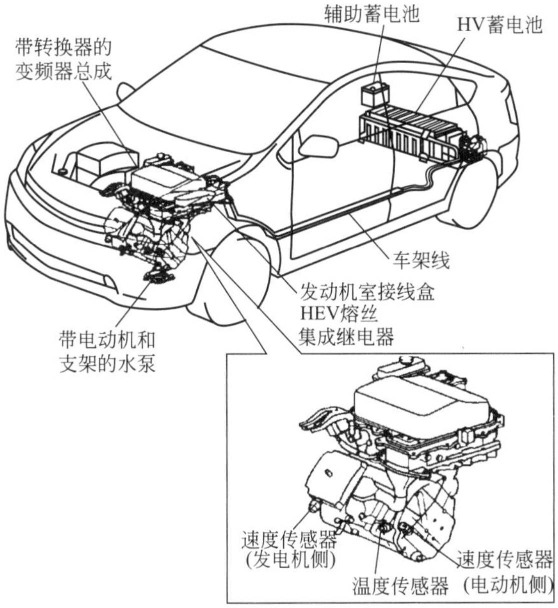


图 3-79 混合动力系统主要部件位置

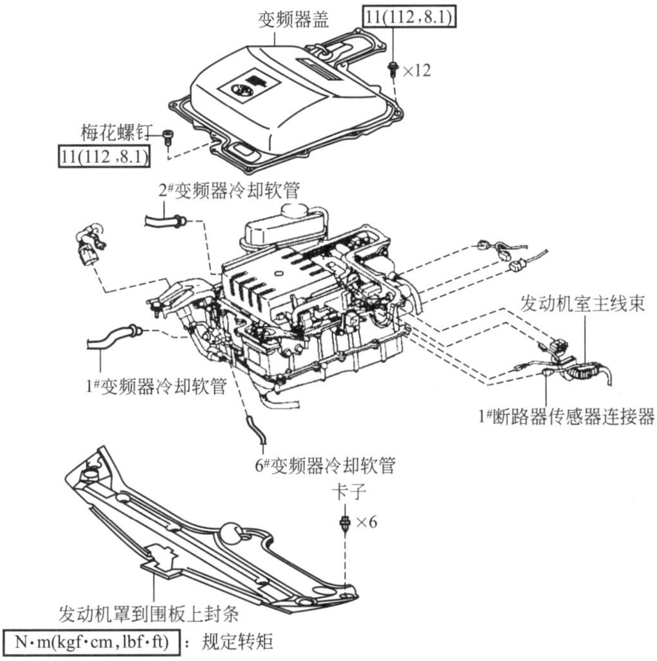


图 3-80 变频器总成位置

对高压系统进行操作时，必须戴上绝缘手套，拆下检修塞后，不能操作电源开关，否则可能损坏混合动力车辆控制 ECU。检修车辆时，拆下来的检修塞要妥善保管，避免其他维修人员重新连接检修塞。拆下检修塞后 5min 内，不得触摸高压连接器或端子。

混合动力系统的拆装步骤如下。

① 拆卸发动机左下盖。

② 拆卸发动机右下盖。

③ 放掉 HV 冷却液。

④ 拆卸 2# 后地板。

⑤ 拆卸后地板盒。

⑥ 拆卸 3# 后地板。

⑦ 断开蓄电池负极端子。

⑧ 拆卸检修塞。

⑨ 拆卸前刮水器臂帽盖。

⑩ 拆卸前刮水器臂。

⑪ 拆卸发动机罩到围板上封条。

⑫ 拆卸左上前围板通风口。

⑬ 拆卸右上前围板通风口。

⑭ 拆卸挡风玻璃刮水器电动机和连杆总成。

⑮ 拆卸外侧前围顶板分总成。

⑯ 拆卸散热器支架开启盖。

⑰ 拆卸变频器盖。

a. 用 T30 梅花套筒扳手拆卸梅花螺钉。

b. 拆卸 12 个螺栓和变频器盖，如图 3-81 所示。

⑱ 确认带转换器的变频器总成的电压是零，如图 3-82 所示。

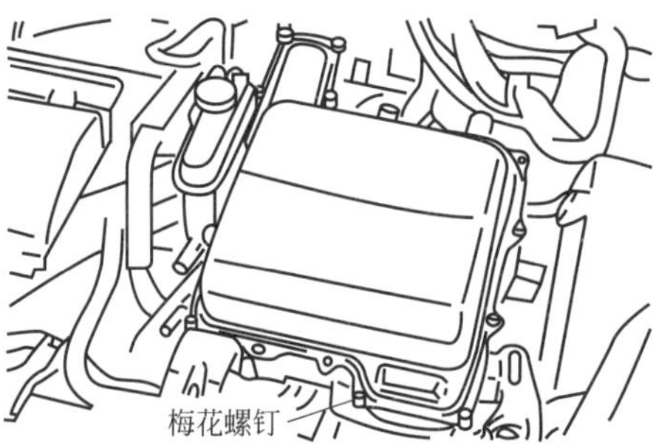


图 3-81　拆卸变频器盖

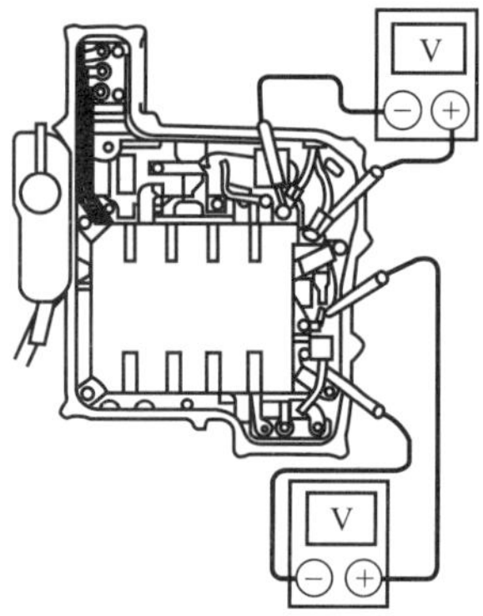


图 3-82　确认变频器总成的电压

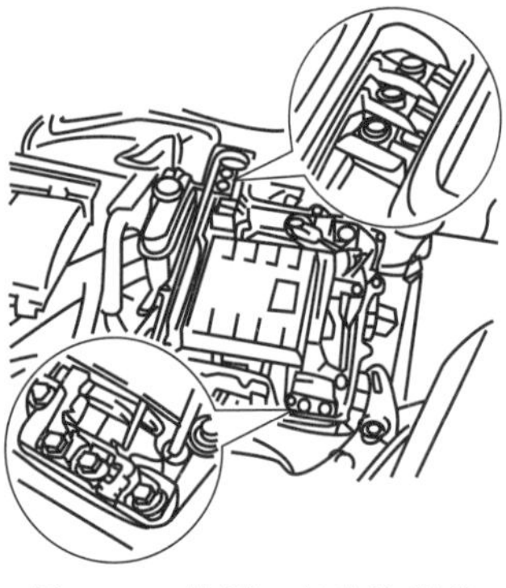

图 3-83　检测三相连接器的各端子间的电压

特别提示

必须戴绝缘手套。

a. 用万用表检测高压直流电线路的电压。标准值为零。使用量程为直流 400V 或更高的电压挡位。

b. 用万用表检测三相连接器各端子间（U-V、V-W、U-W）的电压，如图 3-83 所示。标准值为零。使用量程为直流 400V 或更高的电压挡位。

⑲ 断开 2# 变频器冷却软管，如图 3-84 所示。

⑳ 断开 1# 变频器冷却软管，如图 3-85 所示。

㉑ 断开 6# 变频器冷却软管，如图 3-86 所示。

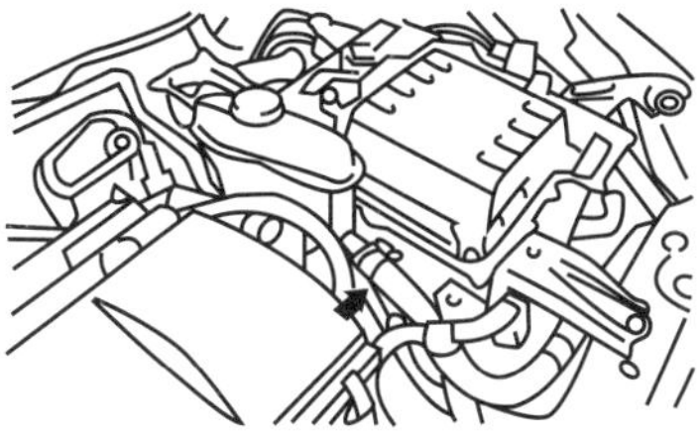

图 3-84　断开 2# 变频器冷却软管

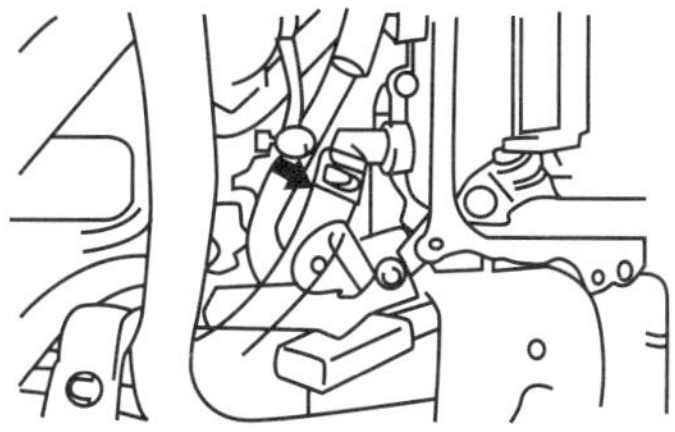

图 3-85　断开 1# 变频器冷却软管

㉒ 分离 1# 断路器传感器。如图 3-87 所示，将外侧部分移至线束侧，断开 1# 断路器传感器。

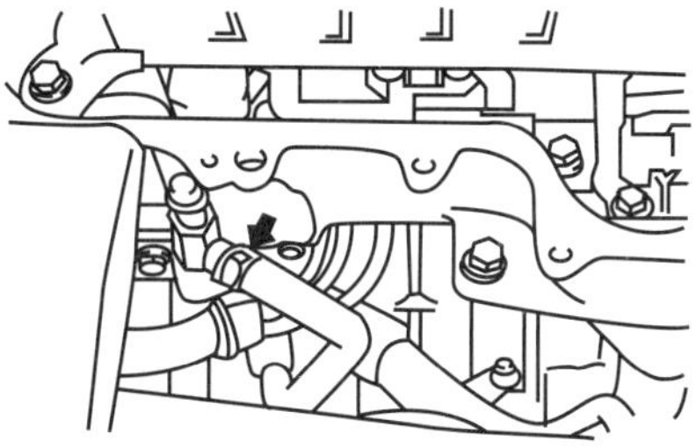

图 3-86　断开 6# 变频器冷却软管

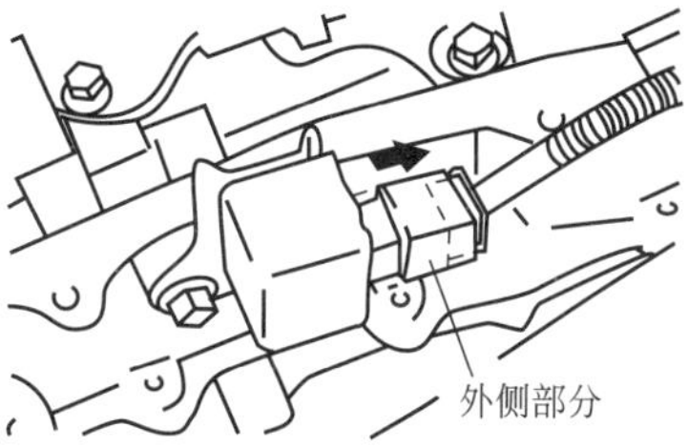


图 3-87　断开 1# 断路器传感器

㉓ 断开车架线。

特别提示

① 必须戴绝缘手套。

② 拆下检修塞后，保证在进行任何工作前等待至少 5min。

③ 将电极和连接器零件用绝缘胶带包好，保证其相互绝缘。

从带转换器的变频器总成上拆下 2 个车架线连接器，如图 3-88 所示。

㉔ 拆卸带转换器的变频器总成。

a. 如图 3-89 所示，用小螺钉旋具撬起锁销。

b. 断开空调变频器连接器。

c. 断开 3 个连接器，如图 3-90 所示。

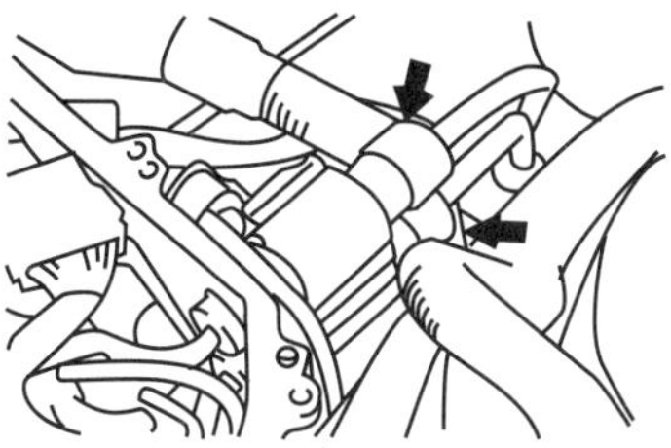

图 3-88　拆下车架线连接器

图 3-89　锁销

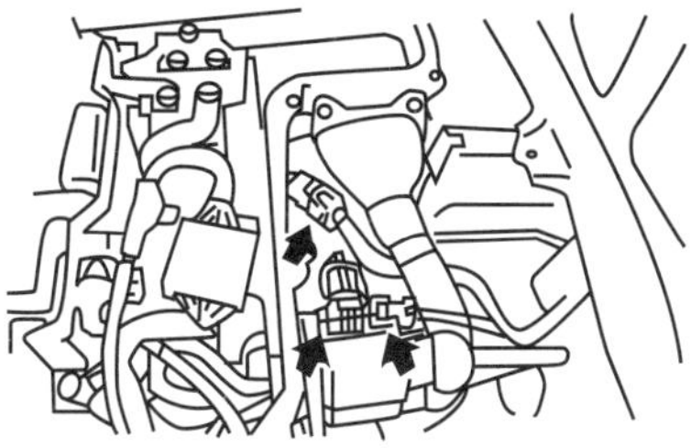

图 3-90　断开空调变频器连接器

d. 断开 3 个连接器与发动机主线束，如图 3-91 所示。

e. 拆卸 5 个螺栓，然后断开 MG2 电线，如图 3-92 所示。

f. 拆卸 5 个螺栓，然后断开 MG1 电线，如图 3-93 所示。

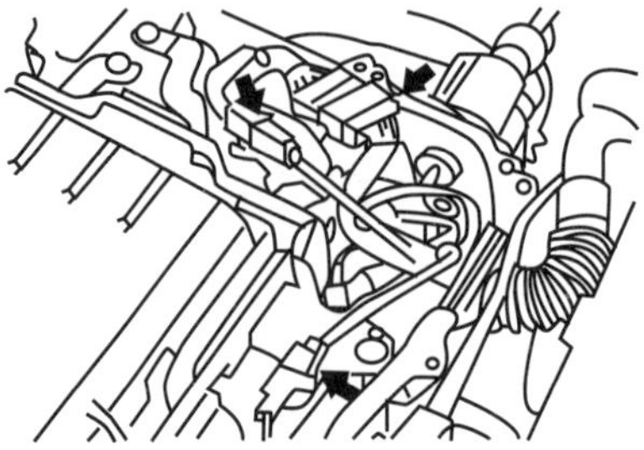

图 3-91　断开连接器与发动机主线束

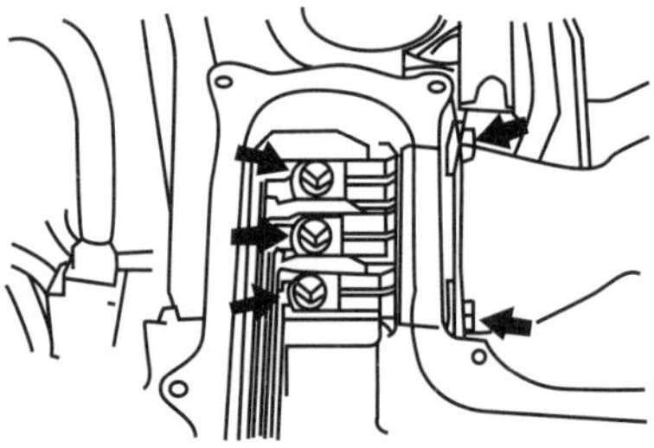

图 3-92　断开 MG2 电线

特别提示

① 进行步骤 e 和 f 过程中必须戴绝缘手套。

② 将连接器零件用绝缘胶带包好，保证其相互绝缘。

g. 拆下 3 个螺栓及变频器总成（带有转换器），如图 3-94 所示。

图 3-93　断开 MG1 电线

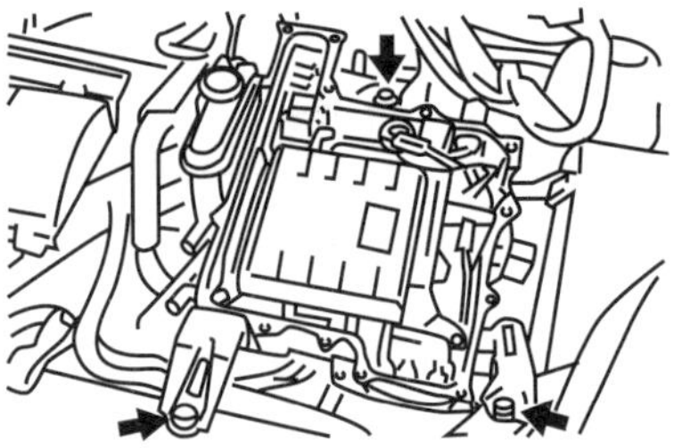

图 3-94　拆下变频器总成

h. 从支架上断开空调变频器的连接器，如图 3-95 所示。

i. 拆下螺栓与空调变频器的连接器支架。

㉕ 拆下 2 个螺栓及 1# 变频器支架，如图 3-96 所示。

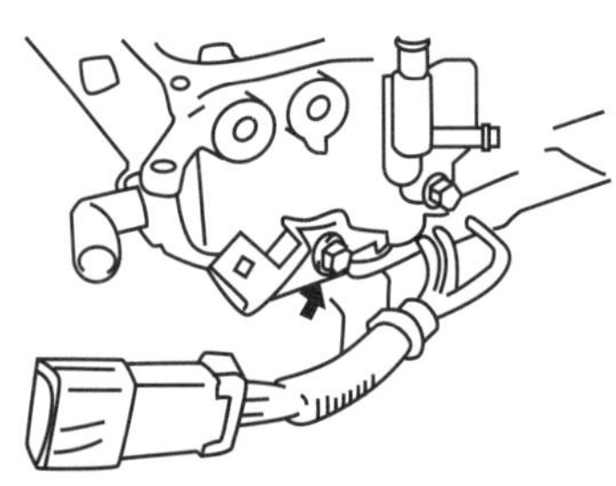

图 3-95　断开空调变频器的连接器

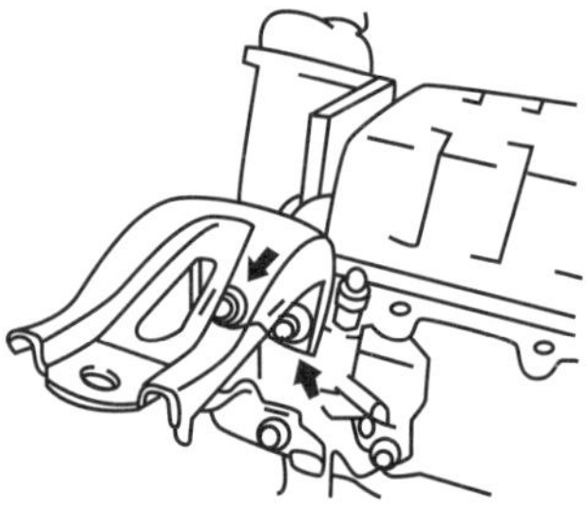

图 3-96　拆下 1# 变频器支架

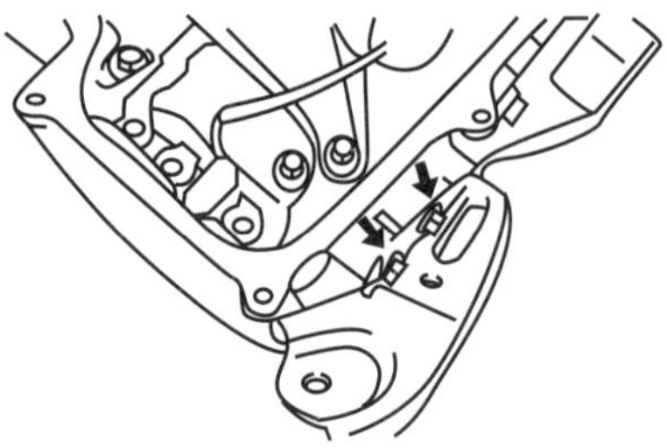

图 3-97　拆下 2# 变频器支架

㉖ 拆下 2 个螺栓及 2# 变频器支架，如图 3-97 所示。

㉗ 拆下 2 个螺栓及 1# 断路器传感器，如图 3-98 所示。

㉘ 用 2 个螺栓固定 1# 断路器传感器，转矩为 8N·m（图 3-98）。

㉙ 用 2 个螺栓固定 2# 变频器支架，转矩为 25N·

m（图 3-97）。

㉚ 用 2 个螺栓固定 1# 变频器支架，转矩为 25N·m（图 3-96）。

㉛ 安装带转换器的变频器总成。

a. 用螺栓固定空调变频器的连接器支架，转矩为 8N·m。

b. 在支架上安装空调变频器的连接器（图 3-95）。

c. 用 3 个螺栓固定带转换器的变频器总成转矩为 21N·m（图 3-94）。

d. 用 5 个螺栓将 MG1 电线固定到 MG1 电线端子上，转矩为 8N·m（图 3-93）。

e. 用 5 个螺栓将 MG2 电线固定到 MG2 电线端子上，转矩为 8N·m（图 3-92）。

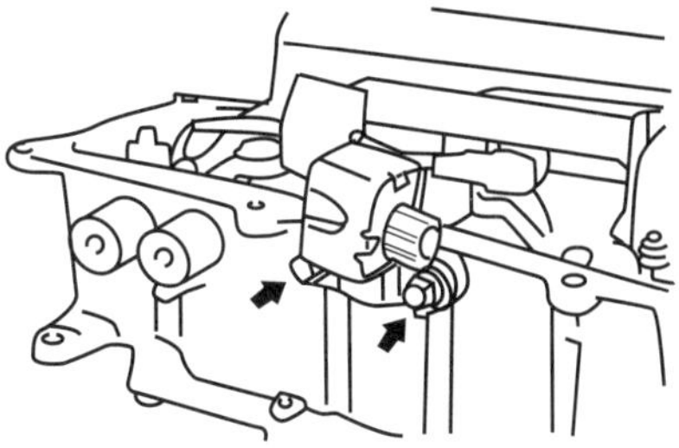

图 3-98　拆下 1# 断路器传感器

f. 连接 3 个连接器，见图 3-90。

g. 将发动机主线束的垫圈插入变频器壳的 U 形槽中。

h. 连接 3 个连接器，见图 3-91。

i. 将 3 个空调变频器的连接器连接好，再用锁销锁止连接器。

㉜ 连接车架线。

㉝ 连接 1# 断路器传感器。

特别提示

进行步骤㉛～㉝过程中，必须戴绝缘手套。

㉞ 连接 6# 变频器冷却软管。

㉟ 连接 1# 变频器冷却软管。

㊱ 连接 2# 变频器冷却软管。

㊲ 安装变频器盖。

a. 用 12 个螺栓及梅花螺钉暂时固定变频器盖（图 3-81）。

b. 拧紧 12 个螺栓，转矩为 11N·m。

c. 用 T30 梅花套筒扳手紧固梅花螺钉，转矩为 11N·m。

㊳ 安装散热器支架开启盖。

㊴ 安装外侧前围顶板分总成。

㊵ 安装挡风玻璃刮水器电动机与连杆总成。

㊶ 安装右上前围板通风口。

㊷ 安装左上前围板通风口。

㊸ 安装发动机罩到围板上封条。

㊹ 安装前刮水器臂（驾驶员侧）。

㊺ 安装前刮水器臂。

㊻ 安装前刮水器臂帽盖。

㊼ 安装检修塞。

特别提示

必须戴绝缘手套。

㊽ 连接蓄电池负极端子，转矩为 6N·m。

㊾ 安装 3# 后地板。

㊿ 安装后地板盒。

㉛ 安装 2# 后地板。
㉜ 补充 HV 冷却液。
㉝ 检查发动机冷却液是否泄漏。
㉞ 安装发动机右下盖。
㉟ 安装发动机左下盖。
㊱ 电动窗控制系统初始化。

# 3.3 丰田普锐斯发动机控制系统

## 3.3.1 发动机控制系统的电路

发动机控制系统电路图如图 3-99、图 3-100 所示。

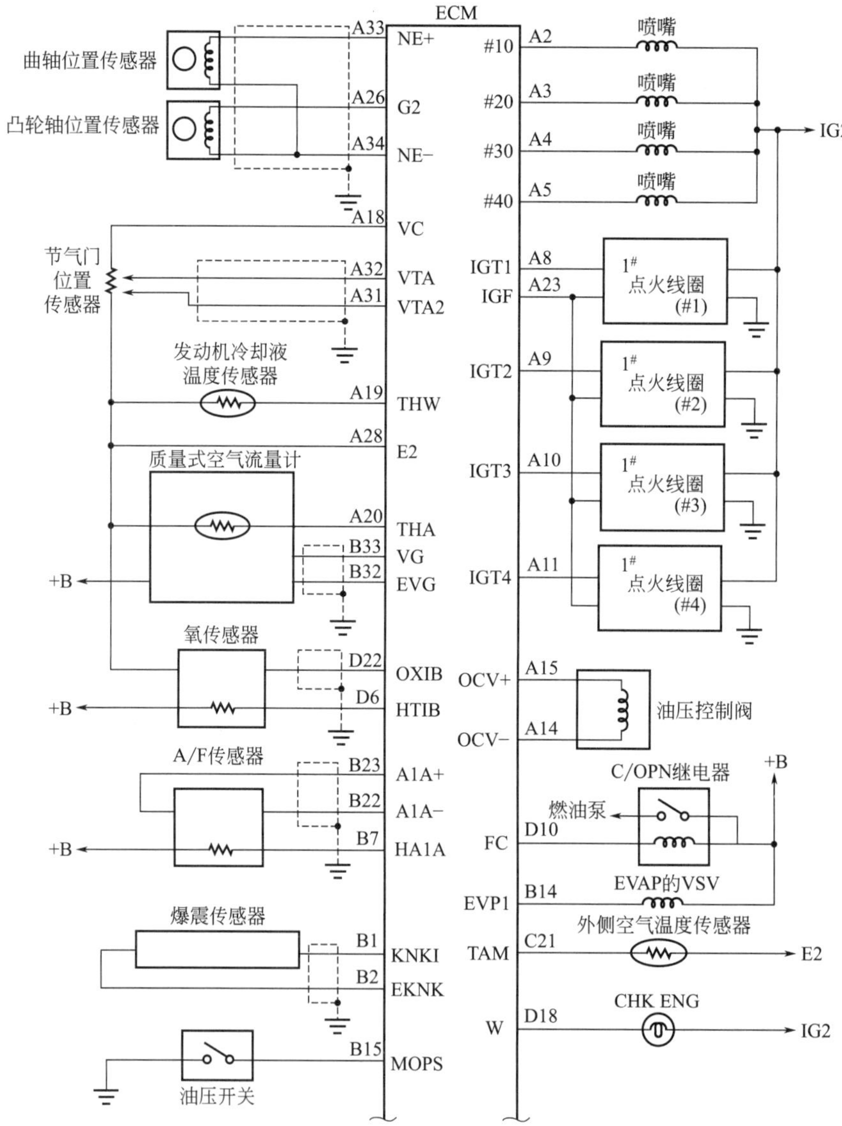


图 3-99 发动机控制系统电路图（一）

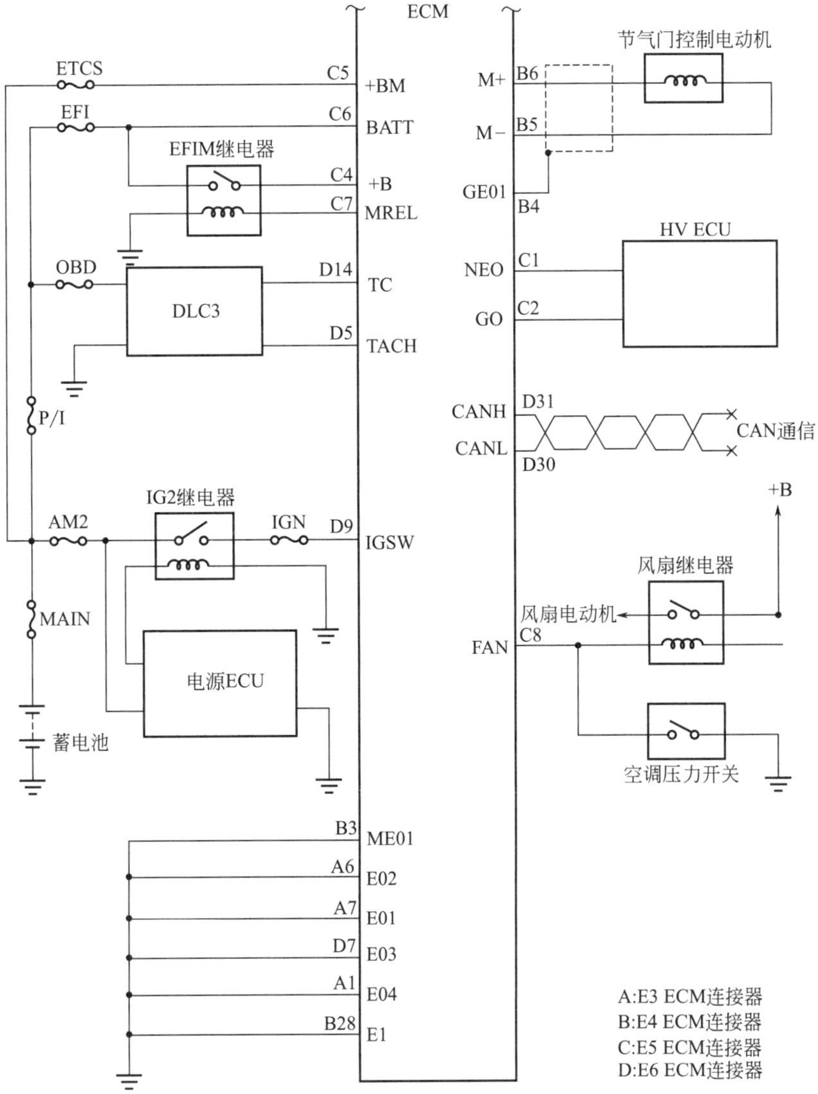


图 3-100 发动机控制系统电路图（二）

## 3.3.2 发动机维修的注意事项

（1）检查或维护发动机室时需注意的事项

① 电源开关在 ON 位置时，发动机自动启停，这时仪表板的 READY 灯点亮。对发动机舱进行维护前，需将 HV 主系统关闭。

② 在检查模式下，主警告灯点亮时，解除检查模式来检查诊断区域。

③ 解除检查模式前行驶可能会引起变速驱动桥损坏。

（2）使用智能测试仪Ⅱ为安全起见，应遵守以下事项。

① 使用前应阅读使用手册。

② 智能测试仪Ⅱ连接在车辆上行驶时，要避免智能测试仪Ⅱ电缆绞在踏板、换挡杆或转向盘上。

③ 用智能测试仪Ⅱ测试车辆时应两人配合，一人驾驶车辆，另一人操作测试仪。

（3）初始化　断开蓄电池负极（—）电缆后，当再次连接端子时，电动窗控制系统会初始化。

（4）激活混合动力系统时应注意的事项

① 警告灯点亮或蓄电池断开又重新连接，则初次按下电源开关可能无法启动该系统，若是这样，可以再次按下电源开关。

② 将电源开关切换为 ON（在 IG 位置），断开蓄电池，若重新连接时钥匙不在钥匙孔内，则可能输出 DTC B2799。

## 3.3.3　发动机控制系统的检查

（1）检查凸轮轴正时机油控制阀总成的运行情况

① 将车辆置为检修模式。

② 将智能测试仪Ⅱ连接至 DLC3，如图 3-101 所示。

③ 打开电源开关（在 IG 位置）。

④ 打开智能测试仪Ⅱ。

⑤ 启动并预热发动机。

⑥ 选择菜单：Powertrain/Engine and ECT/Active Test/Activate the VVT System（Bank1）。

⑦ 用智能测试仪Ⅱ操作凸轮轴正时机油控制阀（OCV），再检查发动机转速，转速标准见表 3-7。若发动机状态不符合规定，则检查凸轮轴正时机油控制阀、线束和 ECM。

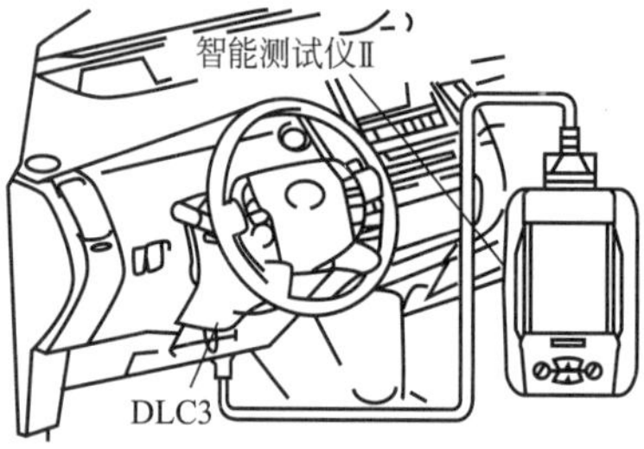


图 3-101　智能测试仪Ⅱ与 DLC3 连接

**表 3-7　发动机转速标准**

| 测试仪操作 | 正常情况 |
| --- | --- |
| OCV 为 OFF | 发动机转速正常 |
| OCV 为 ON | 怠速不稳或发动机熄火 |

（2）检查节气门总成的运行情况

① 断开节气门控制电动机连接器。

② 将智能测试仪Ⅱ连接到 DLC3。

③ 打开电源开关（在 IG 位置）。

④ 打开智能测试仪Ⅱ。

⑤ 选择菜单：Powertrain/Engine and ECT/Data List/Throttle POS。

⑥ 用手打开带电动机体的节气门连杆。节气门全开时，检查“Throttle POS”值是否在规定范围内。标准值为 60%或更大。

如果测得的结果不符合规定，则检查带电动机体的节气门、线束和 ECM。

⑦ 清除 DTC。

⑧ 关闭智能测试仪Ⅱ。

⑨ 关闭电源开关。

特别提示

清除 DTC 后，确保关闭电源开关。

⑩ 连接节气门控制电动机连接器。

⑪ 将车辆调节为检查模式。

⑫ 打开电源开关（READY）灯亮。

⑬ 预热发动机。

⑭ 转换变速驱动桥位置到“D”挡，然后检查发动机是否停止，结果应符合表 3-8。

表 3-8 检查“D”挡时发动机是否停止

| “D”挡 | HV 蓄电池充电 | 发动机负载 |
|---|---|---|
| 停止 | 大于某个值 | 没有负载或很小 |
| 运行 | 正在减少 | 有负载 |

**特别提示**

① 检查影响发动机转动的发电机是否有负载。

② 若发动机不停止工作，则将变速驱动桥放在“P”挡，保持发动机转动，再进行步骤⑭。

⑮ 打开智能测试仪Ⅱ。

⑯ 转换变速驱动桥位置到“P”挡，然后启动发动机。

⑰ 选择菜单：Powertrain/Engine and ECT/Data List/Rngine Speed。

⑱ 检查发动机转速是否在规定范围内。标准值为 950～1050r/min。

若发动机转速符合规定，则让发动机转 3min 后，再次检查发动机转速。如果有必要，检查带电动机体节气门、线束和 ECM。

(3) 检查质量式空气流量计

① 检查运行情况。

a. 将蓄电池电压加到端子 1（+B）和 2（E2G）上，如图 3-102 所示。

b. 用万用表连接测试仪正极（+）探针到端子 3（VG），负极（−）探针到端子 2（E2G）。

c. 让空气流入质量式空气流量计，然后检查电压波动，若电压不波动，则更换质量式空气流量计。

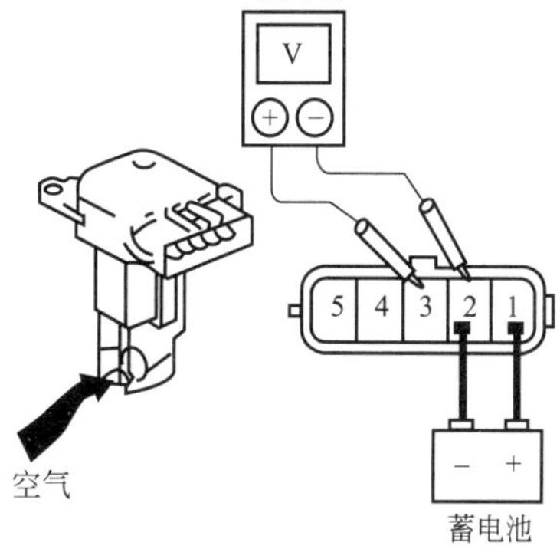

图 3-102 检查质量式空气流量计

② 测量电阻。用电阻挡测量端子间的电阻，如图 3-103 所示，电阻标准值见表 3-9。若电阻不符合规定，则更换质量式空气流量计。

(4) 检查发动机冷却液温度传感器 用万用表测量端子间的电阻，如图 3-104 所示，电阻标准值见表 3-10。

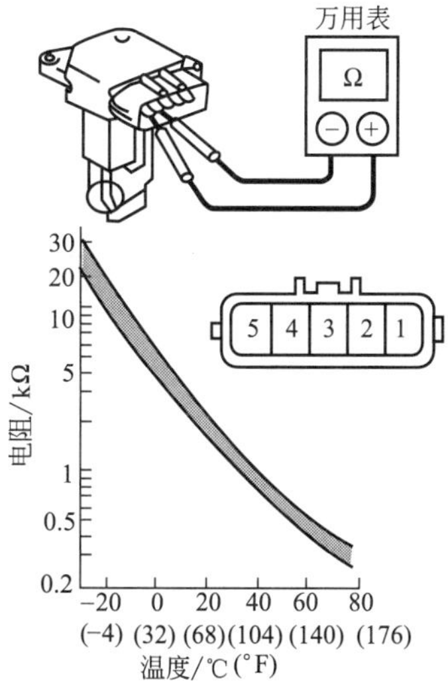

图 3-103 质量式空气流量计端子间的电阻

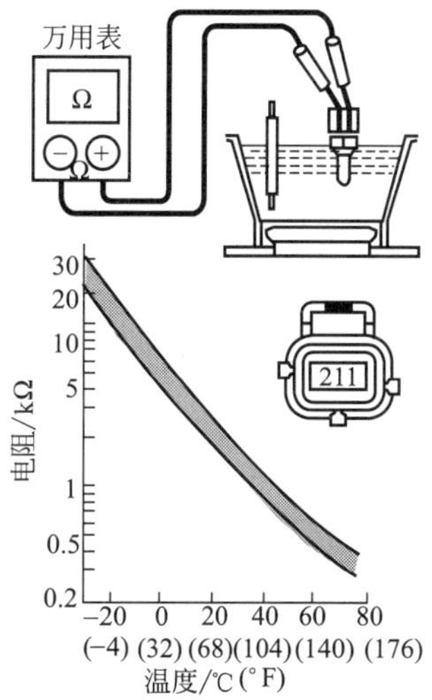

图 3-104 检查发动机冷却液温度传感器

表 3-9 质量式空气流量计端子间的电阻标准值

| 测量端子 | 标准数值 |
| --- | --- |
| 4(THA)-5(E2) | −20℃(−4℉)时,13.6～18.4Ω |
| 4(THA)-5(E2) | 20℃(68℉)时,2.21～2.69Ω |
| 4(THA)-5(E2) | 60℃(140℉)时,0.493～0.667Ω |

表 3-10 冷却液温度传感器端子间的电阻标准值

| 测量端子 | 标准数值 |
| --- | --- |
| 1(E2)-2(THW) | 20℃(68℉)时,2.32～2.59Ω |
| 1(E2)-2(THW) | 80℃(176℉)时,0.310～0.326Ω |

特别提示

若在水中检查发动机冷却液温度传感器，注意不要让水侵入端子。检查完毕后，将发动机冷却液温度传感器擦干。如测得的电阻不符合规定，则更换发动机冷却液温度传感器。

(5) 检查带电动机体的节气门总成

① 外观检查。

a. 检查节气门轴，不应存在噪声。

b. 检查各个端口，应不阻塞。

c. 检查节气门打开及关闭是否平稳。

d. 检查节气门，全闭时节气门限位螺钉和分离杆间需无间隙，如图 3-105 所示。

特别提示

不得调整节气门限位螺钉。

② 检查节气门控制电动机的电阻。用万用表检测端子间的电阻，如图 3-106 所示，电阻标准值见表 3-11。若电阻不符合规定，则更换带电动机体的节气门。

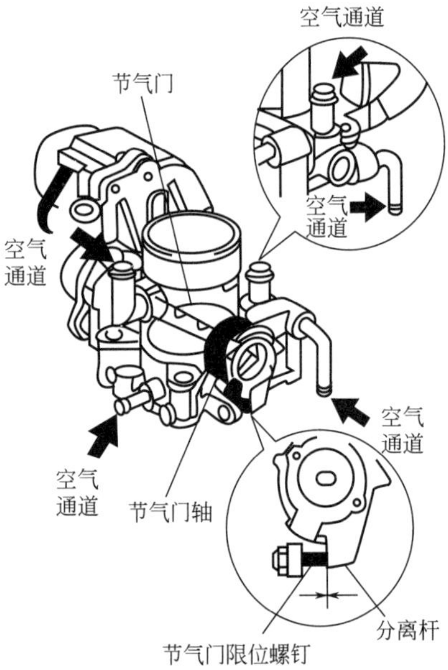


图 3-105 检查带电动机体的节气门总成

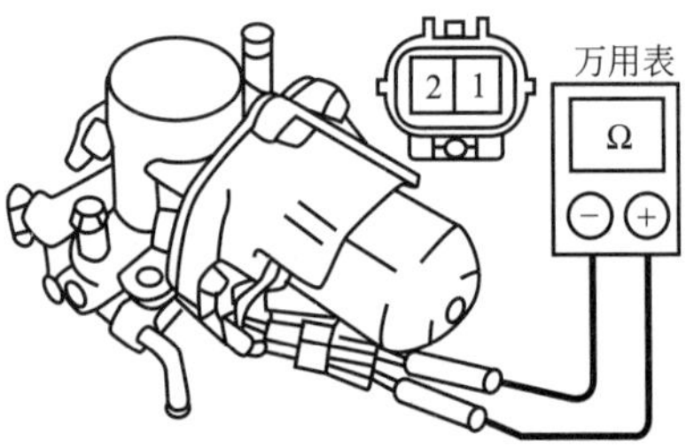


图 3-106 检查节气门控制电动机的电阻

表 3-11 节气门控制电动机端子间的电阻标准值

| 测量端子 | 标准数值 |
| --- | --- |
| 1(M−)-2(M+) | 20℃(68℉)时,0.3～100Ω |

③ 检查节气门位置传感器的电阻。用万用表测量端子间的电阻，如图 3-107 所示，电

阻标准值见表 3-12。若电阻不符合规定，则更换带电动机体的节气门。

（6）检查爆震传感器　用万用表测量端子间的电阻，如图 3-108 所示，电阻标准值见表 3-13。若电阻不符合规定，则更换爆震传感器。

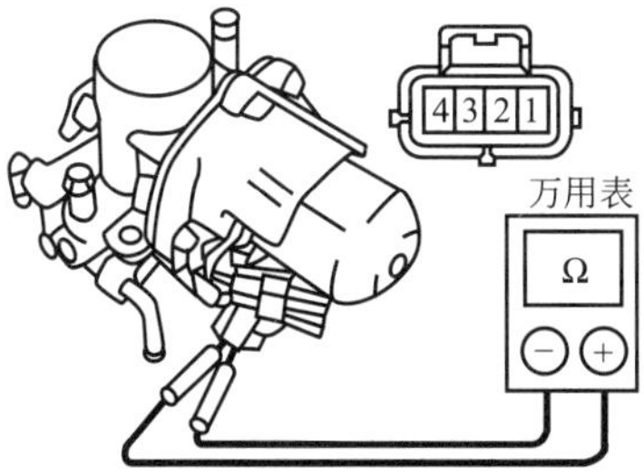

图 3-107　检查节气门位置传感器的电阻

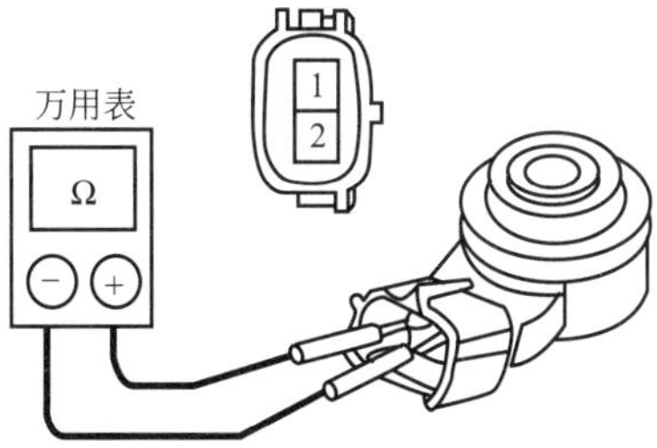

图 3-108　检查爆震传感器

**表 3-12　节气门位置传感器端子间的电阻标准值**

| 测量端子 | 标准数值 |
| --- | --- |
| 1(VC)-4(E2) | 20℃(68℉)时，1.25～2.35Ω |

**表 3-13　爆震传感器端子间的电阻标准值**

| 测量端子 | 标准数值 |
| --- | --- |
| 1(接地)-2(输出) | 20℃(68℉)时，120～280Ω |

（7）检查 EFI 继电器　用万用表测量端子间的电阻，如图 3-109 所示，电阻标准值见表 3-14。若不符合规定，应更换 EFI 继电器。

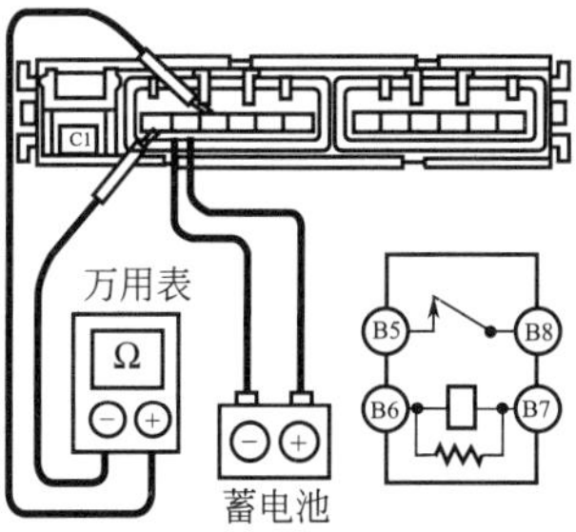

图 3-109　检查 EFI 继电器

**表 3-14　EFI 继电器端子间的电阻标准值**

| 测量端子 | 标准数值 |
| --- | --- |
| B5-B8 | ≥10kΩ |
| B5-B8 | <1Ω(将蓄电池电压加到端子 B6 和 B7) |

## 3.3.4　故障诊断

（1）故障症状　如果故障不能由诊断故障代码和基本检测确定，可根据表 3-15 进行故障排除。

**表 3-15　发动机控制系统常见故障**

| 故障现象 | 故障可能发生部位 |
| --- | --- |
| 发动机不转动(不启动) | ①MG1<br>②混合动力系统<br>③停机系统<br>④推动启动系统 |
| 无初始燃烧(不启动) | ①ECM 电源电路<br>②燃油泵控制电路<br>③火花塞<br>④停机系统<br>⑤喷嘴<br>⑥ECM<br>⑦曲轴位置传感器电路 |

续表

| 故障现象 | 故障可能发生部位 |
| --- | --- |
| 不完全燃烧(不启动) | ①燃油泵控制电路<br>②火花塞<br>③停机系统<br>④喷嘴<br>⑤曲轴位置传感器电路 |
| 发动机正常启动但难以起步 | ①燃油泵控制电路<br>②压缩<br>③火花塞<br>④喷嘴<br>⑤曲轴位置传感器电路 |
| 冷发动机难以启动 | ①燃油泵控制电路<br>②火花塞<br>③喷嘴<br>④曲轴位置传感器电路 |
| 热发动机难以启动 | ①燃油泵控制电路<br>②火花塞<br>③喷嘴<br>④曲轴位置传感器电路 |
| 发动机怠速高(怠速不良) | ①ECM 电源电路<br>②电子节气门控制系统 |
| 发动机怠速低(怠速不良) | ①燃油泵控制电路<br>②电子节气门控制系统 |
| 怠速不平稳(怠速不良) | ①压缩<br>②电子节气门控制系统<br>③喷嘴<br>④燃油泵控制电路<br>⑤火花塞 |
| 游车(怠速不良) | ①ECM 电源电路<br>②电子节气门控制系统<br>③燃油泵控制电路 |
| 继续工作/加速不良(驾驶性能差) | ①燃油泵控制电路<br>②喷嘴<br>③火花塞<br>④HV 变速驱动桥 |
| 爆震(驾驶性能差) | ①燃油泵控制电路<br>②火花塞<br>③喷嘴 |
| 发动机启动后很快熄火 | ①燃油泵控制电路<br>②电子节气门控制系统<br>③停机系统<br>④曲轴位置传感器电路 |

(2) 发动机控制系统自诊断　将智能测试仪Ⅱ连接到车辆上，然后读取车辆 ECM 的输出数据。当计算机检测到计算机本身或驱动系统组件故障时，仪表板上的检查发动机警告灯(CHK ENG) 点亮。另外，相应的诊断故障代码 (DTC) 会保存在 ECM 存储器中，若故障不再出现，则关闭电源开关，CHK ENG 灯熄灭，但 DTC 仍会保存在 ECM 存储器中。

检查 DTC 时，将智能测试仪Ⅱ连接到车辆的数据链路连接器 3 (DLC3) 上，OBD 扫描工具或智能测试仪Ⅱ还可以用来清除 DTC 以及检查历史数据和发动机的各种数据。

为了提高车辆的OBD功能并发展非车载诊断系统，此系统使用CAN（控制器局域网络）通信。CAN是使用一对数据传输线的网络，用来扫描多路计算机和传感器，可以在系统间高速传输并且简化线束连接。

在系统中使用CAN通信后，连接到DTC3的智测试仪Ⅱ能够显示测试仪上ECM的所有信息（以及智能测试仪Ⅱ和ECM间通信使用的CAN通信信号）。

车辆使用时可在正常模式下诊断系统运行，也有维修人员在进行故障模拟和故障排除时采取检查模式。使用智能测试仪Ⅱ将ECM转到检查模式，一旦检测到故障，维修人员就可以使CHK ENG灯点亮（仅使用智能测试仪Ⅱ）。

① 查看历史数据。这些数据记录了检测到故障时发动机的运行情况（燃油系统、计算负荷、发动机冷却液温度、燃油调节、发动机转速、车速等）。进行故障排除时，历史数据能够判定故障发生时车辆是否行驶、发动机是否暖机、空燃比过浓或过稀以及发生故障时的其他相关数据。

② 检查DLC3。当使用智能测试仪Ⅱ时，首先需将测试仪的电缆连接到DLC3上。接着按下电源开关（IG位置），打开汽车的主电源，最后打开测试仪。若屏蔽显示“NO INFORMATION AVAILABLE（无信息可用）”而且总线检查失败，则有可能是车辆或智能测试仪Ⅱ出现故障。

③ 检查蓄电池电压。蓄电池电压为11～14V。若电压低于11V，则操作前应给蓄电池充电。

④ 检查CHK ENG灯。

a. 当转动电源开关（在IG位置）并且HV主系统不运行时，CHK ENG灯应点亮。若CHK ENG灯不点亮，则对CHK ENG灯电路进行故障排除。

b. 当激活HV主系统（READY灯点亮）时，CHK ENG灯应熄灭。若CHK ENG灯再次点亮，则诊断系统检测到诊断系统故障或异常。

⑤ 检查未定的故障代码。DTC（故障诊断代码）检查/清除正常模式中若出现DTC，在智能测试仪Ⅱ上使用“Continuous Test Results”功能检查未定故障代码。

若诊断系统由正常模式转到检查模式或由检查模式转到正常模式，则正常模式下记录的所有DTC和历史数据都会被清除，所以要时常检查记录的DTC和历史数据。

a. 检查DTC（使用智能测试仪Ⅱ）。

ⅰ. 将智能测试仪Ⅱ连接到DTC3，如图3-110所示。

ⅱ. 将电源开关转至ON（在IG位置）。

ⅲ. 进入智能测试仪Ⅱ的Powertrain/Engine and ECT/DTC菜单，如图3-111所示。

ⅳ. 检查DTC与历史数据，并将其记录下来。

ⅴ. 确认DTC的内容。故障模拟后将HV主系统转至OFF（IG OFF），然后重复模拟过程。当再次模拟故障时，CHK ENG会点亮并且DTC会被记录在ECM中。

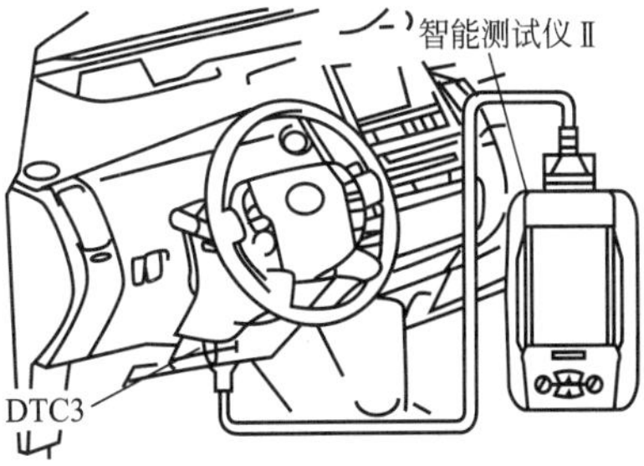

图3-110 智能测试仪Ⅱ连接至DTC3

b. 清除DTC。

ⅰ. 将智能测试仪Ⅱ连接到DTC3。

ⅱ. 将电源开关转至ON（在IG位置）。

ⅲ. 进入智能测试仪Ⅱ的Powertrain/Engine and ECT/DTC/Clear菜单。

ⅳ. 按下智能测试仪Ⅱ上的“YES”按钮清除DTC与历史数据，如图3-112所示。

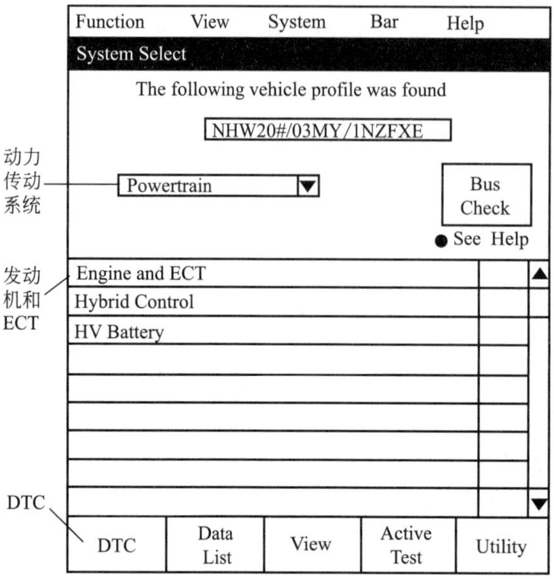


图 3-111 进入 Powertrain/Engine and ECT/DTC 菜单

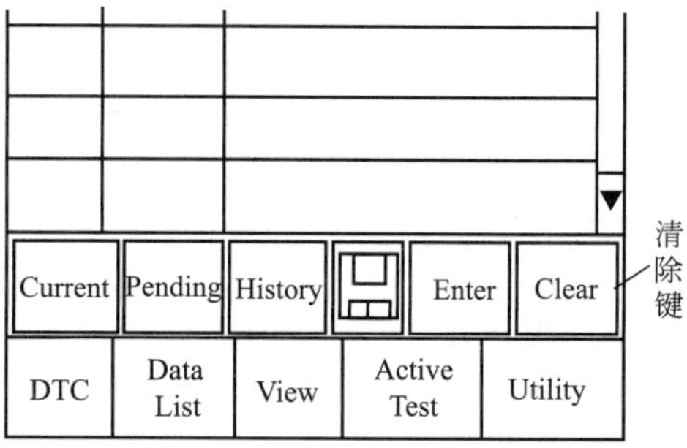


图 3-112 清除 DTC 和历史数据

(3) 历史数据 见表 3-16。

**表 3-16 历史数据**

| 智能测试仪Ⅱ显示(英文缩写) | 测量项目/范围 | 诊断注解 |
|---|---|---|
| 计算负荷(Cal Load) | 计算负荷 | ECM 计算负荷 |
| 冷却液温度 | 发动机冷却液温度 | 若数值为−40℃,则传感器电路开路<br>若数据为 140℃,则传感器电路短路 |
| 短 FT#1 | 短期燃油调节 | 用于保持空燃比在理论空燃比的短期燃油补偿 |
| 长 FT#1 | 长期燃油调节 | 长期燃油补偿用于补偿短期燃油调节的持续偏离中心阀值 |
| 发动机转速(Engine Spd) | 发动机转速 | — |
| 车速(Vehicle Spd) | 车速 | 车速表指示的速度 |
| 点火提前(Ing Advance) | 点火提前 | — |
| 进气 | 进气温度 | 若数值为−40℃,则传感器电路开路<br>若数据为 140℃,则传感器电路短路 |
| MAF | 质量式空气流量 | 若数值接近 0.0g/s,则质量式空气流量计电源电路;VG 电路开路或短路<br>若数值为 160.0g/s 或更大,则 E2G 电路开路 |
| 节气门位置(Throttle Pos) | 节气门位置 | 电源开关 ON 时读取数值(不要启动发动机) |
| O2S B1 S2 | 加热型氧传感器输出 | 使用 ACTIVE TEST(动态测试)的 ING VOL 或 A/F CONTROL 功能以便检查传感器的电压输出 |
| O2FT B1 S2 | 加热型氧传感器燃油调节 | 用于保持空燃比在理论空燃比的短期燃油补偿 |
| 发动机运行时间(Eng Run Time) | 发动机运行累计时间 | — |
| AF FT BI SI | 空燃比传感器的燃油调节 | — |

续表

| 智能测试仪Ⅱ显示(英文缩写) | 测量项目/范围 | 诊断注解 |
| --- | --- | --- |
| AFS BI SI | 空燃比传感器输出 | 使用ACTIVE TEST(动态测试)的ING VOL或A/F CONTROL功能以便检查传感器的电压输出 |
| 清除DTC的预热周期(Wu Cye DTC Clear) | 清除DTC后的预热周期 | — |
| 距离DTC的清除(Dist DTC Clear) | 清除累计距离DTC | — |
| 蓄电池电压(BATT) | 蓄电池电压 | — |
| 空燃比 | 空燃比 | — |

(4) 检查模式　与正常模式相比，检修模式可以更快速地检测故障，而且在正常模式下检测到的相同的诊断项目在检查模式下也可以检测到。

① 检修模式步骤（使用智能测试仪Ⅱ）。

a. 检查初始状态。

ⅰ. 蓄电池正极电压是11V或更高。

ⅱ. 节气门全闭。

ⅲ. 变速器位于“P”挡或“N”挡。

ⅳ. 关闭空调。

b. 将智能测试仪Ⅱ连接至DLC3。

c. 开启电源开关（在IG位置）。

d. 使用智能测试仪Ⅱ将ECM转为检查模式，保证CHK ENG灯闪烁，如图3-113所示。

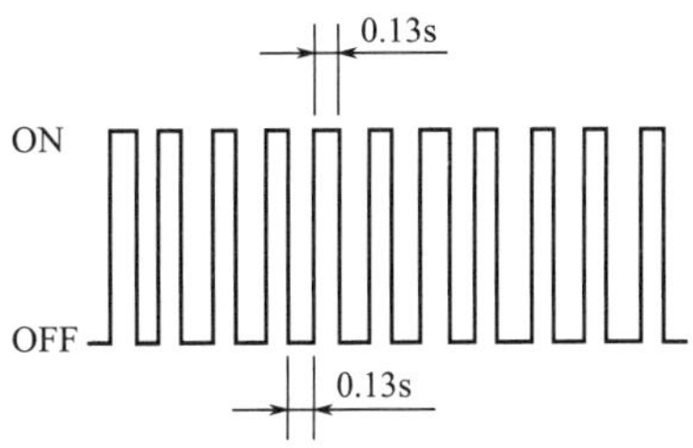

图3-113　CHK ENG灯闪烁方式

出现以下情况时，所有记录的DTC和历史数据将被清除：使用智能测试仪Ⅱ将ECM由正常模式转到检查模式或由检查模式转到正常模式；或在检查模式中，电源开关由ON转到ACC或OFF。

e. 启动HV主系统（READY灯点亮）。系统启动后，CHK ENG灯应熄灭。

f. 模拟客户所述故障。

g. 故障模拟后，使用智能测试仪Ⅱ检查DTC、历史数据及其他数据。

h. 检查DTC后，检查相应电路。

② 清除DTC。

a. 将智能测试仪Ⅱ连接到DLC3。

b. 打开电源开关（IG ON）。

c. 进入智能测试仪Ⅱ的Powertrain/Engine and ECT/DTC/Clear菜单。

d. 按下智能测试仪Ⅱ的“YES”按钮清除DTC和历史数据。

## 3.4 丰田普锐斯混合动力电池系统

### 3.4.1 控制功能概述

混合动力电池系统的主要作用是由蓄电池ECU监控HV蓄电池总成的状态，并将此信息传输给 HV 控制 ECU，并控制蓄电池鼓风机电动机控制器，以此维持 HV 的适当温度。

（1）HV 蓄电池总成管理和安全保护功能

① 在驾驶过程中，蓄电池总成加速时反复放电，而通过减速恢复制动被充电，蓄电池 ECU 根据电压、电流以及温度计算出 HV 蓄电池的 SOC（荷电状态），并将结果输出给控制 ECU。然后，HV 控制 ECU 根据 SOC 执行充电/放电控制。

② 若故障发生，蓄电池 ECU 会自动执行安全保护功能，依照故障程度保护 HV 蓄电池总成。

（2）蓄电池鼓风机电动机控制　车辆行驶时，为了控制 HV 蓄电池总成温度的升高，蓄电池 ECU 根据 HV 蓄电池总成温度判断并控制蓄电池鼓风机总成的操作模式。

## 3.4.2 电池系统的检修

（1）检查蓄电池加液口塞的导通性

① 将电池的正负极断开，用万用表测量端子间的电阻，如图 3-114 所示。标准值不小于 10kΩ。若不符合标准值，则更换蓄电池加液口塞。

② 将检修塞安装到固定座上。

③ 用万用表检测端子间的电阻，如图 3-115 所示。标准值小于 1Ω。若不符合标准值，则更换蓄电池加液口塞。

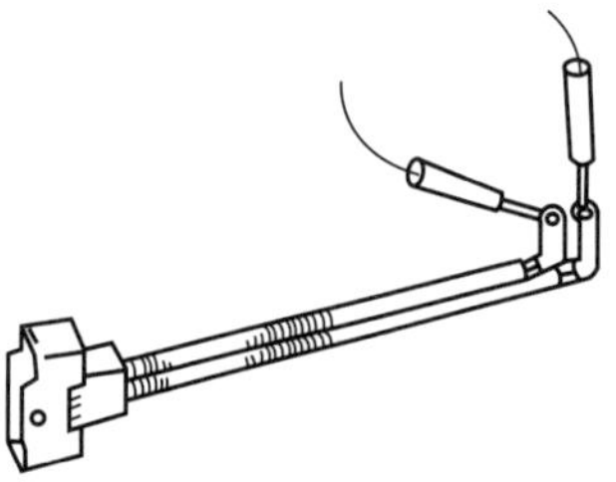

图 3-114　用万用表测量端子间的电阻（一）

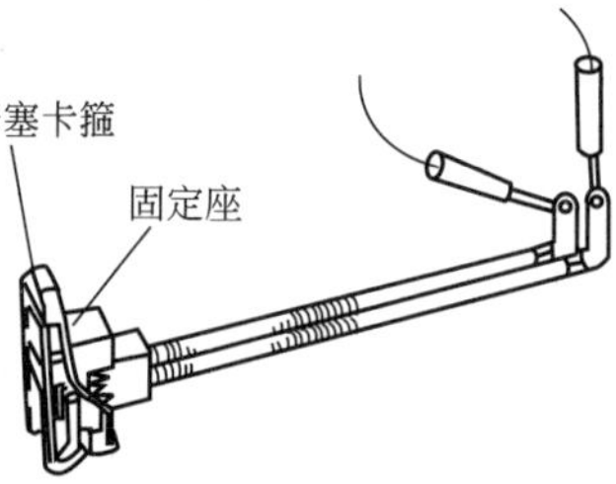


图 3-115　用万用表测量端子间的电阻（二）

（2）检查 1# 系统主继电器　连接器 B 与 C 形状相同，通过端子 1 侧的线束长度和线束颜色区分，图 3-116 所示主继电器连接器的线束长度和颜色见表 3-17。

① 检查导通性。

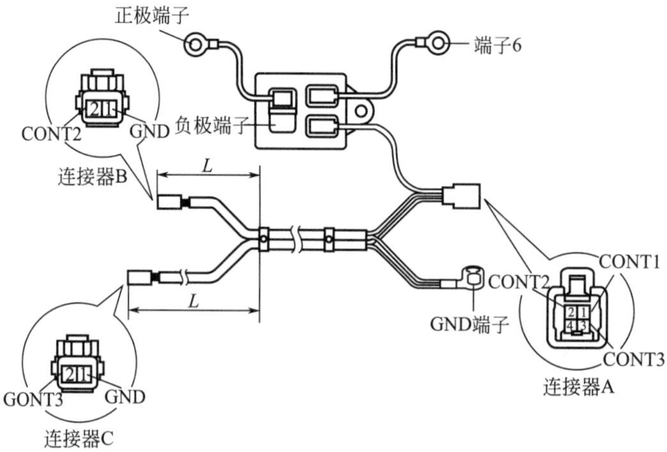


图 3-116　主继电器的连接器

a. 用万用测量连接器间的电阻，电阻标准值见表 3-18。若不符合标准值，则更换 1# 系统主继电器。

**表 3-17　1# 系统主继电器**

| 连接器 | 线束长度 | 线束颜色 |
| --- | --- | --- |
| B | 短 | 黄色 |
| C | 长 | 黑色 |

**表 3-18　连接器间的电阻标准值**

| 测量端子 | 标准数值 |
| --- | --- |
| 正极端子-负极端子 | ≥10kΩ |
| A2(CONT2)-B1(CONT2) | <1Ω |
| A3(CONT3)-C1(CONT3) | <1Ω |
| B1(GND)-GND 端子 | <1Ω |
| C2(GND)-GND 端子 | <1Ω |

b. 在正极和负极端子间提供电压，然后用万用表测量端子 6 与 A1（CONT1）间的电阻。标准值小于 1Ω。若不符合标准值，则更换 1# 系统主继电器。

② 检查电阻。用万用表测量端子 6 和 A1（CONT1）间的电阻。标准值为 70～160Ω。若不符合标准值，则更换 1# 系统主继电器。

(3) 检查 2# 系统主继电器　将两个已经安装的螺母安装到负极和正极端子，转矩为 5.6N·m。

① 检查导通性。

a. 用万用表测量正极与负极端子间的电阻，如图 3-117 所示。标准值不小于 10kΩ。若不符合标准值，则更换 2# 系统主继电器。

b. 在连接器端子间加蓄电池电压，再用万用表测量正极和负极端子间的电阻。标准值小于 1Ω。若不符合标准，则更换 2# 系统主继电器。

② 检查电阻。用万用表测量连接器端子间的电阻。标准值为 20～50Ω。若不符合标准值，则更换 2# 系统主继电器。

(4) 检查 3# 系统主继电器　将螺母安装到负极与正极端子上，转矩为 5.6N·m。

① 检查导通性。

a. 用万用表测量正极与负极端子间的电阻，如图 3-118 所示。标准值不小于 10kΩ。若不符合标准值，则更换 3# 系统主继电器。

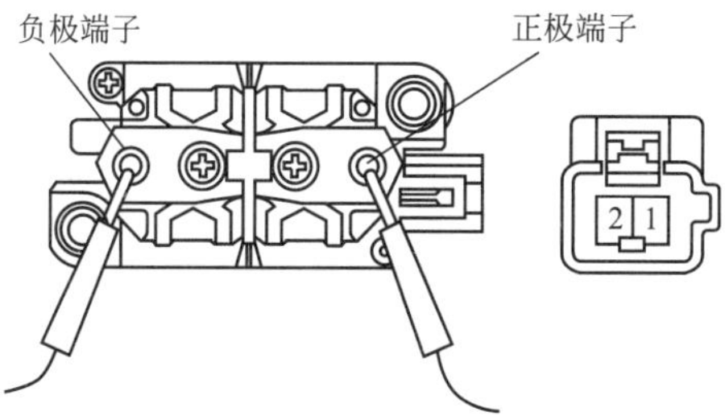


图 3-117　2# 和 3# 系统主继电器

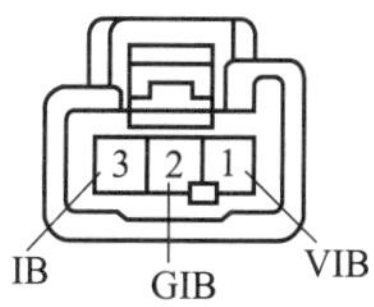


图 3-118　蓄电池电流传感器

b. 在连接器端子间加蓄电池电压，再用万用表测量正极和负极端子间的电阻。标准值小于 1Ω。若不符合标准，则更换 3# 系统主继电器。

② 检查电阻。用万用表测量连接器端子间的电阻。标准值为 20～50Ω。若不符合标准值，则更换 3# 系统主继电器。

(5) 检查蓄电池电流传感器的电阻

① 用万用表测量端子 1（VIB）和端子 2（GIB）间的电阻，如图 3-118 所示，电阻标准

值见表 3-19。若不符合标准值，则更换蓄电池电流传感器。

**表 3-19　端子 1（VIB）和端子 2（GIB）间的电阻标准值**

| 测量端子 | 标准数值 | 测量端子 | 标准数值 |
|---|---|---|---|
| 正极探针到端子 1(VIB) | 3.5～4.5kΩ | 正极探针到端子 2(GIB) | 5～7kΩ |
| 负极探针到端子 2(GIB) | | 负极探针到端子 1(VIB) | |

② 用万用表测量端子 1（VIB）和端子 3（IB）间的电阻，电阻标准值见表 3-20。若不符合标准值，则更换蓄电池电流传感器。

**表 3-20　端子 1（VIB）和端子 3（IB）间的电阻标准值**

| 测量端子 | 标准数值 | 测量端子 | 标准数值 |
|---|---|---|---|
| 正极探针到端子 1(VIB) | 3.5～4.5kΩ | 正极探针到端子 3(IB) | 5～7kΩ |
| 负极探针到端子 3(IB) | | 负极探针到端子 1(VIB) | |

③ 用万用表测量端子 2（GIB）与端子 3（IB）间的电阻。标准值不大于 200Ω。调换表笔位置，电阻应保持不变。若不符合标准值，则更换蓄电池电流传感器。

（6）检查系统主电阻器　用万用表测量端子间的电阻，如图 3-119 所示。标准值为 18～22Ω。若不符合标准值，则更换系统主电阻器。

（7）检查 $1^{\#}$ 蓄电池鼓风机继电器　用万用表测量端子间的电阻，如图 3-120 所示，电阻标准值见表 3-21。若不符合标准值，则更换 $1^{\#}$ 蓄电池鼓风机继电器。

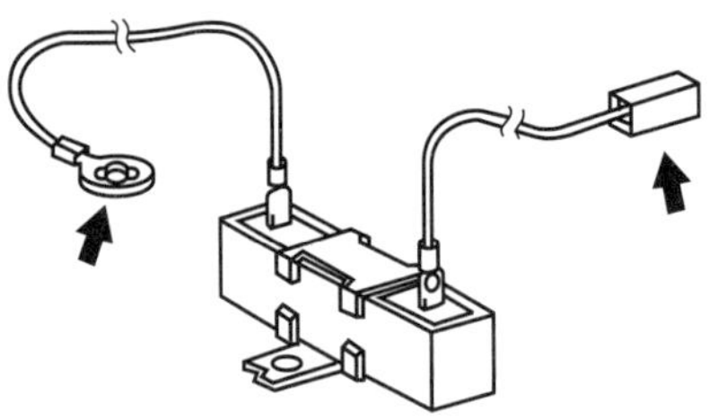

图 3-119　系统主电阻器

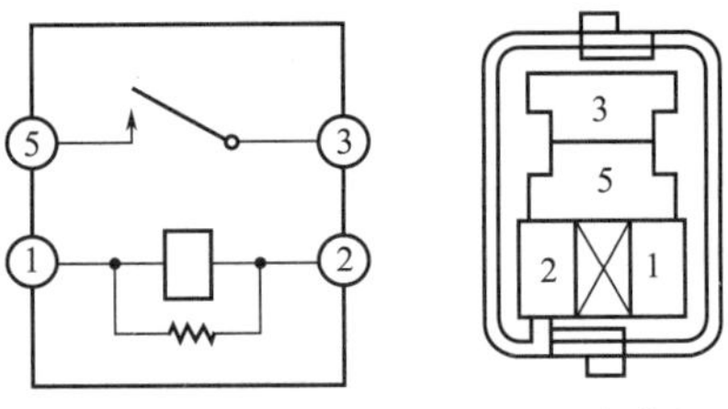


(a) 简图　(b) 平面图

图 3-120　$1^{\#}$ 蓄电池鼓风机继电器

**表 3-21　$1^{\#}$ 蓄电池鼓风机继电器端子间的电阻标准值**

| 测量端子 | 标准数值 |
|---|---|
| 3-5 | ≥10kΩ |
| 3-5 | <1Ω(将蓄电池电压加到端子 1 和 2 上) |

## 3.4.3 蓄电池自检系统

蓄电池 ECU 带有自诊断系统，若计算机、HV 蓄电池系统或组件工作异常，则 ECU 会诊断出故障部位，有利于故障排查，并在点亮复式显示器上的 HV 系统警告灯的同时点亮组合仪表上的主警告灯。

当 HV 蓄电池系统存在故障时主警告灯点亮，在检修模式下，主警告灯闪烁。

可以将智能测试仪Ⅱ连接到车辆上，并且读取输出的各种数据。当计算机检测到计算机本身或驱动系统故障时，车载计算机点亮仪表板上的 CHK ENG。此时，相对应的 DTC 被记录在蓄电池 ECU 存储器。

若没有再出现故障，当断开电源开关时，则 CHK ENG 灯将会熄灭，但 DTC 仍然存储在蓄电池 ECU 存储器中。

为了检查 DTC，将智能测试仪Ⅱ连接到数据链路连接器 3（DLC3）上，也可以用智能测试仪Ⅱ清除 DTC，以及 HV 蓄电池的历史数据。

（1）检查辅助蓄电池　测量辅助蓄电池电压。电压通常为 11～14V。检查辅助蓄电池、熔丝、熔断器、线束、连接器和接地情况。

（2）检查 CHK ENG 灯

① 当打开电源开关或断开 READY 灯时，CHK ENG 灯点亮，若 CHK ENG 灯没有亮，应该对 CHK ENG 电路进行故障排除。

② 当接通 READY 灯时，CHK ENG 灯应熄灭。若 CHK ENG 灯仍然点亮，表示诊断系统已检测到系统异常。

（3）DTC 检查/清除

① 检查 DTC（HV 蓄电池系统）。

a. 将智能测试仪Ⅱ连接到 DLC3 上。

b. 打开电源开关（在 IG 位置）。

c. 打开智能测试仪Ⅱ。

d. 在系统选择界面上，进入 Poewrtrain/HVBattery/DTC 菜单。

读取 HV 蓄电池系统的 DTC，如图 3-121 所示。

② 检查历史数据。

a. 若出现 DTC，则选择该 DTC 以显示它的历史数据，如图 3-122 所示。

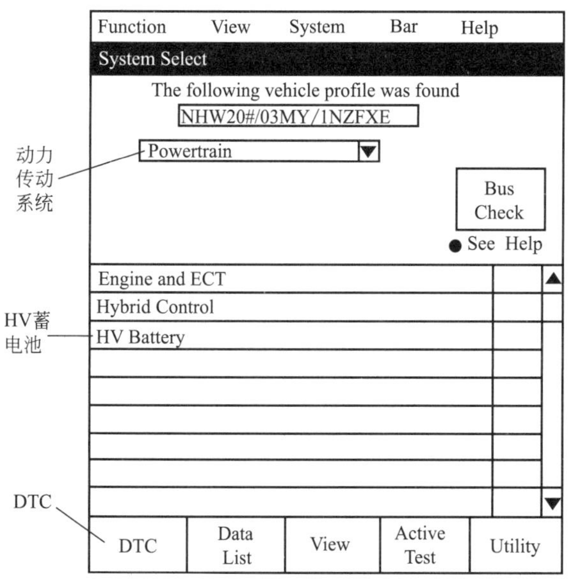


图 3-121　系统选择界面

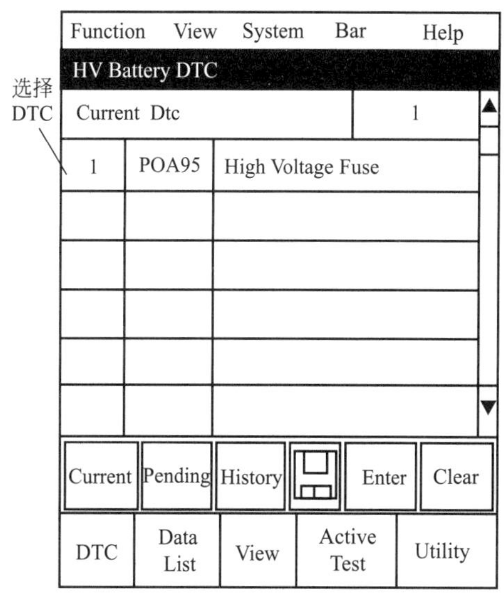


图 3-122　显示历史数据

b. 在进行 DTC 检测时，读取记录的历史数据如图 3-123 所示。

③ 检查 DTC（总线检查）。

a. 在系统选择界面上，选择 Bus Check，如图 3-124 所示。

b. 在 Bus Check 界面上，选择 Communication Malfunction DTC，有利于读取通信故障 DTC，如图 3-125 所示。若 CAN 通信系统 DTC 和其他 DTC 同时出现，则应首先进行 CAN 通信故障的排除。

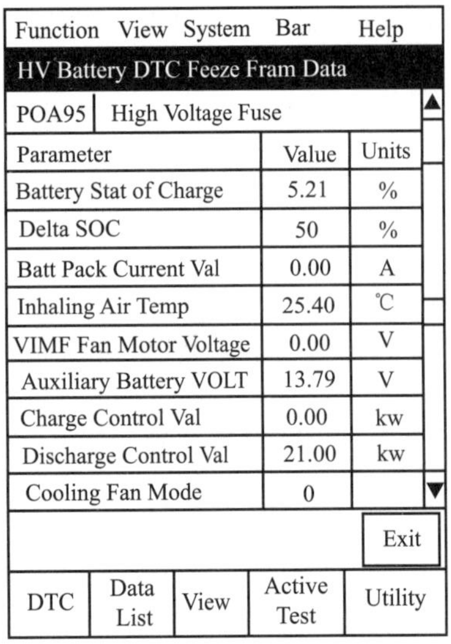


图 3-123 读取记录的历史数据

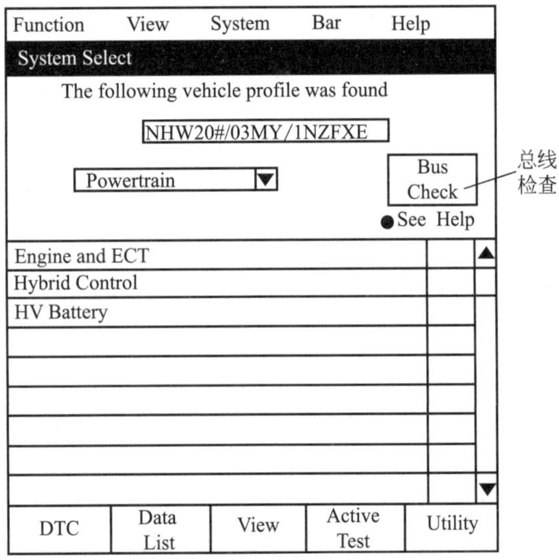


图 3-124 总线检查

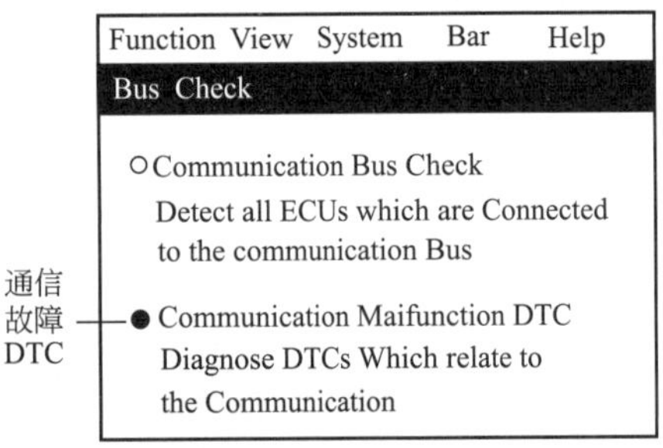


图 3-125 读取通信故障 DTC

④ 检查 DTC（除 HV 蓄电池外的系统）。蓄电池 ECU 保持和包括 ECM、HV 控制 ECU 及其他设备在内的计算机之间的通信。所以，若蓄电池 ECU 输出警告，则有必要检查并记录所有系统的 DTC。

a. 在系统选择界面上，进入 Utility/All Codes 菜单，如图 3-126 所示。

b. 若出现 DTC，则检查相关的系统。

⑤ 清除 DTC。

a. 将智能测试仪Ⅱ连接至 DLC3。

b. 打开电源开关（在 IG 位置）。

c. 打开智能测试仪Ⅱ。

d. 检查换挡杆是否在“P”挡。

e. 显示 HV Battery/DTC 界面并且按下右下的清除键，如图 3-127 所示。

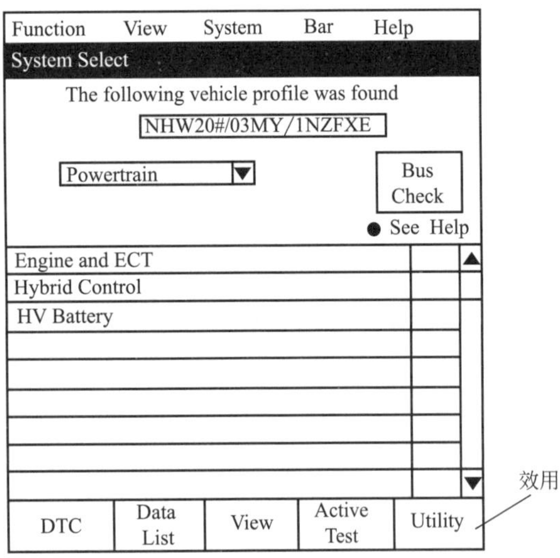


图 3-126 进入 Utility/All Codes 菜单

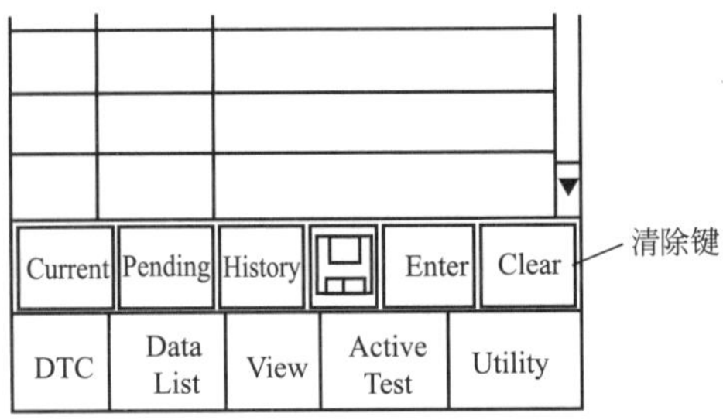


图 3-127 HV Battery/DTC 界面

特别提示

清除DTC也会清除历史数据。

（4）历史数据　这些数据记录了检测DTC时HV蓄电池系统和组件的工作状态。它有助于确定或模拟故障发生时车辆的状态，检测历史数据的步骤如下。

① 将智能测试仪Ⅱ连接至DLC3。

② 打开电源开关（在IG位置）。

③ 打开智能测试仪Ⅱ。

④ 在系统选择界面上，进入Powertrain/HV Battery/DTC菜单。

⑤ 选择DTC，以便显示其历史数据。

⑥ 检查已经检测到的DTC的历史数据，见表3-22。

表3-22　历史数据

| 智能测试仪Ⅱ屏幕显示（英文缩写） | 测试项目/范围 | 故障出现时车辆可疑状态 |
|---|---|---|
| 蓄电池荷电状态<br>(Battery SOC) | 蓄电池荷电状态<br>最小0，最大100% | HV蓄电池荷电状态 |
| SOC变化量<br>(Delta SOC) | 在每一蓄电池盒内最大和最小值间的差异<br>最小0，最大100% | SOC改变 |
| 蓄电池组电流<br>(IB Battery) | 蓄电池组的电流值<br>最小－327.68A，最大327.68A | HV蓄电池的充电与放电条件：<br>电流值为正值时放电<br>电流值为负值时充电 |
| 吸入空气温度<br>(Batt Inside Air) | 吸入蓄电池组的室外空气温度<br>最小－327.68℃，最大327.68℃ | 吸入蓄电池组的室外空气温度 |
| VMF风扇电动机电压<br>(VMF Fan Voltage) | 蓄电池鼓风机电动机电压<br>最低0V，最高25.4V | 蓄电池鼓风机电动机的转动条件 |
| 辅助蓄电池电压<br>(Aux. Batt V) | 辅助蓄电池电压<br>最低0V，最高25.4V | 辅助蓄电池状态 |
| 充电控制数值<br>(WIN) | 从蓄电池ECU输送到HV控制ECU的充电控制功率<br>最小－64kW，最大0kW | HV蓄电池充电功率 |
| 放电控制数值<br>(WOUT) | 从蓄电池ECU输送到HV控制ECU的放电控制功率<br>最小0kW，最大63.5kW | HV蓄电池放电功率 |
| 冷却风扇模式<br>(Cooling Fan Spd) | 蓄电池鼓风机电动机驱动模式<br>最小0，最大6 | 停止：0<br>从低速向高速转动：1～6 |
| ECU控制模式<br>(ECU Ctrl Mode) | ECU控制模式<br>最小0，最大4 | HV蓄电池的工作状态 |
| 备用鼓风机请求<br>(SBLW Rqst) | 蓄电池鼓风机电动机停止控制请求（备用鼓风机） | 蓄电池鼓风机电动机出现停止控制 |
| 蓄电池温度TB1～TB3<br>(Batt Temp 1～3) | HV蓄电池温度<br>最小－327.68℃，最大327.68℃ | HV蓄电池温度 |
| 蓄电池盒电压V01～V14<br>(V1～V14 batt Block) | 蓄电池盒电压<br>最低－327.68V，最高327.68V | 蓄电池盒之间的电压变化 |

（5）DATA LIST/ACTIVE TEST（数据表/动态测试）

① DATA LIST（数据表）见表3-23。测量数据的环境及车辆的使用年限的差异导致所

测数值有微小差异，也会引起 DATA（数据表）发生很大改变。所以，即使测量数值在参考范围之内，也可能存在故障。

表 3-23 DATA LIST（数据表）

| 智能测试仪Ⅱ屏幕显示（英文缩写） | 测试项目/范围 | 故障出现时车辆可疑状态 |
|---|---|---|
| 蓄电池组电流值 | 蓄电池组的电流值<br>最小－327.68A，最大 327.68A | 发动机停机后立刻满载加速：最大 140A（车内温度）<br>P 挡发动机自动启动，然后换到 N 挡 1s 后，发动机停止，前照灯亮起，空调风扇高速运转，READY 灯点亮，最大 30A |
| 辅助蓄电池电压（Aux. Batt V） | 辅助蓄电池电压<br>最低 0V，最高：25.4V | 与辅助蓄电池电压相等 |
| 充电控制数值（WIN） | 从蓄电池 ECU 输送到 HV 控制 ECU 的充电控制的功率<br>最小－64kW，最大 0kW | ≥－25kW |
| 放电控制数据（WOUT） | 从蓄电池 ECU 输送到 HV 控制 ECU 的放电控制功率<br>最小 0kW，最大 63.5kW | ≥21kW |
| 冷却风扇模式（Cooling Fan Spd） | 蓄电池鼓风机电动机驱动模式<br>最小：0，最大：6 | 停止：0<br>从低速向高速转动：1～6 |
| ECU 控制模式（ECU Ctrl Mode） | ECU 控制模式<br>最小 0，最大 4 | — |
| 备用鼓风机请求（SBLW Rqst） | 蓄电池鼓风机电动机停止控制请求（备用鼓风机） | ON/OFF |
| 电池温度 TB1～TB3（Batt Temp 1～3） | HV 蓄电池温度<br>最小－327.68℃，最大 327.68℃ | 与室外空气温度相同 |
| 蓄电池最小电压（Batt Block Min V） | 蓄电池最小电压<br>最低－327.68V，最高 327.68V | SOC55%～60%　≥12V |
| 存储 DTC（DTC） | 存储 DTC 号<br>最小 0，最大 255 | — |

在复杂故障时，需在相同的条件下收集同一车型的另一车辆的样本数据，以此通过与 DATA LIST（数据表）的全部项目进行比较，得出一个全面的判断结果。

使用智能测试仪Ⅱ显示的 DATA LIST（数据表）无需拆下零件，也可以读取开关、传感器等值，读取 DATA LIST（数据表）作为故障排除的第一步是缩短诊断时间的一种方式。

a. 将智能测试仪Ⅱ连接到 DLC3。

b. 打开电源开关（在 IG 位置）。

c. 打开智能测试仪Ⅱ。

d. 在系统选择界面上，进入 Powertrain/HV Battery/Data List 菜单。

e. 根据智能测试仪的显示，读取 DATA LIST（数据表）。

② ACTIVE TEST（动态测试）中，若智能测试仪Ⅱ的连接器断开或发生通信故障，系统将不工作（READY 灯不亮）。

使用智能测试仪Ⅱ进行 ACTIVE TEST（动态测试）时，无需拆下零件便可以操作继电器、执行器等设备，动态测试的步骤如下。

a. 将智能测试仪Ⅱ连接到DLC3。

b. 打开电源开关（在IG位置）。

c. 打开智能测试仪Ⅱ。

d. 在系统选择界面上，进入Powertrain/HV Battery/Active Test菜单。

e. 根据测试仪的显示，进行ACTIVE TEST（动态测试），见表3-24。

**表3-24　ACTIVE TEST（动态测试）**

| 智能测试仪Ⅱ屏幕显示（英文缩写） | 目的 | 测试内容 | 测试条件 |
|---|---|---|---|
| 驱动蓄电池冷却风扇（Cooling Fan Spd） | 为了检查工作情况和蓄电池鼓风机电动机的转速 | 在模式0蓄电池鼓风机电动机停止，或在模式1～6电动机工作 | 检测到DTC时，发生故障 |

# 3.5　丰田普锐斯混合动力变速驱动桥

## 3.5.1　丰田普锐斯变速驱动桥及换挡控制系统

### 3.5.1.1　普锐斯混合动力汽车的变速驱动桥结构

（1）普锐斯混合动力变速驱动桥组成　普锐斯变速驱动桥系统主要包括变速驱动桥阻尼器、MG1（发电机）、MG2（电动机）、行星齿轮组及减速装置（无声链、主动链轮、从动链轮、中间轴主动齿轮、中间轴从动齿轮、主减速器小齿轮和主减速器环齿轮），MG1、MG2、变速驱动桥阻尼器和主动链轮均安装在同心轴上，动力从主动链轮传递到减速器装置（图3-128和图3-129）。

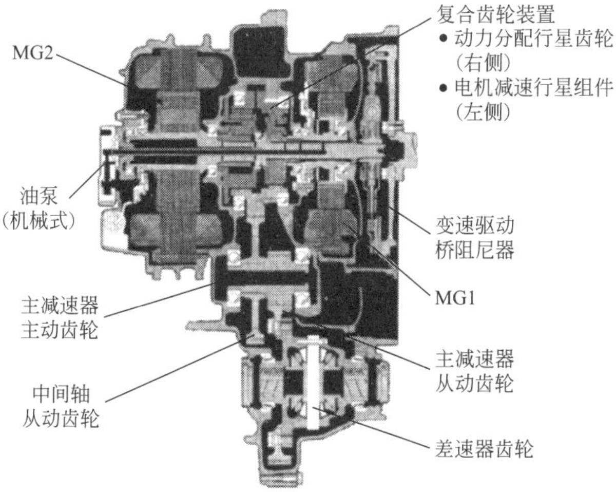


图3-128　普锐斯混合动力变速驱动桥组成

图3-129　普锐斯混合动力变速驱动桥外形

（2）普锐斯混合动力变速驱动桥主要部件

①行星齿轮组（图3-130）。通过行星齿轮组传输的发动机输出功率分成两部分（图3-131）：一部分驱动汽车；另一部分驱动MG1用于发电。作为行星齿轮的一部分，太阳轮连接到MG1上，环齿轮连接到MG2上，行星齿轮架连接在发动机输出轴上，动力通过链传递到中间轴主动齿轮上，如图3-132所示。

图 3-130 行星齿轮组

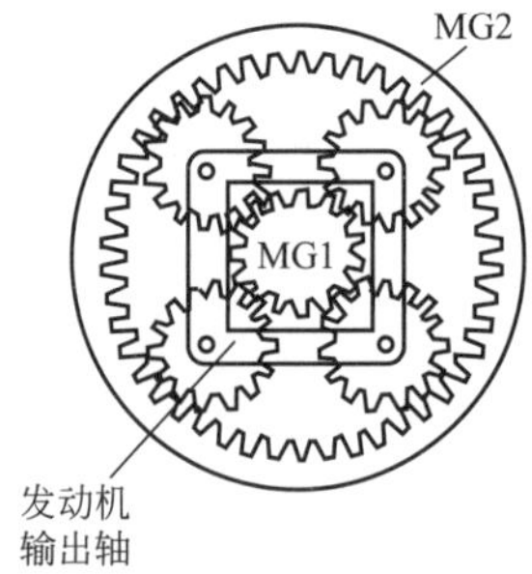


图 3-131 行星齿轮组传输的发动机输出功率

② 变速驱动桥减振器。普锐斯变速驱动桥的减振器使用具有低扭转特性的螺旋弹簧。螺旋弹簧的刚度较小，增强了弹簧的减振性能。变速驱动桥减振器传递发动机的驱动力，它包括用干式、单片摩擦材料制成的转矩波动吸收机构，如图 3-133 所示。

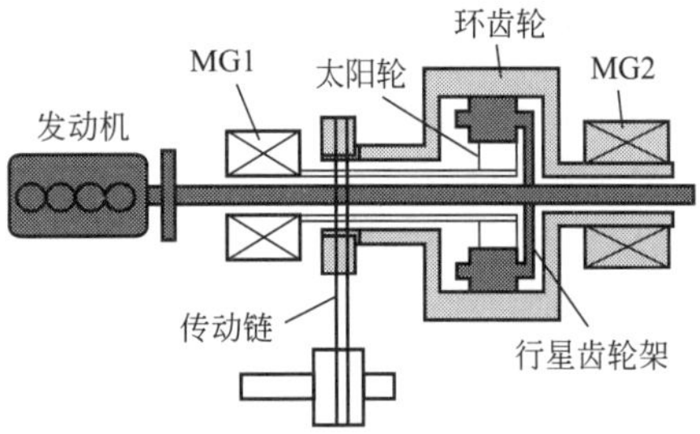


图 3-132 变速驱动桥工作原理

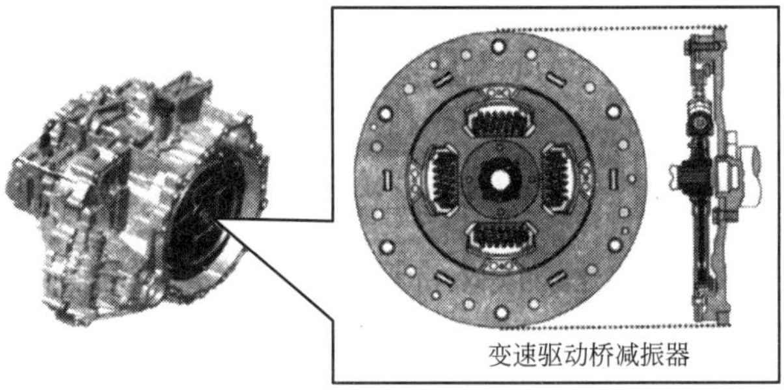


图 3-133 变速驱动桥的减振器

③ MG1 和 MG2（图 3-134）。MG1 连接在行星齿轮组的太阳轮上，MG2 连接在环齿轮上。不能分解 MG1 和 MG2，因为它们都是精密组件。若这些组件出现故障，则整体更换混合动力变速驱动桥总成。

(a) MG1

(b) MG2

图 3-134 MG1 和 MG2

④ 减速装置。该装置包括无声链、中间轴齿轮和主减速器齿轮（图 3-135）。采用小链距的无声链确保安静运行。中间轴齿轮和主减速器齿轮的齿都经过高精密研磨，齿腹得到了优化，以确保运行的高度安静。主减速器齿轮经过最佳配置，减小发动机中心轴与差速器轴间的距离，使差速器的结构更加紧凑。

⑤ 差速器齿轮装置。采用和传统变速驱动桥差速器相似的小齿轮型差速器齿轮装置。

⑥ 润滑装置（图 3-136）。主减速器齿轮采用飞溅式润滑机构，存油腔以稳定的方式向各个齿轮供油。行星齿轮组与主轴轴承的润滑采用装有余摆曲线式油泵的强制润滑系统。减速装置和差速器应用同类型的润滑油。

⑦ 冷却系统（图 3-137）。变速驱动桥冷却系

统用于冷却变频器、MG1 和 MG2，并独立于发动机冷却系统。

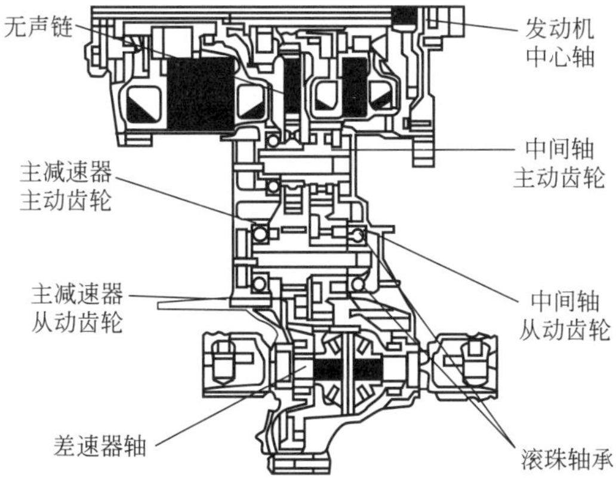

图 3-135　减速装置

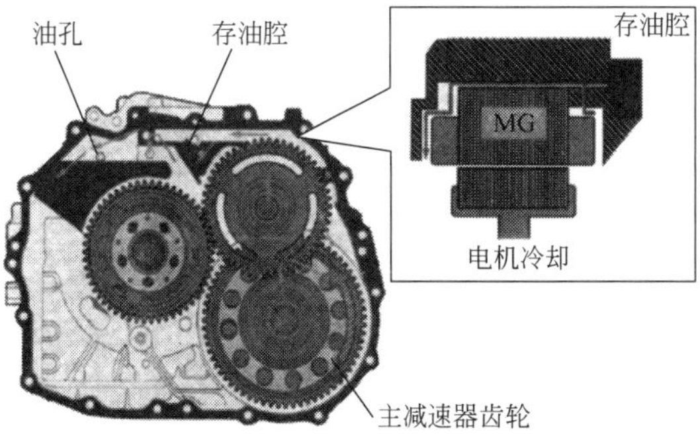

图 3-136　润滑系统

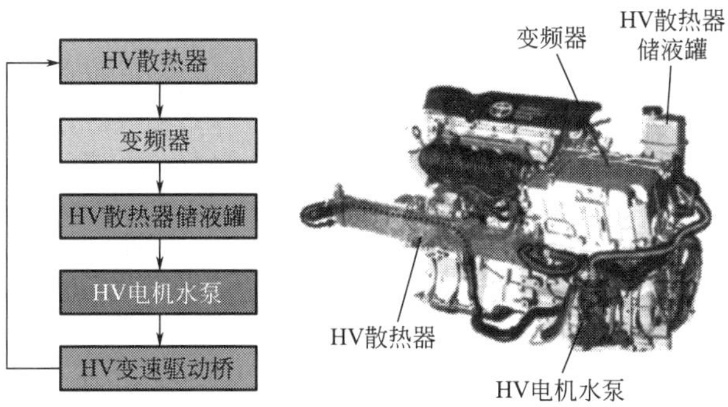

图 3-137　变速驱动桥冷却系统

## 3.5.1.2 普锐斯混合动力汽车的换挡控制系统

普锐斯混合动力汽车应用电子换挡控制系统，如图 3-138 所示。

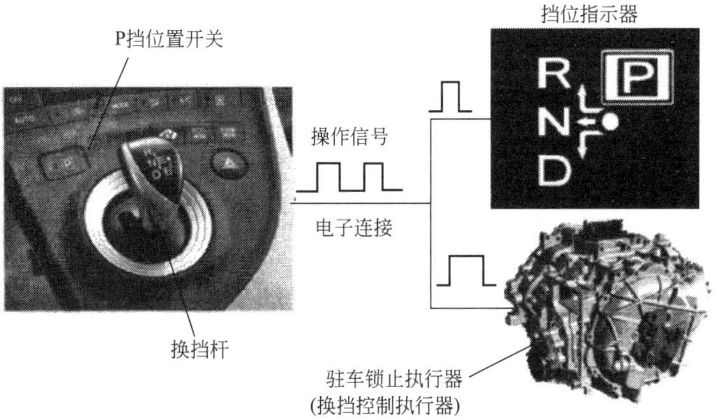

图 3-138　普锐斯混合动力汽车的电子换挡控制系统

（1）换挡控制系统原理　如图 3-139 所示。

（2）换挡控制系统组成　如图 3-140 所示。

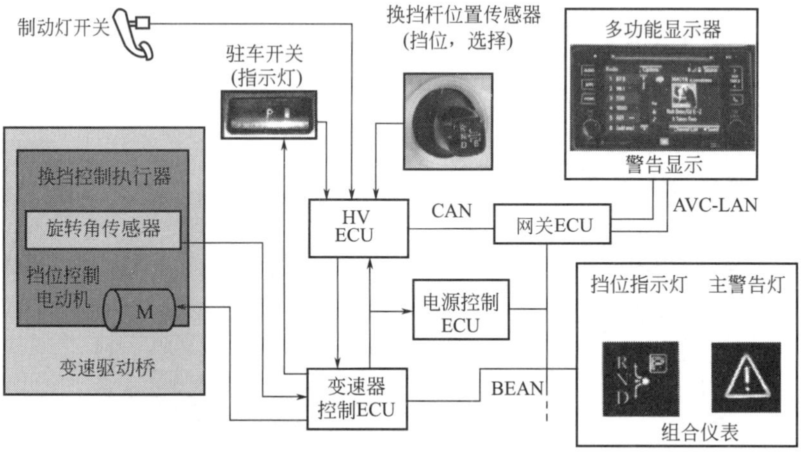


图 3-139　换挡控制系统原理

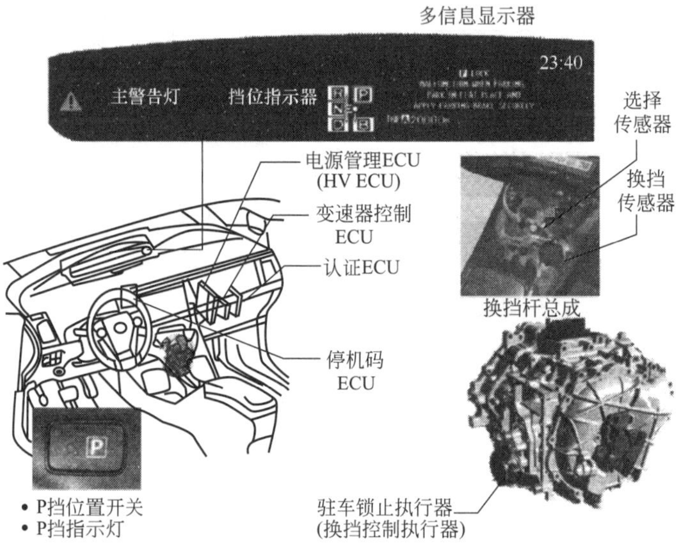


图 3-140　电子换挡控制系统组成

① 挡位传感器。该传感器固定在变速器换挡杆总成上，用来检测挡位（R、N、D 和 B）并发送挡位信号到 HV ECU。

② 换挡控制执行器。按下驻车开关时，换挡控制执行器工作，和混合动力变速驱动桥的驻车锁啮合挡位在 P 挡，并踩下制动踏板时，若驾驶员操作换挡杆，换挡控制执行器就会将混合动力变速驱动桥的驻车锁开锁。

图 3-141　驻车开关

③ 驻车开关（图 3-141）。打开或关闭驻车开关时，会检测驾驶员对 P 挡的操作情况，并且将相关信息发送到 HV ECU。驻车开关是瞬间型开关，它可以通过开关上的指示灯来指示驻车锁是否锁止。

④ 变速器控制 ECU。其接收到 HV ECU 的打开驻车开关信号后，将激活换挡控制执行器，还可以根据 P 挡的开关状态来点亮 P 挡指示灯。

⑤ HV ECU。收到打开驻车开关的信号后，HV ECU 检测换到 P 挡的条件是否满足，同时发送换挡控制执行器控制信号至变速器控制 ECU。

⑥ 发动机 ECU。其收到 HV ECU 发出的与驾驶员选择的挡位相对应的发动机控制信号，控制发动机处于最佳状态。

⑦ 电源控制 ECU。其发送信号至 HV ECU，表明车辆电源已关闭。电源控制 ECU 发送换至 P 挡请求信号到变速器控制 ECU。只有当电源开关关闭，挡位不在 P 挡时，才发送此信号。

⑧ 制动灯开关。其检测制动踏板踩下信号。

⑨ 组合仪表。其根据 HV ECU 的信号点亮驾驶员所选择的挡位指示灯。若变速器控制 ECU 发生异常情况，则组合仪表上主警告灯点亮。

⑩ 复式显示器。其根据变速器控制 ECU 发送的信号显示警告信息，来提示驾驶员。

（3）换挡系统主要部件

① 变速器换挡杆总成。当换挡操作后驾驶员的手离开换挡手柄时，手柄就会在回位弹簧的作用下回到原位。照明变速器换挡杆总成内的挡位传感器（选择传感器与换挡传感器）检测挡位（R、N、D 和 B）。开启尾灯时，壳体中的灯泡就会间接地照亮换挡手柄指示灯表面，以增加夜间的照明。

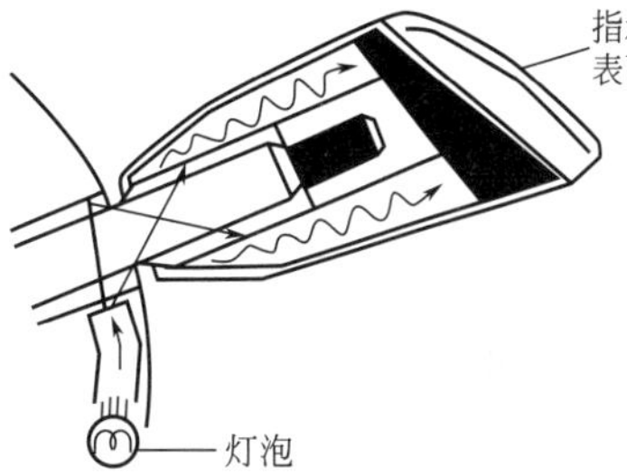

图 3-142　换挡手柄指示灯

② 换挡手柄指示灯（图 3-142）。换挡手柄指示灯的工作原理：壳体内的灯泡点亮时，光束透过导光壳，反射到换挡杆柱面和光传输区域，从而由换挡手柄的下部照亮指示灯表面。

③ 挡位传感器（图 3-143）。挡位传感器包括一个用来检测换挡杆横向运动的选择传感器和一个用来检测换挡杆纵向运动的换挡传感器，这两个传感器信号的组合可以检测挡位。

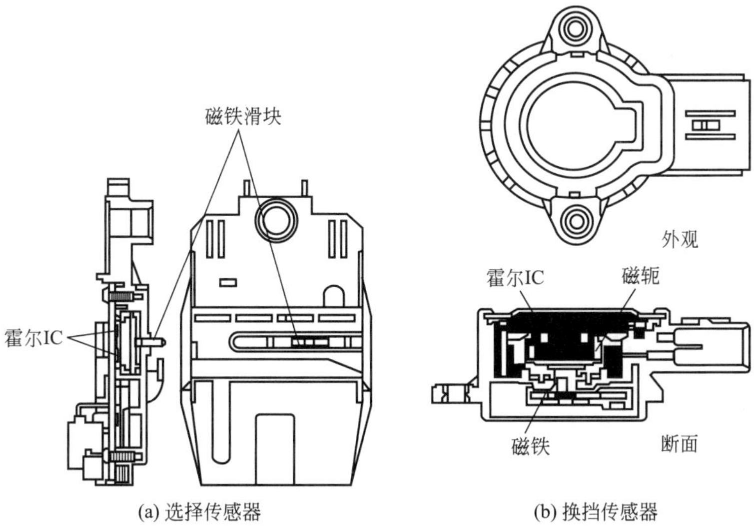

图 3-143　挡位传感器

④ 换挡控制执行器（图 3-144）。安装在混合动力变速驱动桥的侧面。接收到变速驱动控制 ECU 的执行信号后，执行器中的电动机就转动，从而移动驻车锁止杆，再推动驻车锁爪，使它与安装在中间轴从动齿轮上的驻车齿轮啮合，最终混合动力变速驱动桥就被机械地

锁止或开锁。

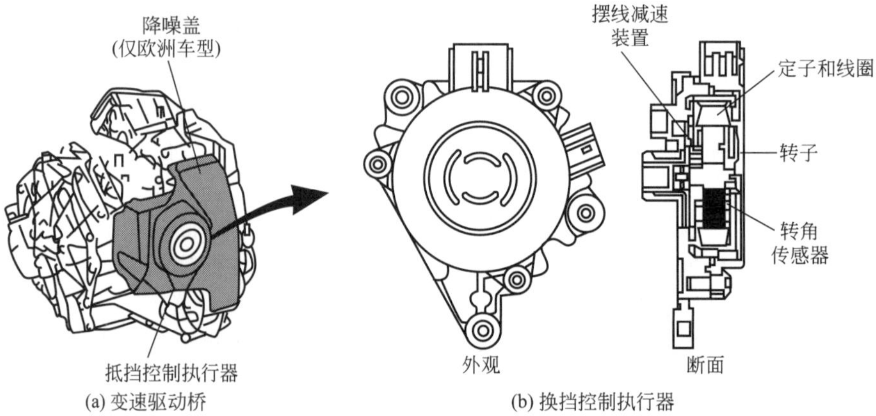


图 3-144　换挡控制执行器

⑤ 驻车锁止机构（图 3-145 和图 3-146）。

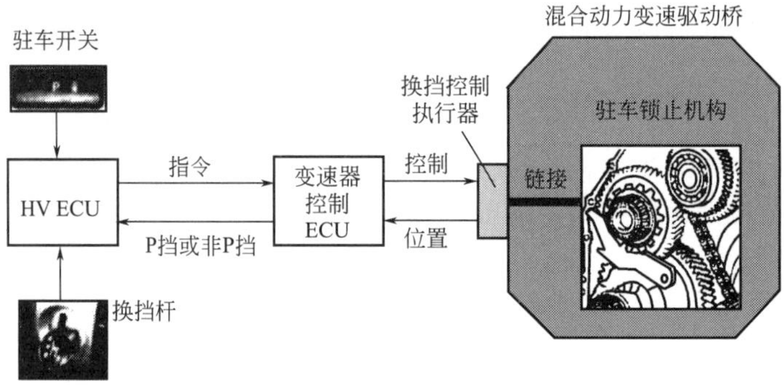


图 3-145　驻车锁止系统机构控制原理

a. 机械驻车锁止机构安装在中间轴从动齿轮中。

b. 驻车锁爪与中间轴从动齿轮一体的驻车齿轮的啮合可以锁止车辆的运动。

c. 收到变速器控制 ECU 的锁止或开锁信号后，换挡控制执行器立即转动 1 号杆来移动驻车锁止杆，从而推动驻车锁爪。最终驻车锁爪和驻车齿轮啮合，进而锁止驻车锁。

⑥ 摆线减速机构（图 3-147）。在需要大转矩的斜坡上停车时，摆线减速装置能保证驻车锁完全松开，因为它能将电动机输出轴的转矩增大。

图 3-146　驻车锁止机构结构

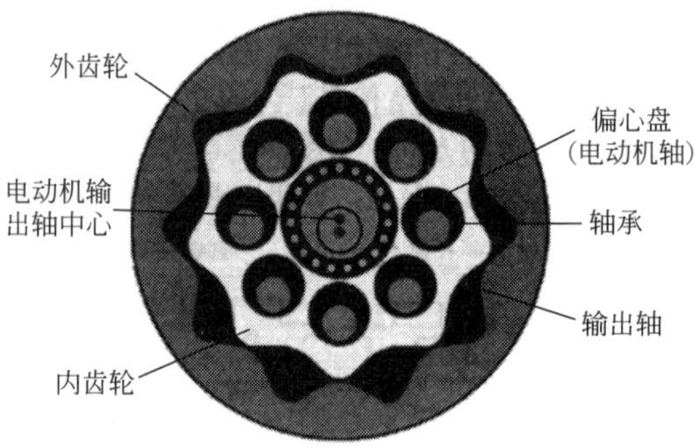


图 3-147　摆线减速机构

⑦ 挡位指示灯（图 3-148）。换挡杆的设计使其总能回到原位，所以，当前选择的挡位能通过组合仪表上的挡位指示灯检查。

该系统中，B 挡在发动机制动范围内起作用，从 D 挡以外的挡换入 B 挡是被禁止的，所以，若换挡杆不在 D 或 B 挡，则 B 挡指示灯就会熄灭，以防止驾驶员意外地换入 B 挡，如图 3-149 所示。

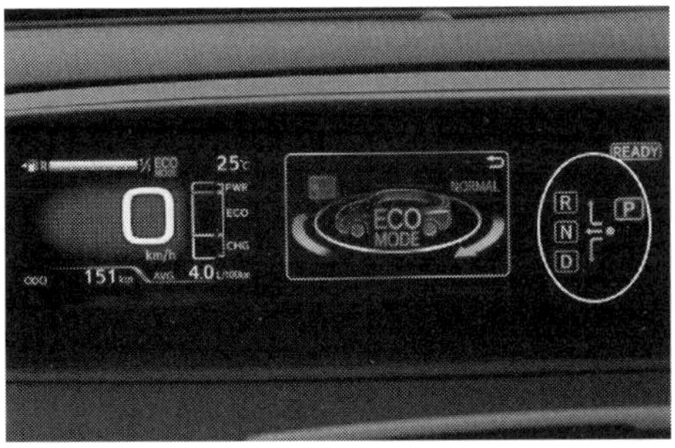

图 3-148　挡位指示灯

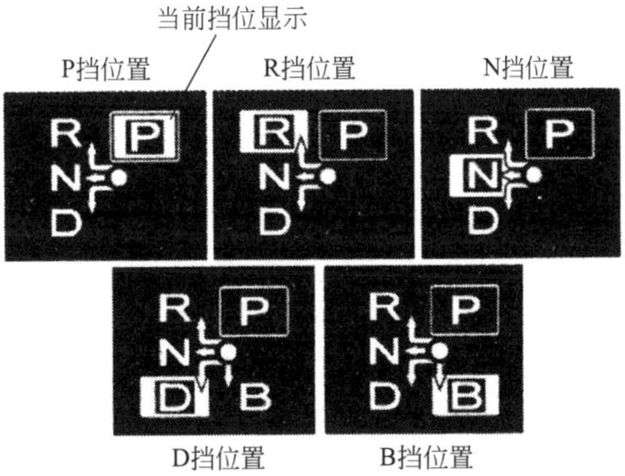


图 3-149　换挡模式

（4）换挡控制原理

① 电动机功能。换挡控制电动机转动能够锁止或打开驻车锁。转角传感器检测电动机的转动角度，变速器控制 ECU 根据转角传感器信号检测当前的挡位，进行驻车锁止或开锁。

变速器控制 ECU 通过 2 个安装在转角传感器内的交错相位（相位 A 和相位 B）霍尔 IC 脉冲数的组合检测电动机的转动方向、角度和运动范围（图 3-150）。检测到运动范围后，信息就被存储到 ECU 存储器中。但是，若断开蓄电池端子，信息就会被消除。

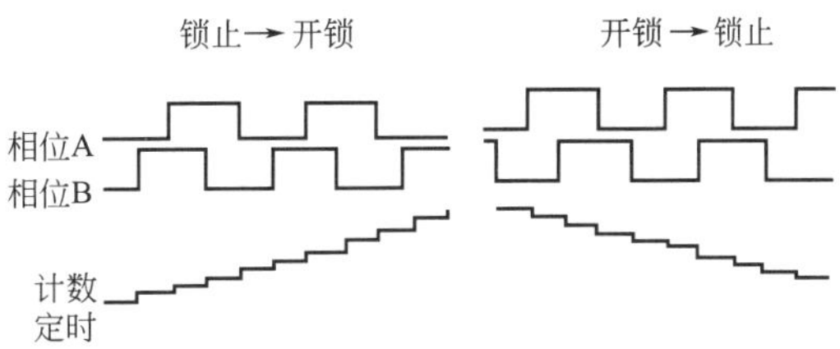


图 3-150　换挡控制原理

② 换挡控制。本系统中 HV ECU 能检测车辆的一般状态，并能换挡以及锁止或打开驻车锁。本系统还包括拒绝功能，当车辆在正常条件下行驶时，挡位可以移至拒绝功能没有断开的所有挡位。

该系统中，变速器控制 ECU 电源重新接通时，ECU 根据存储器中存储的以前的挡位测定当前挡位（驻车锁止或开锁）启动控制（表 3-25）。

**表 3-25　启动控制**

| 以前的驻车锁状态 | | HV ECU 的测定值 | 测定值 |
|---|---|---|---|
| 驻车锁止 | | — | 驻车锁止 |
| 驻车打开 | | — | 驻车打开 |
| 无效 | 车辆停止 | 驻车锁止 | 驻车锁止 |
| | 车辆行驶 | 驻车打开 | 驻车打开 |

若以前的挡位无法利用，则 ECU 根据 HV ECU 通过车速测定的挡位来启动控制。

③ 拒绝功能。为了保证安全，即使驾驶员操作换挡杆或驻车开关，该系统也会拒绝换

挡。在这种情况下，蜂鸣器会鸣叫来提示驾驶员。表 3-26 表示的是拒绝功能的情况。

**表 3-26　拒绝功能**

<table>
<tr><th>激活拒绝功能的操作</th><th>HV ECU 的相应操作</th></tr>
<tr><td>系统工作时，驾驶员不踩下制动踏板就换出 P 挡</td><td>保持在 P 挡</td></tr>
<tr><td>行驶时，驾驶员操作驻车开关时换入 P 挡</td><td rowspan="3">换到 B 挡</td></tr>
<tr><td>行驶时，驾驶员从 D 挡换到 R 挡，或从 R 挡换到 D 挡</td></tr>
<tr><td>驾驶员从 D 挡以外的挡换到 B 挡</td></tr>
</table>

(5) 换挡控制系统故障诊断　若变速器控制 ECU 检测到换挡控制系统的故障，ECU 就进行诊断并存储故障信息。此外，ECU 会使换挡指示灯闪烁、点亮主警告灯和在复式显示器上显示警告信息来提醒驾驶员。变速器控制 ECU 也会保存此故障的 DTC（诊断故障代码）。可以用智能测试仪Ⅱ来读取 DTC。

(6) 换挡控制系统的安全保护　若变速器控制 ECU 检测到系统的故障，则变速器控制 ECU 会根据存储器中保存的数据来控制系统。

## 3.5.2　丰田普锐斯变速驱动桥的检查

(1) 检查变速驱动桥油位

① 将车辆停在平坦的路面上。

② 拆下加液口塞。

③ 添加专用的混合驱动桥液，新普锐斯用 WS 型 ATF，容量约为 3.3L。

④ 保证距加液口塞孔的 0～5mm 内有变速驱动桥油（图 3-151）。

⑤ 行驶后，换油时重新检查变速驱动桥油位。若油量比较少，则检查是否漏油。

⑥ 用新衬垫安装加液口塞。转矩为 39N · m。

(2) 检查机油泵油压　在机油正常工作温度 50～80℃下进行测试。

① 顶起车辆。

② 拆下机油泵罩塞并安装专用工具（SST，图 3-152）。

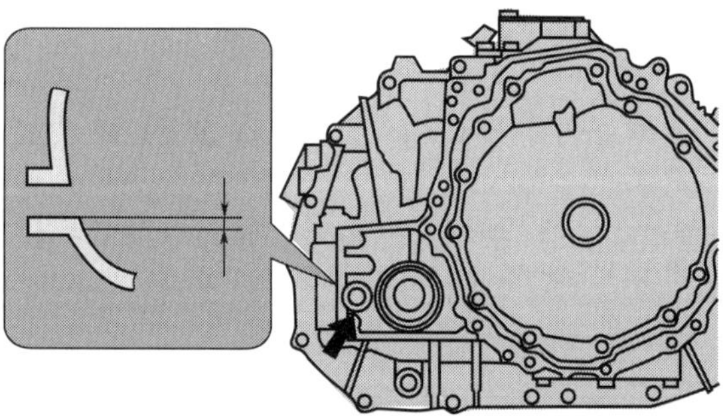

图 3-151　加注专用的混合驱动桥油

图 3-152　检查机油泵油压

③ 设置鼓风机开关为 HI。

④ 打开空调开关。

⑤ 踩下制动踏板，按下电源开关启动发动机（启动混合动力系统）。

⑥ 保持发动机转速为 1200r/min，检测油压。油压为 9.8kPa 或更大。

⑦ 安装新 O 形圈和机油泵罩塞（图 3-153）。转矩为 7.4N · m。

(3) 检查换挡杆

① 混合动力系统启动时检查。

a. 将钥匙插进钥匙孔。

b. 踩下制动踏板的同时，打开电源开关（READY 灯亮），如图 3-154 所示。

c. 检查齿轮是否按照换挡操作模式变化。若检查结果异常，则更换换挡杆总成。

② 停止时，关闭电源开关。

③ 电源状态为 IG 时，检查所有电子组件工作状态，但无法启动混合动力系统。将钥匙插入钥匙孔（图 3-155）。

④ 不踩下制动踏板，打开电源开关 1 次。

a. 电源开关每按下 1 次，它将在 OFF、ACC 及 IG 之间切换。

b. 检查齿轮是否按照换挡操作模式变化。若检查结果异常，则更换换挡杆总成。

c. 电源状态为 IG 时，换挡操作模式如图 3-156 所示。

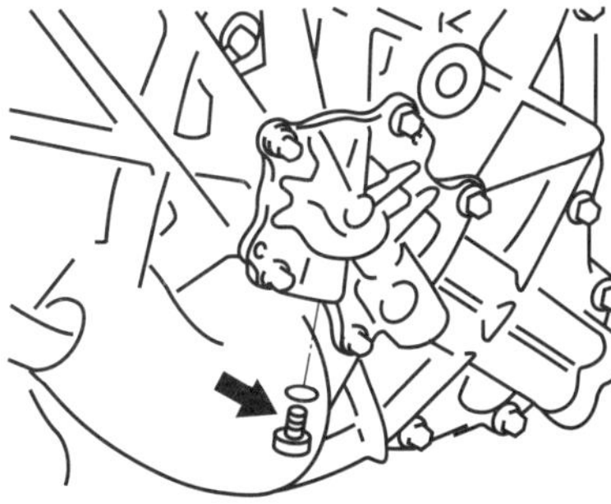

图 3-153　安装新 O 形圈和机油泵罩塞

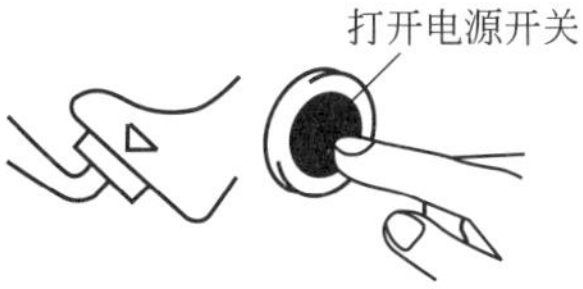


图 3-154　检查换挡杆

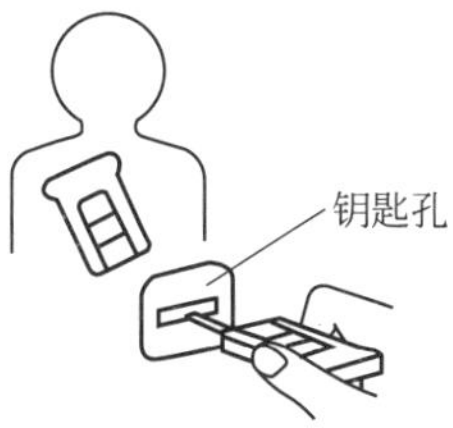


图 3-155　将钥匙插入钥匙孔

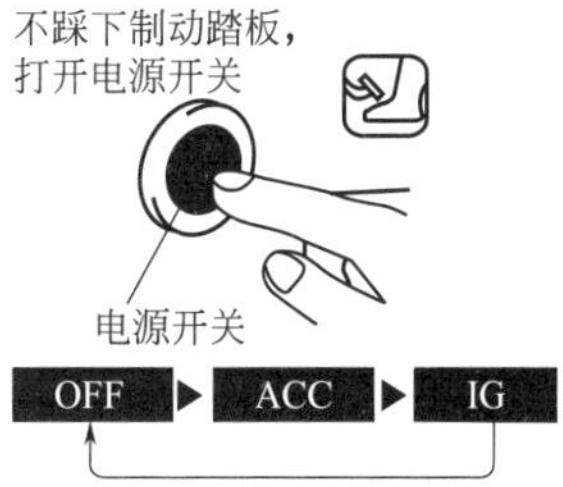


图 3-156　换挡操作模式

（4）更换冷却液

① 拆卸发动机左下盖。

② 拆卸发动机右下盖。

③ 排放冷却液。

a. 拆卸变速驱动桥侧储液罐盖。

b. 拆卸图 3-157 中箭头所指的塞子，排放冷却液。

c. 用新衬垫安装塞子。转矩为 39N・m

④ 添加冷却液。

a. 松开图 3-158 中箭头所指的排气塞同时连接软管，将软管的一端插入排放箱。

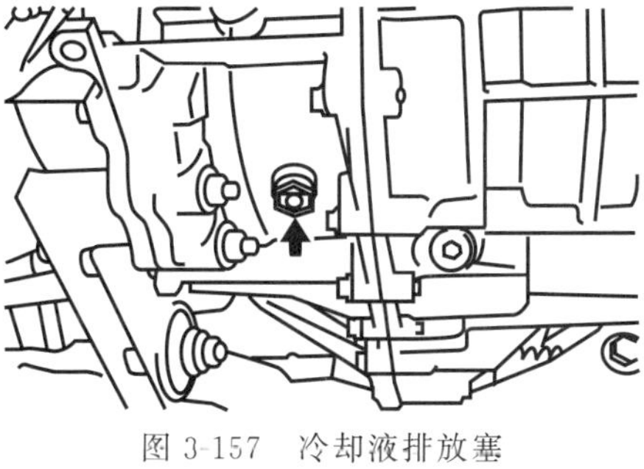

图 3-157　冷却液排放塞

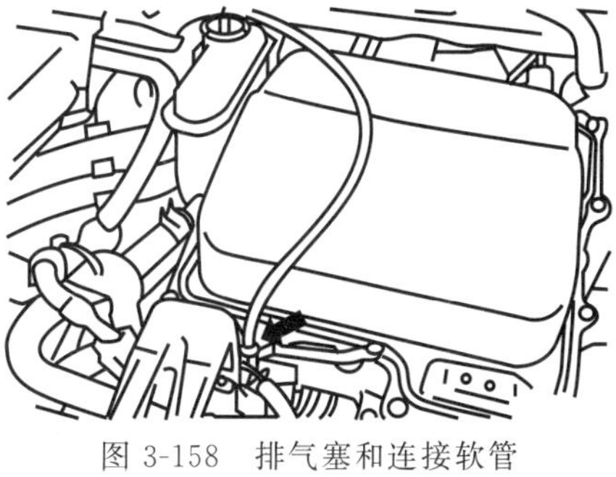

图 3-158　排气塞和连接软管

b. 从排放箱里添加冷却液。

特别提示

应添加纯正的丰田优质 SLLC 冷却液。

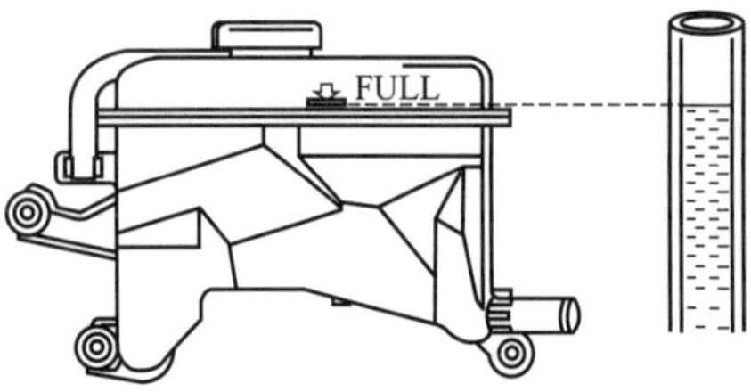


图 3-159　储液罐液面（一）

c. 添加冷却液直至连接到排放箱的软管里的冷却液液位达到储液罐的 FULL 线，如图 3-159 所示。

d. 关闭排气塞。

e. 开启电源开关（ON 位置），运行水泵约 20s，然后关闭电源开关。

f. 关闭电源后，松开排气塞，放出变速驱动桥内的空气，再关闭排气塞。

g. 从排放箱里添加冷却液。

h. 重复步骤 e～g 添加冷却液。

标准：当水泵噪声降低，储液罐里冷却液循环改善时，冷却液系统排气完成。

水泵运转噪声过大、储液罐里冷却液循环不良，都说明冷却液系统里有空气。

i. 排放完冷却液系统里的空气后，打开电源开关（ON 位置），水泵运行约 5min。保证排气塞关闭。

j. 添加冷却液直至储液罐里液位达到 FULL 标记，如图 3-160 所示。

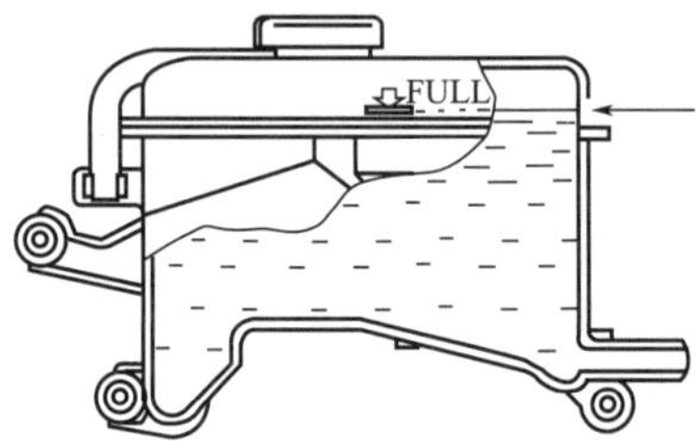


图 3-160　储液罐液面（二）

⑤ 检查发动机冷却液是否泄漏。

(5) 更换换挡控制执行器总成

① 拆卸换挡控制执行器总成。

a. 断开连接器。

b. 拆卸 3 个螺栓，从混合动力汽车变速驱动桥上拆下变速器壳盖（图 3-161）。

c. 拆卸 3 个螺栓，从混合动力车辆变速驱动桥上拆下换挡控制执行器总成（图 3-162）。

② 安装换挡控制执行器总成（图 3-163）。

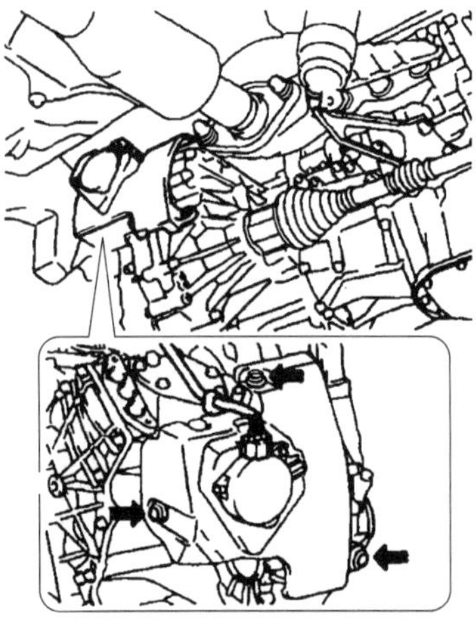

图 3-161　变速器壳盖的拆卸

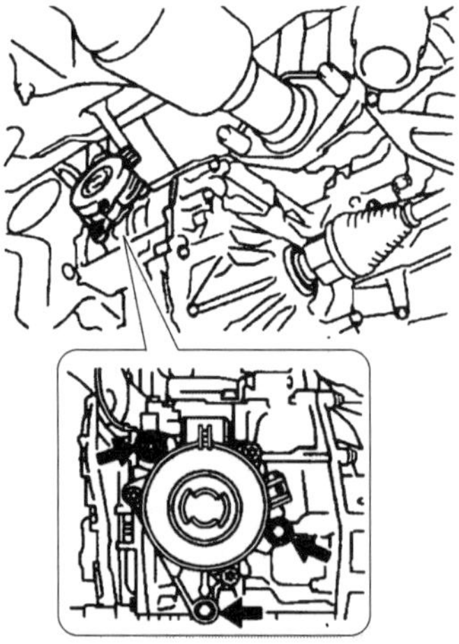

图 3-162　换挡控制执行器总成的拆卸

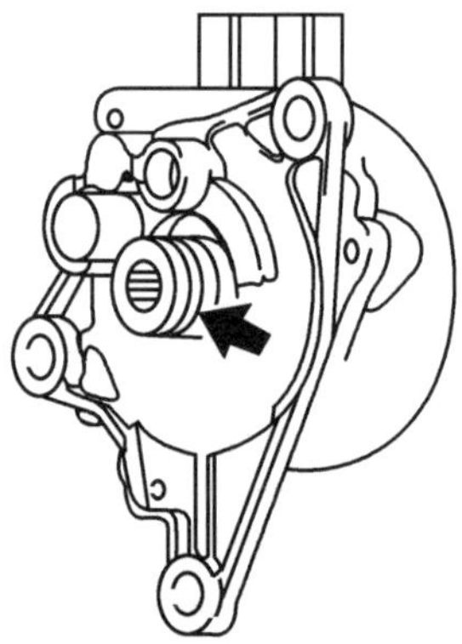

图 3-163　换挡控制执行器总成的安装

a. 给 O 形圈涂少量 ATF WSO。

b. 用 3 个螺栓将换挡控制执行器总成固定到混合动力车辆变速驱动桥上（图 3-162）。转矩为 16N·m。

c. 用 3 个螺栓将变速器壳盖固定到混合动力车辆变速驱动桥上（图 3-161）。转矩为 7.0N·m。

d. 连接连接器。

## 3.5.3 丰田普锐斯混合动力汽车变速驱动桥总成更换

变速驱动桥总成如图 3-164 所示。

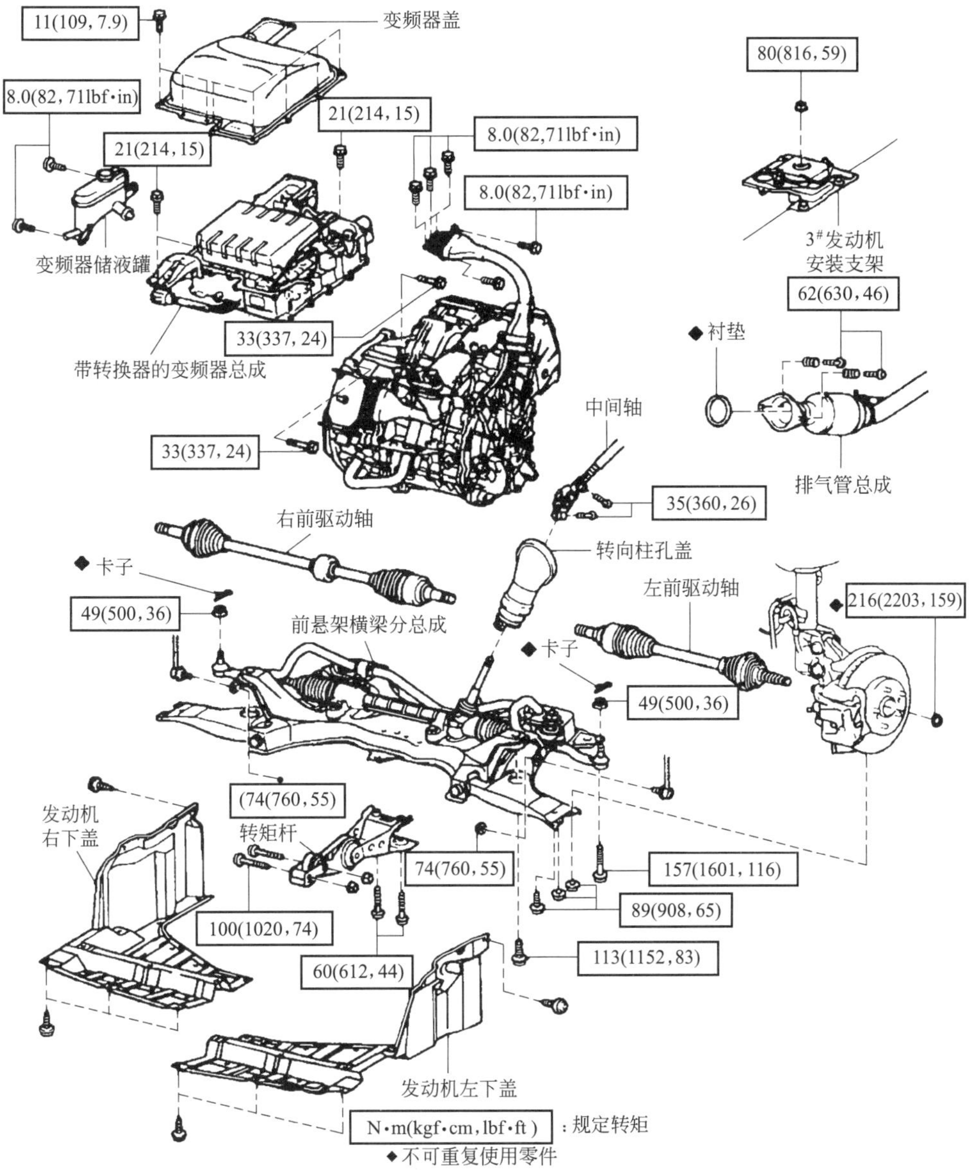

(a)

图 3-164

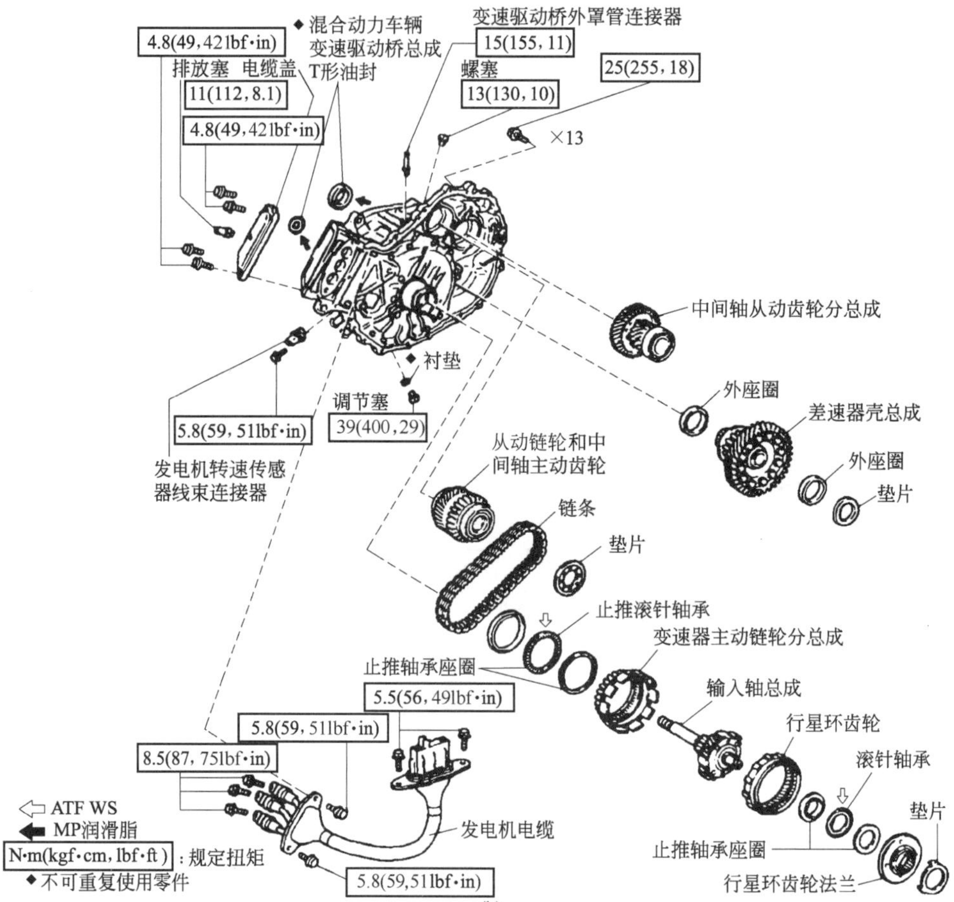


(b)

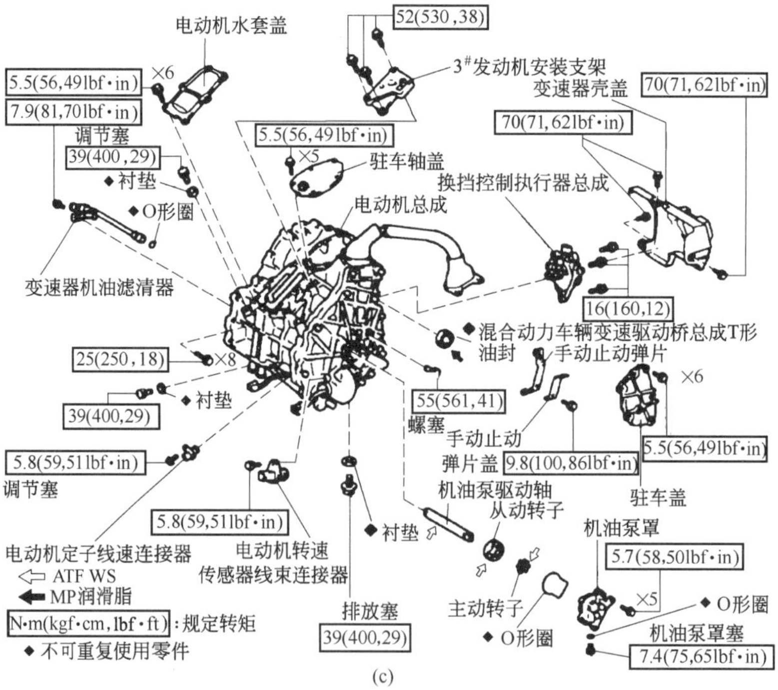


(c)

图 3-164　变速驱动桥总成分解图

操作步骤如下。

① 断开蓄电池负极端子。

② 拆卸检修塞。

③ 拆卸前轮。

④ 拆卸发动机左下盖。

⑤ 拆卸发动机右下盖。

⑥ 放出冷却液。

⑦ 放出变速驱动桥油。

⑧ 拆卸发动机罩分总成。

⑨ 拆卸前刮水器右臂。

⑩ 拆卸前刮水器左臂。

⑪ 拆卸外侧前围顶板分总成。

⑫ 拆卸带转换器的变频器总成。

⑬ 拆卸空气滤清器总成。

⑭ 断开线束。

a. 拆开图 3-165 中箭头所指的 3 个连接器和卡夹。

b. 分开图 3-166 中箭头所指的 2 个卡夹。

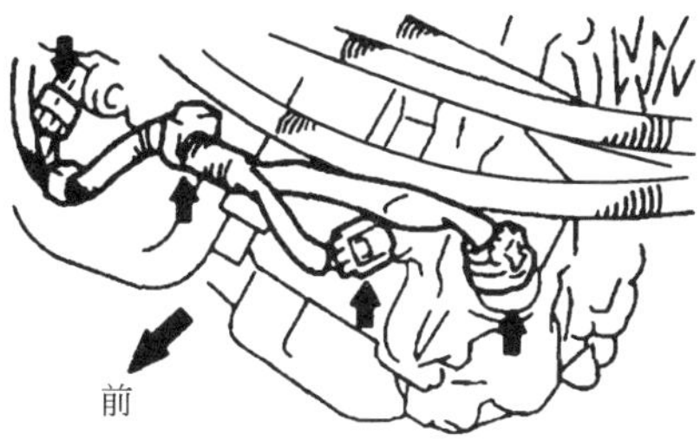


图 3-165 连接器和卡夹

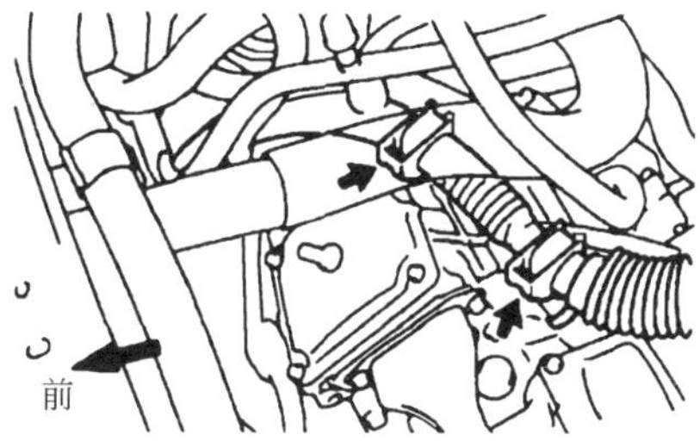


图 3-166 卡夹

c. 断开连接器。

d. 从混合动力车辆变速驱动桥拆下 3 个螺栓及变速器壳盖（图 3-167）。

e. 断开 2 个卡夹（图 3-168）。

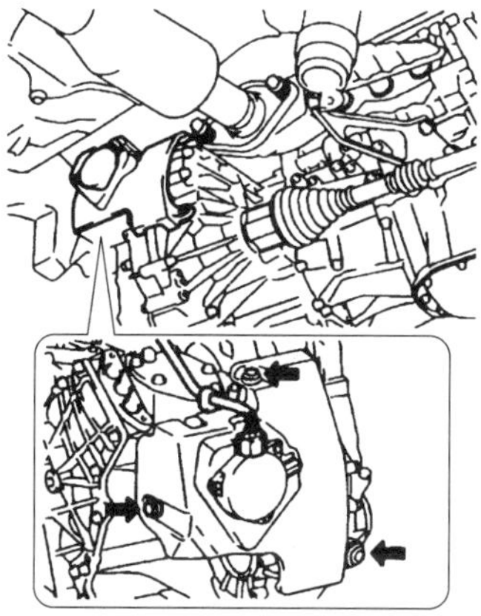

图 3-167 拆下螺栓和变速器壳盖

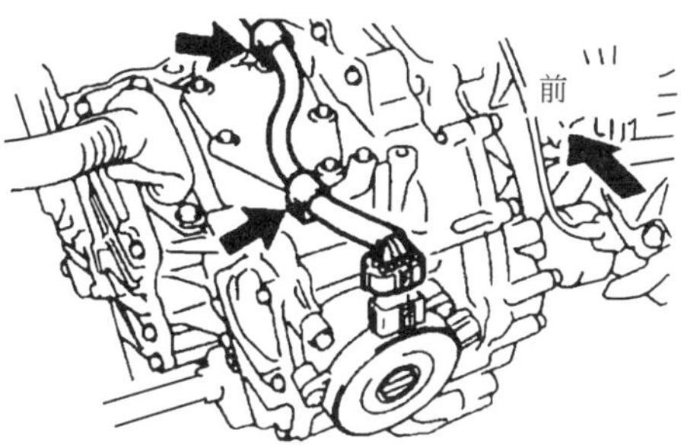


图 3-168 断开卡夹

f. 拆下螺栓和接地线（图 3-169）。

⑮ 分离 4# 变频器冷却软管。拆下 4 个卡夹并断开 3 根软管（图 3-170）。

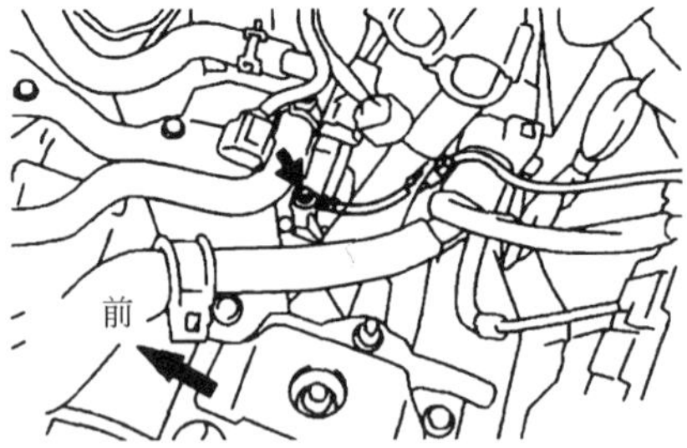


图 3-169 拆下螺栓和接地线

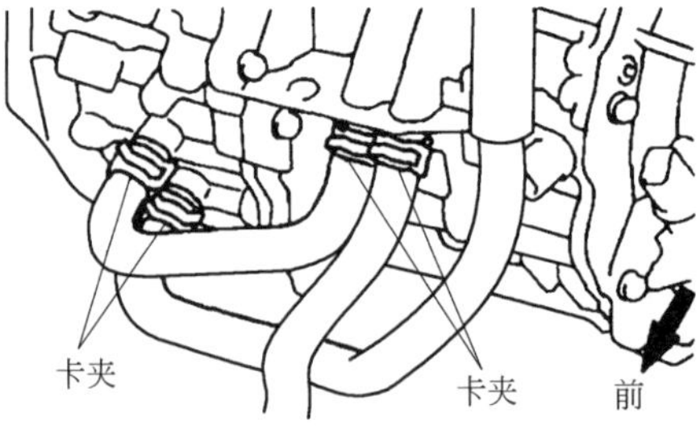


图 3-170 分离 4# 变频器冷却软管

⑯ 拆卸左前驱动轴总成。

⑰ 拆卸右前驱动轴总成。

⑱ 分离排气管总成。

⑲ 拆卸前悬架横梁分总成。

⑳ 吊起发动机总成。

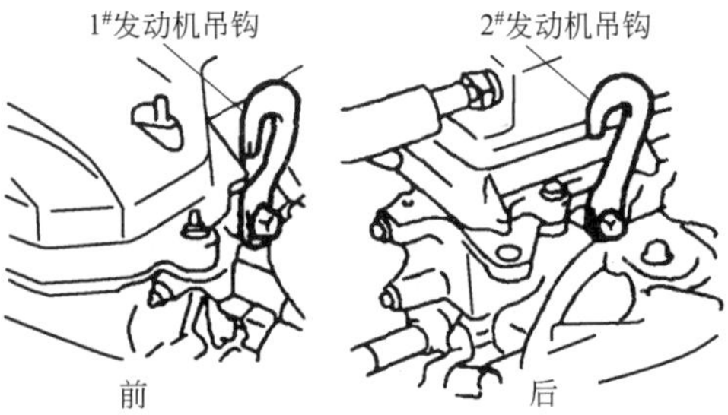


图 3-171 安装 1# 和 2# 发动机吊钩

a. 断开 2 根 PCV 软管。

b. 按照正确的方向安装 1# 和 2# 发动机吊钩（图 3-171）。转矩为 38N·m。

c. 将发动机链吊到发动机吊钩上。

**特别提示**

吊起发动机时，不得把链钩到别的零件上。

㉑ 使用千斤顶支起混合动力汽车变速驱动桥总成。

㉒ 分离 3# 发动机安装支架。拆下螺母，从发动机安装隔振垫上拆卸 3# 发动机安装支架（图 3-172）。

㉓ 拆卸混合动力汽车变速驱动桥总成。

a. 拆下 2 个螺栓及起动机盖及壳体侧盖（图 3-173）。

b. 拆下 6 个螺栓和混合动力汽车变速驱动桥总成（图 3-174）。

为了防止损坏顶销，不要撬动 HV 变速驱动桥和发动机的连接部分。

㉔ 拆下卡夹及 6# 变频器冷却软管（图 3-175）。

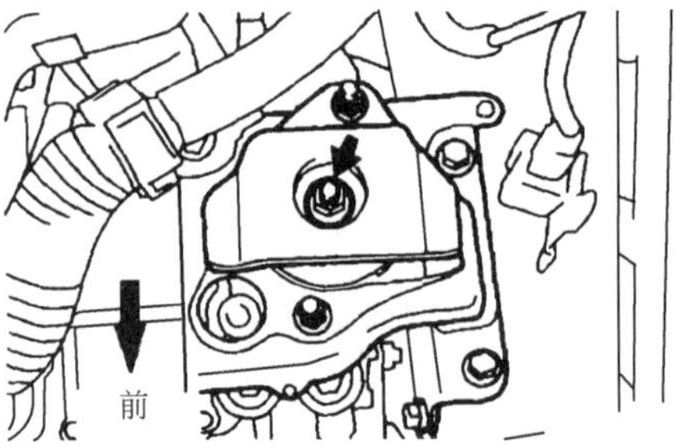


图 3-172 分离 3# 发动机安装支架

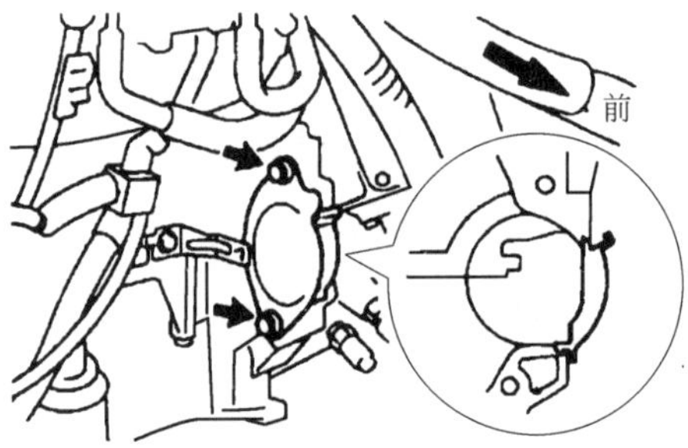


图 3-173 拆下起动机盖和壳体侧盖

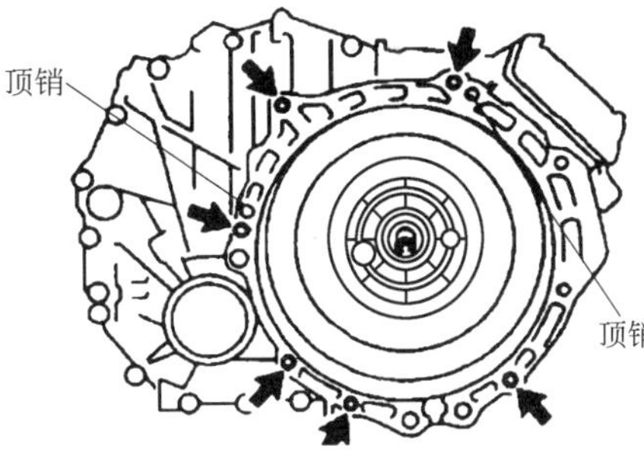


图 3-174 拆下变速驱动桥总成

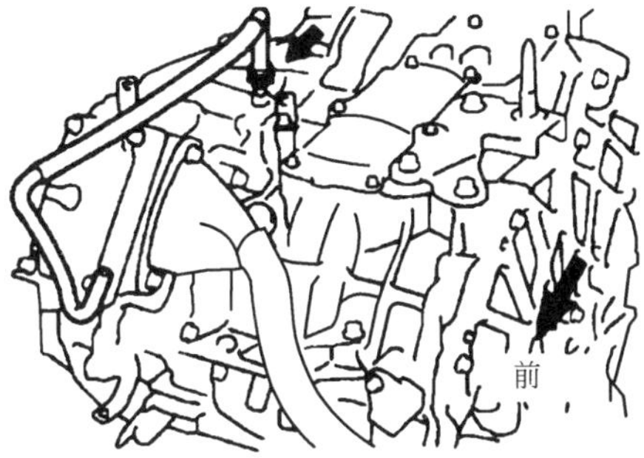


图 3-175 拆下 6# 变频器冷却软管

㉕ 拆卸 3# 发动机安装支架。

a. 拆下 3 个螺栓及 3# 发动机安装支架（图 3-176）。

b. 拆下图 3-177 中箭头所指的 6 个螺栓和撑条。

㉖ 安装 3# 发动机安装支架。

a. 用 6 个螺栓将撑条固定在图 3-177 中所示位置。转矩为 9.0N·m。

b. 用 3 个螺栓安装 3# 发动机安装支架（图 3-176）。转矩为 52N·m。

㉗ 安装 6# 变频器冷却软管。连接 6# 变频器冷却软管并且安装卡夹（图 3-175）。

㉘ 安装混合动力车辆变速驱动桥总成。

a. 用 6 个螺栓安装混合动力车辆变速驱动桥总成。转矩为 33N·m。

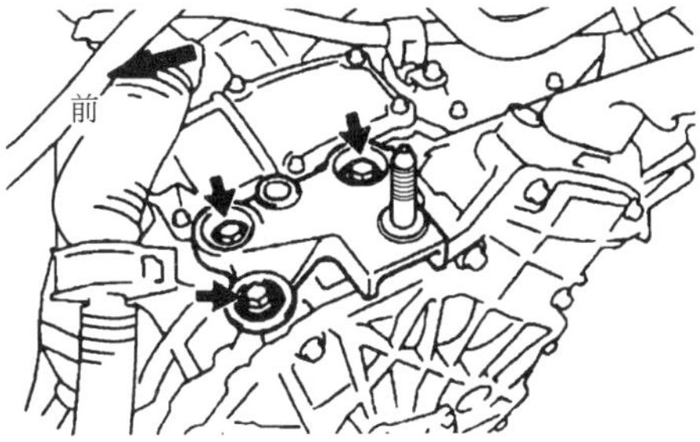


图 3-176 拆卸 3# 发动机安装支架

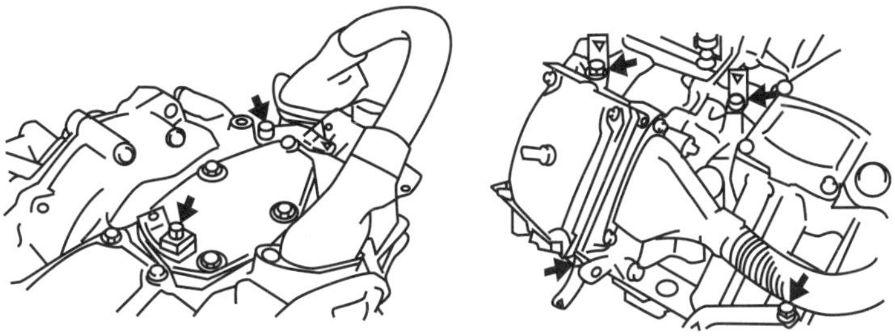

图 3-177 拆下螺栓和撑条

保证顶销安装在发动机侧。

将 HV 变速驱动桥总成放置在水平位置，把顶销和孔对齐，拧紧图 3-174 中箭头所指位置的 6 个螺栓。

b. 用 2 个螺栓安装壳体侧盖与起动机盖（图 3-173）。转矩为 32N·m。

㉙ 连接 3# 发动机安装支架。用螺母将 3# 发动机安装支架安装在发动机安装隔振垫上（图 3-172）。转矩为 80N·m。

㉚ 拆卸 1# 和 2# 发动机吊钩。拆下螺栓和发动机吊钩（图 3-171）。

㉛ 安装前悬架横梁分总成。

㉜ 连接排气管总成。

㉝ 安装左前驱动轴总成。

㉞ 安装右前驱动轴总成。

㉟ 连接 4 号变频器软管。用 4 个卡夹固定 3 根软管（图 3-170）。

㊱ 连接连接器。

a. 用螺栓连好接地线（图 3-169）。转矩为 9.0N · m。

b. 连接 2 个卡夹（图 3-168）。

c. 用 3 个螺栓将变速器壳盖固定到混合动力车辆变速驱动桥上（图 3-167）。转矩为 7.0N · m。

d. 连接连接器。

e. 连接图 3-166 中箭头所指的 2 处卡夹。

f. 连接图 3-165 中箭头所指的卡夹和 3 个连接器。

㊲ 安装空气滤清器总成。

㊳ 安装带有转换器的变频器总成。

㊴ 安装外侧前围顶板分总成。

㊵ 安装前刮水器左臂。

㊶ 安装前刮水器右臂。

㊷ 安装发动机罩分总成。

㊸ 检查发动机罩分总成。

㊹ 调整发动机罩分总成。

㊺ 安装发动机右下盖。

㊻ 安装发动机左下盖。

㊼ 安装前轮。

㊽ 安装检修塞。

㊾ 连接蓄电池负极端子。

㊿ 补充变速驱动桥油。油类型为 AUTO FLUID WS，容量为 3.8L。

(51) 检查变速驱动桥油。

(52) 补充冷却液。

(53) 检查发动机冷却液是否泄漏。

(54) 检查并调整前轮定位。

(55) 删除转矩零点。

(56) 进行初始化。

第 4 章

Chapter 04

# 本田思域混合动力汽车

## 4.1 本田思域混合动力系统原理

### 4.1.1 思域混合动力系统的组成

思域 IMA 系统（一体化电机辅助系统）是并联型混合驱动系统，由主电源装置（汽油发动机）和辅助系统（IMA 电机）构成。

发动机是 4 缸直线排列的 8 阀电动装置，排量为 1.339L。为降低耗油量，发动机具备 i-DSI 稀值燃烧控制功能并配备一阀中止系统，这样在减速过程中就可以减少发动机的泵送损失，同时增加电能的再生。

IMA 电机直接和发动机曲轴相连，在减速过程中具备发电功能，发动机起动机与电机辅助发动机驱动车轮。

IMA 系统由 DC158V 蓄电池和空调同步电动机、控制系统与相关附件构成。为安全起见，智能动力装置（IPU）位于后排座椅之下。

（1）电机控制模块（MCM） 其系统控制电路如图 4-1 所示。

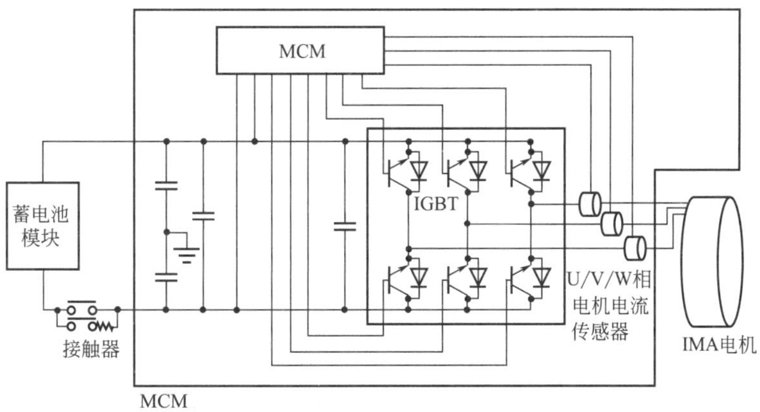


图 4-1 电机控制模块（MCM）的系统控制电路

电机控制模块将 158V 直流电源转化成三相交流电源，用于在辅助过程中运行电机。在发电过程中，电机控制模块将交流电压转换成直流电压。电机控制模块控制 DC-AC 的转换，即从 IMA 蓄电池 158V 直流转换成 IMA 电机三相交流，反之亦然。

电机控制模块采用空气冷却方式。散热器提供的热量经 IPU 模块风扇排至行李厢与车外。

电机控制模块控制 IMA 电机还有控制辅助系统和再发电的功能。

（2）IMA 电机　属于同步交流型，它既可以将电能转化为动能，也能将动能转化为电能（如制动时）。它在车辆加速过程中辅助发动机并启动发动机。

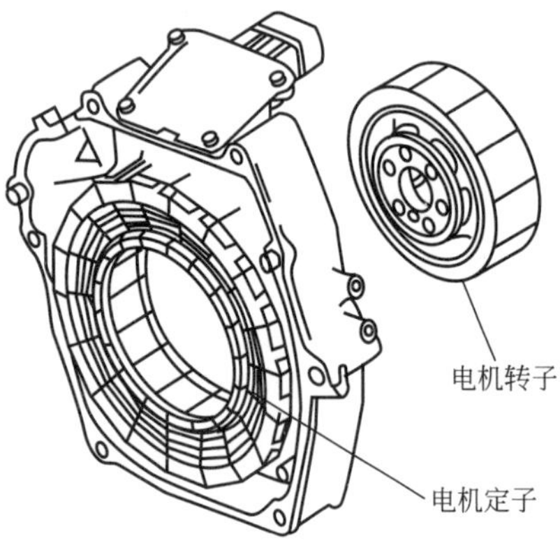


图 4-2　IMA 电机

IMA 电机位于发动机与变速器之间，由三相线圈定子以及与发动机曲轴直接连接的永磁体转子构成，如图 4-2 所示。电机转子位置传感器安装在发动机体背部，用于检测转子位置。

（3）蓄电池模块　蓄电池重量较轻，Ni-MH（镍-氢）电池为 IMA 系统提供能量。蓄电池分为 11 个模块，这些模块并联连接，如图 4-3 所示。每个模块中包含 12 个 1.2V 的电池。总蓄电池电压标准为 158V，最大容量为 5.5A·h。

蓄电池模块有三个内置的热敏电阻型温度传感器，用于监控不正常的蓄电池状态。

（4）蓄电池模块开关　其与蓄电池模块熔丝采取串联连接，进行维修或需要在高压电路或在高压电路周围进行检查时，需关闭蓄电池模块开关。

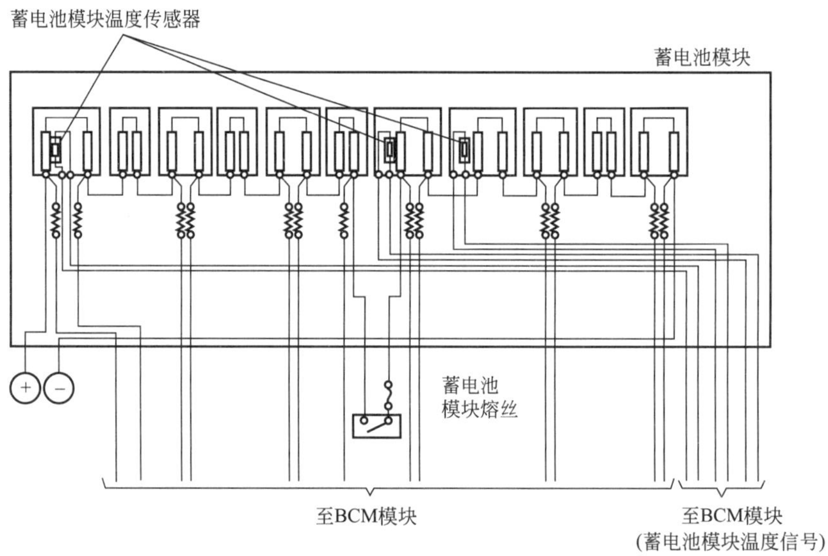


图 4-3　蓄电池模块

（5）接线板　其安装在蓄电池模块上，将高压电能分布到 IMA 系统。接线板上有插头、旁通电阻器及蓄电池电流传感器等，如图 4-4 所示。

（6）DC/DC 转换器　电气系统使用 DC/DC 转换器而不用交流发电机，保持 12V 的蓄电池电压。转换器将直流高电压转换成直流低电压，转换过程中几乎不会损失能量。

若 12V 系统中出现故障，则 DC/DC 转换器点亮充电系统指示灯，通过 BCM 模块向仪表控制模块（转速表）发送信号。

DC/DC 转换器有温度监测系统，若温度过高，则它将发送信号至 BCM 模块。必要时，BCM 模块将发送信号关闭 DC/DC 转换器。

DC/DC 转换器产生的热量通过 IPU 模块风扇排入行李厢。

DC/DC 转换器也可产生 PGM-FI 与/或 IMA 故障码。

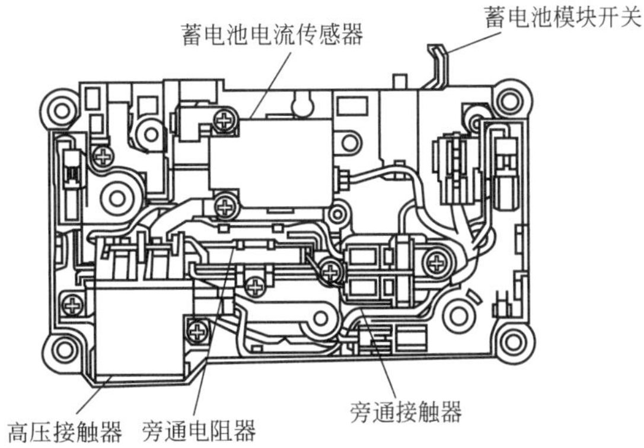

图 4-4　接线板

（7）IPU 模块风扇　在执行辅助/再发电功能时，蓄电池模块、MCM、空调压缩机驱动器和 DC/DC 转换器等会产生热量。IPU 配备风扇以将其冷却，保证蓄电池的性能并保护系统，如图 4-5 所示。风扇配备有 BCM 模块控制的控制电路和旋转传感器。冷空气从后托架处进入蓄电池模块内，然后通过 MCM 散热器、DC/DC 转换器及空调压缩机驱动器散热器排入行李厢与车外。

（8）电源线　IMA 电机电源线连接 IMA 电机和电机控制模块（MCM）。导线穿过铝管，以免损坏或产生噪声。空调压缩机电源线也穿过铝管。另一根和 IMA 电机/空调压缩机导管平行的铝管罩住 DC/DC 转换器导线。这些导管通过夹具（橙色）连接成为一根导管，并且安装在车辆下，如图 4-6 所示。

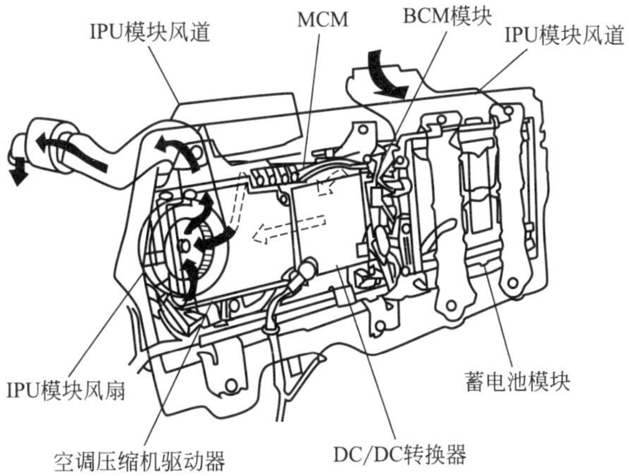

图 4-5　IPU 模块风扇

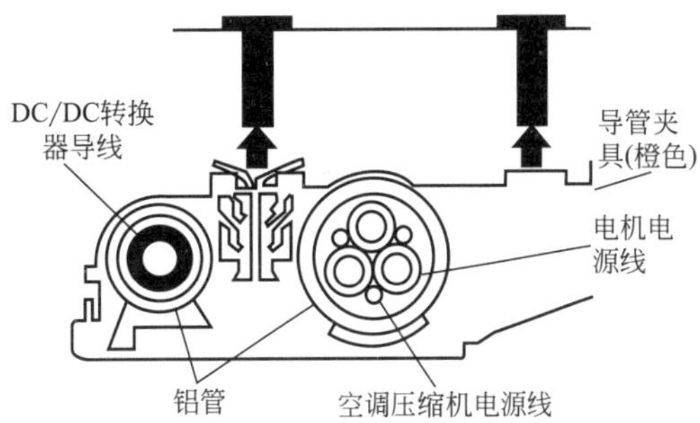

图 4-6　IMA 电机电源线

## 4.1.2　思域混合动力系统的工作原理

思域混合动力系统的工作模式如图 4-7 及表 4-1 所示。

**表 4-1　思域混合动力系统的工作模式**

| 运行模式 | 说明 |
| --- | --- |
| 停止模式(怠速停止) | 若 IMA 蓄电池充电充足，则发动机停止怠速 |
| 启动运行模式(发动机与 IMA 电机) | 发动机在低升程凸轮上运行，IMA 电机增加转矩 |
| 缓慢加速模式(仅发动机) | 发动机在低升程凸轮上运行，IMA 电机未增加转矩 |
| 低速巡航模式(仅 IMA 电机) | 若 IMA 蓄电池充电充足，则 IMA 电机自行启动车辆<br>进气阀与排气阀中止，减少阀门弹簧压缩与泵送损失 |

续表

| 运行模式 | 说明 |
| --- | --- |
| 低速模式下加速(发动机与 IMA 电机) | 发动机在低升程凸轮上运行,IMA 电机增加转矩 |
| 低速模式下高加速(发动机与 IMA 电机) | 发动机在高升程凸轮上运行,IMA 电机增加转矩 |
| 高速巡航模式(仅发动机) | 发送机在低升程凸轮上运行,IMA 电机未增加转矩 |
| 减速模式(IMA 蓄电池充电) | 进气阀与排气阀中止,以减少发动机制动力<br>IMA 电机通过 IMA 蓄电池充电刺激发动机制动力 |

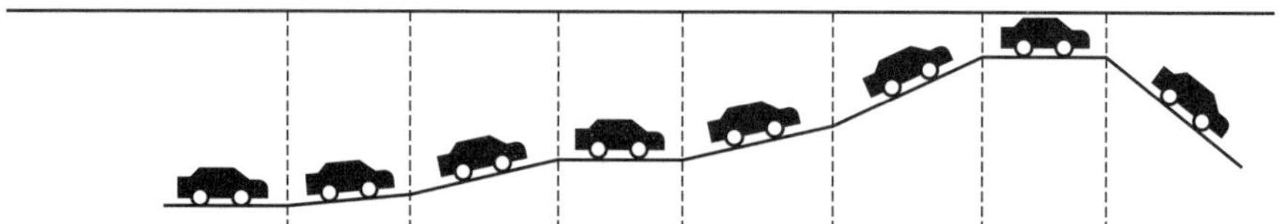

| 驾驶类型 | 停止 | 启动运行 | 缓慢加速 | 低速巡航 | 加速 | 迅速加速 | 高速巡航 | 减速 |
| --- | --- | --- | --- | --- | --- | --- | --- | --- |
| 发动机 | 怠速停止 | 低升程 | 低升程 | 阀中止 | 低升程 | 高升程 | 低升程 | 阀中止 |
| IMA电机 | 停止 | 辅助 | 停止 | 仅电机 | 辅助 | 辅助 | 停止 | 充电 |
| 辅助量（仪表） | 辅助<br>充电 | 辅助<br>充电 | 辅助<br>充电 | 辅助<br>充电 | 辅助<br>充电 | 辅助<br>充电 | 辅助<br>充电 | 辅助<br>充电 |

图 4-7　思域混合动力系统工作模式

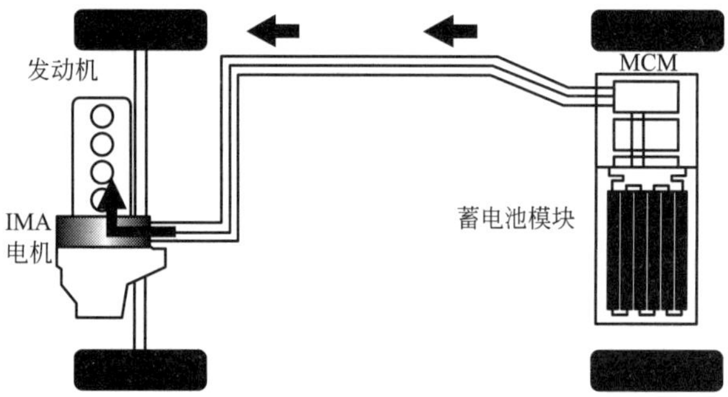


图 4-8　发动机启动

（1）发动机启动　IMA 系统驱动 IMA 电机，正常启动发动机并且在自动停止之后重新启动发动机。IMA 电机和发动机曲轴直接相连，所以它比 12V 起动机更加安静。若 IMA 系统发生故障，例如蓄电池模块充电状态低(SOS)、温度低、IMA 系统故障等，PCM 接收 MCM 的信号并使用 12V 起动机启动发动机，如图 4-8 所示。

（2）加速状态　在加速过程中，蓄电池模块为 IMA 电机供电，电机产生 103N·m（10.5kgf·m，76lbf·ft）的最大转矩来辅助发动机。PCM 和 MCM 通信以控制蓄电池模块 SOC 在规定的范围内。当蓄电池模块 SOC 小于规定范围时，MCM 停止辅助功能并防止放电过量或损坏蓄电池。发动机过冷或过热时，辅助功能失效，这样可以采用较小排量的发动机，从而提高燃油经济性。车辆加速时的工况如图 4-9 所示。

（3）低速巡航状态　2006 年款思域轿车上的混合动力在低速巡航状态时，汽油发动机“滑行”，车辆只由 IMA 电机提供动力，如图 4-10 所示。车辆行驶速度必须在 10～50km/h 之间且发动机转速小于 1000～1300r/min 时方可进入此模式。进入或退出此模式时，乘客将不会觉察出变化，指示灯也不点亮。

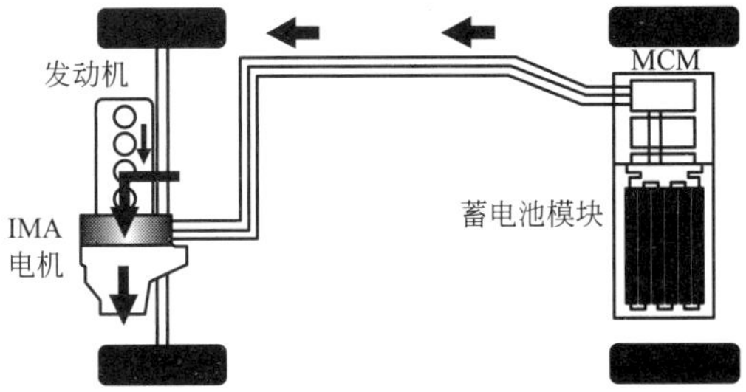


图 4-9 车辆加速时的工况

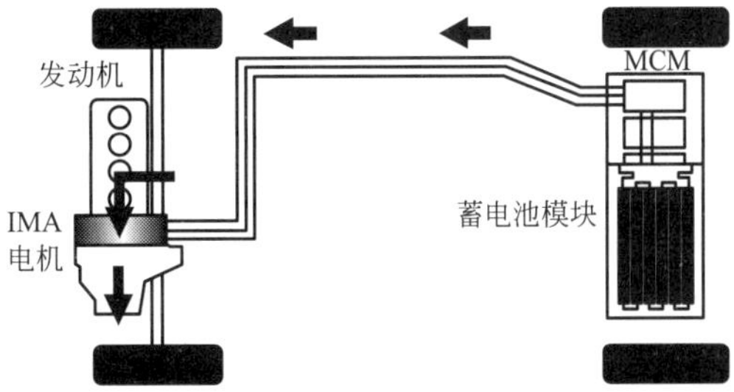


图 4-10 车辆低速巡航状态下的工况

(4) 减速状态 在减速过程中，IMA 电机由车轮驱动，并具有发电功能。它通过产生电能对蓄电池进行充电，在制动过程中，可以将动能转换成电能并存储在 IMA 蓄电池中。当蓄电池模块电量充足时再发电停止，以免蓄电池充电过量，如图 4-11 所示。

(5) 停止状态 当车辆停止时，发动机会进入怠速停止模式并完全关闭，从而达到节油的目的，如图 4-12 所示。在怠速停止时，IMA 蓄电池会继续向空调压缩机以及车辆 12V 电气系统提供电能。当自动怠速停止发生与未发生时，可参照表 4-2 查看状况。

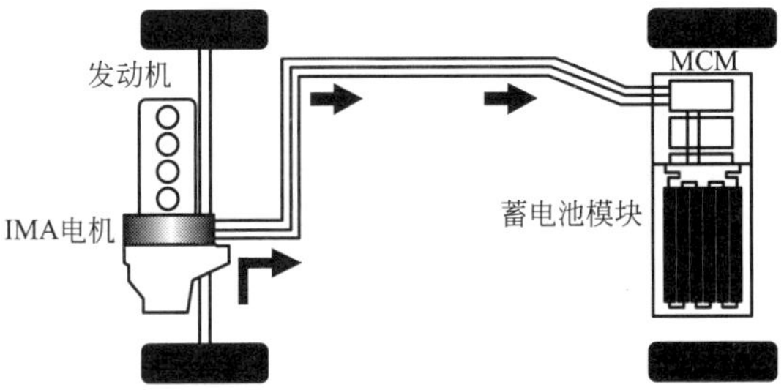


图 4-11 车辆减速状态下的工况

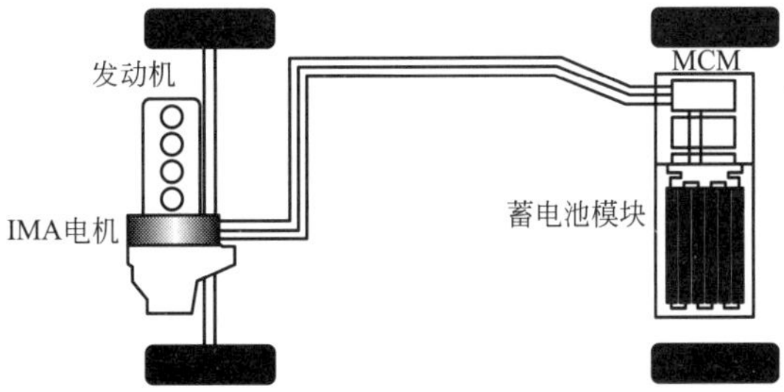


图 4-12 车辆停止状态下的工况

**表 4-2 自动怠速停止发生与未发生时的状况**

| | |
|---|---|
| 发生怠速停止时 | ①当车辆置于 D 位以高于 12km/h(7mile/h)的速度驱动时，踩下制动踏板进行减速(运行速度根据条件变化)<br>②当车辆置于 D 位以高于 12km/h(7mile/h)的速度驱动时，从自动怠速停止状态重新启动以后，踩下制动踏板进行减速。在这种条件下，怠速停止只发生两次 |
| 未发生怠速停止时 | ①踩下制动踏板突然停止车辆时<br>②发动机冷却液温度低时<br>③温湿控制装置禁止发动机停止时<br>④PCM(CVT 系统)禁止发动机停止时<br>⑤IMA 蓄电池电量低时<br>⑥IMA 蓄电池模块温度低时<br>⑦12V 系统电力荷载高时<br>⑧踩下加速踏板时<br>⑨按下风窗玻璃除霜器按钮时<br>⑩在相关系统中检测到故障时 |

注：1. 环境温度为－15℃（5℉）或更低。
2. CVT 油液温度低。
3. PGM-FI 系统、IMA 系统、CVT 系统、A/C 系统等。

当制动踏板松开时，PCM 通过 MCM 信号传输与重新启动燃油喷射，重新启动发动机，并驱动 IMA 电机。发动机重新启动状态：释放制动踏板时；变速杆从 N 位换至 R、D 或 L 位时；踩下加速踏板时；发动机冷却液温度低时；IMA 蓄电池电量低时。

## 4.1.3 思域混合动力 IMA 控制系统

本田思域混合动力车型采用 B-CAN、F-CAN 和 IMA-CAN 三种通信总线（图 4-13）。IMA-CAN 用于 IPU 中 ECU 之间的信息共享，以及 IMA 系统和 ECM/PCM 之间的继电器信息共享。

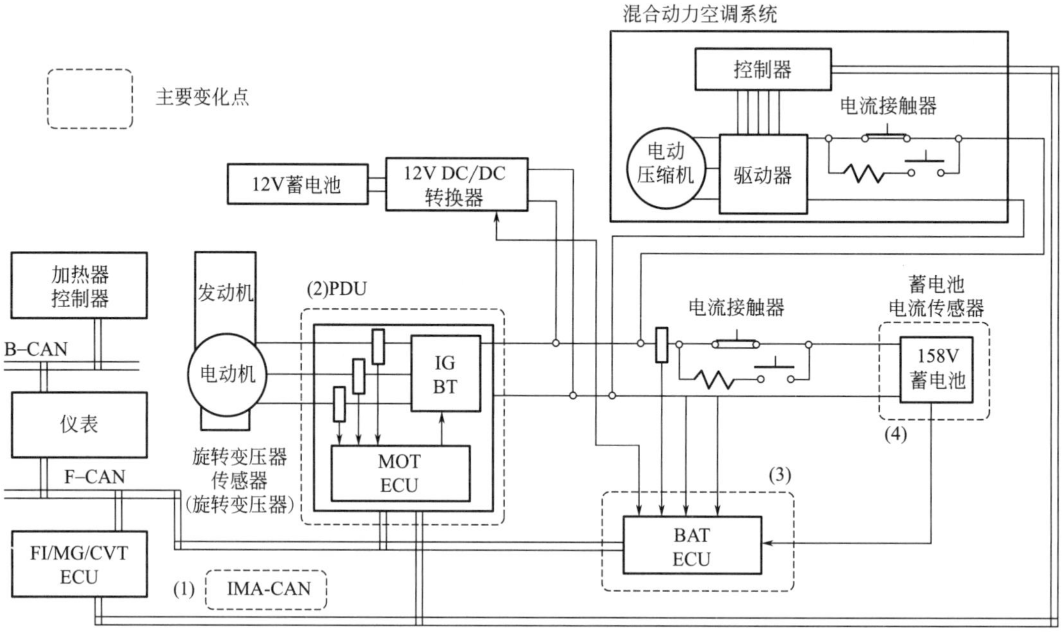


图 4-13 混合动力系统电路组成与电路关系

思域混合动力车型采用了 CAN（控制器局域网络）总线技术，该 CAN 总线提供 ECU 间的数据共享。使用数字信号通信总线，减少了车辆电气线束及电气零件的数量。混合动力系统使用了多个控制单元，FI/MG/CVT 的每个 ECU 都放置在发动机室内。

## 4.1.4 思域混合动力车型制动系统

混合动力车辆为了满足其独特要求，引进了新型制动系统。当混合动力车辆制动时，IMA 电机作为发电机，产生再生制动力，同时驾驶员踩下制动踏板产生液压制动力。为了保持适当的踏板感和制动特性，这两种制动力必须维持平衡。以往的本田混合动力车辆的再生制动力是一个固定值，大部分的制动力由液压制动系统供应。新型的先进液压助力系统通过调节液压制动助力，允许再生制动力可变，来平衡这两种制动力。制动力分配曲线如图 4-14 所示。新型的制动系统通过重新获得以往车辆以制动形式损失的能量，使 IMA 蓄电池得到最大程度的充电。

## 4.1.5 思域混合动力 IMA 系统维修注意事项

① 思域混合动力 IMA 系统（一体式电机辅助系统）使用高压电路。在维修 IMA 系统之前，保证断开电路并隔离 IMA 系统及其相关部件。

② 高压电线及其外层橡胶都是橙色以供识别。高压部件及其相关部件上贴有警告标签。在未配备充分保护装置的情况下，严禁触摸这些线缆与部件。

③ 若 12V 蓄电池已进行充电，或其导线已经断开，或已经重新设置 MCM（电机控制

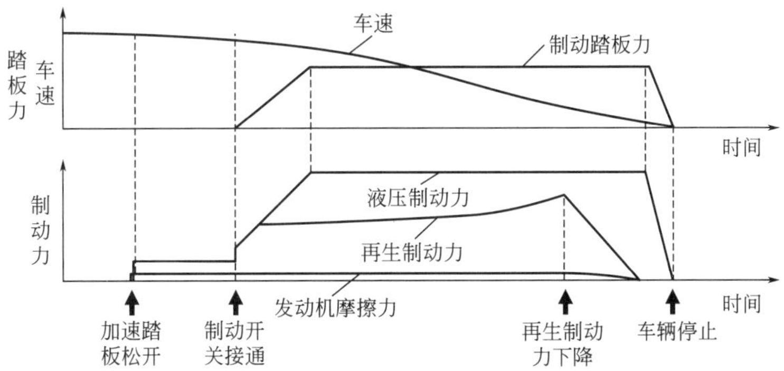


图 4-14 制动力分配曲线

模块），则启动发动机时，IMA 蓄电池电量表（BAT）将不显示充电状态。启动发动机并在无荷载（驻车或空挡）的情况下保持 3500～4000r/min 的转速，直到 BAT 显示三格电量。

④ 检查或维修 IMA 系统时，检查以下项目。

a. 当 IMA 指示灯亮起时，首先排除 IMA 系统故障。

b. 检查或维修 IMA 系统时，佩戴绝缘手套。必须检查绝缘手套是否有孔、撕裂或破损。

c. 关闭蓄电池模块电源，在维修 IMA 系统之前，应用锁盖将开关固定在关闭位置（高压电路断电）。

d. 关闭蓄电池模块开关之后，等待 5s，再从 12V 蓄电池上断开负极导线（PDU 电容器发电约需 5min）。

e. 断开高压导线端子前，使用电压表测量时，保证端子之间的电压低于 30V。

⑤ 当未使用绝缘护套进行部件维修时，必须使用绝缘工具，以防止短路。

⑥ 转子总成具备很强的磁性，处理时应特别小心。佩戴起搏器或其他磁性敏感医疗设备的人不得从事转子总成的维修工作。

⑦ 应用专用工具拆卸或安装转子总成。

**特别提示**

*若手工安装转子，则可能会因力度过大而突然推向转子，从而造成手或手指的严重伤害。必须始终使用专用工具拆卸或安装转子总成。*

⑧ 将转子总成和磁性敏感设备隔离。

⑨ 断开高压端子或母线后，使用绝缘胶带对部件进行绝缘。

⑩ 作为安全警告，转向盘上贴有警告标识“高压部件操作，请勿触摸”。

思域混合动力 IMA 系统维修前操作的注意事项如下。

（1）从电机定子上断开电机电源线　关闭点火开关；关闭蓄电池模块开关；按照图 4-15 所示的箭头方向滑动保护件，推动锁片，然后升高拉杆；从电机定子上断开电机电源线。

**特别提示**

*① 若电机电源线插头脏污，则将其清洁干净。*

*② 使用塑料袋套上断开的插头，并使用胶带包裹电极电源线端子。*

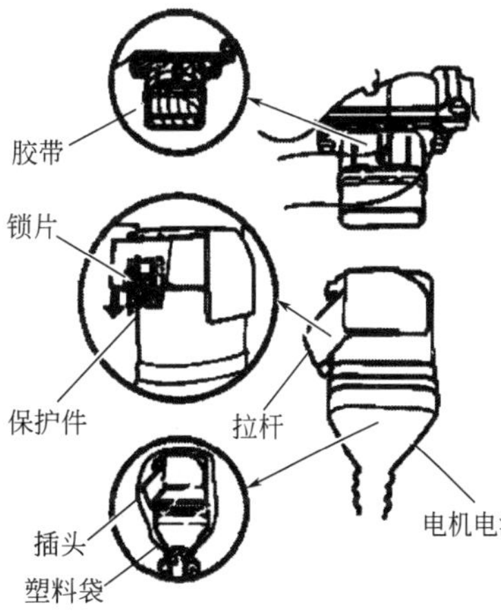


图 4-15 从电机定子上断开电机电源线

③ 若电源线是湿的，则等待直至它干燥再开始操作。

(2) 接通或断开高压电路电源　下列步骤应在高压组件上或在其附近工作时进行。必须严格按照步骤进行操作，否则可能使维修人员受伤或损害设备。

① 关闭点火开关。

② 拆卸后排座椅靠背。

③ 从蓄电池模块上拆下蓄电池模块开关罩，如图 4-16 所示。

④ 关闭蓄电池模块开关，然后检查图 4-17 中所示螺栓。

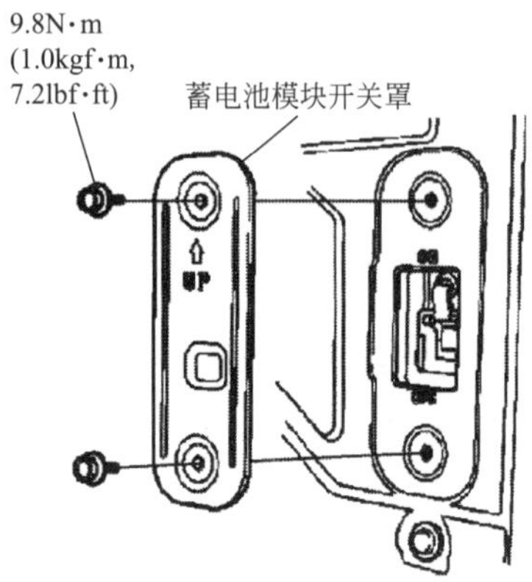


图 4-16　拆下蓄电池模块开关罩

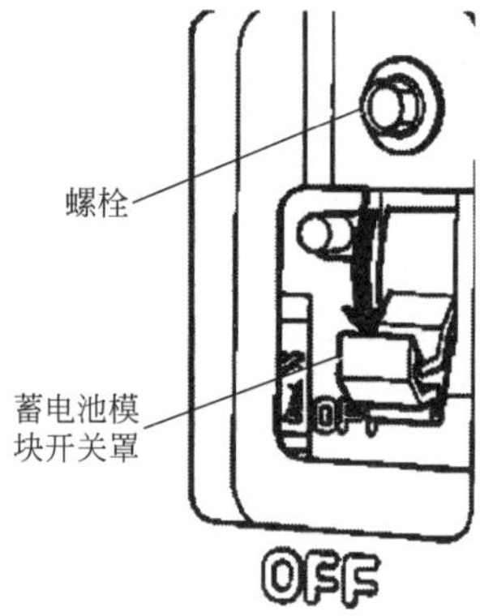


图 4-17　IMA 系统控制示意图

⑤ 等待 5min，让 PUD 电阻器放电。

⑥ 拆卸 IPU 盖。

⑦ 测量蓄电池模块端子的电压，电压应为 30V 或更低。若高于 30V，则说明电路发生故障，这时应首先排除故障，如图 4-18 所示。

⑧ 维修或修理完成后：保证所有高压电路连接正常；安装 IPU 盖；打开蓄电池模块开关之前，保证所有高压电路连接正常，如图 4-19 所示。

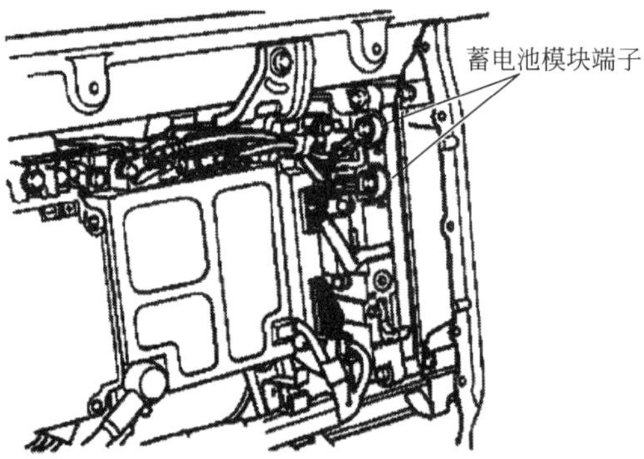


图 4-18　测量蓄电池模块端子的电压

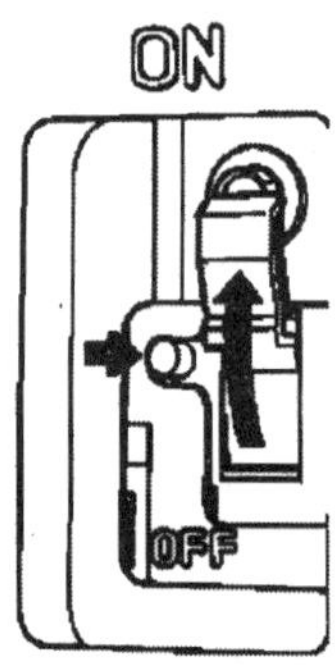


图 4-19　检查高压电路连接状况

⑨ 重新安装所有拆下的部件。

## 4.2　本田思域混合动力一般故障处理信息

(1) 间歇性故障　这是指系统曾出现过故障，而在检查时却正常。若 IMA 系统故障指示灯（MIL）没有点亮，则需检查和正在进行的故障处理有关的电路插头是否连接不良或松动。若IMA系统故障指示灯忽亮忽灭，则原有故障可能为间歇性故障。

(2) 断路与短路　“断路”和“短路”是常见的电学术语。断路是指导线或插头的断开；短路是指导线与搭铁线或与其他导线的意外连接。在简单电子电路中，这往往意味着设备完全不能工作，但是在复杂的电子设备中，如BCM模块或MCM，这可能意味着设备虽仍旧能工作，但是并不是按照事先设定的方式进行。

(3) 使用本田诊断系统（HDS）检测故障码

① 启动发动机并检查IMA系统指示灯，如图4-20所示。

② 若IMA系统指示灯持续亮起，则关闭点火开关，然后将HDS连接到位于驾驶员侧仪表板下方的数据传输插头（DLC）上，如图4-21所示。

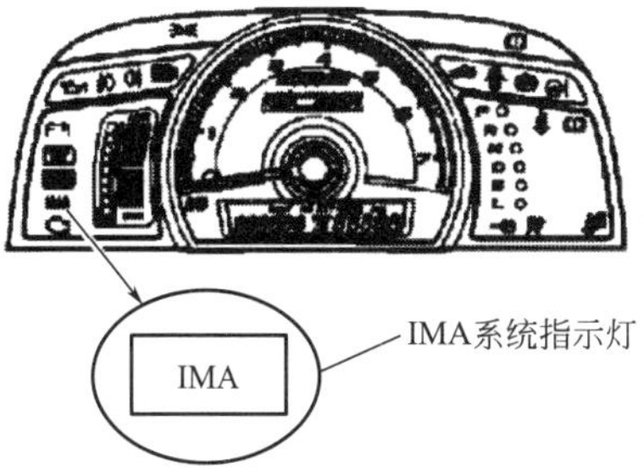


图4-20　检查IMA系统指示灯

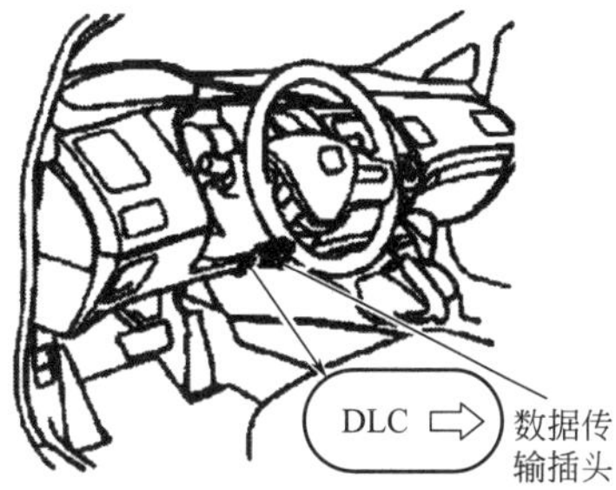


图4-21　数据传输插头

③ 打开点火开关至ON（Ⅱ）。

④ 保证HDS与车辆、BCM模块与MCM通信。若未通信，则处理DLC电路故障。

⑤ 在HDS上选择IMA系统（IMA SYSTEM）。

⑥ 检查并记录故障码（DTC），同时还应检查冻结故障数据；然后参考故障码检修索引，并采取相应的故障处理程序。

(4) 无法再现故障码　某些故障诊断方法需要重新设置BCM模块与MCM并再现DTC。若是间歇性故障，而且故障码不会再现，则不需继续进行下一个步骤。若继续进行，将只会引起故障混淆，并且很可能造成BCM模块与MCM之间不必要的更换。

(5) 清除故障码

① 打开点火开关至ON（Ⅱ），不要启动发动机。

② 使用HDS清除故障码。

(6) 终止故障诊断程序

**特别提示**

*必须在故障处理完成后才能终止程序。*

① 使用HDS清除故障码。

② 关闭点火开关。

③ 断开DLC和HDS的连接。

④ 若IMA蓄电池电量指示灯（BAT）显示为零，则启动发动机并在无荷载的情况（驻车挡或空挡）下保持发动机转速为3500～4000r/min，直到IMA蓄电池电量指示灯（BAT）至少显示三格电量。

(7) 电机转子位置的校准　进行下面操作时，对电机转子位置进行校准。

① 更换MCM。

② 维修过程中更换或拆下电子转子位置传感器。

③ 更换 IMA 电机。

④ 更换电机定子。

⑤ 更换发动机总成。

⑥ 更换变速器。

a. 将 HDS 连接到位于驾驶员侧仪表板下方的数据传输插头（DLC）上，如图 4-21 所示。

b. 打开点火开关至 ON（Ⅱ）。

c. 保证 HDS 与车辆、BCM 模块与 MCM 通信。若未通信，则处理 DLC 电路故障。

d. 在 HDS 上选择 IMA 系统（IMA SYSTEM）。

e. 使用 HDS 在调节菜单（ADJUSTMENT MENU）中选择电机转子位置校准（MOTOR ROTOR POSITION CALIBRATION）。

f. 关闭点火开关并从 DLC 上断开 HDS。

（8）排除 BCM 模块与 MCM 插头电路故障　若进行故障码处理时需要检查 BCM 模块与 MCM 插头的电压或电阻，则拆下 BCM 模块和 MCM 插头，并进行测试。

① 拆下 IPU 盖。

② 从导线侧轻轻将检测器探针滑至插头，直到其与导线端子接触，如图 4-22 所示。

③ 拆下 BCM 模块，然后断开 MCM 20 芯插头。从导线侧轻轻将检测器探针滑至插头，直到其与导线端子接触，如图 4-23 所示。

（9）升级 MCM　故障处理过程中，有时需要升级 MCM。MCM 具备 IMA 电机控制程序。若程序不是最新版本，则升级 MCM。

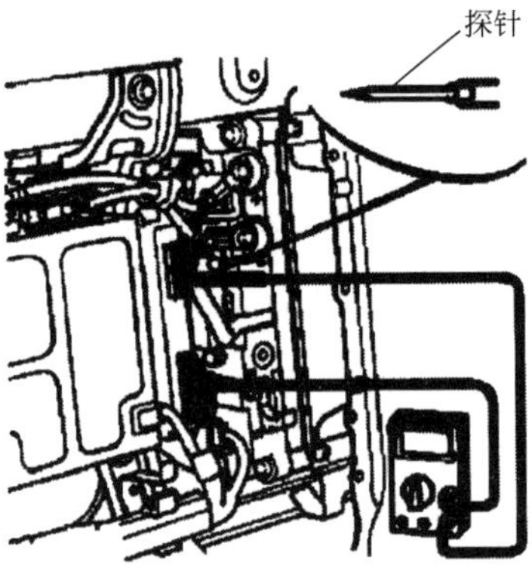


图 4-22　将检测器探针滑至插头（一）

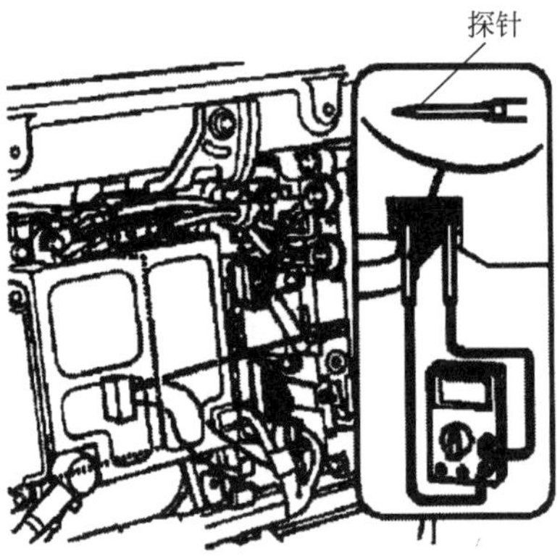


图 4-23　将检测器探针滑至插头（二）

**特别提示**

① 为了保证安装最新程序，无论何时替代或更换 MCM 时，都必须升级 MCM。

② 在 HIM MCM 升级菜单中选择 IMA 电机与/或 IMA 蓄电池。

③ 不得使用已有的程序升级 MCM，升级时只接收新程序。

④ 开始升级 MCM 之前，应保证车辆蓄电池电量充足。

⑤ 升级 MCM 过程中不得关闭点火开关。若在升级完成之前关闭点火开关，则可能损坏 MCM。

⑥ 为了防止 MCM 损坏，升级过程中不能操作任何电气设备（音频系统、制动器、空调系统、电动车窗、门锁等）。

⑦ 如果在升级过程中出现本田接口模块（HIM）红灯（3 号）亮起和闪烁的情况，则

需要对 HIM 进行诊断。需在点火开关置于 ON（Ⅱ）位置时断开 HIM 和数据传输插头（DLC）之间的连接，这样就能避免损坏 MCM。

升级步骤如下。

① 打开点火开关至 ON（Ⅱ），但不启动发动机。

② 将 HDS 或本田诊断模块（HIM）连接在位于驾驶员侧仪表板下方的数据传输插头（DLC）上，参见图 4-21。

③ 依照 HIM 标签上的说明在 MCM 升级系统中进行 MCM 升级程序。

(10) 替换 MCM　进行故障处理时，使用运行良好的 MCM 替换之后，应进行以下步骤。

① 拆下 MCM。

② 安装运行良好的 MCM。

③ 应用 HDS 在调节菜单（ADJUSTMENT MENU）中选择电机转子位置校准（MOTOR ROTOR POSITION CALIBRATION）。

特别提示

若 IMA 蓄电池电量指示灯（BAT）显示为零，则启动发动机并在无荷载的情况（驻车挡或空挡）下保持发动机转速为 3500～4000r/min，直到 IMA 蓄电池电量指示灯（BAT）至少显示三格电量。

(11) 升级 BCM 模块　故障处理过程中，有时需要升级 BCM 模块。BCM 模块具有 IMA 蓄电池状态监控程序。若程序不是最新版本，则升级 BCM 模块。

特别提示

① 为了保证安装最新程序，无论何时替代或更换 BCM 模块时，均必须升级 BCM 模块。

② 在 HIM BCM 模块升级菜单中选择 IMA 电机与/或 IMA 蓄电池。

③ 不得使用已有的程序升级 BCM 模块，只允许使用新的程序进行升级。

④ 开始升级 BCM 模块之前，应保证车辆蓄电池电量充足。

⑤ 升级 BCM 模块过程中不得关闭点火开关。若在升级完成之前关闭点火开关，则可能损坏 BCM 模块。

⑥ 为了避免 BCM 模块损坏，升级过程中禁止操作任何电气设备（音频系统、制动器、空调系统、电动车窗、门锁等）。

⑦ 如果在升级过程中出现本田接口模块（HIM）红灯（3 号）亮起和闪烁的情况，则需要对 HIM 进行诊断，需在点火开关置于 ON（Ⅱ）位置时断开 HIM 与数据传输插头（DLC）之间的连接，这样就能避免损坏 BCM 模块。

升级步骤如下。

① 打开点火开关至 ON（Ⅱ），但不启动发动机。

② 将 HDS 或本田诊断模块（HIM）连接在位于驾驶员侧仪表板下方的数据传输插头（DLC）上，参见图 4-21。

③ 依照 HIM 标签上的说明在 BCM 升级系统中进行 BCM 模块升级程序。

(12) 替换 BCM 模块　进行故障处理时，使用运行良好的 BCM 替换之后，进行以下步骤。

① 拆卸 BCM 模块。

② 安装运行良好的 BCM 模块。

特别提示

若IMA蓄电池电量指示灯（BAT）显示为零，则启动发动机并在无荷载的情况（驻车挡或空挡）下保持发动机转速为3500～4000r/min，直到IMA蓄电池电量指示灯（BAT）至少显示三格电量。

（13）OBD状态　此状态所示为各故障码以及所有参数的当前系统状态。本功能主要用来检查技师的检修工作是否顺利完成。故障码诊断测试结果显示如下。

① 通过（PASSED）：仪表诊断顺利完成。

② 未通过（FAILED）：仪表诊断虽已完成，但不成功。

③ 未完成（NOT COMPLETED）：仪表诊断正在进行，但不符合故障码允许条件。

## 4.3 本田思域混合动力电动部分

### 4.3.1 混合动力的工作模式

（1）工作模式

① 正常状态。在正常条件下，高压蓄电池提供动力，通过使用IMA电动机启动发动机。在一定温度下或在蓄电池充电不足的低电压状态下，也可以应用一个12V电压的起动机系统启动发动机，如图4-24所示。

② 加速状态。车辆加速时，IMA电动机将提供额外的转矩来改善性能，这样就可以使用小排量的发动机，从而提高燃油经济性，加速工况如图4-25所示。

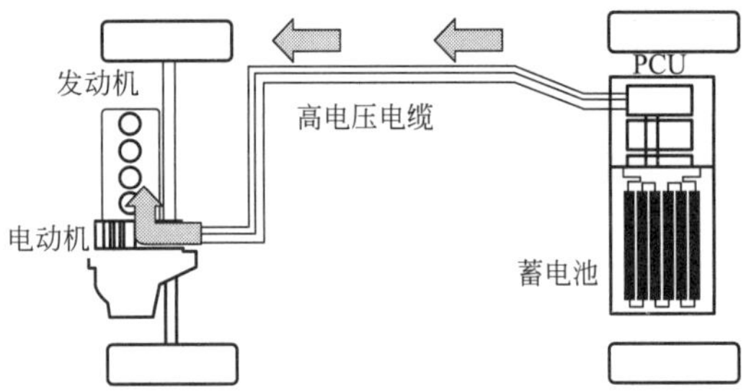

图4-24　正常的发动机启动工况

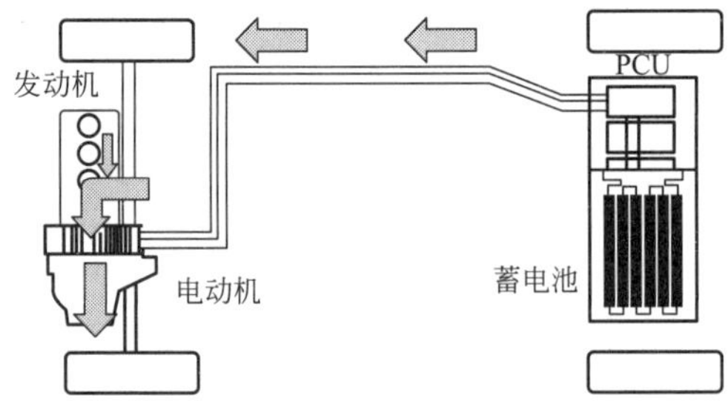

图4-25　加速工况电动机助力工作示意图

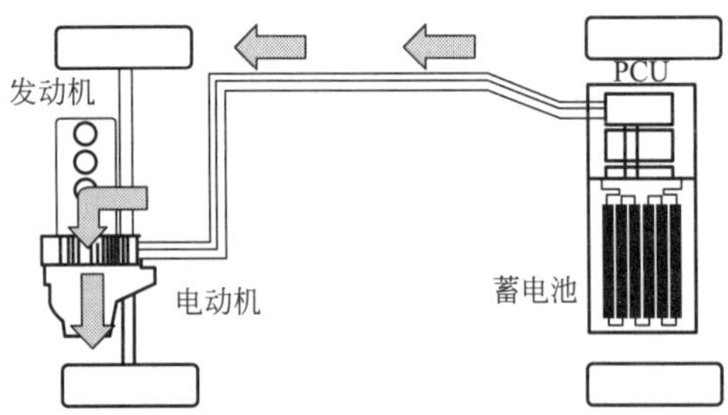

图4-26　巡航状态工作示意图

③ 巡航状态。本田在2006年款思域轿车上的混合动力“仅用IMA”的巡航模式，如图4-26所示，即在保持一定驾驶速度的状态下，汽油发动机“滑行”，车辆只由IMA电动机提供动力。车辆行驶速度必须保持在10～50km/h之间且发动机转速小于1000～1300r/min时方可进入此模式，进入或退出此模式时，乘客将不会觉察出变化，指示灯也不点亮。

④ 减速状态。车辆减速时，IMA电动机将帮助车辆减速并且产生电能，为高压蓄电池充电，如图4-27所示。

⑤ 停止状态。车辆停止时，发动机会进入怠速停止模式然后关闭从而达到节油目的。在怠速停止时，IMA蓄电池会继续向空调压缩机和车辆12V电气系统供应电能。当制动踏

板松开时，IMA 电动机会重新启动发动机，如图 4-28 所示。

发动机工作模式［0 缸（气门休眠）、4 缸及 IMA 电动机助力的工作状态］如图 4-29 所示。



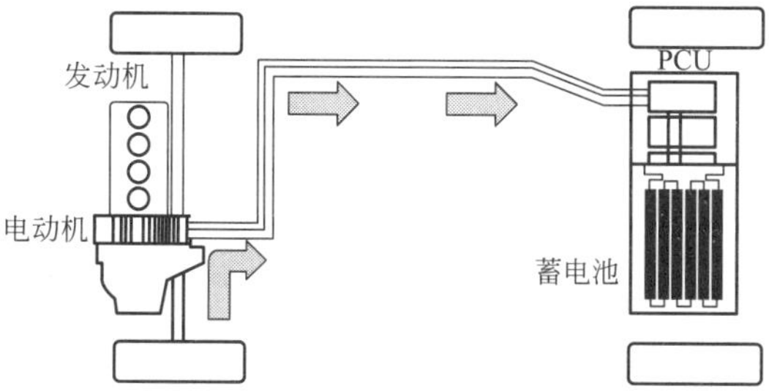


图 4-27　减速工况工作示意图

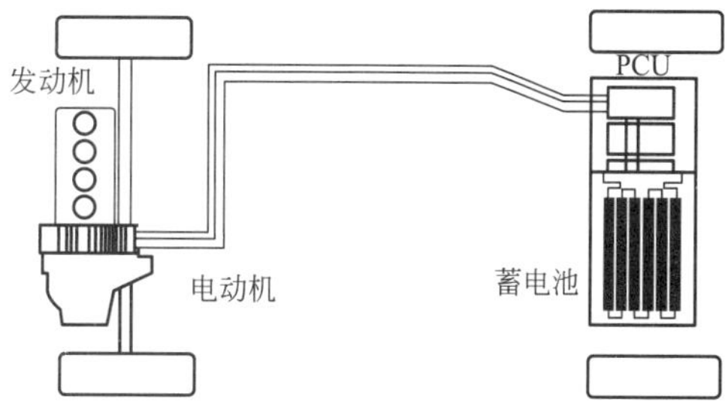


图 4-28　停止状态工作情况

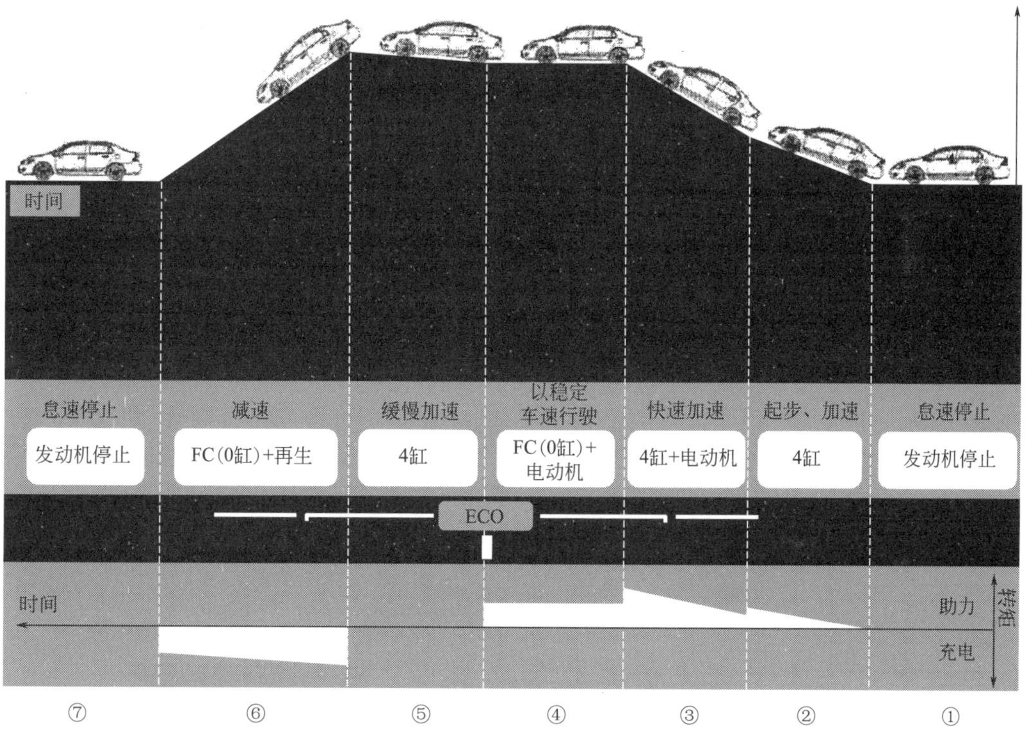


图 4-29　发动机工作模式

①发动机从怠速停止状态启动：IMA 电动机启动，接着发动机启动；②发动机启动后，IMA 电动机转矩减少，车辆只靠发动机起步和加速；③突然加速：IMA 电动机转矩加上 4 缸发动机转矩，能够提高加速性能；④在急剧加速之后，车辆保持低速行驶：车辆行驶助力小时，发动机将进入 0 缸（气门休眠）模式，通过 IMA 电动机驱动车辆，从而增加燃油经济性；⑤从巡航状态缓慢加速：4 缸模式加上电动机助力；⑥减速：当驾驶员的脚离开加速踏板时，发动机供油被切断，电动机进入再生模式；减速时发动机气门系统进入 0 缸（气门休眠）模式，从而减小发动机的损耗；正因如此，电动机的效率才得到提高，再生能量才变得更大；车辆的动能转换为电能并储存在蓄电池内；⑦怠速停止：停止前，CVT 自动转换进入低速挡位置；从减速直到怠速停止过程中，发动机在车速低于 12km/h 后停止运行。

（2）本田混合动力 IMA 系统的特点（图 4-30）　发动机与 IMA 系统相配合，可以产生更强大的动力，达到更高的燃油经济性。在新的三级 i-VTEC 中，4 缸发动机的所有气门均可休眠。这允许车辆在轻载状态下只用 IMA 电动机，像电动汽车一样巡航。车中应用的

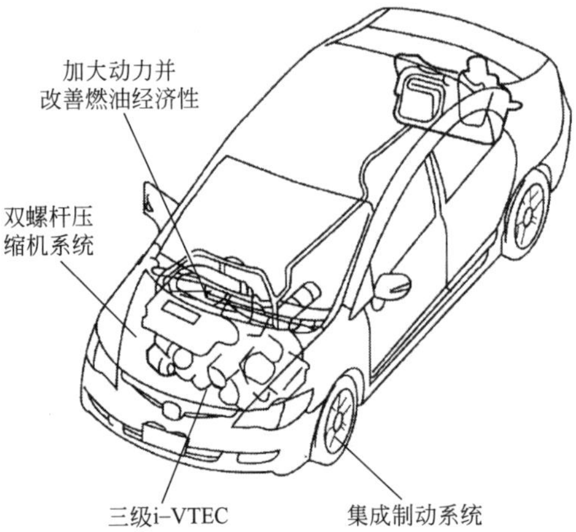


图 4-30 混合动力 IMA 系统的特点

先进液压助力系统，不会使驾驶员产生任何异常的感觉，所实现的可变再生制动更适用于减速过程。同时在减速过程中会对 IMA 蓄电池充电，最大限度地收集能量。使用新型双螺杆压缩机和电动水泵，使 HVAC 系统在怠速停止时正常运行。

巡航过程中，因为所有的气缸休眠减少了摩擦，所以 EV 巡航的实现可明显改善燃油经济性。传统 IMA 系统在加速过程中，巡航系统需要发动机与 IMA 电动机的共同支持；而在巡航过程中仅有发动机运行。新的 IMA 系统，在加速过程中，巡航系统基本上仅由发动机支持，而在巡航过程中仅有 IMA 电动机或发动机运行。

在 D 位以高于 12km/h 的速度驾驶车辆，接着踩下制动踏板使其停止，这种操作会使发动机自动停止，而且松开制动踏板后将重新启动发动机。若启用自动怠速停止系统，仪表板上的自动怠速停止指示灯将闪烁（图 4-31）。减速过程中，将会启用自动怠速停止系统。若车速达到 12km/h 或者更高后执行怠速停止，即使车速没有达到 12km/h，也可以执行两次怠速停止操作。

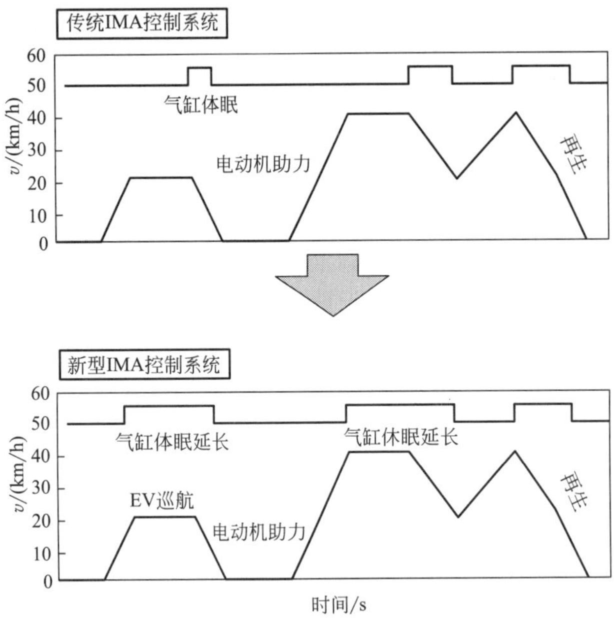


(a) 气缸体眠

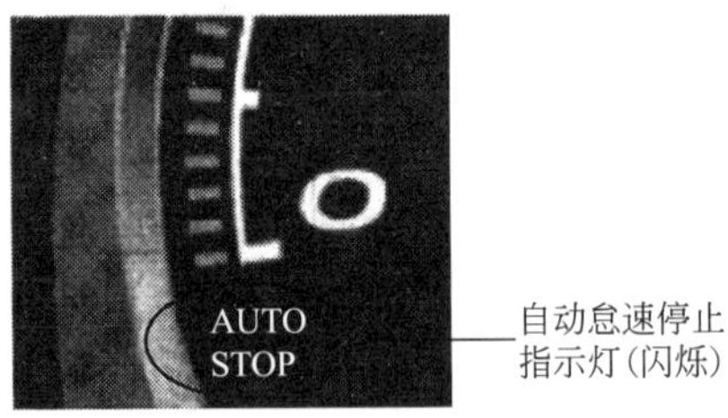


(b) 自动怠速停止指示灯位置

图 4-31 气缸休眠与自动怠速停止指示灯位置

## 4.3.2 系统组成与电路控制

本田混合动力系统电路组成与电路关系见图 4-13，混合动力系统电路控制如图 4-32 所示，混合动力系统和整车系统关联如图 4-33 所示。如图 4-34 所示，IMA-CAN 用于 IPU 中 ECU 之间的信息共享，以及 IMA 系统与 EC M/PCM 之间的继电器信息共享。

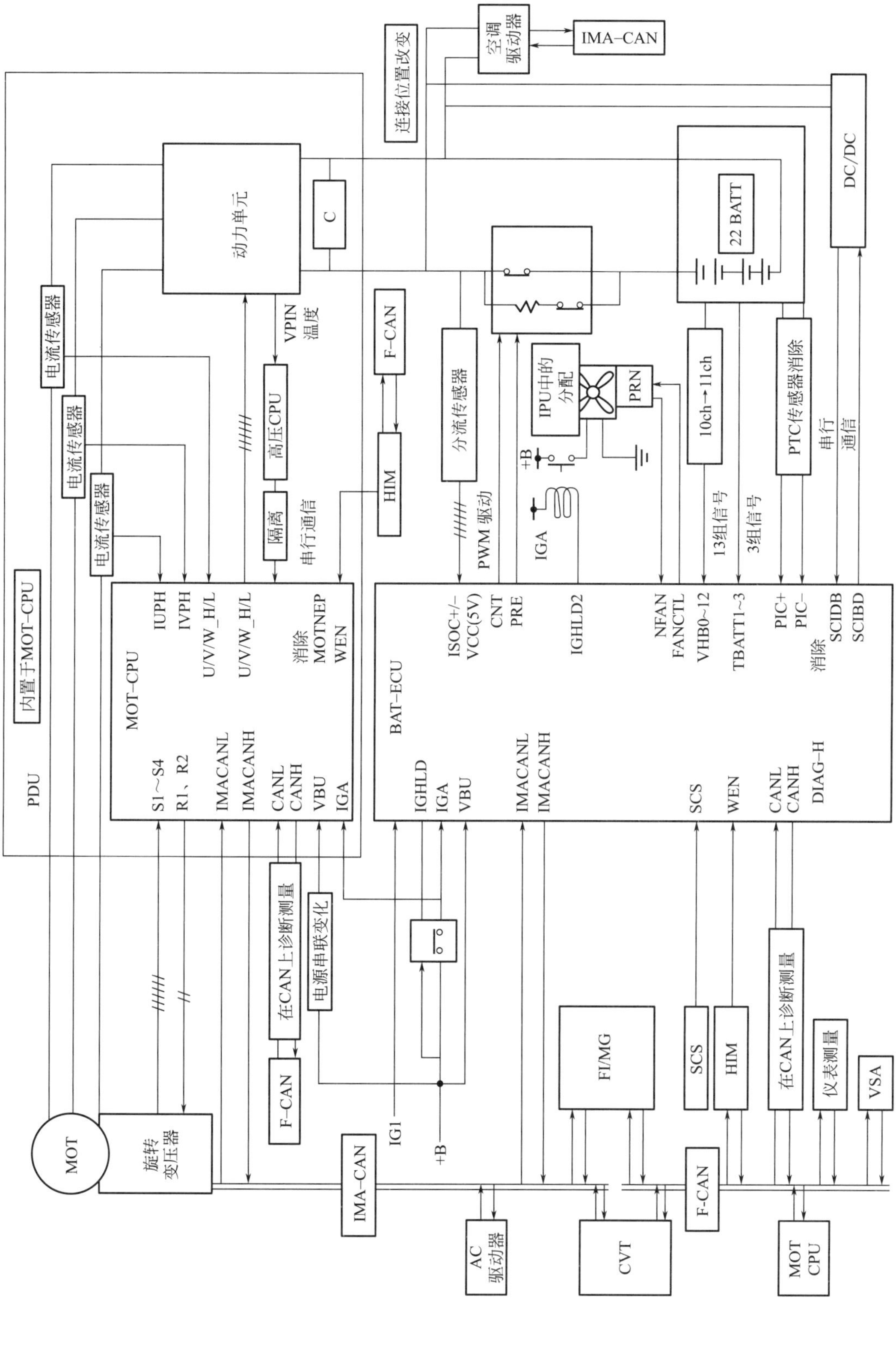


图 4-32　混合动力系统电路控制

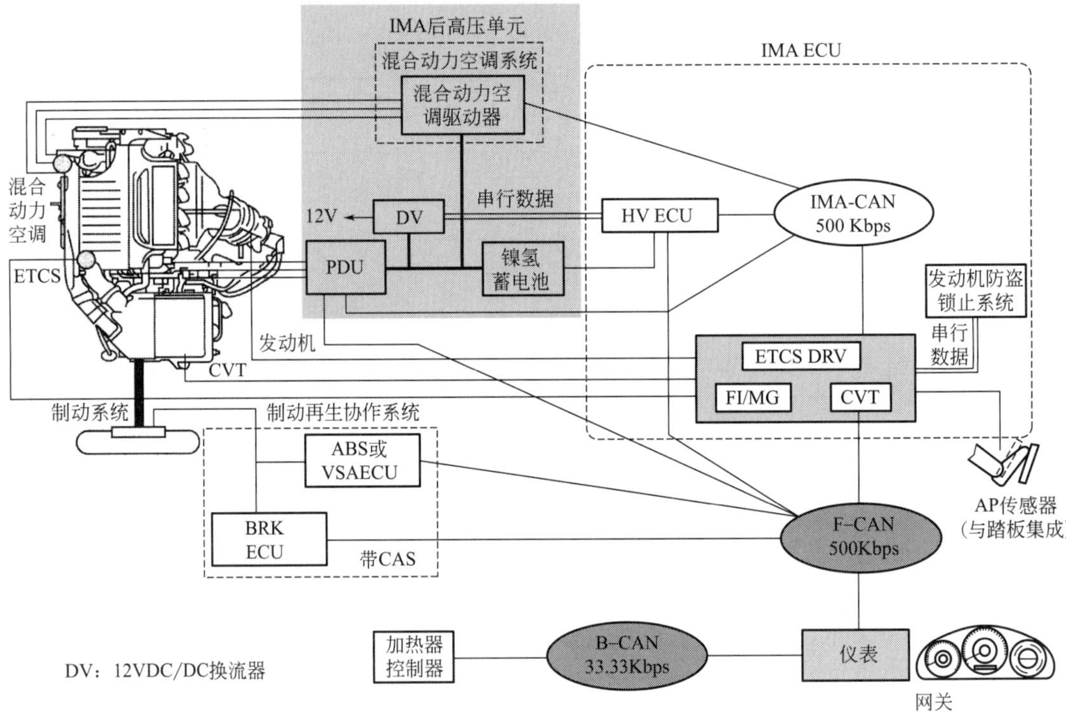


图 4-33　混合动力系统与整车系统关联

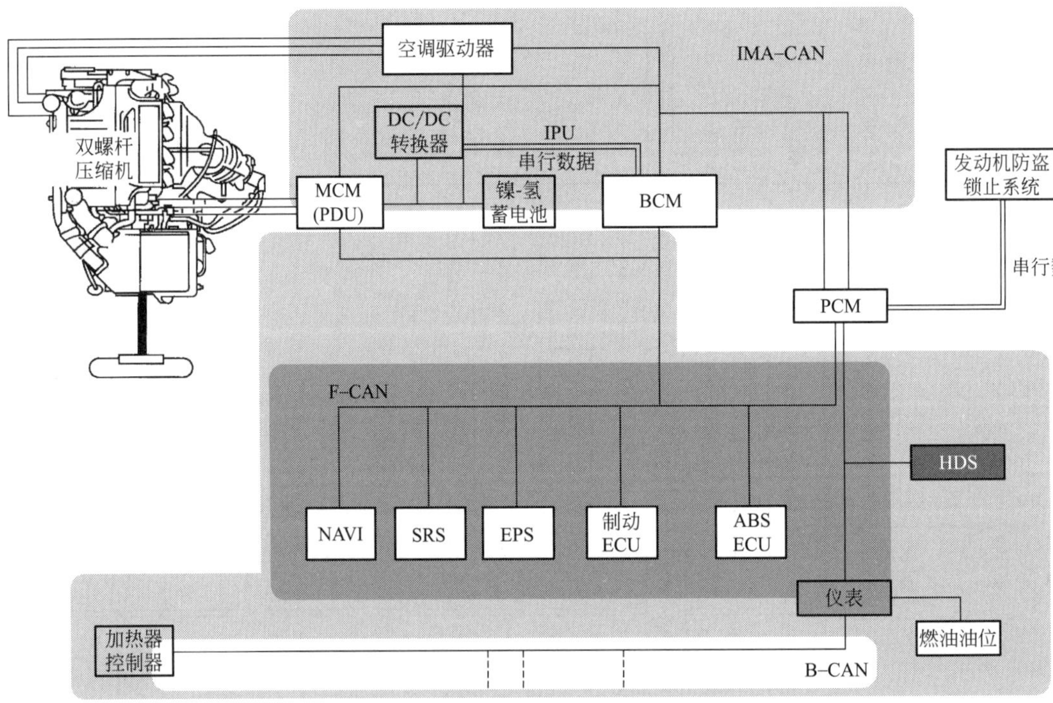


图 4-34　混合动力多路传输通信

MCM—电动机控制单元；BCM—蓄电池控制单元；NAVI—导航；SRS—安全气囊；EPS—电动助力转向；制动 ECU—制动系统电子控制单元；ABS ECU—制动防抱死系统电子控制单元

## 4.3.3 混合动力电动部分的主要部件

（1）IPU 智能动力单元　如图 4-35 所示，IPU 布置采用集成式，功能零件的集成可使其尺寸相当小。

风扇通过进气管（或空气管）吸入车内空气并冷却 IMA 蓄电池，然后冷却 PDU、DC/DC 转换器（D/V）并将气体排到行李厢，气流走向如图 4-36 所示，其空气通道布置如图 4-37 所示。

排出的冷却空气可在一定程度上升高行李厢内的温度，IMA 蓄电池冷却空气进气口位于后储物箱上，进气口阻塞会使 IMA 蓄电池的温度升高，并且电动机助力系统也会受阻，此外，还可能会点亮 IMA 系统指示灯。异物或液体进入可能引起故障，因此不要把任何材料放在冷却空气进气口附近。

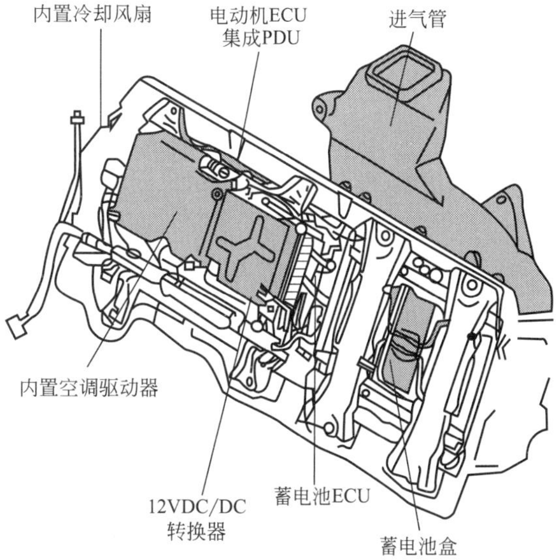


图 4-35　智能动力单元组成与布置

（2）IMA 蓄电池　蓄电池结构如图 4-38 所示，但是能量收集元件的电阻降低，采用了低电阻电解液，并且通过软化电极板表面增大效率。助力电功率从 11.5kW 增加到 14.6kW，再生功率从 10.6kW 增加到 12.1kW。

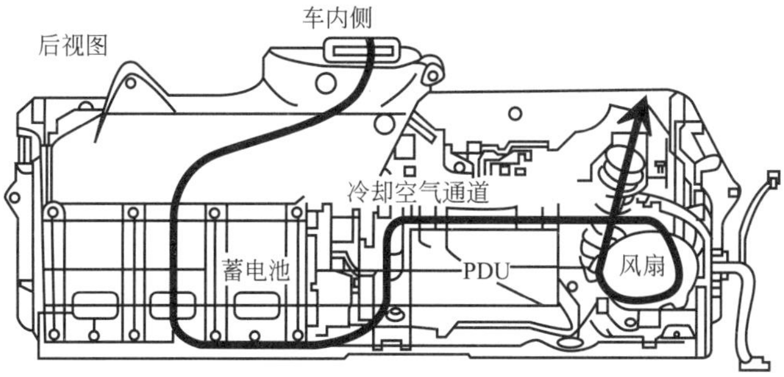


图 4-36　IPU 冷却气流走向

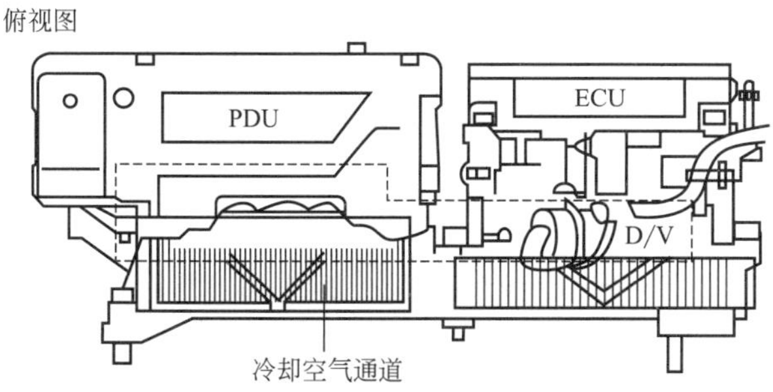


图 4-37　IPU 冷却风扇与空气通道布置

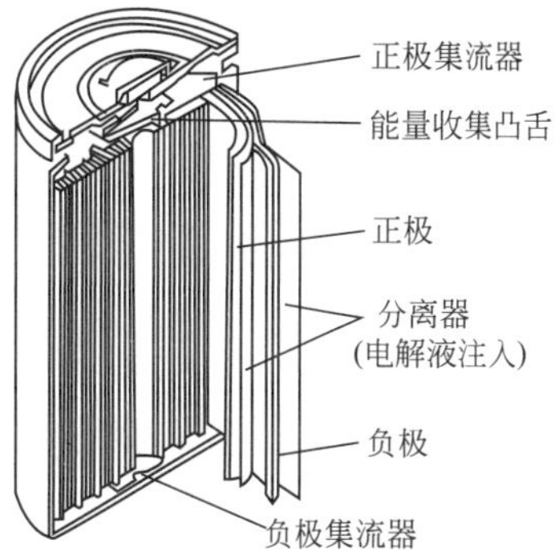


图 4-38　蓄电池内部结构

IMA 蓄电池一个单元由 6 个 1.2V 电池组成，如图 4-39 所示，此蓄电池共由 22 个单元组成，电压为 158V。22 个单元按照犬牙状分布，如图 4-40 所示，这种分布具有更高的空间利用率。各个单元的分布方式使冷却空气可以通过每个单元。

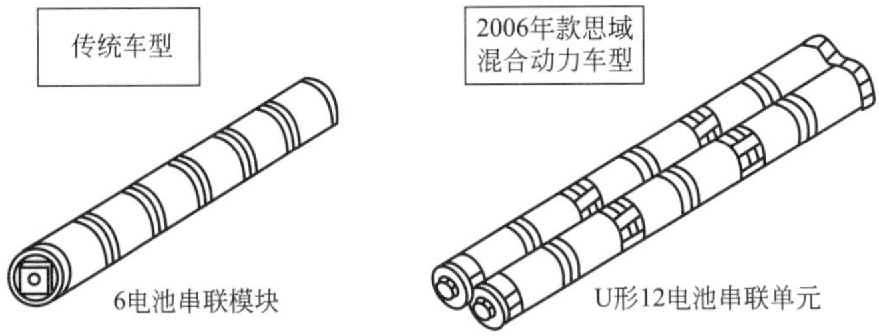


图 4-39　电池的串联结构

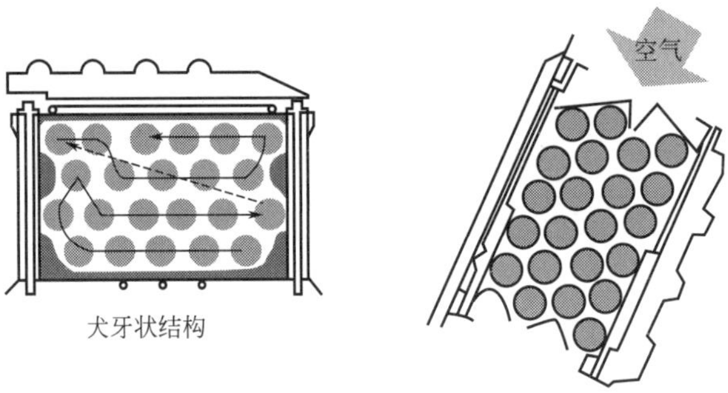


图 4-40　电池单元分布

该车有两块蓄电池，其位置如图 4-41 所示，一块为 12V 蓄电池，位于发动机舱内，另一块为 158V 蓄电池，位于后排座椅后部的盒内。如果车辆长时间不用，电池会老化且寿命会缩短，建议每月或定期进行 1 次巡航行驶，以对蓄电池进行重新充电。

如果环境温度低于－20℃，用于电动机助力或者再生的 IMA 蓄电池的工作就会变慢，因此充电/助力表反应也比较慢。

如果发动机在极低的温度下启动（如环境温度低于－30℃），在预热期间，充电系统指示灯可能短时间（少于 1s）点亮。然而一旦车辆行驶，IMA 蓄电池温度会升高并且充电指示灯会间歇熄灭，这不会影响正常的驾驶状态。若用户更换 12V 蓄电池、蓄电池电量耗尽或者断开端子，在发动机启动后，将不立刻显示 IMA 蓄电池剩余电量，需要行驶 30min 左右才能显示标准的 IMA 蓄电池剩余电量，如图 4-42 所示。因为 ECU 计算 IMA 蓄电池剩余电量的标准值需要一段时间。此时，再生性能暂时有所降低，但不能视为故障。

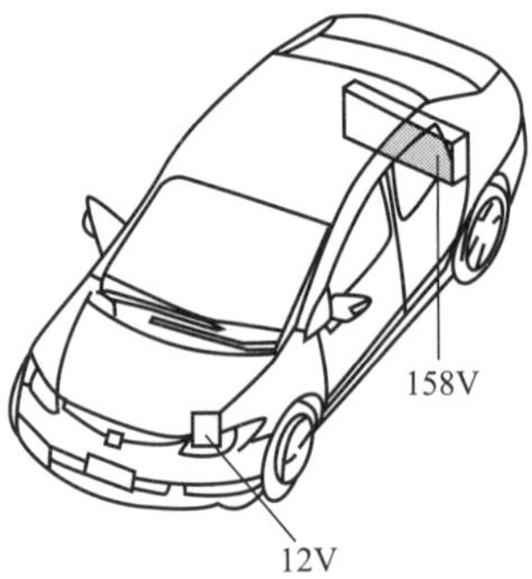


图 4-41　两块蓄电池的位置

图 4-42　IMA 蓄电池电量表

（3）IMA 电动机　其安装位置如图 4-43 所示。



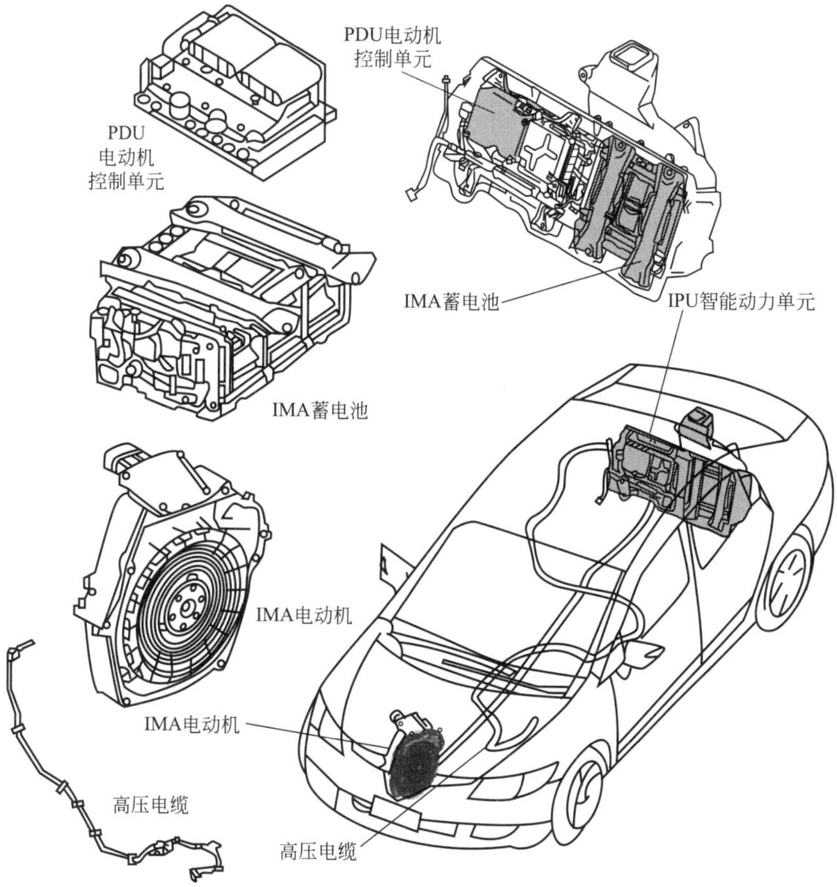


图 4-43　IMA 电动机安装位置

（4）高压电缆　其包皮是铝管，如图 4-44 所示，电动机动力电缆采用非密封电缆而且穿入铝管中，固定方式采用地板下的卡扣，大大缩减了紧固数量。在电动机侧面连接了一个连接器，改善了保养性能。

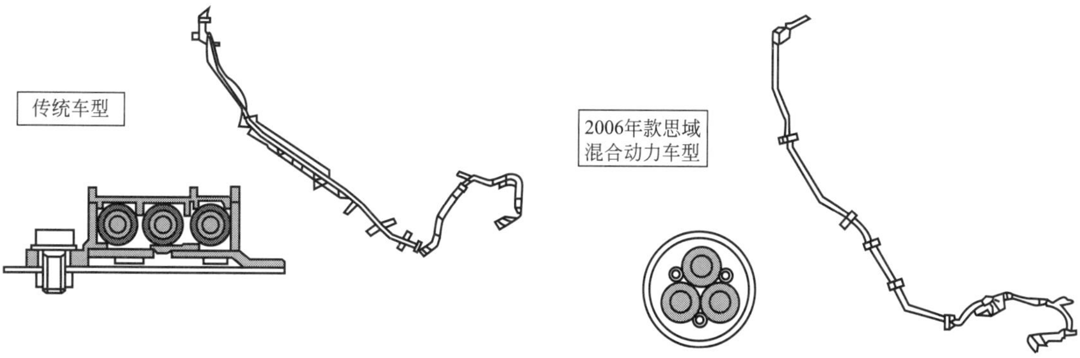


图 4-44　高压电缆

特别提示

在救援时如果需要切割事故车辆的车身，识别高压电缆的位置非常重要，若高压电缆位置判断错误，切割时易发生触电事故。

（5）转速传感器　在本田混合动力车型中，应用了一种旋转变压器，如图 4-45 所示。在旋转变压器定子侧，连接一个大励磁线圈与两个输出线圈。旋转变压器转子周围附有三组凹形/凸形配置。旋转变压器定子与旋转变压器转子之间的间隙改变引起电压改变，从而检测旋转变压器转子角度。

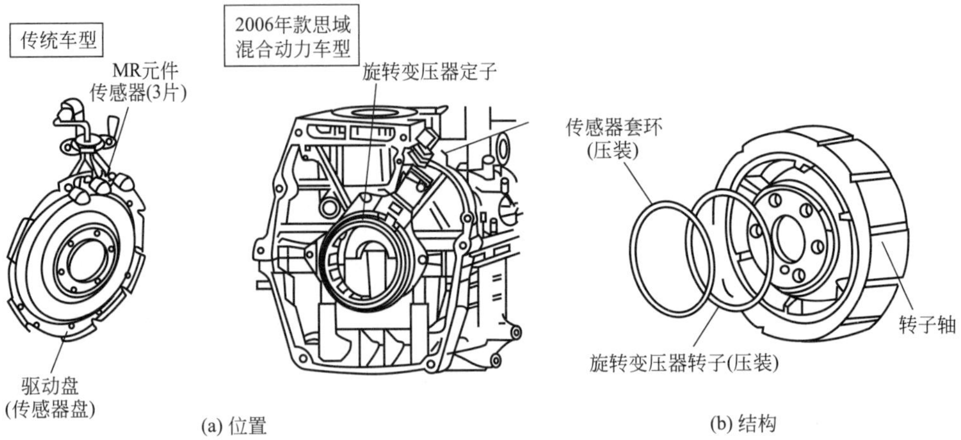


图 4-45　旋转变压器的位置与结构

维修注意事项如下。

① 更换传感器可能要拆卸 IMA 电动机总成，用传统车型中的 IMA 专用维修工具拆下 IMA 转子。

② 修理转子时，注意转子磁力较强。

③ 转子靠近佩戴电子医疗机械（如起搏器或其他电子医疗器械）的人是非常危险的，转子的强磁力会影响医疗器械的正常工作，甚至会危及人的生命安全。

④ 若转子靠近磁性记录介质（软盘、身份证、预付卡等），就会破坏其内部的记录，此外，靠近转子的手表也会令其走时不准确。

⑤ 转子磁铁具有很强的磁力，可能将工具或其他金属吸到磁铁上，造成维修者手或者手指受伤，维修中应小心磁铁的吸引力。

⑥ 用于转子表面包住磁铁的薄钢片禁不起撞击，如果工具、金属等吸附在电动机上，则应避免使用电动机，转子高速转动时，会造成薄钢片损坏。

⑦ 务必注意转子的拆卸和安装以及存放的环境。例如铁粉等粉尘或者卡扣等异物不得吸牢在电动机上，否则会影响电动机正常功能。

⑧ 报废电动机时要当心它的磁力，磁力会影响工具和零件的操作，所以需使用专用的转子拔出工具和抗干扰防护膜拆卸或安装转子。

⑨ 拆卸和安装转子时，在转子与定子之间放置 OHP 膜，以保护转子的薄钢片。

### 4.3.4 部件的拆卸

（1）PDU 总成的拆卸

① 断开 D/V 电缆。

② 将 IPU 线束从车身搭铁部位、车身侧线束、H/S 框架、风扇线束以及接线板上断开。

③ 拆卸 PDU 的罩盖以断开电动机动力电缆（PDU、A/C 变压器）。

④ 断开 DC 电缆的蓄电池端。

⑤ 将高压线束从 ECU 上拆下。

⑥ 拧松 PDU 紧固螺栓以拆卸 PDU 总成（12kg）。

（2）蓄电池单元的拆卸

① 断开 DC 电缆的蓄电池端。

② 将高压线束从 ECU 上断开。

③ 拧松蓄电池紧固螺栓以拆卸蓄电池盒（31kg），如图 4-46 所示。

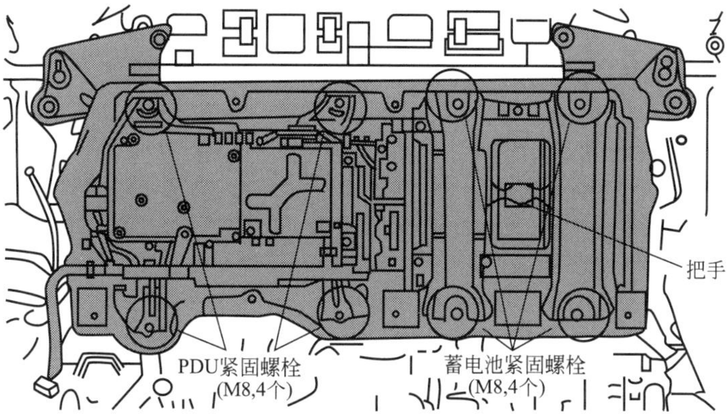


图 4-46　蓄电池紧固螺栓

（3）IPU 盖的拆卸与安装

① IPU 盖的拆卸。

a. 在 IPU 的拆卸和维修中，使用仪表或工具前将主开关设置在 OFF 位置，以免电击。

b. 将点火开关转至 OFF 位置并拔出点火钥匙，以免误操作。

c. 拧松 2 个 M6 螺栓以拆卸主开关盖。

d. 将开关杆置于 OFF 位置。

e. 拧松 IPU 盖紧固螺栓以拆卸 IPU 盖。

② IPU 盖的安装。

a. 放好 IPU 盖并拧紧 IPU 盖紧固螺栓，其位置如图 4-47 所示。

b. 按下锁止释放按钮，将开关杆扳至 ON 位置。

c. 使用 2 个 M6 螺栓安装主开关盖。

（4）三相高压连接器的拆卸与安装　拆卸和安装过程如图 4-48 所示。

拆卸过程如下。

① 使用一字旋具等工具松开 CPA（连接器定位器）。

② 推动锁止释放区域。

③ 释放杆锁后，向前推拉杆。

④ 当无法推动拉杆时，拔出连接器。

安装按照下列三个步骤进行。

① 将连接器推向电动机侧，直到拉杆开始移动为止。

② 拉杆开始移动时，推动直到锁止（锁止时有“咔嗒”一声）。

③ 将 CPA 推入。

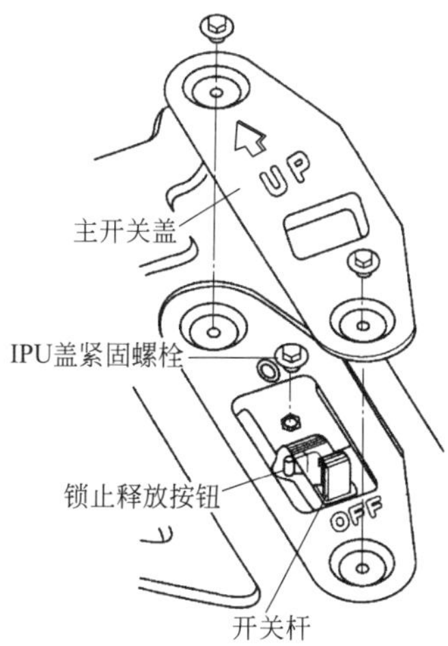


图 4-47　IPU 盖紧固螺栓

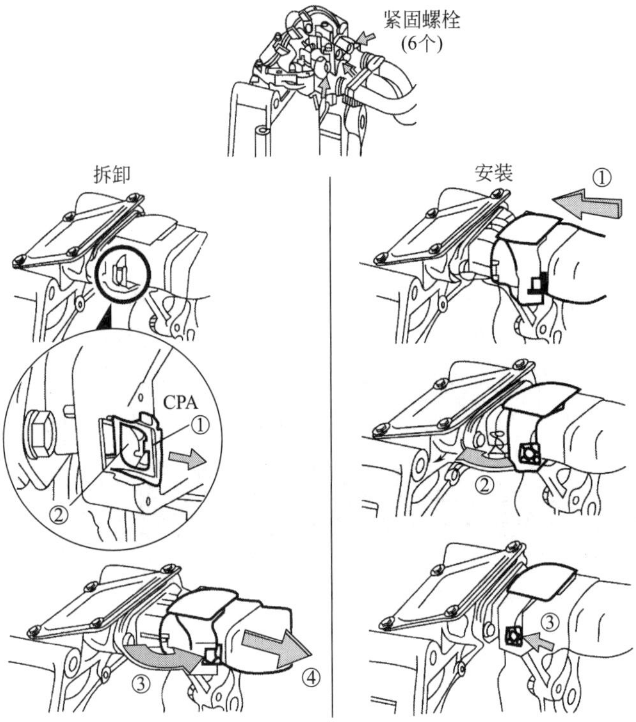


图 4-48　三相高压连接器的拆卸与安装

## 4.4　本田思域混合动力发动机部分

发动机总体视图如图 4-49 所示。

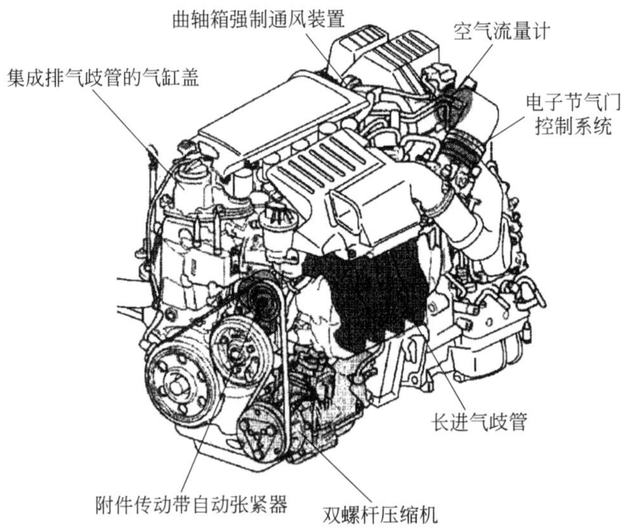


图 4-49　发动机总体视图

(1) 凸轮轴气门机构　发动机配有 VTEC 机构，在减速或巡航时，所有的休眠气缸降低燃油消耗，同时若需要高输出，则将进气门升程从低切换到高。摇臂轴包括双油缸和不动的高摇臂，双油缸中包含 3 个通道机油管，如图 4-50 所示，进气摇臂有 5 个，包括休眠气缸开关销及高开关销（同轴滚柱），如图 4-51 所示。

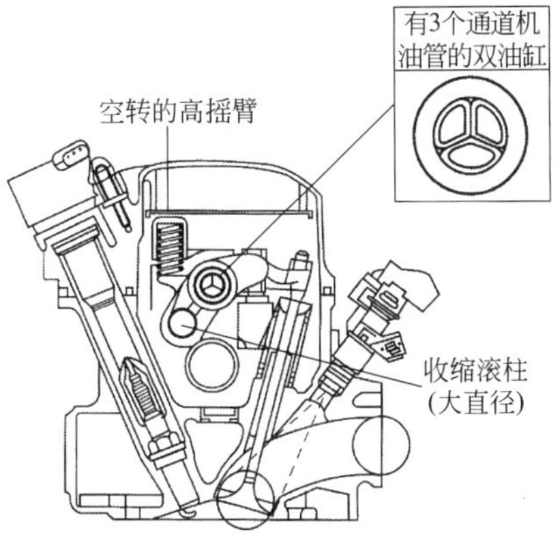


图 4-50　双油缸

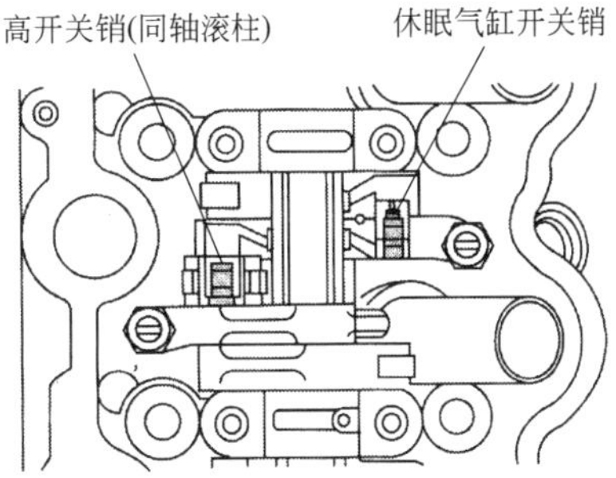


图 4-51　进气摇臂与开关销机构

低气门正时的机油通道使进气门通常为低升程，若需要高输出，则进气门的正时和升程从低机油通道切换到高机油通道，在减速或巡航时，所有休眠气缸的进气门与排气门被切换至休眠气缸机油通道。

摇臂开关机油通道如图 4-52 所示，由 2 个滑阀切换的机油压力经过有 3 个通道机油管的双油管的双油缸到摇臂，以切换活塞。

由 2 个滑阀切换气缸的高、低和休眠状态，阀的工作状态如图 4-53 所示，在低状态时，滑阀 1 和滑阀 2 均处于关闭状态；在高状态时，滑阀 2 处于关闭状态，滑阀 1 处于打开状态；在气缸休眠时，滑阀 1 和滑阀 2 均处于打开状态。

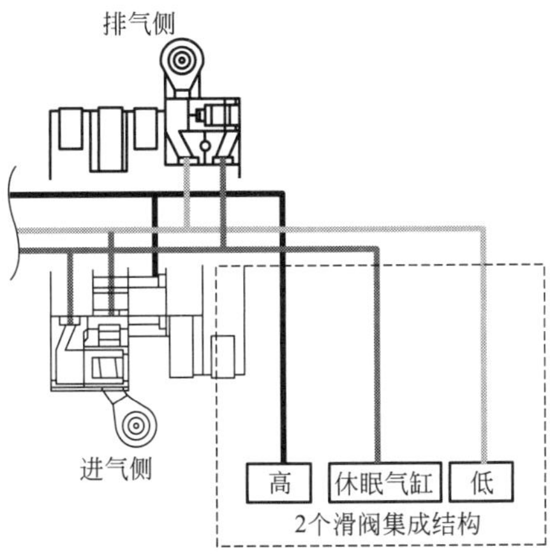


图 4-52　摇臂开关机油通道

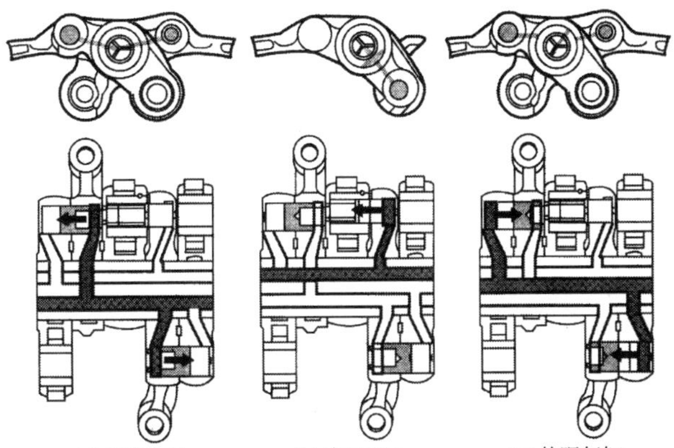


图 4-53　滑阀切换气缸的高、低和休眠状态

失效时凸轮由 2 个滑阀切换到高或低，在低气门正时时，滑阀 2 被锁止；在高气门正时时，滑阀 1 同样被锁止，滑阀 2 被切换到关闭时，以打开机油通道。

### 特别提示

当滑阀 2 打开时，气门处于 DOWN（向下）位置，当滑阀 1 关闭时，气门处于 UP（向上）位置。

在所有休眠气缸中，进气门与排气门完全关闭且吸入的空气被压缩，来自压缩空气的反作用力减少发动机摩擦。如图 4-54 所示，与没有休眠气缸的“常规运行”相比，“3 个气缸”休眠输出损失少，“4 个气缸（所有气缸）”休眠由于摩擦更低，其输出损失更少。

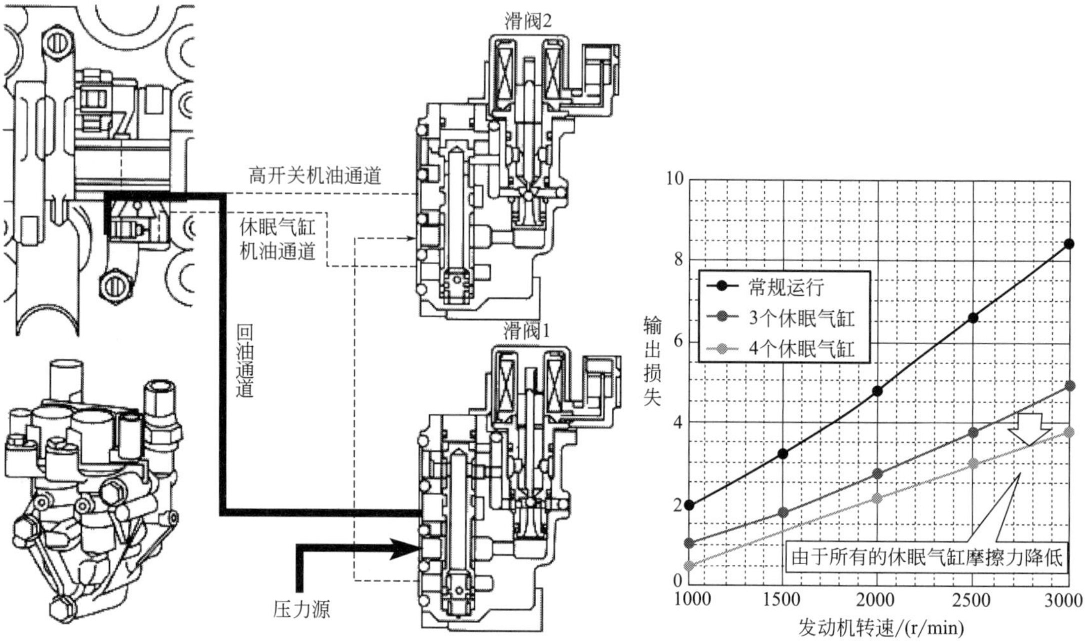


图 4-54　发动机的摩擦力比较

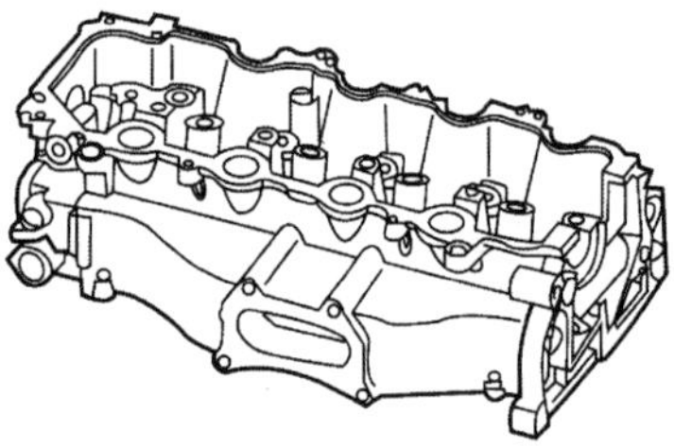

图 4-55　气缸盖与排气歧管集成

气缸盖与排气歧管集成如图 4-55 所示。

与以往的气缸盖一样，配有检查 VTEC 运行的保养孔，两个开关的保养孔如图 4-56 所示。

发动机使用了自动张紧器（图 4-57），增强了抗磨损能力，在发动机转速变化时减少张紧度的波动，减小了传动带的运行噪声，消除了调整传动带张紧度的必要性。

（2）冷却系统　传统发动机冷却系统水流仅流过发动机的气缸盖，如图 4-58 所示，本田混合动力发动机的冷却系统在燃烧室附近增设旁路水道，如图 4-59 所示，加强了发动机燃烧室的冷却效果，以提升抗爆震性能。

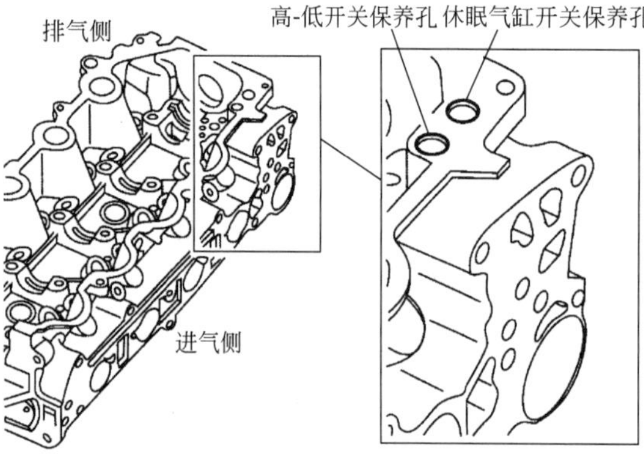


图 4-56　两个开关的保养孔

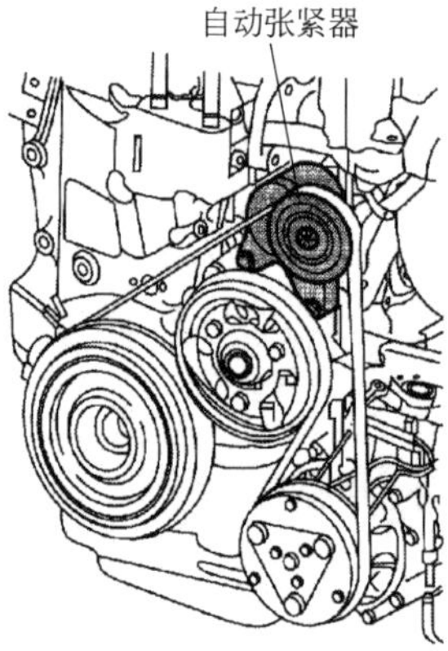


图 4-57　自动张紧器

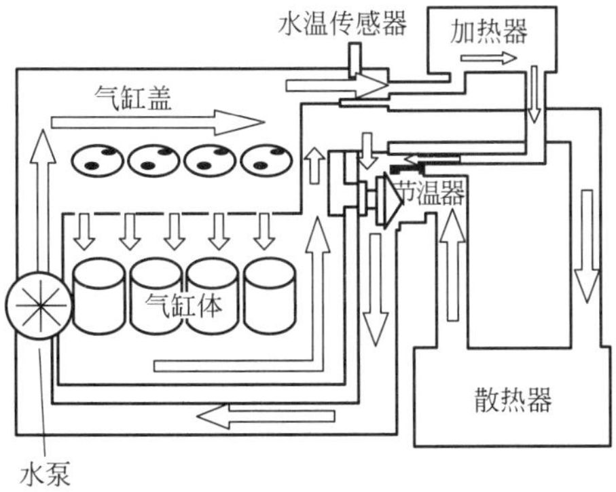

图 4-58 传统发动机冷却系统工作情况

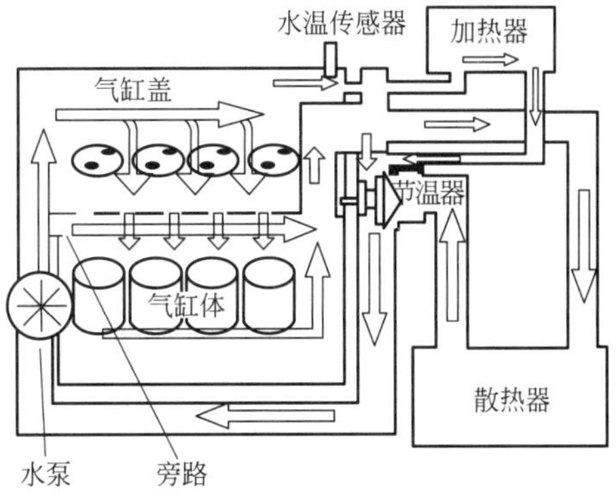

图 4-59 本田混合动力冷却系统工作情况

# 4.5 本田思域混合动力制动系统

## 4.5.1 制动系统的原理

混合动力车辆为了满足其独特要求，引进了新型制动系统。当混合动力车辆制动时，IMA 电机作为发电机，产生再生制动力，同时驾驶员踩下制动踏板产生液压制动力。为了保持适宜的踏板感和制动特性，这两种制动力必须维持平衡。既往本田混合动力车辆的再生制动力是一个固定值，大部分制动力由液压制动系统提供。2006 年款思域的先进液压助力系统经调节液压制动助力，允许再生制动力可变，以平衡这两种制动力。制动力分配曲线如图 4-60 所示。2006 年款思域的制动系统通过重新获得以往车辆以制动形式损失的能量，使 IMA 蓄电池能够最大程度充电。

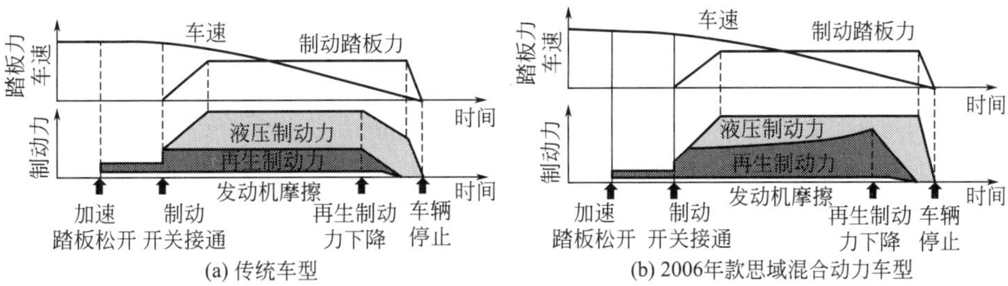

图 4-60 混合动力车辆制动力

## 4.5.2 主要部件和功能

液压助力系统组成和踏板行程传感器如图 4-61 和图 4-62 所示。

（1）伺服单元　伺服器如图 4-63 所示，调节器产生的调节压力与踏板力成正比，如图 4-64 所示。

（2）主缸　当对主缸施加压力时，向每个车轮的制动钳供给液压，如图 4-65 所示。

（3）行程模拟器　根据施加在制动踏板上的力，蓄能器压力（Pacc）作用于调节器室，从而造成调节器压力（Preg）作用在主缸，如图 4-66 所示。

增压操作（输入阀打开，输出阀关闭，并将 Pacc 压力作用在主缸上）如图 4-67 所示。

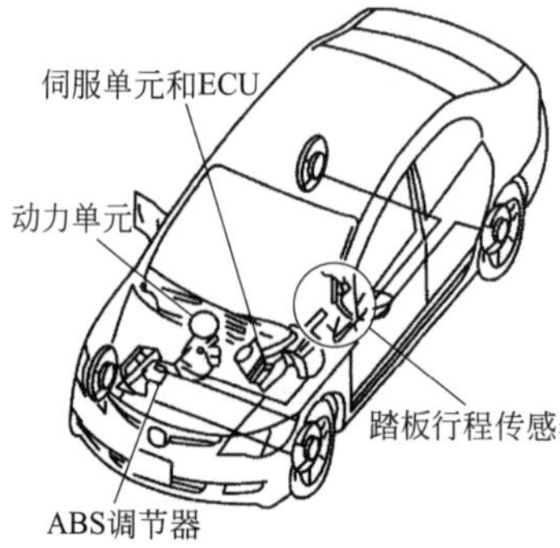


图 4-61　液压助力系统组成

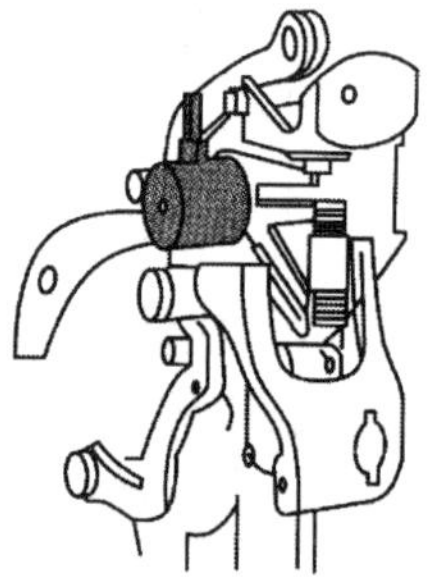

图 4-62　踏板行程传感器

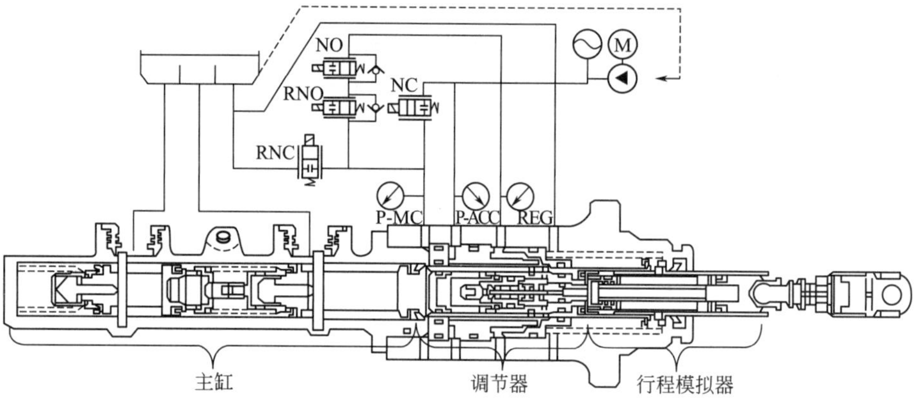


图 4-63　伺服器

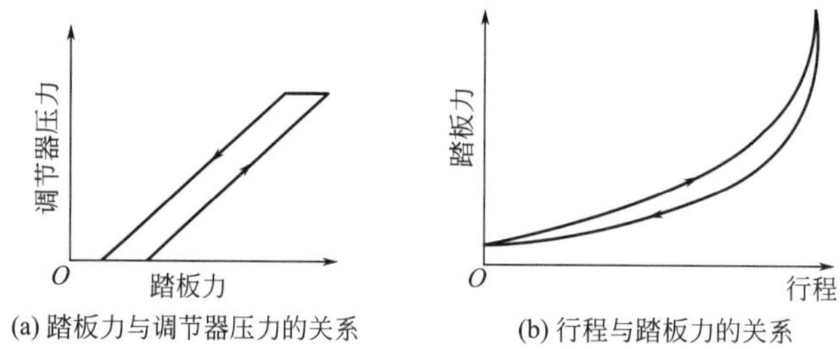


图 4-64　调节器产生的调节器压力与踏板力成正比

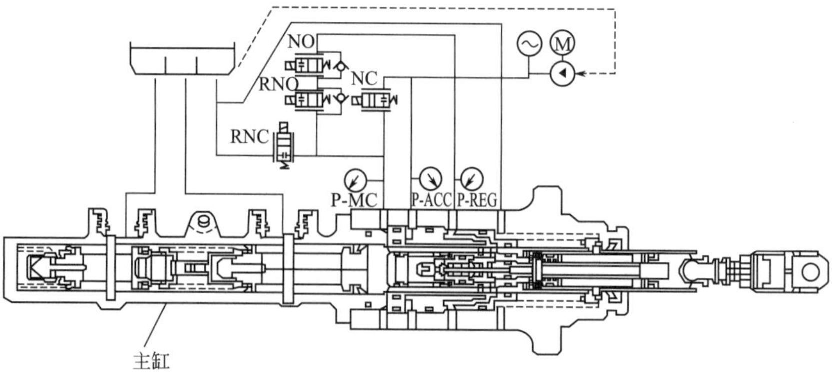


图 4-65　主缸不是直接连接到制动踏板

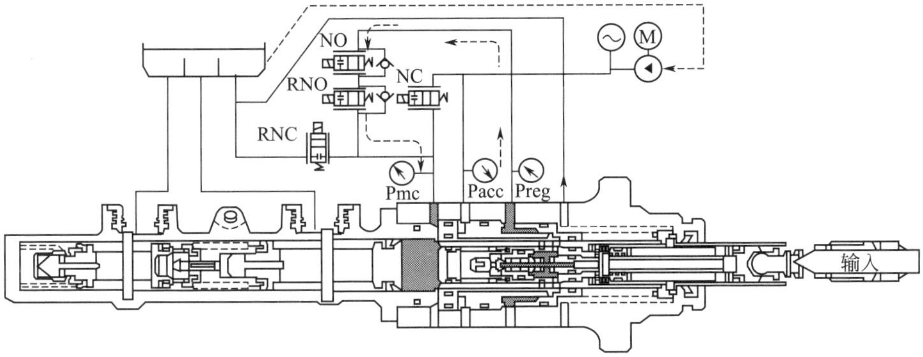


图 4-66 行程模拟器

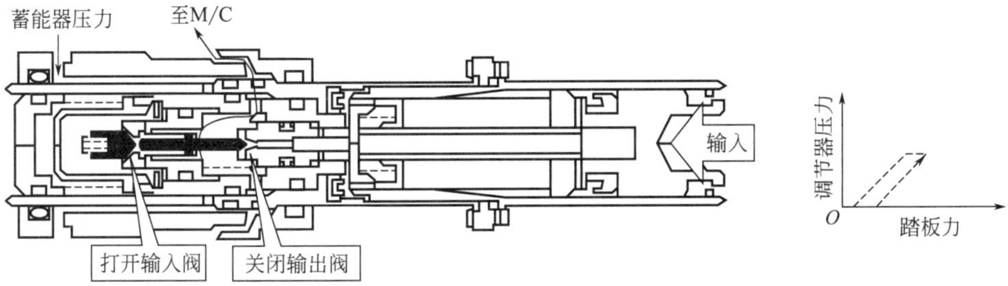


图 4-67 行程模拟器增压操作

保持操作（输入阀和输出阀均关闭，使主缸静止）如图 4-68 所示。

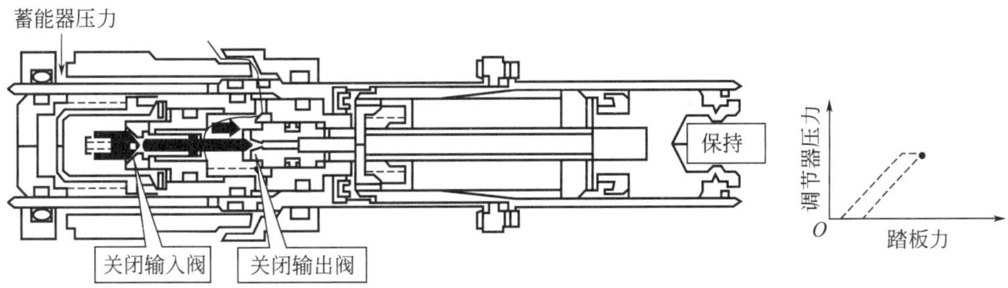


图 4-68 行程模拟器保持操作

减压操作（输入阀关闭，输出阀打开，降低主缸上的压力）如图 4-69 所示。

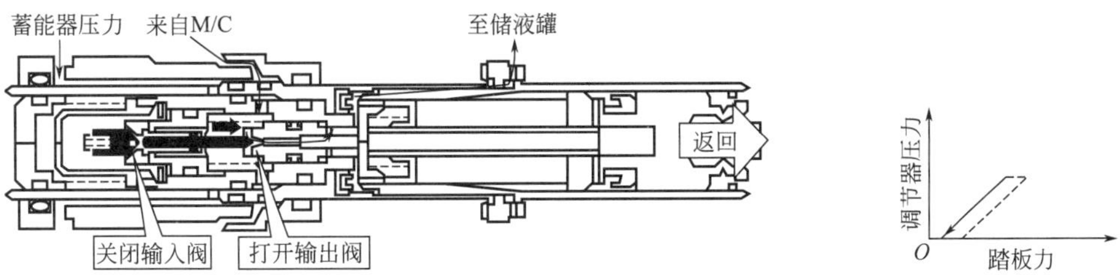


图 4-69 行程模拟器减压操作

行程模拟器失效保护如图 4-70 所示。

故障描述见表 4-3。

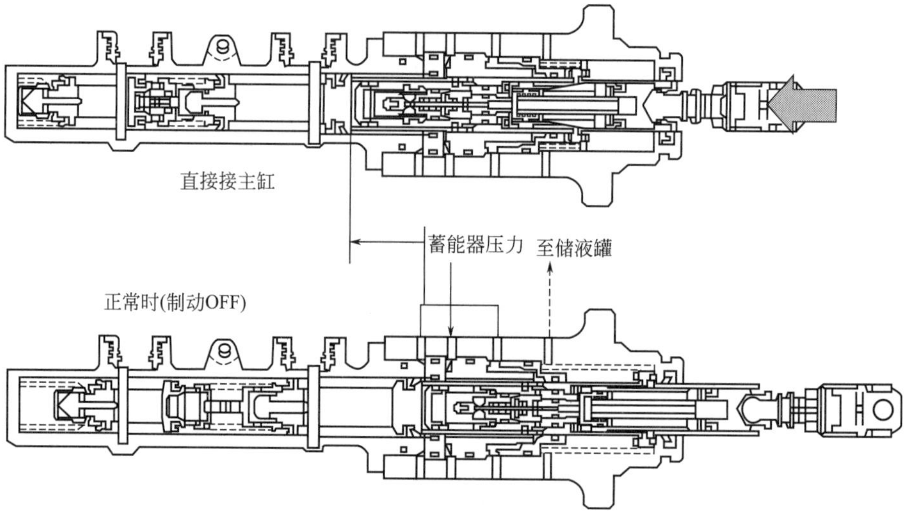


图 4-70　行程模拟器失效保护

**表 4-3　故障描述**

| 故障描述 | 系统警告灯 | 制动警告灯 | 警告蜂鸣器 | 电机驱动(助力功能) | | 液压控制(再生协同 CAS BA) | 车辆状况 |
|---|---|---|---|---|---|---|---|
| | | | | 主电路 | 分电路 | | |
| 主 CPU 异常 | (O) | (O) | 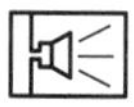 | 不运行 | 运行 | 不能控制 | CONV 制动性能正常<br>当 CONV 不受控制时，警告灯点亮/蜂鸣器鸣响 |
| 动力单元故障<br>电源电压升高/降低<br>伺服机构故障等 | (O) | (O) | 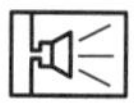 | 不运行(动力损失) | 不运行(动力损失) | 不能控制 | CONV 制动性能下降(动力损失) |
| 蓄能器压力传感器异常等 | (O) | (O) | 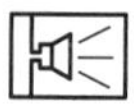 | 运行(间歇控制阀) | 运行(间歇控制阀) | 不能控制 | 电机根据预定的时间表 ON/OFF，与蓄能器压力无关。蓄能器压力下降。最恶劣的情况是失去动力 |
| 电机分电路异常 | (O) | | | 运行 | 不运行 | 不能控制 | CONV 制动性能正常 |
| 电机主电路异常 | | | | 不运行 | 运行 | | |
| 电磁阀异常<br>调节器压力传感器异常<br>主缸压力传感器异常<br>行程传感器异常<br>CAN 通信异常等 | (O) | | | 运行 | 运行 | 不能控制 | CONV 制动性能正常 |

若伺服操作失败，止动器将阻塞模拟器油路并控制行程，使车辆回到常规制动，如图 4-71 所示。

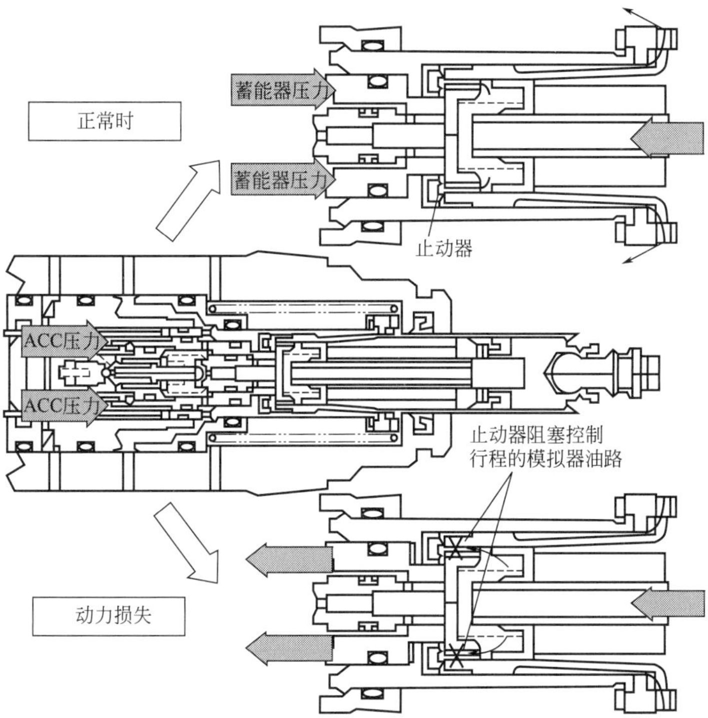


图 4-71 伺服操作失效

## 4.5.3 再生制动

（1）协同再生制动（增压） 带 IMA 的协同控制是指 RNO 电磁阀调节压力差，使其等同于再生转矩，根据调节压力差延迟主缸压力增加，如图 4-72 所示。

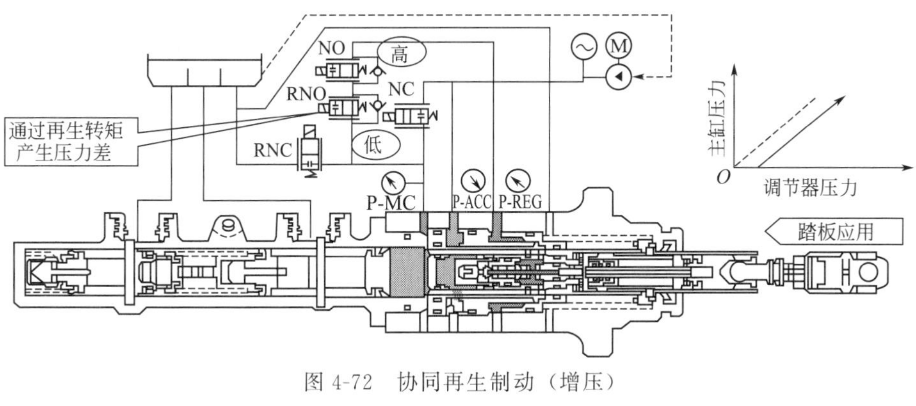


图 4-72 协同再生制动（增压）

（2）协同再生制动（减压） 带 IMA 的协同控制是指 RNO 电磁阀将主缸压力释放至储液罐，根据调节压力加速主缸压力下降，如图 4-73 所示。

IMA 根据电机转速与再生制动转矩（制动力）计算出电机的最大转矩，用于加速踏板松开时的再生制动，并将再生转矩极限值发送至伺服制动系统的 ECU，计算出等同于再生量的主缸减压量及目标油液压力。伺服制动系统的 ECU 控制主缸的油液压力，计算需要的再生转矩并发送到 IMA 端，如图 4-74 所示。

（3）CAS 控制 慢行辅助系统（CAS）控制是指伺服制动的 ECU 通过 NO 电磁阀的线

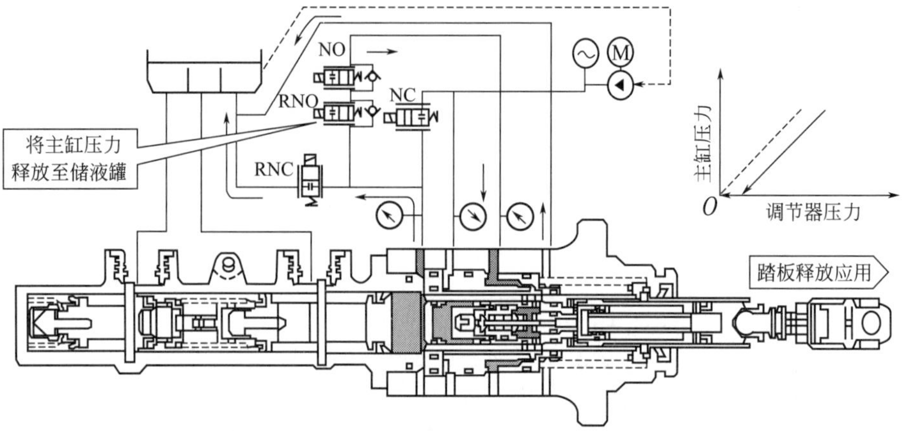


图 4-73　协同再生制动（减压）

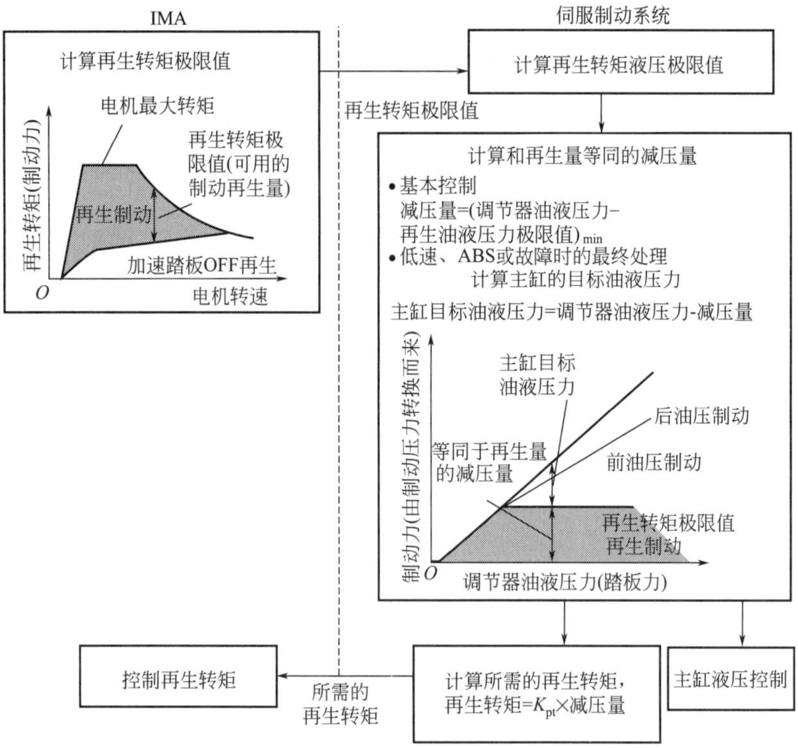


图 4-74　协同再生控制计算

性驱动来控制主缸压力。伺服制动的ECU基于CVT向CAS发出的操作请求来决定CAS的工作类型，并且保持或释放制动压力。

车辆上坡施加制动时，制动开关打开。在车辆减速直至停止前，CVT向CAS发出请求，使车辆轻载慢行。

当松开制动踏板重新启动时，制动液压力开始降低，但保持了等同于慢行的制动压力。

当踩下加速踏板产生驱动力时，它改变了制动力，使车辆前行。

CAS控制如图4-75所示。

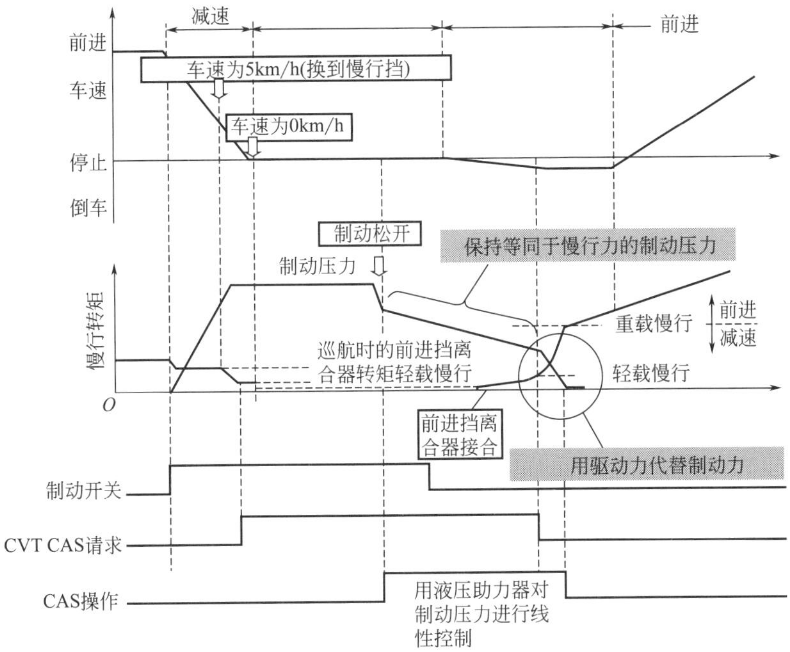


图 4-75 CAS 控制

## 4.5.4 故障诊断

制动系统配备了两个指示灯，如图 4-76 所示。若发生了不影响常规液压助力制动的故障，黄色制动系统指示灯亮；若发生影响常规液压助力制动的故障，黄色指示灯和红色指示灯均会亮。

图 4-76 制动系统指示灯

故障检测见表 4-4。

**表 4-4 故障检测**

| 故障部位 | 故障模式 | 对 CONV 的影响 | 检测方法 | 检测后的操作 | | | | |
|---|---|---|---|---|---|---|---|---|
| | | | | F/S 模式 | 电机 | 制动警告 | 系统警告 | 蜂鸣器 |
| NO | 泄漏 | 无影响 | 诊断伺服系统：诊断 CAS 中的 PMC 下降 | S2 模式 | 常规 | (O) | — | — |
| | 堵塞 | 无法减压（不能启动） | 诊断伺服系统：PMC 过大 | S2 模式（零点以下） | 停止 | (O) | (O) | 蜂鸣器图标 |
| | | | 超出诊断极限：NO 0 | S2 模式 | 常规 | (O) | — | |

续表

| 故障部位 | 故障模式 | 对 CONV 的影响 | 检测方法 | 检测后的操作 | | | | |
|---|---|---|---|---|---|---|---|---|
| | | | | F/S 模式 | 电机 | 制动警告 | 系统警告 | 蜂鸣器 |
| NC | 泄漏 | 突然制动 | 诊断伺服系统:PMC 过大 | S2 模式（零点以下） | 停止 | (O) | (O) | 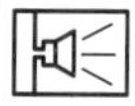 |
| | | | 超出诊断极限:NO 0 | S2 模式 | 常规 | (O) | — | — |
| | 堵塞 | 无影响 | 超出诊断极限:NC 100% | S2 模式 | 常规 | (O) | — | — |
| RNC | 泄漏 | PACC 零点以下 | 诊断伺服系统:诊断蓄能器压力的异常减小 | S2 模式 | 常规 | (O) | (O) | 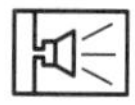 |
| | | | 超出诊断极限:RNO 0 | S2 模式 | 常规 | (O) | — | — |
| | 堵塞 | 无影响 | 超出诊断极限:RNC 100% | S2 模式 | 常规 | (O) | — | — |
| RNO | 泄漏 | 无影响 | 超出诊断极限:RNC 100% | S2 模式 | 常规 | (O) | — | — |
| | 堵塞 | 制动力减小 | 诊断伺服系统:诊断 PMC 降低 | S2 模式（零点以下） | 停止 | (O) | (O) | 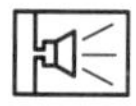 |
| | | | 超出诊断极限:RNO 0 | S2 模式 | 常规 | (O) | — | — |
| 机构内 | 泄漏 | PACC 零点以下 | 诊断伺服系统:诊断蓄能器压力的异常减小 | S2 模式 | 常规 | (O) | (O) | 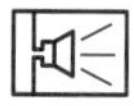 |
| | 堵塞 | 制动力减小 | 诊断伺服系统:燃料过量 | S2 模式（零点以下） | 停止 | (O) | (O) | 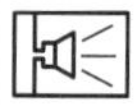 |
| 机构外 | 泄漏 | PACC 零点以下 | 诊断伺服系统:诊断蓄能器压力的异常减小 | S2 模式 | 常规 | (O) | (O) | 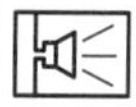 |
| | 堵塞 | 无法减压（不能启动） | 诊断伺服系统:燃料过少 | S2 模式（零点以下） | 停止 | (O) | (O) | 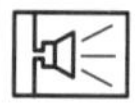 |
| | | | 超出诊断极限:NO 0 | S2 模式 | 常规 | (O) | — | — |

# 4.6 本田思域变速驱动桥系统

## 4.6.1 概述

2006 年款思域混合动力车型使用新型变速驱动桥，如图 4-77 所示，其主动带轮轴与从动带轮轴之间的距离为 156mm，这比传统车辆宽了 13mm，从而实现了宽传动比和高传动比。变速驱动桥使用金属传动提升了巡航效率，增加了最大输入转矩。并且，还增加了每个前进离合器盘和启动离合器盘的容量，以确保大转矩下的运行，同时保证了其尺寸和传统车辆同样紧凑。

该变速驱动桥和传统车型的相比，主要有以下变化，如图 4-78 所示。

① 增加了带轮 1 之间的距离，实现了低摩擦因数和低带轮止推油液压力。

② 靠近差速器齿轮 2 处增加筋板肋片、润滑回油肋片以及轴 4 中心处的中间倒挡离合器片上的孔，优化了机油的流动，从而减少了摩擦。

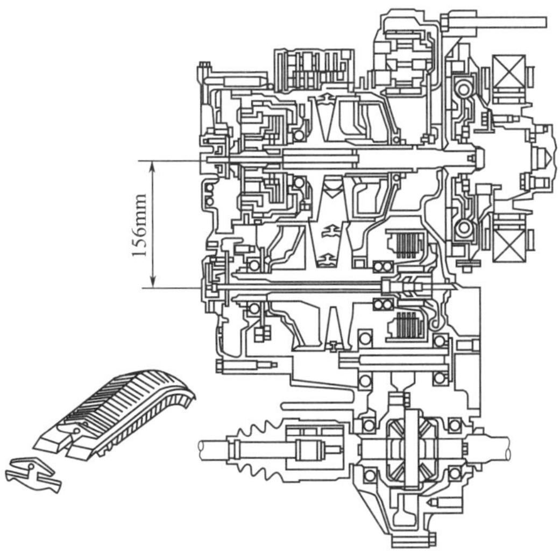


图 4-77 变速驱动桥

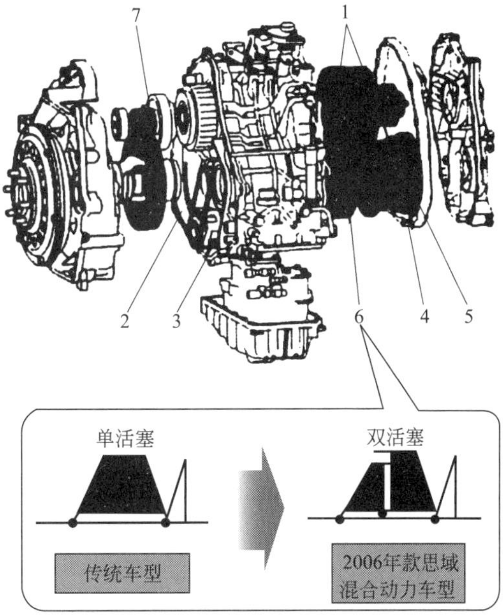


图 4-78 变速驱动桥的变化

1—带轮；2—差速器齿轮；3—润滑回油肋片；4—轴；5—前进离合器盘；6—双活塞带轮；7—主减速器

③ 将前进离合器盘 5 从 2 个增加到 3 个，以保证更大的容量来降低油压。

④ 用双活塞带轮 6 取代了单活塞带轮，增大了带轮区域施加的油压，从而减小了摩擦。

⑤ 实现了传动带更宽的传动比与主减速器 7 更高的传动比，从而降低了巡航时发动机的转速，提高了燃油经济性。

## 4.6.2 启动离合器

启动离合器（图 4-79）盘的数量从 4 个增加到 5 个，直径从 116mm 增大为 121mm，以得到更大的容量。通过 $\mu$（滑动摩擦因数）的特性降低摩擦材料表面的压力，改善防启动颤振的能力。离合器盘中的树脂容量、孔径、传动比和挠性材料保障改善了 $\mu$ 和防启动颤振的能力。离合器盘表面固有的更深网纹避免了表面磨划，提高了抗老化能力。

## 4.6.3 检测颤振

（1）HDS 检测　根据测量输出的颤振输出值及开始从 ECU 和 HDS 所记录的维修信息，判断是否更换 CVTF（变速驱动桥液）。HDS 检测水温和 CVTF 温度，如图 4-80 所示，来判断颤振检测是否准备完毕。颤振检测在每一个 AP（加速踏板）节气门位置 1.5/8 至 4/8（1.5～2.5V）及位置 4/8 至 8/8（2.5～4.5V）进行 2 次，来判断颤振水平，见表 4-5。如果判断 1 和判断 2 均正常，则颤振水平正常。如果判断 1 和判断

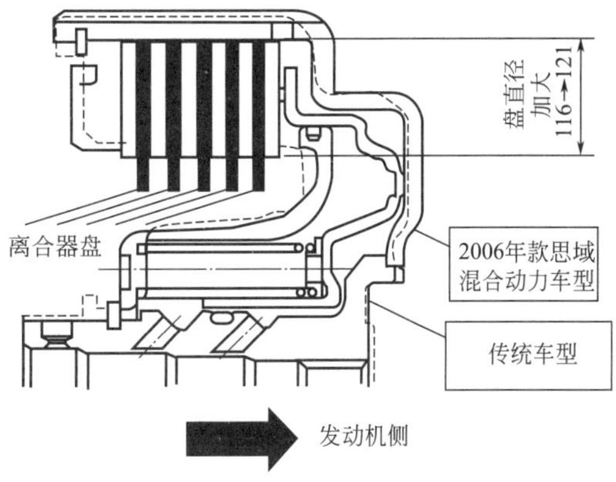


图 4-79 启动离合器

2 均颤振，则判定颤振为“低节气门位置发生颤振”或“高节气门位置发生颤振”。

在 HDS 中，得到颤振水平输出信息后，颤振判断将重新设定。更换 CVTF 后，重新设定 ECU 中的颤振判断信息。如果在高节气门位置或在低节气门位置处均检测到颤振，则显示先检测到的那个。

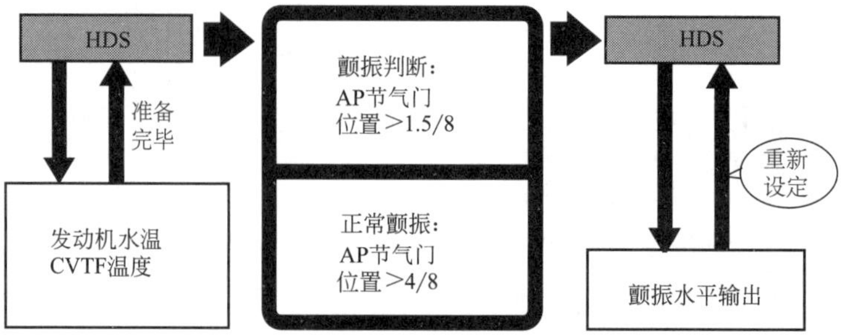


图 4-80　颤振检测

**表 4-5　颤振判断**

| AP 节气门位置 | 判断 1 | 判断 2 | 颤振水平 |
|---|---|---|---|
| 1.5/8(1.5V)至 4/8(2.5V) | 颤振 | 颤振 | 10:低节气门位置发生颤振 |
| | 颤振 | 无颤振 | 保持先前的判断 |
| | 无颤振 | 无颤振 | 保持先前的判断 |
| 4/8(2.5V)至 8/8(4.5V) | 颤振 | 颤振 | 5:高节气门位置发生颤振 |
| | 颤振 | 无颤振 | 保持先前的判断 |
| | 无颤振 | 无颤振 | 保持先前的判断 |
| | 正常 | 颤振 | 保持先前的判断 |

(2) 启动离合器颤振的检测方法　使用“颤振检测”和“扰动检测”，能够判断是否产生颤振。产生颤振过程中，启动离合器压紧系数（ESC）以一定的频率振动。通过拾取该振动，能够检测产生的颤振，如图 4-81 所示。

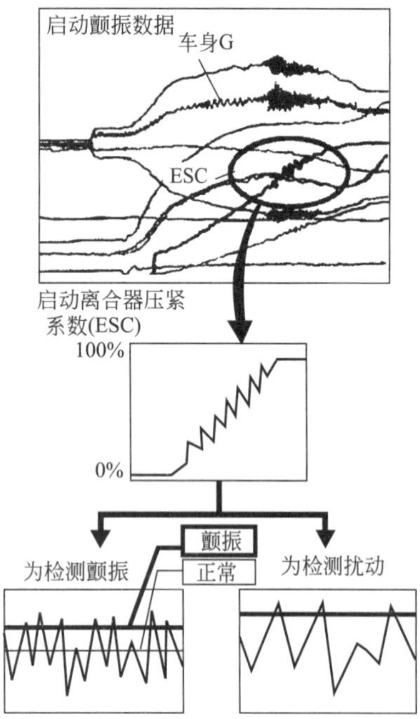


图 4-81　离合器颤振的检测

判断颤振的方法：在检测颤振过程中，通过带通滤波器拾取 35Hz 至 45Hz 之间的颤振频率，按照超出极限值的区域数来判断颤振。

为了检测不平道路的扰动，通过带通滤波器拾取 5Hz 至 15Hz 之间的颤振频率，按照 ESC 中的扰动和超出这个极限值的区域数来判断扰动。

## 4.6.4　检查变速驱动桥油液

由于车身设计不同，变速器油的检查、加注和排放位置也不一样。放油螺塞在靠近变速器储油盘的前方，新型变速器已将单独的油尺和注油螺塞集成为一个组合油尺和注油管，位于变速器的前部，靠近 12V 电动机。

新型变速器使用本田新发布的油液本田 CVTF。这种新的 CVTF 看上去与本田 ATFZ-1 一样，但其改善了摩擦性能，更加耐用并能够有效地减少颤振。

在新型变速器油尺顶部标有“CVTF”标志，如图 4-82 所示，提醒使用新的油液。CVTF 也同样适用于本田以往所有的 CVT 车型。新油液的保养间隔也是 30000mile❶。

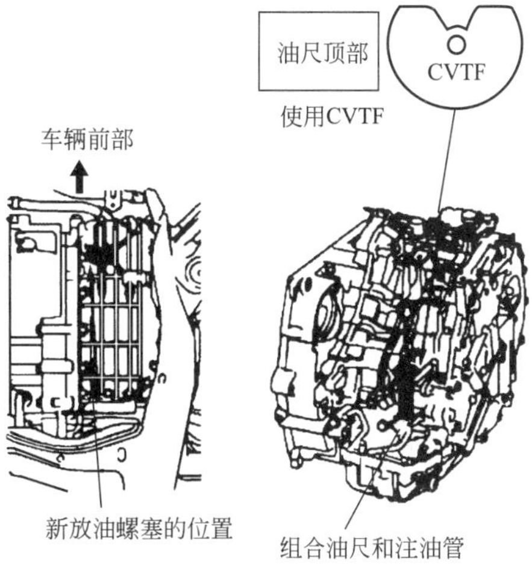

图 4-82 新型变速器

**特别提示**

保养提示系统只适用于行驶里程，其不会计算 CVT 变速器油的剩余寿命。

## 4.6.5 挡位自动控制

(1) D 挡位置上下坡与转向控制　在任何巡航和轻松驾驶状态下，系统会自动选择最佳的换挡图，确保在最佳平衡状态下愉悦驾驶。如果根据上坡/下坡信息判断车辆在上坡，系统会将挡位切换到“向上-1”和“向上-2”位置；如果判断为下坡，则会切换到“向下-1”和“向下-2”位置，如图 4-83 所示。

根据节气门位置调节信息，系统会将挡位从 D 切换至 EV/再生状态和 D2 位置。另外，系统根据 4R 车轮转速（CAN）信息进行转向控制，以实现运动巡航。

(2) 转向 G 挡换挡控制　通过 CVT 电子控制系统和软件的改进，2006 年款思域混合动力汽车实现了智能控制。以前独立的发动机和变速器 ECU 集成为一个单独的单元。PCM 设置在发动机舱内，并且可使用 HDS 改变程序。

CVT 运行换挡计划图和软件，以便根据路况进行驾驶。弯道驾驶时，该软件利用车辆行驶速度数据以及后轮转速数据来计算横向加速度。为了判断横向加速度是否大于设定值，PCM 会保持发动机每分钟的转数，以免发动机转数和 CVT 传动比波动，如图 4-84 所示。

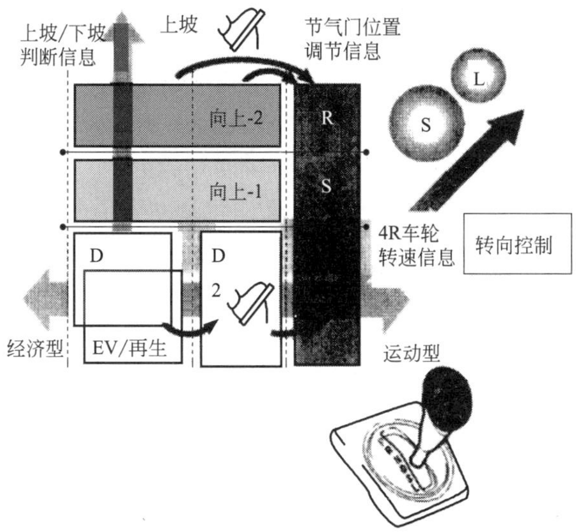

图 4-83 D 挡位置控制

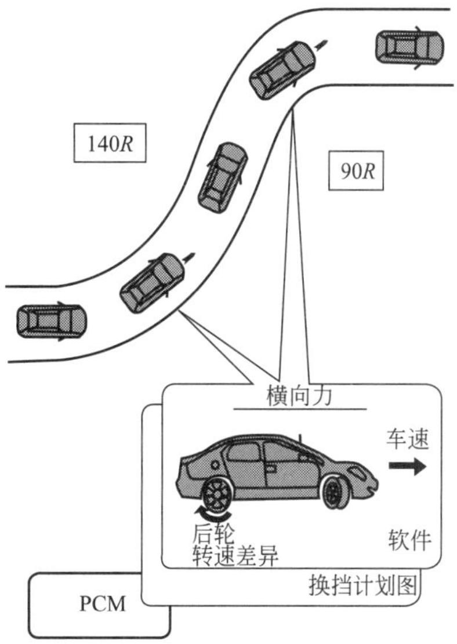

图 4-84 转向 G 挡控制

---

❶ 1mile=1.609km。

Chapter 05

# 第5章 宝马X6混合动力汽车

## 5.1 宝马X6混合动力概述

Active Hybrid X6（研发代码 E72）是宝马（BMW）公司在 2009 年年底推出的一款采用混合动力驱动装置的全能轿跑车，这也是宝马公司推出的第一款应用混合动力技术的量产车型。这款车不只效率高，功率和敏捷性出色，而且在几乎同样出色的动力性能下将宝马 X6 xDrive50i 的标准油耗降低 20%。

宝马 Active Hybrid 在外观上具有自己独特的标志，与其他 X6 车型有诸多不同之处，如图 5-1 所示。

宝马 Active Hybrid 在内部设计上和其他 X6 车型也存在一些不同之处，如图 5-2 所示。

图 5-1　宝马 Active Hybrid 外部识别标志

1—发动机室盖隆起；2—“Streamline 297”轮辋造型；3—车漆颜色“Bluewater 金属漆”；4—带有“Active Hybrid”字样的铝合金徽标；5—行李厢盖铝合金装饰条上的“Active Hybrid”字样；6—带有“BMW Active Hybrid”字样的登车护条；7—发动机室内供电电子装置上的“Active Hybrid”字样

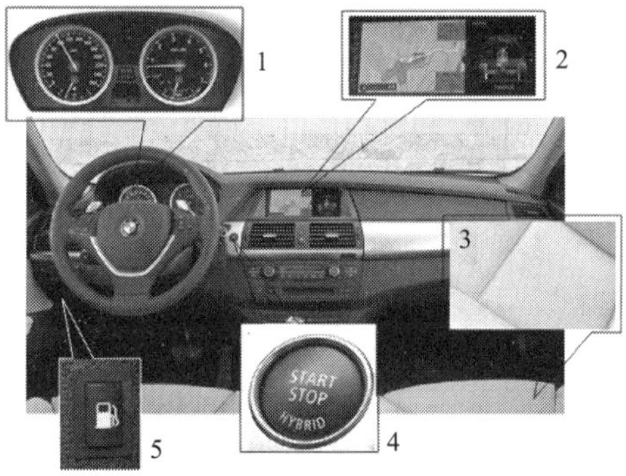


图 5-2　宝马 Active Hybrid 内部识别标志

1—组合仪表上的混合动力特有显示；2—CID 内的混合动力特有显示；3—带有蓝色对比缝线的“象牙白”色真皮配置；4—带有“HYBRIU”字样的 START-STOP；5—加油按钮

宝马 Active Hybrid 可以通过纯电动方式、发动机动力或结合使用两种驱动方式行驶。采用纯电动、无 $CO_2$ 排放的驱动方式时，最高车速达 60km/h。发动机会根据负荷要求启动并在低于 65km/h 的滑行阶段自动关闭。作为全混合动力驱动的全能轿跑车，宝马 Active Hybrid X6 的驱动系统结合使用 V8 汽油发动机与电动驱动装置，采用宝马 TwinPower 涡轮增压技术 300kW/407 米制马力大功率 V8 发动机以及 67kW/91 米制马力或 63kW/86 米制马力两个电动机，其最大可用系统功率为 357kW/485 米制马力，最大转矩达到 780N·m。0～100km/h 加速时间为 5.6s，在符合 EU5 要求的循环工况试验中耗油量是 9.9L，相当于 $CO_2$ 排放量为 231g/km。



（1）双模式主动变速器　如图 5-3 所示，两个大功率电动机（67kW/91 米制马力与 63kW/86 米制马力）和双模式主动变速器集成在一个与传统自动变速器体积相似的壳体内，通过将两个电动机集成在宝马 Active Hybrid X6 双模式主动变速器内，可以实现两种驱动方式。双模式主动变速器以无级 ECVT 变速器（电动连续可变变速器）作为基础，该变速器可在两种功率分支式运行状态下工作。双模式主动变速器能够明显改变电动和机械传输功率的比例。根据行驶情况，可以通过电动机、发动机或以可变比例使用两种驱动装置驱动。

处于模式 1 时，主要在低速行驶状态下通过使用电动机明显降低耗油量，同时产生附加驱动力。

处于模式 2 时，在高速行驶状态下减小电动传输功率，同时提高发动机效率（通过负荷点调节）以及燃油效率。处于这种模式时，两个电动机也以不同方式工作，除了提供电动驱动助力和发电机功能外，还特别负责以最高效率划分挡位。

两种电动机运行模式都采用固定传动比。所以实际上有 7 个挡位可供使用，通过这些挡位可在保证宝马特有动力性能的同时，在车辆整个运行范围内实现完全、高效的混合动力功能。

（2）镍-氢蓄电池　它是全混合动力驱动装置最重要的组件之一，因它决定了功率和可达里程。因为这种类型的蓄电池存储容量较大且较成熟，所以目前所有宝马全混合动力车型都采用这种蓄电池，如图 5-4 所示。

图 5-3　双模式主动变速器

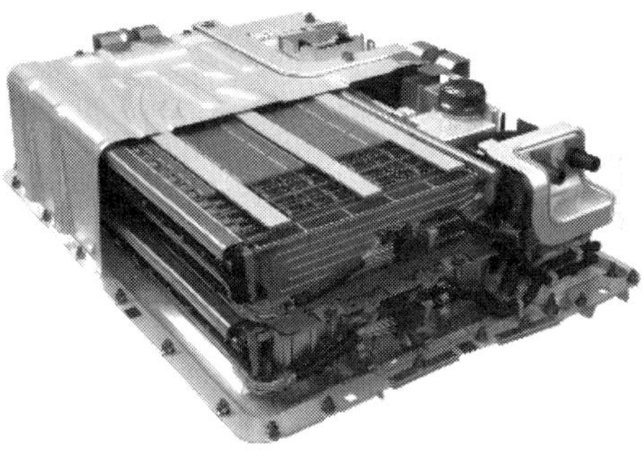

图 5-4　镍-氢蓄电池

宝马 Active Hybrid X6 使用的 288V 蓄电池质量为 83kg，容量为 2.4kW·h。高电压蓄电池通过冷却液散热，必要时还通过空调系统冷却。所以，在极端车外温度情况下，宝马 Active Hybrid X6 的蓄电池可以更加高强度地使用并实现更长久的功率输出。

（3）行驶情况

① 起步。在发动机达到运行温度且高电压蓄电池电量充足的情况下踩下加速踏板，宝马 Active Hybrid X6 就会以电动方式起步。起步时在低转速范围内采用电动机提供较高转矩。从静止状态起步时只由电动机驱动车辆，由高电压蓄电池提供所需能量。发动机仍然处于关闭状态（发动机处于运行温度）。

② 行驶。宝马 Active Hybrid X6 在行驶过程中会依据车速和蓄电池充电状态以不同比

例驱动发动机和电动机。当车速不大于60km/h时，通过纯电动方式最多可行驶2.5km；当车速更低时，则可行驶更远。这种电动行驶方式不会排放废气，而且几乎没有噪声。当在低速到中速行驶时，电动机可输出最大转矩来实现电动驱动方式，此时的发动机不在最佳范围内运行；而只有在只依靠两个电动机的功率不足以驱动车辆时，才会启动发动机。

宝马 Active Hybrid X6 电动驱动所需的电能来源于电量充足的高电压蓄电池。当高电压蓄电池电量不足时，发动机将频繁启动为高电压蓄电池充电。所以，实际上，发动机提供绝大部分驱动力，只有高电压蓄电池温度大于10℃时，才允许以纯电动方式行驶。

③ 加速。电动机的突出优势在于车辆在起步和交通信号灯处、斜坡上起步以及超车过程中急加速时，可以提供非常直接而且强大的功率输出。这种以电动机作为驱动功率使用的方式，是通过电量充足的高电压蓄电池来提供额外能量的，此功能称为助推功能。通过结合使用发动机和电动机的功率，实现与使用更大功率发动机车辆相同的行驶动力和加速度。这时电动机相当于一种“电动涡轮”，在加速过程中为发动机提供助力而且不会带来额外的燃油消耗。

④ 制动能量回收利用。松开加速踏板后，电动机的作用相当于发电机，能够产生电流，将滑行车辆的动能转化为电能。

混合动力驱动装置的主要优点是能够利用下坡行驶或制动时释放出的动能。多余动能不再转化成车轮制动器上的热能，而是通过作为发电机工作的电动机转化为电能并存储在高电压蓄电池内。这些可以之后重复应用的能量不必通过发动机产生，只需轻轻踩下制动踏板时，电动机会产生更多电流，起到发动机制动器的作用。这种功能称为能量回收利用或再生制动。只有在需要紧急制动的情况下才必须操作机械车轮制动器。

宝马 Active Hybrid X6 和宝马 Active Hybrid 7 就是利用电动机这种能量回收功能，将行驶车辆的部分动能以电能形式存储于高电压蓄电池内。高电压蓄电池较大的存储容量有利于充分发挥回收利用潜能。

⑤ 发动机节能启停功能。宝马 Active Hybrid X6 发动机节能启停功能在怠速情况下关闭发动机，比如遇到红灯或堵车时。这样能够减少 $CO_2$ 排放量并降低耗油量。高电压蓄电池在车辆静止状态下也可以为空调和车辆照明等提供所需能量。若高电压蓄电池电量不足，就会启动发动机，从而通过电动机为高电压蓄电池充电并为用电设备提供充足的电能。若车辆驶近交通信号灯，则制动过程中车辆静止前（达到规定速度时）会关闭发动机。

## 5.2 宝马 X6 混合动力发动机

(1) 冷却系统　E72 的 N63 发动机也采用两个彼此独立的冷却循环回路，其中一个用于发动机冷却，另一个用于增压空气冷却。车辆还有第三个用于高电压蓄电池的冷却循环回路，但是它并不属于发动机部分。

① 发动机冷却系统。电动辅助冷却液泵在发动机冷却循环回路中的安装位置保证在发动机静止的情况下冷却液可以经过变速器油冷却液热交换器。这样可以保证在纯电动行驶期间对变速器和两个电动机进行冷却。与使用 N63 发动机的其他车型相同，该泵在发动机关闭后仍会继续运行，以利于排出废气涡轮增压器的余热。根据具体情况这一过程可能需要15～20min。

② 增压空气冷却系统。在 E72 上，冷却液不对发动机控制单元进行冷却，而是对两个附加控制单元、供电电控箱（PEB）以及辅助电源模块（APM）进行冷却。所以对低温冷却循环回路进行了相应改进。

③ 电动冷却液泵。因为必须对额外组件进行冷却且因此会造成压力损失，只靠一个

50W 泵是无法保持所需体积流量的，所以安装了第二个 50W 的电动冷却液泵。第二个泵和第一个泵串联连接。

a. 附加 20W 冷却液泵。另一个功率（附加）为 20W 的电动冷却液泵用来补偿 APM（辅助电源模块）与 PEB（供电电控箱）间的压力损失。冷却液平行流经 APM 和 PEB。PEB 控制的电功率远远高于 APM，冷却需求也明显较高，所以 PEB 内必须拥有更多冷却面积，而这样又会造成流动阻力和压力损失较高。若不采取特殊措施，冷却液将主要经过流动阻力较低的 APM。APM 内的一个节流阀起到部分但不是完全的补偿作用。其他部分由附加 20W 冷却液泵负责。

b. 短路回路。20W 冷却液泵的另一项任务是形成一个较小的“短路回路”。车外温度较低时可以关闭两个 50W 泵，因为不需要冷却功率。PEB 后有一个温度传感器，用来进行这项调节。当然也会读取 PEB 内温度传感器的数据。

c. 电气连接。两个 50W 电动冷却液泵通过 LIN 总线连接到数字式发动机电子系统上，而车内的 20W 泵则通过一个脉冲宽度调制信号控制。

d. 继续运行。为了在关闭发动机后仍可以排放出 PEB 和 APM 的热量，三个冷却液泵均继续运行，且针对低温冷却循环回路也提供继续运行功能。

e. 温度情况。PEB 后温度传感器上的低温冷却循环回路调节温度是 65℃，自 70℃ 起开始降低 PEB 内和 APM 上的控制功率，从而降低发热量。

(2) 带传动机构　E72 最突出的特点之一是纯电动行驶方式。一般应提供助力转向和空调等功能，但因为在此运行模式下发动机处于静止状态，无法驱动转向助力泵和空调压缩机，所以这两个系统以电动方式驱动并脱离于带传动机构。因为 E72 发动机上没有传统的发电机，所以带传动机构（图 5-5）也取消了这一部件。由此可见，带传动机构设计非常简单，只有驱动发动机所需的冷却液泵。因为使用的是弹性带并用 N63 所用的滚筒式张紧系统安装，所以不需要张紧轮。弹性带依旧使用 4 肋多楔带。

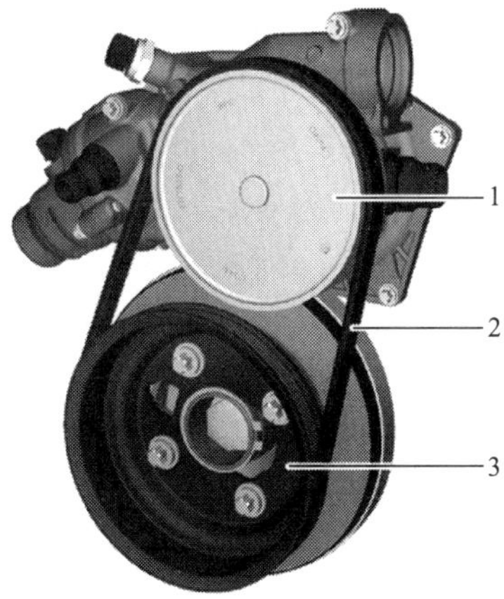


图 5-5　带传动机构

1—扭转减振器上的带轮；2—多楔带；3—冷却液泵

## 5.3 宝马 X6 混合动力主动变速器

### 5.3.1　总体组成

从驾驶员的角度而言，主动变速器共有 7 个前进挡位。在变速器内部，这 7 个前进挡位通过 4 个固定的基本挡位和具有可变传动比的两个模式实现。在 4 个固定的基本挡位中，发动机与变速器输出轴的转速比固定不变。而具有可变传动比的模式则不同，发动机和变速器输出轴的转速比可以进行连续可变调节，这种模式称为 CVT。

因为 E72 主动变速器具有两个 CVT 模式，所以通常也称为双模式主动变速器。通过集成在主动变速器内的两个电动机对传动比进行电动调节，所以这两种模式也称为 ECVT，其中“E”代表“电动”。电动机作为混合动力驱动装置的主要组成部分还用来为发动机提供支持（助力）以及回收利用制动能量。4 个固定的基本挡位与两个 ECVT 模式通过 3 个行星齿轮组和 4 个片式离合器连接。

从狭义角度而言，主动变速器主要包括 2 个电动机、3 个行星齿轮组、4 个片式离合器等部件。E72 主动变速器剖面图如图 5-6 所示。

从广义角度而言，扭转减振器、包括电动泵/机械泵和冷却循环回路在内的供油系统、电液控制模块、混合动力驻车锁等附加组件也属于整个主动变速器系统。

主动变速器组件如图 5-7 所示，其结构和手动变速器车辆所用的部件类似。在此使用一个双质量飞轮作为扭转减振器。飞轮位于内燃机和主动变速器之间。E72 的发动机不通过独立的起动机启动，但是仍然装有一般情况下与起动机嵌接在一起的齿轮。该齿轮在 E72 上只用于获取曲轴转速。

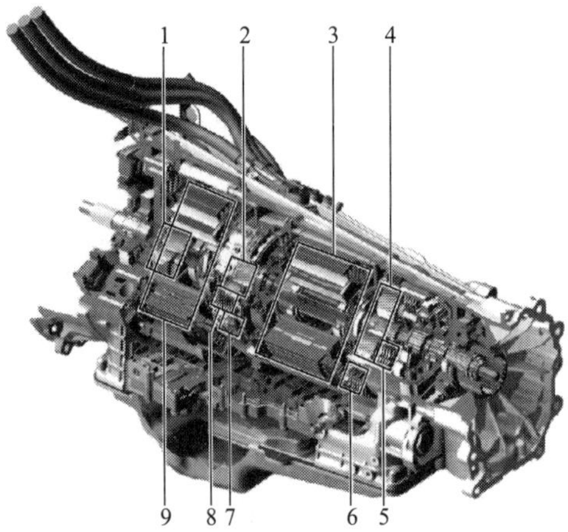


图 5-6　E72 主动变速器剖面图

1—行星齿轮组 1；2—行星齿轮组 2；3—电动机 B；4—行星齿轮组 3；5—片式离合器 2；6—片式离合器 1；7—片式离合器 3；8—片式离合器 4；9—电动机 A

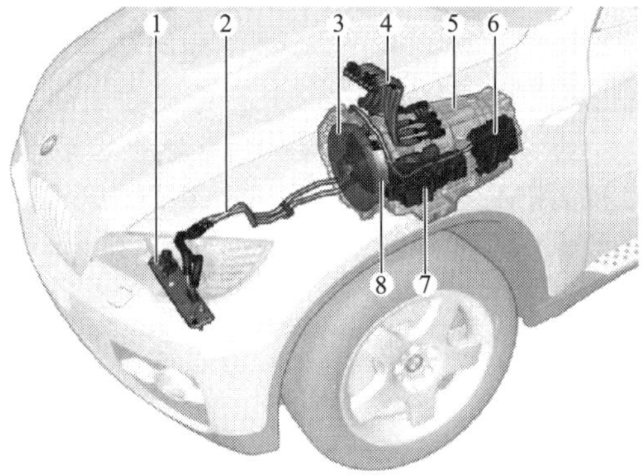


图 5-7　主动变速器组件

1—变速器油冷却液热交换器；2—变速器油管路；3—双质量飞轮；4—高电压导线；5—主动变速器壳体；6—混合动力驻车锁（直接换挡模块）；7—电液控制模块；8—电动/机械驱动式变速器油泵

虽然主动变速器没有液力变矩器，但变速器组件仍需要润滑。所以，同时也是为了操控片式离合器，在变速器输入端上安装一个机油泵，该机油泵既可通过发动机也可通过电动机驱动。同时，机油回路还用于对变速器组件进行冷却。

与当前其他自动变速器相同，混合动力电子变速器控制系统是电液控制模块的组成部分，布置在变速器油底壳内。E72 上的混合动力电子变速器控制系统简称 TCM。

与其他自动变速器不同，主动变速器的混合动力驻车锁并不是液压操控式，而是通过一个电动机操控。该电动机和相关电子控制单元集成在一个壳体内，称为直接换挡模块(DSM)，该模块安装于变速器壳体外侧。与传统自动变速器不同，主动变速器无液力变矩器。而且，主动变速器也没有顺序式手动变速器内自动操控的离合器。起步过程中，发动机转速与输出转速差异较大，需要通过电动机补偿这一转速差异。在利用发动机起步的过程中，发动机开始时只驱动两个电动机中的一个。该电动机产生电能进而驱动第二个电动机，同时产生变速器输出轴上的转矩，从而最终使车辆运动起来。

进行换挡时也需要电动机进行工作，它能够为发动机转矩提供支持并保证在片式离合器分离和接合时换挡过程舒适顺畅。只依靠电动机还不足以降低发动机的运转不平稳性，所以在发动机与变速器之间安装了双质量飞轮。

（1）电动机（图 5-8）　2 个电动机都是永磁式同步电动机，既可以作为电动机使用，也可以作为发电机使用。

电动机是高电压组件，因此通过橙色高电压导线供应能量。因为三相导线横截面较大，所以没有组合而是单独连接。

电动机的定子和转子都有变速器油经过，主要是为了进行冷却。在每个电动机定子的绕组中均装有一个温度传感器（NTC 电阻）。温度传感器的信号分析用作在绕组温度过高时降低相应电动机的转矩从而避免其过热。这种根据温度降低转矩的功能从约 160℃时起开始执行。另外，每个电动机还有一个电动机位置传感器。电动机位置传感器的信号用来实现准确的转速调节以及电动机的最佳效率控制。电动机位置传感器根据旋转变压器原理工作，在转子的一个线圈上存储规定的交流电压，定子上的线圈错开 90°，感应电压可说明转子位置。

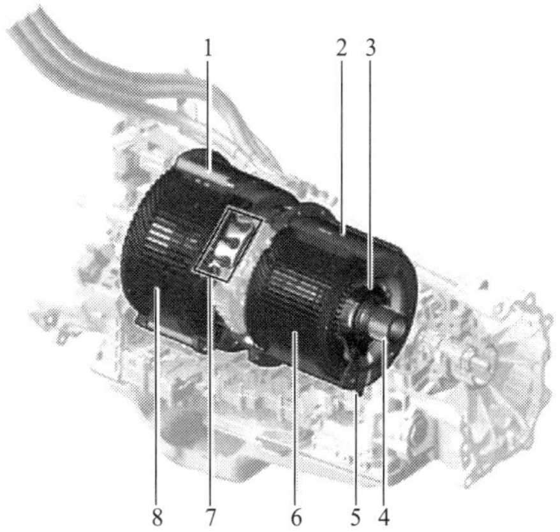


图 5-8 电动机

1—电动机 A；2—电动机 B；3—电动机 B 的转子；4—主动变速器的主轴；5—电动机 B 的电动机位置传感器接口；6—电动机 B 定子上的绕组；7—电动机 A 三相高压接口；8—电动机 A 定子上的绕组

**特别提示**

*电动机位置传感器的偏置情况必须借助一项服务功能进行和存储。更换过主动变速器或供电电控箱后必须进行这一过程。*

2 个电动机各有一个带有供电电子装置的执行机构控制单元——混合动力电动机控制装置 A 与 B（电动机控制器套件 A/B，MCPA/B），它们均安装在供电电控箱内。混合动力主控控制单元规定两个电动机的额定转矩和额定转速。混合动力电动机控制装置执行这些规定值并且产生所需的相电压。另外，它们还负责分析电动机内温度传感器和电动机位置传感器的信号。也就是说，上述在高温情况下降低转矩、调节转速以及确定电动机位置传感器偏置情况都由混合动力电动机控制装置执行。

（2）行星齿轮组（图 5-9） 主动变速器包括 3 个行星齿轮组，这些行星齿轮组也在变速器油中运动。行星齿轮组用于产生不同的基本挡位以及主动变速器内的各种状态。

（3）片式离合器（图 5-10） 片式离合器的连接部件见表 5-1。

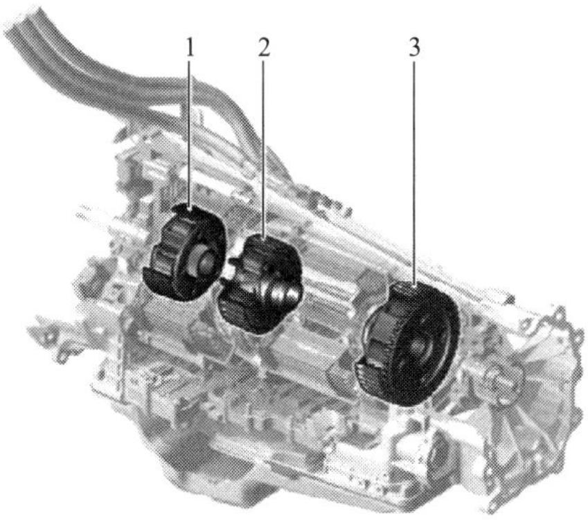


图 5-9 行星齿轮组

1—行星齿轮组 1；2—行星齿轮组 2；3—行星齿轮组 3

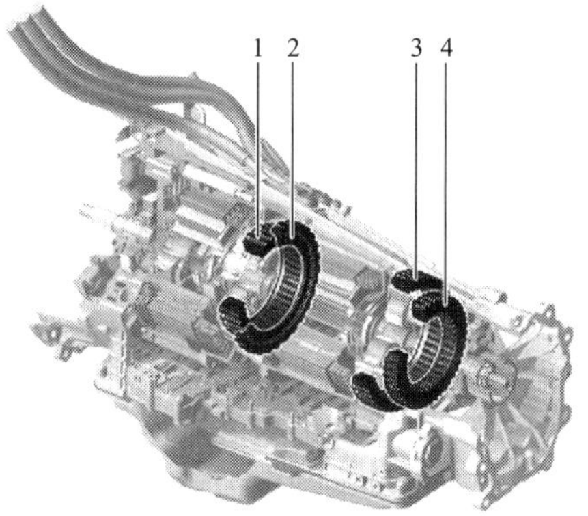


图 5-10 片式离合器

1—片式离合器 4；2—片式离合器 3；3—片式离合器 1；4—片式离合器 2

**表 5-1 片式离合器的连接部件**

| 片式离合器编号 | 连接部件 | |
|---|---|---|
| | 部件 1 | 部件 2 |
| 1 | 行星齿轮组 3 的齿轮 | 变速器壳体 |
| 2 | 变速器主轴(和行星齿轮组 3 的行星齿轮架) | 变速器输出轴 |
| 3 | 行星齿轮组 2 和 3 的太阳轮 | 变速器壳体 |
| 4 | 行星齿轮组 2 的齿轮 | 行星齿轮组 2 的太阳轮 |

通过这四个片式离合器可使主动变速器实现下列所需状态：2 个 ECVT 模式中的一个；4 个固定的基本挡位中的一个；“没有动力传输”的状态。

片式离合器以液压方式操控。通过相应控制电动机可使片式离合器在几乎没有转速差的情况下接合。所以主动变速器状态切换和换挡时几乎不会出现牵引力中断。

没有液压压力时，所有片式离合器都处于断开状态，这与空挡/驻车时的变速器状态相符。在 4 个固定的基本挡位下，始终存在 2 个片式离合器接合，其他 2 个断开。在 2 个 ECVT 模式下，始终有 1 个片式离合器接合，其他 3 个断开。

## 5.3.2 分布式功能

在既往的宝马车辆上主要由变速器电子控制系统（EGS）控制大部分变速器功能，比如换挡、摘/挂驻车锁或选择换挡模式。重要的输入信号有加速踏板操控、制动踏板操控、车辆移动信息（车速、加速度等）、发动机转速以及换挡开关操控。在此基础上选用相应的换挡模式，确定并挂入与行驶情况相符的挡位。

（1）混合动力主控控制单元的功能　混合动力主控控制单元（混合动力控制器处理器 HCP）在控制混合动力驱动装置以及主动变速器方面发挥主要作用。以下分别是对主动变速器比较重要的混合动力主控控制单元功能：分析驾驶员指令并确定挡位（P、R、N、D、S、M）；选择换挡模式；确定正确挡位；自适应变速器控制系统；计算内部片式离合器上的所需力矩；计算变速器输出端上的额定转矩。

（2）混合动力变速器控制系统的功能　混合动力变速器控制系统负责执行混合动力主控控制单元的规定值（离合器与变速器输出端上的额定转矩）。所以，与其他自动变速器的变速器电子控制系统不同，混合动力变速器控制系统不再是变速器功能的主控单元，而是一个智能型执行机构控制单元。同时，混合动力变速器控制系统仍旧执行一系列重要功能，包括控制变速器油循环回路；操控和监控片式离合器；保证对电动机进行冷却；读取并向控制单元网络提供相应主动变速器状态的传感器信号；监控变速器状态并根据需要启用应急模式；电子禁启动防盗锁。

根据冷却要求及变速器的转速，变速器油循环回路内必须设定特定压力。为了保证在发动机静止状态下也可以对该压力进行调节，混合动力变速器控制系统要求混合动力机油泵控制系统提供特定电动机油泵传动装置转速。通过控制 4 个压力阀来调整所需压力。

为了挂入所需挡位，必须让 1 个或 2 个片式离合器接合。为此，混合动力变速器控制系统控制换挡电磁阀。通过液压压力及 1 个活塞在片式离合器上产生作用力，该作用力将摩擦片压在一起，从而实现动力传输。混合动力变速器控制系统通过读取换挡电磁阀输出端上接触液压压力的压力开关信号来监控片式离合器的操控情况是否符合要求。

混合动力变速器控制系统读取输出转速、变速器油温度、驻车锁位置等传感器信号。这些传感器信号在使用单个功能的同时也通过总线系统传输给控制单元网络。混合动力变速器控制系统能够根据自身产生的控制信号以及转速传感器和压力开关的信号识别出主动变速器是否存在不允许的状态。出现这种状态时，混合动力变速器控制系统就会按照识别出的故障状态启用应急模式。这样，一方面能够延长车辆的行驶准备状态，另一方面也能够避免影响安全的情况。应急模式可能包括挂入某一固定挡位等。与其他自动变速器的变速器控制系统相同，混合动力变速器控制系统是电子禁启动防盗锁的组成部分。混合动力变速器控制系统从便捷登车和启动系统获取是否识别出有效识别发射器的信息。若没有识别出有效识别发射器，混合动力变速器控制系统就不会建立任何动力传输。

## 5.3.3 自适应变速器控制系统

E72 的混合动力驱动装置也带有自适应变速器控制功能，该功能在混合动力主控控制单元内进行计算。该功能根据例如加速踏板角度等传感器信号识别出驾驶员指令并相应调节换挡策略，从而保证尽可能舒适的驾驶过程。与使用传统宝马自动变速器时相同，共有驾驶模式、运动模式、手动模式三种模式可供选择。

处于运动模式时会充分利用混合动力驱动装置的全部动力潜能并且选择所提供牵引力储备显著高于驾驶模式的挡位。处于运动模式时也像手动模式一样，不能以纯电动方式行驶。传统宝马自动变速器的制动换低挡功能用来在长时间下坡行驶时减少行车制动器热负荷。变速器根据制动压力、减速度以及车速换入低挡从而提高发动机转速。这样还能够提高发动机制动效果，从而减少行车制动器内必须转化的能量。而在带有混合动力驱动装置的车辆上这种制动换低挡功能却可能产生相反效果，因为要以电动方式回收利用尽量多的制动能量并将其存储在高电压蓄电池内，所以要尽可能地通过电动机而较少通过发动机或行车制动器来产生制动效果。

现在使用一种与制动换低挡功能作用相反的“虚拟八挡位”功能，它能够在滑行或减速阶段降低发动机的转速和制动效果。

## 5.3.4 主动变速器的状态

主动变速器的内部状态包括没有动力传输的状态、2 个 ECVT 模式及 4 个固定的基本挡位。然后将这些内部状态分配给从驾驶员角度出发的相应挡位。图 5-11 是 E72 主动变速器的结构。

(1) ECVT1 模式　具有可变传动比的第一种模式设计用于较低车速和最大牵引力。处于该模式时可以只通过电动机 B 驱动车辆，或者只通过发动机驱动车辆，也可以通过电动机 B 和发动机共同驱动车辆。

使用发动机驱动时的传动比可通过公式“$i=$发动机转速/变速器输出轴转速”进行计算。该传动比可从 1.800 至无穷大。“无穷大”表示发动机能够运转，而变速器输出轴保持静止状态。所以可以像带有液力变矩器时一样起步。可以通过控制两个电动机的转速来调整该传动比，电动机 A 转速越高，该传动比越大。

为了实现 ECVT1 模式，在主动变速器内仅有片式离合器 1 接合，其他片式离合器都断开。以纯电动方式行驶时（图 5-12），电动机 A 转动时不会产生任何负荷，而电动机 B 则正相反。这样可使变速器输入轴和发动机保持静止状态。

采用发动机与电动机 B 混合驱动方式时（图 5-13），发动机功率分为两个部分，也可以说发动机的功率“分支”，这即为“功率分支式混合动力”术语的来源。两个部分包括机械部分直接用于驱动车辆；电气部分由于电动机 A 作为发电机使用产生电能。

发电机产生的电能能够部分或完全存储在高电压蓄电池内。电动机 B 以电动机形式吸收电能。电能完全或部分来自电动机 A 或高电压蓄电池。各能量的大小取决于各种因素，这些能量由混合动力主控控制单元随时重新计算和调节。

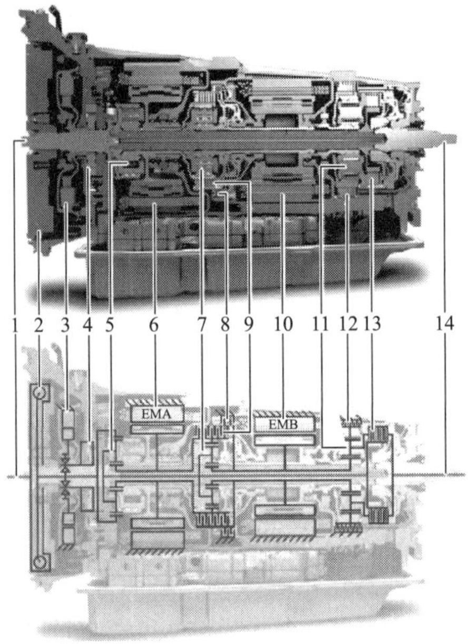


图 5-11 E72 主动变速器的结构

1—变速器输入轴；2—双质量飞轮；3—用于驱动变速器油泵的电动机；4—变速器油泵；5—行星齿轮组 1；6—电动机 A；7—行星齿轮组 2；8—片式离合器 3；9—片式离合器 4；10—电动机 B；11—行星齿轮组 3；12—片式离合器 1；13—片式离合器 2；14—变速器输出轴

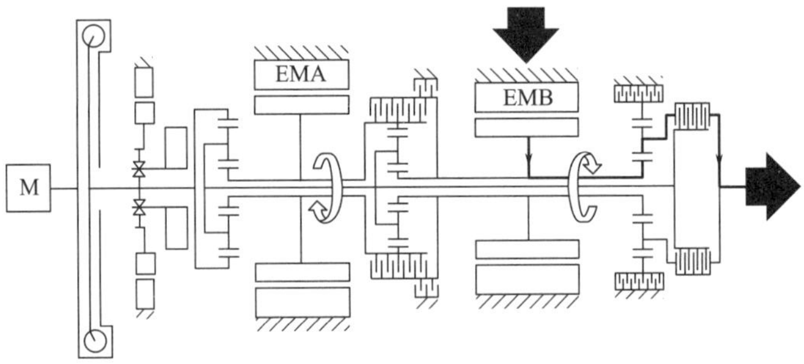


图 5-12 ECVT1 模式下以纯电动方式行驶时的动力传输

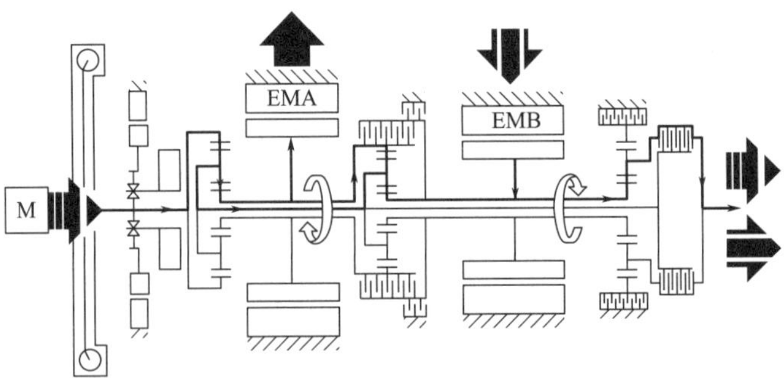


图 5-13 ECVT1 模式下以发动机和电动机混合驱动时的动力传输

（2）ECVT2 模式　与第一种模式相反，第二种模式设计用于较高车速。在 ECVT2 模式下既能够以纯电动方式行驶，也可启动发动机行驶。发动机的传动比可在 0.723～1.800

的范围内调节。与 ECVT1 模式相同，电动机转速在此也作为控制参数。根据具体数值可以看出传动比较 ECVT1 模式更小，所以适于较高车速。电动机的传动比也更小，就是说，它的有效转速范围向更高速度推移。



电动机能够给发动机提供支持或用于为高电压蓄电池充电。与 ECVT1 模式类似，通常一个电动机作为电动机运行（在此为电动机 A），另一个作为发电机运行（在此为电动机 B）。

在 ECVT2 模式下片式离合器 2 接合，其他片式离合器都断开（图 5-14）。

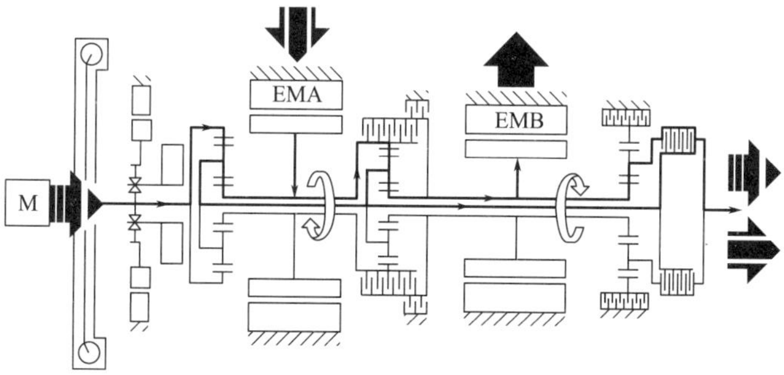


图 5-14　ECVT2 模式下的动力传输

在 ECVT2 模式下也可以通过控制能量流（考虑到总量）使高电压蓄电池充电（发动机负荷点提高）或放电（为发动机提供支持）。运行策略会在考虑最佳总效率的同时调节相应能量流。

两个 ECVT 模式的特点在于，除发动机机械驱动路径外还包括电动驱动路径。使用电动驱动路径时，发动机通过一个发电机产生电能，这些电能完全或部分通过一个电动机用于驱动车辆。这种电动驱动路径的布置方式和串联混合动力驱动装置相同。

（3）固定的基本挡位　与两个 ECVT 模式不同，对于主动变速器固定的基本挡位来说，变速器输入轴与变速器输出轴间的传动比固定不变。所以发动机转速变化时，车速也会发生相应程度的改变。

只有当发动机不在最佳效率范围内时，该固定传动比才会体现出不利的一面。但是在需要发动机高转矩的情况下，运行策略仍会选择这些范围。这时发动机效率已经处于非常好的状态。相对于 ECVT 模式而言，固定挡位的优势在于取消了电动驱动装置内的双重能量转换。因为通过一个电动机产生电能并通过另一个电动机使用电能也会引起相应损失。

处于固定的基本挡位时（除基本挡位 4 外），电动机可以无负荷旋转；作为电动机驱动，从而为发动机提供支持；作为发电机驱动，从而为高电压蓄电池充电。

处于固定的基本挡位 4 时，电动机 B 静止不动，所以只有电动机 A 可以灵活使用。

以发电机方式运行非常适合滑行阶段或车辆减速时，从而将动能转化为电能并存储到高电压蓄电池内。若忽略固定的基本挡位的不同传动比，那么主动变速器的工作状态就好像电动机与发动机安装在同一根轴上一样。这种布置方式和并联混合动力驱动装置的完全相同。

在主动变速器内通过接合 2 个片式离合器能够实现所有固定的基本挡位（图 5-15～图 5-18）。

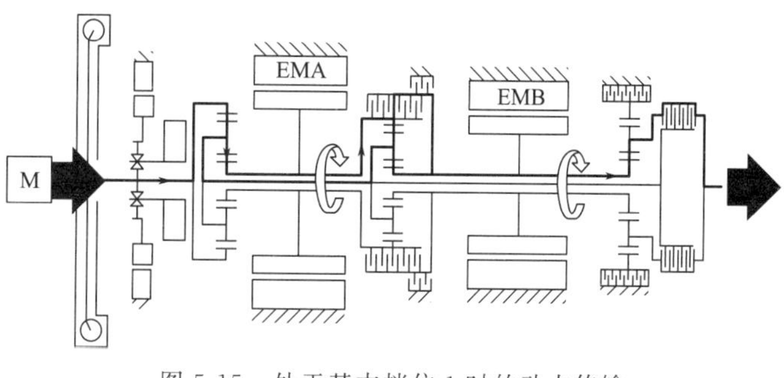


图 5-15　处于基本挡位 1 时的动力传输

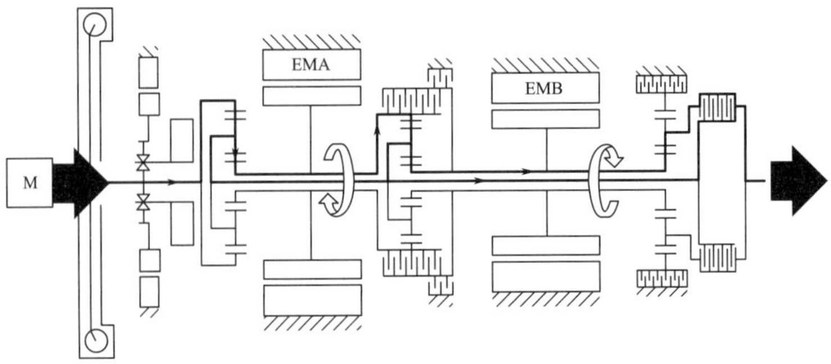


图 5-16　处于基本挡位 2 时的动力传输

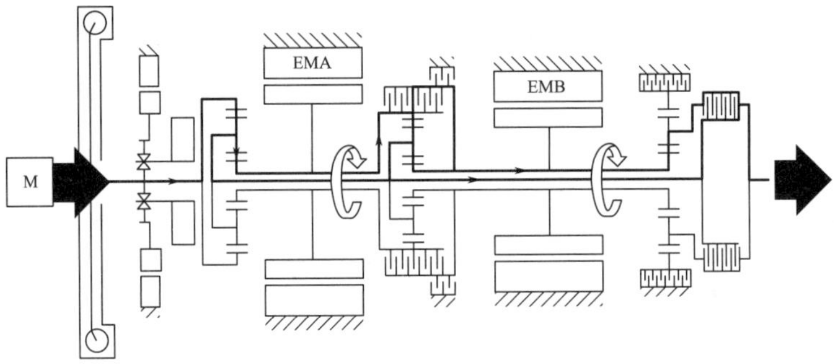


图 5-17　处于基本挡位 3 时的动力传输

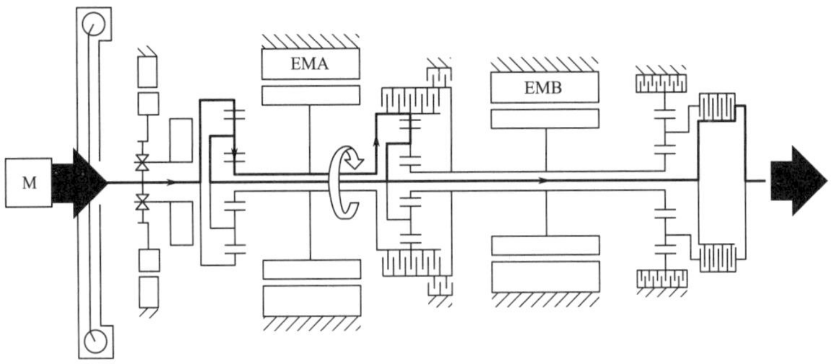


图 5-18　处于基本挡位 4 时的动力传输

（4）没有动力传输　因为在发动机与主动变速器之间没有中央离合器，主动变速器必须提供一种在变速器输入轴与变速器输出轴之间没有动力传输的状态。这样可保证在发动机自由转动的同时车辆不会移动。相反也可以保证在车轮自由滚动的同时发动机不会输出或吸收转矩。

没有动力传输的状态通过断开 4 个片式离合器来实现。发动机运转时电动机也随之运转，这时电动机不产生任何负荷，既不作为发电机也不作为电动机应用。发动机转速超过 4000r/min 时，电动机就会达到超过自身设计要求的过高转速。所以在这种变速器状态下会通过电子限速使发动机转速低于 4000r/min。

## 5.4 宝马 X6 混合动力制动系统

### 5.4.1 系统结构

（1）车内组件　混合动力制动系统由下列重要组件组成：带有传感器系统和关闭单元的

制动踏板、主动式制动助力器、真空供给装置、混合动力制动作用转换单元、动态稳定控制系统以及车轮制动器（图 5-19）。

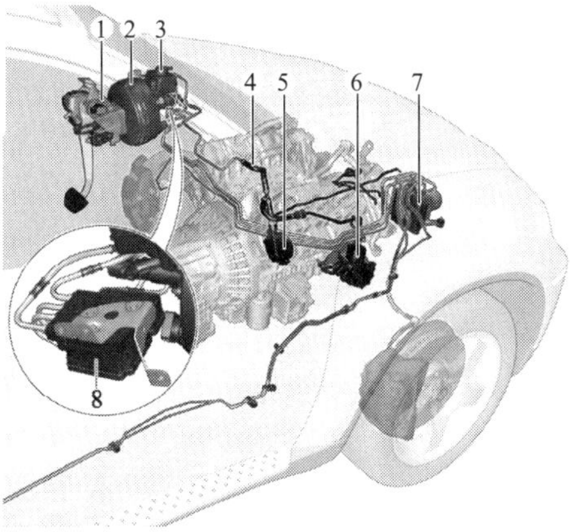


图 5-19　混合动力制动系统组件

1—制动踏板；2—主动式制动助力器；3—制动液储液罐；4—真空管路；5—机械真空泵；6—电动真空泵；7—动态稳定控制系统；8—混合动力制动作用转换单元（电子感应制动作用 SBA 单元）

（2）混合动力制动系统电路　图 5-20 所示为混合动力制动系统电路图。

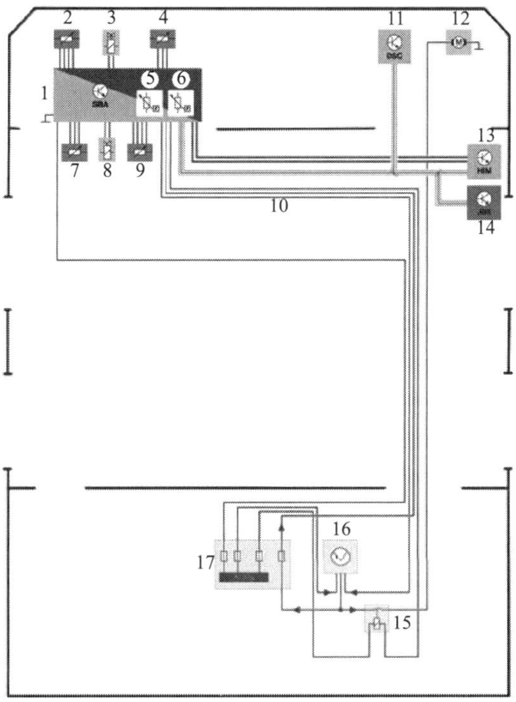


图 5-20　混合动力制动系统电路图

1—混合动力制动作用转换单元（电子感应制动作用 SBA 单元）；2—制动真空压力传感器；3—用于控制主动式制动助力器的电磁阀；4—隔膜行程传感器；5—压杆回路制动压力传感器；6—浮子回路制动压力传感器；7—关闭单元压力传感器；8—关闭单元内的阀门；9—制动踏板角度传感器；10—用于控制和监控电动真空泵的管路；11—动态稳定控制系统 DSC；12—电动真空泵；13—混合动力接口模块 HIM；14—接线盒电子装置；15—用于控制电动真空泵的电动机械式继电器；16—用于控制电动真空泵的半导体继电器；17—混合动力熔丝支架

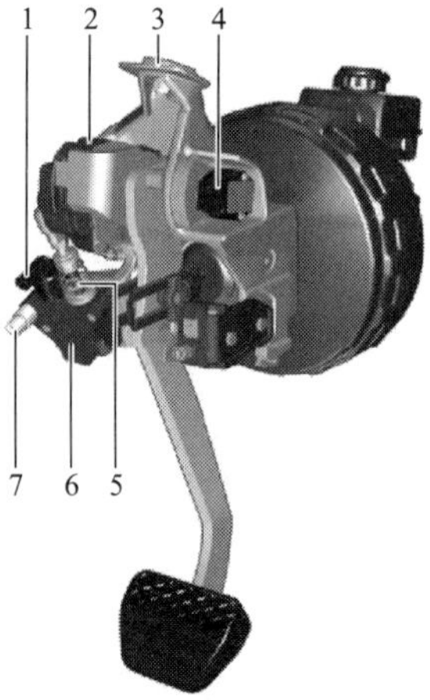


图 5-21 制动操纵机构系统组件

1—关断阀电气接口；2—制动踏板力模拟器；3—踏板支撑座；4—制动踏板角度传感器；5—活塞杆和关闭单元回位弹簧；6—关闭单元；7—关闭单元压力传感器电气接口

### 5.4.2 系统组件

（1）制动操纵机构 除制动踏板及其轴承外，制动操纵机构还包括专门用于 E72 混合动力制动系统的其他组件，如图 5-21 所示。进行维修时不能对单个部件进行单独更换，只能将包括所有组件在内的整个单元作为新部件使用。

① 制动踏板角度传感器。其固定在踏板支撑座上的制动踏板旋转轴延长线上。操作制动踏板时产生的转角通过制动踏板角度传感器转化为电信号。为此，该传感器内部安装两个霍尔传感器。这些传感器以冗余方式探测制动踏板角度。SBA 控制单元读取两个传感器的模拟信号，通过将两个信号以及与制动压力传感器信号进行对比检查信号可信度。若 SBA 控制单元识别出不能继续可靠探测制动踏板角度，就会启用传统模式并授权发出检查控制信息。

② 制动踏板力模拟器。因为在电子伺服模式下制动踏板与液压制动系统间不存在任何机械连接，在无制动踏板力模拟器的情况下，驾驶员在操作制动踏板时就不会得到任何反馈，所以制动踏板力模拟器产生这样一种作用力为驾驶员提供反馈，由制动踏板力模拟器产生的反作用力取决于操作制动踏板时的制动踏板行程。按照设计要求，作用力与行程的相互关系可保证操作制动踏板的感觉与使用传统制动系统的车辆相同。制动踏板力模拟器通过一个弹簧组合（钢板弹簧）与一个塑料块（弹性体）产生反作用力，所以它是一个以纯机械方式工作的组件。

③ 关闭单元。满足相关条件时就可以通过关闭单元结束电子伺服模式并启用传统模式。关闭单元内部由一个充满制动液的封闭液压系统构成，如图 5-22 所示。关闭单元的活塞通过一根杆和制动踏板力模拟器相连。操作制动踏板时就会在该活塞杆上产生一个作用力。

在电子伺服模式下接通液压系统时，制动液不能移动。为此使关闭单元内的关断阀通电并关闭，如图 5-23 所示。因为制动液也无法压缩，在关闭单元活塞上会产生一个非常大的反作用力。所以关闭单元的作用就像一个刚性物体，驾驶员只能感觉到制动踏板力模拟器产生的反作用力。

在传统模式下，关断阀（未通电）处于打开状态。若进行制动操作期间在关闭单元输入活塞上产生了一个作用力，制动液就会膨胀进入一个空间，在该空间内使另一个活塞在一个弹簧上产生作用力。该弹簧的反作用力远低于制动踏板力模拟器，所以制动踏板力模拟器实际上不起任何作用。这会使驾驶员在操作制动踏板时感觉好像空行程增大，直到制动踏板达到压力杆上的限位位置。

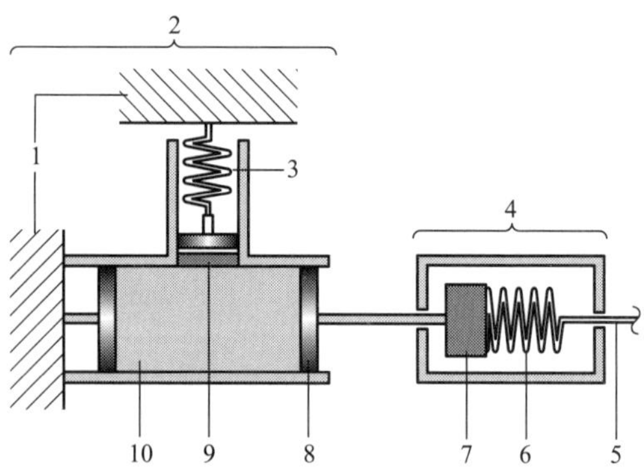


图 5-22 关闭单元和制动踏板力模拟器结构示意图

1—支撑在车身部件上；2—关闭单元；3—关闭单元内的弹簧；4—踏板力模拟器；5—与制动踏板的机械连接；6—用于在制动踏板上产生反作用力的弹簧；7—用于在制动踏板上产生反作用力的弹性塑料块；8—关闭单元内的输入活塞；9—关闭单元内的关断阀；10—制动液

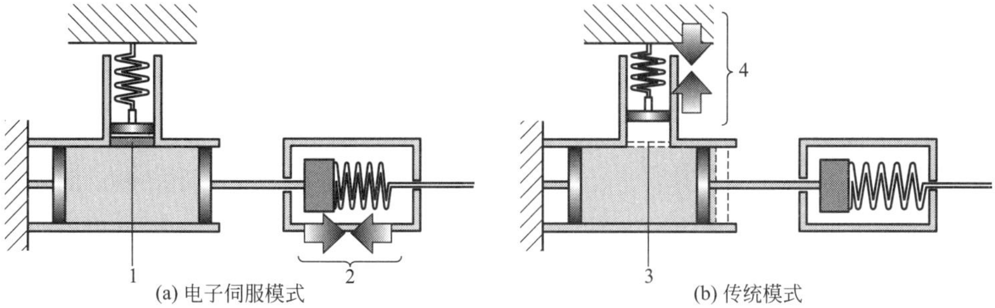


图 5-23 关闭单元状态

1—关断阀关闭；2—进行制动操作时，弹簧和弹性塑料块压在一起；3—关断阀打开；4—进行制动操作时，关闭单元内的弹簧压在一起

除关断阀外，关闭单元还有一个压力传感器。该传感器信号用来检查关闭单元或关断阀是否处于要求状态。关断阀打开时，进行制动操作时关闭单元内不允许产生压力。而关断阀关闭时则必须在进行制动操作时产生压力。每次接通总线端子时都会自动进行这项检查。混合动力制动系统开始时会保持传统模式。只有驾驶员建立起约 30bar❶ 制动压力而且传感器信号相互可信时才会启用电子伺服模式。对于驾驶员来说，这样不会存在任何功能影响，由于启动车辆后总是要通过操作制动踏板挂入行驶挡位的。多数驾驶员操作制动踏板的力度均足以达到上述制动压力限值。

SBA 控制单元分析压力传感器信号并控制关断阀。为此，压力传感器与关断阀分别通过一根 3 芯导线和一根 2 芯导线与 SBA 控制单元相连。

(2) 主动式制动助力器　E72 的制动助力器尺寸为 9.5in×9.5in❷。通过一个长孔固定制动踏板销子的叉形压杆端部是其外部显著特征，如图 5-24 所示。通过销子在长孔内移动解除制动踏板和液压制动系统的联系。这点应用于电子伺服模式。同时通过限位位置实现制动踏板和液压制动系统间的机械连接，从而满足传统模式的要求。

进行维修时可对下列组件进行单独更换：主动式制动助力器及压力杆和叉形部分；制动真空压力传感器和密封件；隔膜行程传感器。

① 电磁阀。制动助力器的主动元件是电磁阀，在电子伺服模式下由 SBA 控制单元供电，如图 5-25 所示。通过控制电磁阀可使空气进入主动式制动助力器的工作室，从而推动连杆并在制动主缸上产生作用力。所以，即使不通过驾驶员进行机械操作，也能在液压制动系统内建立制动压力。

② 隔膜行程传感器。为了对主动式制动助力器电动控制功能进行持续监控，制动助力器装有一个隔膜行程传感器。它是一个随隔膜一起运动的探针。通过该传感器信号可以清楚地发现制动液内的气泡以及液压系统泄漏情况。当隔膜行程太小无法为电磁阀供电时，SBA 控制单元分析隔膜行程传感器信号并进行监控。

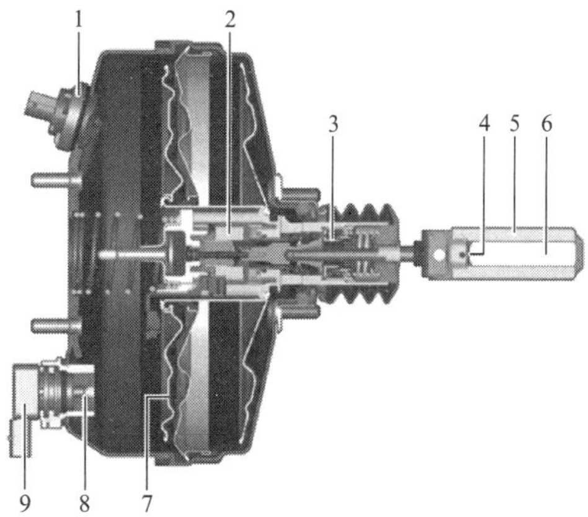


图 5-24 主动式制动助力器剖面

1—电磁阀电气接口；2—电磁阀（用于电动操作）；3—传统阀（用于机械操作）；4—限位位置；5—叉形压杆端部；6—长孔；7—隔膜（未显示隔膜行程传感器）；8—制动真空压力传感器；9—制动真空压力传感器电气接口

❶ 1bar=0.1MPa。

❷ 1in=25.4mm。

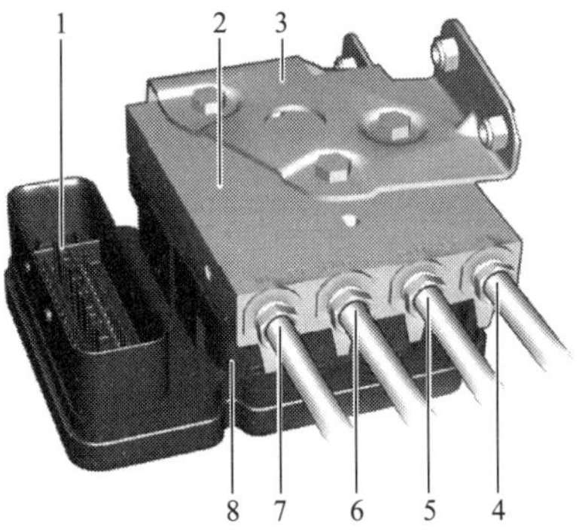


图 5-25　SBA 控制单元

1—电气接口；2—液压部件；3—固定支架；4—后部制动回路制动管路接口，由制动主缸输入；5—后部制动回路制动管路接口，输出至 DSC 单元；6—前部制动管路接口，输出至 DSC 单元；7—前部制动管路接口，由制动主缸输入；8—电子控制单元

若识别出故障，SBA 控制单元就会结束电子伺服模式并切换为传统模式，并授权发出一条检查控制信息。

③ 制动真空压力传感器。无论在电子伺服模式还是传统模式下，均需通过制动真空压力来增大制动力。所以在制动助力器内装有冗余设计的制动真空压力传感器。SBA 控制单元通过该传感器信号持续监控准备提供的制动真空压力。若制动真空压力过低，就会控制电动真空泵。SBA 控制单元发现制动真空压力供应问题时就会要求数字式发动机电子系统启动内燃机。内燃机运转时，机械真空泵也会随之工作，从而保证制动真空压力供应。

(3) 混合动力制动作用转换单元　混合动力制动作用转换单元指的是由控制单元和液压单元构成的单元，它又称为电子感应制动作用 SBA 控制单元。

SBA 控制单元沿行驶方向设置在制动助力器左侧，进行维修时只能将其作为一个单元更换。

SBA 控制单元对制动控制执行主控功能。它检测驾驶员的制动要求，将整个制动力矩划分为能量回收部分和液压部分。为此，SBA 控制单元带有下列电气接口：制动踏板角度传感器、关闭单元关断阀、关闭单元压力传感器、制动助力器内的电磁阀、制动助力器内的隔膜行程传感器、制动助力器内的制动真空压力传感器、电动真空泵（控制和监控）、供电、总线系统 PT-CAN 与 H-CAN 2。

为了实现能量回收部分功能，SBA 控制单元通过混合动力 CAN2、混合动力接口模块与混合动力 CAN 及混合动力主控控制单元进行通信。液压部分功能由 SBA 控制单元通过直接控制制动助力器内的电磁阀来实现。和所有对液压制动系统进行干预时的情况一样，DSC 控制单元也是 SBA 控制单元的一个重要通信设备。

(4) 电动真空泵　以纯电动方式行驶期间，内燃机处于静止状态，所以也不会驱动机械真空泵。为了在此期间同样保证提供制动真空压力，E72 上安装一个附加电动真空泵。该真空泵安装在行驶方向右侧发动机室内的曲轴箱前端，如图 5-26 所示。

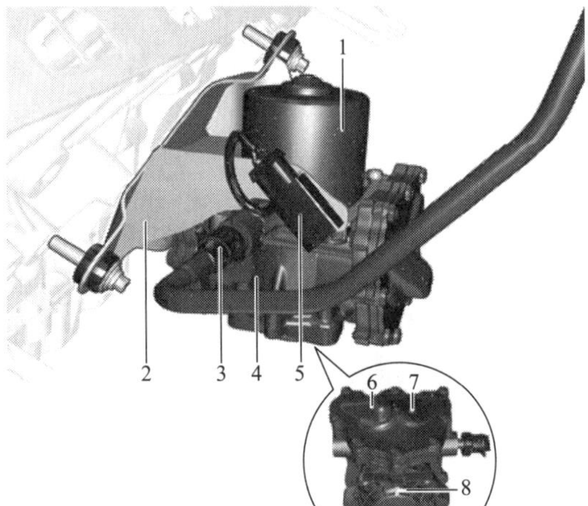


图 5-26　电动泵安装位置

1—电机壳体；2—固定支架；3—真空管路接口；4—泵元件壳体；5—电气接口；6—输出阀盖；7—输入阀盖；8—输出孔

泵元件是一个双膜片泵。其内部结构基本对称，所以两个端面上分别带有一个输入阀和一个输出阀，根据壳体盖板的形状能够识别出这两个阀门。泵输入端和真空管路相连，真空泵通过输入端吸入空气并产生真空压力，吸入的空气经壳体盖板上的输出孔向外输送。进行维修时，只能将电动真空泵作为整个单元进行更换。

电动真空泵的电机由 SBA 控制单元和两个继电器供电，一个电动机械式继电器设置在行李厢凹槽内第二个 12V 蓄电池右侧，如图 5-27 所示，一个半导体继电器设置在右侧尾灯附近，如图 5-28 所示。

用来控制电动真空泵的两个继电器串联连接。在正常运行模式下，SBA 控制单元从总线端 Kl. 30g 起就会接通电动机械式继电器，如图 5-29 所示。但是电动真空泵的实际接通和关闭由半导体继电器负责。它具有可使换挡过程无磨损、无噪声的优点。

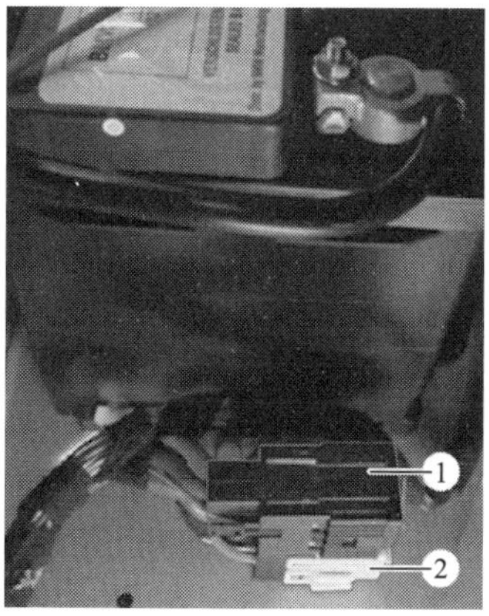


图 5-27 电动机械式继电器的安装位置

1—混合动力负荷继电器；

2—电动真空泵的电动机械式继电器

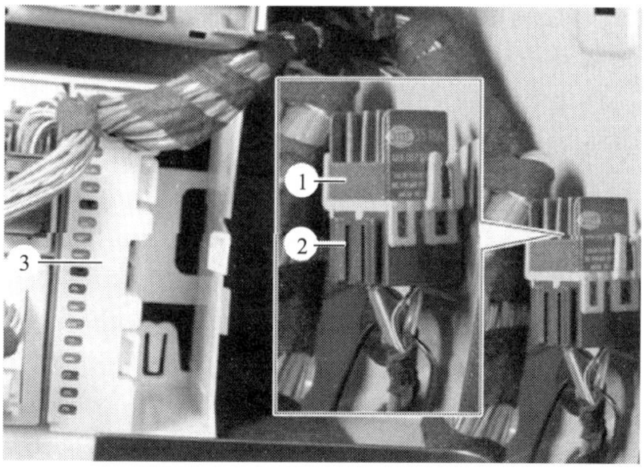


图 5-28 半导体继电器的安装位置

1—带有散热器的半导体继电器；2—半导体继电器插头；

3—混合动力附加熔丝支架

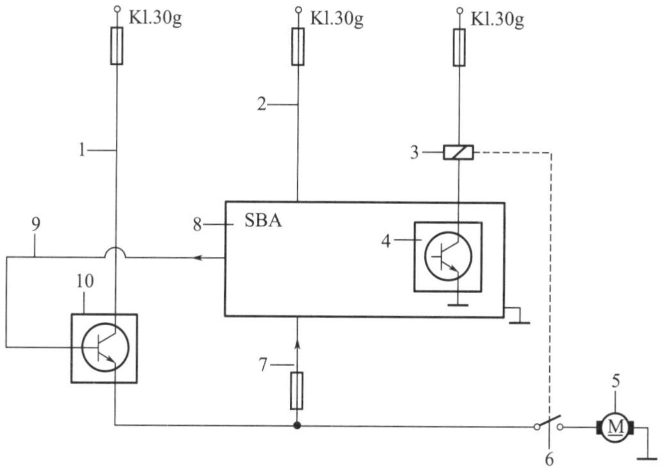


图 5-29 电动真空泵的操控

1—真空泵电机供电导线；2—SBA 控制单元供电导线；3—用于控制电机的电动机械式继电器；4—用于接通电动机械式继电器的晶体管；5—真空泵电机；6—电动机械式继电器的开关触点；7—监控导线；8—SBA 控制单元；9—半导体控制导线；10—半导体继电器

此处所用的半导体也设计用于整个车辆使用寿命期间。但是若半导体部件损坏，必须采取措施以保证混合动力制动系统可以继续可靠运行，其运行故障见表 5-2。

**表 5-2 半导体部件运行故障**

| 故障原因 | 故障影响 | 混合动力制动系统的响应 |
| --- | --- | --- |
| 半导体一直像断路一样 | 无法再接通电动真空泵 | SBA 控制单元要求启动内燃机，随后通过机械真空泵提供制动压力 |
| 半导体一直像短路一样 | 无法再关闭电动真空泵 | SBA 控制单元断开电动机械式继电器，同时启动内燃机 |

若内燃机启动后可以通过机械真空泵正常提供制动真空压力，即使发生电动真空泵故障，混合动力制动系统也会保持在电子伺服模式下。否则，混合动力制动系统就会切换为传统模式。

SBA 控制单元可以通过半导体输出端和电动机械式继电器开关触点间分出的监控导线识别出部件故障。SBA 控制单元测量该监控导线上的电压并将其和所需切换状态决定的期望值（继电器接通或关闭）进行比较。SBA 控制单元依照内燃机是否运转以及制动助力器上制动真空压力测量值的信息控制按需接通或关闭电动真空泵。制动真空压力过低时就会接通电动真空泵。

（5）动态稳定控制系统　E72 动态稳定控制系统的硬件结构与 E70 或 E71 相同，但是软件功能范围必须针对混合动力制动系统的系统网络进行相应调整。在此简要列出了相关调节：提供液压制动助力；在能量回收式制动期间控制分动器内的片式离合器；分析行驶状态稳定性，并以总线电码形式提供。

## 5.4.3 系统功能

（1）分布式功能　混合动力制动系统实现制动要求如图 5-30 所示。

基本上，SBA 控制单元是混合动力制动系统的主控控制单元。它控制从探测制动要求直到控制制动系统执行机构的所有过程。能量回收式制动的执行机构是传动系统——通过供电电控箱控制电动机使其以发电机方式工作。为了使其可以产生电能，必须以机械方式对其进行驱动。电动机吸收作用在传动系统上的制动力矩。在减速度最高为 3m/s$^2$ 的情况下，若制动力矩只作用在后桥上，就会导致不稳定的行驶情况出现。所以进行能量回收式制动时，分动器内的片式离合器也会接合。随后，前桥和后桥达到相同转速，进而为制动力矩在 2 个车桥上的平均分配创造前提条件。在这种“电子伺服模式”下会尽量回收利用制动能量，即通过第一个电动途径输送。仅在减速度高于 3m/s$^2$ 或混合动力驱动装置不能转化所有制动能量时，才会针对剩余能量使用传统行车制动器。为此，SBA 控制单元控制主动式制动助力器。后者产生作用于 2 个制动回路的制动压力，制动压力通过动态稳定控制系统传输到 4 个车轮制动器上。

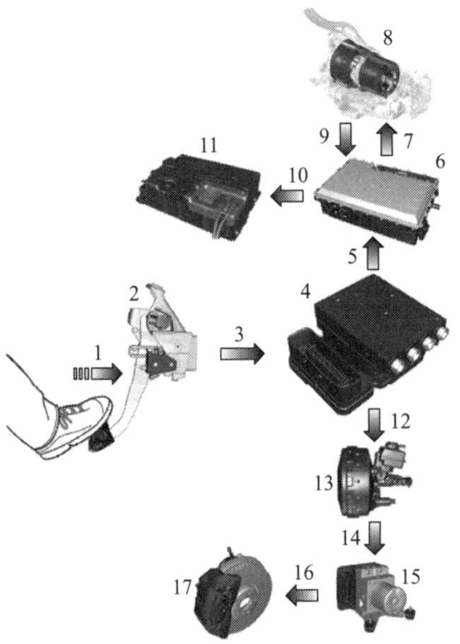


图 5-30　混合动力制动系统实现制动要求

1—踩下制动踏板（作用力，行程）；2—制动踏板单元；3—以电动方式传输制动要求；4—混合动力制动作用转换单元（电子感应制动作用 SBA 单元）；5—能量回收部分的规定值；6—供电电控箱；7—使电动机以发电机形式受控；8—主动变速箱内的电动机；9—由电动机产生的电能；10—有待存储的电能；11—高电压蓄电池；12—对制动助力器内的电磁阀进行电气控制；13—主动式制动助力器；14—2 个制动回路内的液压压力；15—动态稳定控制系统；16—传输至车轮制动器的制动管路内的液压压力；17—4 个车轮制动器

只有在故障情况或特殊情况下才会提供应急功能，这时 SBA 控制单元不再执行主控功能。例如在不稳定的行驶情况下，动态稳定控制系统就会执行主控功能，继而以高优先级使车辆稳定下来。这时无法继续进行能量回收式制动。能量回收式制动所需的某一组件失灵或供电失灵时，混合动力制动系统就会由电子伺服模式切换成传统模式。在传统模式下会使制动踏板和行车制动器

重新建立起机械连接。这样可使车辆通过传统液压制动系统进行可靠减速。

(2) 电子伺服模式　在电子伺服模式下的制动操纵如图 5-31 所示。混合动力制动系统在接通供电后对电子伺服模式正常工作所需的所有系统组件进行自检。顺利结束自检后就会开启电子伺服模式。否则，混合动力制动系统就会维持传统模式。

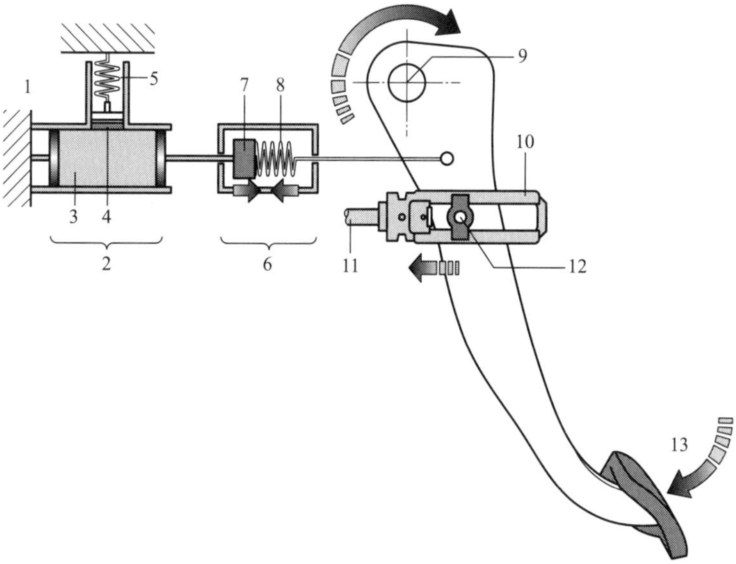


图 5-31　在电子伺服模式下的制动操纵

1—支撑在车身部件上；2—关闭单元；3—制动液；4—关闭单元内的关断阀关闭；5—弹簧；6—踏板力模拟器；7—用于在制动踏板上产生反作用力的弹性塑料块；8—用于在制动踏板上产生反作用力的弹簧；9—制动踏板旋转轴；10—叉形压杆端部；11—压杆（连接制动助力器）；12—销子；13—驾驶员操作制动踏板

在电子伺服模式下，制动踏板和制动助力器的机械连接断开。SBA 控制单元通过制动踏板角度传感器分析出驾驶员的制动要求。根据行驶情况及混合动力组件状态将制动要求划分为能量回收部分和液压部分。

SBA 控制单元为此向混合动力主控控制单元发送一个规定值用于实现能量回收部分功能。混合动力主控控制单元随后通过混合动力电动机控制装置控制单元 A 和 B 执行该规定值。

由电动机通过此种方式产生的电能存储在高电压蓄电池内。在此也有供电电控箱控制单元的参与（改变电压和电流强度）。

为了实现液压部分功能，SBA 控制单元使主动式制动助力器内的电磁阀供电，这样能够使空气流入工作室内并且通过真空压力在制动主缸内的活塞上产生作用力，从而将压杆拉入制动助力器内，插入压杆叉形端部的制动踏板销不会碰到机械限位位置，所以不会在操作制动踏板时产生反作用力。

踏板力模拟器会产生反作用力，所实现的作用力传递和传统制动系统基本相同。在电子伺服模式下，关闭单元的作用就如同一个刚性元件，密闭在其中的制动液无法被压缩。在这种状态下，制动液也无法溢出到带有弹簧的膨胀室内，因为膨胀室被一个电磁阀封住。

(3) 传统模式　在传统模式下的制动操作如图 5-32 所示。传统模式是混合动力制动系统的基本机械模式。在该模式下会导致制动踏板与制动助力器重新建立起机械连接，所以驾驶员可以像在带有制动助力装置的传统车辆上一样在液压制动系统内产生一个制动压力并能让车辆可靠减速。在传统模式下无法进行能量回收式制动，全部制动力都由液压制动系统提供。

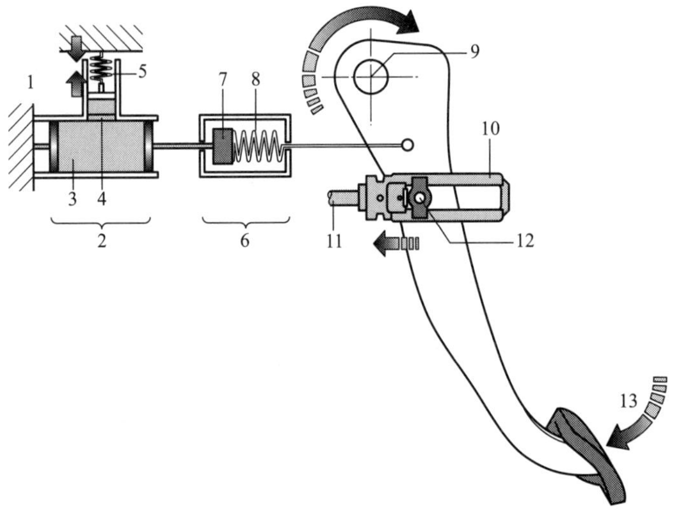


图 5-32 在传统模式下的制动操纵

1—支撑在车身部件上；2—关闭单元；3—制动液；4—关闭单元内的关断阀打开；5—弹簧；6—踏板力模拟器；7—用于在制动踏板上产生反作用力的弹性塑料块；8—用于在制动踏板上产生反作用力的弹簧；9—制动踏板旋转轴；10—叉形压杆端部；11—压杆（连接制动助力器）；12—销子处于限位位置；13—驾驶员操作制动踏板

驾驶员在传统模式下操作制动踏板时，主动式制动助力器内的电磁阀不会受控工作。这时压杆不会移动。所以在操作制动踏板期间，销子与压杆端部限位位置间的间隙闭合并建立起上述机械连接。从驾驶员的角度而言，这表明空行程增大，驾驶员几乎不会感觉到任何反作用力，直到销子到达限位位置。可以这样解释：在传统模式下，关闭单元内的电磁阀打开，导致关闭单元内的制动液可以向上方空间流动，那里有一个移动活塞将克服弹簧力向上移动；关闭单元内弹簧产生的反作用力显著低于踏板力模拟器内的弹簧，所以在这种情况下，踏板力模拟器内的弹簧根本不会压缩，也可以说踏板力模拟器在这里不起任何作用，仅有的反作用力来源于关闭单元内的弹簧，而且该作用力非常小。

若内部监控功能发现可导致不能继续在电子伺服模式下可靠运行的故障，就会自动启用传统模式。识别出下列故障时就会启用传统模式：踏板角度传感器失灵；关闭单元内的压力传感器失灵；关闭单元内的电磁阀无法正常工作；隔膜行程传感器失灵；主动式制动助力器内的电磁阀失灵；真空供给装置失灵；真空压力传感器失灵；SBA 控制单元或供电失灵；SBA 单元内的压力传感器失灵；SBA、DME 和 HCP 间的通信受到干扰。通过亮起警告灯并发出检查控制信息告知驾驶员进入传统模式。

（4）特殊情况

① 液压制动。E72 的混合动力制动系统可在特殊情形下通过液压制动助力为驾驶员提供支持。这些特殊情况包括两种模式。

a. 电子伺服模式，达到制动助力器的控制点。位于制动助力器控制点时，制动助力器达到最大制动助力。不用任何附加措施驾驶员即可进一步提高制动压力，而且只有在显著提高制动踏板上作用力的情况下才会完成减速。达到控制点时，SBA 控制单元确定额外所需液压制动助力并且向 DSC 控制单元发送规定值。后者通过液压方式建立起附加制动压力，从而在超过控制点的范围内也能够为驾驶员提供最佳支持。

b. 传统模式，达到制动助力器的控制点。在此模式下同样通过液压方式建立起附加制动压力。但在传统模式下是通过 DSC 控制单元进行独立控制，而不是像电子伺服模式那样通过 SBA 控制单元进行控制。

传统模式下制动助力器失灵时，驾驶员必须在没有制动助力支持的情况下在制动系统内产生液压压力。这时制动踏板上的所需作用力虽然仍在法规要求范围内，但是对于驾驶员而言却异常高。出现此故障情况时，混合动力制动系统也会为驾驶员提供支持。DSC 控制单元通过制动主缸内的压力测量值计算出驾驶员的制动要求。将该数值乘以一个增益系数后得出一个附加制动压力。DSC 通过液压单元建立起该附加制动压力。和前面介绍的两种助力方式不同，在此注重的不是制动舒适性而是车辆的稳定减速性。

② 制动辅助。在所有当前宝马车辆上均可以通过动态稳定控制系统的一项功能为驾驶员在紧急制动情况下提供支持，这即是动态制动控制系统（DBC）。动态制动支持（DBS）子功能根据制动压力建立速度和制动压力大小识别出是否发生紧急制动情况。超过规定限值时，DSC 液压单元就会建立起附加制动压力直到达到最大减速度。

在 E72 上以各种方式为紧急制动情况提供支持。SBA 控制单元对制动踏板操控速度及制动要求强度进行分析。若超过控制单元内的存储限值，SBA 控制单元就会在该紧急制动情况下提供支持。它计算出一个增益系数，用其乘以驾驶员的制动要求。按照计算得出的规定压力控制主动式制动助力器内的电磁阀。也就是说，E72 的制动辅助系统并非通过液压方式而是通过气动方式进行工作。若 SBA 控制单元计算得出的规定压力大于制动助力器的控制点，还会提供额外液压支持。

## 5.5 宝马 X6 混合动力电动转向系统

### 5.5.1 系统组成

E72 电动机械式助力转向机械组件如图 5-33 所示。EPS 转向系统由转向力矩传感器、EPS 控制单元、带有电机位置传感器的电机、减速器、齿轮齿条式转向器等主要部件组成。

E72 电动机械式助力转向电气组件如图 5-34 所示。

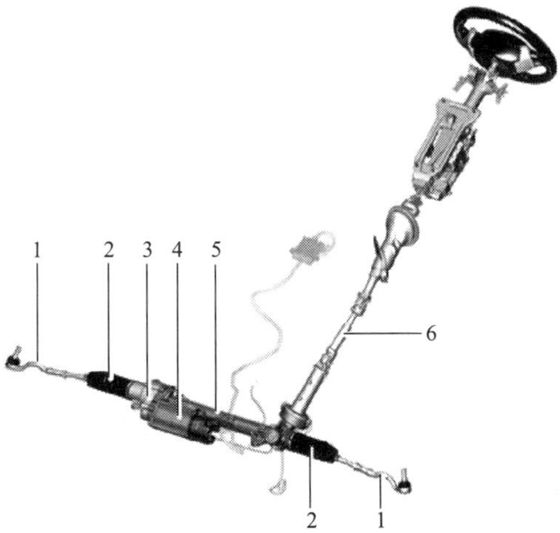


图 5-33 机械组件

1—转向横拉杆；2—橡胶防尘套；3—减速器；4—带有电机位置传感器的电机；5—齿轮齿条式转向器；6—转向柱

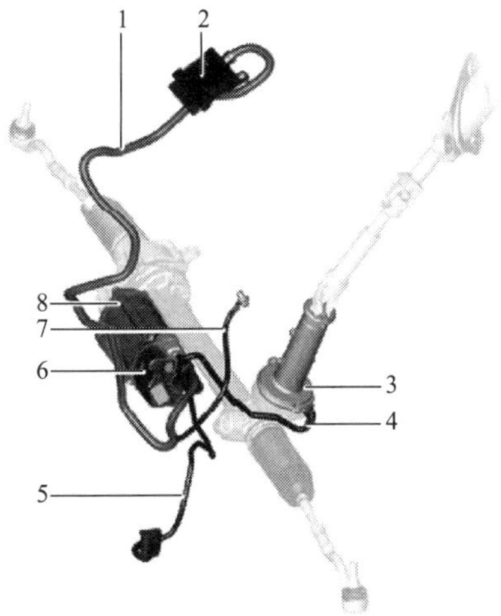


图 5-34 电气组件

1—用于为电动机械式助力转向系统供电的正极导线；2—发动机室配电盒（14V 发动机室）；3—转向力矩传感器；4—转向力矩传感器与 EPS 控制单元间的连接导线；5—EPS 控制单元与车辆导线束间的连接导线；6—EPS 控制单元；7—用于为电动机械式助力转向系统供电的负极导线；8—带有电机位置传感器的电机

## 5.5.2 系统功能

（1）根据车速控制转向助力 电动机械式助力转向系统通过纯软件功能实现由车速控制转向助力（图 5-35）。EPS 根据有关车速以及驾驶员转向力矩的输入信号在低速行驶时提供较大转向助力，这样可以在例如移动车辆或停车入位等情况下提高行驶舒适性，而高速行驶时则要求转向设计不灵敏，从而保证更易于保持行驶方向。EPS 在高速行驶时降低转向助力，从而要求驾驶员施加较大转向力矩，这样能够降低在高速情况下突然操纵转向盘的风险。

驾驶员施加的转向力矩较小时，EPS 的助力力矩设置也会相应减小，这样可以达到出色的自动定中心效果，也就是在直线行驶位置时转向系统不过于敏感。驾驶员施加的转向力矩较大时，就会通过 EPS 得到所需较高助力。所有特性曲线间的过渡均是循序渐进的，所以驾驶员不会受到任何转换过程的干扰。

（2）转向盘主动回位 在带有液压助力转向系统的车辆上仅能通过车桥运动学使转向盘回到直线行驶位置，如图 5-36 所示。电动机械式助力转向系统通过控制电机为转向盘回位提供主动支持。为此，EPS 使用下列输入信号：车速、驾驶员施加的转向力矩、转向角和转向角速度。

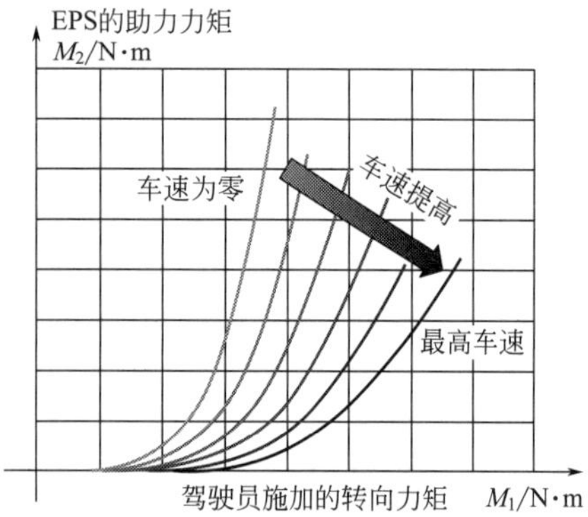


图 5-35 根据车速控制转向助力

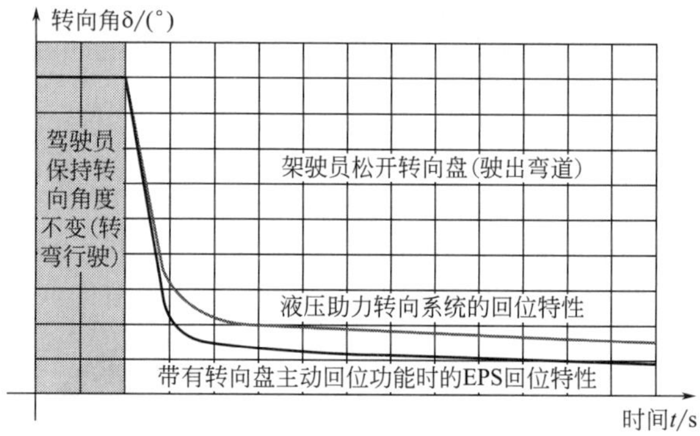


图 5-36 不同转向系统的回位特性

只要驾驶员在驶出弯道时松开转向盘就会实现转向盘主动回位。EPS 根据输入信号识别出这种情况转向角不为零，且驾驶员施加的转向力矩几乎为零。之后通过控制电机形成回位力矩。回位力矩可使转向盘平稳移动直到接近直线行驶位置。

电动机械式助力转向系统能够比液压助力转向系统更迅速、更准确地返回到直线行驶位置上。这点适用于所有宝马应用的电动机械式助力转向系统，因为这些系统全部包括“转向盘主动回位”功能。

（3）主动缓冲 需要加以缓冲的转向盘自行移动可能是因为驾驶员无意间的脉冲式转向动作或路面、车轮干扰而造成的。E72 的电动机械式助力转向系统能够对这两种情况进行缓冲。这点通过 EPS 齿轮齿条式转向器的机械特性完成，通过减速器和电机惯性间的大传动比可以对不希望出现的转向盘运动进行机械缓冲。另外，EPS 还带有主动缓冲功能。

EPS 通过分析电机位置传感器信号判断出驾驶员未施加转向力矩情况下的齿条移动。EPS 以较高频率控制电机，从而消除这些不希望出现的移动情况。这是克服路面或车轮干扰的有效措施。

尤其在高速行驶时，驾驶员无意间的脉冲式转向盘转向动作会对车辆稳定性产生不利影响。车辆可能会发生左右摆动并失去控制。EPS 识别出这种脉冲式转向盘转向动作并控制电机，从而对其进行充分缓冲，如图 5-37 所示，可防止车辆左右摆动。

（4）特殊情况

① 软件功能形式的限位位置。在即将到达机械限位位置前，EPS 以坡度曲线形式降低转向助力，这样能够明显使转向到限位位置的动作更加平稳，因为已经事先提高了阻力，所以到达限位位置时不会过于突然，而且还能够降低组件的机械负荷。

② 出现故障时关闭功能。研发目的是要通过电动机械式助力转向系统可靠提供转向助力，并在出现故障的情况下仍保证这项功能正常。例如某一传感器信号失灵时，可能会使用一个冗余信号或一个计算值代替。但是若出现影响电机可靠操控的故障，则必须停止转向助力。这样虽然会使驾驶员施加的转向力矩显著增大，但重要的是能够防止电机故障操控。电机在没有通电的情况下自由转动。

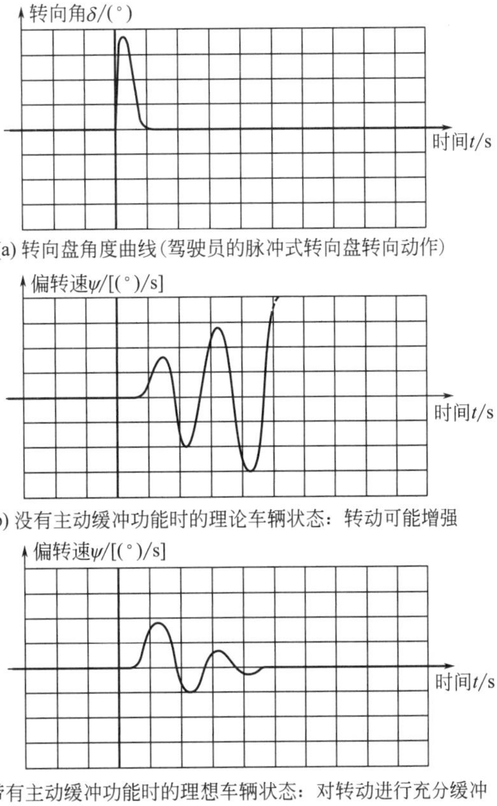

(a) 转向盘角度曲线（驾驶员的脉冲式转向盘转向动作）

(b) 没有主动缓冲功能时的理论车辆状态：转动可能增强

(c) 带有主动缓冲功能时的理想车辆状态：对转动进行充分缓冲

图 5-37 通过 EPS 对脉冲式转向盘转向动作进行缓冲

**特别提示**

发生故障时转向助力消失是一种预定的 EPS 系统响应特性。虽然驾驶员可能会对这种特性感觉有些意外，但只要加大控制力量就可一直保证车辆转向性能不受影响。

图 5-38 转向系统警告灯

发生这种故障情况时，组合仪表内的警告灯就会点亮，如图 5-38 所示。同时通过一条检查控制信息提醒驾驶员注意故障情况。

③ 防止过载。当 EPS 组件温度过高时，EPS 就会采取干预措施，为此启用 EPS 控制单元内所装温度传感器的信号和一个计算模型。计算模型分析电机耗电量，并由此判断绕组温度评估值。

识别出温度较高时，EPS 控制单元就会采取如下保护措施。

a. 使用风扇。根据温度会要求接通风扇或逐渐加快风扇转速。为此，EPS 控制单元向数字式发动机电子系统发送总线电码。之后数字式发动机电子系统以相应转速挡接通风扇。

b. 降低功率。EPS 控制单元根据温度减小电机功率。这样可以减少 EPS 自身产生的热量，从而防止温度继续升高。另外还可以减小转向助力。当驾驶员可以察觉出温度升高时，组合仪表内的警告灯也会亮起。

环境温度较高且转向动作猛烈时，特别是在车辆静止的情况下，可能会发生这种过载现象，但大多数驾驶员不会经历这种例外情况。

当驾驶员试图使前车轮转向某个坚实障碍物时（例如路沿），可能会出现另外一种过载现象。若在较短时间间隔内反复出现这种情况，也会减小转向助力。这样不只可以保护

EPS 组件，而且还能提醒驾驶员正在转向一个坚实障碍物。EPS 通过比较电机控制信号以及电机位置传感器信号识别出这种情况。

### 5.5.3 系统组件

（1）转向力矩传感器　其布置在转向柱下部与 EPS 齿轮齿条式转向器间的接缝位置处。它向 EPS 控制单元提供驾驶员指令及驾驶员施加在转向盘上的力矩。EPS 控制单元根据转向盘上的力矩（以及其他输入参数）控制转向助力的大小。

转向力矩通过转向杆的扭转来确定。转角由两个霍尔传感器元件进行测定。这样就有一个冗余信号可供使用，所以即使在某一传感器元件失灵的情况下仍可继续应用 EPS 功能。

（2）带有电机位置传感器的电机　电机的主要任务是产生 EPS 控制单元计算的力矩，从而提供所需转向助力。这是一种同步电机，必须采用三相交流电压驱动。该电压必须由 EPS 控制单元通过 14V 车载网络的直流电压生成。与 EPS 齿轮齿条式转向器的其他组件一样，该电机的设计使用寿命也和车辆使用寿命相同。它可以在较大转速范围内提供恒定力矩，所以可使转向助力不受转向角速度的影响保持不变。效率较高是同步电机的典型特点。

电机的短时最大耗电量电流可达 120A，但该电流强度只以极短的脉冲形式出现，故正极导线的保险装置使用 100A 熔丝即可。EPS 峰值功率约为 1.5kW，而且更重要的是，平均电功率低于 50W。该平均值较低是由于只有在转向期间而非直线行驶或是以恒定转向角行驶期间需要转向助力，而且在绝大多数情况下，车辆均处于直线行驶状态。EPS 平均功率消耗极低是其帮助降低耗油量的原因所在。电机位置传感器直接固定在电机轴上。EPS 控制单元可通过该传感器测定转子的准确位置及转速。电机位置传感器根据霍尔效应进行测量一个带有永久磁铁的轮子在霍尔传感器元件旁转动。

（3）EPS 控制单元　其安装在电机上。除了电子控制装置外，它还带有控制电机的供电电子装置。

电子控制装置通过总线系统进行通信并且计算出电动机械式助力转向系统的动能。该计算结果是电机的一个额定转矩。供电电子装置执行该规定值并生成相电压，从而在电机绕组上产生磁场。供电电子装置的一个重要组成部分就是一个半导体电路，通过该电路能够断开电机绕组电路。识别出严重故障时，该电路就会立即终止电机控制。电路断路后电机轴自由转动，所以可以防止出现电机电动卡止的故障情况。

在 EPS 控制单元内部安装有一个温度传感器，用于提前识别出电气组件过热并能采取相应措施。EPS 控制单元的安装位置具有温度变化和湿度影响较大的特点，所以在壳体上带有由 Goretex 材料制成的隔膜，用于实现内部和环境间的压力平衡，同时隔膜还可防止湿气从该部位侵入。

在 EPS 控制单元的壳体上还带有 EPS 电气连接件，包括供电、总线连接件（PT-CAN，包括唤醒导线）及转向力矩传感器的供电与信号导线。

（4）减速器　其将电机产生的力矩传输到齿条上，从而在转向横拉杆上产生一个纵向力。相对于 3 系和 1 系的电动机械式助力转向系统来说，该减速器更加强化，因为需要传输的作用力随着电机功率增大而增大。

齿形带传动机构与球螺纹驱动装置也是 E72 EPS 减速器的主要部件。电机轴驱动齿形带传动机构的小齿轮。通过齿形带及大齿轮使球螺纹驱动装置的螺母转动。因为螺母无法沿齿条纵向方向移动，所以在球螺纹内移动的钢球会向齿条施加一个纵向作用力。

减速器和电机固定连接在一起。无法对该单个部件进行维修及调整。减速器特别是齿形带的设计使用寿命应与车辆使用寿命相同。

若因防尘套损坏造成 EPS 齿轮齿条式转向器内部进水，可能会造成转向器腐蚀。为了排出渗入水，在壳体最低部位有一个排水阀。



## 5.6 宝马 X6 混合动力供电系统

(1) 车载网络的组成　如图 5-39 所示，车载网络主要包括电动机驱动（交流电压高电压车载网络）、直流电压高电压车载网络以及 14V 车载网络三部分。

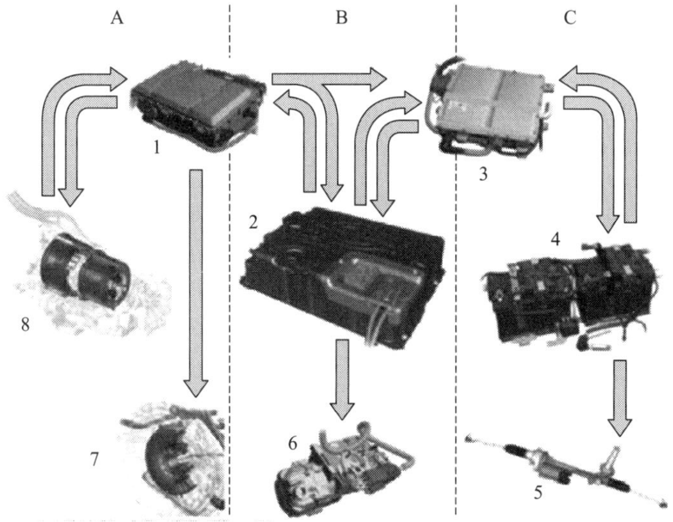


图 5-39　E72 车载网络

A—交流电压高电压车载网络（AC）；B—直流电压高电压车载网络（DC）；C—14V 车载网络（DC）；1—供电电控箱 PEB；2—高电压蓄电池；3—辅助电源模块 APM；4—两个 12V 蓄电池；5—电子助力转向系统 EPS；6—电动空调压缩机 EKK；7—混合动力机油泵电动机；8—电动机 A 和 B

电动驱动装置由两个电动机及供电电子装置（PEB）组成。电动机既可通过发电机方式（能量发生器）驱动又可通过电动机方式驱动。AC/DC 转换器（连接电动驱动装置与高电压车载网络）和 DC/DC 转换器（高电压车载网络与 14V 车载网络）作为连接元件使用，两个转换器均可进行双向驱动。

高电压车载网络的主要元件为高电压蓄电池。E72 上使用的是镍-氢蓄电池，该高电压蓄电池可以在车辆静止状态下或以电动方式行驶时保证能量供应。高电压车载网络内的其他车载网络设备还包括电动空调压缩机 EKK 以及变速器油泵 EMPI。

14V 车载网络和以前车辆的车载网络相同，但由 DC/DC 转换器为其提供能量。DC/DC 转换器取代了之前为此所用的发电机，所以在行驶状态下 14V 车载网络的电能供应不再取决于发动机的转速。E72 的发动机通过一个电动机启动。所以 E72 取消了传统起动机。

(2) 供电系统电路图　如图 5-40 所示。

(3) 12V 蓄电池（图 5-41）　为了保证车载网络电压稳定性和混合动力驻车锁（DSM）冗余供电，在 E72 上安装一个附加蓄电池，该蓄电池与 E70 和 E71 所使用 12V 蓄电池并联连接。除保证车载网络稳定性外，附加蓄电池还负责为 DSM 控制单元冗余供电。两个 12V 蓄电池都是 70A·h AGM 蓄电池。使用附加蓄电池可使“标准蓄电池”内阻降低，从而实现短时较高输出电流。为了避免车辆驻车期间形成平衡电流，行驶准备状态结束后通过一个断路继电器断开两个 12V 蓄电池。在车辆静止状态下，14V 车载网络只通过“标准蓄电池”供电。混合动力接口模块（HIM）通过在附加蓄电池正极上进行电压测量控制断路继电器

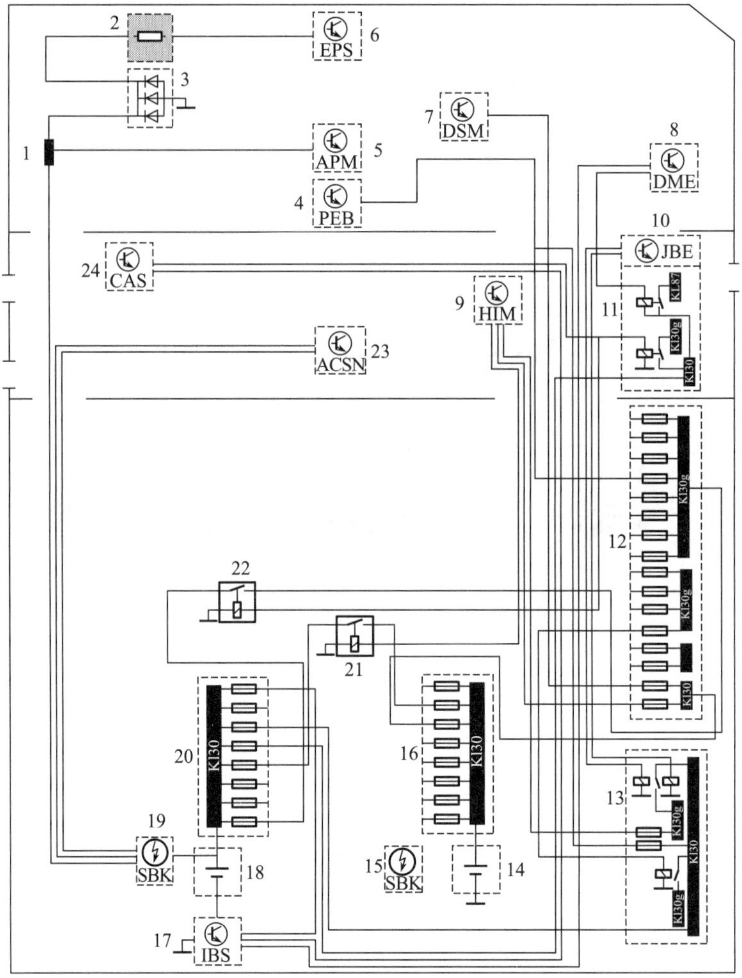


图 5-40　供电系统电路图（14V 车载网络）

1—跨接启动接线柱；2—发动机室内的配电盒；3—极性接错保护装置；4—供电电控箱；5—辅助电源模块；6—电子助力转向系统（电动机械式助力转向系统）；7—直接换挡模块；8—数字式发动机电子系统；9—混合动力接口模块；10—接线盒电子装置；11—前部熔丝支架；12—混合动力熔丝支架；13—后部熔丝支架；14—附加蓄电池（12V）；15—安全型蓄电池接线柱（未连接）；16—附加蓄电池上的配电盒；17—智能型蓄电池传感器；18—12V 蓄电池；19—安全型蓄电池接线柱；20—12V 蓄电池上的配电盒；21—断路继电器；22—混合动力负荷继电器；23—碰撞和安全模块；24—便捷登车及启动系统

并且监控蓄电池状态。

（4）断路继电器　其安装位置如图 5-42 所示。

驻车和关闭高电压系统 5s 后断路继电器断开。

满足下列条件时断路继电器接合。

① 车辆进入行驶准备状态（混合动力主控控制单元 HCP 的 CAN 信号）。

② 混合动力 DC/DC 转换器使 14V 车载网络电压接近于附加蓄电池电压。

③ 车载网络蓄电池和附加蓄电池间的电压差小于限值 1.2V（防止出现高电流从而保护断路继电器）。

**特别提示**

只有将充电器连接在跨接启动接线柱上，断路继电器方能接合；为附加蓄电池充电时首先将充电器连接在跨接启动接线柱上，再通过相应服务功能接合断路继电器。

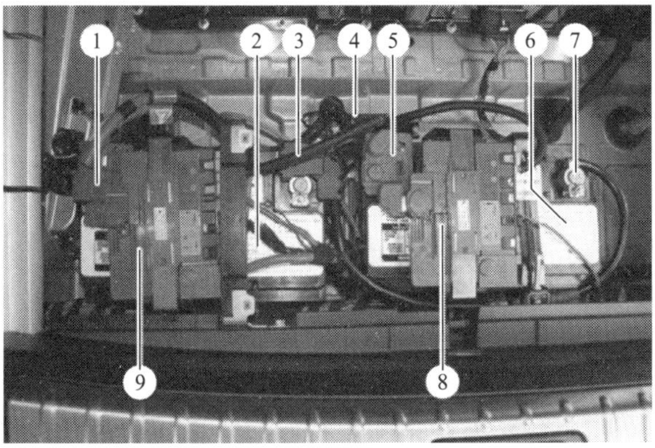


图 5-41 标准蓄电池和附加蓄电池（12V）

1—带有安全型蓄电池接线柱的标准蓄电池正极；2—标准蓄电池；3—带有 IBS 的标准蓄电池负极；4—断路继电器；5—没有安全型蓄电池接线柱的附加蓄电池正极；6—附加蓄电池；7—没有 IBS 的标准蓄电池负极；8—附加蓄电池上的配电盒；9—标准蓄电池上的配电盒

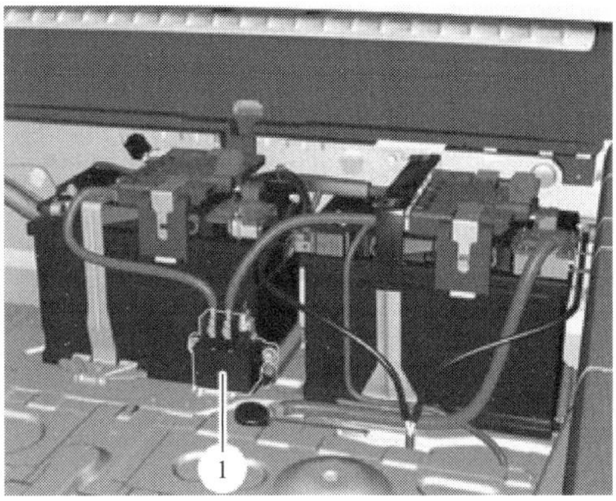


图 5-42 断路继电器的安装位置

1—断路继电器

通过宝马诊断系统可以实现对附加蓄电池（第二个 12V 蓄电池）的充电服务功能。路径是服务功能→车身→供电→混合动力车辆→12V 蓄电池。

特别提示

必须通过启用服务功能为附加蓄电池充电，避免短时关闭总线端。

（5）附加熔丝支架 其安装位置如图 5-43 所示。

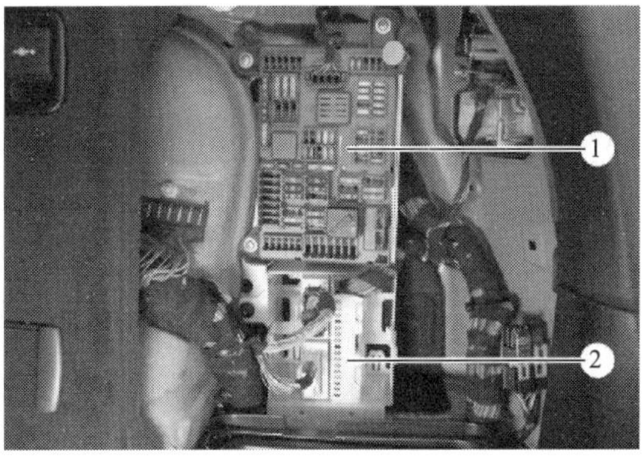


图 5-43 附加熔丝支架的安装位置

1—后部熔丝支架；2—附加熔丝支架

带有 16 个熔丝插槽的附加熔丝支架为下列控制单元和组件提供 14V 车载网络电压。

① 混合动力制动作用转换系统 SBA。

② 供电电控箱。

③ 混合动力压力燃油箱电子系统 TFE。

④ 混合动力接口模块 HIM。

⑤ 电动空调压缩机 EKK 的电气系统。

⑥ 直接换挡模块 DSM。

⑦ 变速器控制模块 TCM。

⑧ 高电压蓄电池的冷却液泵。

⑨ 电动真空泵。

⑩ PEB/APM 的电动冷却液泵。

用于附加熔丝支架的总线端 30g 通过混合动力负荷继电器接通，混合动力负荷继电器由便捷登车以及启动系统 CAS 进行控制。

（6）极性接错保护模块 发动机室内的 12V 组件如图 5-44 所示。

极性接错保护功能用于避免客户跨接启动接反极性时对车载网络以及所连接的电气组件造成损坏。一般情况下，这项工作由发电机内的二极管来完成。因为 E72 取消了传统发电

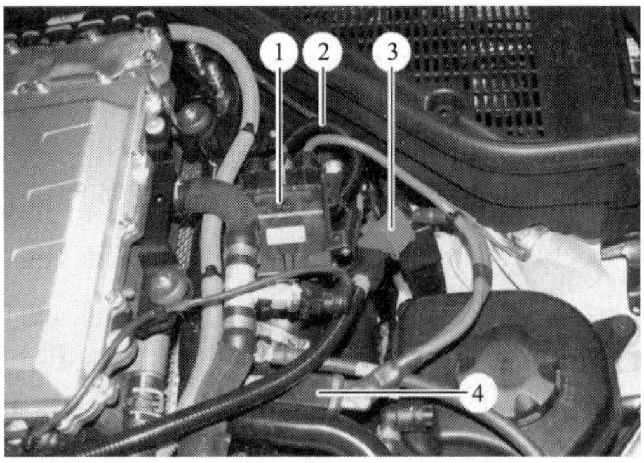

图 5-44 发动机室内的 12V 组件

1—发动机室配电盒；2—连接 EPS 的 12V 导线；3—跨接启动接线柱；4—极性接错保护模块

机（变速器内的电动机），所以必须通过一个新组件（极性接错保护模块，如图 5-44 所示）来提供极性接错保护。

极性接错保护模块固定在发动机室内跨接启动接线柱附近，该模块一侧和蓄电池正极导线连接，另一侧和车辆接地连接。在极性接错保护模块内部安装了三个齐纳二极管，可将极性接反电压限制在−3.2V 以下至少 6s。极性接反时间较长时可能会损坏模块，但不会导致相邻组件损坏。

（7）能量管理系统（14V 车载网络）

能量管理系统用来避免在行驶期间 12V 蓄电池放电，从而保持车辆功能正常并在较长时间内保证蓄电池质量。

E72 应用低成本电源管理系统。只要识别出 12V 蓄电池充电平衡不佳的运行状态，电源管理系统就会采取相应调节措施。在 E72 上通过一个 DC/DC 转换器为 14V 车载网络供电，DC/DC 转换器以 14.5V 的固定电压规定值运行。

DME 内的电源管理系统读取发动机管理系统的一些参数，同时还和提供实际测量数据（电压、电流、温度和 SOC）的智能型蓄电池传感器（IBS）进行通信。所有配置的 E72 均装有 IBS。E72 处于“行驶准备”运行模式时，经一个 DC/DC 转换器为 14V 车载网络供电，从唤醒车辆和第一次总线端切换起直至车辆休眠都通过 DC/DC 转换器保证 14V 供电，从行驶准备状态结束时起通过 12V 蓄电池为 14V 车载网络供电。若 14V 车载网络电压降至 12V，就会重新通过 APM（DC/DC 转换器）为 14V 车载网络提供支持，这种情况使 E72 低成本电源管理系统的功能减少为以前的功能。因此，在车辆蓄电池电量较低时取消了发电机调节功能和提高怠速转速功能。

E72 最重要的电源管理系统功能是 12V 蓄电池诊断并识别出危险的蓄电池充电状态时关闭/减少用电设备。另外，电源管理模块还能识别出车载网络故障（休眠电流过高）或在有限条件下应用老化的蓄电池并针对售后服务存储有利于解决问题的相关信息，基本上在休眠电流监控期间不允许电流大于 80mA。电源管理系统确定蓄电池的充电状态。电源管理系统通过智能型蓄电池传感器（IBS）持续测定蓄电池充电或放电电流并且计算出当前充电状态，与所有 E7X 车辆一样根据相同标准关闭/减少用电设备。

① 车辆启动能力。与 E71 不同，E72 的内燃机（VM）不是通过 12V 蓄电池而是通过高电压蓄电池启动。12V 蓄电池在 E72 上只需保证高电压系统开始运行。对 12V 蓄电池的要求不再是保证发动机启动的最低 SOC，而是在 0℃ 以下温度时避免 12V 蓄电池结冰以及使高电压网络开始运行的最低 SOC。

现在通过高电压运行策略保证发动机启动能力。驻车期间，高电压蓄电池 SOC 必须足以保证驻车 6 周后能够重新启动发动机。若长期驻车后因为高电压蓄电池 SOC 值较低而无法重新启动发动机，必须先用外部 14V 充电器和 APM 为高电压蓄电池充电，通过这种方法为高电压蓄电池充电时持续约 30min。电量充足时（用来启动发动机），中央信息显示屏 CID 内就会出现一个黄色检查控制信息以及相应文字。

② 启动辅助。该功能在高电压蓄电池 SOC 较低的情况下也能保证发动机启动。为此将 14V 车载网络的能量传输到高电压车载网络，从而使高电压蓄电池 SOC 足够启动发动机。为了防止 14V 车载网络的车辆蓄电池电量过低，必须利用一个外部电源来提供能量（充电

器或通过跨接启动功能)。

外部电源的电压必须与14V车载网络的电压相符，通过DC/DC转换器12V输入端上的另一个电压可防止DC/DC转换器将12V转换为高电压。例如，不允许通过一个使用24V车载网络的车辆进行跨接启动。外部电源必须保证连接状态一定时间，从而为高电压蓄电池充电。接通外部电源后不得直接启动发动机。

③ 故障代码存储器。若没有可靠的车辆蓄电池充电状态提供给电源管理系统，电源管理系统就会进入应急运行模式。在应急运行模式下无法继续执行下列功能。

a. 不会在行驶模式下减小舒适用电设备功率。

b. 没有驻车用电设备管理功能。

出现应急运行情况时，驻车期间仍会对12V蓄电池进行休眠电流监控。

低成本电源管理系统可以将12V蓄电池和电源管理系统的故障状态存储在故障代码存储器内并在需要时供维修使用。能够识别的故障有电压过高、电压过低、无蓄电池运行、休眠电流较高、电量过低等。

## 5.7 宝马X6高电压蓄电池单元

### 5.7.1 概述

(1) 组成　高电压蓄电池单元是一个完整系统，不只包含高电压蓄电池本身，还包括蓄电池控制模块、电子控制单元、电动机械式接触器、高电压导线接口、高电压安全插头、冷却系统以及通风装置等。

(2) 主要作用　高电压蓄电池单元的主要作用是从高电压车载网络吸收、存储电能并在需要时提供使用。它还执行有助于保证高电压系统安全的重要任务，例如高电压接触监控。另外，高电压蓄电池单元还能“关闭供电”和“防止重新接通”，从而保证安全地在高电压系统上进行工作。

(3) 安装位置　高电压蓄电池单元设置在后座椅后的行李厢地板上，通过4个固定螺栓与行李厢地板固定在一起(图5-45)。

**特别提示**

通过这些固定螺栓还可以在高电压蓄电池单元壳体与接地之间建立起导电连接，导电连接用来补偿电位，而且是实现绝缘监控功能的前提条件。固定螺栓、高电压蓄电池单元壳体上的开孔和螺纹套不得喷漆或覆盖其他绝缘层。

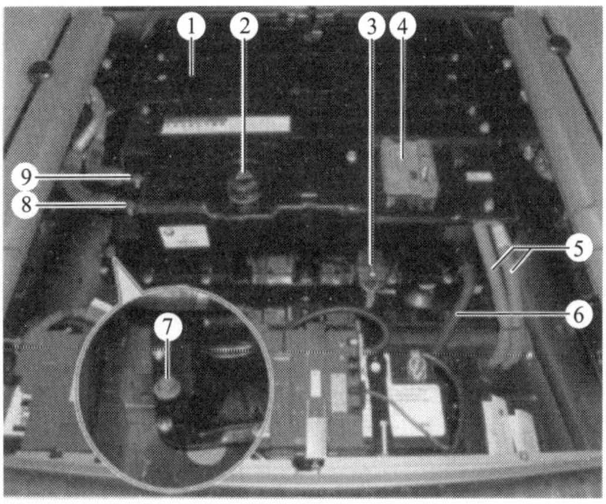


图5-45　高电压蓄电池单元的安装位置

1—高电压蓄电池单元壳体；2—冷却液补液罐密封盖；3—低电压导线接口；4—高电压安全插头；5—高电压导线；6—通风软管；7—固定螺栓；8—冷却液供给管路接口；9—冷却液回流管路接口

(4) 系统电路图　如图5-46所示。

(5) 高电压蓄电池　它是高电压系统的实际蓄能器，通过串联一共260个电解槽(额定电压1.2V)，额定电压为312V。每10个电解槽组成一个模块，13个模块并排安装，构成一列；两列叠加布置，形成整个高电压蓄电池套件。

电解槽应用的是镍-氢蓄电池技术，该

技术具有能量密度、充电电流和放电电流较高的特点。这是在全混合动力驱动模式下实现较高电功率的主要前提条件。

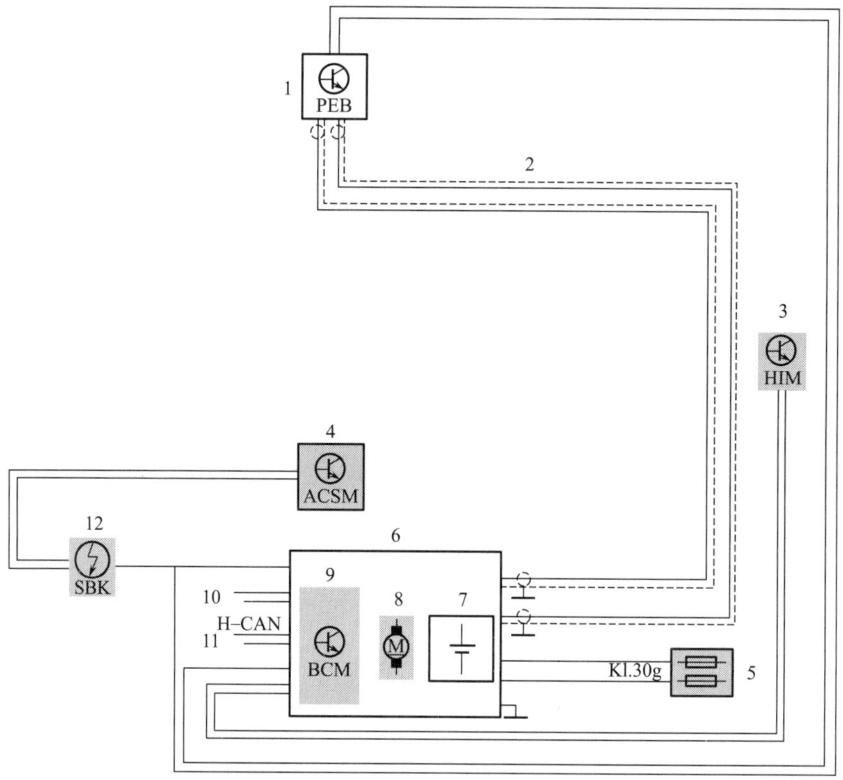


图 5-46　高电压蓄电池单元系统电路图

1—供电电控箱；2—带有屏蔽层的高电压导线；3—混合动力接口模块；4—碰撞和安全模块；5—混合动力熔丝支架；6—高电压蓄电池单元；7—高电压蓄电池；8—电动冷却液泵的电动机；9—蓄电池控制模块；10—高电压接触监控导线；11—混合动力 CAN；12—安全型蓄电池接线柱

采用镍-氢蓄电池技术的电解槽采用水稀释的氢氧化钾溶液作为电解液。虽然这种液态电解液具有危险特性，但是蓄电池模块严密密封，所以无论在行驶过程中还是进行维修时电解液均不会溢出。若因为发生事故致使高电压蓄电池壳体或模块损坏，电解液可能溢出。

对这些组件进行所有工作时均必须遵守高电压蓄电池的安全数据表，必须应用规定的人员保护装备。高电压蓄电池单元的电气结构如图 5-47 所示。

每列蓄电池电解槽都安装两个温度传感器，用来监控电解槽温度并根据需要调节冷却功率。每个模块的电压也同样受到监控，从而防止各电解槽电量过低或过高。流入和流出高电压蓄电池的电流强度通过一个电流传感器进行测量及电子监控。

在串联的蓄电池电解槽正中间连接一个高电压安全插头，该插头还包括一个高电流熔丝。拉动高电压安全插头或触发熔丝时均会使串联连接中断。之后，高电压蓄电池外部接口处不再有任何电压。电动机械式接触器的触点断开时也会产生相同效果。在将高电压蓄电池接口向外连接之前，这些触点在正极和负极上。电动机械式接触器由蓄电池控制模块进行控制，通过安全型蓄电池接线柱为接触器供电。

针对高电压蓄电池使用寿命的要求较为严格（车辆使用寿命），必须在严格规定的范围内使用高电压蓄电池，从而保证其使用寿命最大化。相关边界条件如下。

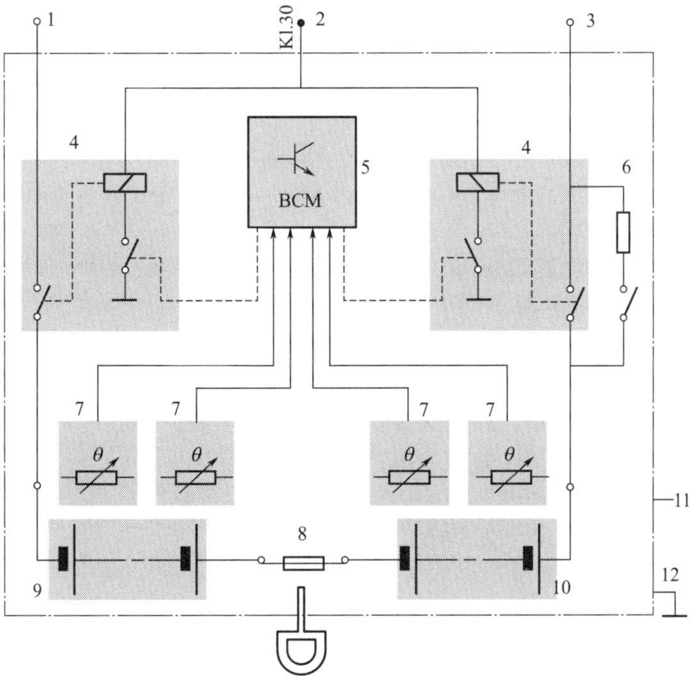


图 5-47 高电压蓄电池单元的电气结构

1—高电压蓄电池单元负极接口；2—连自安全型蓄电池接线柱的总线端 30；3—高电压蓄电池单元正极接口；4—电动机械式接触器；5—蓄电池控制模块；6—切换为电压缓慢升高；7—蓄电池电解槽上的温度传感器；8—带有熔丝的高电压安全插头；9—第一列蓄电池电解槽；10—第二列蓄电池电解槽；11—高电压蓄电池单元壳体；12—通过接地连接补偿电位

① 将电解槽温度保持在 25～55℃的最佳范围内（通过加热或冷却）。

② 充电电流和放电电流不得超过热敏规定限值。

③ 不能完全用完可存储的蓄电池能量。

（6）蓄电池控制模块

① 蓄电池控制模块（BCM）安装在高电压蓄电池单元内部，从外部接触不到。BCM 负责执行下列功能。

a. 控制冷却循环回路。

b. 确定高电压蓄电池的充电状态（SOC）及老化状态（SOH）。

c. 确定（以及根据需要限制）高电压蓄电池的可用功率。

d. 由混合动力主控控制单元按照要求控制高电压系统的启动和关闭。

e. 安全功能（例如高电压接触监控）。

f. 监测蓄电池电解槽的电压、温度及电流强度。

g. 向混合动力主控控制单元传输故障状态。

蓄电池控制模块自身没有故障代码存储器，蓄电池控制模块发现故障后由混合动力 CAN 传输到混合动力主控控制单元。在混合动力主控控制单元内保存高电压蓄电池相关故障以便进行诊断。

② BCM 连接导线。高电压蓄电池单元内部的 BCM 电气接口包括两个插头，一个用于低电压导线，另一个用于高电压导线。对 BCM 而言的重要信号和导线具体如下。

a. 自身 12V 供电（总线端 30g 与总线端 31 分别用于电子控制装置与冷却液泵，连自安全型蓄电池接线柱的总线端 30 用于接触器供电）。

b. 混合动力 CAN 和唤醒导线。

c. 高电压导线。

d. 接触器（控制及读取）。

e. 蓄电池电解槽温度信号（每个传感器各有 2 芯，一共 4 个温度传感器）。

f. 冷却液温度信号（每个温度传感器各有 2 芯，针对供给与回流各有 1 个温度传感器）。

g. 冷却液泵的供电/控制。

h. 高电压电路的电流传感器。

i. 高电压接触监控（信号源与回流导线）。

针对外部除高电压导线的连接接线柱外还包括 1 个低电压导线插头。

在此连接：

ⅰ. 12V 供电（总线端 30g 与总线端 31 分别用于电子控制装置与冷却液泵，连自安全型蓄电池接线柱的总线端 30 用于接触器供电）。

ⅱ. 混合动力 CAN。

ⅲ. 2 条唤醒导线（来自混合动力接口模块）。

ⅳ. 用于接合/断开接触器触点的控制信号（来自供电电控箱的 PWM 信号）。

ⅴ. 作为高电压接触监控的输送和回流导线。

（7）高电压接口　高电压车载网络上高电压蓄电池单元的接口位于一个独立盖板下，需要对高电压接口进行操作时必须拆下该盖板。

取下盖板时，盖板内的跨接线断开并且使高电压接触监控电路断路。只要盖板处于未安装状态就不会误启高电压系统。高电压蓄电池单元上的高电压安全盖板和高电压接口如图 5-48 所示。

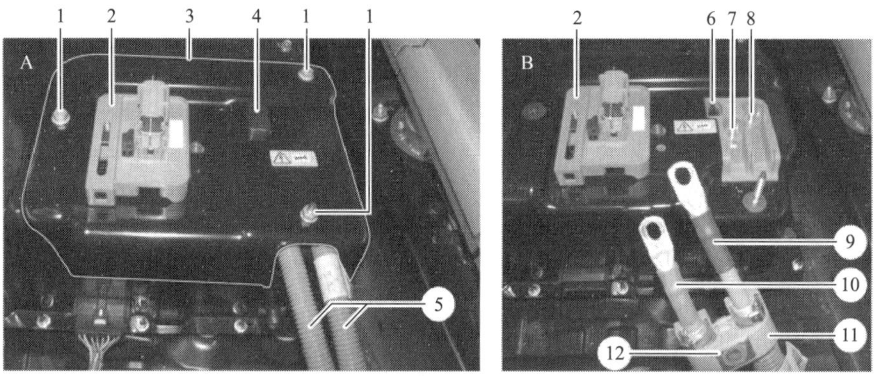


(a) 安全盖板　　(b) 高电压接口

图 5-48　高电压蓄电池单元上的高电压安全盖板和高电压接口

1—用于固定高电压安全盖板的螺栓和螺母；2—高电压安全插头（反向插入）；3—高电压安全盖板；4—高电压安全盖板上高电压接触监控电路跨接线；5—高电压导线；6—高电压接触监控接口；7—高电压蓄电池正极螺栓接口；8—高电压蓄电池负极螺栓接口；9—高电压负极导线；10—高电压正极导线；11—用于两个高电压导线的接线柱；12—用于连接屏蔽层与高电压蓄电池单元壳体的接触部位

在高电压蓄电池单元的高电压接口上进行工作前必须使高电压系统断电并检查断电状态，在工作期间无法防止重新接通，所以取下高电压接口上方的盖板时必须暂时拔出反向插入的高电压安全插头。

高电压导线和高电压蓄电池单元间的电气连接通过一个正极和一个负极螺纹端子实现，

另外还必须使高电压导线的屏蔽层和高电压蓄电池单元壳体形成电气连接。这一点借助一个固定安装在蓄电池壳体内的带螺母螺栓实现，该螺栓将一个金属夹压在两个高电压导线的屏蔽层上。同时，该螺栓连接还作为高电压导线的拉力卸载装置。

特别提示

必须严格遵守高电压接口螺母的规定拧紧力矩。

(8) 高电压安全插头　E72 的高电压安全插头装置在高电压蓄电池单元壳体上侧（图 5-49）。

高电压安全插头内的熔丝直接插在串联连接的蓄电池电解槽之间，所以是一个高电压部件，为此以橙色进行标记（图 5-50）。

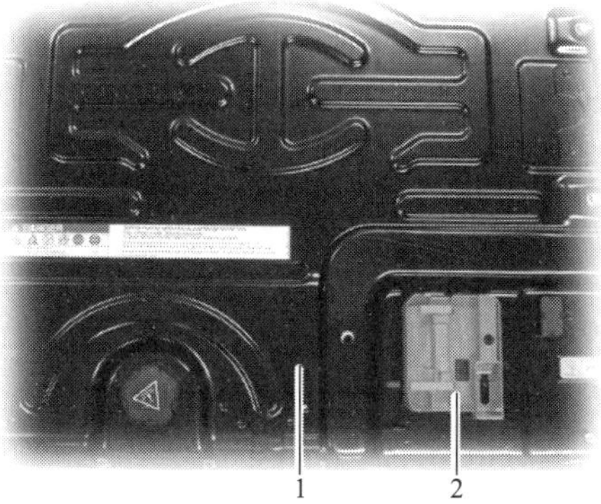


图 5-49　E72 高电压安全插头位置
1—高电压蓄电池单元壳体；2—高电压安全插头（处于插入状态）

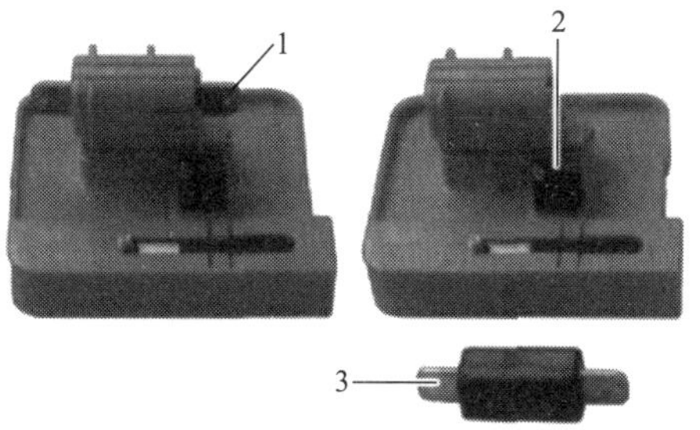


图 5-50　E72 高电压安全插头
1—高电压安全插头内的熔丝；2—高电压接触监控跨接线；3—从高电压安全插头内取出的熔丝（小熔丝 HEV135A）

高电压安全插头执行多项任务：关闭高电压系统供电；避免重新接通；作为高电压蓄电池高电流熔丝的支架。

(9) 冷却系统　为了尽量延长高电压蓄电池的使用寿命并获得最大功率，需在规定温度范围内使用蓄电池。

高电压蓄电池单元的冷却系统由高电压蓄电池单元内部及外部组件构成。

高电压蓄电池单元冷却系统的内部组件包括电动冷却液泵（功率可控，最大功率为 50W，来自 N63 发动机冷却系统），带有液位测量装置的冷却液补液罐，冷却液管路接口，高电压蓄电池单元内的冷却液管路和通道，冷却液温度传感器（在冷却液供给管路及回流管路内各有 1 个），电解槽温度传感器（一共有 4 个），蓄电池控制模块（温度监控和冷却液泵控制）等。

高电压蓄电池单元内的冷却系统通过两个接口和冷却液管路（供给管路和回流管路）相连，继而与高电压蓄电池单元外部的冷却系统相连（图 5-51）。高电压蓄电池单元外部的冷却系统拥有和制冷剂循环回路相连的独立冷却循环回路。该回路的组件构成包括带有连接高电压蓄电池单元的快速接头的冷却液管路、冷却循环回路内的双阀门、冷却总成（冷却液/制冷剂热交换器）以及冷却液/空气热交换器等。

(10) 排气　镍-氢蓄电池充电和放电时可能会产生气体，其中包括少量氢气。运行策略可将该气体量降至最小。但是若产生大量气体，就会打开高电压蓄电池单元内的通风阀从而让气体通过通风软管（图 5-52）向外排出。拆卸高电压蓄电池单元时必须使通风软管与其断开。

图 5-51 高电压蓄电池单元的冷却系统接口
1—冷却液管路；2—将冷却液管路连接在高电压蓄电池单元上的快速接头；3—回流标记；4—供给标记；5—冷却液补液罐密封盖

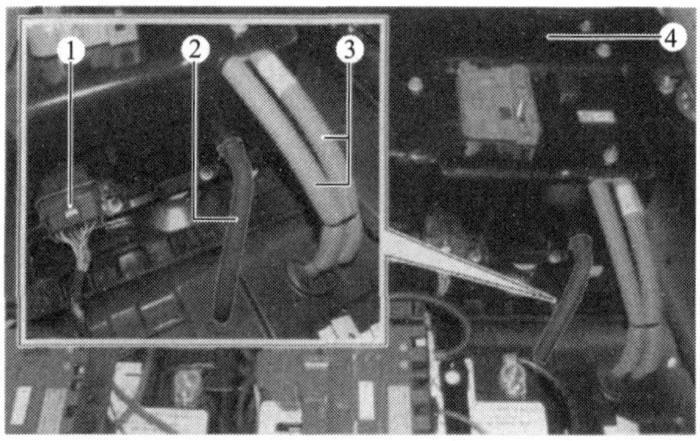


图 5-52 高电压蓄电池的通风装置
1—低电压导线接口；2—通风软管；3—高电压导线

特别提示

安装高电压蓄电池时必须按照规定将通风软管重新安装在高电压蓄电池单元上，否则，逸出气体可能会进入车内空间。

## 5.7.2 功能

（1）启动高电压系统

① 混合动力主控控制单元通过混合动力 CAN 上的一个总线信号和一个独立的导线信号（PWM 信号）要求启动高电压系统，随后由蓄电池控制模块控制启动。启动过程分为下列几个步骤。

a. 测试高电压车载网络。

b. 提高电压。

c. 闭合接触器触点。

② 只有成功完成当前步骤才能够继续进行下一步骤。

测试高电压系统时，检测内容如下。

a. 高电压管路是否连接在高电压蓄电池单元上，是否建立起和供电电控箱的连接。

b. 高电压接触监控电路是否闭合。

c. 高电流熔丝功能是否正常。

d. 高电压蓄电池是否处于准备状态。

即使已成功完成测试，接触器触点仍可能没有闭合。因为高电压电路电容的缘故（中间电路电容器），会有很高的接通电流经过，长期下去不只会对电容器还会对接触器造成损坏。所以要事先让电压缓慢升高。为此首先闭合用于负极导线的接触器触点，通过一个脉冲控制式继电器及正极导线内的一个降压电阻器使高电压系统内的电压慢慢升高。每次继电器触点闭合时都会有受到降压电阻器限制的电流经过并且为高电压车载网络内的电容器充电。大约 300ms 后，高电压车载网络内的电压只稍稍低于蓄电池电压，之后闭合用作启动正极导线的接触器触点。

若启动成功，蓄电池控制模块就会通过混合动力 CAN 与其他混合动力组件，尤其是混合动力主控控制单元进行通信；若启动失败，也会通过同样方式发出故障状态信号。

（2）关闭高电压系统　分为正常关闭和快速关闭两种情况。这里所说的正常关闭可以保护电气部件，另外还会执行监控功能，对与安全有关的组件和高电压系统特性进行检测。正常关闭的步骤如下。

① 总线端 15 断开。

② 高电压车载网络内的电流降为零（通过供电电控箱内的控制单元）。

③ 混合动力主控控制单元按照混合动力 CAN 上的一个总线信号和一个独立导线信号（PWM 信号）要求断开高电压蓄电池单元内的接触器。

④ 蓄电池控制模块断开高电压蓄电池单元内的接触器触点。

⑤ 通过蓄电池控制模块进行控制，对高电压导线的绝缘电阻进行测量并监测是否超出允许范围。如果识别出绝缘电阻低于限值，就会在故障代码存储器内存储一条记录，利用一条检查控制信息提示驾驶员出现故障。但是一般情况下仍可以重新启动高电压系统，因为对人没有任何直接危害。

⑥ 蓄电池控制模块检查接触器触点是否真正断开。由此保证高电压蓄电池单元的高电压接口不再存在危险电压。若识别出触点未正常断开，就会防止重新启动高电压系统。否则无法继续保证对高电压系统进行安全操作。

⑦ 检查确定接触器触点成功断开后，蓄电池控制模块就会发出该接触器状态信号。

⑧ 使高电压电路主动放电并且使电机绕组短路，该任务由供电电控箱控制单元进行控制。

正常关闭过程最长持续 2min。尤其是测量绝缘电阻和检查断开触点需要一定时间，所以持续时间较长。若期间重新开始启动（例如因为驾驶员重新接通总线端 15），就会中断关闭过程；若出现需要快速关闭高电压系统的情况，也会中断正常关闭过程。

（3）快速关闭高电压系统　若出现基于安全考虑必须尽快使高电压系统内的电压降到安全范围的情况，就会快速关闭高电压系统。

① 高电压接触监控。若识别出高电压接触监控电路断路而且存在人员接触高电压系统带电部件的可能，就会断开接触器触点。车辆静止或发动机室盖/行李厢盖打开时，就会认为存在这种可能。在没有事先将电流降至零的情况下会立刻断开接触器触点。这样会使接触器触点承受很大负荷，同时会使高电压电路主动放电并使电机绕组短路，所以不允许随意重复这一过程。

② 事故。若碰撞和安全模块识别出相应严重程度的事故就会断开安全型蓄电池接线柱和 12V 蓄电池正极的连接。在 E72 上，由安全型蓄电池接线柱的总线端 30 为电动机械式接触器供电，所以在断开接触器触点的同时断开安全型蓄电池接线柱。蓄电池控制模块与混合动力主控控制单元还会对安全型蓄电池接线柱的总线端 30 状态进行分析，若这两个控制单元都识别出安全型蓄电池接线柱已断开，就会采取进一步措施关闭高电压系统（主动放电，使绕组断路）。

③ 短路监控。若通过电流传感器识别出高电压导线内的电流强度太高，蓄电池控制模块也会触发迅速关闭从而保护组件。在极端情况下还会触发高电压安全插头内的熔丝从而强制断开高电压电路。

蓄电池控制模块监控熔丝状态。若因为短路造成关闭，蓄电池控制模块就会发出该状态信号，以便可以重新实现主动放电和绕组断路。

④ 高电压蓄电池单元 12V 供电失灵。与在所有其他高电压组件内相同，也会为电子控制装置（蓄电池控制模块）供电。为了保证最大限度的安全，会在 12V 供电失灵时快速关闭高电压系统，因为在此情况下蓄电池控制模块也不再工作，所以这时也通过硬件关闭功能而非软件功能实现快速关闭。

（4）充电策略和运行策略　高电压蓄电池充电策略的目的在于尽量延长高电压蓄电池的使用寿命，并针对额外能量吸收（制动能量回收利用）以及能量消耗（例如助推功能）保存

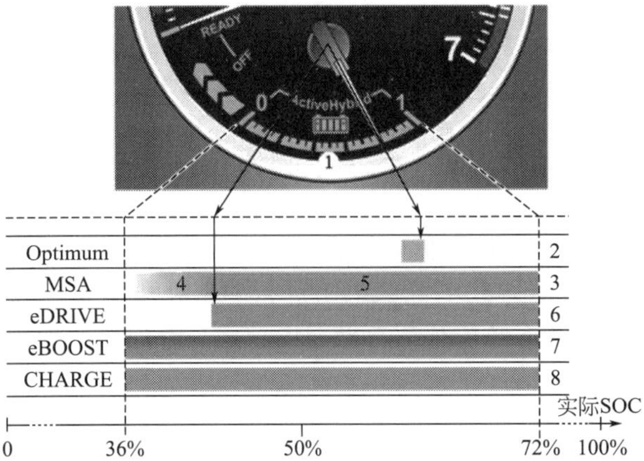


图 5-53　高电压蓄电池的充电状态

1—向驾驶员显示充电状态；2—最佳充电状态；3—发动机节能启停功能 MSA；4—MSA 功能滞后时的充电状态范围；5—MSA 功能完全可用时的充电状态范围；6—可以实现电动行驶时的充电状态范围；7—可以使用助推功能时的充电状态范围；8—可以回收利用制动能量时的充电状态范围

储备。混合动力驱动装置运行策略的主要目的在于在尽可能多的情况下借助混合动力驱动装置提高效率和动力。无论是助推功能、电动行驶、发动机节能启停功能还是制动能量回收利用功能，所有这些功能均应在尽量大的高电压蓄电池充电状态范围内提供使用，如图 5-53 所示。只有在超过充电状态限值影响高电压蓄电池使用寿命的情况下，才要限制各项功能。

发动机处于运转状态时（例如车速高于 60km/h 时）会使高电压蓄电池充电到最佳标记位置。处于这种充电状态时，留出的蓄电池储备量足够在离开高速公路制动时将额外能量存储在高电压蓄电池内。而这种最佳充电状态最主要的特点就是其能含量很大，足以通过电动驱动装置提供支持或实现纯电动行驶。

发动机节能启停功能不能一直使用至充电状态下限。车辆减速至静止状态时，一般发动机在行驶期间便已关闭而高电压蓄电池在减速期间开始充电。车辆静止期间从高电压蓄电池得到能量来驱动电动空调压缩机并为 14V 车载网络供电。几乎在达到充电状态下限之前，发动机一直保持关闭状态，达到该限值时必须启动发动机便于通过电动机重新提供电能，之后通过电动机为用电设备供电并为高电压蓄电池充电。为了防止经常启动和关闭发动机，在发动机能够重新关闭前首先必须重新达到较高的高电压蓄电池充电状态。所以通过滞后作用可保证发动机静止期间拥有足够大的能量储备。

（5）监控功能　在很多监控功能中均有高电压蓄电池单元或蓄电池控制模块的重要参与。包括用于保证高电压系统安全的监控功能；用于保证高电压蓄电池最佳运行条件的监控功能。

高电压接触监控系统的电路图如图 5-54 所示。

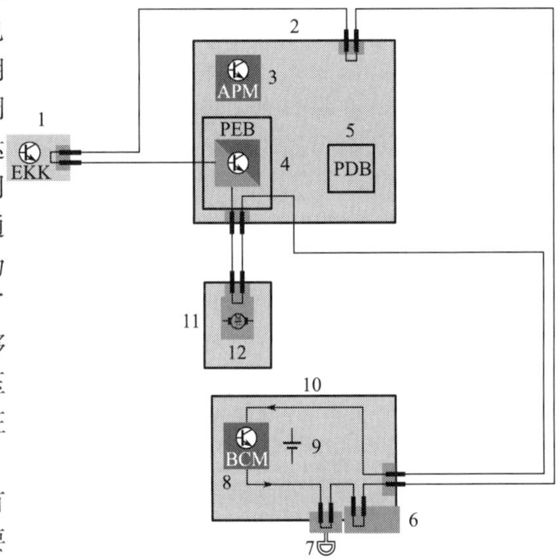


图 5-54　高电压接触监控系统的电路图

1—电动空调压缩机 EKK；2—发动机室内的安全盖板，同时也是内燃机的隔声盖板；3—辅助电源模块 APM；4—供电电控箱 PEB；5—供电配电盒 PDB；6—高电压蓄电池单元上的安全盖板；7—高电压安全插头；8—蓄电池控制模块 BCM；9—高电压蓄电池；10—高电压蓄电池单元；11—主动变速箱；12—变速箱油泵的电动驱动装置

用于控制及产生高电压接触监控检测信号的电子系统集成在 E72 的蓄电池控制模块内。高电压系统启动时开始发出检测信号，

高电压系统关闭时停止发出检测信号。蓄电池控制模块产生一个矩形交流电信号作为检测信号，并将其传输到检测导线上。检测导线采用环形拓扑结构（与MOST总线类似），在环形上的两个位置对检测导线信号进行分析：在供电电控箱内和环形最终端的蓄电池控制模块内，该信号的电流强度必须在12～35mA之间；若电流强度超出该范围，就会识别为电路断路或检测导线短路；若同时出现人员接触带电部件的情况，就会立刻关闭高电压系统。供电电控箱和蓄电池控制模块均可开始执行关闭过程。

绝缘监控功能可确定带电高电压部件（例如高电压导线）与车辆接地间的绝缘电阻是否高于或低于所需最低限值。若绝缘电阻低于最低限值，就会存在车辆部件带有危险电压的可能。若人员接触第二个带电高电压部件，就会存在电击危险。所以针对E72高电压系统提供全自动绝缘监控功能，该功能分布在两个高电压组件上。

① 蓄电池控制模块。在两个高电压导线和高电压蓄电池单元壳体之间存在测量电阻，这些电阻可针对绝缘监控功能单独使用。测量电阻上的电压以电子方式探测，根据电压值可以计算出高电压导线与壳体之间的绝缘电阻，由此可分辨出是一个或是两个高电压导线的绝缘电阻过小。只有在高电压系统未启用的情况下方可进行该过程。

② 供电电控箱。根据高电压系统启用期间的连续电压测量值，供电电控箱也可以确定高电压导线与壳体间的绝缘电阻。更准确地说是能够确定绝缘电阻之间的相互关系。供电电控箱内的绝缘监控系统仅能确定一根高电压导线的绝缘故障，通过这种方式不能识别出两根导线的绝缘故障。

通过电压测量进行绝缘监控时以一个高电压组件的壳体电位作为参考基准，在不采取其他措施的情况下，通过这种方式在蓄电池控制模块和供电电控箱内仅能确定局部绝缘故障，但是确定分布在车辆上的高电压导线和车辆接地间的绝缘故障也同等重要。所以所有高电压组件导电壳体都与车辆接地导电连接，这样能够通过在两个中央位置执行绝缘监控功能确定整个高电压车载网络内的绝缘故障。

特别提示

高电压组件壳体与车辆接地的正确电气连接是正常执行绝缘监控功能的一个重要前提，所以在维修期间中断该连接的情况下，维修后必须重新小心建立起电气连接。

高电压蓄电池内的其他监控功能负责保证蓄电池电解槽的电压、充电状态和温度保持在可实现高电压蓄电池最佳功率利用率以及最大使用寿命的范围内。

### 5.7.3 维修及其注意事项

（1）拆卸和安装　进行维修时需要更换的单个部件包括整个高电压蓄电池单元、高电压安全插头、高电流熔丝（高电压安全插头内的）、冷却液补液罐密封盖等。

若诊断系统的检测计划允许，可以更换高电压蓄电池单元；进行拆卸与安装时也可以看出高电压蓄电池单元所用的接口数量。

特别提示

拆卸和安装高电压蓄电池单元时必须在开始工作前落实电气安全规定。

松开和重新安装高电压导线时必须取下高电压安全盖板，事先避免重新接通并锁死的高电压安全插头这时也必须短时取下，之后重新安装并锁死。

冷却液循环回路必须排空，为此需要断开冷却液管路与高电压蓄电池的连接并且在回流管路接口处安装一个用于将冷却液排进固定容器内的独立软管，随后必须通过一项服务功能控制冷却液泵直到补液罐几乎完全排空只留有少量剩余冷却液。

将高电压导线、冷却液管路、通风软管及高电压插头与高电压蓄电池断开后，可取下4

个固定螺栓。取出高电压蓄电池时需要专用工具，它以 E93 折叠式“硬项专用工具”作为基础，如图 5-55 和图 5-56 所示。

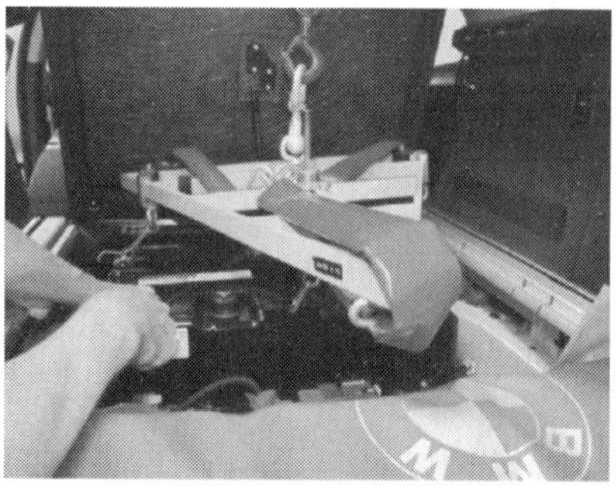

图 5-55　从车内取出高电压蓄电池

图 5-56　放下高电压蓄电池

安装新的高电压蓄电池单元后必须执行的工作步骤如下。

① 必须重新正确建立之前断开的所有连接，特别要严格遵守拧紧力矩。

② 蓄电池控制模块必须进行编程和设码。

③ 蓄电池控制模块必须通过服务功能进入运行状态。

④ 冷却系统必须重新加注和通风。

(2) 充电和启动辅助　若 E72 的 12V 蓄电池电量过低，可像传统车辆一样进行充电。

运行策略通过控制高电压蓄电池的充电状态保证车辆长期停驶后仍能重新启动，但是若因为高电压蓄电池电量过低造成无法重新启动，就会显示出相应的检查控制信息。

在此情况下可以通过 14V 车载网络对高电压蓄电池充电，将允许的蓄电池充电器连接在蓄电池正极接线柱及车辆接地上时，首先只能为 14V 车载网络供电并且为 12V 蓄电池充电。需要为高电压蓄电池充电时还必须连接总线端 15，只有这样才会启动高电压车载网络并闭合高电压蓄电池内的接触器触点。混合动力主控控制单元使辅助电源模块内的 DC/DC 转换器作为增压变压器工作，随后电能由 14V 车载网络流至高电压车载网络并为高电压蓄电池充电。

**特别提示**

在这个过程中必须关闭车上所有不需要的用电设备。根据所用蓄电池充电器，充电过程最长可持续 30min，只有出现相应的检查控制信息时才可以结束高电压蓄电池充电过程。

图 5-57　高电压蓄电池检查控制符号

通过这种方式只能为高电压蓄电池充电到重新恢复启动能力的程度，这时会通过另一个检查控制信息进行显示，如图 5-57 所示；然后根据使用说明继续进行并将车辆处于“行驶准备”总线端状态，之后启动发动机并使电动机作为发电机工作从而为高电压蓄电池充电。

组合仪表内显示的检查控制符号对于所有和高电压蓄电池充电状态相关的检查控制而言都是一样的。

必须对高电压蓄电池电量过低的 E72 进行启动辅助时，具体过程和借助蓄电池充电器为高电压蓄电池充电时类似。必须注意，将跨接启动车辆连接到 E72 上后不能立即建立起行驶准备状态，而是必须等到 E72 上显示出高电压蓄电池已电量充足的检查控制信息之后才可以断开跨接启动车辆与 E72 的连接。

(3) 安全进行高电压系统方面的工作

① 准备工作。开始工作前必须采取禁止溜车的措施（挂入自动变速器的驻车挡并启用驻车制动器），必须断开总线端 15 及总线端 R，必须关闭可能连接的充电器并断开接线。

② 使高电压系统断电。借助高电压蓄电池上的高电压安全插头使 E72 的高电压系统断电。

a. 将高电压安全插头的把手垂直向上翻折，如图 5-58 所示。这样可以使高电压安全插头上部相对于下部的熔丝移动。

b. 将整个高电压安全插头向后推，如图 5-59 所示。进行这步工作时，高电压接触监控电路已经断开。

图 5-58 垂直翻折高电压安全插头把手

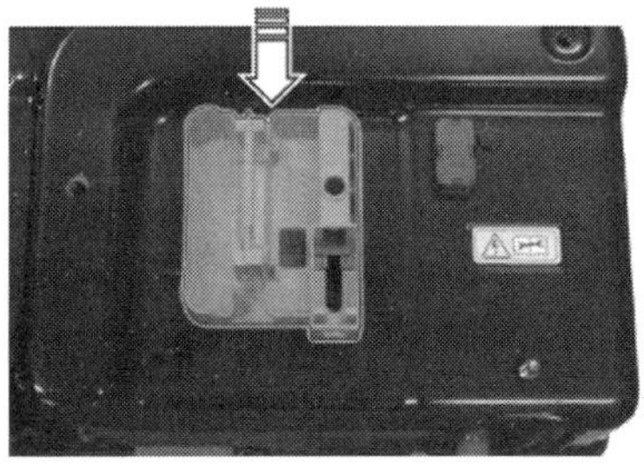

图 5-59 后推高电压安全插头

c. 推动高电压安全插头时可见到开口内有一个十字槽螺栓 1，如图 5-60 所示。

d. 必须松开该十字槽螺栓（图 5-61），但将其留在高电压安全插头内。

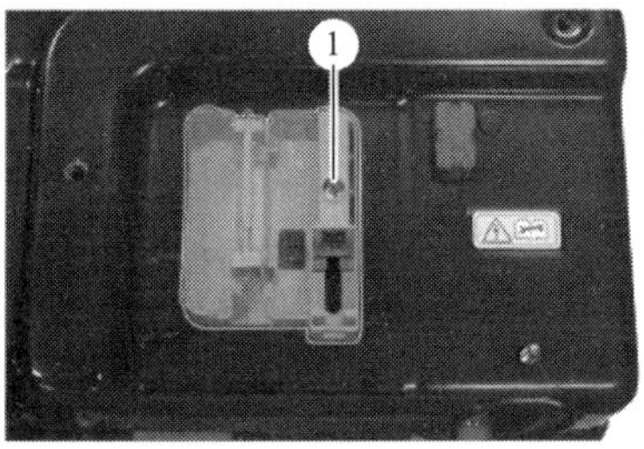


图 5-60 十字槽螺栓

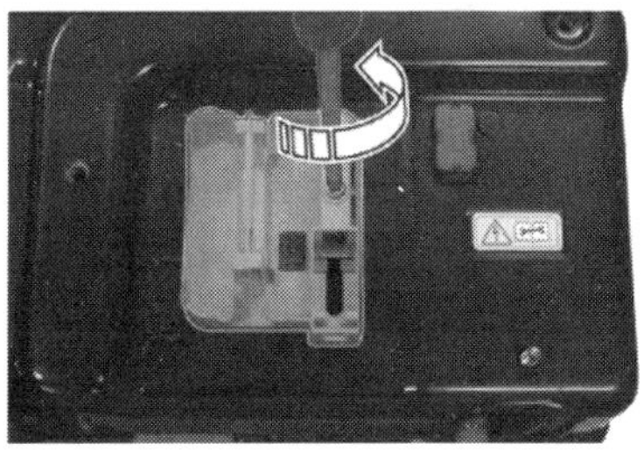

图 5-61 松开十字槽螺栓

e. 通过拉动高电压安全插头上的把手（图 5-62）将其从蓄电池内整个取出，包括熔丝，这样能够中断蓄电池电解槽的串联连接。

E72 的高电压系统通过两种作用机制断电：高电压接触监控电路断路；串联连接的蓄电池电解槽相互断开。

③ 防止高电压系统重新接通。防止重新接通功能也通过高电压安全插头来实现，为此需要一个普通弓形锁（如 ABUS45/40）。

a. 将高电压安全插头旋转 180°后，按照相反方式（使把手向下）重新安装，如图 5-63 所示。

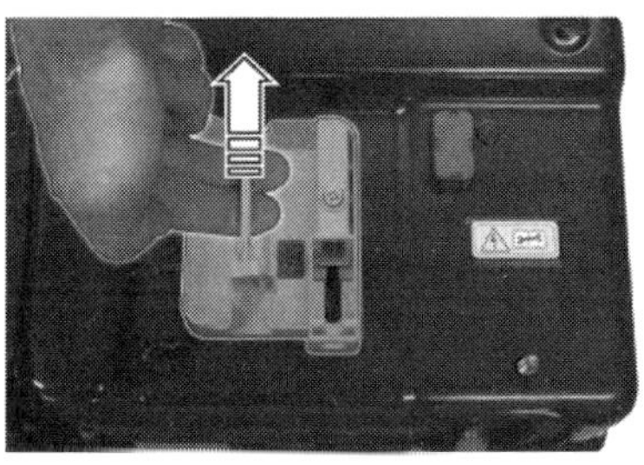

图 5-62 拉动高电压安全插头把手

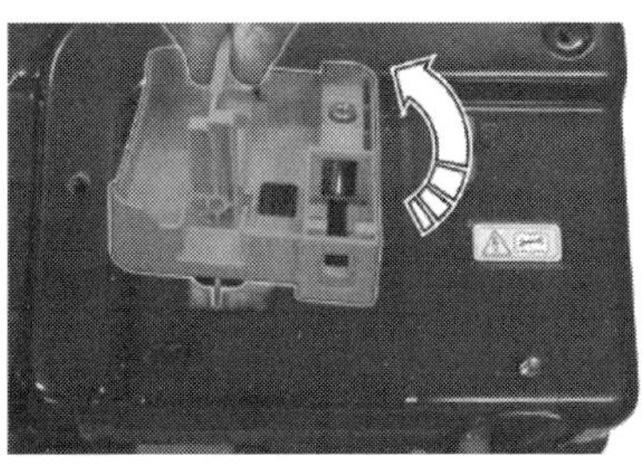

图 5-63 将高电压安全插头旋转 180°

此时把手占用了熔丝的位置，如图 5-64 所示。把手采用塑料材质，具有绝缘特性，这样还可避免导电物体进入熔丝支座内。

b. 将锁弓穿入高电压安全插头上的开口及一个固定环内，如图 5-65 所示，锁好弓形锁 1，拔出钥匙并在工作期间小心保管。不允许其他任何人接触钥匙，因为可能会使高电压系统重新进入运行状态。

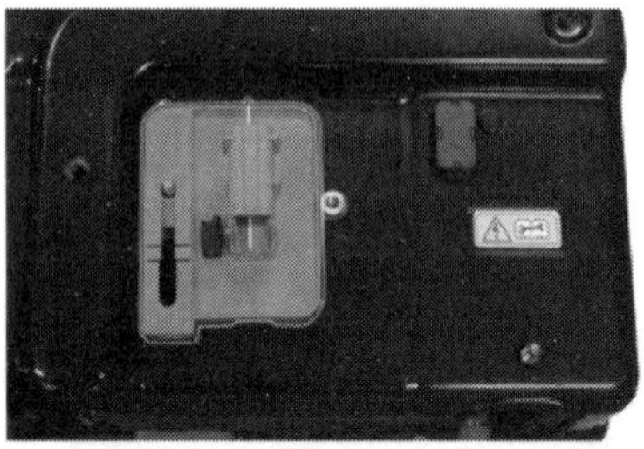

图 5-64　把手的位置

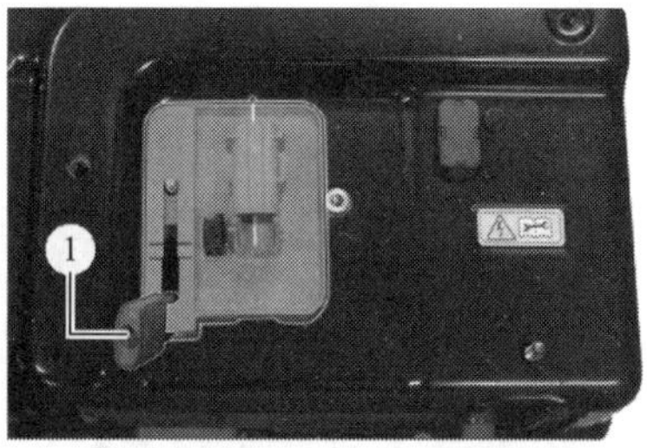


图 5-65　锁好弓形锁

1—弓形锁

图 5-66　表示高电压系统断电的检查控制信息

④ 确定断电。不通过测试仪或诊断系统判断是否断电，而是由高电压组件测量自身电压并通过总线信号向组合仪表传送测量结果。只有当组合仪表从所有相关高电压组件处都接收到断电信号时，才会发出检查控制信息显示断电状态，如图 5-66 所示。

需要确定是否断电时，必须接通总线端 15 并在组合仪表内出现检查控制信息和图 5-66 所示的符号之后才能保证高电压系统断电。确定断电后必须重新断开总线端 15 和总线端 R，然后再开始进行实际工作。

若没有显示检查控制信息，则不允许对高电压组件进行工作。

(4) 绝缘故障　供电电控箱和蓄电池控制模块内的控制单元测量高电压导线和接地间的绝缘电阻，这项绝缘监控功能用来识别整个高电压电路内（不只是在供电电控箱和高电压蓄电池内）的绝缘故障，为此需使所有高电压组件壳体和接地导电连接。

绝缘监控功能只能识别出是否存在绝缘故障，而不能确定具体故障原因，查明并最终确定具体故障位置必须利用诊断系统来进行。系统内存储的检测计划对于故障代码存储器记录进行分析并逐步执行定位过程。

在此可能需要暂时将各高电压组件和高电压导线断开，通过系统化排除各高电压组件可使故障原因范围越来越小。

## 5.8　宝马 X6 供电电子装置

E72 和混合动力有关的供电电子装置分布在辅助电源模块 APM、供电电控箱 PEB 两个控制单元上，两个控制单元均安装在发动机室内内燃机上方，如图 5-67 所示。安全盖板可避免直接接触高电压接口。两个控制单元都为高电压组件。

进行高电压组件方面的工作前，必须按照安全规定关闭高电压系统。然后将所有高电压组件断电，从而保证安全地进行工作。若忘记按规定关闭系统，则通过一个附加安全措施自动关闭高电压系统。高电压组件警告提示牌如图 5-68 所示。

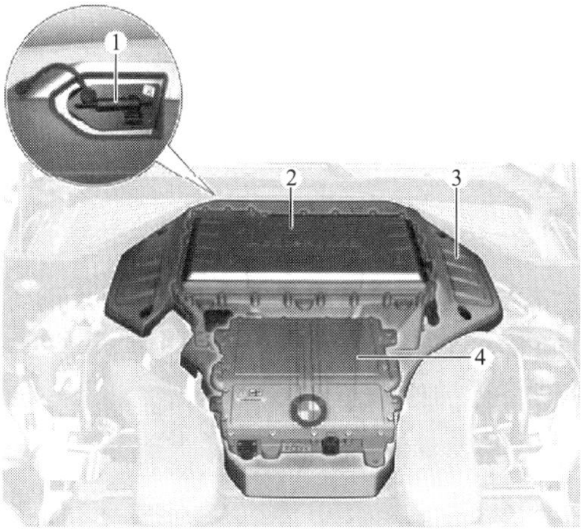


图 5-67 APM 和 PEB 的安装位置

1—高电压接触监控跨接线；2—供电电控箱 PEB；3—安全盖板；4—辅助电源模块 APM

图 5-68 高电压组件警告提示牌

在安全盖板上安装一个用于关闭高电压接触监控电路的跨接线。拆卸安全盖板时必须首先松开 4 个容易接近的螺栓。这时，安全盖板仍被第 5 个暂时看不到的螺栓固定住。为了可以松开这个螺栓，必须使跨接线开锁并拉出跨接线。这样会导致高电压接触监控电路断路并使高电压车载网络断电。之后才能松开第 5 个螺栓并取下安全盖板。

## 5.8.1 APM

APM 是一个 DC/DC 转换器，负责完成混合动力车辆两个电压层面间的能量转换：一个电压层面是约 300V 的高电压车载网络；另一个是 14V 车载网络。在此，DC/DC 转换器代替以前为 14V 车载网络供应能量的发电机。所以在行驶状态下 14V 车载网络的电能供应不再取决于内燃机的转速。

APM 控制单元只用在 E72 上。它采用双向转换器设计，即 APM 在高电压车载网络及 14V 车载网络间对电能进行双向传输。APM 是在混合动力合作框架下开发出来的成果，部分以宝马并未参与的上一代项目 DC/DC 转换器为基础。

(1) 供电电子装置系统　如图 5-69 所示。

(2) 功能说明　APM 由 HCP 进行控制，HCP 是 PEB 的一个组成部分。APM 不能独立接通电压转换功能。HCP 向 APM 发出下列指令：接通或关闭转换功能、转换方向（高电压至 14V 或 14V 至高电压）、额定电压。

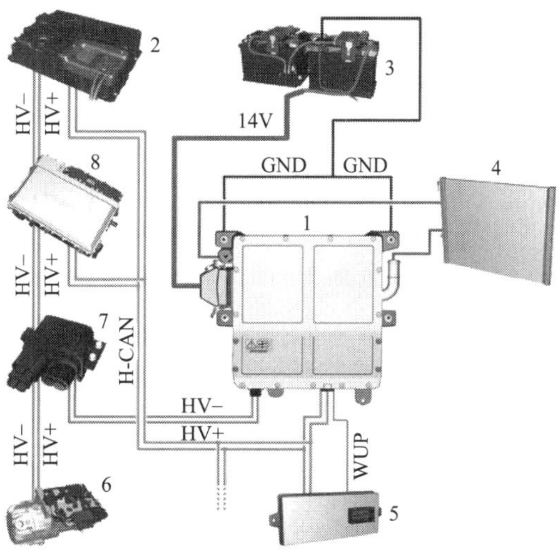


图 5-69 APM 系统

1—辅助电源模块 APM；2—高电压蓄电池；3—两个 12V 蓄电池（14V 车载网络）；4—低温循环回路散热器；5—混合动力接口模块 HIM；6—电动空调压缩机 EKK；7—供电配电盒 PDB；8—供电电控箱 PEB；GND—接地；WUP—唤醒导线；H-CAN—混合动力 CAN；HV+—高电压正极导线；HV-—高电压负极导线

APM 根据自诊断数据以及自己测定的测量参数决定是否能够接通转换功能。运行期间，APM 会尝试通过将电流增大到技术上允许的最大限值来调节各电压层面的额定电压。APM 不能降低车载网络内的电压，例如将 14V 车载网络内的电压降至 11V。但当相关电压层面的实际电压大于 APM 额定电压时，APM 可将电流降至零。这样不会发生任何能量转换。APM 存在一个被动放电电路，它可在关闭高电压供电后 5s 内使 APM 内的电容器放电直到电压值低于 60V。若识别出故障，APM 就会自动关闭转换功能。

APM 通过二次冷却循环回路（低温循环回路）进行冷却。在该循环回路内也包括增压空气冷却装置和 PEB。PEB 和 APM 的冷却循环回路并联连接，如图 5-70 所示。APM 和 PEB 内的最高冷却液温度是 75℃。

（3）APM 的运行模式　根据 APM 的电压转换方向产生两种运行模式——向下转换与向上转换，如图 5-71 所示。

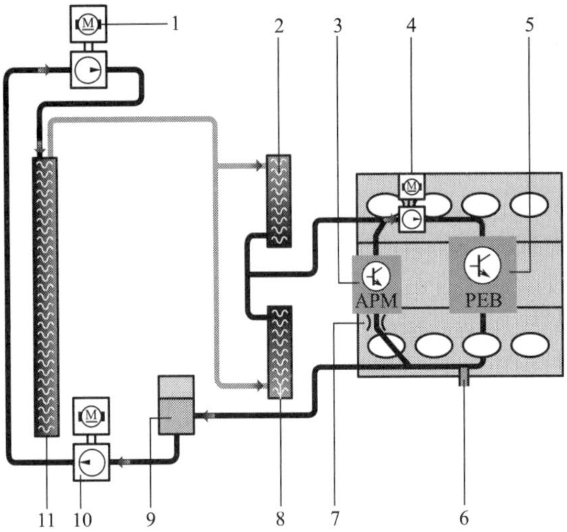


图 5-70　低温循环回路

1—电动冷却液泵（50W）；2—增压空气冷却器；
3—辅助电源模块 APM；4—电动冷却液泵（20W）；
5—供电电控箱 PEB；6—冷却液温度传感器；
7—节流阀；8—增压空气冷却器；9—补液罐；
10—电动冷却液泵（50W）；11—冷却液散热器

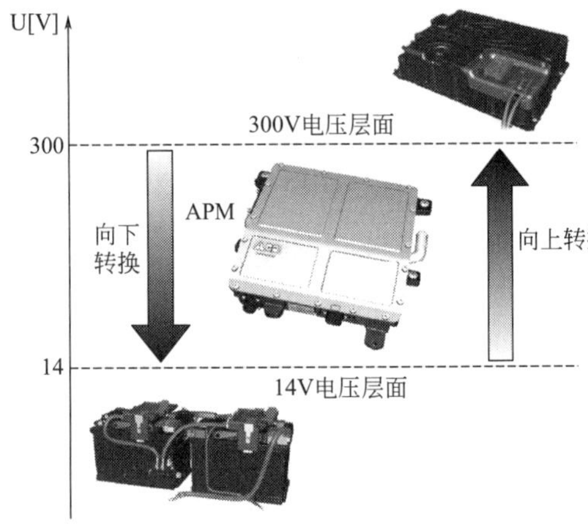


图 5-71　APM 的运行模式

向下转换又称下降模式，指的是由高电压层面向 14V 层面转换。处在这种运行模式时，APM 最大功率指标是 2.2kW 或 175A，取决于最先达到哪个限值，如图 5-72 所示。额定电压可以通过 HCP 规定在 11.0～15.5V 范围内。APM 以 14.5V 的规定值驱动。只要车辆处在运行状态就会始终选择该运行模式，这样能够在车辆运行期间通过 APM 为 14V 车载网络提供电能，APM 取代了以前为此所用的电动机。

向上转换又称助推模式，指的是由 14V 层面向高电压层面转换。处在这种运行模式时，APM 可传输 0.7kW 功率。只能由 HCP 通过一个 CAN 信息要求向上转换。额定电压可以通过 HCP 规定在 194～390V 范围内。当高电压蓄电池的 SOC 值小于启动能力限值必须为高电压蓄电池充电时，就会选用这种运行模式。必须满足下列条件：未识别出 APM 内有故障；HV 电压高于 194V；必须连接并接通外部充电器（通过 HCP 进行测试）；必须接通总线端 15。若在向上转换期间，APM 发现超出限值，APM 就会自动结束向上转换。随后由

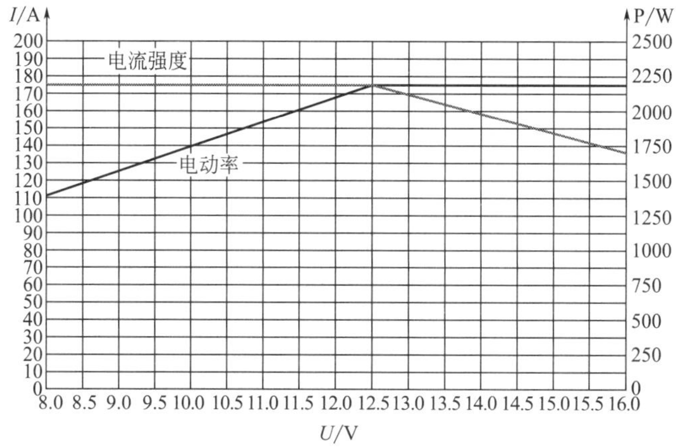


图 5-72 APM 的功率数据

HCP 重新明确提出向上转换要求。

若 APM 根据自诊断结果执行关闭过程，就会在组合仪表内利用一条检查控制信息显示故障情况。在此使用传统车辆的充电控制灯，因为 E72 未安装发电机。

特别提示

APM 用 4 个合适的螺栓安装在中控台上，通过后部螺栓与车辆建立起接地连接，必须使用合适的螺栓和准确拧紧力矩，后部螺栓连接还用来使 APM 壳体接地。

只有高电压组件的所有可导电壳体均与车身接地连接（有电流）时，才能实现绝缘监控。例如，只有借助这种导电连接，才能由供电电子装置可靠识别出高电压导线与壳体之间的短路。若壳体与接地之间无导电连接，则无法识别故障，所以对人有潜在危险。APM 自身无需保养，但在进行保养时，需要检查二次冷却循环回路的液位，APM 可进行诊断和编程。

(4) 供电电控箱 (PEB)　PEB 是供电电控箱的英文缩写，指的是在 E72 上用来控制和调节混合动力专用组件的控制单元（图 5-73）。

图 5-73 电控箱

PEB 控制所有运行状态下的高电压车载网络、电动机双向能量流动、电动机的转速与转矩以及电动混合动力机油泵控制系统（电动机泵换流器）。PEB 是在混合动力合作框架下开发的成果，部分以宝马并未参与的上一代项目研发成果作为基础。

① 结构原理（图 5-74）。

② 功能。PEB 内的 4 个控制单元功能：HCP，协调混合动力系统的所有中央功能，选择挡位，计算内燃机、电动机和底盘间的力矩分配，监控整个系统；MCPA，根据 HCP 要求计算电动机 A 调节方式；MCPB，根据 HCP 要求计算电动机 B 调节方式；EMPI，控制混合动力机油泵电机。

除上述 4 个控制单元外，PEB 还包括用来控制电动机 A、B 的 2 个脉冲变流器（AC/DC 转换器）的供电电子装置、用于电动控制混合动力机油泵的一个脉冲变流器（AC/DC 转换器）、作为中间电压电路的一个电容器（1mF）以及用于 4 个控制单元的外部硬件。

其他功能：调节高电压车载网络；在传动系统电动机与高电压系统之间双向分配和传输

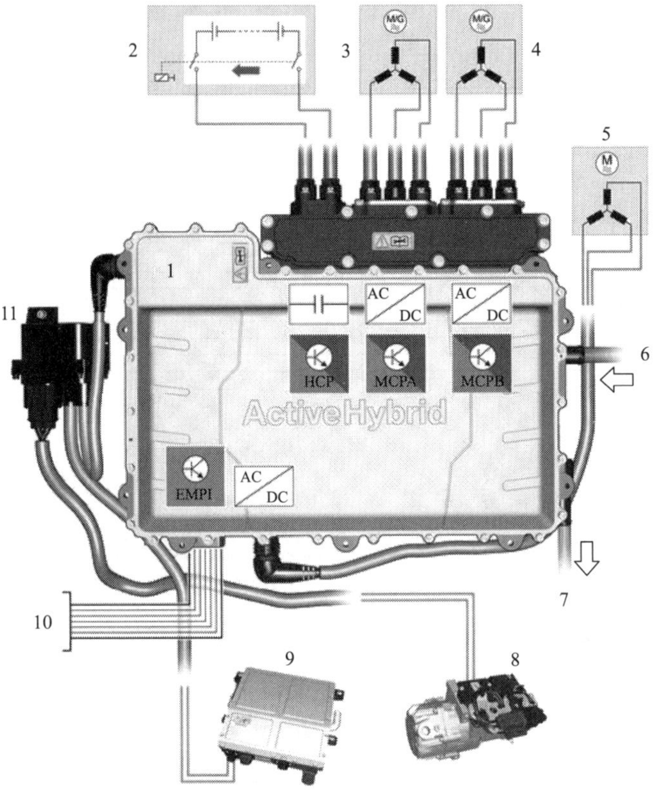


图 5-74 PEB 的原理结构

1—供电电控箱；2—高电压蓄电池；3—电动机 B；4—电动机 A；5—电动变速箱油泵；6,7—冷却液循环回路接口；8—电动空调压缩机 EKK；9—辅助电源模块 APM；10—12V 供电、H-CAN、H-CAN2 等接口；11—供电配电盒 PDB；HCP—混合动力控制器处理器（混合动力主控单元）；MCPA—电动机控制器套件 A（混合动力电动机控制装置）；MCPB—电动机控制器套件 B（混合动力电动机控制装置）；EMPI—电动机泵换流器（混合动力机油泵控制系统）

能量；使车辆高电压受控放电；对高电压车载网络进行过滤；高电压和车辆接地的绝缘及绝缘监控；诊断功能和组件自保护；调节电动机的转矩、转速；控制和调节混合动力机油泵；"预充电模式"，用于启动高电压系统。

③ 运行策略。混合动力主控控制单元 HCP 的能量运行策略根据环境条件、车辆状态以及驾驶员要求持续调节能量分配。运行策略最重要的输入及调节参数是高电压蓄电池的充电状态。

④ 维修注意事项。

a. 维修技术人员必须具备相应的资格，遵守安全规定，严格按照维修说明操作，也只有满足这些前提条件，方可进行带标记高电压组件方面的工作。

b. 保证正确连接 PEB 壳体与车辆接地之间的接地导线。必须使用正确螺栓以及准确拧紧力矩。

c. 只有高电压组件的所有可导电壳体均与车身接地连接（有电流）时，才能实现绝缘监控。

d. PEB 自身无需保养，但在进行保养时需检查二次冷却循环回路的液位。

e. 出于高电压安全考虑，禁止打开或分解 PEB。

f. 出现故障时始终更换整个 PEB。

g. 出现较大损坏时（例如壳体破裂，设备上的插头损坏）也必须更换 PEB。

PEB 和 APM 一样，可进行诊断和编程。更换 PEB 后必须执照当前状态对 4 个控制单元进行编程。

## 5.8.2 配电盒

（1）供电配电盒 PDB　其安装位置如图 5-75 所示。

供电配电盒 PDB 也是一个高电压组件，用于由 PEB 向 APM 以及电动空调压缩机 EKK 分配电压。在 PDB 内安装有 2 个电压熔丝，如图 5-76 所示。

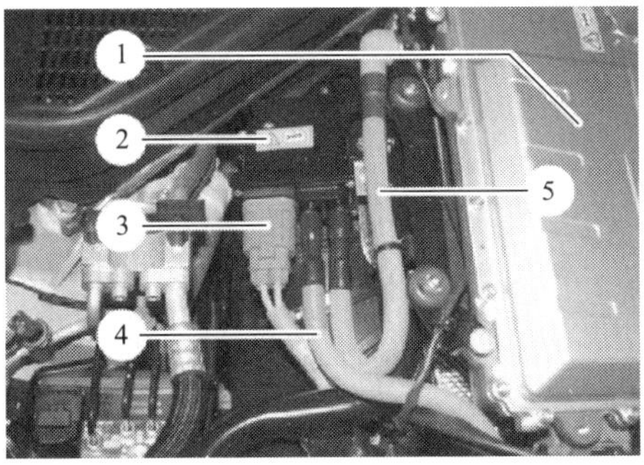


图 5-75　PDB 的安装位置

1—供电电控箱 PEB；2—供电配电盒 PDB；3—电动空调压缩机高电压导线与 PDB 的接口；4—APM 高电压导线接口；5—连接 PEB 至 PDB 的高电压导线

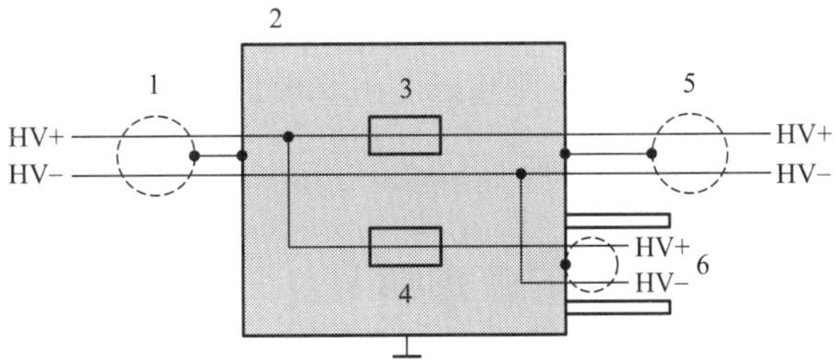


图 5-76　PDB 内高电压熔丝的电路图

1—导线屏蔽层；2—供电配电盒 PDB；3—APM 的高电压熔丝（20A）；4—EKK 的高电压熔丝（40A）；5—导线屏蔽层；6—EKK 连接插口

20A 熔丝用来保护连接 APM 的高电压导线，40A 熔丝用来保护连接 EKK 的高电压导线。高电压熔丝都保护高电压正极导线。

（2）高电压导线　高电压导线使高电压组件相互连接并带有鲜明的橙色导线护套，如图 5-77 所示。混合动力车辆制造商已经在通过橙色警告色统一标记高电压导线方面达成一致。

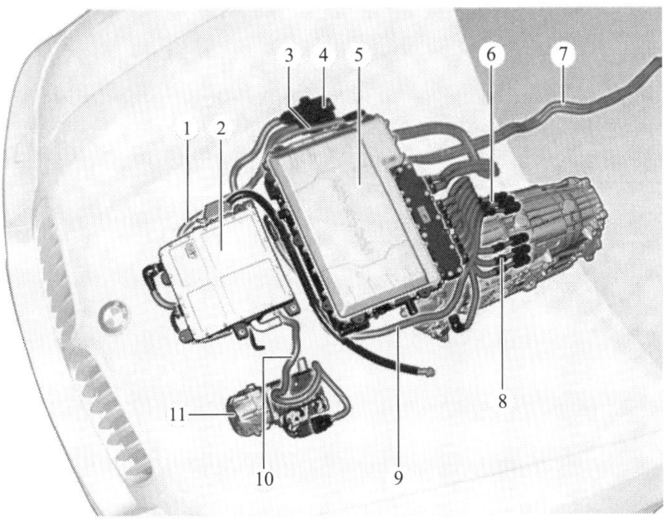


图 5-77　E72 的高电压导线

1—PEB 与 APM 间的高电压导线；2—辅助电源模块 APM；3—PEB 与 PDB 间的高电压导线；4—供电配电盒 PDB；5—供电电控箱 PEB；6—PEB 与电动机 B 间的高电压导线；7—PEB 与高电压蓄电池间的高电压导线；8—PEB 与电动机 A 间的高电压导线；9—PEB 与电动变速箱油泵间的高电压导线；10—供电配电盒 PDB 与电动空调压缩机 EKK 间的高电压导线；11—电动空调压缩机 EKK

特别提示

禁止对高电压导线进行维修。出现损坏时原则上必须更换导线。采用现有的高电压导线拉力卸载装置。采用规定拧紧力矩固定高电压导线的螺纹接头如图 5-78 所示。将锁止件紧紧安装在高电压导线的插接连接件上。必须遵守各高电压导线之间以及高电压导线和信号导线间的设计规定距离。

仔细地将高电压导线放入或卡入为此准备的固定夹内。

除高电压导线的螺纹接头外，还使用圆形高电压插头，如图 5-79 所示。迄今为止，这种圆形高电压插头主要用在军事方面。图 5-79(a) 中将锁止环 1 向前推时，圆形高电压插头锁止；图 5-79(b) 中，将锁止环 1 向后推时，圆形高电压安全插头开锁，可以见到红色标记 2。插入圆形高电压插头前必须将锁止环向后推。

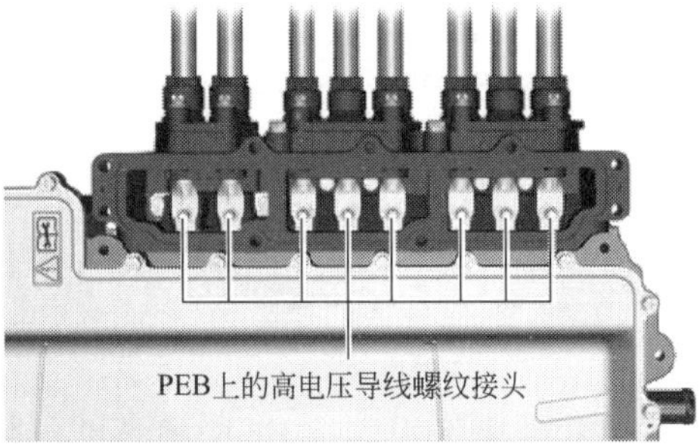


图 5-78　PEB 上的高电压导线螺纹接头

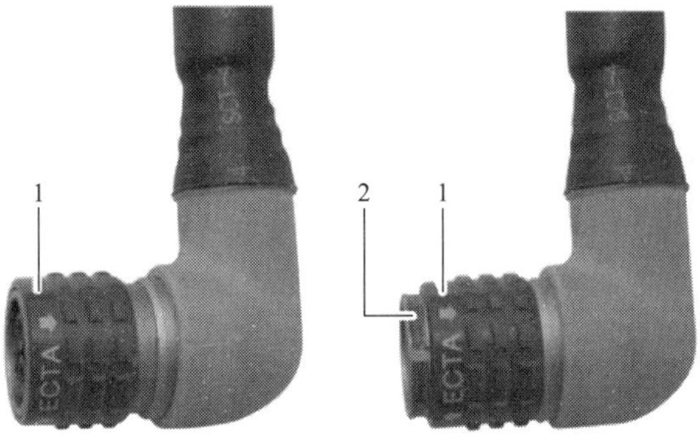


(a) 插头锁止　(b) 插头开锁

图 5-79　圆形高电压插头

1—锁止环；2—标记

连接圆形高电压插头时必须保证正确锁止。通过一个锁止环保证锁止，该锁止环可向前和向后推动，如图 5-80 所示。图 5-80(a) 中，将圆形高电压插头上的锁止环向后推（开锁）；将圆形高电压插头上的标记（带有标记的凹槽）和插口上的标记对齐，将高电压插头插入插口内。图 5-80(b) 中，将高电压插头上的锁止环向前推，之后看不见标记。图 5-80(c) 中，拉动高电压插头，检查是否正确锁止，错误锁止时拔出高电压插头。

(a) 锁止环向后推　(b) 锁止环向前推　(c) 检查是否正确锁止

图 5-80　正确锁止圆形高电压插头

# 第6章 奥迪Q5混合动力汽车

## 6.1 奥迪 Q5 混合动力系统原理

（1）识别标记　奥迪 Q5 混合动力四驱车和使用内燃机的奥迪 Q5 车相比，除在车型铭牌上有混合动力字母标识外，还有下列不同之处，如图 6-1 所示：组合仪表上带有功率表和 Hybrid 显示；发动机舱内的装饰盖板上有 Hybrid 标志；翼子板上有 Hybrid 标志；行李厢盖上有 Hybrid 标志；登车装饰条上有 Hybrid 标志；EV-模式开关和带有 tip-S 功能的换挡操纵机构；MMI 系统上有 Hybrid 标志。

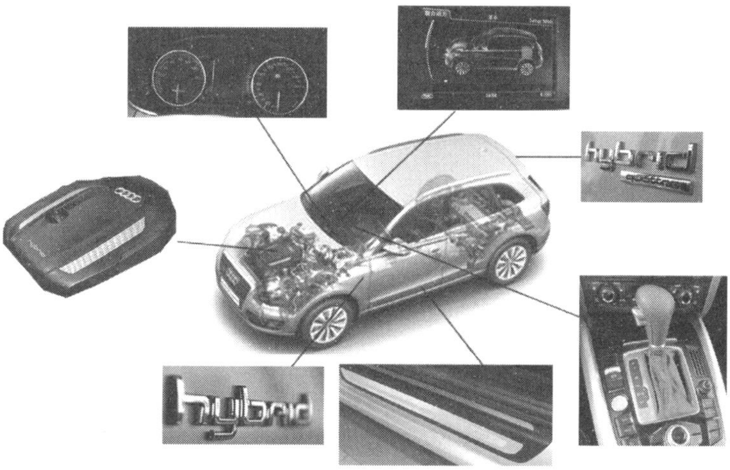


图 6-1　奥迪 Q5 混合动力识别标记

（2）奥迪混合动力系统的工作原理　如图 6-2 所示。

① 发动机启动/停止。若系统认为驾驶员把车停住，那么发动机就立即关闭。车辆一加速，发动机立即启动（与蓄电池电池充电状态有关），如图 6-3 所示。

② 没有为高压蓄电池充电。发动机和电机一同给车辆加速，电机由电蓄能器提供电能，与传统系统相比，车辆性能大幅提升，如图 6-4 所示。

③ 高压蓄电池与低压蓄电池同时充电。车由发动机来驱动行驶，发动机带动电机，来为高压蓄电池充电，如图 6-5 所示。

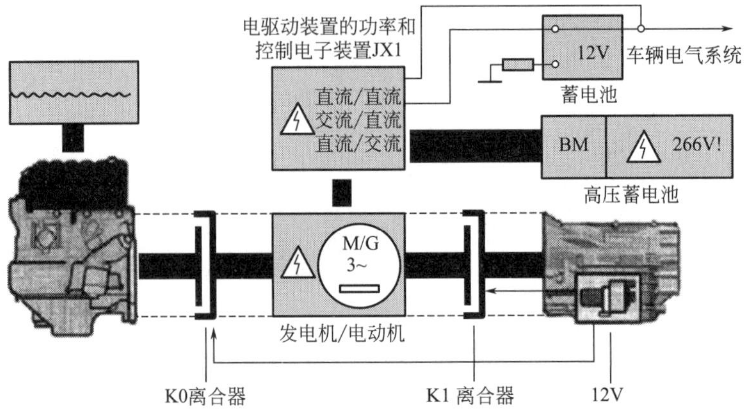


图 6-2 奥迪混合动力系统的工作原理

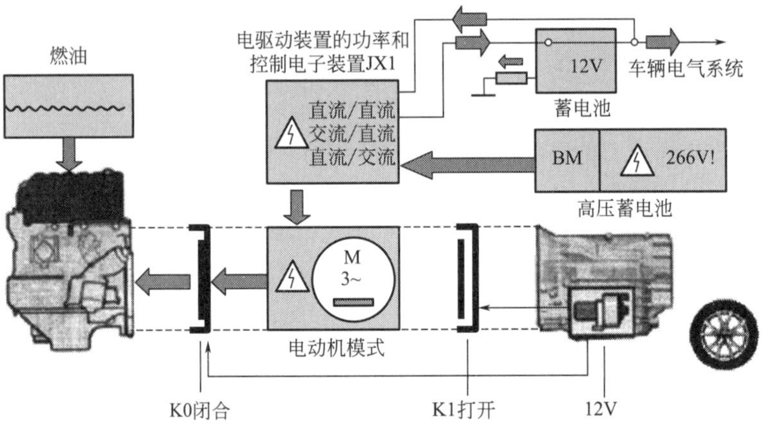


图 6-3 发动机启动

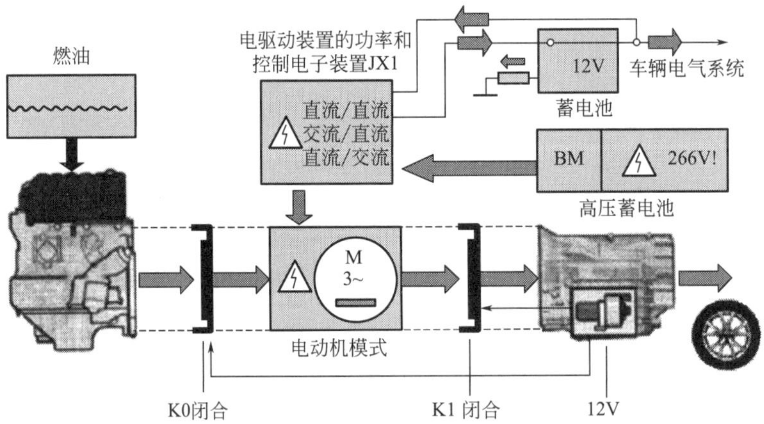


图 6-4 没有为高压蓄电池充电

④ EV 模式。车辆仅靠电机驱动来行驶，电机由高压蓄电池供电，如图 6-6 所示。

⑤ 发动机关闭时滑行/制动状态。此状态下的能量回收模式制动能量由电机转化为电能，并存储在高压蓄电池中，如图 6-7 所示。

⑥ 发动机运行时滑行状态下的能量回收模式。车辆不消耗任何能量（惯性滑行），通过

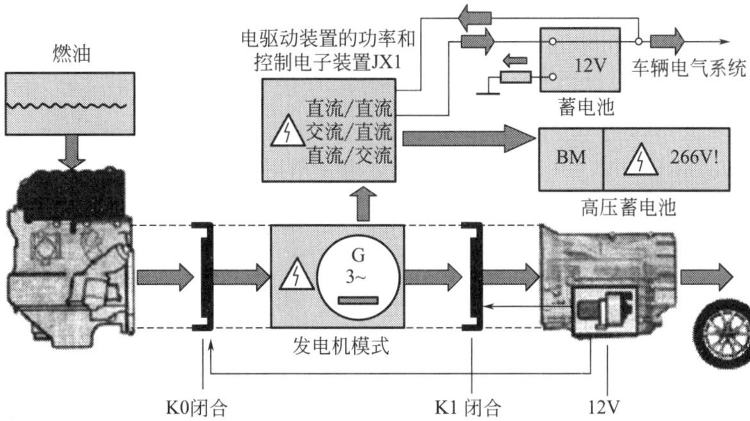


图 6-5 为高压蓄电池充电

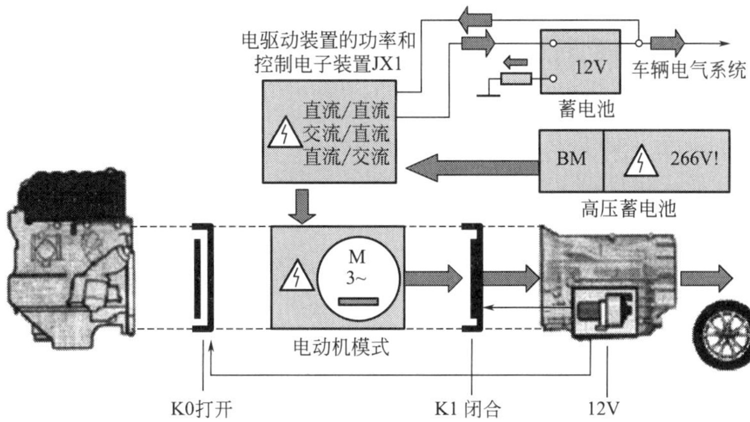


图 6-6 EV 模式

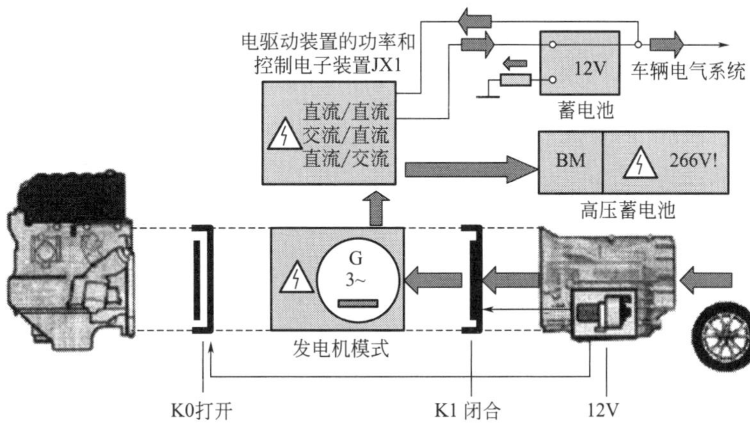


图 6-7 发动机关闭时滑行/制动状态

脱开离合器 K0 来让发动机与电机分离开，根据车速，发动机处于超速断油状态或关闭状态（启动由电机或辅助起动机来实现），在能量回收过程中，电机作为发电机为 12V 车载电网供电，如图 6-8 所示。

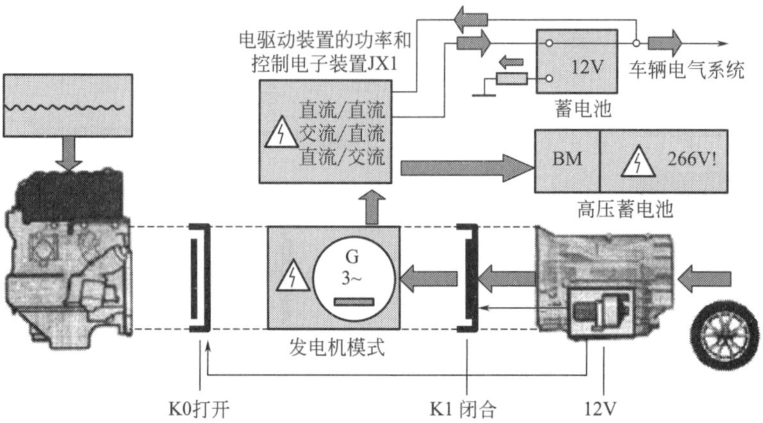


图 6-8　发动机运行时滑行状态下的能量回收模式

## 6.2　奥迪 Q5 混合动力汽车发动机

(1) 发动机工作曲线和技术数据　图 6-9 所示为奥迪 Q5 混合动力 2.0L TFSI 发动机的转矩-功率特性曲线，从曲线可知转矩和功率都得到了提升，低速小功率时形成大转矩，这才是汽车行驶需要的转矩输出。

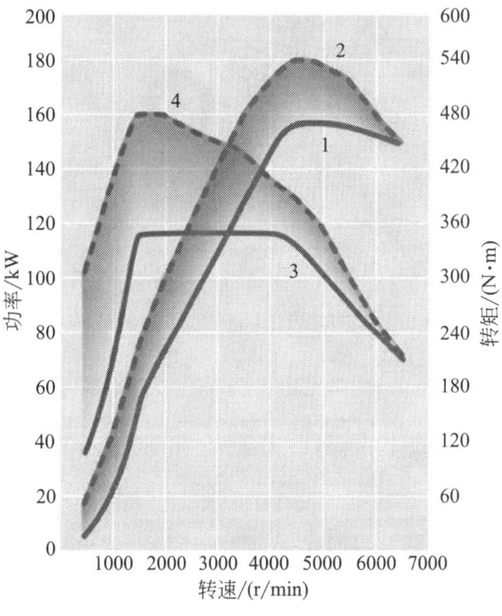


图 6-9　奥迪 Q5 混合动力 2.0L TFSI 发动机转矩-功率特性曲线

1—发动机功率 kW；2—系统功率 kW (10s)；3—发动机转矩 N · m；4—系统转矩 N · m (10s)

(2) 2.0L TFSI 发动机的变化

① 省去辅助装置的带传动机构。因为省去了带传动机构，所以开发了一种新的辅助装置支架，该支架用来安装电动空调压缩机。曲轴和平衡轴轴承的材质有所变化，以达到启动停止模式的工作需要。

② 后消声器上的可控式排气阀。只有左侧的后消声器上才安装这种可控式排气阀，如图 6-10 所示，该阀由排气控制阀 1-N321 来控制。该排气控制阀膜盒发挥真空作用时，排气管内的排气阀就关闭，断电后真空消失，排气阀打开。

在发动机停机时，该阀是打开着的。在转矩不大于 300N · m，或者转速不超过 1800r/min 时，以及怠速给蓄电池充电时，为避免产生节流噪声，该阀关闭。

③ 冷却。如图 6-11 所示，为了冷却功率和控制电子装置 JX1 的功率控制部分，设置一个低温冷却循环回路。在冷却液循环及温度管理方面引入了发动机控制系统 MED. 17.1.1，它有 3 个处理器，所以也可以实现创新温度管理。使用这种控制单元的目的是通过改进车辆热平衡来进一步降低油耗和 $CO_2$ 排放量。改进热平衡是指将所有受热部件及连接在冷却系统上的部件（例如发动机或变速器）上的温度保持在能使其效率最佳的范围内。

奥迪 Q5 车上的冷却系统分为低温循环与高温循环两部分。在发动机不工作时，冷却液是由电动冷却液泵来循环的。

发动机冷却系统属于高温循环部分，组件包括暖风热交换器 2、冷却液截止阀 N82、电机 V141、高温循环冷却液泵 V467、冷却液泵 5、废气涡轮增压器 6、发动机机油冷却器 7、冷却液温度传感器 G62、特性曲线控制的发动机冷却系统节温器 F265、冷却液续动泵 V51、高温循环散热器 8、变速器机油冷却器。

电机驱动属于低温循环部分，组件包括电驱动装置的功率和控制电子装置 JX1、低温循环冷却液泵 V468、低温循环散热器 9。

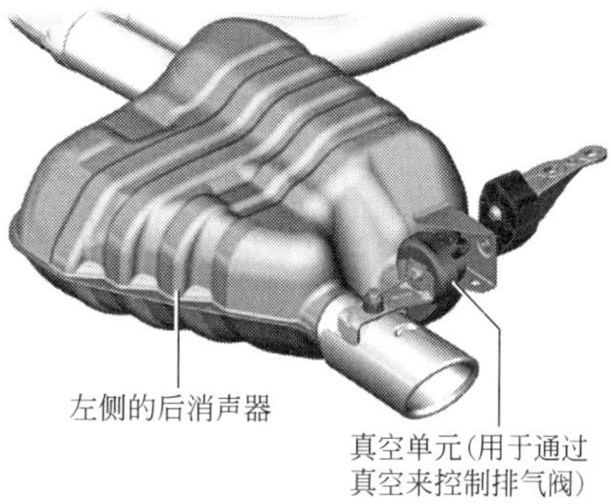


图 6-10　左侧的后消声器真空单元

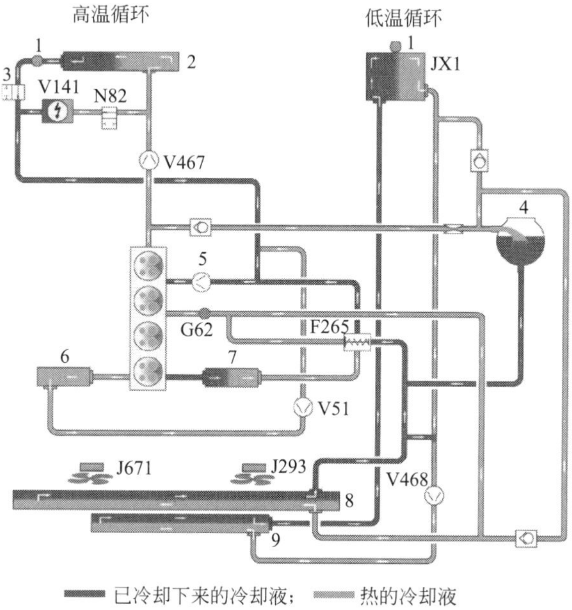


图 6-11　奥迪 Q5 混合动力汽车冷却系统

1—放气螺塞；2—暖风热交换器；3—冷却液截止阀；4—冷却液膨胀罐；5—冷却液泵；6—废气涡轮增压器；7—发动机机油冷却器；8—高温循环散热器（包括变速器机油冷却器）；9—低温循环散热器；F265—特性曲线控制的发动机冷却系统节温器（开启温度为 95℃，由发动机控制单元 J623 来控制）；G62—冷却液温度传感器；J293—散热器风扇控制单元（由发动机控制单元 J623 来控制）；J671—散热器风扇控制单元 2（由发动机控制单元 J623 来控制）；JX1—电驱动装置的功率和控制电子装置；N82—冷却液截止阀（在热的一侧，由发动机控制单元 J623 来控制）；V51—冷却液续动泵（由发动机控制单元 J623 来控制）；V141—电机（由电驱动装置的功率和控制电子装置 JX1 来控制）；V467—高温循环冷却液泵（由发动机控制单元 J623 来控制）；V468—低温循环冷却液泵（由电驱动装置的功率和控制电子装置 JX1 来控制）

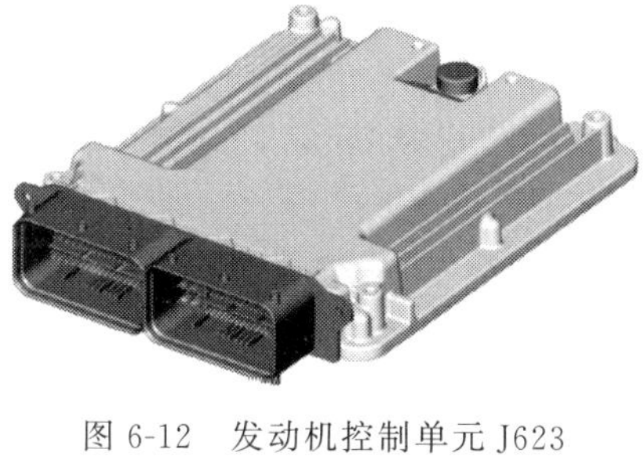

图 6-12　发动机控制单元 J623

④ 发动机控制单元 J623。图 6-12 所示为发动机控制单元 J623，J623 不但要控制发动机工作，还要控制温度管理系统，发动机控制单元在执行温度管理功能过程中会控制所有冷却液循环过程。最后 J623 还是车辆混合动力功能的管理单元，决定是否采用电动方式来驱动车辆，并将驾驶员期望的车速通知功率和控制电子装置 JX1 的控制电子部分。

⑤ 运输模式。采用运输和售后服务模式，可以在故障诊断时让发动机继续运转，在 P 挡位置执行强制降挡，随后发动机就一直在运转着，直到挂上某个挡位为止，在电动模式时，车速调节装置总是处于激活状态。

在运输模式时，电机只用作发电机。也就是说不能只靠电动方式来驱动车辆，无电动加速（E-Boost）功能，无启动-停止模式功能，无能量回收功能。在运输模式下，发动机运转时会一直为高压蓄电池充电。在运输模式时，最高车速是 35km/h，最高转速是 3500r/min。若未关闭运输模式，那么当车辆在下次 15 号线供电时若行驶距离超过了 100km，该模式就会自动关闭。

⑥ 售后服务模式。在发动机控制单元内进行自适应，就可激活售后服务模式，冷却液温度应不低于 25℃。作为识别标记，废气警报灯 K83（MIL）和发动机电子系统指示灯 K149（EPC）点亮。在售后服务模式下，电机只作为发电机用，且发动机转动时会一直为高压蓄电池充电。所以也就不能靠电动方式来驱动车辆，无电动加速（E-Boost）功能，无启动-停止模式功能，无能量回收功能。

此外，可以通过 12V 辅助起动机来启动发动机。如果未取消自适应过程，那么当车辆在下次 15 号线供电时若行驶距离超过了 50km，该模式就会关闭。

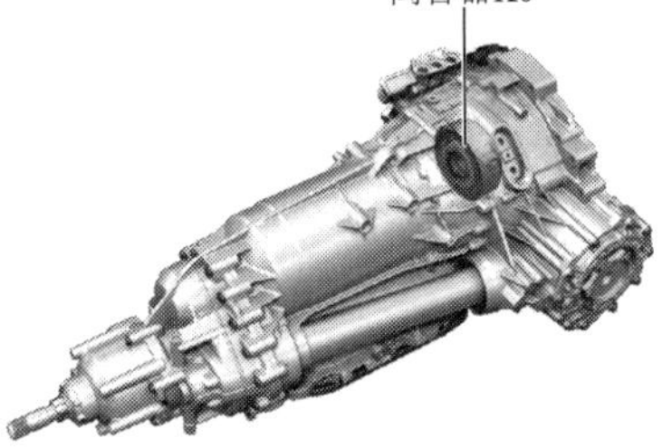


图 6-13 奥迪 Q5 混合动力 8 挡自动变速器

图 6-13 所示为带有混合动力模块的 8 挡自动变速器。自动变速器控制单元 J217 是混合动力 CAN 总线及驱动 CAN 总线的用户。

多片式离合器 K0 与电机转子合为一体代替变扭器。多片式离合器浸在油池中工作，用于将发动机与电机断开或连接上。

为了能在电机不工作时润滑自动变速器，并且为液压操纵机构建立起必要的 ATF 液压压力，安装了一个变速器 ATF 油辅助液压泵 V475。若温度较低，该泵可能无法建立起所需的压力。

因为在被动牵引时，变速器是得不到润滑的，所以若需要牵引车辆，其规定与以前的自动变速器相同，需要将换挡杆挂在 N 位置，牵引距离不超过 50km，牵引车速不超过 50km/h。

## 6.3 奥迪 Q5 混合动力转向和制动系统

（1）电动转向系统　如图 6-14 所示，奥迪 Q5 混合动力四轮驱动汽车上应用的是电动助力循环球式转向机，转向助力控制单元 J500 挂在组合仪表/底盘 CAN 总线上。

（2）奥迪制动系统制动真空泵 V192　电动制动真空泵 V192 固定在 ESP 整体总成的前面，如图 6-15 所示。该泵的作用是在发动机关闭期间，为制动助力器提供充足的真空度。真空度低时，通过制动助力压力传感器 G294 来产生信号，由发动机控制单元 J623 经继电器 J318 来操控。

（3）ESP 总成　奥迪 Q5 混合动力车上的 ESP 总成，其结构和奥迪 Q5 是一样的，但是软件方面就混合动力发动机牵引力矩调节功能进行相应的扩展。

在电力制动（能量回收）时，出于稳定考虑不会令制动压力泄压，因此发动机控制单元在需要时会下令去调节驱动力矩。若在挡位 D 时关闭了 ESP 或是接通了坡路起步辅助系统，那么在车辆行驶过程中，发动机就一直在工作。

制动踏板位置传感器 G100 安装在发动机控制单元上。发动机控制单元通过制动踏板位置传感器 G100 的信号来操控电力制动（能量回收）及液压制动的比例分配。制动踏板在制动助力器上有一个约 9mm 的空行程。在这段空行程中是只有能量再生制动的，等到制动时就可以很好地过渡到液压制动了。

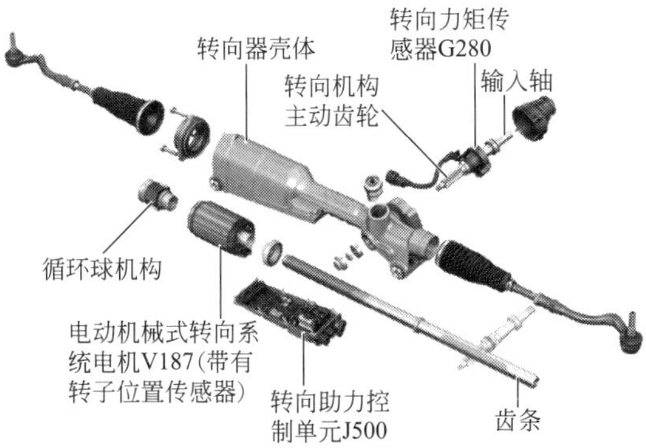

图 6-14　奥迪 Q5 混合动力电动转向系统

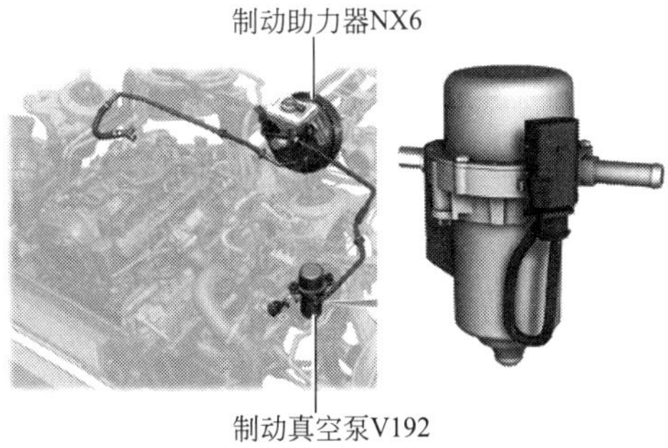

图 6-15　电动制动真空泵

在更换了制动踏板位置传感器或是更换了发动机控制单元时，必须进行制动踏板位置传感器 G100 和发动机控制单元之间的自适应。

## 6.4　奥迪 Q5 混合动力电气系统

（1）混合动力蓄电池单元 AX1　其设置在行李厢内的备胎坑中，结构如图 6-16 所示，主要包括高压蓄电池 A38、蓄电池管理控制单元 J840、高压系统保养插头接口 TW、安全插头接口 TV44、高压线束接口 PX1、12V 车载电网接口。

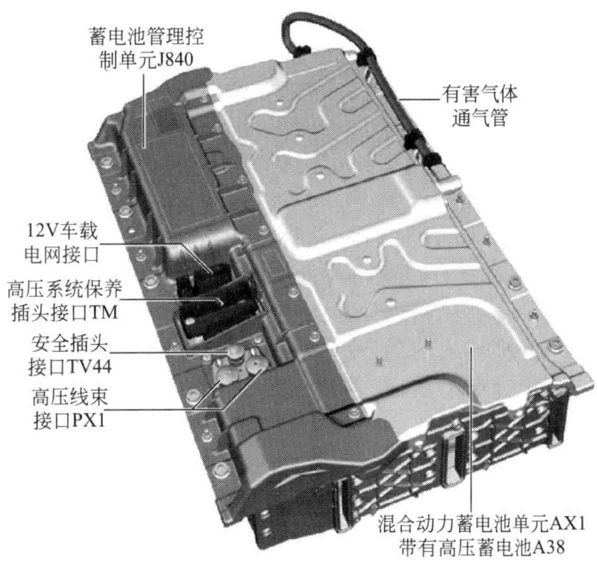

图 6-16　混合动力蓄电池单元 AX1 的结构

在这个蓄电池壳体内，集成有用来吸入和排出冷却空气的开口。

（2）蓄电池管理控制单元 J840　蓄电池管理控制单元集成在混合动力蓄电池单元 AX1 的左侧，该控制单元和混合动力 CAN 总线及驱动 CAN 总线相连。J840 监控高压蓄电池的温度，并通过蓄电池冷却模块来调节蓄电池冷却状况。该控制单元检查并分析充电状态、单格电压和蓄电池电压的信息，这些信息通过混合动力 CAN 总线传到发动机控制单元。

① 高压继电器。高压蓄电池通过高压继电器来与其他高压部件连接或断开。“正极”与“负极”继电器各一个。

一旦 15 号线接通，蓄电池管理控制单元 J840 会立刻接通高压继电器，继电器触点闭合。若蓄电池管理控制单元 J840 供电的 12V 电压中断，高压触点断开，就意味着 12V 车载电网“关闭”，表示高压装置也是“关闭”的。

在下列情况中，高压继电器的触点由蓄电池管理控制单元 J840 进行断开：点火开关已关闭；安全线已切断；安全带张紧器已触发；安全气囊已触发；两个 12V 蓄电池在“15 号线接通”的情况下已经与车载电网断开。

在达到了启动能力最低极限值时（高压蓄电池电量状态少于 25%）或是没能启动发动机，那么发动机控制单元会发送一条信息给仪表，随后就会显示“车辆现在无法启动”这个内容。请参见随车的使用说明书。若充电状态低于 20%，则不见许有放电电流。在纯电力驱动行驶时，高压蓄电池给高压电网和 12V 车载电网同时供电。

② 高压蓄电池的充电。若组合仪表上显示“车辆现在无法启动”这个内容（见随车的使用说明书），那就必须给高压蓄电池充电。若充电应关闭点火开关，将充电器（至少 30A）或是带有三相发电机的发电车接到“跨接启动销”上。充电过程完成后接通点火开关，仪表就会显示“正在形成启动能力，请稍等……”这个信息。

若在 1min 内，高压蓄电池无法吸收充电电流，则会显示“充电过程已中断，无法形成启动能力”这个信息。其原因就在于充电器或发电车的充电能力太弱。此外这种故障信息也可以红色的混合动力警报灯来提示。若识别出充电电流，那么高压蓄电池会充电到 35% 的状态，组合仪表上会显示一个绿色的充电插头，表明 12V 蓄电池在这时被充电。若高压蓄电池的充电状态降至 5% 以下，那么 12V 蓄电池就不能再充电。

③ 高压系统保养插头 TW。高压系统保养插头是两部分高压蓄电池之间的连通保险，若拔下了这个保养插头，则断开了这两部分的连接。若在高压部件上或在高压部件附近要使用车削工具、成形工具或棱角锋利的工具，那么必须拔下这个保养插头。想要恢复供电，则应在诊断仪中来进行诊断码清除操作，这也是一个安全设计。

a. 保养插头的开锁与上锁。关闭点火开关；打开行李厢内的高压系统保养盖板；移开橡胶盖。操作如图 6-17(a) 和 (b) 所示。

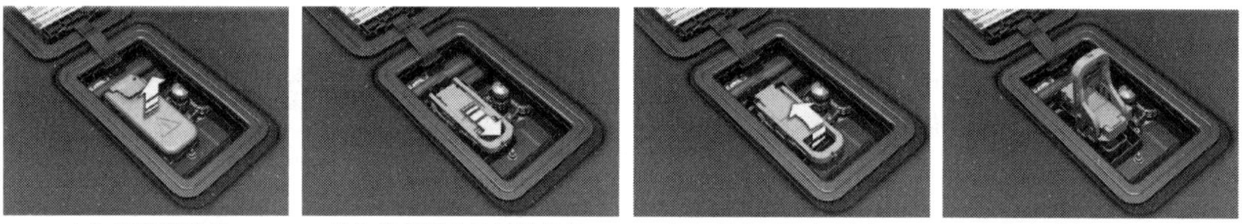

(a) 移开橡胶盖　(b) 保养插头已插好状态　(c) 保养插头在位置1　(d) 保养插头在位置2

图 6-17　高压系统保养插头

b. 拔下保养插头。高压上电继电器断开，只控制了外部 P1 与 P2 的供电输出。这些维修操作是在高压蓄电池箱的内部进行的，为了保证安全，应拔下保养插头，该插头是高压蓄电池两个部分之间的连通部件。

具体说就是该插头有两个确定的开关位置。在位置 1 时，安全线被切断（高压上电继电器断开），如图 6-17(c) 所示。在位置 2 时，蓄电池两个部分之间的串联连接被切断（拔下蓄电池中间熔丝），如图 6-17(d) 所示。此时可以将保养插头从支架上拉出。此时高压装置就关闭了，从更安全的角度讲，应检查是否可靠断电（即验电）。

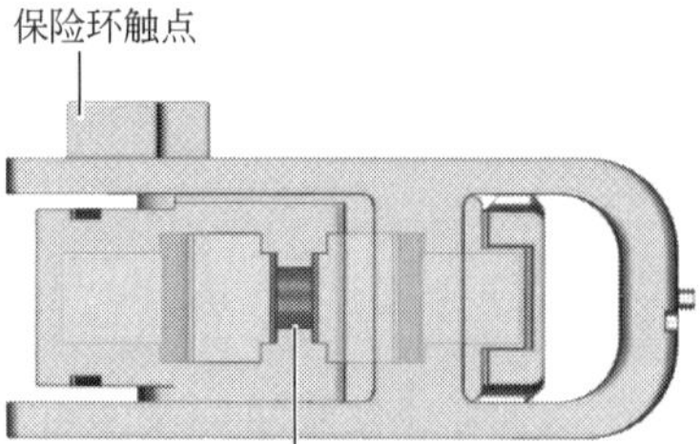


图 6-18　保养插头内的熔丝

保养插头内有一个高压装置熔断式熔丝，其规格为 125A（与丰田普锐斯相同），如图 6-18 所示。

要想让高压系统再次恢复工作，按照相反顺序将保养插头复位。

特别提示

只有受训合格的高压电技工才可以拔这个保养插头，以确保装置处于停电状态。

（3）安全理念　图6-19所示为蓄电池单元上的安全理念设计。

① 绝缘控制。整个高压回路包括高压蓄电池内部、正母线和负母线、功率和控制电子装置JX1的功率部分（逆变器）、电机的三相线以及连接空调压缩机的导线（包括空调压缩机）。为了识别整个高压回路上的绝缘故障，每30s系统对高压电网完成一次绝缘测量。若有绝缘故障，则组合仪表上会有信息，提示用户去服务站解决。

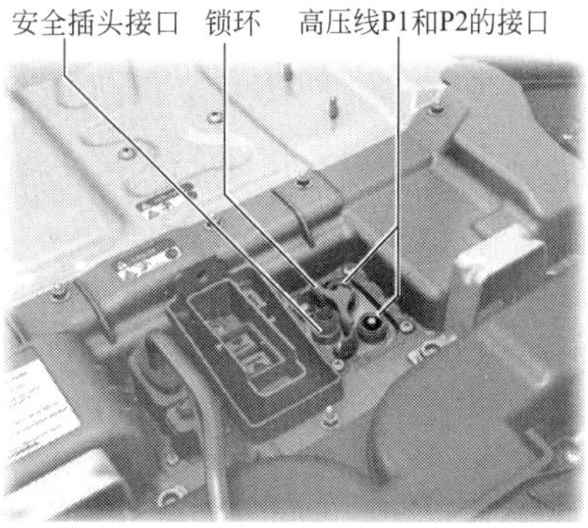

图6-19　蓄电池单元上的安全理念设计
［混合动力蓄电池单元上带有锁环的安全插头座（插头和高压线均已拔下）］

② 带有安全插头TV44的安全设计。安全设计包含一个电气元件与一个机械元件。电气元件的设计是用安全线串联所有高压元件，一旦将某个高压部件和电网分离，控制单元控制高压上电继电器随即断开。机械部分是由安全插头与锁环一同构成的一个机械锁，该锁可避免高压线在未断开高压上电继电器时（即P1和P2有电时）被拔出。

③ 安全线接合。高压装置的所有部件均是通过一根单独的低压呈环状彼此相连的导线串联的。当所有部件都可以工作时，高压继电器触点就能够接合了。

④ 安全线中断。若安全线脱开（例如因为某个部件不能工作或安全插头已拔下），即使再插上这个高压元件，高压上电继电器也不会闭合，这是由于系统检测到安全线断开后，存储了针对安全线断开的故障码。就功能方面而言，安全线在控制方法与前、后车灯的冷监控相似。

检查安全线插头是接合还是断开的工作由混合动力蓄电池单元（电池箱）内的蓄电池管理控制单元来完成。若该控制单元判断出安全线断开，那么它就无法操控高压继电器触点闭合，于是高压蓄电池与高压装置之间的连接中断。

⑤ 安全插头TV44。安全插头操作参考图6-20。安全插头机械上锁，开始本工作前，必须拔下安全插头。只有在先拔下了安全插头TV44后，才允许断开混合动力蓄电池单元的高压线。因为断开安全线，高压线上无电压，在拔高压线时就没有危险。操作时先拔离锁环，再拔高压线的插头，断开P1和P2的两条正、负高压线。

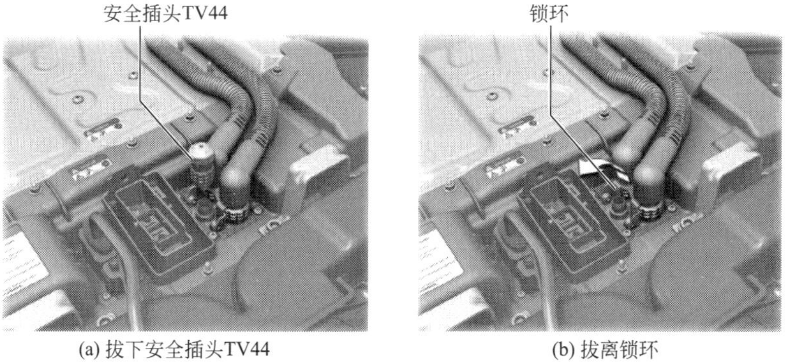

(a) 拔下安全插头TV44　　(b) 拔离锁环

图6-20　安全插头操作参考

特别提示

只有受训合格的高压电技工才可以拔这个高压线的插头，以确保装置处于停电状态。

（4）蓄电池冷却　因为奥迪 Q5 混合动力车上的高压蓄电池总是在不断地充电和放电，蓄电池在充电或放电时均会放出热量。热量除了引起蓄电池老化外，最重要的是还会使相关导体上的电阻增大，这会造成电能不转换为功，而是转换成热量释放掉了。所以，高压蓄电池有一个冷却模块，该模块上有自己的蒸发器，并且连接在电动空调压缩机的冷却液循环管路上。这个冷却模块使用 12V 的车载电网电压工作。

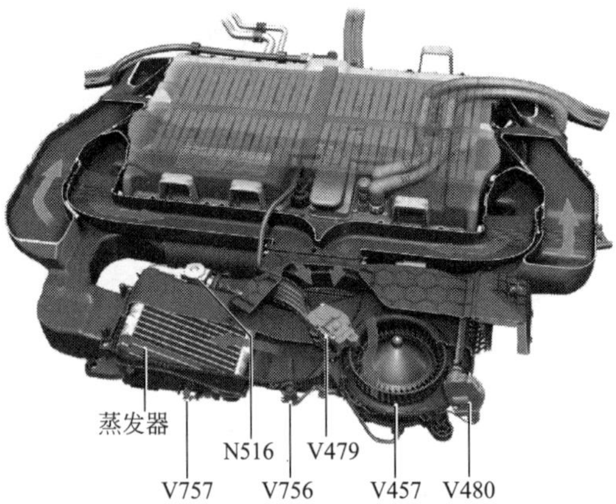

图 6-21　蓄电池冷却系统元件位置

图 6-21 所示为蓄电池冷却系统元件位置，冷却模块的部件包括蓄电池风扇 1 V457；混合动力蓄电池循环空气翻板 1 的伺服电机 V479；混合动力蓄电池循环空气翻板 2 的伺服电机 V480；混合动力蓄电池蒸发器前的温度传感器 G756；混合动力蓄电池蒸发器后的温度传感器 G757；混合动力蓄电池冷却液截止阀 1 N516；混合动力蓄电池冷却液截止阀 2 N517。

若蓄电池管理控制单元通过蒸发器前的温度传感器 G756 或蒸发器后的温度传感器 G757 检测到蓄电池的温度过高，则控制单元就会接通风扇 V457。控制单元内安装冷却功能模型，根据具体温度情况，在蒸发器工作时可从新鲜空气模式转换成循环空气模式。发往自动空调控制单元 J255 的冷却功率请求分成三级，鼓风机转速由蓄电池管理控制单元 J840 通过 LIN 总线来控制。

在新鲜空气工作模式时，风扇 V457 由备胎坑内抽入空气，空气经蒸发器进入蓄电池，热空气经后保险杠下方被引出。在循环空气工作模式时，循环空气翻板 1 和 2 均关闭，不会吸入新鲜空气。

在需要时，控制单元 J840 将请求信息通过 CAN 总线发送给空调控制单元，以利于接通电动空调压缩机 V470、蓄电池风扇 V457、混合动力蓄电池循环空气翻板 1 的伺服电机 V479 以及混合动力蓄电池循环空气翻板 2 的伺服电机 V480，由控制单元经 LIN 总线进行调节。伺服电机 V479 和 V480 是串联的。混合动力蓄电池冷却液截止阀 N516 在不通电时呈关闭状态，它控制进入混合动力蓄电池空调器的冷却液液流；混合动力蓄电池冷却液截止阀 N517 在不通电时呈开启状态，它控制进入车内空调器的冷却液液流。冷却模块有一个维修位置，以便于接触到其下方的 12V 蓄电池。

（5）电驱动装置的功率和控制电子装置 JX1　这是翻译名称，实际上是电机的逆变器与电机控制单元（DSP 控制器，微控制器中的高速型）。

电驱动装置（逆变桥）的功率和控制电子装置 JX1 由电驱动控制单元 J841、交流电驱动装置 VX54、牵引电机逆变器 A37、降压 DC/DC 转换器 A19 以及中间电容器 C25 组成。电驱动控制单元 J841 是混合动力 CAN 总线和驱动 CAN 总线用户。牵引电机逆变器 A37（双向脉冲式逆变器）将高压蓄电池的直流电转换为三相交流电，供交流电机使用。在能量回收时及发电机工况时，会将三相交流电转换为直流电，给高压蓄电池充电。电动机的转速是通过逆变器的输出频率发生变化来进行调节的，例如在转速为 1000r/min 时，供电频率约为 267Hz，转矩通过脉冲宽度调制进行调节。降压 DC/DC 转换器 A19 用来将高压蓄电池的直流电压（266V）转换成较低的12V车载电网用直流电压。中间电容器C25作为电机（E-Machine）蓄能器。在15号线关闭或高压系统切断（因为有撞车信号）时，该中间电容器会通过电驱动装置的内部电路主动放电。

因为A19这个DC/DC变压器可双向工作，所以它也能将12V较低的车载电网电压转换成高压蓄电池的高电压（266V），但该功能只用于跨接启动时，目的是给高压蓄电池充电。

功率和控制电子装置JX1在逆变和整流时要生热，为保证电子装置能正常工作，要将温度控制在一定范围内（通常为70℃或80℃以下），所以要有自己的低温循环管路，该管路连接在发动机冷却循环管路的冷却液膨胀罐上。冷却液通过低温循环冷却液泵按需循环，低温循环管路是温度管理功能的一个组成部分，发动机控制单元J623负责触发该泵。

在电动驱动车辆行驶时，发动机控制单元为功率和控制电子装置JX1提供关于能量回收、发电机模式以及车速方面的信息。功率和控制电子装置JX1通过电驱动装置的位置传感器G713来检测转子的转速和位置，用电驱动装置温度传感器G712来检测电机V141的冷却液温度。

接通点火开关在“READY”挡，且已踩下制动器时，高压上电控制如下：15号线接通，且50号线接通，仪表显示“Hybrid Ready（混合动力已准备完毕）”。“Hybrid Ready”表明正、负极母线的高压上电继电器工作，高压电从高压蓄电池提供给功率和控制电子装置JX1，只要抬起刹车，电压能从功率和控制电子装置JX1供给到三相永磁同步电机。同时，也可以从高压蓄电池经DC/DC降压到12V车载电网。

## 6.5 奥迪Q5混合动力电动机

（1）电驱动装置的电机V141　电驱动装置的电机安装在2.0L TFSI发动机及8挡自动变速器之间的空隙处，代替变矩器，如图6-22所示。该电机是永磁同步电机，通过三相场来驱动，转子上装备有永久磁铁（由钕-铁-硼制成）。电机V141的电驱动装置集成在三相交流驱动装置VX54内。电驱动装置的电机由电驱动控制单元J841与电驱动功率和控制电子装置JX1来操控，通过改变频率来调整转速，通过脉冲宽度调制来调节转矩。通过功率控制电子装置来将266V的直流电转换成三相交流电。

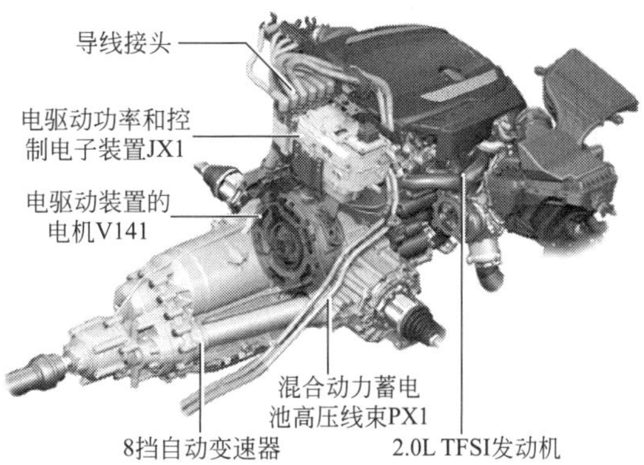

图6-22　安装在变速器壳体内部的电机V141

电机除用于启动发动机外，在发电机模式时通过电驱动功率和控制电子装置JX1内的DC/DC变压器来给高压蓄电池和12V蓄电池充电。奥迪Q5混合动力四轮驱动汽车可应用这个电驱动装置的电机来以纯电动方式驱动车辆行驶（但是车速与可达到的续驶里程是受限制的），且该电机可在车辆加速（Boost）时给发动机提供助力。若混合动力管理器识别出电驱动装置的电机足够用于驱动车辆行驶，则发动机关闭。

（2）永磁同步电机　电机是水冷式的，它集成在发动机的高温循环管路上。冷却液由高温循环管路冷却液泵V467按照需要分三级调节，该泵由发动机控制单元J623进行操控。电驱动装置温度传感器G712是一个负温度系数电阻（NTC），它测量电机线圈间的温度。若这个温度高于180℃甚至200℃，那么电机的功率就被降至零。重新启动发动机取决于电机的温度情况，这种情况如果必要可通过12V起动机来启动。电机转子位置传感器G713是按坐标转换器原理进行工作的，它用于监测转子的实际转速和角位置。

如图6-23所示，电驱动装置的电机主要包括铸造铝壳体、带有电磁线圈的定子、永久磁铁、一个轴承盖（用于连接到自动变速器的变矩器上）、分离离合器、三相动力接头。

如图6-24所示，电机温度传感器G712通过一个温度模型检测该电机的最热点。这个温度传感器的信号用来操控高温循环的冷却能力，这个冷却循环管路是创新温度管理的组件。通过一个电动冷却液辅助泵与接通发动机的冷却液泵，可实现冷却液状态在静止不流动与最大冷却能力之间的调节。该传感器发生故障，组合仪表上就会显示黄色的混合动力系统警告灯。此时驾驶员必须到就近的服务站寻求帮助。此时车辆也无法重新启动，但是可以继续靠发动机工作来行驶，因为没有发电机，发动机单独行驶的里程取决于12V蓄电池，即直到12V蓄电池提供的电压不能维持汽车控制单元或发动机电控元件工作为止。

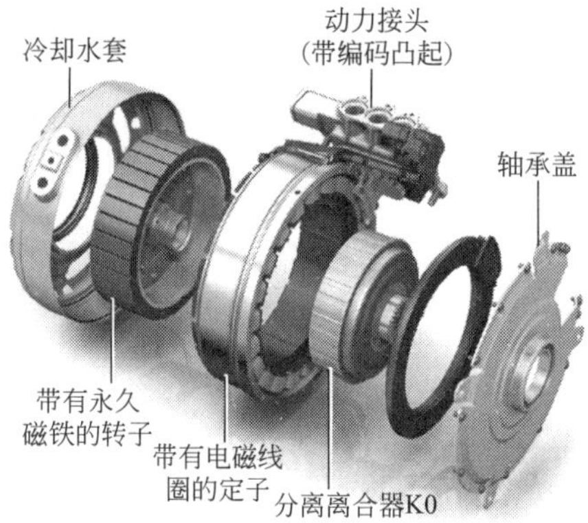


图6-23　电机V141结构

图6-24　温度传感器G712和位置传感器G713

因为带有转速传感器的发动机在以电动模式工作时，与电驱动装置的电机是断开的，所以电驱动装置的电机需要有自己的传感器，以便监测转子位置和转子转速。为此，就在电驱动装置的电机内集成了一个转速传感器。该传感器如果出现故障，那么组合仪表上就会显示红色的混合动力系统警告灯。失效时的影响为电机关闭，车辆滑行至停止，无法采用电动方式来驱动车辆行驶，发电机工作模式关闭，无法启动发动机，此时驾驶员应向服务站寻求帮助。

发动机管理系统和变速器管理系统根据该传感器传来的信号判断电驱动装置的电机是否转动以及转速多少。该信号用来操控电机发电使用，还可操控电机作为发动机的起动机使用。

## 6.6 奥迪Q5混合动力汽车空调

（1）电动空调压缩机简介　电动空调压缩机V470使用压缩机内置的功率和控制电子装置JX1的交流高电压进行工作。电动空调压缩机V470上集成有空调压缩机控制单元J842。该控制单元连接在扩展CAN总线上。转速通过脉冲宽度调制（PWM）信号进行调节（PWM信号从0到100%）。该压缩机由自动空调控制单元J255激活，“OFF”或“AC关闭”功能仅会影响到为车内制冷的空调。

对高压蓄电池进行冷却是单独激活该压缩机的（不依赖于自动空调控制单元J255）。此外还安装了柴油发动机上常见的、用于空气辅助加热器235的PTC（正温度系数）加热元件。空气辅助加热控制单元J604负责操控小循环继电器J359及大循环继电器J360。

（2）制冷系统组成　电动空调系统元件位置如图6-25所示，电动空调压缩机V470用螺栓拧在缸体上，如图6-26所示，它通过一条4芯线与功率电子（逆变桥）及控制电子装置连接。该4芯高压线和其他高压线不同，有2条用于高压空调压缩机电机逆变桥的正、负高压线，另外2条用作安全线。

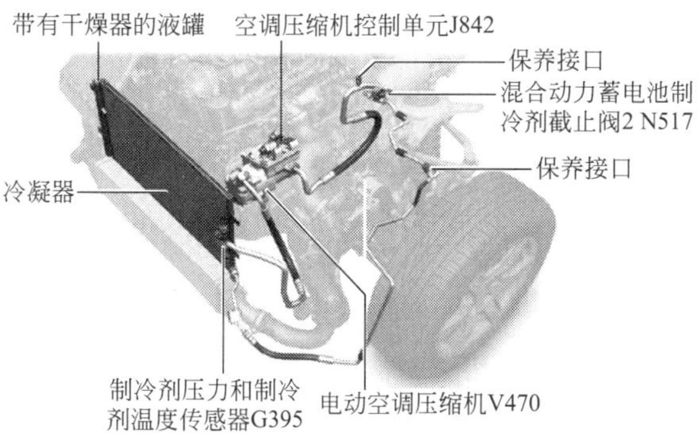


图6-25　电动空调系统元件位置

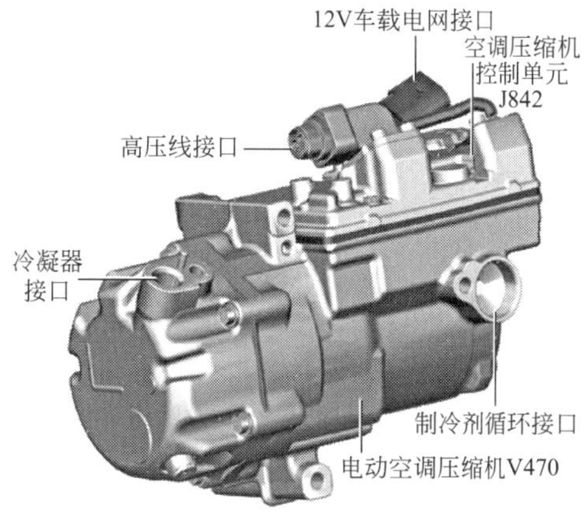


图6-26　电动空调压缩机V470和压缩机控制单元J842

奥迪Q5混合动力汽车电动空调系统通信如图6-27所示。

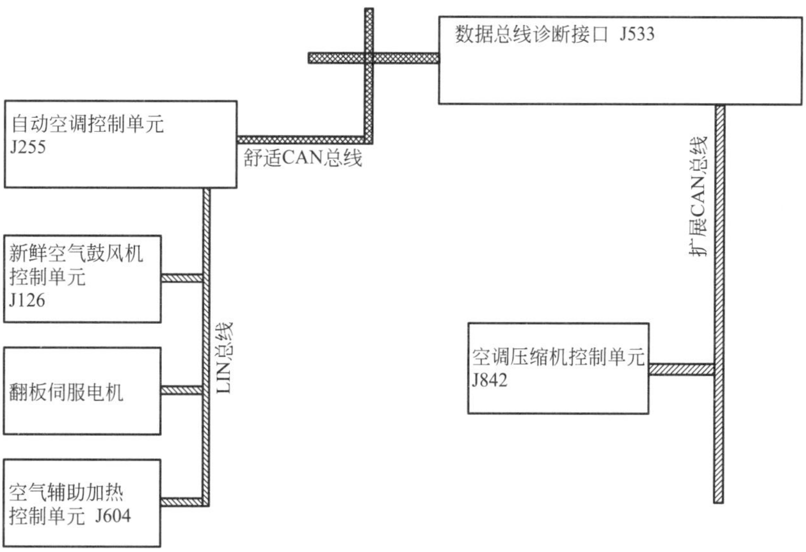


图6-27　奥迪Q5混合动力汽车电动空调系统通信

## 6.7 奥迪Q5混合动力汽车高压系统

在高压系统内要完成IT线路结构转换。I代表绝缘传递电能（通过单独的、对车身绝缘的正极导线和负极导线）。T代表所有用电设备都采用等电位与车身相连，该导线由控制单元J840在绝缘检查时一起监控，以便识别出绝缘故障或者短路。此外，高压导线的圆形触点上也有机械编码。在高压车载电网中，所有插头均有防接触层，所有高压导线都有厚厚的绝缘层及波纹管（多加了一层抗刮磨层）。

高压装置的导线与其他车载电网和 12V 电气系统用的导线是有显著区别的。因为电压高、电流大，所以高压装置导线的横截面积要明显大一些，且使用专用的插头触点来连接。为了让人们注意高压电的危险性，高压装置的所有导线均为橙色。为避免安装错误，高压导线都有机械编码并用一个插接环在下面的颜色环做上标记。图 6-28 所示为奥迪 Q5 混合动力汽车高压系统连接。

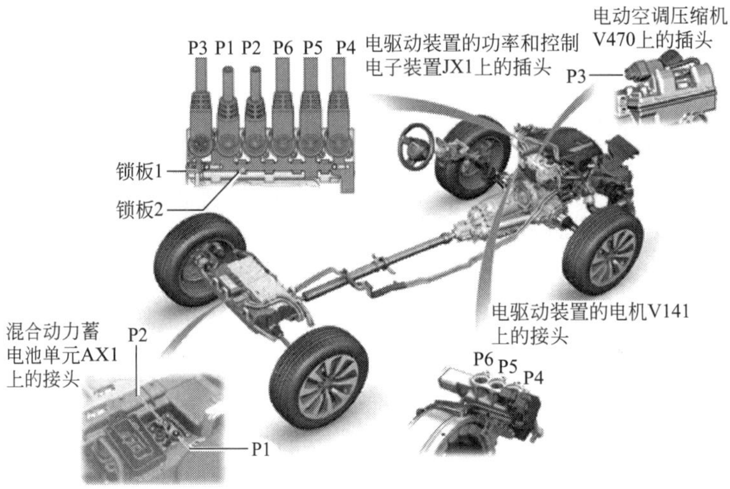


图 6-28　奥迪 Q5 混合动力汽车高压系统连接

高压装置内有下列线路段（表 6-1）：从高压蓄电池至功率和控制电子装置 JX1 的 2 根高压导线（P1、P2）；从功率和控制电子装置 JX1 至电机的 3 根高压导线（P4 U 编码环为蓝色，P5 V 编码环为绿色，P6 W 编码环为紫色）；从功率和控制电子装置 JX1 至空调压缩机的 1 根双芯高压线（P3 编码环为红色）。

**表 6-1　奥迪 Q5 混合动力汽车高压系统连接的详细内容**

| 接头 | 编号 | 环颜色和局部颜色 | 状态 |
|---|---|---|---|
| 功率和控制电子装置 JX1-高压蓄电池<br>混合动力蓄电池高压线束 PX1 | P1 | 红色 | T+(HV-Plus) |
| | P2 | 棕色 | T−(HV-Minus) |
| 功率和控制电子装置 JX1-空调压缩机 | P3 | 红色 | — |
| 功率和控制电子装置 JX1-电驱动装置的电机<br>电机高压线束 PX2 | P4 | 蓝色 | U |
| | P5 | 绿色 | V |
| | P6 | 紫色 | W |

（1）导线高压插头环编码和机械编码　图 6-29 所示为高压插头使用介绍。给空调压缩机供电的 P3 导线和其他导线插头是不同的，该插头有正、负双芯的双圆形触点和 2 个用作安全线的触点，因此 P3 实际是 4 芯结构，其余 5 根为单芯结构。

若向上拔出并松开插接环，即可看见环编码的颜色。在插上插头后，必须向下压插接环，直至其卡止，才算真正接好。除了通过颜色环标出编码外，高压插头及接口上还有机械编码。编码的位置用黄色标记标出。

（2）功率和控制电子装置 JX1 的连接　图 6-30 所示为 P1、P2 从高压蓄电池到功率和

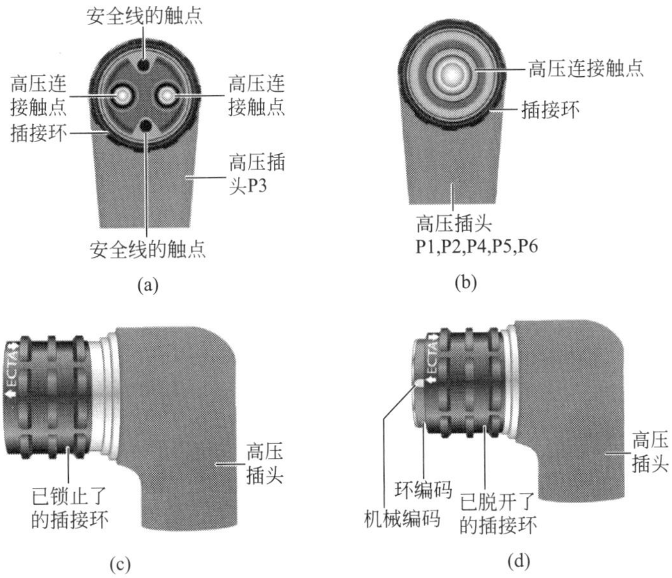


图 6-29　高压插头使用介绍

控制电子装置 JX1 混合动力蓄电池高压线束 PX1 接头。高压蓄电池与功率控制电子装置是通过 2 根橙色的高压导线连接的。这 2 根导线是单极的，均有屏蔽功能，各有各的电位。

图 6-31 所示为 P3 从功率和控制电子装置 JX1 至空调压缩机接头，空调装置由于空调压缩机的原因而成为奥迪 Q5 混合动力车高压装置的一部分。这种新颖的操控方式的优点为，即使发动机不工作，也可以对车内空间进行空调调节。该空调装置视蓄电池电量状态来工作。若高压蓄电池的电量下降，那么系统会自动启动发动机来给高压蓄电池充电。

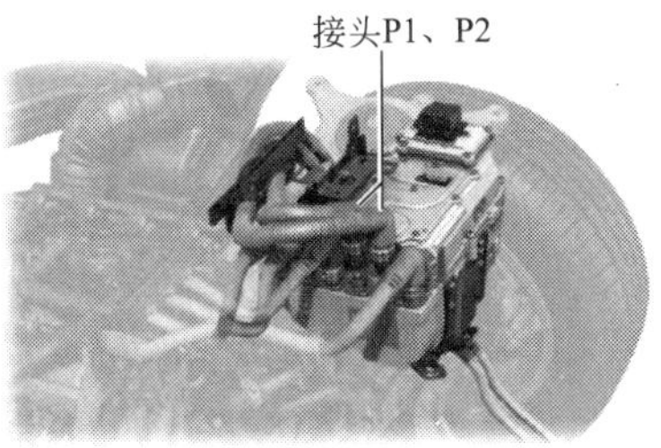


图 6-30　高压插头 P1、P2 的位置

图 6-31　高压插头 P3 的位置

为避免弄混，高压导线采用颜色标识和机械标识，并带有屏蔽功能和安全线。若将导线两个插头中的一个拔下，相当于拔下了安全插头，高压系统将关闭。

图 6-32 所示为 P4、P5 和 P6 通过三相控制电缆经电机高压线束夹 PX2 到电机。

(3) 12V 车载供电网　图 6-33 所示为高压和低压电源系统元件位置，和传统奥迪 Q5 燃油汽车相比 12V 车载供电网取消了 12V 的交流发电机，交流发电机的功能由高压电机来代替。12V 车载供电网由功率和控制电子装置 JX1 中的 DC/DC 来供电。一个备用蓄电池 A1（12A・h）设置在左后侧围板内。12V 的蓄电池监控控制单元 J934 连接在数据总线诊断接口 J533 的 LIN 总线上。备用蓄电池在“15 号线接通”时由蓄电池分

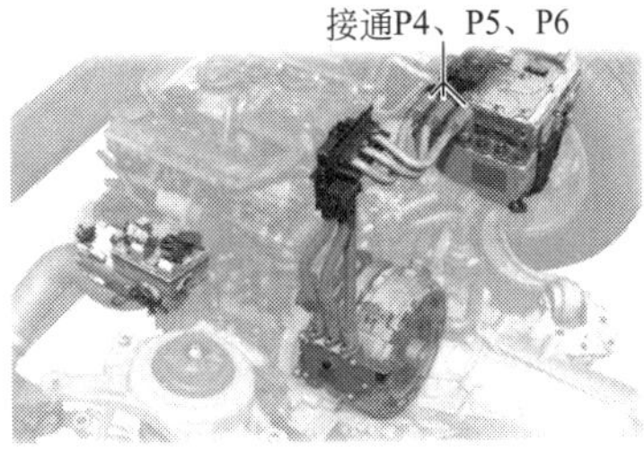


图 6-32　高压插头 P4、P5 和 P6 的位置

离继电器 J7 来接通。取消了稳压器 J532，其再生能量由备用蓄电池来代替。在“15 号线关闭”时，备用蓄电池不消耗电量。

图 6-33　高压和低压电源系统元件位置

① 12V 辅助起动机。Q5 混合动力汽车仍保留 12V 起动机，目的是在高压蓄电池无法启动高压电动机的特定情况下用于启动发动机。此时发动机舱的 12V、68A · h 启动用蓄电池 A（不是备用 A1 蓄电池）就由发动机控制单元通过启动蓄电池转换继电器 J580 来与车载供电网断开，以便将能量全部用于起动机。断开后的车载电网由备用蓄电池 A1 和 DC/DC 转换器来供电。

**特别提示**

*在检修 12V 车载供电网时，必须将这 2 个 12V 蓄电池的接线全部断开。跨接启动螺栓可在诊断仪的自诊断中找到帮助，通过外接启动螺栓给 12V 蓄电池进行充电，在 12V 蓄电池没电时，也可借助于跨接启动螺栓来启动，通过外接启动螺栓也可给高压蓄电池充电。而备用蓄电池 A1 只有在接通点火开关时方能充上电。*

② 电子点火开关。对于蓄电池管理控制单元而言，“点火钥匙已插入”这个信息是必须要满足的条件，满足后该控制单元方能将高压蓄电池高压继电器的触点接到高压供电网上。若拔出了点火钥匙，控制单元将高压蓄电池和高压供电网断开。

高压上电控制踩下制动踏板，操作点火开关实现“15 号线接通”与“50 号线接通”，并在仪表上显示“Hybrid Ready”，方能靠电动机来驱动车辆行驶（在高压蓄电池电量严重不足时会自动启动发动机）。

③ 安全气囊控制单元 J234。为防止在碰撞后高压装置对乘员和救援人员造成危害，安全气囊控制单元识别出碰撞信号后，蓄电池管理控制单元 J840 凭借这个碰撞识别信号将高压继电器触点断开，从而将高压蓄电池和高压供电网分离开。

在第一个碰撞级时，只要安全带张紧器触发，高压触点即可脱开。第一级碰撞引起的高压断开过程是可逆的，也就是说，当再次接通点火开关后，高压触点能够再次合上。在第二个碰撞级时，安全带张紧器和安全气囊均触发，高压蓄电池与高压供电网的分离就是不可逆的，只能应用诊断仪来重置此过程。救援人员看到触发的安全气囊就可知道高压上电继电器已断开。

④ 系统管理。图 6-34 和图 6-35 所示为系统管理功能涉及的控制单元，该系统功能图展

示了应用电机来驱动行驶时所用到的部件。所有参与行驶的车辆系统之间要交换大量的输入和输出信号，例如用于驱动暖风和空调、助力转向和制动器等。最重要的是在从电驱动转换为发动机驱动或反之时两个动力系统的配合问题，以便使驱动力矩的改变不影响行驶舒适性。



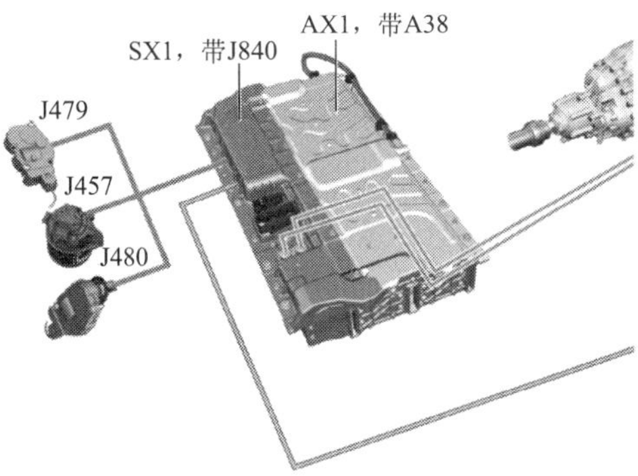


图 6-34 系统管理功能涉及的控制单元（一）

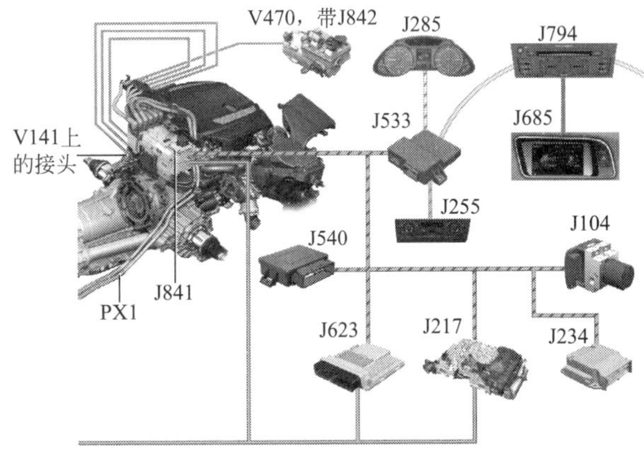


图 6-35 系统管理功能涉及的控制单元（二）

（4）下车识别和自动驻车功能　若满足驾驶员车门已关闭、行驶准备状态为“Hybrid Ready”或者发动机正在运行，车速小于 7km/h，已挂入 D、R、S 或 Tip 等行驶挡位，未踩下脚制动踏板的全部条件时，驾驶员下车识别自动驻车功能会监控驾驶员车门开关状态和制动信号。如果驾驶员车门打开，则识别为驾驶员下车，此时电动机械式驻车制动器自动实现驻车。要想再次激活驾驶员下车识别功能，车速必须要高于 7km/h。变速器在挡位 N（车辆在洗车机中）或 P（自动变速器内的机械锁）时，电动机械式驻车制动器不会自动驻车。

（5）驾驶员缺席识别　若满足行驶准备状态为“Hybrid Ready”，并识别出驾驶员在场（通过驾驶员车门关闭，且驾驶员系安全带）或驾驶员车门已关闭且已挂入某个行驶挡位三个条件，就判定为驾驶员在场。若在挂入挡位 P 时，打开驾驶员车门或摘下安全带，将判定为驾驶员缺席。若在发动机工作时识别出这种情况，则发动机会继续工作。若在发动机不工作时识别出这种情况，那么混合动力管理系统将转换为待命状态，这时高压蓄电池不会有电流输出，且发动机也不能再启动。因为没有高压蓄电池给 12V 蓄电池充电，12V 蓄电池会放光电能。

（6）行驶程序　奥迪 Q5 混合动力车有 3 种行驶程序可供用户选择，见表 6-2。

**表 6-2　行驶程序控制**

| 行驶挡位 | 程序 | 可能的影响 |
|---|---|---|
| EV | 扩展了的电驱动模式 | 电动行驶，只能使用到高压蓄电池的充电状态不低于 30%<br>纯电动行驶的最大车速为 100km/h<br>滑行（内燃机和电机都不产生驱动力）<br>启动-停止<br>无 Boost 功能<br>制动能量回收 |
| D | 燃油消耗情况最佳，Boost 功能适中 | 电动行驶，只能使用到高压蓄电池的充电状态不低于 30%<br>滑行（内燃机和电机都不产生驱动力）<br>启动-停止<br>Boost 功能适中<br>制动能量回收 |

续表

| 行驶挡位 | 程序 | 可能的影响 |
| --- | --- | --- |
| S 和 Tip-通道 | 电驱动的 Boost 功能较强 | 启动-停止<br>出色的 Boost 功能<br>制动能量回收<br>无电动行驶功能 |

## 6.8 奥迪 Q5 混合动力显示和操纵单元

奥迪 Q5 混合动力车安装以下装置和功能，用于操纵和显示电动驱动系统：功率表取代了发动机转速表；高压蓄电池充电状态显示；取消了冷却液温度显示；电驱动优先切换按钮 E709。

（1）功率表上的显示　图 6-36 所示为仪表显示功能，在行车过程中，功率表上会显示各种车辆状态、混合动力系统的动力输出情况以及充电功率情况。

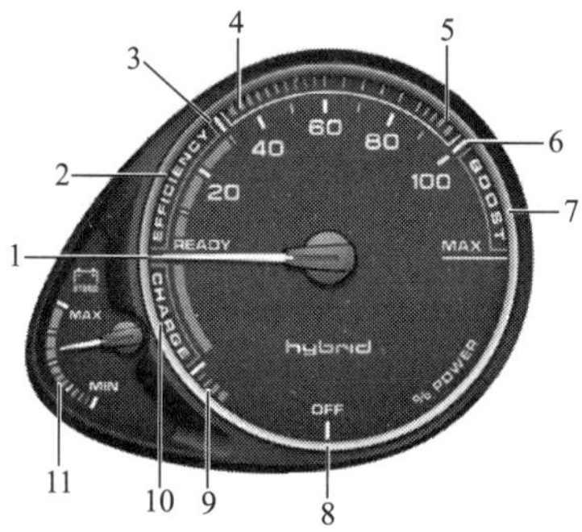


图 6-36　仪表显示功能

1—车辆准备就绪“Hybrid Ready”“15 号线接通”且“50 号线接通”；2—电动行驶（可以启动发动机）或混合动力形式；3—在 EV 模式发动机启动的极限；4—经济行车（部分负荷范围）；5—全负荷范围；6—内燃机 100%；7—电驱动电机在发动机达到最大转矩时另提供助力（Boost）；8—“15 号线关闭”或“15 号线接通”和“50 号线关闭”；9—液压制动器通过能量回收另增的回收能量；10—通过能量回收而回收的能量（制动和滑行）；11—高压蓄电池的充电状态

（2）显示屏

① 故障显示。若高压系统有故障，那么组合仪表显示屏上的警报灯会进行提示。该警报灯可能以黄色亮起，也可能以红色亮起。根据高压系统的故障类型，会显示相应的颜色及提示文字（表 6-3）。

**表 6-3　显示屏显示功能**

| 显示 | 文字提示 | 含义 |
| --- | --- | --- |
| <br> | Hybridantrieb:(混合动力驱动装置:)<br>Systemstörung.(系统故障.)<br>Bitte Service aufsuchen(请寻求服务站帮助) | 车辆仍能行驶<br>可以使用内燃机来驱动车辆继续行驶 |
| <br> | Hybridantrieb:(混合动力驱动装置:)<br>Systemstörung!(系统故障!)<br>Ausfall Lenk-und Bremsunterstutzung<br>Möglich.(转向助力和制动助力可能失灵.) | 车辆无法再行驶了 |

② 充电状态显示。图 6-37 所示为高压蓄电池充电的仪表显示，若识别出有充电电流，

则组合仪表显示屏上会出现一个绿色的充电插头（见图中圈出部分）。

③ 能量流显示。如图 6-38(a) 所示，“hybrid ready”这个显示内容表示混合动力系统已经准备就绪，可开始工作。如图 6-38(b) 所示，高压蓄电池符号和远离车轮的箭头（绿色）代表正在用高压蓄电池来驱动且电驱动电机正在工作，显示用电驱动使车辆行驶。如图 6-38(c) 所示，只用发动机来行车时，发动机（黄色）和车轮行驶箭头（黄色）表示此刻以发动机来驱动车辆行驶。

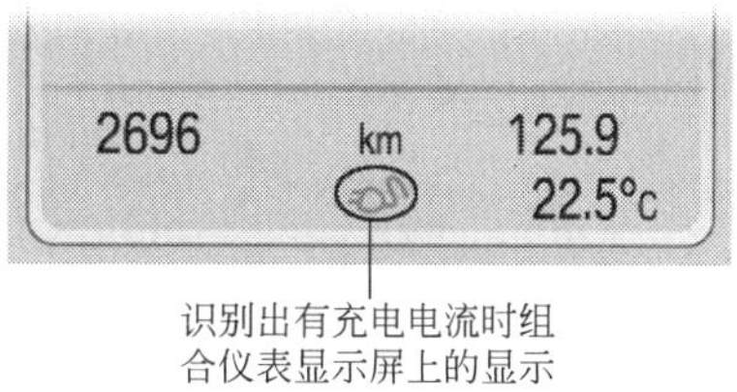


图 6-37　高压蓄电池充电的仪表显示

(a) 准备就绪显示　(b) 电驱动显示　(c) 发动机驱动显示

图 6-38　驱动模式（一）

图 6-39(a) 所示为使用电驱动与发动机驱动来行车（Boost）。发动机符号、高压蓄电池符号与远离车轮的箭头（黄色-绿色）表示正在用发动机、高压蓄电池及电驱动电机来驱动车辆行驶。图 6-39(b) 所示为车辆滑行时的能量回收（<160km/h），高压蓄电池符号及指向车轮的箭头（绿色）表示正在回收能量且正在给高压蓄电池充电。图 6-39(c) 所示为停车发动机符号与高压蓄电池符号，表示发动机正在运转且正在给高压蓄电池充电。

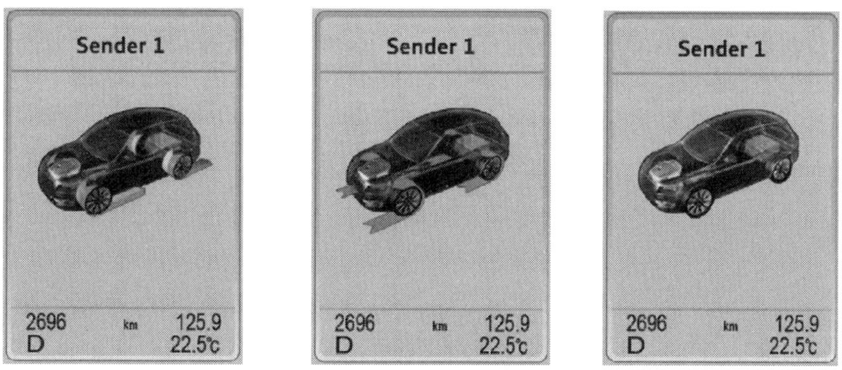


(a) 混合驱动显示　(b) 能量回收显示　(c) 停车显示

图 6-39　驱动模式（二）

奥迪 Q5 混合动力车上装备有 MMI 增强版导航系统，MMI 显示屏上的显示与组合仪表上的显示有所差异。在 MMI 显示屏上显示使用发动机或电驱动电机驱动车辆行驶的信息，以及高压蓄电池的充电状态信息。

图 6-40(a) 中的显示内容表示混合动力系统已经准备就绪，可开始工作。图 6-40(b)

所示为只用电驱动使车辆行驶，高压蓄电池符号和远离车轮的箭头（绿色）代表正在用高压蓄电池来驱动且电驱动电机正在工作。

(a) 准备就绪显示　　(b) 电驱动显示

图 6-40　驱动模式（三）

图 6-41(a) 所示为只用发动机来行车，发动机符号、高压蓄电池符号以及远离车轮的箭头（黄色）代表现在是以发动机来驱动车辆行驶。图 6-41(b) 所示为使用电驱动及发动机来行车（Boost)，发动机符号、高压蓄电池符号和远离车轮的箭头（黄色-绿色）代表正在用发动机、高压蓄电池和电驱动电机来驱动车辆行驶。

图 6-42(a) 所示为车辆滑行时的能量回收（＜160km/h），高压蓄电池符号和指向车轮的箭头（绿色）代表正在回收能量且正在给高压蓄电池充电。图 6-42(b) 所示为停车发动机符号和高压蓄电池符号，表示发动机正在运转且正在给高压蓄电池充电。

(a) 发动机驱动显示　　(b) 混合驱动显示

图 6-41　驱动模式（四）

(a) 能量回收显示　　(b) 停车显示

图 6-42　驱动模式（五）

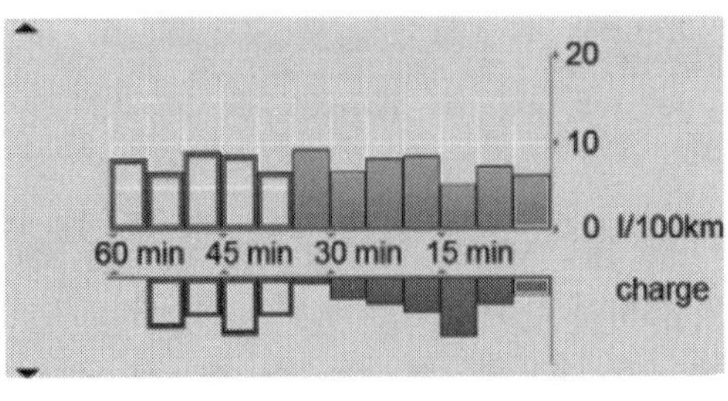


图 6-43　消耗统计

消耗统计如图 6-43 所示，每 5min 即会显示一次车辆行驶时的能量消耗和能量回收情况。这些数据代表的是刚刚过去的 60min 内的情况，以柱形图的形式给出。实心的柱形图代表的是当前的行车状况，空心的柱形图表示的是之前的行车状况。

（3）操纵面板　如图 6-44 所示，使用电驱动优先切换按钮 E709 选择 EV 模式，驾驶员可以扩展电动行驶的极限，电机的全部功率均用于车辆的电动行驶中。只要车速不高于100km/h或者蓄电池的充电状态不低于30%，即可使用纯电动方式来驱动车辆行驶。

使用EV模式行车的先决条件如下。

① 蓄电池充电状态>42%。

② 海拔高度<4000m。

③ 高压蓄电池温度>10℃。

④ 非Tiptronic模式（非手自一体模式）。

⑤ 冷却液温度为5～50℃。

⑥ 系统有效电功率≥15kW。

⑦ 车外温度≥10℃（用于EV冷起步）。

⑧ 停止-启动功能在起作用。

⑨ 12V起动机已释放。

如图6-45所示，组合仪表上出现一个绿色符号（图中指示线）而且EV模式按钮下出现一个绿色的方块，就表示EV模式已经激活。失效对混合动力驱动无影响，仅是扩展了的电动行驶的附加功能不能再用了。

图6-44 电驱动优先切换按钮E709

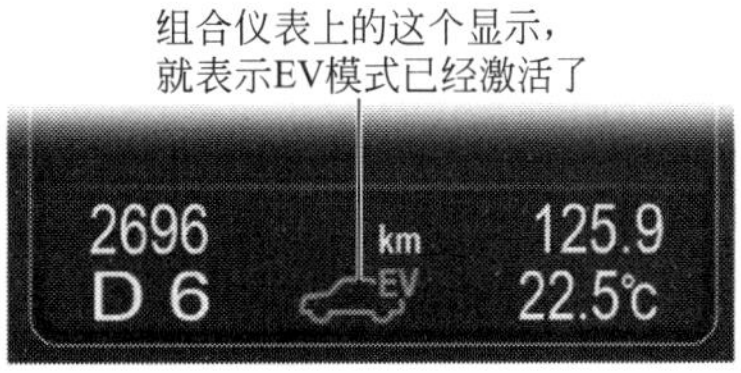


图6-45 显示屏显示的EV模式

## 6.9 混合动力检测适配接头、术语

(1) 混合动力检测适配接头　该接头是组件VAS 6558/1A的一部分，用来配合VAS 6558测量高压装置内的停电（无电压）状态和绝缘电阻。

适配接头的所有高压连接线在外观上均有机械编码，只能用于与其相配的插口上。适配接头的高压连接线插、拔均要小心，否则可能会损坏插口。这就会产生接触安全方面的问题。

① 无电压（无测量电压适配）测量接头。该接头直接连在电源、高压蓄电池以及功率控制电子装置上，用来测量无电压状态，如图6-46所示。该接头内装的是高欧姆电阻，以确保在出现故障时，测量插口上只有很小的电流。

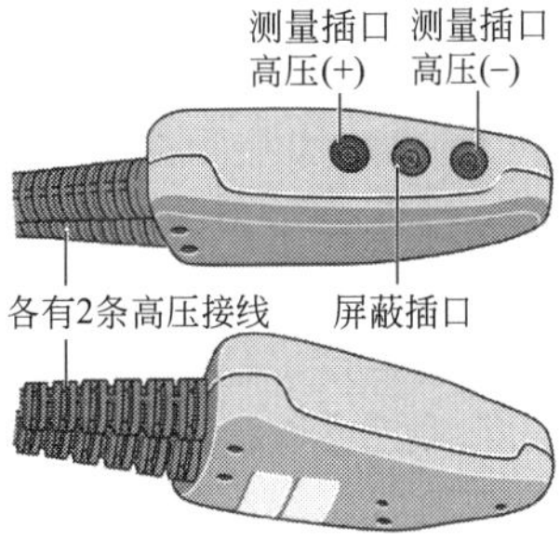


图6-46 无电压（无测量电压适配）测量接头

在每次测量无电压状况前，都应检查一下测量适配接头。

② VAS 6558/1-2测量接头。这两条高压接线与混合动力蓄电池单元及功率控制电子装置上的接口相配。该测量接头上高压插口和混合动力蓄电池单元、功率控制电子装置以及电机（E-Machine）的高压线相配。使用这个测量接头，能够测得高压供电网的绝缘电阻，如图6-47所示。

③ 空调压缩机和安全线的绝缘电阻测量接头 VAS 6558/1-3A。该测量接头上的一条高压接线仅与功率控制电子装置上的空调压缩机插口和空调压缩机上的插口相配，如图 6-48 所示。

通过这些高压接口可以测得空调压缩机高压线的绝缘电阻。因为安全线整合在空调压缩机的高压接线内，所以使用这个测量接头还能够检查安全线。

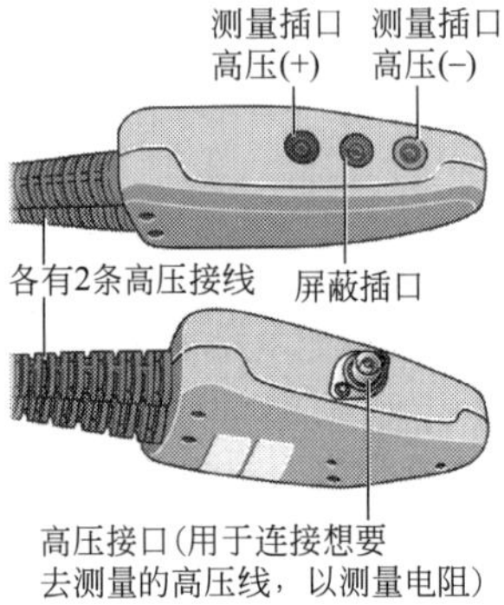


图 6-47　VAS 6558/1-2 测量接头

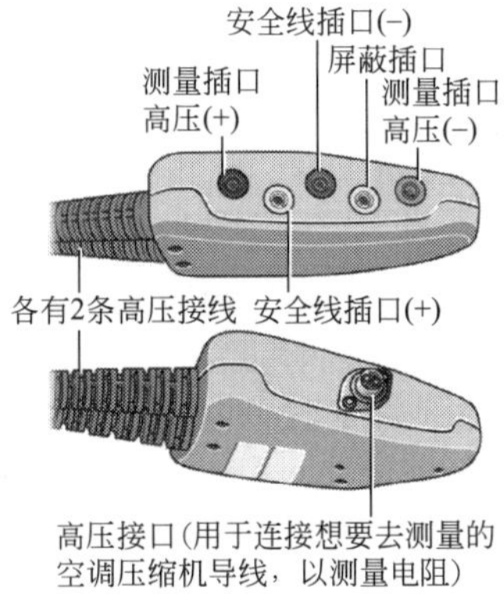


图 6-48　空调压缩机和安全线的绝缘电阻测量接头

（2）术语

① 混合动力发动机牵引力矩调节。在光滑路面上，发动机牵引力矩调节（MSR）可以避免因发动机制动作用而产生的驱动轮抱死趋势，这种情况出现在驾驶员突然松开油门或者快速降挡时。通过发动机的制动作用，驱动轮可能倾向于打滑，驱动轮短时失去了路面附着力，行驶状态就不稳定了。在这种情况下，MSR 会保持行驶稳定性，也就改善了安全性。MSR 控制单元从车轮转速传感器和发动机/变速器控制单元经数据总线来获取所需信息。若该控制单元识别出驱动轮打滑，那么 MSR 就会通过数据总线给发动机控制单元发送一个信号，发动机转速就被略微提高，直至驱动轮转速又恢复到与车速相当的状态。这样，车辆仍然保持有转向能力，也就保持行驶稳定性。发动机牵引力矩调节功能在整个转速范围内均可工作。

② NTC 电阻。该电阻在高温时的导电性要比在低温时的导电性好。这种电阻经常被用来测量温度。

③ PWM 信号。PWM 表示脉冲宽度调制，PWM 信号是一种数字信号，在这种信号中，一个量（如电流）在两个值之间来回变动，这种变动的间隔是根据控制情况来变化的，所以可以传递数字信号。

④ PTC 加热元件　在 PTC 加热元件中，来自直流电压供电网的电能被转换成热能。该加热元件即为单独的一个 PTC 块（陶瓷半导体电阻），它通过接触轨得以供电，接触轨同时将 PTC 块产生的热能传到 PTC 加热器的散热肋条上，于是就将进入车内的空气进行加热。随着温度上升，PTC 加热元件的电阻也升高，所以流过的电流就减小，这可防止过热。

⑤ 能量回收。这通常是指在车辆减速时利用其动能。也就是说，在车辆制动阶段或在超速减速（反拖）阶段，回收这种“免费的”能量，并将其暂时存储到车辆蓄电池上。

⑥ 坐标转换器。它是一种电磁式测量值转换装置，能够将转子的转角位置转换成一个电气量。彼此成 90°的两个定子绕组设置在一个圆筒内，包围着安装在一个壳体内的带绕组的转子。通过滑环和电刷将转子绕组引到外面。

⑦ 安全线。这是一根导线，它穿过所有高压元件。若松开高压线，则安全线中断，高压系统也就被关闭（切断）。其他常用词：控制线或 HV-联锁线。

⑧ TFSI。它是涡轮增压燃油分层喷射的意思。在这里指的是德国奥迪所使用的燃烧室燃油直喷增压汽油发动机技术，燃油是使用高于100bar的压力喷入的。

⑨ 保养插头。通过这个保养插头，能够将高压蓄电池的两部分（两半）分隔开（就是断开这两部分的连接）。在检修高压蓄电池时，必须拔掉这个插头。保养插头也被称为维修断开插头或维修插头。

Chapter 07

# 第7章 别克君越混合动力汽车

## 7.1 别克君越混合动力系统概述

（1）混合动力系统组成　别克君越轿车混合动力系统组成如图7-1所示。

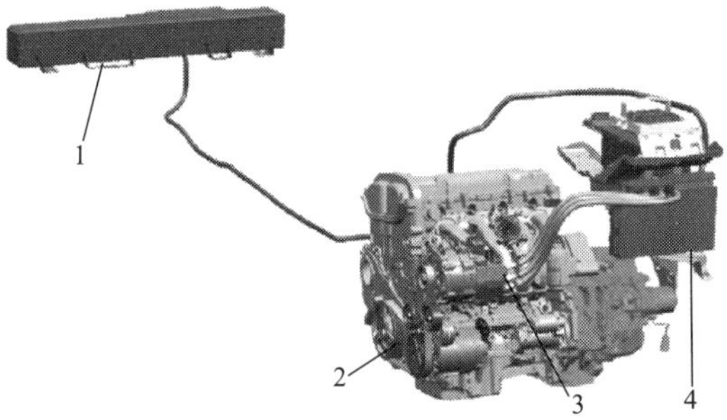


图7-1　别克君越轿车混合动力系统组成

1—36V镍氢电池组（Ni-MH）；2—驱动带及双张紧器；3—电动机/发电机总成（MGU）；4—起动机/发电机控制模块（SGCM）

（2）混合动力工作情况分析　混合动力包括发动机与电动机两种动力。

① 车辆停止阶段。发动机进入自动停止模式（Auto Stop），这时发动机处于关闭状态，没有燃油流向发动机，车上的一些附件装置像灯光系统、娱乐系统等均由蓄电池进行供电。

② 电动机短暂工作阶段（Auto Start）。当驾驶员松开制动踏板，或踩下加速踏板车辆需要起步时，电动机带动发动机运转，燃油供应恢复，发动机自动启动。此外，当滑行阶段，车辆快要停止以前，电动机会带动发动机转动（发动机这时未供油），目的是使转矩更加平顺，驾驶性能更好。

③ 燃油供给阶段。此阶段发动机正常工作，消耗燃油。

④ 电动助力阶段。当驾驶员加大油门时，通过电动机对车辆进行电动助力。

⑤ 智能充电阶段。在这一阶段，电动机由发动机带动旋转，电池组尽量从系统中获得更多的充电机会。

⑥ 减速断油阶段。当车辆进入滑行阶段或停下来后，发动机被切断燃油供应，在某些滑行期间，为了确保转矩的平顺性，电动机也将转动。

⑦ 再生制动阶段。当车辆减速时，发动机停止供油，变矩器锁止，车辆带动发动机转动，这时电动机作为发电机进行发电，发电机相当于车辆的负载，对车辆具有制动作用（类似于发动机制动），系统进入再生制动阶段。

（3）维修注意事项

① 电源系统中存在直流与交流高压电。为减小严重触电和灼伤的风险，任何时候在高

电压系统上或周围进行维修工作，高电压系统需停用。怀疑有故障时，也务必停用高电压系统。高电压系统按如下步骤停用。

a. 校对数字式万用表，如图 7-2 所示。

b. 将点火开关关闭，如图 7-3 所示。

c. 拆卸 12V 蓄电池负极，如图 7-4 所示。

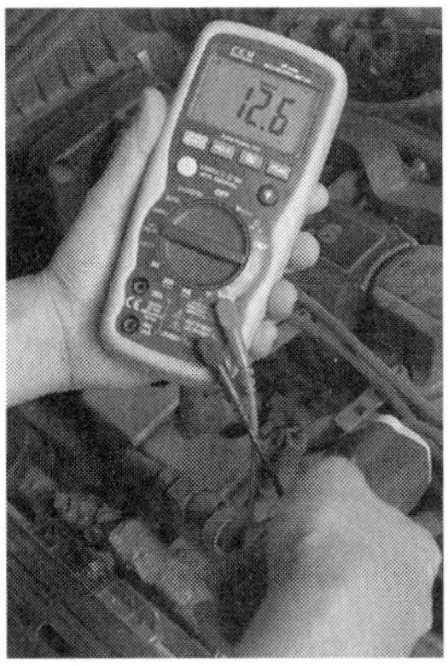


图 7-2 校对数字式万用表

图 7-3 关闭点火开关

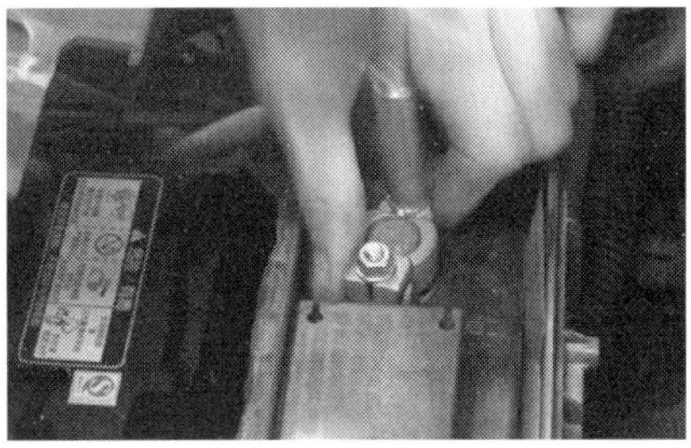

图 7-4 拆卸 12V 蓄电池负极

d. 打开电池组保护盖，如图 7-5 所示。

e. 等待 5min 以上。

f. 检测电池组正极与接地、负极与接地、正极与负极之间的电压，如图 7-6 所示。

g. 高电压系统停用后，12V 系统仍然启用。

图 7-5 打开电池组保护盖

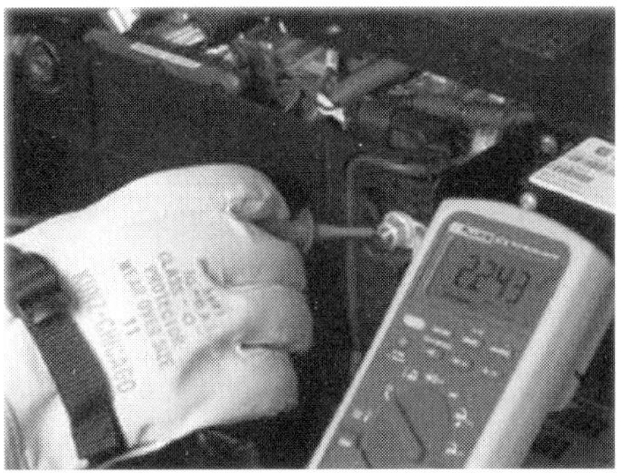

图 7-6 测量电池组电压

② 在进行维修以前，取下身上佩戴的各种首饰，如指环、项链、手表和其他金属物，以免被电伤。

③ 蓄电池产生的电流强度足以引起烧伤，所以为降低在蓄电池附近操作时伤人的危险性，务必遵守下列准则。

a. 必须穿戴好防护眼镜、绝缘手套、绝缘鞋，如图 7-7 所示。

b. 尽量避免俯身于蓄电池上方。

c. 切勿将蓄电池放在明火或火花附近。

d. 不得让蓄电池酸液接触眼睛或皮肤。如有接触，立即用大量清水彻底冲洗。

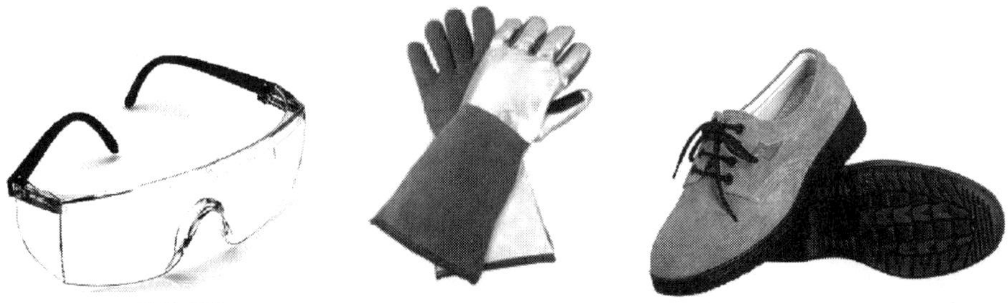

(a) 防护眼镜　(b) 绝缘手套　(c) 绝缘鞋

图 7-7　防护眼镜、绝缘手套、绝缘鞋

# 7.2　别克君越混合动力控制系统

## 7.2.1　混合动力控制系统结构原理

### 7.2.1.1　BAS 系统的主要组成部件

别克君越轿车混合动力 BAS 系统主要组成部件包括起动机/发电机总成 MGU、起动机/发电机控制模块 SGCM、混合动力电池组分离控制模块（也称能量存储控制模块，ESCM）、混合动力镍-氢（Ni-MH）36V 电池组、12V 蓄电池、驱动带、双张紧器以及三相电缆总成，如图 7-8 所示。

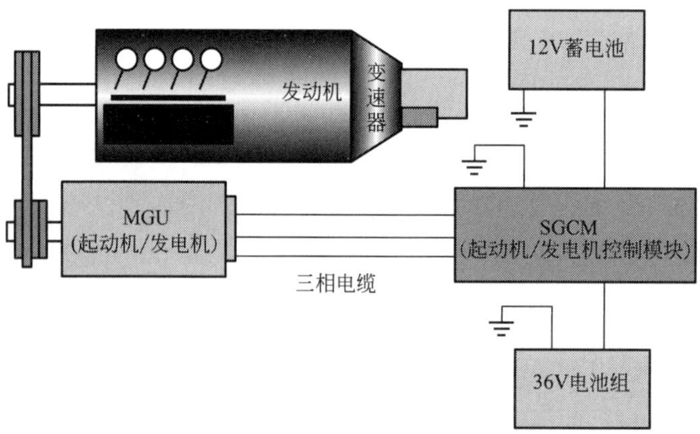


图 7-8　君越混合动力 BAS 系统的组成

（1）起动机/发电机　有时也称电动机/发电机单元（MGU），是一个可维修的 16 极永久磁铁增强型交流电动机械装置，如图 7-9 所示。该装置不但可作为一个 36V 发电机使用，也可作为发动机备用电源，并在混合动力自动停止后启动发动机。起动机/发电机和发电机控制模块之间的 36V 交流电源流过一个三相电缆总成。

作为一个发电机时，起动机/发电机向发电机控制模块电源转换器供应 3kW 的交流电源。磁场电流由发电机控制模块通过一个 7 针连接器供应，起动机/发电机转速反馈由同一个连接器发送回控制器。起动机/发电机温度数据通过单独的 3 针连接器提供到发电机控制模块。

发电机运行时，三相电枢电流合成形成一个同步转速的旋转磁场。定子磁场与转子磁场相互作用，会产生制动转矩。鉴于三相绕组的缠绕方式，每组线圈产生的电压相位相差120°，三相电缆将三相交流电传递给起动机/发电机控制模块SGCM，由SGCM进行整流变成42V直流电源或12V直流电源，分别供应36V电池组和12V蓄电池使用。

作为一个电动机，该装置通常为辅助电源和为发动机启动系统提供65N·m的转矩。电动机接收源于发电机控制模块内部的电源逆变器的三相交流电源。

图7-9　起动机/发电机的外形

(2) 发电机控制模块（SGCM）　SGCM也称起动机/发电机控制模块，它是安装于发动机舱盖下、朝向驾驶员侧前部的可维修装置。它连接到车辆12V与36V直流电源电路，并通过三相交流电缆接合到起动机/发电机。发电机控制模块由通过冷片循环的发动机冷却液冷却。分离的电驱动泵用于保证足够的冷却液流，且单独的冷却液进口与出口软管将冷片连接至冷却系统。发电机控制模块执行下列三个主要功能。

① 作为起动机/发电机的电源逆变器，发电机控制模块将36V直流电源转换成三相交流电源，以起动机/发电机作为一个电动机驱动。电源逆变器也将起动机/发电机的36V交流输出电源调节为36V直流电源，以用来给36V发电机蓄电池充电。

② 发电机控制模块内的辅助电源模块将36V直流电源转换成12V直流电源，用于12V车辆负载并给发动机舱内的12V蓄电池进行充电。

③ 发电机控制模块内的Renesas M32处理器直接控制起动机/发电机、变速器辅助油泵、坡上驻车电磁阀、辅助冷却液泵以及发电机控制模块冷却液泵。12V脉宽调制（PAM）电源通过车辆线束驱动泵与电磁阀。

(3) 三相电缆总成　车用直流电被定义为三种类型：直流电压0～30V是低电压；直流电压30～60V是中间电压（使用蓝色电缆）；直流电压60V以上是高电压（使用橙色电缆）。

三相电缆在发电机控制模块与起动机/发电机之间输送36V交流电源。电缆和发电机控制模块交流端子盒会作为总成进行维修。电缆采用蓝色的护套保护，以警告技术人员可能存在残留电压电能。

(4) 混合动力镍-氢蓄（Ni-MH）36V电池组　一个能够维修的36V镍金属氢化物蓄电池位于后排座椅后，载物地板下方。电池组包括串联在一起的3块单独的带有卡匣的12V蓄电池。卡匣是可维修的，每个质量大约10lb（约4.5kg）。卡匣不得单独维修，3个作为整体更换。每个卡匣包括2个不可维修的12V、8.5A·h的模块，由总线杆平行连接。每一块12V蓄电池均有一个蓄电池护罩和蓄电池固定在一起，蓄电池将直流电能以化学方式储存起来。

特别提示

蓄电池护罩上有电源极性符号，不得接反。

(5) 双张紧器　在起动机/发动机转动时，为了适应所产生的高转矩，在驱动带上安装2个带张紧器，张紧器带有液压减振杆。张紧器的作用是双向的，能够在发动机驱动和起动机/发动机驱动时对驱动带起到张紧作用。双张紧器的安装位置如图7-10所示。

(6) 驱动带　为7齿，材质是人造纤维，韧性好，重量轻，可承受高负载。

#### 7.2.1.2　BAS系统工作原理

别克君越混合动力车型BAS系统工作过程如图7-11所示。

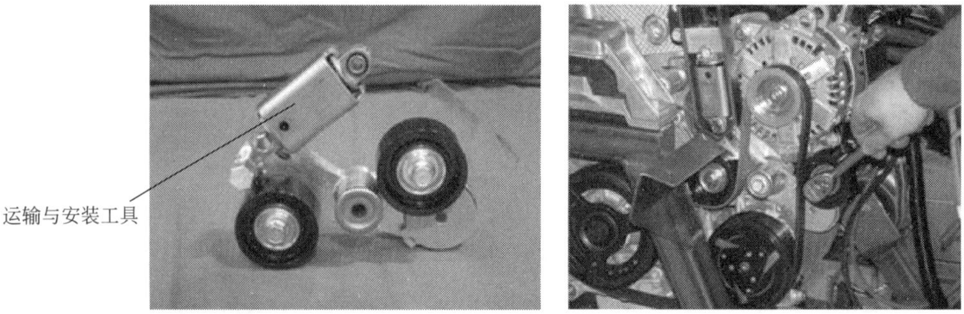


(a) (b)

图 7-10　双张紧器的安装位置

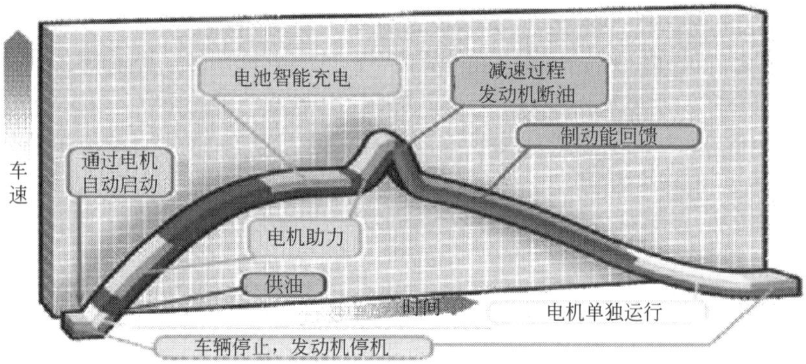


图 7-11　BAS 系统工作过程

（1）车辆静止　当车辆静止时，发动机停止工作，发电机蓄电池为电机供应电能，并驱动整车电子附件工作，如图 7-12 所示。

BAS 系统不满足智能停机条件时，会启动发动机，如图 7-13 所示。

图 7-12　车辆静止时各部件的状态

图 7-13　启动发动机时各部件的状态

（2）车辆启动　当车辆启动时，电机助力发动机起步能够使发动机起步转速降低，这样使起步过程更平顺，更节省油耗，如图 7-14 所示。

（3）车辆加速或高速行驶　当车辆加速或高速行驶时，发动机满载驱动。此时，电动机为车辆驱动提供助力，有效提高发动机的燃油经济性，如图 7-15 所示。

图 7-14　车辆启动时各部件的状态

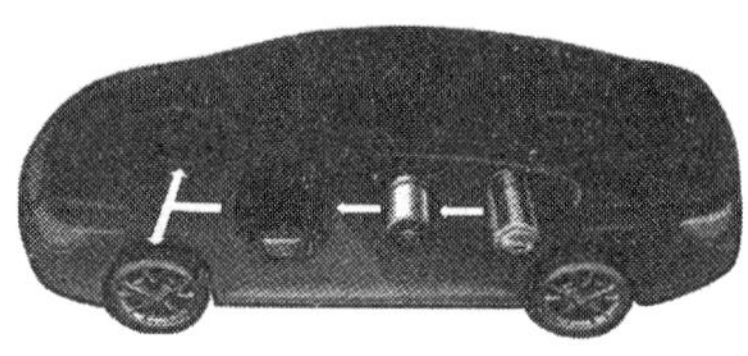

图 7-15　车辆加速或高速行驶时各部件的状态

（4）车辆匀速行驶　当车辆匀速行驶时，电机不工作，车辆的驱动力由发动机供应，这样可有效提高车辆的燃油经济性，如图 7-16 所示。

（5）车辆减速行驶　当车辆减速行驶时，电机成为发电机，将车辆制动转化成电能为 36V 蓄电池充电，如图 7-17 所示。减速过程中，发动机停止喷油，油耗为零。变速器逐渐减挡，维持发动机在高转速，延长车辆的滑行距离。

图 7-16　车辆匀速行驶时各部件的状态

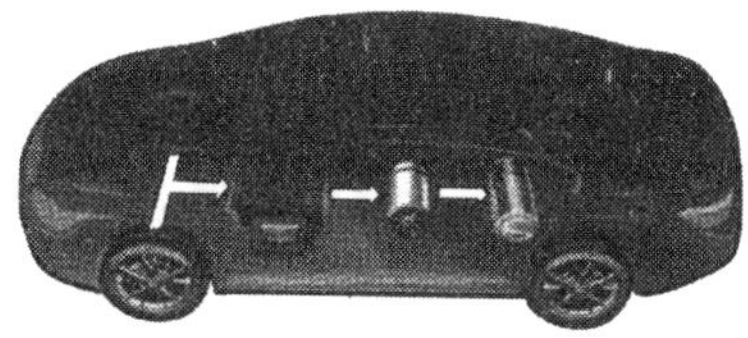

图 7-17　车辆减速行驶时各部件的状态

## 7.2.2　混合动力控制系统部件更换

（1）拆卸程序

① 断开混合动力蓄电池。

② 拆卸传动带张紧器。

③ 拆卸散热器进口软管。

④ 将动力制动助力器真空软管 2 卡箍再次定位在进气歧管处，如图 7-18 所示。

⑤ 从进气歧管上拆卸动力制动助力器真空软管。

⑥ 从发电机控制模块冷却液出口软管上的卡箍 1 上拆卸动力制动助力器真空软管，如图 7-18 所示。

⑦ 将动力制动助力器真空软管置于一边。

**特别提示**

为防止人身伤害，在拆卸发电机控制模块或发电机/起动机时必须格外谨慎。自发电机蓄电池上拆下 36V 蓄电池电缆后，拆卸发电机控制模块上的 2 个发动机线束连接器。等待至少 5min 后才能拆发电机控制模块盖。继续执行程序之前，使用数字式万用表确认所有 36V、12V 以及三相电缆连接处的电压低于 3V。

⑧ 拆卸 2 个连接器定位器（CPA）固定件 1，如图 7-19 所示。

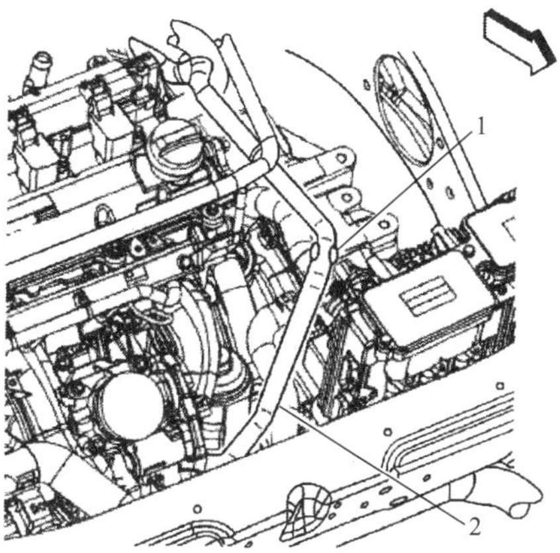


图 7-18　将真空软管定位在进气歧管处

1—卡箍；2—真空软管

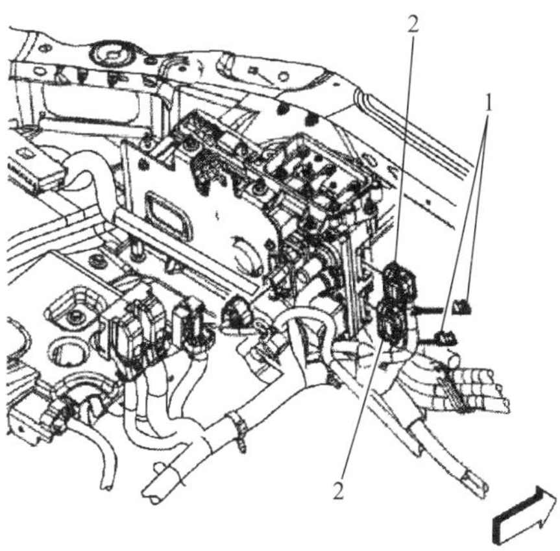


图 7-19　连接器定位器（CPA）固定件与发动机线束电气连接器

1—固定件；2—连接器

⑨ 将 2 个发动机线束电气连接器 2 从发电机控制模块上拆下，如图 7-19 所示。

⑩ 等待至少 5min 以使发电机控制模块中存储的电压放电为零。

⑪ 使用 J38185 将发电机控制模块冷却液进口软管卡箍 1 重新安装在发电机控制模块处，如图 7-20 所示。

⑫ 将发电机控制模块冷却液进口软管 2 从发电机控制模块上拆卸，如图 7-20 所示。

⑬ 拆卸发电机控制模块托架加强件螺栓 1 和螺母 2，如图 7-21 所示。

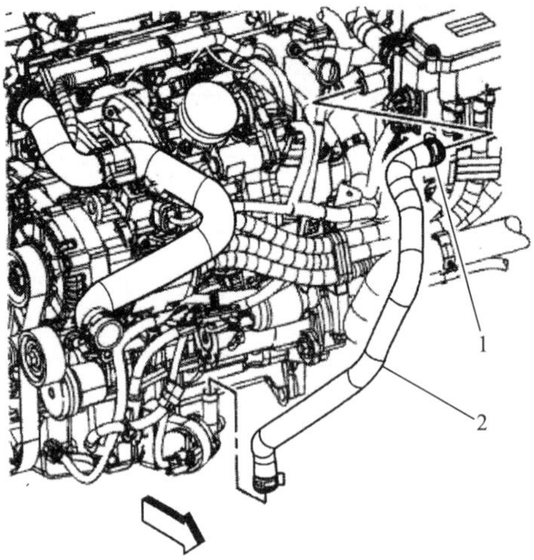

图 7-20 拆卸冷却液进口软管

1—卡箍；2—软管

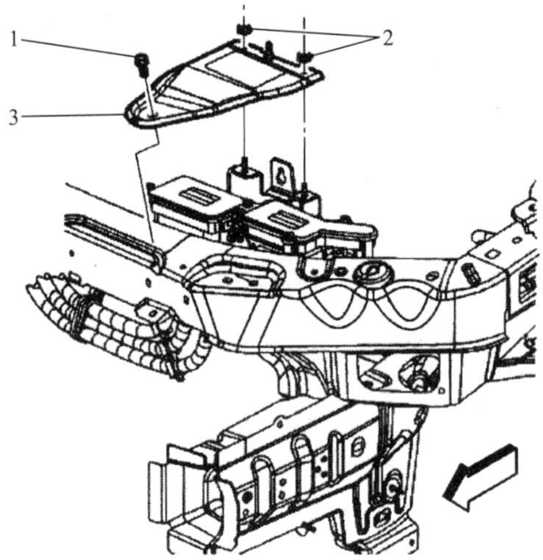

图 7-21 托架加强件

1—螺栓；2—螺母；3—加强件

⑭ 拆卸发电机控制模块托架加强件 3，如图 7-21 所示。

⑮ 松开发电机控制模块盖整体式螺栓 1 同时拆下盖 2，如图 7-22 所示。

⑯ 必须使用电压表检测发电机控制模块是否有电压。首先，检查并确认电压表工作。

a. 将电压表设置成直流电压。

b. 测量车辆 12V 蓄电池电压。

c. 电压表读数应超过＋12V 直流电。

⑰ 检查发电机控制模块是否有电压，以保证模块已经停用，如图 7-23 所示。

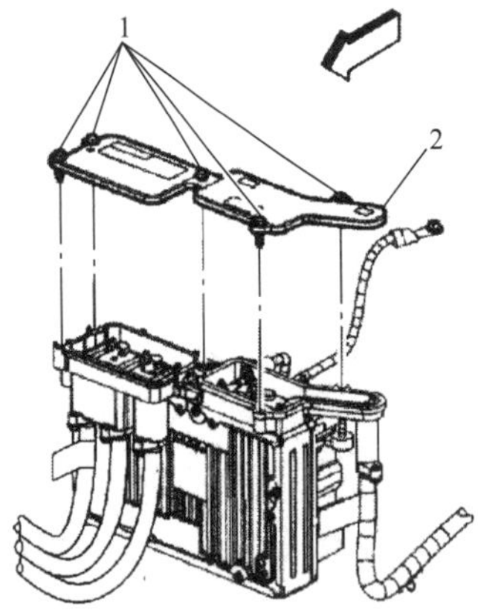

图 7-22 发电机控制模块盖

1—螺栓；2—盖

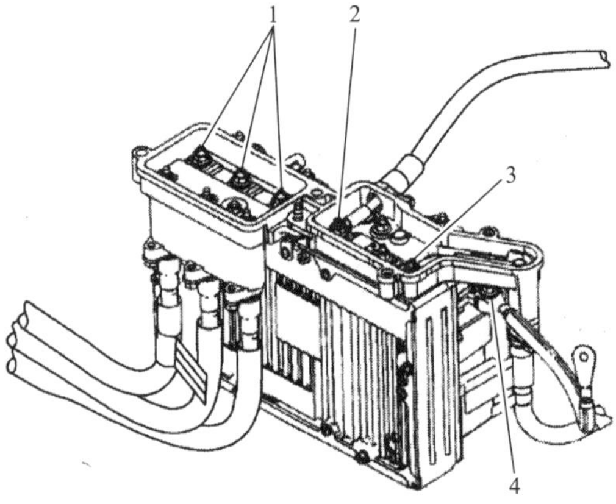

图 7-23 发电子控制模块

1—连接器；2—12V 正极端子；3—36V 正极端子；4—搭铁端子

a. 测量36V正极端子3与已知良好的底盘搭铁之间的电压，应低于3V。

b. 测量12V正极端子2与已知良好的底盘搭铁之间的电压，应低于3V。

c. 测量搭铁端子4与已知良好的底盘搭铁之间的电压，检查是否导通。

特别提示

为防止人身伤害，测量三相电缆和连接器时务必当作电压存在并且电缆的所有部件表面是热的。

⑱ 检查并确定发电机控制模块三相电缆停用，如图7-23所示。

a. 从每个相位（1、2和3）连接器1至已知良好的底盘搭铁进行测量，电压应低于3V。

b. 检查并确认不存在电压后，可将发电机控制模块三相电缆由发电机控制模块中拆下。

⑲ 将发动机线束电气连接器1与2从发电机/起动机上断开，如图7-24所示。

⑳ 将线束整理好放在一边。

㉑ 将36V端子盒螺母1从发电机控制模块上拆卸下来，如图7-25所示。

㉒ 将36V端子盒2提升并重新定位，并将其固定在一边，报废端子盒密封件，如图7-25所示。

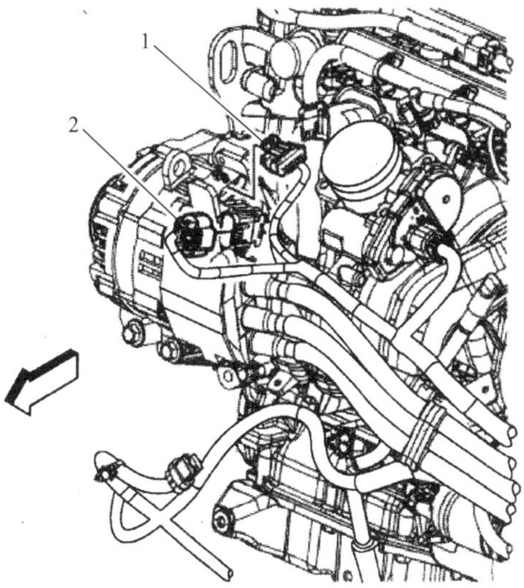


图7-24 发动机线束电气连接器

1,2—连接器

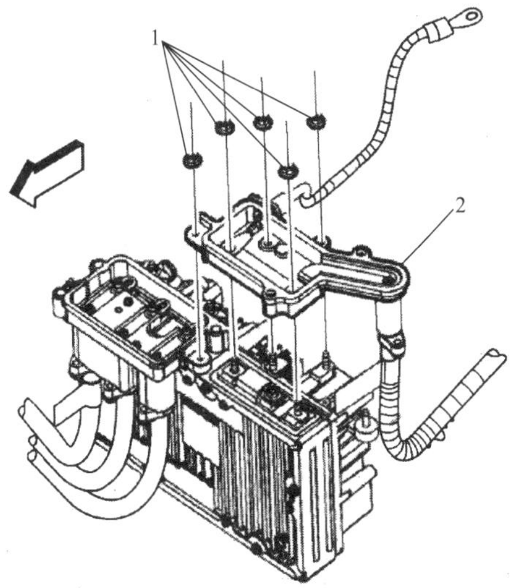


图7-25 将螺母从发电机控制模块上拆卸下来

1—螺母；2—端子盒

㉓ 将发电机控制模块三相电缆端子盒螺母1由发电机控制模块上拆下，如图7-26所示。

㉔ 将发电机控制模块三相电缆端子盒2由发电机控制模块上掀起并重新定位，报废端子盒密封件，如图7-26所示。

㉕ 将空调（A/C）冷凝器/蒸发器管卡夹1由前端上横拉杆加强件上拆下，如图7-27所示。

㉖ 重新将空调（A/C）冷凝器/蒸发器管2搁置在一边，如图7-27所示。

㉗ 将起动机三相电缆卡夹螺栓2从机油尺导管托架上拆卸下来，如图7-28所示。

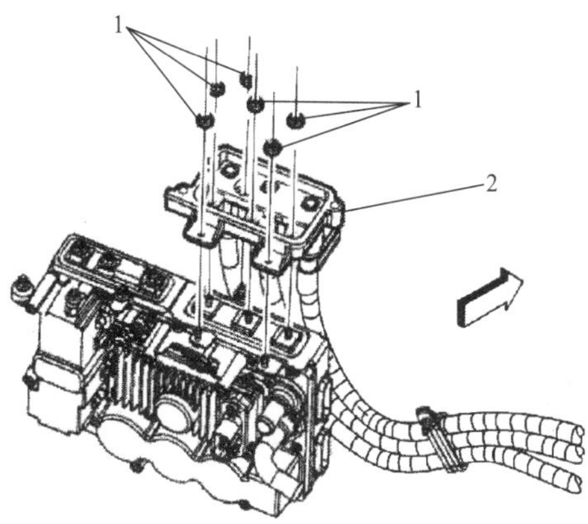


图7-26 拆下三相电缆端子盒螺母

1—螺母；2—端子盒

㉘ 拆卸上发电机/起动机螺栓 1，如图 7-28 所示。

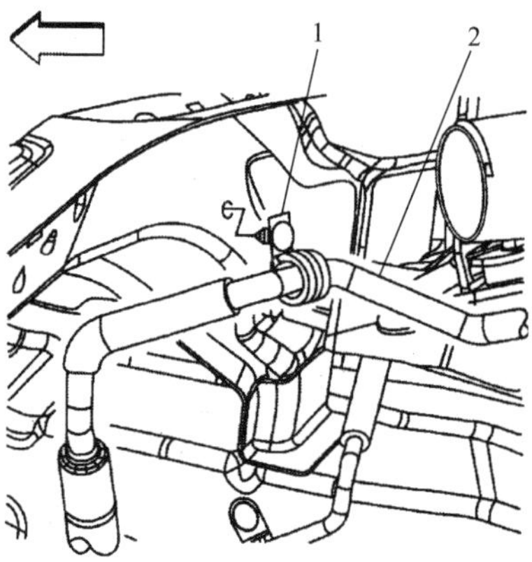


图 7-27 拆下空调冷凝器/蒸发器管卡夹
1—卡夹；2—管

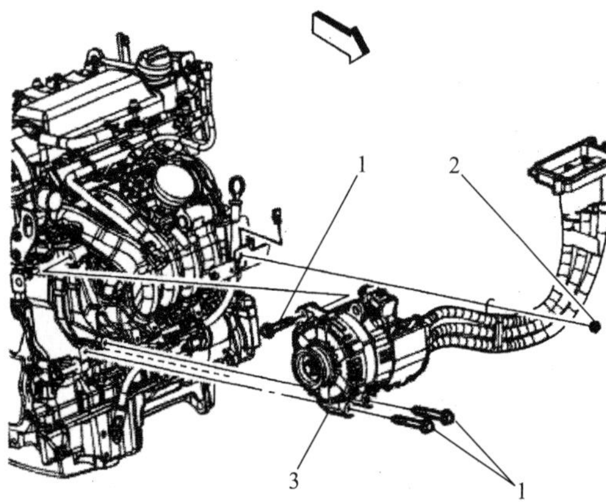


图 7-28 发电机/起动机
1,2—螺栓；3—发电机/起动机

㉙ 举升并妥善支撑车辆。

㉚ 拆卸 2 个下发电机/起动机螺栓 1，如图 7-28 所示。

㉛ 降下车辆。

㉜ 将发电机/起动机 3（连接有发电机控制模块三相电缆）从车辆上拆卸下来，放在一个干净的工作面上，如图 7-28 所示。

㉝ 拆下发电机/起动机盖螺栓 1 以及盖 2，如图 7-29 所示。

㉞ 拆下发电机控制模块三相电缆托架螺栓 3 与托架 4，如图 7-29 所示。

㉟ 从发电机/起动机内部开始，拆卸发电机控制模块三相电缆至发电机/起动机螺母。

㊱ 拆卸后发电机控制模块三相电缆螺栓 1，如图 7-30 所示。

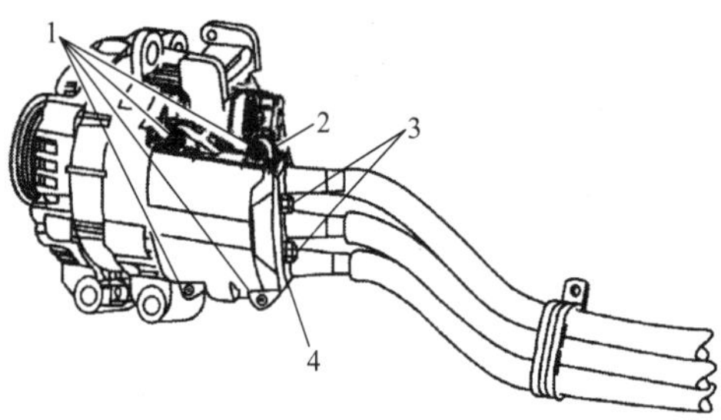


图 7-29 拆下发电机/起动机盖
1,3—螺栓；2—盖；4—托架

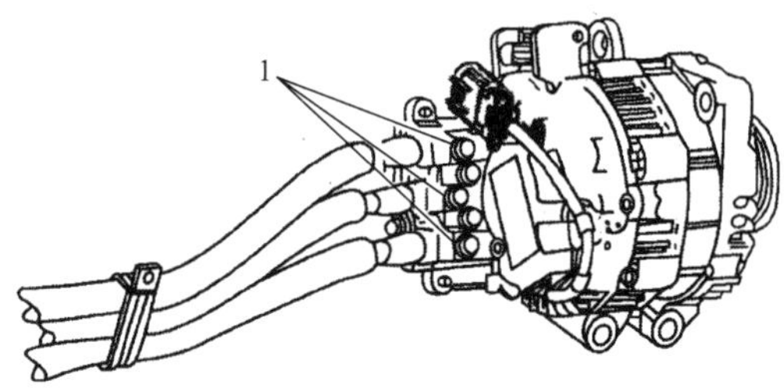


图 7-30 拆卸后发电机控制模块三相电缆螺栓
1—螺栓

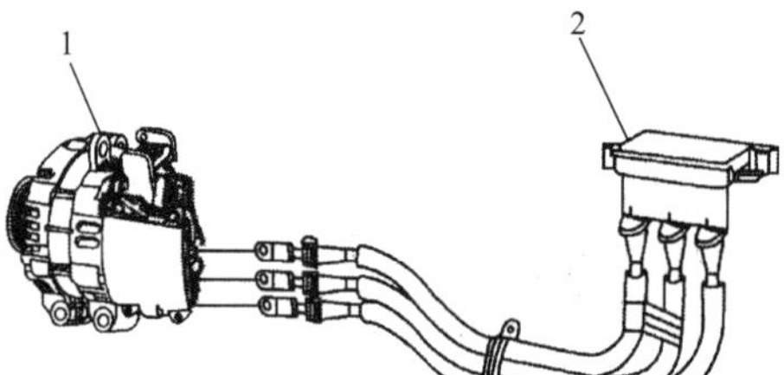


图 7-31 拆下发电机控制模块三相电缆总成
1—发电机/起动机；2—三相电缆总成

㊲ 将发电机控制模块三相电缆总成 2 由发电机/起动机 1 上拆下，如图 7-31 所示。

（2）安装程序

① 将发电机控制模块三相电缆总成 2 安装到新的发电机/起动机 1（图 7-31）。

② 在发电机/起动机内部，将发电机控制模块三相电缆安装到双头螺栓上，并安装发电机/起动机螺母。将螺母紧固到 8N·m（71lbf·in）。

③ 安装发电机控制模块三相电缆托架 4 与螺栓 3（图 7-29）。将螺栓紧固到 8N・m（71lbf・in）。

④ 安装发电机/起动机盖 2 和螺栓 1（图 7-29）。将螺栓紧固到 5N・m（44lbf・in）。

⑤ 将后发电机控制模块三相电缆螺栓 1 安装好（图 7-30）。将螺栓紧固到 8N・m（71lbf・in）。

⑥ 将发电机/起动机 3（连接有发电机控制模块三相电缆）安装到车辆上，并用螺栓 1 紧固（图 7-28）。

⑦ 举升并妥善支撑车辆。

⑧ 用 2 个下发电机/起动机螺栓 1 紧固（图 7-28）。

⑨ 安装发电机/起动机三相电缆卡夹螺栓 2 直至密合（图 7-28）。将螺栓紧固到 10N・m（89lbf・in）。

⑩ 按照图 7-32 所示顺序紧固发电机/起动机螺栓。将螺栓紧固到 58N・m（43lbf・ft）。

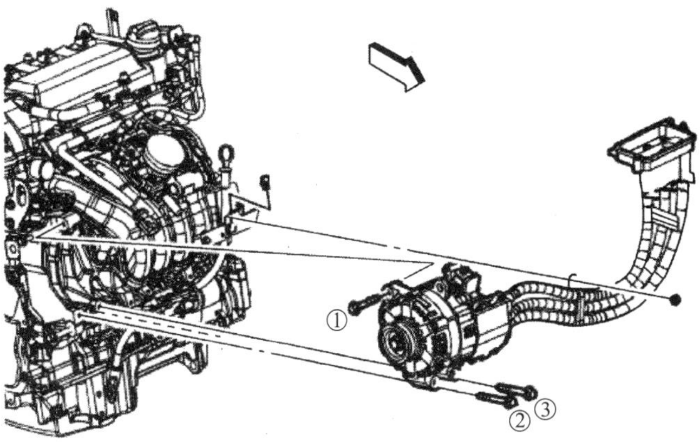


图 7-32　螺栓紧固顺序（一）

⑪ 将空调冷凝器/蒸发器管 2 设置在前端上横拉杆加强件上（图 7-27）。

⑫ 将空调冷凝器/蒸发器管卡夹 1 设置在前端上横拉杆加强件（图 7-27）。

⑬ 将一个新的端子盒密封件设置在发电机控制模块上。

⑭ 将发电机控制模块三相电缆端子盒 2 设置在发电机控制模块（图 7-26）。

⑮ 安装发电机控制模块三相端子盒螺母 1 直到密合（图 7-26）。

⑯ 按照图 7-33 所示顺序紧固发电机控制模块三相电缆端子盒螺母。将螺母紧固到 8N・m（71lbf・in）。

⑰ 将一个新的端子盒密封件安装在发电机控制模块上。

⑱ 将 36V 端子盒 2 松开并定位到发电机控制模块（图 7-25）。

⑲ 将 36V 端子盒螺母 1 设置在发电机控制模块上（图 7-25）。将螺母紧固到 10N・m（89lbf・in）。

⑳ 定位发动机线束。

㉑ 将发动机线束电气连接器（1 与 2）连接至发电机/起动机（图 7-24）。

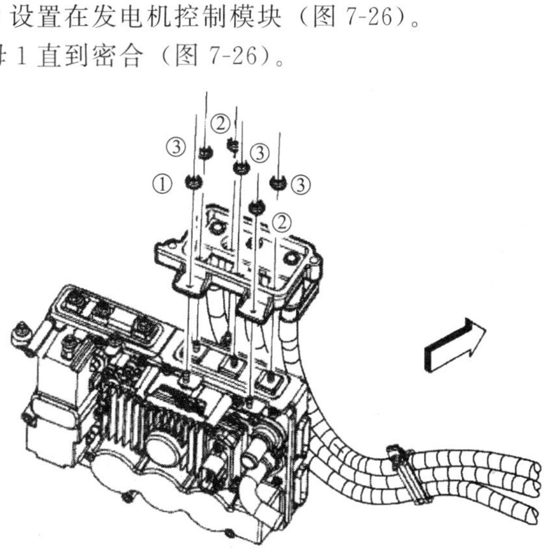


图 7-33　螺栓紧固顺序（二）

㉒ 将发电机控制模块盖 2 安装在发电机控制模块顶部并紧固螺栓 1（图 7-22）。将螺栓紧固至 10N•m（89lbf•in）。

㉓ 安装发电机控制模块托架加强件 3（图 7-21）。

㉔ 安装发电机控制模块托架加强件螺栓 1 及螺母 2（图 7-21）。将螺栓、螺母紧固到 10N•m（89lbf•in）。

㉕ 将发电机控制模块冷却液进口软管 2 安装到发电机控制模块上（图 7-20）。

㉖ 使用 J38185 将发电机控制模块冷却液进口软管卡箍 1 定位到发电机控制模块上（图 7-20）。

㉗ 将 2 个发动机线束电气连接器 2 连接到发电机控制模块上（图 7-19）。

㉘ 安装 2 个连接器定位器固定件 1（图 7-19）。

㉙ 定位动力制动助力器真空软管 2 并将其连接到进气歧管（图 7-18）。

㉚ 将动力制动助力器真空软管卡箍安装到进气歧管。

㉛ 将动力制动助力器真空软管安装到发电机控制模块冷却液出口软管上的卡箍 1。

㉜ 安装散热器进口软管。

㉝ 安装传动带张紧器。

㉞ 连接混合动力蓄电池。

㉟ 使用 Tech 2 指令自动启动来检查并确认系统正常工作。

## 7.3 别克君越混合动力能量存储系统

### 7.3.1 混合动力能量存储系统结构原理

混合动力车辆应用的是高效、长寿命的镍-氢（Ni-MH）电池组，能量以化学方式存储在电池组中，当混合动力系统需要时，再将化学能转换成电能供车辆应用。能量存储系统工作示意图如图 7-34 所示。电压传感器监测每一块 12V 蓄电池的电压变化，信号传输给电池组分离控制模块，3 块蓄电池上各安装一个电压传感器，电池组分离控制模块监测每一块蓄电池的工作状态以及电压变化情况。

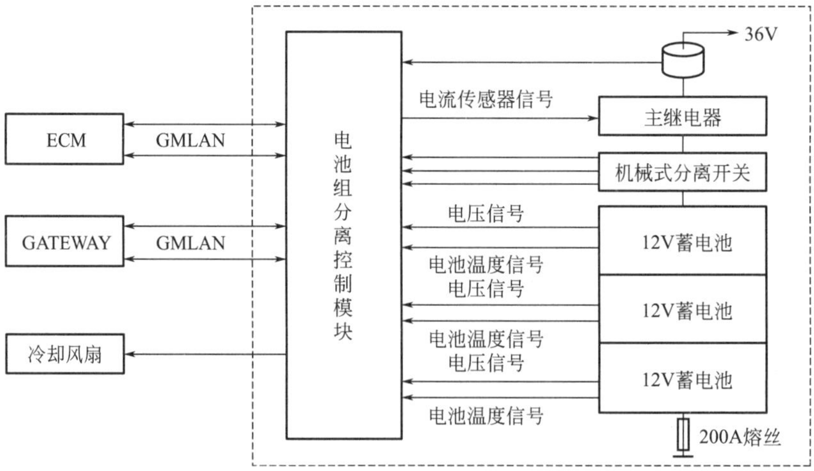


图 7-34　能量存储系统工作示意图

能量存储系统主要部件包括发电机蓄电池、发电机蓄电池通风风扇、发电机蓄电池温度传感器、发电机蓄电池温度传感器线束、发电机蓄电池熔丝/熔丝螺母、发电机蓄电池分离控制模块和发电机蓄电池分离控制模块盖等。

（1）发电机蓄电池　它是一个可以维修的36V镍金属氢化物蓄电池，包括串联在一起的3块单独的带有卡匣的12V蓄电池。它安装在后排座椅后，载物地板下方。蓄电池卡匣是可维修的，每个质量大约10lb（约4.5kg）。卡匣不得单独维修，3个作为整体更换。每个卡匣包括2个不可维修的12V、8.5A·h的模块，由总线杆平行连接。

（2）发电机蓄电池通风风扇　其主要作用是按需要改变速度，以保证发电机蓄电池温度维持在所需限度内。风扇由发电机蓄电池分离控制模块控制以及供电。风扇从发电机蓄电池托架总成底部吸入冷却空气，并将空气排进备胎坑中。风扇是一个连接到发电机蓄电池托架总成后部的可维修的部件。

（3）发电机蓄电池温度传感器　它用于监测每一块蓄电池的温度变化，并将信号传输给电池组分离控制模块。这些传感器通过发电机蓄电池温度传感器线束接收电能，同时向发电机蓄电池分离控制模块提供蓄电池温度反馈信号。每一块12V蓄电池上包括2个单独的温度传感器，共有6个。传感器为热敏电阻式。

这些发电机蓄电池温度传感器应成对维修（每个蓄电池卡匣一对）。维修时，必须将蓄电池卡匣从车辆上拆下，以便于接触到热敏电阻。

（4）电流传感器　它用来测量36V电池组输入/输出电流的大小，其信号输入电池组分离控制模块。它安装在电池组分离控制模块内部，用于诊断混合动力电池组的功能。

（5）电压传感器　它用来测量每一块12V蓄电池的电压变化，其信号输入电池组分离控制模块。3块蓄电池上各安装一个电压传感器，电池组分离控制模块分别监测每一块蓄电池的工作状态以及电压变化情况。

（6）发电机蓄电池熔丝　它用来保护车辆36V电气系统，以免电流过大。该熔丝具有一个朝向发电机蓄电池顶部的指示灯窗。熔丝安装在36V蓄电池负极电缆外侧，并由一个可维修的、不导电的发电机蓄电池熔丝螺母固定到位。

（7）发电机蓄电池分离控制模块　它用于控制发电机蓄电池通风风扇并监测发电机蓄电池内的温度、电压及电流。发电机蓄电池分离控制模块也被称为蓄电池分离单元（BTU）或蓄电池能量控制模块（BECM），是一个安装在发电机蓄电池托架总成后部的可维修GM-LAN装置。该控制器也包含几个不可维修的子部件，如电流传感器、维修断开开关及36V系统接触器。连接至控制器的维修断开开关是一个柱塞式开关，用来在维修过程中打开36V系统接触器。开关柱塞顶在发电机蓄电池分离控制模块盖上，盖子打开时开关打开，盖子关闭时开关关闭。36V系统接触器与维修断开开关一同打开和关闭。当接触器位于打开位置时，发电机蓄电池和车辆电气部分分离，但是发电机蓄电池托架总成以及发电机蓄电池分离控制模块中仍然存在残留电压。

## 7.3.2　混合动力能量存储系统维修

### 7.3.2.1　混合动力蓄电池维修的断开和连接程序

（1）断开

特别提示

为防止人身伤害，在对任何36V部件进行操作之前务必保证点火开关置于OFF位置且点火钥匙已拔出。钥匙拔出后，断开12V蓄电池负极电缆，然后打开发电机蓄电池分离控制模块盖。等待至少5min后，应用数字式万用表测量下列部件之间的电压。

① 36V蓄电池正极与负极电缆。

② 36V蓄电池正极电缆与车辆搭铁。

③ 36V 蓄电池负极电缆与车辆搭铁。

所有测量的电平必须低于 3V。

① 将点火钥匙从点火开关上拔出。固定点火钥匙，以保证钥匙不会在未知的情况下被重新插入。

② 断开 12V 蓄电池负极电缆。

③ 向下折叠两个后排座椅靠背。

④ 在固定卡夹处轻轻提举载物地板行李厢盖，如图 7-35 所示。

⑤ 将载物地板行李厢盖向车辆后部轻微倾斜，松开凸舌并拆卸载物地板行李厢盖，如图 7-36 所示。

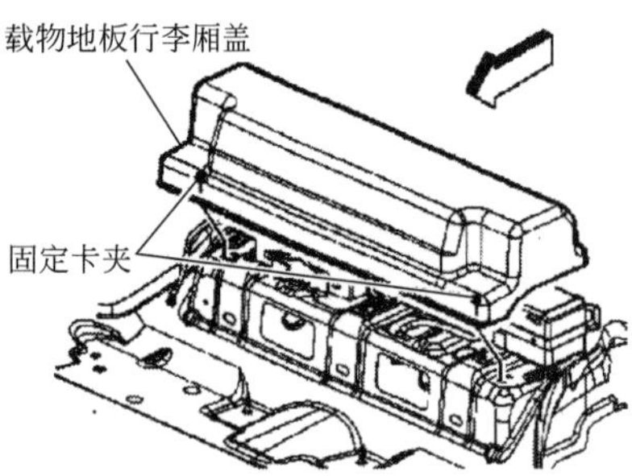

图 7-35 提举载物地板行李厢盖

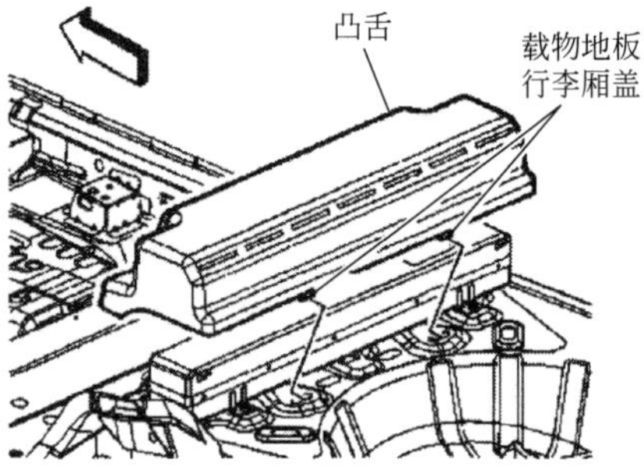

图 7-36 拆下载物地板行李厢盖

**特别提示**

为防止人身伤害，在发电机蓄电池分离控制模块附近工作时需谨慎。即使蓄电池盖已经被打开或拆卸，内部部件仍将带 36V 电压。

⑥ 拆卸发电机蓄电池分离控制模块盖螺栓，如图 7-37 所示。

⑦ 打开并向右滑动发电机蓄电池分离控制模块盖，拆下盖，如图 7-37 所示。

⑧ 至少等待 5min 以使发电机控制模块电容进行放电。

**特别提示**

当发电机蓄电池分离控制模块盖打开时，不要认为蓄电池组已停用。

⑨ 首先使用电压表检查发电机蓄电池是否有电压，检查并确认电压表是否正常工作。

⑩ 检查发电机蓄电池是否存在电压，用于确认发电机蓄电池已停用，如图 7-38 所示。

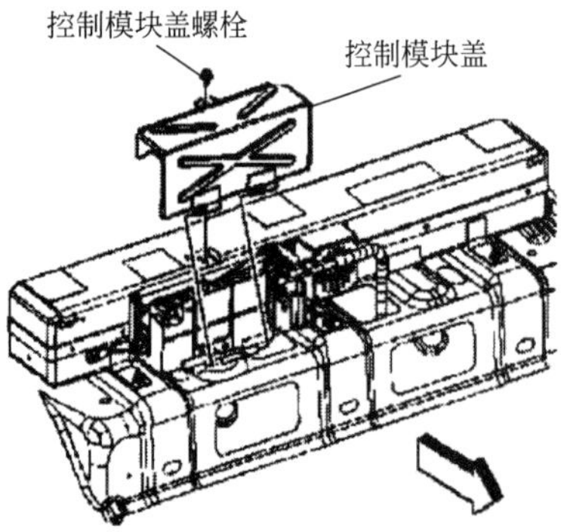

图 7-37 拆下螺栓

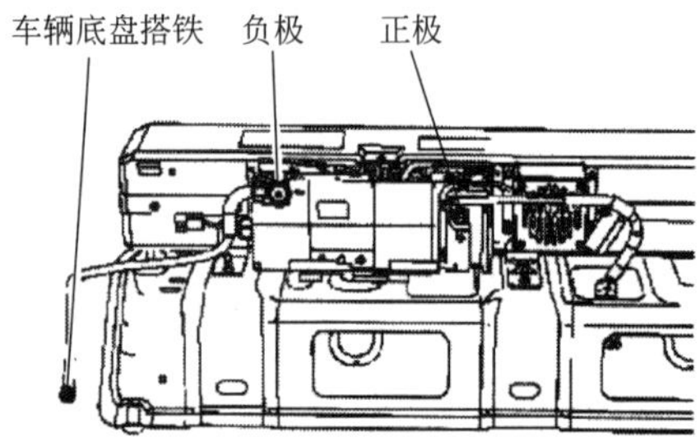

图 7-38 检查发电机蓄电池电压

a. 测量从正极接线柱至负极接线柱之间的电压，电压应小于 3V。

b. 测量从正极接线柱至车辆底盘搭铁之间的电压，电压应小于 3V。

c. 测量从负极接线柱至车辆底盘搭铁之间的电压，电压应小于 3V。

d. 检查并确认不存在电压后，可以安全地对车辆进行操作。

（2）连接

① 安装并关闭起动机蓄电池分离控制模块盖（图 7-37）。

② 安装发电机蓄电池盖螺栓（图 7-37）。将螺栓紧固到 10N·m（89lbf·in）。

③ 将载物地板行李厢盖向车辆后部稍稍倾斜以将凸舌插入蓄电池托架后支架（图 7-36）。

④ 放下载物地板行李厢盖并保证固定卡夹对准正确位置，仔细地压下并将盖固定（图 7-35）。

⑤ 将两个后排座椅靠背恢复至正确的位置。

⑥ 连接 12V 蓄电池负极电缆。

### 7.3.2.2 更换发电机蓄电池分离控制模块

（1）拆卸

**特别提示**

为防止人身伤害，在发电机蓄电池分离控制模块附近工作时需谨慎。即使蓄电池盖已经被打开或拆下，其内部部件仍将带 36V 电压。

① 断开混合动力蓄电池。

② 从发电机蓄电池分离控制模块负极接线柱上拆卸塑料螺母，如图 7-39 所示。

③ 从发电机蓄电池分离控制模块负极接线柱上拆卸 36V 蓄电池负极电缆引线，如图 7-39 所示。

④ 从发电机蓄电池分离模块负极接线柱上拆卸发电机蓄电池熔丝，如图 7-40 所示。

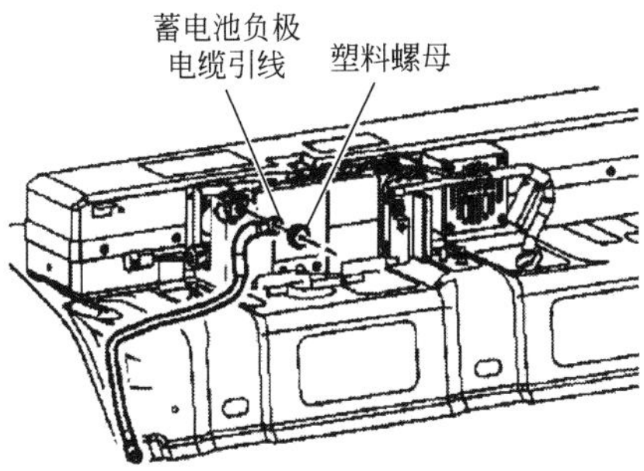


图 7-39 拆下 36V 蓄电池负极电缆引线

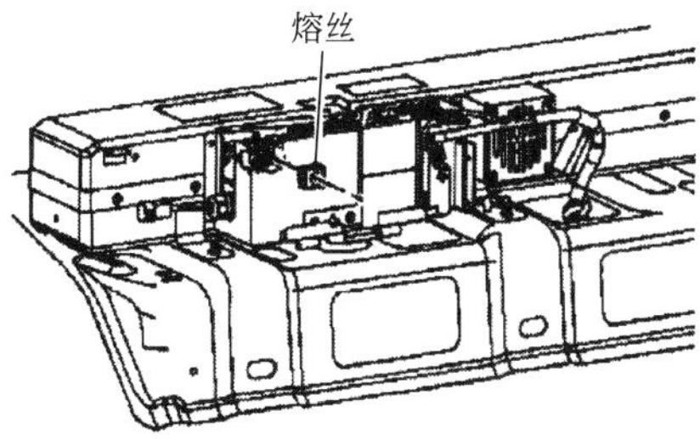


图 7-40 拆下发电机蓄电池熔丝

⑤ 拆卸并报废 36V 蓄电池正极电缆引线螺母 2，如图 7-41 所示。

⑥ 拆卸 36V 蓄电池正极电缆引线螺母 1，如图 7-41 所示。

⑦ 拆卸 36V 蓄电池正极电缆引线，如图 7-41 所示。

⑧ 移开电缆并将其固定，保证电缆无法在未知的情况下重新安装。

⑨ 从发电机蓄电池分离控制模块引线上断开车身线束电气连接器，如图 7-42 所示。

⑩ 拆卸 2 个发电机蓄电池通风风扇盖螺栓，如图 7-43 所示。

⑪ 拆卸 12 个发电机蓄电池盖螺栓，如图 7-43 所示。

⑫ 拆卸发电机蓄电池盖，如图 7-44 所示。

**特别提示**

拆卸相互连接的电缆会使发电机蓄电池控制模块内部失去 36V 电压。

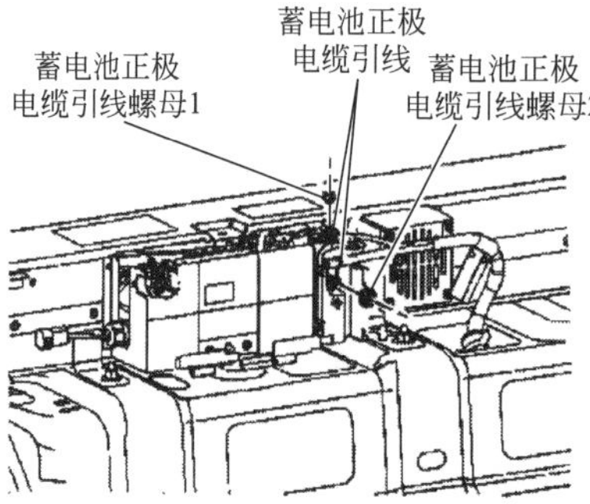


图 7-41 拆下 36V 蓄电池正极电缆引线螺母

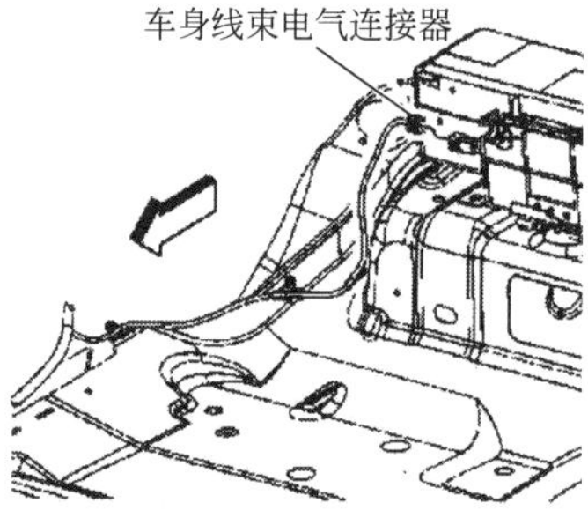


图 7-42 断开车身线束电气连接器

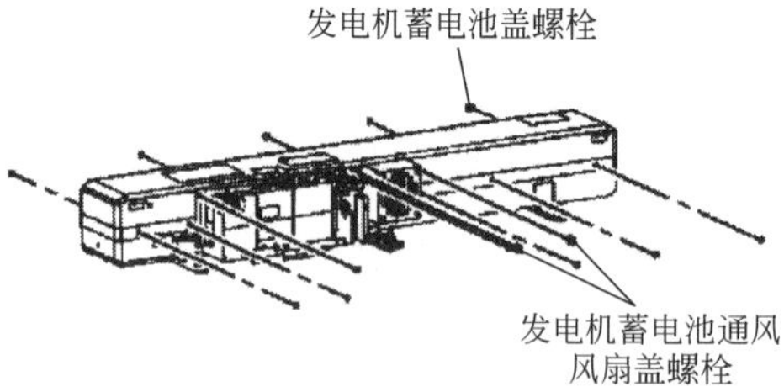


图 7-43 拆下风扇盖螺栓

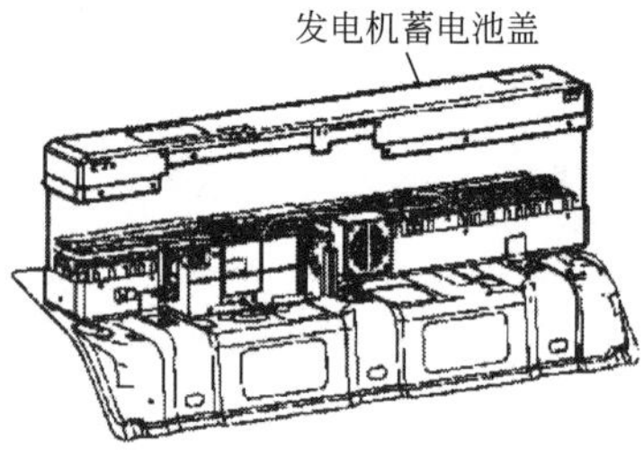


图 7-44 拆下发电机蓄电池盖

⑬ 拆卸发电机蓄电池端子盖。

⑭ 拆卸发电机蓄电池电缆螺母。

⑮ 从蓄电池上拆卸发电机蓄电池电缆引线 1、2 和 3，如图 7-45 所示。

⑯ 将设置在蓄电池电缆引线下的 2 个小号温度传感器线束端子引线从蓄电池上拆下。

⑰ 将发电机蓄电池控制模块螺母 1 与蓄电池电缆 1 从接线柱上拆下，如图 7-46 所示。

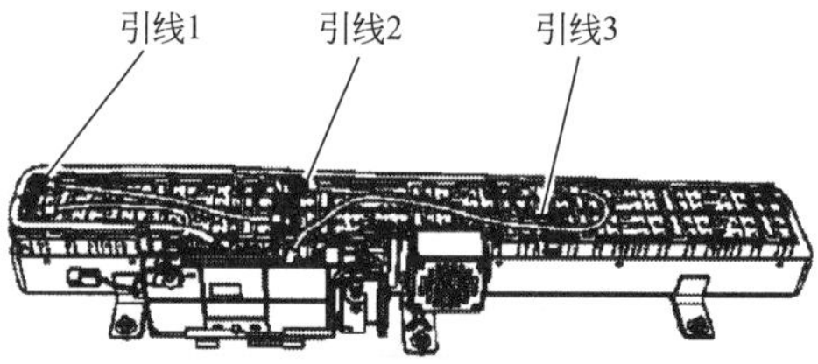


图 7-45 拆下发电机蓄电池电缆引线

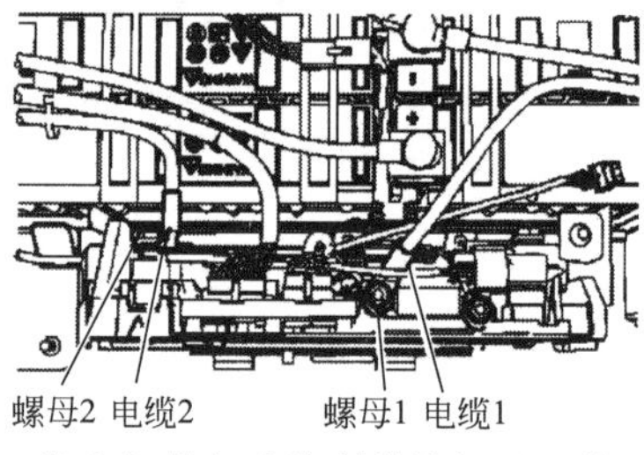


图 7-46 发电机蓄电池控制模块螺母和蓄电池电缆

⑱ 从接线柱上拆卸发电机蓄电池控制模块螺母 2 和蓄电池电缆 2，如图 7-46 所示。

⑲ 将线束电气连接器由通风风扇电气连接器上断开，如图 7-47 所示。

⑳ 将发电机蓄电池温度传感器线束电气连接器由发电机控制模块上断开，如图 7-47 所示。

㉑ 将蓄电池电缆与发电机蓄电池温度传感器线束重新定位至一边。

㉒ 将发电机蓄电池分离控制模块引线卡夹由蓄电池托架侧面拆下，如图 7-48 所示。

㉓ 将风扇线束固定件从蓄电池上松开。

㉔ 拆卸 4 个发电机蓄电池分离控制模块螺栓。

㉕ 拆卸发电机蓄电池分离控制模块，如图 7-48 所示。

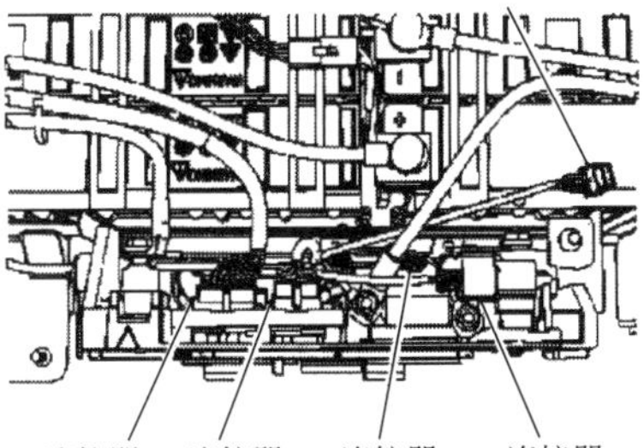


图 7-47 断开通风风扇电气连接器

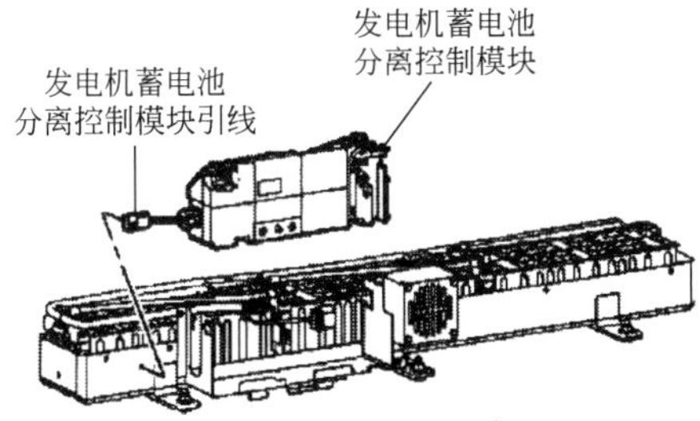


图 7-48 拆下发电机蓄电池分离控制模块

（2）安装

① 安装发电机蓄电池分离控制模块（图 7-48）。

② 安装 4 个发电机蓄电池分离控制模块螺栓。将螺栓紧固到 8N·m（71lbf·in）。

③ 将风扇线束固定件夹到蓄电池上。

④ 将发电机蓄电池分离控制模块引线卡夹安装到蓄电池托架侧（图 7-48）。

⑤ 将发电机蓄电池温度传感器线束及蓄电池电缆定位至发电机控制模块。

⑥ 将发电机蓄电池温度传感器线束电气连接器固定在发电机控制模块上（图 7-47）。

⑦ 将线束电气连接器固定在通风风扇电气连接器上（图 7-47）。

⑧ 保证发电机蓄电池温度传感器线束端子安装在发电机蓄电池控制模块接线柱上。

⑨ 将蓄电池电缆 2 与发电机蓄电池控制模块螺母 2 安装在接线柱上（图 7-46）。将螺母紧固到 8N·m（71lbf·in）。

⑩ 将蓄电池电缆 1 与发电机蓄电池控制模块螺母 1 安装在接线柱上（图 7-46）。将螺母紧固到 8N·m（71lbf·in）。

⑪ 将 2 个小号温度传感器线束端子引线安装在蓄电池上。

⑫ 将发电机蓄电池电缆引线 1、2 和 3 安装在蓄电池上（图 7-45）。

⑬ 固定发电机蓄电池电缆螺母。将螺母紧固到 8N·m（71lbf·in）。

⑭ 安装发电机蓄电池端子盖。

⑮ 安装发电机蓄电池盖（图 7-44）。

⑯ 固定 12 个发电机蓄电池盖螺栓（图 7-43）。将螺栓紧固到 8N·m（71lbf·in）。

⑰ 安装 2 个发电机蓄电池通风风扇盖螺栓（图 7-43）。将螺栓紧固到 8N·m（71lbf·in）。

⑱ 将车身线束电气连接器连接到发电机蓄电池分离控制模块引线上（图 7-42）。

⑲ 安装 36V 蓄电池正极电缆引线（图 7-41）。

⑳ 安装 36V 蓄电池正极电缆引线螺母 1（图 7-41）。将螺栓紧固到 9N·m（80lbf·in）。

㉑ 安装一个新的 36V 蓄电池正极电缆引线螺母 2。开始用手拧紧螺母，并将力矩拧到规定要求（图 7-41）。将螺母紧固到 15N·m（11lbf·ft）。

㉒ 将发电机蓄电池熔丝连接到发电机蓄电池分离模块负极接线柱上（图 7-40）。

特别提示

将塑料螺母定位至蓄电池负极电缆，并保证在将负极电缆安装至发电机蓄电池之前螺纹接头插入端子内，否则可能损坏螺母。

㉓ 将塑料螺母定位至 36V 蓄电池负极电缆引线，保证塑料螺母的螺纹接头穿过端子内的孔（图 7-39）。

㉔ 将 36V 蓄电池负极电缆引线和螺母安装到发电机蓄电池分离控制模块负极接线柱上（图 7-39）。将螺母紧固到 10.7N·m（95lbf·in）。

㉕ 连接混合动力蓄电池。

#### 7.3.2.3 更换 36V 蓄电池正极电缆（发动机至乘客舱）

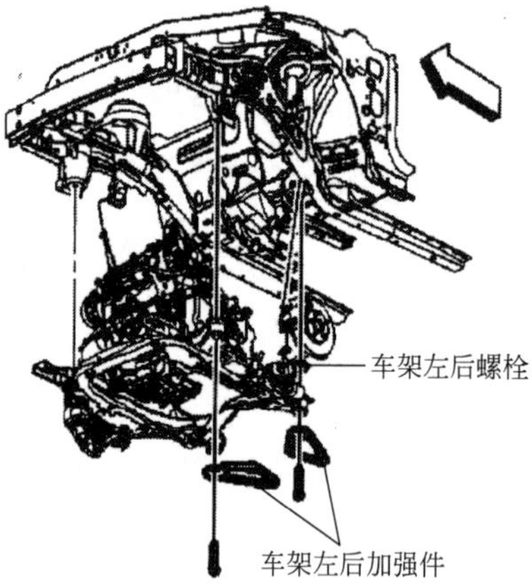


图 7-49 拆下车架左后螺栓

（1）拆卸

① 断开混合动力蓄电池。

② 拆卸燃油箱。

③ 拆卸（12V）蓄电池托架。

④ 拆卸车架左后螺栓，如图 7-49 所示。

⑤ 拆卸车架左后加强件，如图 7-49 所示。

⑥ 降下车辆。

⑦ 拆卸 2 个连接器定位器（CPA）固定件。

**特别提示**

为防止人身伤害，在发电机控制模块或发电机/起动机上工作前必须格外谨慎。从发电机蓄电池上拆卸 36V 蓄电池电缆后，拆下发电机控制模块上的 2 个发动机线束连接器。等待至少 5min 后才能拆发电机控制模块盖。继续执行程序之前，使用数字式万用表确认所有 36V、12V 以及三相电缆连接处的电压低于 3V。

⑧ 将 2 个发动机线束电气连接器自发电机控制模块上断开。

⑨ 等待至少 5min 以用于发电机控制模块中存储的电压进行放电。

⑩ 拆卸发电机控制模块托架加强件螺栓和螺母。

⑪ 拆卸发电机控制模块托架加强件。

⑫ 松开发电机控制模块盖整体式螺栓并拆卸盖。

⑬ 必须使用电压表检测发电机控制模块是否有电压。首先，检查并确认电压表工作。

a. 将电压表设置为直流电压。

b. 测量车辆 12V 蓄电池电压。

c. 电压表读数应大于＋12V 直流电。

⑭ 检查发电机控制模块是否有电压，以保证模块已经停用。

a. 测量 36V 正极端子与已知良好的底盘搭铁之间的电压，应低于 3V。

b. 测量 12V 正极端子与已知良好的底盘搭铁之间的电压，应低于 3V。

c. 测量搭铁端子与已知良好的底盘搭铁之间的电压，检查是否导通。

**特别提示**

为防止人身伤害，测量三相电缆和连接器时应视为电压存在且电缆的所有部件表面是热的。

⑮ 检查并确认发电机控制模块三相电缆停用。

a. 从每个相位连接器到已知良好的底盘搭铁进行测量，电压应低于 3V。

b. 检查并确认没有电压后，可将发电机控制模块三相电缆从发电机控制模块中拆下。

⑯ 从发电机控制模块上拆下 36V 端子盒螺母。

⑰ 将 36V 端子盒提升并重新定位，并将其固定在一边。报废端子盒密封件。

⑱ 拆卸 36V 端子盒至电缆螺栓，如图 7-50 所示。

⑲ 拆卸 36V 接触器和固定件，如图 7-50 所示。

⑳ 拆下 36V 绝缘电缆，如图 7-50 所示。

㉑ 拆卸 36V 电缆至端子盒螺栓，如图 7-50 所示。

㉒ 从电缆上拆下 36V 电缆端子盒，如图 7-50 所示。

㉓ 从纵梁上拆下 36V 蓄电池正极电缆卡夹，如图 7-51 所示。

㉔ 举升并支撑车辆。

㉕ 从纵梁和仪表板前部拆下 36V 蓄电池正极电缆卡夹，如图 7-51 所示。

㉖ 拆卸 36V 蓄电池正极电缆卡夹螺母，如图 7-52 所示。

㉗ 拆卸 36V 蓄电池正极电缆压铸螺母，如图 7-52 所示。

㉘ 谨慎地降低 36V 蓄电池正极电缆压铸件直到能够触及电缆连接器和 36V 蓄电池正极电缆引线连接器，如图 7-52 所示。

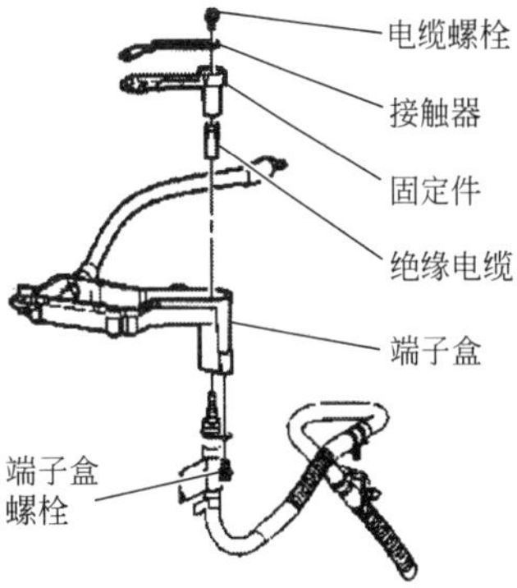

图 7-50 拆下 36V 蓄电池正极电缆卡夹

㉙ 逆时针转动引线上的连接器环，用来将 36V 蓄电池正极电缆引线连接器从 36V 蓄电池正极电缆压铸件拆下，如图 7-53 所示。

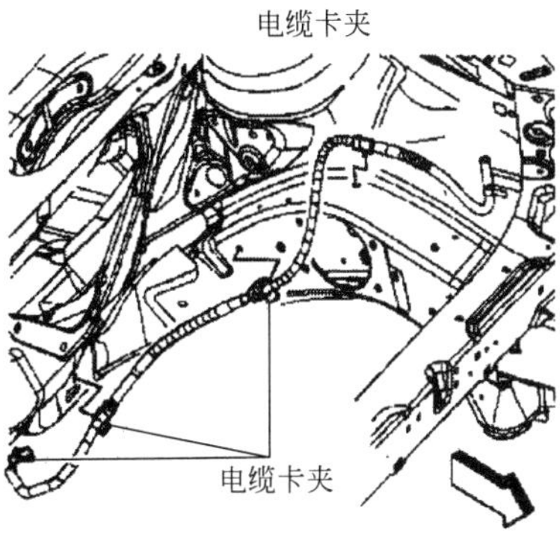

图 7-51 拆下 36V 蓄电池正极电缆卡夹

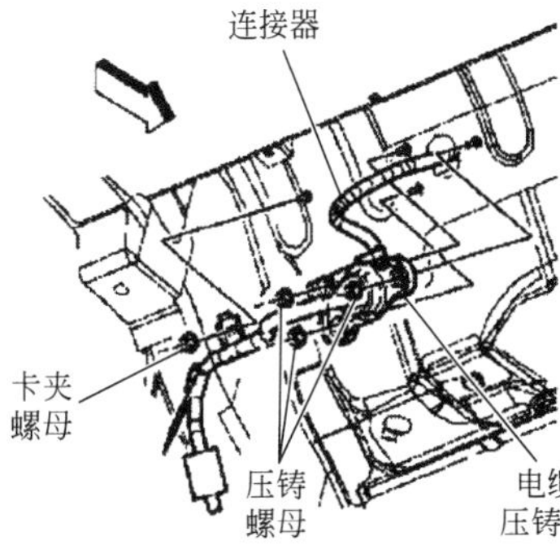

图 7-52 拆下 36V 蓄电池正极电缆卡夹螺母

㉚ 让一名助手支撑 36V 蓄电池正极电缆。

㉛ 拆卸 36V 蓄电池正极电缆至车身底部螺母，如图 7-54 所示。

㉜ 从车辆上拆下 36V 蓄电池正极电缆，如图 7-54 所示。

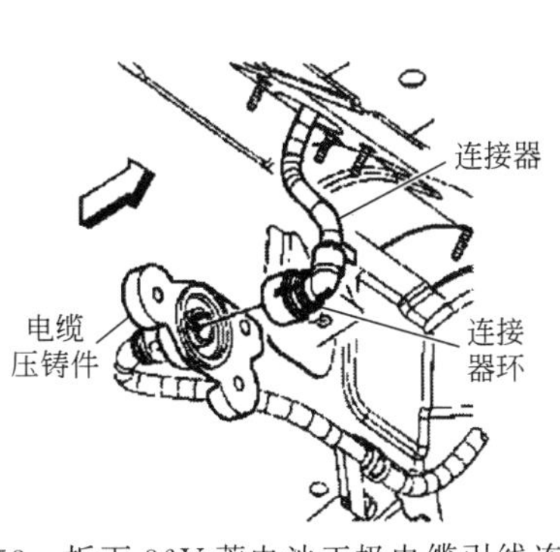

图 7-53 拆下 36V 蓄电池正极电缆引线连接器

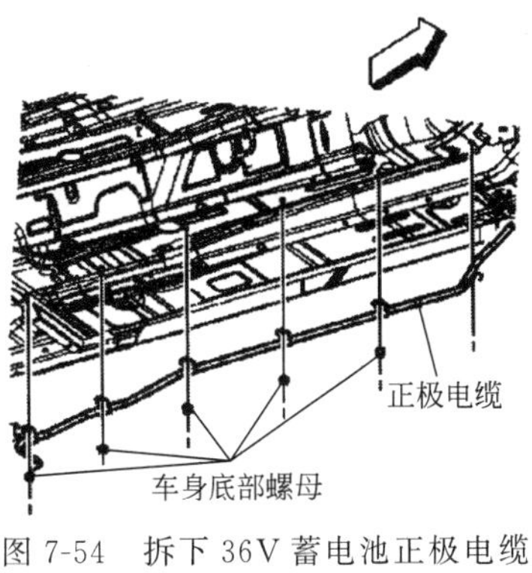

图 7-54 拆下 36V 蓄电池正极电缆

(2) 安装

① 在助手的帮助下，将 36V 正极蓄电池电缆定位到车辆上（图 7-54）。

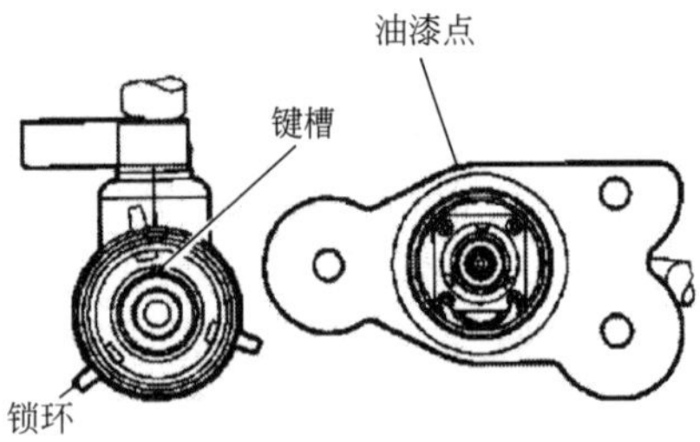

图 7-55　转动引线锁环

② 将 36V 蓄电池正极电缆用车身底部螺母固定（图 7-54）。将螺母紧固到 9N·m(80lbf·in)。

③ 将 36V 蓄电池正极电缆引线连接处键槽对准 36V 蓄电池正极电缆铸件上的油漆点。一旦对准，转动引线锁环固定连接，如图 7-55 所示。

④ 谨慎将 36V 蓄电池正极电缆引线连接至行李厢板内直到 36V 蓄电池正极电缆压铸件在接线柱上就位（图 7-52）。

⑤ 安装 36V 蓄电池正极电缆压铸螺母（图 7-52）。将螺母紧固到 9N·m(80lbf·in)。

⑥ 安装 36V 蓄电池正极电缆卡夹螺母（图 7-52）。将螺母紧固到 9N·m(80lbf·in)。

⑦ 将 36V 蓄电池正极电缆卡夹安装到纵梁和仪表板前部（图 7-51）。

⑧ 降下车辆。

⑨ 将 36V 蓄电池正极电缆卡夹安装到纵梁上（图 7-51）。

⑩ 将 36V 电缆端子盒安装在电缆上（图 7-50）。

⑪ 将 36V 电缆安装至端子盒螺栓（图 7-50）。将螺栓紧固到 9N·m(80lbf·in)。

⑫ 安装 36V 绝缘电缆（图 7-50）。

⑬ 安装 36V 固定件及接触器（图 7-50）。

⑭ 安装 36V 端子盒至电缆螺栓（图 7-50）。将螺栓紧固到 9N·m(80lbf·in)。

⑮ 将一个新的端子盒密封件安装在发电机控制模块上。

⑯ 将 36V 端子盒松开并定位在发电机控制模块上。

⑰ 将 36V 端子盒螺母安装在发电机控制模块上。将螺栓紧固到 10N·m(89lbf·in)。

⑱ 将发电机控制模块盖安装在发电机控制模块顶部并拧紧螺栓。将螺栓紧固到 10N·m（89lbf·in）。

⑲ 安装发电机控制模块托架加强件。

⑳ 安装发电机控制模块托架加强件螺栓和螺母。将螺栓、螺母紧固到 10N·m(89lbf·in)。

㉑ 将 2 个发动机线束电气连接器安装在发电机控制模块上。

㉒ 安装 2 个连接器定位器固定件。

㉓ 举升并妥善支撑车辆。

㉔ 安装车架左后加强件。

㉕ 安装车架左后螺栓。将螺栓紧固到 100N·m(74lbf·ft）再额外紧固 90°。

㉖ 安装 12V 蓄电池托架。

㉗ 安装燃油箱。

㉘ 连接混合动力蓄电池。

### 7.3.2.4　更换蓄电池正极电缆加长电缆

（1）拆卸

① 断开混合动力蓄电池。

② 拆卸 2 个连接器定位器（CPA）固定件。

**特别提示**

为防止人身伤害，在发电机控制模块或发电机/起动机上工作前必须格外谨慎。从发电机蓄电池上拆卸 36V 蓄电池电缆后，拆下发电机控制模块上的 2 个发动机线束连接器。等待至少 5min 后才能拆下发电机控制模块盖。继续执行程序之前，使用数字式万用表确认所有 36V、12V 及三相电缆连接处的电压低于 3V。

③ 将2个发动机线束电气连接器从发电机控制模块上断开。

④ 等待至少5min以使发电机控制模块中存储的电压进行放电。

⑤ 拆卸发电机控制模块托架加强件螺栓和螺母。

⑥ 拆卸发电机控制模块托架加强件。

⑦ 松开发电机控制模块盖整体式螺栓并拆卸盖。

⑧ 必须使用电压表检测发电机控制模块是否有电压。首先，检查并确认电压表工作。

a. 将电压表设置为直流电压。

b. 检测车辆12V蓄电池电压。

c. 电压表读数应大于+12V直流电。

⑨ 检查发电机控制模块是否有电压，以保证模块已经停用。

a. 测量36V正极端子与已知良好的底盘搭铁之间的电压，应低于3V。

b. 测量12V正极端子与已知良好的底盘搭铁之间的电压，应低于3V。

c. 测量搭铁端子与已知良好的底盘搭铁之间的电压，检查是否导通。

**特别提示**

为防止人身伤害，测量三相电缆和连接器时应视为电压存在且电缆的所有部件表面是热的。

⑩ 检查并确认发电机控制模块三相电缆停用。

a. 从每个相位连接器到已知良好的底盘搭铁进行测量，电压应低于3V。

b. 检查并确认没有电压后，可将蓄电池正极熔丝从发电机控制模块上拆下。

⑪ 从发电机控制模块上拆下36V端子盒螺母。

⑫ 举起并重新定位36V端子盒。报废端子盒密封件。

⑬ 拆卸蓄电池正极电缆加长电缆螺栓，如图7-56所示。

⑭ 分离蓄电池正极电缆上的双侧固定凸舌，并打开盖，如图7-57所示。

⑮ 拆卸蓄电池正极电缆加长电缆螺母，如图7-57所示。

⑯ 从蓄电池正极电缆上拆下蓄电池正极电缆加长电缆引线，如图7-57所示。

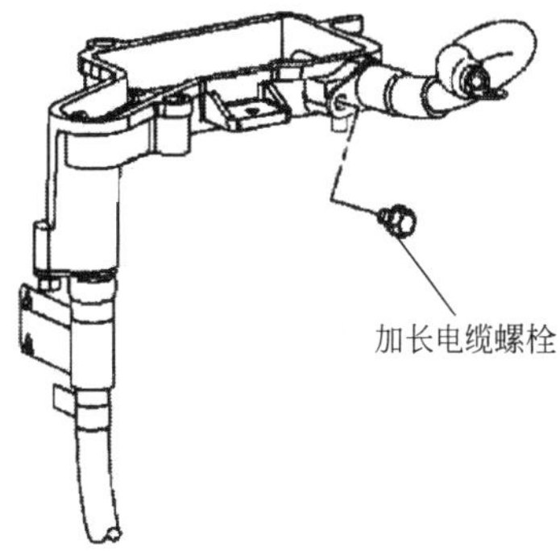


图7-56　拆下蓄电池正极电缆加长电缆螺栓

⑰ 从车辆上拆下蓄电池正极电缆加长电缆，如图7-58所示。

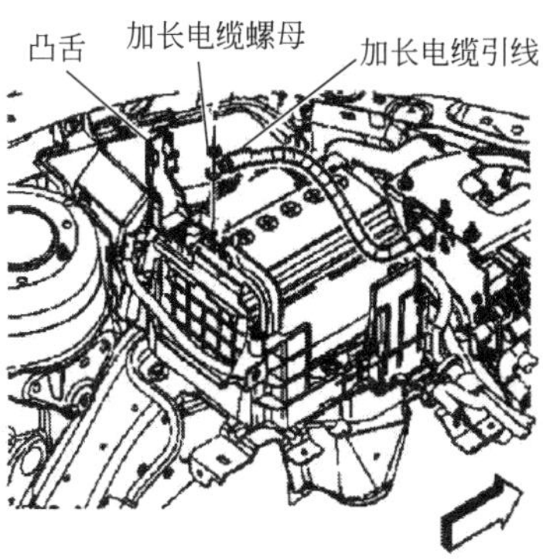


图7-57　拆下蓄电池正极电缆加长电缆螺母

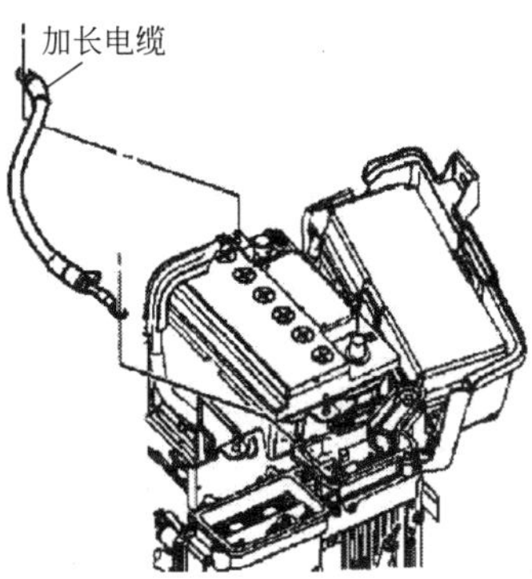


图7-58　拆下蓄电池正极电缆加长电缆

(2) 安装

① 将蓄电池正极电缆加长电缆安装到车辆上 (图 7-58)。

② 将蓄电池正极电缆加长电缆引线安装在蓄电池正极电缆上。

③ 安装蓄电池正极电缆加长电缆螺母 (图 7-57)。将螺母紧固到 10N · m(89lbf · in)。

④ 关闭蓄电池正极电缆盖 (图 7-57)。

⑤ 安装蓄电池正极电缆加长电缆螺栓 (图 7-56)。将螺栓紧固到 10N · m(89lbf · in)。

⑥ 将一个新的端子盒密封件安装在发电机控制模块上。

⑦ 将 36V 端子盒定位在发电机控制模块上。

⑧ 将 36V 端子盒螺母安装在发电机控制模块上。将螺母紧固到 10N · m(89lbf · in)。

⑨ 将发电机控制模块盖安装在发电机控制模块顶部并拧紧螺栓。将螺栓紧固到 10N · m(89lbf · in)。

⑩ 安装发电机控制模块托架加强件。

⑪ 安装发电机控制模块托架加强件螺栓和螺母。将螺栓、螺母紧固到 10N · m (89lbf · in)。

⑫ 将 2 个发动机线束电气连接器连接至发电机控制模块。

⑬ 安装 2 个连接器定位器固定件。

⑭ 连接混合动力蓄电池。

### 7.3.2.5 更换发电机蓄电池托架

(1) 拆卸

**特别提示**

为防止人身伤害，在发电机蓄电池断开控制模块附近工作时需谨慎。即使蓄电池盖已经被打开或拆下，其内部部件仍将带 36V 电压。

① 断开混合动力蓄电池。

② 将塑料螺母从发电机蓄电池分离控制模块负极接线柱上拆下 (图 7-39)。

③ 从发电机蓄电池分离控制模块负极接线柱上拆下 36V 蓄电池负极电缆引线 (图 7-39)。

④ 从发电机蓄电池分离模块负极接线柱上拆下发电机蓄电池熔丝 (图 7-40)。

⑤ 拆卸 36V 蓄电池正极电缆紧固件螺栓。

⑥ 拆卸并报废 36V 蓄电池正极电缆引线螺母 (图 7-41)。

⑦ 拆卸 36V 蓄电池正极电缆引线螺母 1 (图 7-41)。

⑧ 拆卸 36V 蓄电池正极电缆引线，(图 7-41)。

⑨ 移开电缆并将其固定，保证电缆无法在未知的情况下重新安装。

⑩ 从发电机蓄电池分离控制模块引线上断开车身线束电气连接器。

⑪ 拆卸发电机蓄电池托架螺母，如图 7-59 所示。

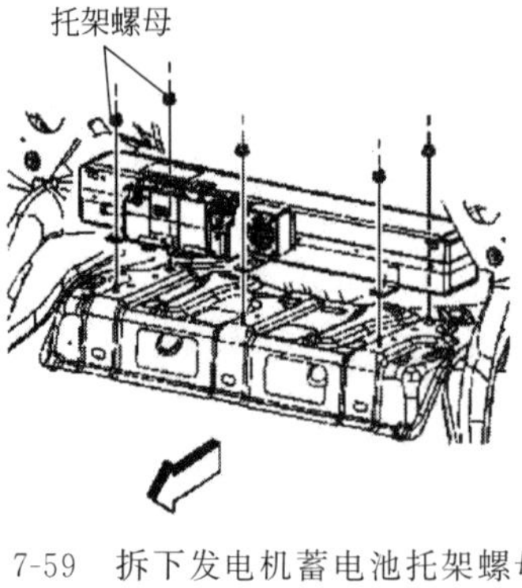


图 7-59 拆下发电机蓄电池托架螺母

⑫ 在助手的帮助下，举起发电机蓄电池托架使其脱离接线柱，同时向着车辆的后部旋转托架并将其定位。

⑬ 在助手的帮助下，通过行李厢的开口拆卸发动机蓄电池托架。

(2) 安装

① 在助手的帮助下，通过行李厢开口安装发电机蓄电池托架，向着车辆的前部旋转托架并将其定位。

② 在助手的帮助下，将发电机蓄电池托架举

至接线柱。

③ 安装发电机蓄电池托架螺母（图 7-59），将螺母紧固到 25N·m(18lbf·ft)。

④ 将车身线束电气连接器安装在发电机蓄电池分离控制模块引线上。

⑤ 安装 36V 蓄电池正极电缆引线（图 7-41）。

⑥ 安装 36V 蓄电池正极电缆引线螺母（图 7-41）。将螺母紧固到 9N·m(80lbf·in)。

⑦ 安装一个新的 36V 蓄电池正极电缆引线螺母 2。开始用手拧紧螺母，并将力矩调到规定规格（图 7-41）。将螺母紧固到 15N·m(11lbf·ft)。

⑧ 将 36V 蓄电池正极电缆固定件定位到风扇盖。

⑨ 安装 36V 蓄电池正极电缆紧固件螺栓。将螺栓紧固到 8N·m(71lbf·in)。

⑩ 将发电机蓄电池熔丝安装在发电机蓄电池分离模块负极接线柱（图 7-40）。

特别提示

将塑料螺母定位至蓄电池负极电缆，并保证在将负极电缆安装至发电机蓄电池之前螺纹接头插入端子内，否则可能损伤螺母。

⑪ 将塑料螺母定位至 36V 蓄电池负极电缆引线，保证塑料螺母的螺纹接头穿过端子内的孔（图 7-39）。

⑫ 将 36V 蓄电池负极电缆引线及螺母安装至发电机蓄电池分离控制模块负极接线柱（图 7-39）。将螺母紧固到 10.7N·m（95lbf·in）。

⑬ 连接混合动力蓄电池。

#### 7.3.2.6 更换发电机蓄电池温度传感器

（1）拆卸

① 拆卸发电机蓄电池。

② 将发电机蓄电池温度传感器从蓄电池上拆下。

（2）安装

① 将发电机蓄电池温度传感器安装到蓄电池上。

② 安装发电机蓄电池。

#### 7.3.2.7 更换发电机蓄电池温度传感器线束

（1）拆卸

① 拆卸发电机蓄电池。

② 拆卸 2 个发电机蓄电池通风风扇盖螺栓（图 7-43）。

③ 拆卸 12 个发电机蓄电池盖螺栓（图 7-43）。

④ 拆卸发电机蓄电池盖（图 7-44）。

特别提示

拆卸相互连接的电缆会使发电机蓄电池控制模块内部失去 36V 电压。

⑤ 拆卸发电机蓄电池端子盖。

⑥ 拆卸发电机蓄电池电缆螺母。

⑦ 从蓄电池上拆下发电机蓄电池电缆引线 1、2 和 3（图 7-45）。

⑧ 从蓄电池上拆下位于蓄电池电缆引线下的 2 个小号温度传感器线束端子引线。

⑨ 从发电机控制模块上拆下发电机蓄电池温度传感器线束电气连接器（图 7-47）。

⑩ 从蓄电池温度传感器上拆下发电机蓄电池温度传感器线束电气连接器，如图 7-60 所示。

⑪ 拆卸发电机蓄电池端子盖和固定发电机蓄电池电缆引线的螺母，如图 7-60 所示。

⑫ 从蓄电池上拆下发电机蓄电池电缆引线，如图 7-60 所示。

⑬ 从蓄电池上拆下位于蓄电池电缆引线下的 2 个小号温度传感器线束端子引线，如图 7-60 所示。

⑭ 切断将蓄电池电缆固定至发电机蓄电池温度传感器线束的扎带。

⑮ 松开线束固定件。

⑯ 从发电机蓄电池总成上拆下发电机蓄电池温度传感器线束，如图 7-61 所示。

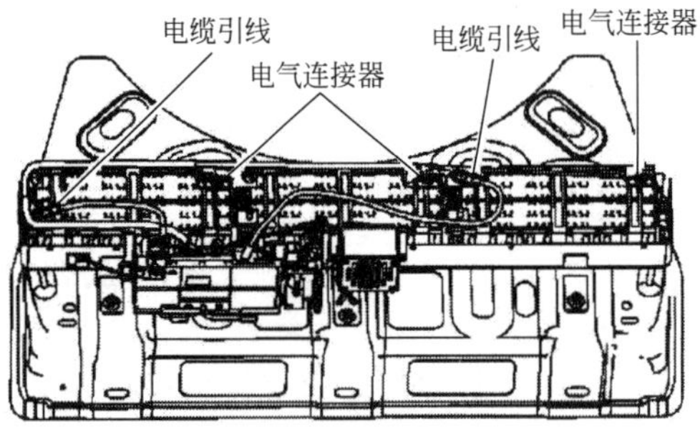


图 7-60 断开温度传感器线束电气连接器

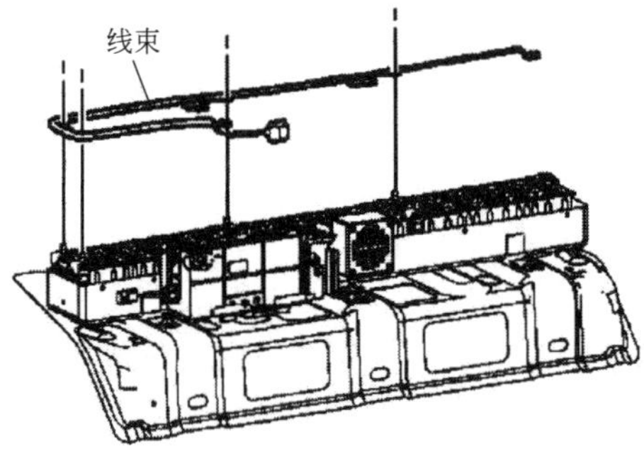


图 7-61 拆下发电机蓄电池温度传感器线束

(2) 安装

① 将发电机蓄电池温度传感器线束安装到发电机蓄电池总成上（图 7-61）。

② 夹紧线束固定件。

③ 将 2 个小号温度传感器线束端子引线安装在蓄电池上。

④ 将发电机蓄电池电缆引线安装在蓄电池上（图 7-60）。

⑤ 安装发电机蓄电池电缆引线螺母和端子盖。将螺母紧固到 8N · m(71lbf · in)。

⑥ 将发电机蓄电池温度传感器线束电气连接器连接到蓄电池温度传感器上（图 7-60）。

⑦ 安装新的扎带用来将蓄电池电缆固定到发电机蓄电池温度传感器线束上。

⑧ 将发电机蓄电池温度传感器线束电气连接器连接到发电机控制模块上（图 7-47）。

⑨ 将 2 个小号温度传感器线束端子引线安装到蓄电池上。

⑩ 将发电机蓄电池电缆引线 1、2 和 3 安装到蓄电池上（图 7-45）。

⑪ 安装发电机蓄电池电缆螺母。将螺母紧固到 8N · m(71lbf · in)。

⑫ 安装发电机蓄电池端子盖。

⑬ 安装发电机蓄电池盖（图 7-44）。

⑭ 安装 12 个发电机蓄电池盖螺栓（图 7-43）。将螺栓紧固到 8N · m(71lbf · in)。

⑮ 安装 2 个发电机蓄电池通风风扇盖螺栓（图 7-43）。将螺栓紧固到 8N · m(71lbf · in)。

⑯ 连接发电机蓄电池。

## 7.4 别克君越混合动力冷却系统

### 7.4.1 混合动力冷却系统结构原理

(1) 混合动力冷却系统组成　如图 7-62 所示。发电机控制模块冷却液泵是一个可维修部件，并通过单独的、可维修的软管连接在车辆冷却系统和模块冷却盘上。此泵增强了发动机驱动的水泵流量，以保证有足够的冷却液流至冷却盘。

SGCM 辅助冷却泵安装在发动机机体上，由 SGCM 进行驱动，确保发动机停机时

SGCM 仍然能够进行冷却，水管在 SGCM 上连接的管路上面是进水口，下面是出水口，如图 7-63 所示。

三相电缆安装在 SGCM 的顶部，是同轴屏蔽电缆，蓝色表示电缆内部是中间过渡电压，电缆包括内部导线及外层接地屏蔽。

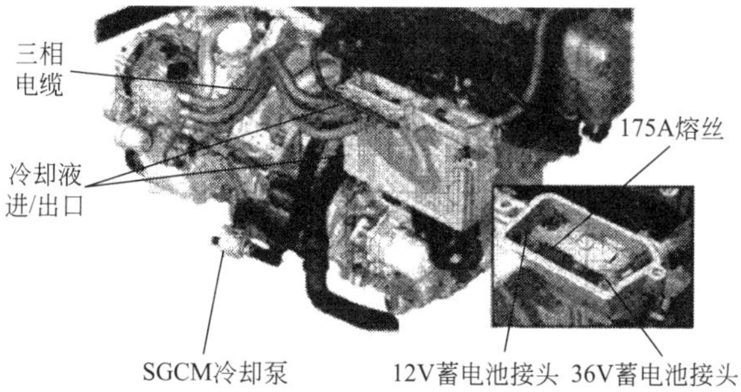

图 7-62 混合动力冷却系统组成

图 7-63 SGCM 辅助冷却泵

（2）系统电路控制 混合动力冷却系统布线图如图 7-64、图 7-65 所示。混合动力冷却系统接头端如图 7-66 所示。

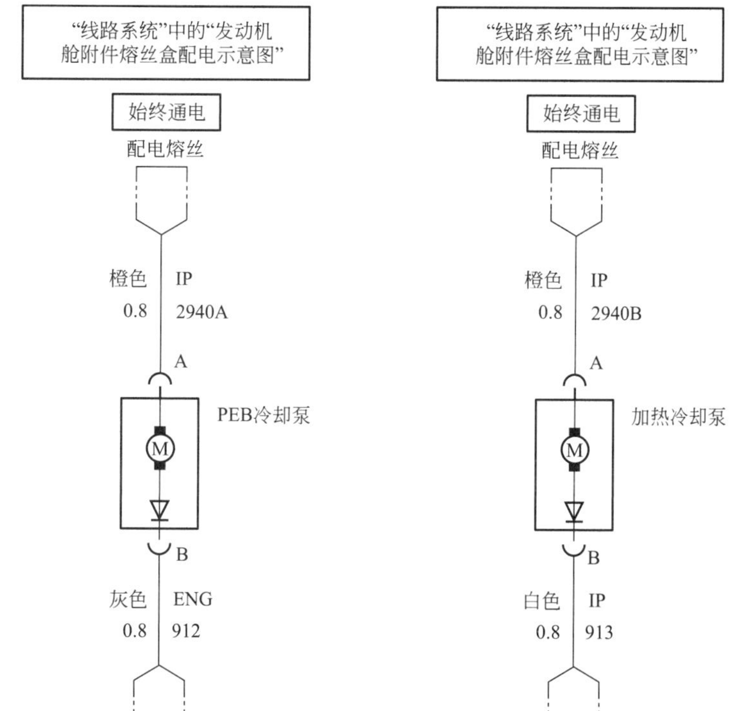

图 7-64 混合动力冷却系统布线图（一）

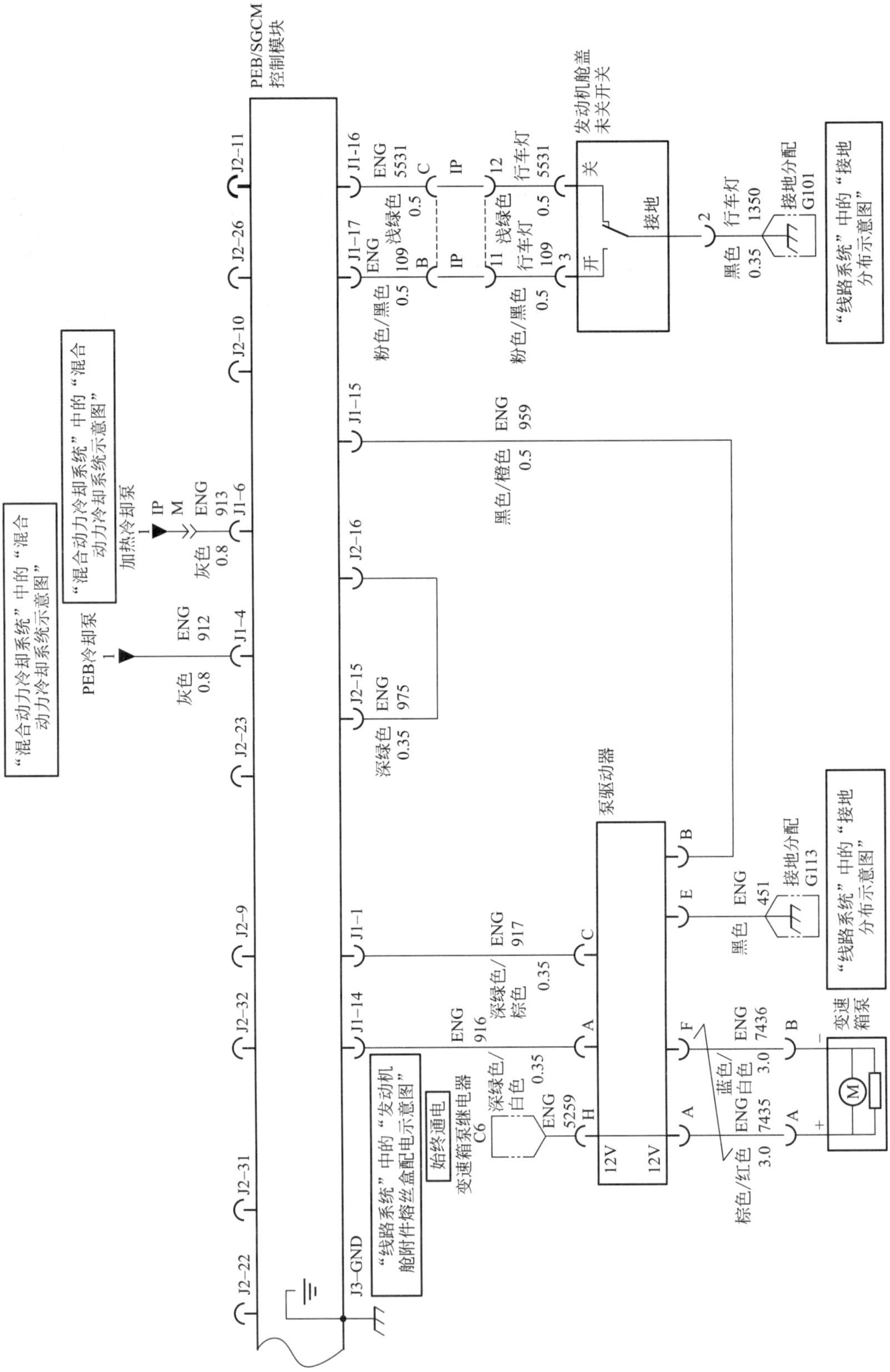


图 7-65 混合动力冷却系统布线图(二)

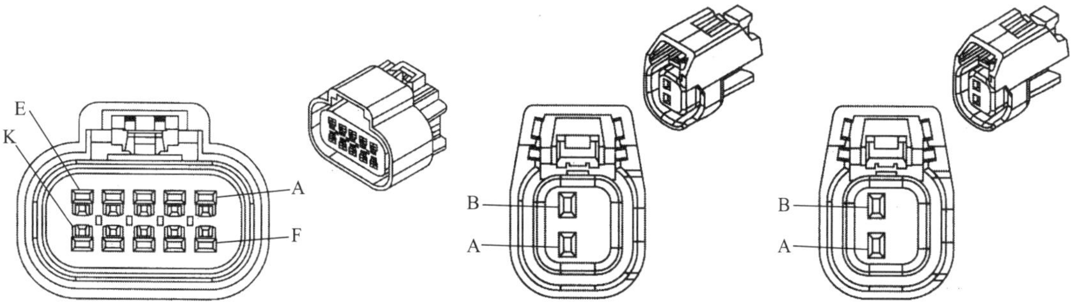


(a) 泵驱动器 (b) 加热冷却泵 (c) PEB冷却泵

图 7-66 混合动力冷却系统接头端

## 7.4.2 混合动力冷却系统维修

(1) 更换电动机/发电机控制模块冷却液进口管

① 拆卸。

a. 排空冷却系统。

b. 降下车辆。

c. 使用 J38185 扩开散热器处的散热器进口软管卡箍。

d. 从散热器上拆下散热器进口软管，如图 7-67 所示。

e. 使用 J38185 扩开发动机处的散热器进口软管卡箍。

f. 从发动机上拆下散热器进口软管，如图 7-68 所示。

② 安装。

a. 将散热器进口软管安装到散热器上（图 7-67）。

b. 使用 J38185 卡紧散热器进口软管卡箍，以固定软管。

c. 将散热器进口软管安装到发动机上（图 7-68）。

d. 使用 J38185 卡紧散热器进口软管卡箍，以固定软管。

e. 加注冷却液。

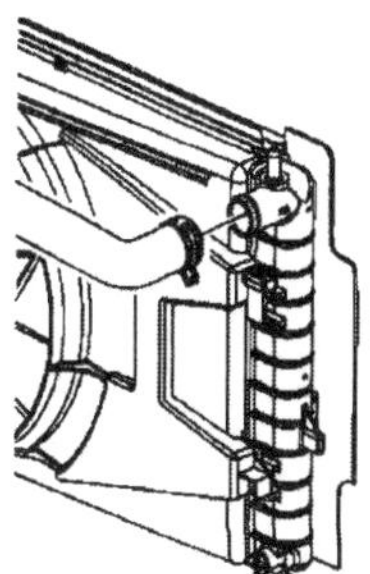

图 7-67 从散热器上拆卸散热器进口软管

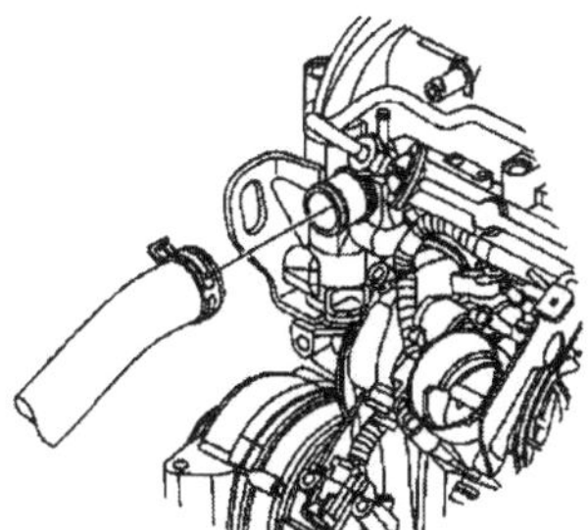

图 7-68 从发动机上拆卸散热器进口软管

(2) 更换电动机/发电机控制模块冷却液出口管

① 拆卸。

a. 排空冷却系统。

b. 降下车辆。

c. 使用 J38185 拆下电动机/发电机控制模块冷却液出口管控制模块端接头处的软管卡箍。

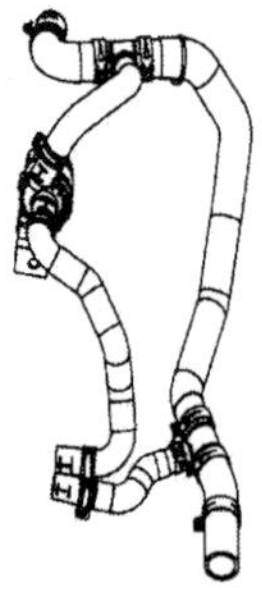

图 7-69　拆卸电动机/发电控制模块冷却液出口管

d. 使用 J38185 拆下电动机/发电机控制模块冷却液出口管辅助冷却泵端接头处的软管卡箍。

e. 拆下电动机/发电机控制模块冷却液出口管，如图 7-69 所示。

② 安装。

a. 将电动机/发电机控制模块冷却液出口管一端安装在电动机/发电机控制模块端冷却管路接头上（图 7-69）。

b. 使用 J38185 卡紧电动机/发电机控制模块端软管接头处的软管卡箍，以固定软管。

c. 将电动机/发电机控制模块冷却液出口管另一端安装在电动机/发电机控制模块辅助冷却泵接头上。

d. 使用 J38185 卡紧电动机/发电机控制模块辅助冷却泵端软管卡箍，以固定软管。

e. 加注冷却液。

(3) 更换电动机/发电机控制模块辅助冷却泵

① 拆卸。

a. 排空冷却系统。

b. 使用 J38185 拆下电动机/发电机控制模块冷却液出口管辅助冷却泵端接头处的软管卡箍，并断开管路。

c. 使用 J38185 拆下辅助冷却泵出水端的软管卡箍，并断开管路。

d. 断开辅助冷却泵的电气连接器。

e. 拆下辅助冷却泵固定螺钉。

f. 拆卸辅助冷却泵。

② 安装。

a. 安装辅助冷却泵。

b. 安装辅助冷却泵固定螺钉。将螺钉紧固到 14N · m（10lbf · ft）

c. 连接辅助冷却泵的电气连接器。

d. 安装发电机控制模块冷却液出口管到辅助冷却泵上并卡紧卡箍。

e. 安装辅助冷却泵出水端软管并卡紧卡箍。

f. 加注冷却液。

# 第 8 章 混合动力汽车故障维修案例

## 8.1 丰田普锐斯无法起步

（1）故障现象　一辆丰田普锐斯事故车（车型为 NHW20L-AHEEBC），经过修理后无法起步，复式显示屏上显示 P 挡锁止装置情况异常，而且 P 挡指示灯缓慢闪烁，如图 8-1 所示。

（2）故障诊断及排除

① 车辆自检。经检查，按下“POWER”键，车辆自检后，复式显示屏指示 P 挡锁止装置情况异常（图 8-2）。

② 踩下制动踏板后再自检。踩下制动踏板，再次按下“POWER”键，复式显示屏左上角位置指示有系统故障发生（图 8-3），同时组合仪表上的“READY”指示灯不亮，即车辆不能起步。

图 8-1　P 挡指示灯

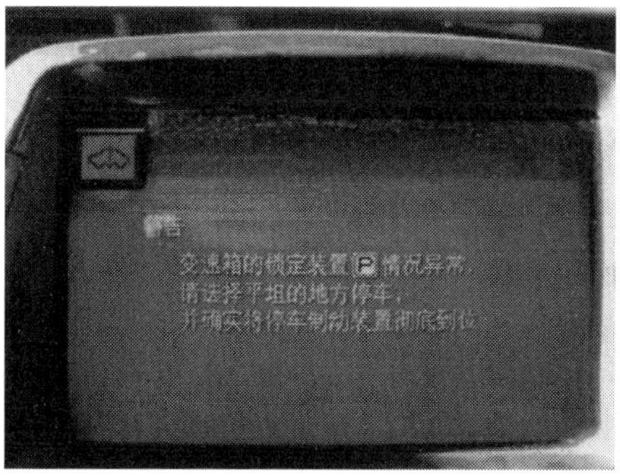

图 8-2　变速器异常提示

图 8-3　无法起步时显示

③ 使用智能测试仪 Ⅱ 检测。连接智能测试仪 Ⅱ，检查混合动力控制系统，得到的故障代码为 P3102，表示变速器控制单元故障。

检查变速器控制系统，得到的故障代码为 C2300 和 C2318。

查阅维修手册，故障代码 C2318 是接通点火开关，变速器控制单元检测到 IG（+B）电压在 1s 或更长时间内小于 9.3V，同时，给出 4 个可能的故障原因，分别为 HEV 熔丝故障、IGCT 继电器故障、线束或连接器故障以及备用蓄电池故障。

读取故障发生时的数据流（图 8-4、图 8-5），IG（+B）电压为 5.5V 和 6.64V（正常值为 9～14V，这表明变速器控制单元端子+B 的电压过低）。

检查发现 HEV 熔丝没有安装到位。

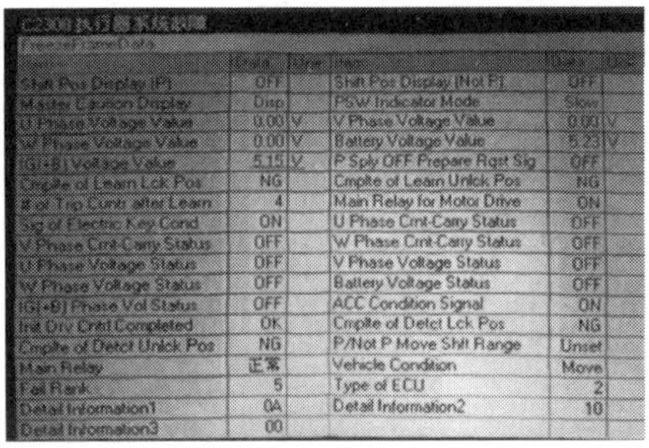

FreezeFrameData

| Item | Data | Unit | Item | Data | Unit |
|---|---|---|---|---|---|
| Shift Pos Display (P) | OFF | | Shift Pos Display (Not P) | OFF | |
| Master Caution Display | Disp | | PSW Indicator Mode | Slow | |
| U Phase Voltage Value | 0.00 | V | V Phase Voltage Value | 0.00 | V |
| W Phase Voltage Value | 0.00 | V | Battery Voltage Value | 5.23 | V |
| IG(+B) Voltage Value | 5.15 | V | P Sply OFF Prepare Rqst Sig | OFF | |
| Cmplte of Learn Lck Pos | NG | | Cmplte of Learn Unlck Pos | NG | |
| # of Trip Cuntr after Learn | 4 | | Main Relay for Motor Drive | ON | |
| Sig of Electric Key Cond | ON | | U Phase Crnt-Carry Status | OFF | |
| V Phase Crnt-Carry Status | OFF | | W Phase Crnt-Carry Status | OFF | |
| U Phase Voltage Status | OFF | | V Phase Voltage Status | OFF | |
| W Phase Voltage Status | OFF | | Battery Voltage Status | OFF | |
| IG(+B) Phase Vol Status | OFF | | ACC Condition Signal | ON | |
| Init Drv Cntrl Completed | OK | | Cmplte of Detct Lck Pos | NG | |
| Cmplte of Detct Unlck Pos | NG | | P/Not P Move Shft Range | Unset | |
| Main Relay | 正常 | | Vehicle Condition | Move | |
| Fail Rank | 5 | | Type of ECU | 2 | |
| Detail Information1 | 0A | | Detail Information2 | 10 | |
| Detail Information3 | 00 | | | | |

图 8-4　C2300 数据流

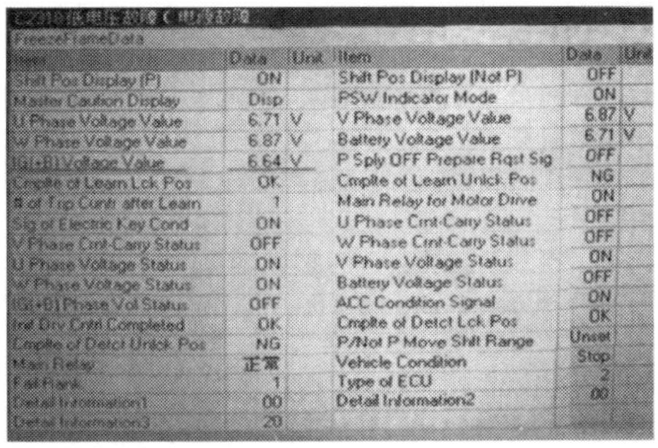

FreezeFrameData

| Item | Data | Unit | Item | Data | Unit |
|---|---|---|---|---|---|
| Shift Pos Display (P) | ON | | Shift Pos Display (Not P) | OFF | |
| Master Caution Display | Disp | | PSW Indicator Mode | ON | |
| U Phase Voltage Value | 6.71 | V | V Phase Voltage Value | 6.87 | V |
| W Phase Voltage Value | 6.87 | V | Battery Voltage Value | 6.71 | V |
| IG(+B) Voltage Value | 6.64 | V | P Sply OFF Prepare Rqst Sig | OFF | |
| Cmplte of Learn Lck Pos | OK | | Cmplte of Learn Unlck Pos | NG | |
| # of Trip Cuntr after Learn | 1 | | Main Relay for Motor Drive | ON | |
| Sig of Electric Key Cond | ON | | U Phase Crnt-Carry Status | OFF | |
| V Phase Crnt-Carry Status | OFF | | W Phase Crnt-Carry Status | OFF | |
| U Phase Voltage Status | ON | | V Phase Voltage Status | ON | |
| W Phase Voltage Status | ON | | Battery Voltage Status | OFF | |
| IG(+B) Phase Vol Status | OFF | | ACC Condition Signal | ON | |
| Init Drv Cntrl Completed | OK | | Cmplte of Detct Lck Pos | OK | |
| Cmplte of Detct Unlck Pos | NG | | P/Not P Move Shft Range | Unset | |
| Main Relay | 正常 | | Vehicle Condition | Stop | |
| Fail Rank | 1 | | Type of ECU | 2 | |
| Detail Information1 | 00 | | Detail Information2 | 00 | |
| Detail Information3 | 20 | | | | |

图 8-5　C2318 数据流

④ 故障排除。将 HEV 熔丝再次安装后试车，复式显示屏显示正常（图 8-6），组合仪表上的“READY”指示灯也正常点亮（图 8-7）。查看这时的数据流，IG（+B）电压为 13.98V，恢复到正常值。清除故障代码后试车，故障彻底排除。

图 8-6　起步正常时复式显示

图 8-7　READY 指示灯正常点亮

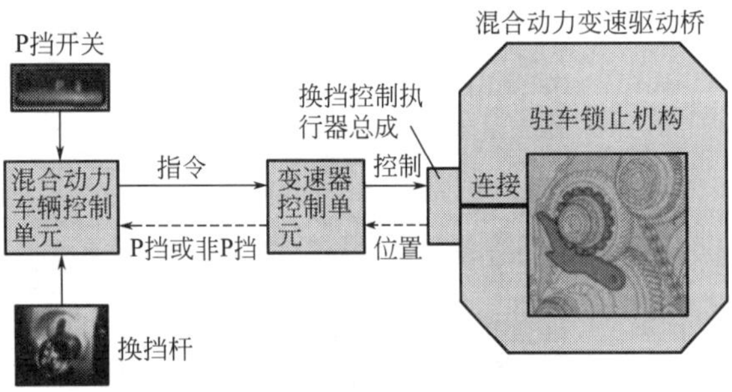


图 8-8　挡位信号的控制过程

（3）故障分析　混合动力车辆控制单元将换挡杆或 P 挡开关的 P 挡解锁信号或 P 挡锁止信号传送至变速器控制单元，由变速器控制单元激活换挡控制执行器总成，最后换挡控制执行器总成的工作状况再反馈到混合动力车辆控制单元（图 8-8）。HEV 熔丝没有安装到位，造成变速器控制单元的电源电压过低，而当变速器控制单元工作不良时，混合动力车辆控制单元就不能确认换挡控制执行器总成的工作状况，于是车辆就无法进入“READY”状态，无法起步。

## 8.2　丰田普锐斯发动机无法启动

发动机无法启动故障的 DTC 是 P0A0F1238，见表 8-1。

**表 8-1 DTC 含义**

| DTC | INF 代码 | DTC 检测条件 | 故障可能发生部位 |
|---|---|---|---|
| P0A0F1238 | 238 | 即使转动曲轴，发动机也无法启动，变速驱动桥输入故障（发动机系统） | ①发动机总成<br>②HV 变速驱动桥总成（轴或齿轮）<br>③变速器输入减振器<br>④线束或连接器<br>⑤HV 控制 ECU |

（1）电路简介　当发动机或变速驱动桥齿轮被卡住，或有异物存在时，HV 控制 ECU 就会检测到 DTC，并且启动安全保护控制程序，这部分电路如图 8-9 所示。

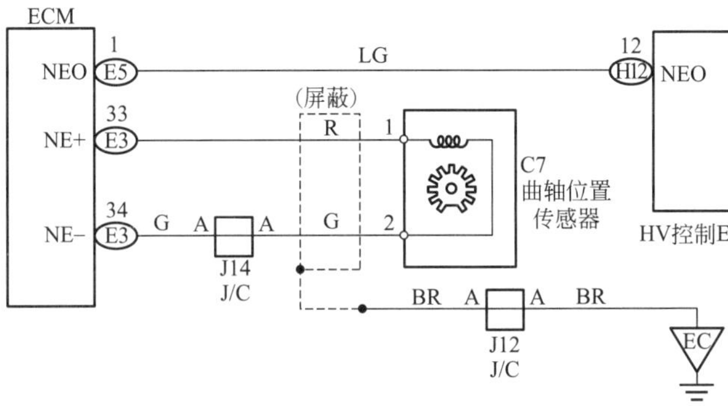


图 8-9　电路图

（2）诊断步骤

① 读取输出的 DTC。

a. 将智能测试仪Ⅱ连接到 DLC3。

b. 打开电源开关（IG 位置）。

c. 开启智能测试仪Ⅱ。

d. 进入智能测试仪Ⅱ的 Powertrain/Engine and ECT/DTC 菜单。

e. 读取 DTC。

② 检查曲轴带轮是否转动。

a. 关闭电源开关。

b. 顶起车辆。

c. 手动转动曲轴带轮检查曲轴是否转动。

曲轴转动，则进行下一步骤；如果异常，转到步骤①，正常，则进行步骤③。

③ 检查线束与连接器（ECM 曲轴位置传感器）。

a. 断开 E3 ECM 连接器，如图 8-10 所示。

b. 断开 C7 曲轴位置传感器连接器，如图 8-11 所示。

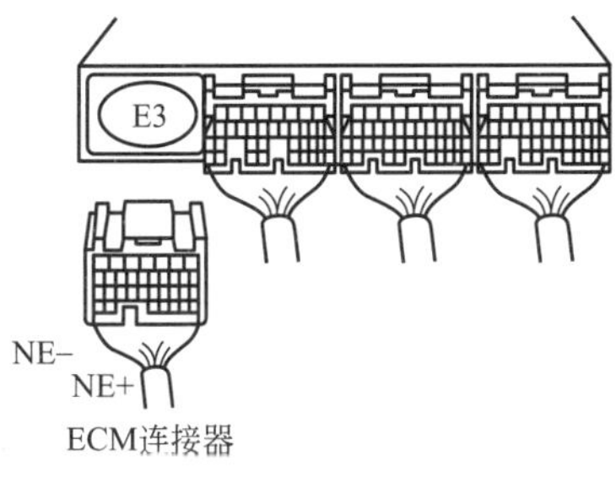


图 8-10　E3 ECM 连接器

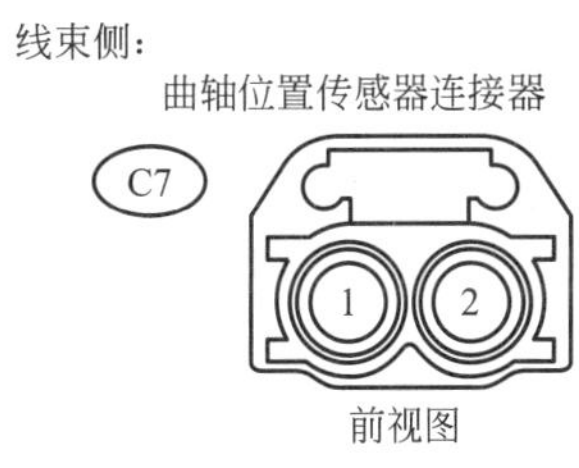


图 8-11　曲轴位置传感器连接器

c. 测量线束侧连接器的电阻。曲轴位置传感器连接器标准值见表 8-2、表 8-3。

**表 8-2　曲轴位置传感器连接器标准值**（开路检查）

| 测量端子 | 标准数值 |
| --- | --- |
| NE+(E3-33)-曲轴位置传感器(C7-1) | <1Ω |
| NE−(E3-33)-曲轴位置传感器(C7-2) | <1Ω |

**表 8-3　曲轴位置传感器连接器标准值**（短路检查）

| 测量端子 | 标准数值 |
| --- | --- |
| NE+(E3-33)或曲轴位置传感器(C7-1)-车身接地 | ≥10kΩ |
| NE−(E3-33)或曲轴位置传感器(C7-2)-车身接地 | ≥10kΩ |

d. 将曲轴位置传感器连接器重新连接。

e. 将 ECM 连接器重新连接。

如果异常，修理或更换线束或连接器。

④ 检查线束和连接器（混合动力车辆控制器 ECU-ECM）。

a. 断开 H12 HV 控制 ECU 连接器，如图 8-12 所示。

b. 断开 E5 ECM 连接器，如图 8-13 所示。

c. 测量线束侧连接器间的电阻。线束侧连接器间的电阻标准值见表 8-4、表 8-5。

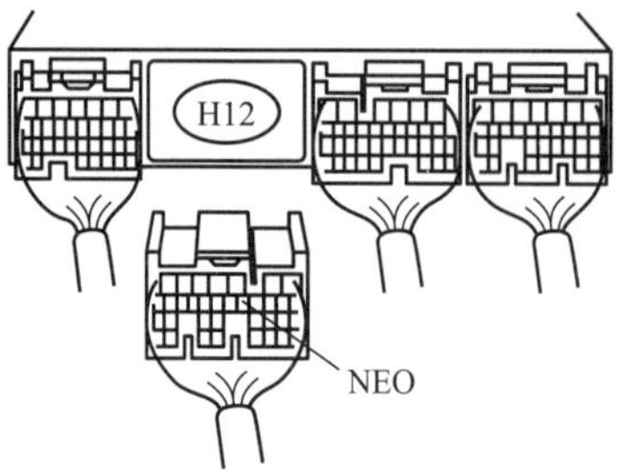

图 8-12　HV 控制 ECU 连接器

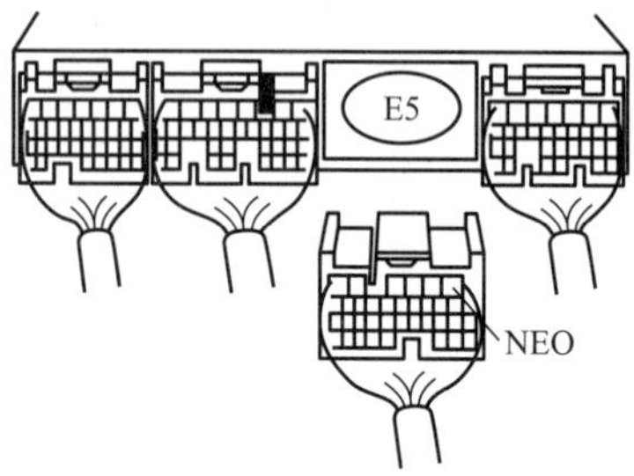

图 8-13　ECM 连接器

**表 8-4　线束侧连接器间的电阻标准值**（开路检查）

| 测量端子 | 标准数值 |
| --- | --- |
| NEO(H12-12)-NEO(E5-1) | <1Ω |

**表 8-5　线束侧连接器间的电阻标准值**（短路检查）

| 测量端子 | 标准数值 |
| --- | --- |
| NEO(H12-12)或 NEO(E5-1)-车身接地 | ≥10kΩ |

d. 将 ECM 连接器重新连接。

e. 将 HV 控制 ECU 连接器重新连接。

如果异常，则修理或更换线束或连接器。

⑤ 检查并清除 DTC（混合动力控制）。

a. 将智能测试仪Ⅱ连接到 DLC3。

b. 打开电源开关（在 IG 位置）。

c. 开启智能测试仪Ⅱ。

d. 进入智能测试仪Ⅱ的 Powertrain/Hybrid Control/DTC 菜单。

e. 检查并记录 DTC、历史数据和信息。

f. 清除混合动力控制的 DTC。

⑥ 检查 READY 灯是否亮起。

a. 将智能测试仪Ⅱ连接到 DLC3。

b. 打开电源开关（在 IG 位置）。

c. 开启智能测试仪Ⅱ。

d. 进入智能测试仪Ⅱ的 Powertrain/Hybrid Control/Data List 菜单。

e. 读取发电机（MG1）转速及发动机转速数据。

f. 打开电源开关（READY）。

正常情况下READY灯应点亮，若READY灯不亮，智能测试仪Ⅱ上的读数显示为DTC P0A90（NF239）[HV变速驱动桥输入部分出现故障（驱动桥轴损坏）]，或者MG1转动但发动机不运转，则更换混合动力车辆变速驱动桥总成。

⑦ 检查发动机转速是否增加。

a. 将智能测试仪Ⅱ连接到DLC3。

b. 打开电源开关（在IG位置）。

c. 开启智能测试仪Ⅱ。

d. 进入智能测试仪Ⅱ的Powertrain/Hybrid Control/Data List菜单。

e. 读取发电机（MG1）转速及发动机转速数据。

f. 在READY灯亮的情况下，将挡位置于“P”的同时，踩下加速踏板10s。

正常情况下发动机转速应加快。若发动机转速不增加，而且智能测试仪Ⅱ的读数显示为DTC P0A90（INF239）[HV变速驱动桥输入部分出现故障（驱动桥轴损坏）]，或者MG1转动但发动机不运转，则更换混合动力车辆变速驱动桥总成。

⑧ 检查是否缓慢转动。

a. 将智能测试仪Ⅱ连接到DLC3。

b. 打开电源开关（READY灯亮）。

c. 顶起车辆。

d. 踩下制动踏板，将换挡杆移动到“D”，然后松开制动踏板。

正常情况下车轮应转动（缓慢转动）。若车轮不转动，且智能测试仪Ⅱ的读数显示为DTC P0A90（INF602）（HV变速驱动桥输出部分出现故障），则应更换混合动力车辆变速驱动桥总成。

⑨ 检查发动机加速转速。

a. 将智能测试仪Ⅱ连接到DLC3。

b. 当以大于10km/h的速度行驶时，完全踩下加速踏板以提高发动机转速。

正常情况下发动机转速应平稳增加，若发动机超过常速或智能测试仪Ⅱ的读数显示为DTC P0A90（INF241）[HV变速驱动桥输入部分出现故障（转矩限制器发生滑动）]，则需更换变速器输入减振器总成。

⑩ 检查阻力在旋转过程中增加的原因。

检查造成发动机和变速驱动桥的阻力在转动中变大的原因。

a. 检查发动机润滑系统与变速驱动桥润滑系统。

b. 检查发动机冷却液与变速驱动桥冷却液。

c. 检查发动机本身与变速驱动桥本身是否有任何故障。

如果有故障，则修理或更换故障零件和组件。

如果无故障，进行模拟试验。若没有症状产生，则更换发动机、HV变速驱动桥和HV控制ECU。

⑪ 检查前轮是否旋转。

a. 打开电源开关（IG位置）。

b. 踩下制动踏板，将换挡杆移动到“N”。

c. 顶起车辆。

d. 手动转动曲轴带轮检查前轮是否旋转。

正常情况下前轮应旋转。

如果异常，则修理或更换混合动力车辆变速驱动桥总成。

如果正常，则修理或更换发动机总成。

## 8.3　丰田普锐斯发动机不能正常熄火

（1）故障现象　一辆丰田普锐斯轿车，搭载混合动力系统，行驶里程为 60000km。用户反映该车在低速行驶时，发动机一直运转，无法以纯电动方式行驶。

（2）故障诊断　试车，启动发动机，低速行驶了几分钟后，发动机自行熄火，车辆进入纯电动方式驱动。试车发现车辆暂时行驶正常，反映的故障可能为偶发性故障。

停车检查。充分试车后，发生故障。于是停车，让发动机怠速运转。观察发现车辆在各种用电设备都关闭的情况下，发动机怠速运转近 1h，仍无法自动熄火。而在正常情况下，发动机早已熄火。观察仪表板右侧的电量指示，发现动力电池的电量不但没有上升，反而有缓慢下降的趋势。发动机自动停机的条件之一就是动力电池的电量要充足，而现在电池的电量不足，发动机自然无法熄火。检测动力管理控制单元、电源管理控制单元和发动机控制单元，都未发现任何故障代码。

反复试车，慢慢掌握了故障的规律。当故障出现时，动力电池的电量停止增加。在这种情况下，将发动机熄火后再启动，故障通常会自行消失。故障消失后，在发动机怠速运转时，可以看到动力电池的电量在不断上升。约 10min 后电量充满，发动机自动熄火。为了进一步分析故障，分别将故障状态与正常状态下动力管理控制单元的数据进行采集并保留。

比较故障状态和正常状态下的数据，如图 8-14 所示。故障状态下，1 号电机的输出转矩是 0N · m，而正常状态为 −8N · m。根据动力系统的转矩特性曲线（图 8-15），当 1 号电机的输出转矩是负值时，表示电机正在由发动机带动而发电。故障发生时，1 号电机的输出转矩为 0N · m，表明 1 号电机处于空载状态，并没有发电。从动力电池的充电状态上看，发生故障时，发动机怠速运转近 1h，电量仍保持在约 50%。而车辆恢复正常后，发动机怠速运转化 1.5min，动力电池的电量已经上升了约 5%。从动力电池的电流输出看，故障时，

图 8-14　动力管理的数据对比

电流为正值，表示电池正在输出电能，而且电流值约等于发动机燃油泵的工作电流，说明发动机要靠消耗动力电池的电量来保持自身的运转。正常状态下，动力电池的输出电流为−10A，表示其正处于充电状态。再看发动机怠速负荷率，故障时比正常时约低22%，表示故障状态下发动机的确是没有带动1号电机发电。

通过上述数据分析，问题已经清楚。之所以发动机不能正常熄火，是因为动力电池没有充电。查看电源管理系统的电路图（图8-16），可以看到，电流传感器能够检测到动力电池的输出电流，表明电池与用电系统是接通的。问题应该出在动力电池和电机的连接上。

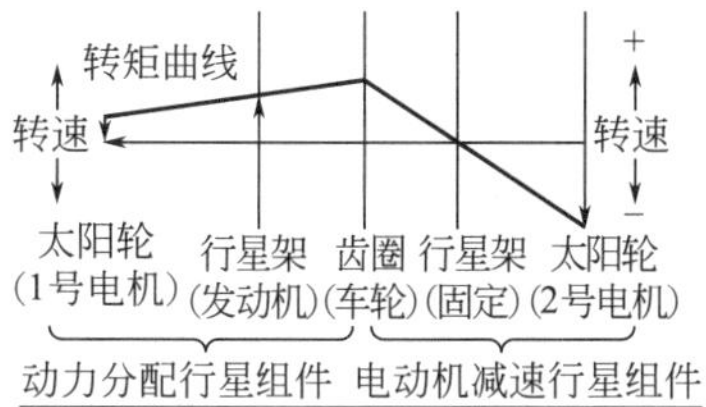


| 项目 | | 电机工况 | |
|---|---|---|---|
| | | 1号电机 | 2号电机 |
| 转矩 | + | 放电 | 充电 |
| | − | 充电 | 放电 |

图8-15　动力系统转矩特性曲线

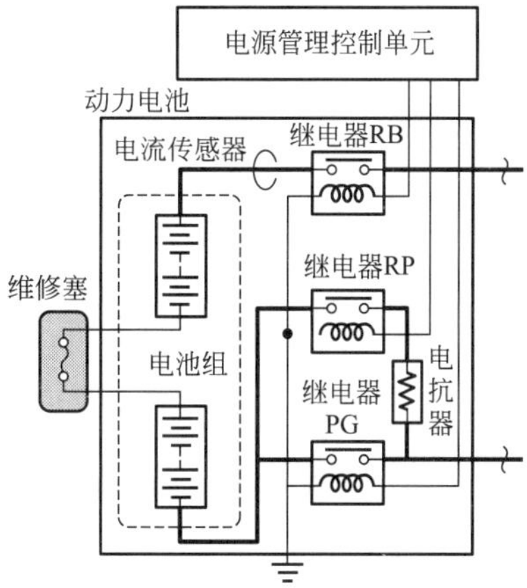


图8-16　电源管理系统的电路图

查阅变频器总成的电路图，如图8-17所示。在发动机怠速运转时，1号电机作为发电机为动力电池充电。1号电机的输出电流通过整流器变成直流后，必须经过升压转换器中的场效应管方可到达动力电池。现在充电电流为0A，这包括两种可能性：一是电机或整流器有故障；二是场效应管未导通。电机及整流器均是三相结构，三套系统同时失效的可能性不大，所以问题指向场效应管。

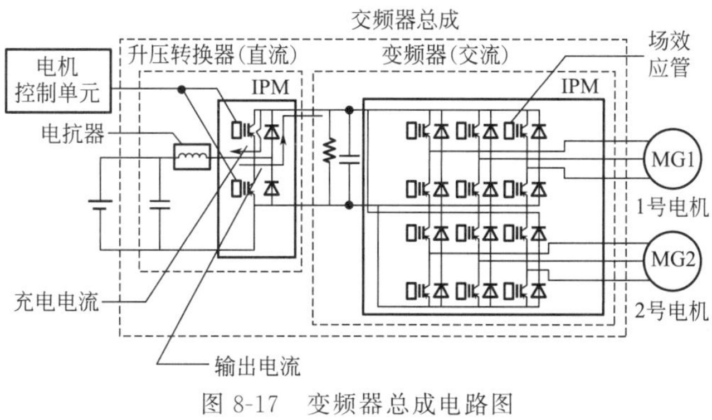


图8-17　变频器总成电路图

场效应管是受变频器总成内部的电机控制单元控制的，动力管理控制单元通过本地互联网数据总线向电机控制单元发送控制指令，电机控制单元根据指令来控制场效应管的导通。那么，现在首先要确定的就是控制指令是否实际送到了电机控制单元，如图8-18所示。依照偶发故障的排除经验，维修人员立刻想到线路接触不良的问题。于是，当故障发生时，在观察数据流的同时，晃动变频器总成的控制线束，很快发现动力电池的输出电流由正变负，表示充电恢复了。而晃动线束的部位正好靠近插接器（图8-19），表明故障点就在控制线束的插接器内部。

（3）故障排除　用工具缩紧插接器中的所有插孔，安装插接器反复试车，确认故障彻底排除。

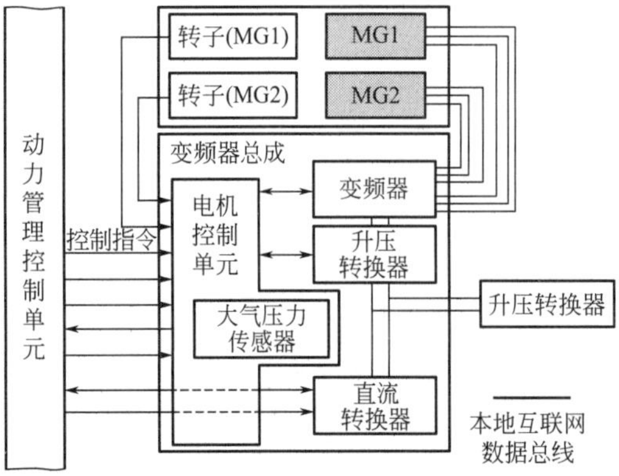


图 8-18　控制指令的传递路径

图 8-19　故障点位置

## 8.4　丰田普锐斯驱动电动机变频器电压过低

驱动电动机变频器电压过低故障的 DTC 是 P0A78，其含义见表 8-6。

**表 8-6　驱动电动机变频器电压过低故障 DTC 的含义**

| DTC 码 | INF 代码 | DTC 检测条件 | 故障可能发生部位 |
|---|---|---|---|
| P0A78 | 266 | 变频器电压（VH）传感器电路开路或 GND 短路 | ①线束或连接器<br>②带转换器的变频器总成<br>③HV 控制 ECU |
| P0A78 | 267 | 变频器电压（VH）传感器电路＋B 短路 | ①线束或连接器<br>②带转换器的变频器总成<br>③HV 控制 ECU |

（1）电路简介　变频器内有一个三相桥电路，如图 8-20 所示，它由功率晶体管构成，用来转换直流电和三相交流电。晶体管的导通是由 HV 控制 ECU 控制的。

在变频器中内置有电压传感器，HV 控制 ECU 采用电压传感器来检测升压后的高压并进行升压控制。

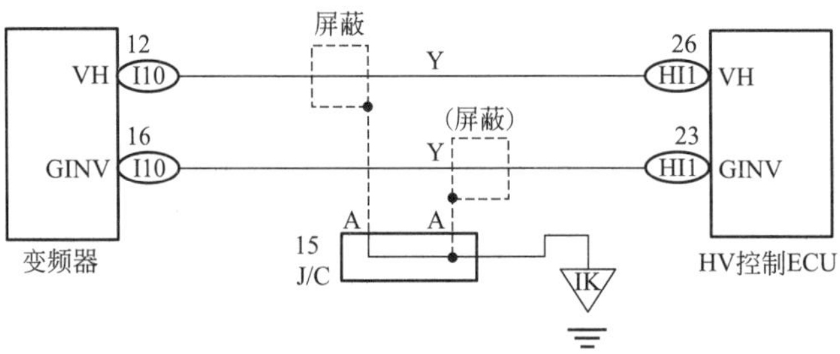


图 8-20　电路图

按照高压的不同，变频器电压传感器会输出一个 0～5V 的电压值。高压越高，输出电压越高；高压越低，输出电压越低，如图 8-21 所示。HV 控制 ECU 监控变频器电压并检测故障。

（2）诊断步骤　在检查高压系统之前，需采取安全措施以免发生触电事故，如戴上绝缘手套来拆卸检修塞。拆下检修塞后，需要将其妥善保存，以免在修理高压系统时，其他的维修人员将其重新连接。

断开检修塞后，5min 内不得接触任何高压连接器或端子，因为变频器内的高压电容器需要 5min 方可完成放电。

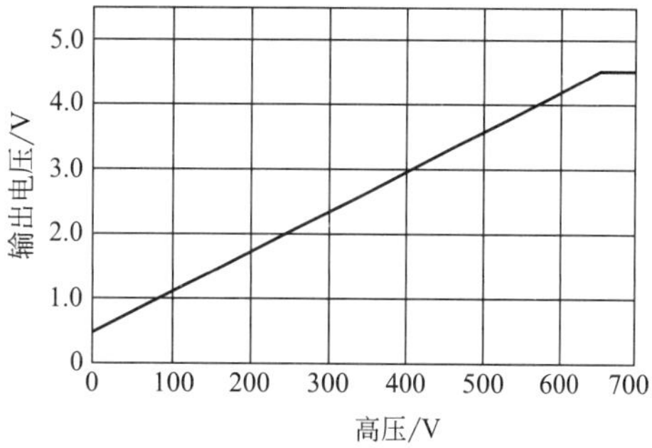


图 8-21　变频器电压传感器输出电压

① 读取输出的 DTC（混合动力控制）。

a. 将智能测试仪Ⅱ连接到 DLC3。

b. 打开电源开关（在 IG 位置）。

c. 开启智能测试仪Ⅱ。

d. 进入智能测试仪Ⅱ的 Powertrain/Hybrid Control/DTC 菜单。

e. 读取 DTC。

如果输出 DTC，转到相关的 DTC 表。

如果无 DTC 输出，则转到步骤②。

② 读取智能测试仪Ⅱ的数据（升压后 VH 电压）

a. 将智能测试仪Ⅱ连接到 LDC3。

b. 打开电源开关（IG 位置）。

c. 开启智能测试仪Ⅱ。

d. 进入智能测试仪Ⅱ的 Powertrain/Hybrid Control/Data List 菜单。

e. 智能测试仪Ⅱ显示出升压数据后读取 VH 电压，见表 8-7。

**表 8-7　智能测试仪Ⅱ显示结果**

| 电压显示 | 转到 |
|---|---|
| 765V | 步骤③ |
| 0V | 步骤⑤ |
| 1～764V | 检查间歇性故障 |

若智能测试仪Ⅱ显示 765V，则表示＋B 电路存在短路现象。

若智能测试仪Ⅱ显示 0V，则表示存在电路开路或 GND 短路现象。

③ 读取智能测试仪Ⅱ的数据（检查线束是否＋B 短路）。进行下列操作前戴上绝缘手套。

a. 关闭电源开关。

b. 拆卸检修塞。拆下检修塞后，打开电源开关（READY 灯亮）可能导致故障，所以此时一定不要打开电源开关。

c. 拆下变频器盖。

d. 断开 I10 变频器连接器，如图 8-22 所示。

e. 打开电源开关（IG 位置）。

特别提示

拆下检修塞和变频器盖后，若打开电源开关（IG 位置），则将输出互锁开关系统的 DTC。

f. 进入智能测试仪Ⅱ的 Powertrain/Hybrid Control/Data List 菜单。

g. 智能测试仪Ⅱ显示出数据后读取 VH 电压，如图 8-23 所示。

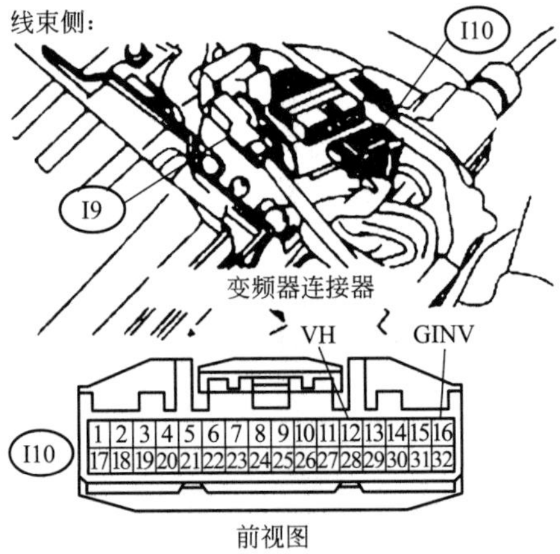


图 8-22　变频器连接器

标准值：0V。

h. 关闭电源开关。

i. 将变频器连接器重新连接。

j. 将变频器盖重新安装。

k. 将检修塞重新安装。

如果异常，进行步骤④。

如果正常，修理或更换带转换器的变频器总成。

④. 读取智能测试仪Ⅱ的数据（测量混合动力车辆控制 ECU 是否+B 短路）。

a. 断开 HV 控制 ECU 连接器的 HI1 端子，如图 8-24 所示。

b. 打开电源开关（IG 位置）。

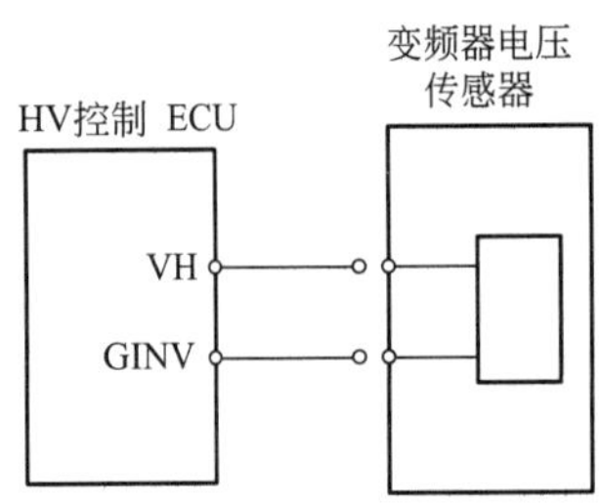


图 8-23　变频器电压传感器电路

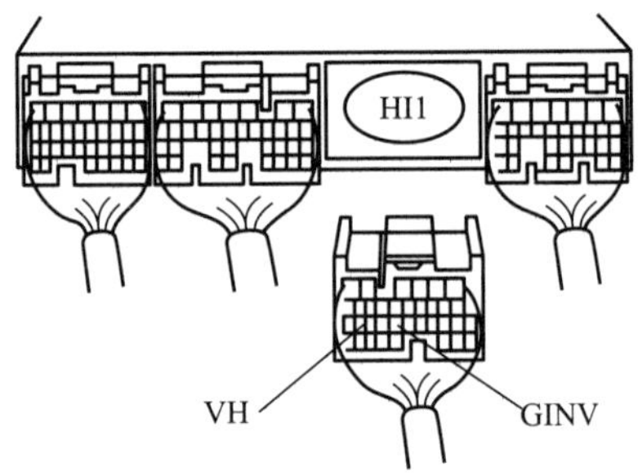


图 8-24　HV 控制 ECU 连接器

**特别提示**

拆下检修塞和变频器盖后，若打开电源开关，系统会输出互锁开关系统的 DTC。

c. 进入智能测试仪Ⅱ的 Powertrain/Hybrid Control/Data List 的菜单。

d. 智能测试仪Ⅱ显示出数据后读取 VH 电压。

标准值：0V。

e. 重新连接 HV 控制 ECU 连接器。

如果异常，更换混合动力车辆控制 ECU。

如果正常，修理或更换线束或连接器。

⑤ 检查线束和连接器（HV 控制 ECU 变频器）。进行以下操作前戴上绝缘手套。

a. 关闭电源开关。

b. 拆卸检修塞。拆下检修塞后，打开电源开关（READY 灯亮）可能会导致故障，所以此时一定不要打开电源开关。

c. 拆卸变频器盖。

d. 断开 HI1 HV 控制 ECU 连接器，如图 8-24 所示。

e. 断开 I10 变频器连接器，如图 8-22 所示。

f. 测量线束侧连接器间的电阻，连接器间的电阻标准值见表 8-8、表 8-9。

**表 8-8 连接器间的电阻标准值**（开路检查）

| 测试端子 | 标准数值 |
|---|---|
| VH(HI1-26)-VH(I10-12) | <1Ω |
| GINV(HI1-23)-GINV(I10-16) | <1Ω |

**表 8-9 连接器间的电阻标准值**（短路检查）

| 测试端子 | 标准数值 |
|---|---|
| VH(HI1-26)或 VH(I10-12)-车身接地 | ≥10kΩ |
| GINV(HI1-23)或 GINV(I10-16)-车身接地 | ≥10kΩ |

g. 连接变频器连接器。

h. 连接 HV 控制 ECU 连接器。

i. 重新安装变频器盖。

j. 重新安装检修塞。

如果异常，则修理或更换线束或连接器。

⑥ 检查混合动力车辆 ECU（VH 电压）。

a. 打开电源开关（READY 灯亮）。拆卸检修塞和变频器盖后，若打开电源开关（IG 位置），则将输出互锁开关系统的 DTC。

b. 测量 HI1 HV 控制 ECU 连接器端子间的电压，见表 8-10。

**表 8-10 HI1 HV 控制 ECU 连接器端子间的电压**

| 测试端子 | 标准数值 |
|---|---|
| VH(HI1-26)-GINV(HI1-23) | 1.6～3.8V |

如果异常，则更换带转换器的变频器总成。

如果正常，则更换混合动力车辆控制 ECU。

## 8.5 丰田普锐斯驱动电动机无法运转

驱动电动机无法运转的 DTC 是 P0A90，其含义见表 8-11。

**表 8-11 驱动电动机无法运转的 DTC 含义**

| DTC | INF 代码 | DTC 检测条件 | 故障可能发生部位 |
|---|---|---|---|
| P0A90 | 239 | HV 变速驱动桥输入故障（损坏） | ①发动机总成<br>②HV 变速驱动桥总成(轴或齿轮)<br>③变速器输入减振器<br>④线束或连接器<br>⑤HV 控制 ECU |
|  | 241 | HV 变速驱动桥输入故障（转矩限制器滑动） | ①发动机总成<br>②HV 变速驱动桥总成(轴或齿轮)<br>③变速器输入减振器<br>④线束或连接器<br>⑤HV 控制 ECU |

续表

| DTC | INF 代码 | DTC 检测条件 | 故障可能发生部位 |
|---|---|---|---|
| P0A90 | 602 | HV 变速驱动桥输出故障 | ①发动机总成<br>②HV 变速驱动桥总成(轴或齿轮)<br>③变速器输入减振器<br>④线束或连接器<br>⑤HV 控制 ECU |

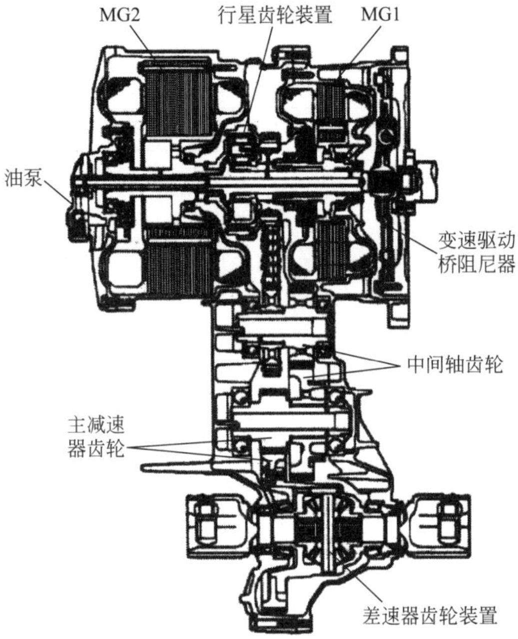


图 8-25　变速驱动桥总成

（1）电路简介　变速驱动桥总成由行星齿轮装置、MG1 及 MG2 组成，如图 8-25 所示。车辆给 HV 蓄电池充电时，齿轮装置会依据驱动请求使用行星齿轮来切断发动机输出。车辆驱动时，MG2 给发动机输出提供帮助。此外，MG2 通过把能量（正常制动时）消耗的热转换成电能，并将之充到 HV 蓄电池来影响再生制动。通过再生制动与减速车辆，MG2 产生高压电，高压电用来给 HV 蓄电池充电。

MG1 发的电用于给 HV 蓄电池充电或驱动 MG2。它还包括无级变速功能，可通过调节发电量来控制驱动桥，这在极大程度上影响 MG1 的速度。此外，MG1 作为起动机/电动机来启动发动机，输入减振器吸收伴随着发动机驱动力传输的振动。

（2）诊断步骤

① 读取输出的 DTC（发动机）。

a. 将智能测试仪Ⅱ连接到 DTC。

b. 打开电源开关（在 IG 位置）。

c. 开启智能测试仪Ⅱ。

d. 进入智能测试仪Ⅱ的 Powertrain/Engine and ECT/DTC 菜单。

e. 读取 DTC。

如果输出 DTC，转到相关的 DTC 表。

如果无 DTC 输出，转入步骤②。

② 检查曲轴带轮旋转。

a. 关闭电源开关。

b. 顶起车辆。

c. 用手转动曲轴带轮，检查曲轴是否转动。

正常：曲轴转动。

异常：进行步骤⑩。

③ 检查线束和连接器（ECM 曲轴位置传感器）。

a. 断开 E3 ECM 连接器。

b. 拆卸 C7 曲轴位置传感器连接器。

c. 测量线束侧连接器间的电阻。连接器间的电阻标准值见表 8-12、表 8-13。

表 8-12 连接器间的电阻标准值（开路检查）

| 测量端子 | 标准数值 |
|---|---|
| NE+(E3-33)-曲轴位置传感器(C7-1) | <1Ω |
| NE−(E3-34)-曲轴位置传感器(C7-2) | <1Ω |

表 8-13 连接器间的电阻标准值（短路检查）

| 测量端子 | 标准数值 |
|---|---|
| NE+(E3-33)或曲轴位置传感器(C7-1)-车身接地 | ≥10kΩ |
| NE−(E3-34)或曲轴位置传感器(C7-2)-车身接地 | ≥10kΩ |

d. 重新连接曲轴位置传感器连接器。

e. 重新连接 ECM 连接器。

如果异常，修理或更换线束或连接器。

如果正常，转入步骤④。

④检查线束与连接器（混合动力车辆控制 ECU-ECM）。

a. 拆开 HI2 HV 控制 ECU 连接器。

b. 断开 E5 ECM 连接器。

c. 测量线束侧连接器间的电阻。连接器间的电阻标准值见表 8-14、表 8-15。

表 8-14 连接器间的电阻标准值（开路检查）

| 测试端子 | 标准数值 |
|---|---|
| NEO(HI2-12)-NEP(E5-1) | <1Ω |

表 8-15 连接器间的电阻标准值（短路检查）

| 测试端子 | 标准数值 |
|---|---|
| NEO(HI2-12)或 NEP(E5-1)-车身接地 | ≥10kΩ |

d. 将 ECM 连接器重新连接。

e. 将 HV 控制 ECU 连接器重新连接。

如果异常，修理或更换线束或连接器。

如果正常，转入步骤⑤。

⑤ 检查和清除 DTC（混合动力控制）。

a. 将智能测试仪Ⅱ连接到 DLC3。

b. 打开电源开关（在 IG 位置）

c. 开启智能测试仪Ⅱ。

d. 进入智能测试仪Ⅱ的 Powertrain/HV Battery/DTC 菜单。

e. 检查和记录 DTC、历史数据及信息。

f. 清除混合动力控制 DTC。

⑥ 检查 READY 灯是否打开。

a. 将智能测试仪Ⅱ连接到 DLC3。

b. 打开电源开关（在 IG 位置）。

c. 开启智能测试仪Ⅱ。

d. 进入智能测试仪Ⅱ的 Powertrain/HV Battery/Data List 菜单。

e. 读取发电机（MG1）转速和发动机转速。

f. 打开电源开关（READY 灯亮）。

若 READY 灯不亮，智能测试仪Ⅱ就会显示 DTC P0A90（INF239）[HV 变速驱动桥发生故障（轴损坏）]。MG1 接通，若这时发动机不转动，则更换混合动力车辆变速驱动桥总成。

若 READY 灯亮，转入步骤⑦。

⑦ 检查发动机转速上升。

a. 将智能测试仪Ⅱ连接到 DLC3。

b. 打开电源开关（在 IG 位置）。

c. 开启智能测试仪Ⅱ。

d. 进入智能测试仪Ⅱ的 Powertrain/HV Battery/Data List 菜单。

e. 读取发电机（MG1）转速和发动机转速。

f. READY 打开，挡位置于“P”时，踏下加速踏板 10s。

若发动机转速不上升，智能测试仪Ⅱ就会显示 DTC P0A90（INF239）[HV 变速驱动桥发生故障（轴损坏）]。MG1 接通，若这时发动机不转动，则更换混合动力车辆变速驱动桥总成。

若发动机转速上升，转入步骤⑧。

⑧ 检查滑移。

a. 将智能测试仪Ⅱ连接到 DLC3。

b. 打开电源开关（READY 灯亮）。

c. 顶起车辆。

d. 踩下制动踏板，将换挡杆置于“D”，松开制动踏板。

若车轮不转，读取智能测试仪Ⅱ显示 DTC P0A90（INF602）（HV 变速驱动桥输出故障），则更换动力车辆变速驱动桥总成。

若车轮转动（滑移），转入步骤⑨。

⑨ 检查发动机加速度。

a. 将智能测试仪Ⅱ连接到 DLC3。

b. 当行驶车速大于 10km/h 时，完全踩下加速踏板来提高发动机转速。

若发动机转速过高或智能测试仪Ⅱ显示 DTC P0A90（INF241）[HV 变速器输入发生故障（转矩限制器滑动）]，则更换变速器驱动桥输入减振器总成。

若发动机转速平稳增加，进行模拟测试，若现象不再出现，则更换 HV 变速驱动桥和 HV 控制 ECU。

⑩ 检查前轮转速。

a. 打开电源开关（在 IG 位置）。

b. 踩下制动踏板，移动换挡杆至“N”。

c. 顶起车辆。

d. 用手转动曲轴带轮，检查前轮是否转动。

若前轮不转动，修理更换发动机总成。

若前轮转动，修理或更换混合动力车辆变速驱动桥总成。

## 8.6 丰田普锐斯凸轮轴位置执行器电路故障

凸轮轴位置执行器电路故障的 DTC 是 P0010，其含义见表 8-16。

**表 8-16 凸轮轴位置执行器电路故障 DTC 的含义**

| DTC | DTC 检测条件 | 可能发生故障的部位 |
|---|---|---|
| P0010 | 油压控制阀电路开路或短路 | ①油压控制阀电路开路或短路<br>②油压控制阀<br>③ECM |

（1）电路简介　可变气门正时（VVT）系统如图 8-26 所示，由 ECM、油压控制阀（OCV）及 VVT 控制器等部分组成。ECM 将目标占空比控制信号发送给 OCV，作用于 OCV 的控制信号，调节供应 VVT 控制器的油压，OCV 依据发动机运行状况进行凸轮轴正时控制，例如进气量、节气门位置和发动机冷却液温度等。

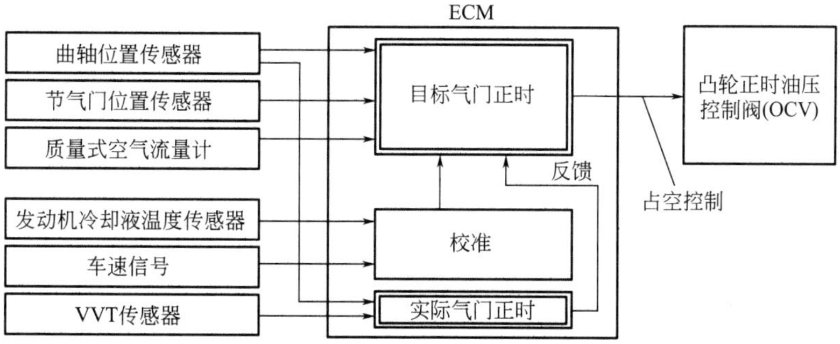


图 8-26　可变气门正时系统

ECM 根据传感器的信号控制 OCV。VVT 控制器利用 OCV 的油压调节，控制进气凸轮轴和曲轴的相对位置，提高了发动机转矩和燃油经济性，减少了废气排放。凸轮轴位置传感器与曲轴位置传感器将相应的电信号反馈给 ECM，用来检测实际气门正时，ECM 可以进行反馈控制并且校准目标气门正时。

凸轮轴位置执行器电路图如图 8-27 所示。

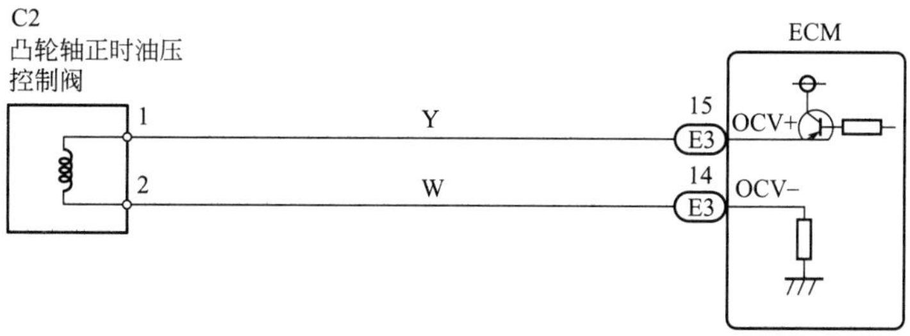


图 8-27　凸轮轴位置执行器电路图

（2）诊断步骤　用智能测试仪Ⅱ读取历史数据。历史数据是对监测到故障时发动机的运行情况的详细记录，进行故障排除时，历史数据能够判定故障发生时车辆是否行驶、发动机是否暖机、空燃比过浓或过稀以及出现故障时的其他相关数据。

① 使用智能测试仪Ⅱ进行 ACTIVE TEST（动态测试，运行 OCV）。

a. 将智能测试仪Ⅱ连接到 DLC3。

b. 打开电源开关（在 IG 位置）。

c. 开启智能测试仪Ⅱ。

d. 将发动机置于检查模式。

e. 启动发动机并预热。

f. 选择 Powertrain/Engine and ECT/Active Test/Activate the VVT System（Bank1）。

g. 使用智能测试仪Ⅱ，运行 OCV 并检查发动机转速，转速标准见表 8-17。

**表 8-17　凸轮轴正时油压控制阀（OCV）总成检查标准**

| 测试仪操作 | 正常情况 |
|---|---|
| OCV 为 OFF | 正常发动机转速 |
| OCV 为 ON | 怠速不稳或发动机失速 |

取消检修模式前，不能行驶车辆，否则会损坏变速驱动桥。

如果正常，检查间歇性故障。

如果异常，进行步骤②。

② 检查凸轮轴正时油压控制阀（OCV）总成。

正常情况下，OCV没有污物并运行平稳。

如果正常，更换凸轮轴正时油压控制阀总成。

如果异常，进行步骤③。

③ 检查线束和连接器［凸轮轴正时油压控制阀（OCV-ECM)］。

a. 拆卸C2凸轮轴正时油压控制阀连接器，如图8-28所示。

b. 断开E3 ECM连接器，如图8-29所示。

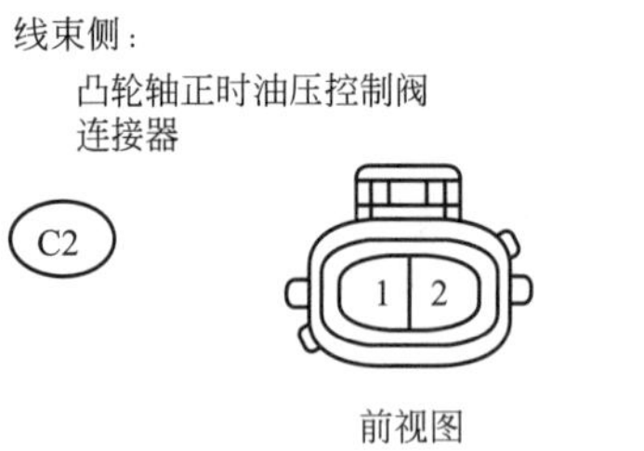


图8-28　凸轮轴正时油压控制阀连接器

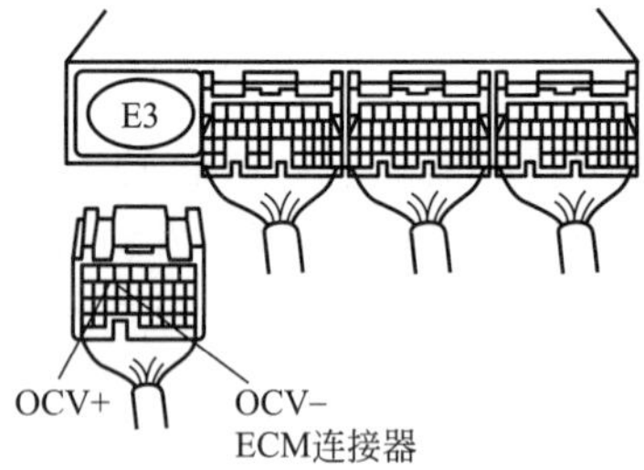


图8-29　E3 ECM连接器

c. 测量线束侧连接器间的电阻。电阻标准值见表8-18、表8-19。

**表8-18　连接器间的电阻标准值**（开路检查）

| 测量端子 | 标准数值 |
|---|---|
| 油压控制阀(C2-1)-OCV＋(E3-15) | ＜1Ω |
| 油压控制阀(C2-2)-OCV－(E3-14) | ＜1Ω |

**表8-19　连接器间的电阻标准值**（短路检查）

| 测量端子 | 标准数值 |
|---|---|
| 油压控制阀(C2-1)或OCV＋(E3-15)-车身接地 | ≥10kΩ |
| 油压控制阀(C2-2)或OCV－(E3-14)-车身接地 | ≥10kΩ |

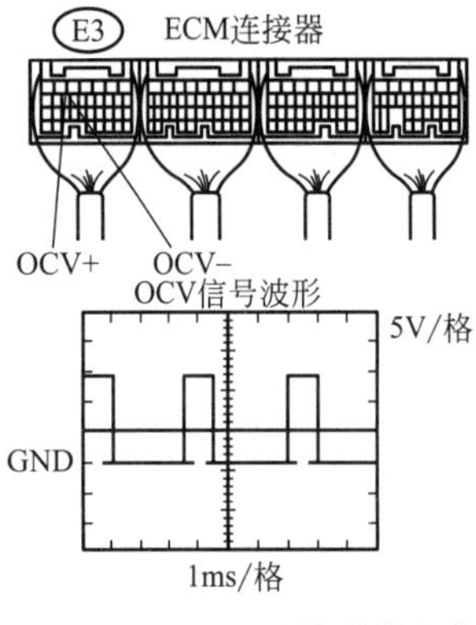


图8-30　E3 ECM连接器输出信号

d. 将凸轮轴正时油压控制阀连接器重新连接。

e. 将ECM连接器重新连接。

如果异常，修理或更换线束或连接器。

如果正常，进行步骤④。

④ 检查ECM（OCV信号）。

a. 将发动机置于检查模式。

b. 启动发动机并预热。

c. 怠速中，使用示波器测量E3 ECM连接器规定端子的波形，如图8-30所示，输出标准见表8-20。

**表8-20　E3 ECM输出标准**

| 测量端子 | 标准波形 |
|---|---|
| OCV＋(E3-15)-OCV－(E3-14) | 正确的波形如图8-30所示 |

如果异常，更换ECM。

如果正常，进行步骤⑤。

⑤ 检查是否为间歇性故障。

## 8.7 丰田普锐斯质量式或体积式空气流量计电路故障

质量式空气流量计电路故障的 DTC 是 P0100～P0103，其含义见表 8-21。

**表 8-21 质量式空气流量计电路故障的 DTC 含义**

| DTC | DTC 检测条件 | 可能发生故障部位 |
| --- | --- | --- |
| P0100 | 质量式空气流量计电路开路或短路 3s 以上 | ①质量式空气流量计电路开路或短路<br>②质量式空气流量计<br>③ECM |
| P0102 | 质量式空气流量计电路开路 3s 以上 | ①质量式空气流量计电路开路或短路<br>②质量式空气流量计<br>③ECM |
| P0103 | 质量式空气流量计电路短路 3s 以上 | ①质量式空气流量计电路开路或短路<br>②质量式空气流量计<br>③ECM |

在确认 DTC P0100、P0102 或 P0103 后，使用智能测试仪Ⅱ确认 Powertrain/Engine and ECT/Data List/MAF 中的质量式空气流率，见表 8-22。

**表 8-22 质量式空气流率**

| 质量式空气流率/(g/s) | 故障 |
| --- | --- |
| ≈0.0 | ①质量式空气流量计电源电路开路<br>②VG 电路开路或短路 |
| ≥271.0 | E2G 电路开路 |

(1) 电路简介 MAF（质量式空气流量）计能够测量流过节气门的空气量。ECM 依此数据判断燃油喷射时间并给出相应的空燃比。在 MAF 计内部有温度较高的铂丝和进气流接触。

通过给铂丝施加一定的电流，ECM 将其加热至指定温度。通过进气流冷却铂丝与内部热敏电阻从而改变其电阻。ECM 通过改变 MAF 计中的这些组件的电压以保持电流的恒定。电压和流经传感器的气体流量成比例关系。ECM 将电压值转换成电信号输出给 ECU。

在流量计内部，热铂丝与温度传感器构成电桥电路，在功率晶体管控制作用下，A、B 两处电势相等以确保设定温度的恒定。

质量式或体积式空气流量计原理和电路图如图 8-31 所示。

(2) 诊断步骤 用智能测试仪Ⅱ读取历史数据。历史数据是对监测到故障时发动机的运行情况的详细记录，进行故障排除时，历史数据能够判定故障发生时车辆是否行驶、发动机是否暖机、空燃比过浓或过稀以及出现故障时的其他相关数据。

① 读取智能测试仪Ⅱ的值（质量式空气流率）。

a. 智能测试仪Ⅱ连接到 DLC3。

b. 将发动机置于检查模式。

c. 启动发动机。

d. 开启智能测试仪Ⅱ。

e. 在智能测试仪Ⅱ上选择 Powertrain/Engine and ECT/Data List/MAF。

读取质量式空气流率检测结果，见表 8-23。

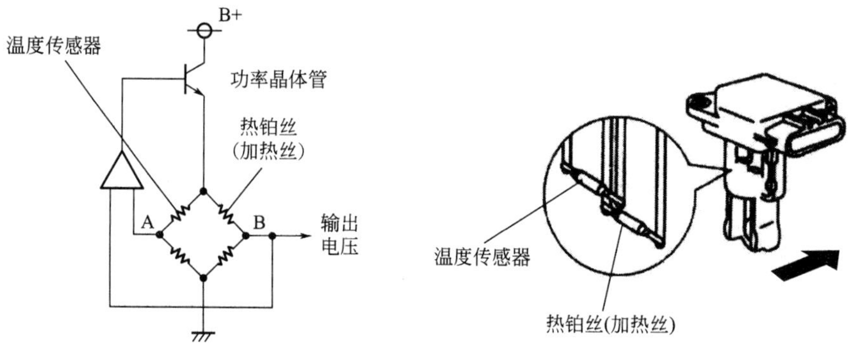


(a) 质量式或体积式空气流量计原理

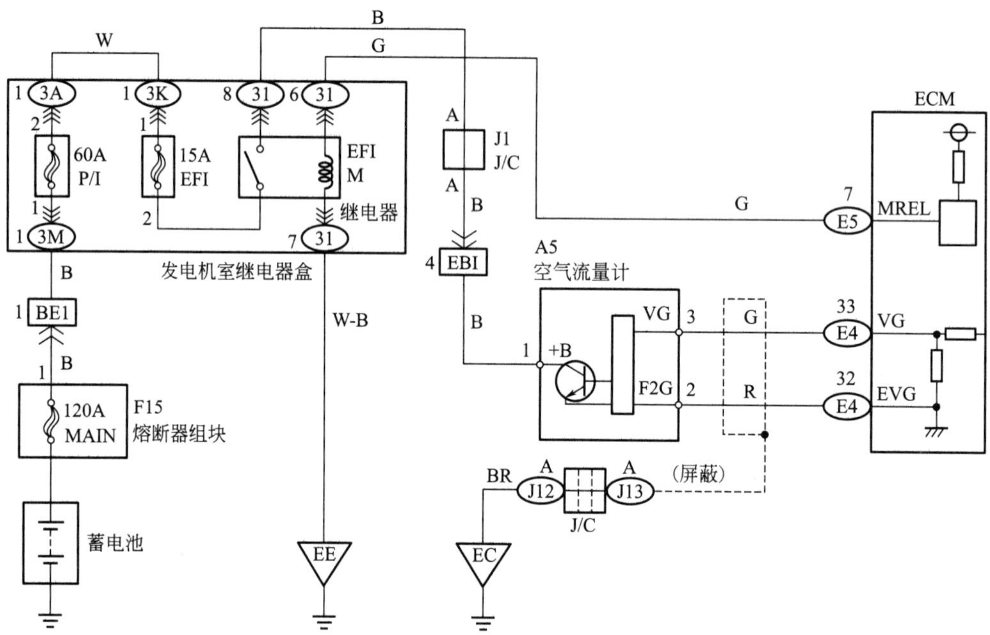


(b) 质量式或体积式空气流量计电路图

图 8-31　质量式或体积式空气流量计原理和电路图

**表 8-23　质量式空气流率检测结果**

| 空气流率/(g/s) | 操作/故障 |
|---|---|
| 0.0 | 进行步骤② |
| ≥271.0 | 进行步骤⑥ |
| 1.0～270.0 | 检查间歇性故障 |

② 检查质量式空气流量计（电源）。

a. 打开电源开关（在 IG 位置）。

b. 断开 A5 质量式空气流量计连接器，如图 8-32 所示。

c. 测量线束侧连接器端子与车身接地间电压，标准电压值见表 8-24。

d. 重新连接质量式空气流量计连接器。

如果异常，进行步骤⑤。

如果正常，进行步骤③。

③ 检查 ECM（VG 电压）。

a. 将发动机置于检查模式。

b. 启动发动机。

c. 测量 E4 ECM 连接器指定端子电压，如图 8-33 所示，电压标准值见表 8-25。

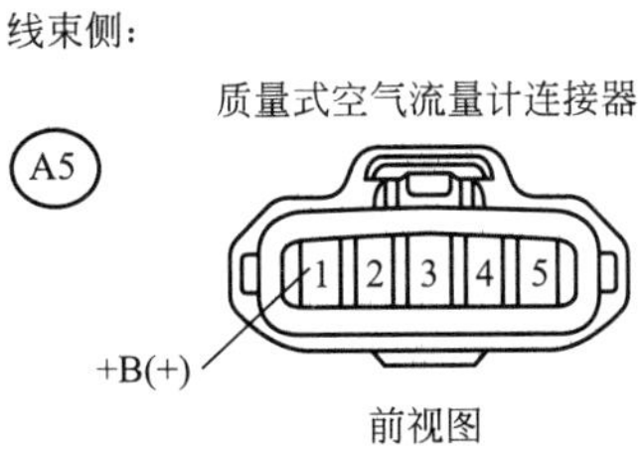


图 8-32　质量式空气流量计连接器

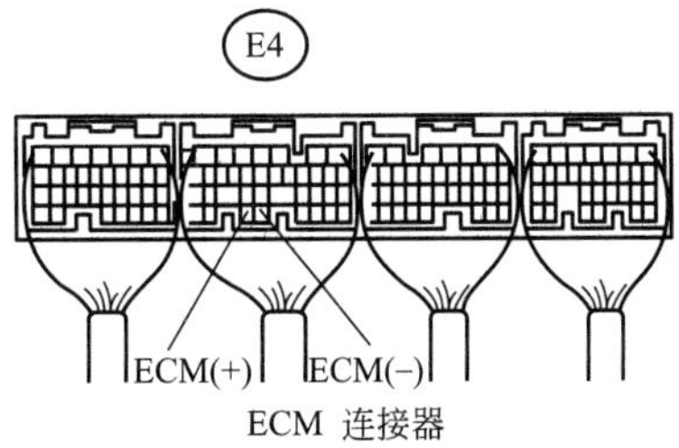


图 8-33　E4 ECM 连接器

**表 8-24　连接器端子和车身接地间标准电压值**

| 测量端子 | 标准数值 |
| --- | --- |
| ＋B(A5-1)-车身接地 | 9～14V |

**表 8-25　E4 ECM 连接器指定端子间电压标准值**

| 测量端子 | 状态 | 标准数值 |
| --- | --- | --- |
| VG(E4-33)-EVG(E4-32) | 发动机怠速 | 0.5～3.0V |

特别提示

应关闭空调开关。

如果正常，更换 ECM。

如果异常，进行步骤④。

④ 检查线束和连接器（质量式空气流量计-ECM）。

a. 拆卸 A5 质量式空气流量计连接器，如图 8-34 所示。

b. 断开 E4 ECM 连接器，如图 8-35 所示。

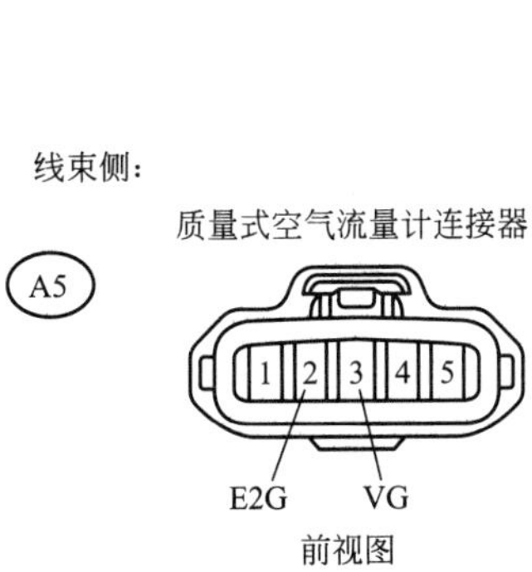


图 8-34　质量式空气流量计连接器

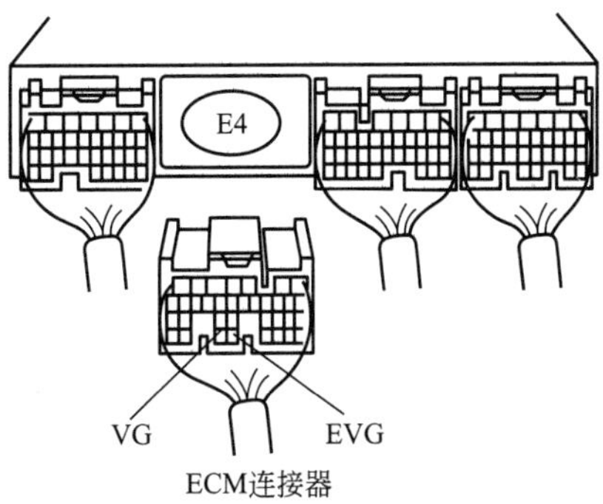


图 8-35　E4 ECM 连接器

c. 测量线束侧连接器间的电阻，电阻标准值见表 8-26、表 8-27。

d. 将质量式空气流量计连接器重新连接。

**表 8-26　连接器间的电阻标准值**（开路检查）

| 测量端子 | 标准数值 |
| --- | --- |
| VG(A5-3)-VG(E4-33) | ＜1Ω |
| E2G(A5-2)-EVG(E4-32) | ＜1Ω |

**表 8-27　连接器间的电阻标准值**（短路检查）

| 测量端子 | 标准数值 |
| --- | --- |
| VG(A5-3)或 VG(E4-33)-车身接地 | ≥10kΩ |

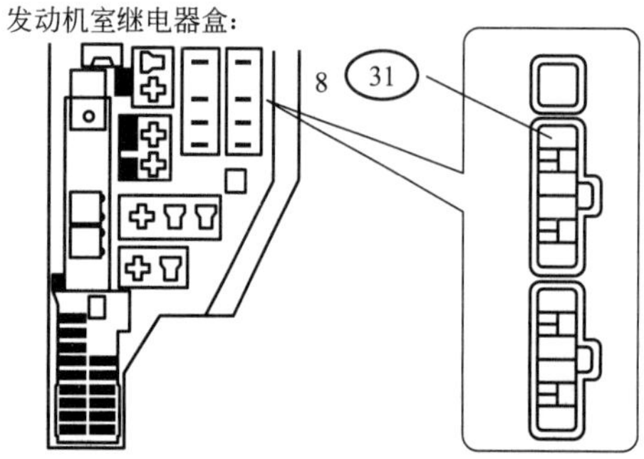


图 8-36　发动机室继电器盒

e. 将 ECM 连接器重新连接。

若异常，应修理或更换线束连接器。

若正常，应更换质量式空气流量计。

⑤ 检查线束和连接器（质量式空气流量计-EFIM 继电器）。

a. 从发动机室继电器盒（图 8-36）上拆下集成继电器。

b. 拆卸 A5 质量式空气流量计连接器。

c. 测量线束侧连接器间的电阻，电阻标准值见表 8-28、表 8-29。

**表 8-28　连接器间的电阻标准值**（开路检查）

| 测量端子 | 标准数值 |
| --- | --- |
| +B(A5-1)-EFIM 继电器(31-8) | <1Ω |

**表 8-29　连接器间的电阻标准值**（短路检查）

| 测量端子 | 标准数值 |
| --- | --- |
| +B(A5-1)或 EFIM 继电器(31-8)-车身接地 | ≥10kΩ |

d. 将质量式空气流量计连接器重新连接。

e. 将集成继电器重新安装。

如果异常，应修理或更换线束或连接器。

如果正常，可检查 ECM 电源电路。

⑥ 检查 ECM（传感器接地），检查 E4 ECM 连接器指定端子和车身接地间的电阻，如图 8-37 所示，电阻标准值见表 8-30。

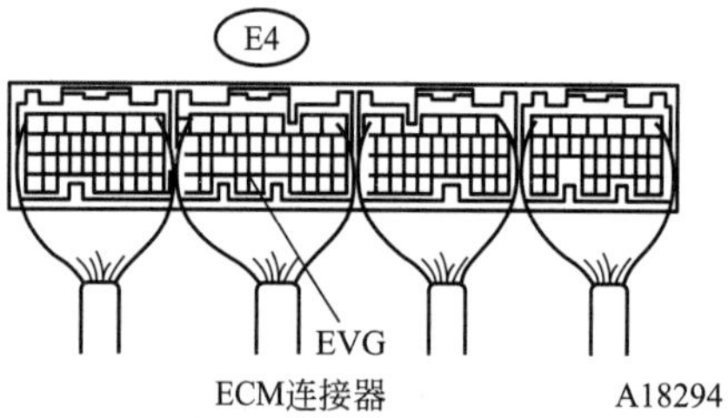


图 8-37　E4 ECM 连接器

**表 8-30　端子和车身接地间的电阻标准值**

| 测量端子 | 标准数值 |
| --- | --- |
| EVG(E4-32)-车身接地 | <1Ω |

如果异常，更换 ECM。

如果正常，进行步骤⑦。

⑦ 检查线束与连接器（质量式空气流量计-ECM）。

a. 拆卸 A5 质量式空气流量计连接器，如图 8-38 所示。

b. 断开 E4 ECM 连接器。

c. 测量线束侧连接器间的电阻，电阻标准值见表 8-31、表 8-32。

d. 将质量式空气流量计连接器重新连接。

e. 将 ECM 连接器重新连接。

如果异常，修理或更换线束或连接器。

如果正常，更换质量式空气流量计。

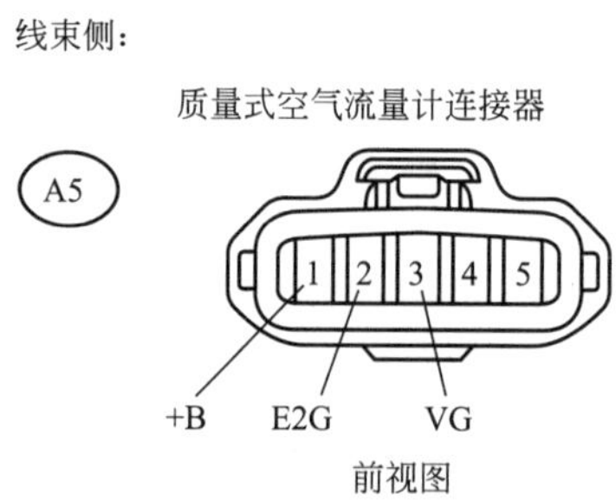


图 8-38　质量式空气流量计连接器

表 8-31　连接器间的电阻标准值（开路检查）

| 测量端子 | 标准数值 |
|---|---|
| VG(A5-3)-VG(E4-33) | <1Ω |
| E2G(A5-2)-EVG(E4-32) | <1Ω |

表 8-32　连接器间的电阻标准值（短路检查）

| 测量端子 | 标准数值 |
|---|---|
| VG(A5-3)-+B(A5-1) | ≥10kΩ |

## 8.8 丰田普锐斯系统电压故障

系统电压故障的 DTC 是 P0560，其含义见表 8-33。

表 8-33　系统电压故障的 DTC 含义

| DTC | DTC 检测条件 | 故障可能发生部位 |
|---|---|---|
| P0560 | 当向端子 IGCT 供电时，备用蓄电池电源系统开路 | ①线束或连接器<br>②HEV 熔断器<br>③蓄电池 ECU |

（1）电路简介　蓄电池电源恒定地向蓄电池 ECU 的 AM 端子供电，这样能够保持存储器内的 DTC 和历史数据，即电源开关断开的时候，该电压可以用作一个辅助电压，其电路图如图 8-39 所示。

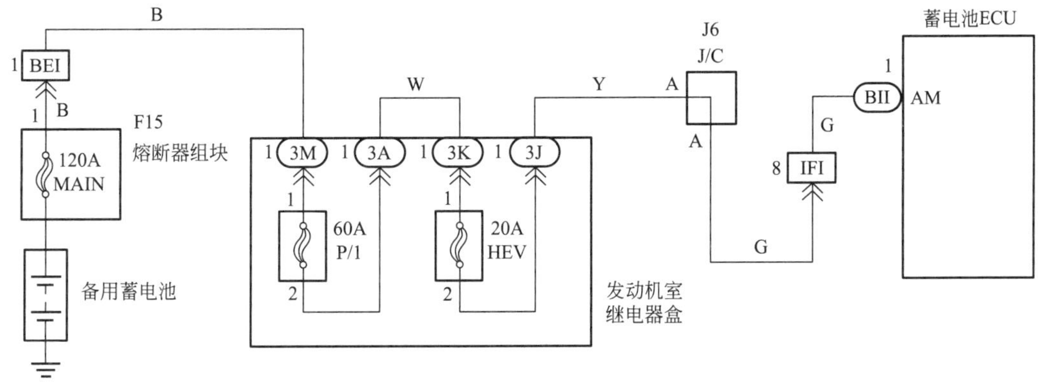


图 8-39　电路图

（2）诊断步骤

① 检查熔断器（HEV20A）。

a. 将 HEV 熔断器从发动机室继电器盒上拆下（图 8-40）。

b. 测量 HEV 熔断器电阻。标准值<1Ω。

c. 重新安装 HEV 熔断器。

② 检查线束与连接器（蓄电池 ECU-备用蓄电池）。

a. 断开备用蓄电池负极端子。

b. 断开备用蓄电池正极端子。

c. 将 HEV 熔断器从发动机室继电器盒上拆下。

d. 拆卸 B11 蓄电池 ECU 连接器，如图 8-41 所示。

e. 测量线束侧连接器间的电阻，电阻标准值见表 8-34。

使用测试仪测量时，不能对测试仪探针施加过大的力，以免损坏保持架。

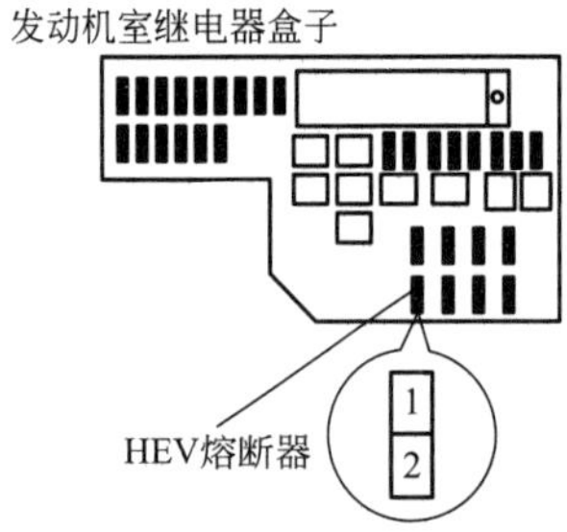


图 8-40　HEV 熔断器

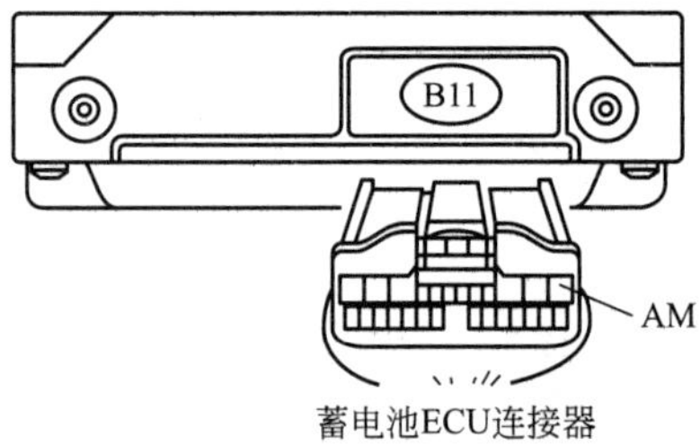


图 8-41　蓄电池 ECU 连接器

f. 测量线束侧连接器间的电阻，电阻标准值见表 8-35。

**表 8-34　连接器间的电阻标准值**（开路检查）

| 测试点 | 标准值 |
| --- | --- |
| AM(B11-1)-HEV 熔断器(2) | <1Ω |

**表 8-35　线束侧连接器间的电阻标准值**

| 测试点 | 标准值 |
| --- | --- |
| HEV 熔断器(1)-备用蓄电池正极端子 | <1Ω |

g. 将蓄电池 ECU 连接器重新连接。

h. 将 HEV 熔断器重新安装。

i. 将备用蓄电池正极端子重新连接，如图 8-42 所示。

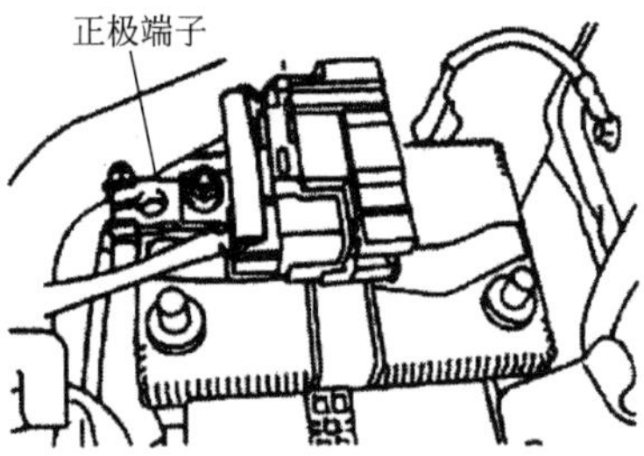


图 8-42　备用蓄电池正极端子

j. 将备用蓄电池负极端子重新连接。

如果异常，检查并修理连接器连接部分。

如果正常，进行步骤③。

③ 检查线束和连接器（蓄电池 ECU-HEV 熔断器）。

a. 拆下 B11 蓄电池 ECU 连接器，如图 8-41 所示。

b. 将 HEV 熔断器从发动机室继电器盒上拆下，如图 8-40 所示。

c. 测量线束侧连接器和车身接地间的电阻，电阻标准值见表 8-36，使用测量仪测量时，不能对测试仪探针施加过大的力，以免损坏保持架。

**表 8-36　连接器和车身接地间的电阻标准值**（短路检查）

| 测试点 | 标准值 |
| --- | --- |
| AM(B11-1)或 HEV 熔断器(2)-车身接地 | ≥10kΩ |

d. 重新连接蓄电池 ECU 连接器。

e. 重新安装 HEV 熔断器。

如果异常，修理或更换线束或连接器后，再更换熔断器（HEV20A）。

如果正常，更换熔断器（HEV20A）。

## 8.9　宝马 X6 混合动力车无法行驶

（1）故障现象　一辆宝马 X6 混合动力运动型多功能车，车型是 E72，搭载 N63 发动机及 4 挡主动变速器，行驶里程为 90000km。用户反映该车无法行驶。

（2）故障诊断　试车发现仪表板显示“混合动力电池电量过低”。踩下制动踏板、按下启动按钮发动机不能启动。因为混合动力电池电量过低，且电量又不能及时得到补充，车辆自然无法行驶。该车发动机的启动是由主动变速器中 EMB 电动机实现的。现在因为电量不足，电动机无法运转，发动机也就无法启动。车载电网中安装有辅助电池。这种电池和普通车辆所用的蓄电池相同。正常情况下，当混合动力电池的电量不足时，控制单元可以将辅助电池输出的 12V 电压升高到 320V，从而可使 EMB 电动机运转并将发动机启动。但因该车在发动机静止的情况下，用电设备开启时间过长，使辅助电池的电量也被耗尽，因此发动机无法启动。

(3) 故障排除　先关闭车上所有的用电设备，再用搭接线将救援车的蓄电池与故障车的辅助电池并联，启动救援车发动机为故障车的辅助电池充电。充电 20min 后，踩下制动踏板，连续按下启动按钮激活辅助电池升压模式。再次按下启动按钮，发动机顺利启动。发动机启动后，踩住加速踏板让发动机怠速保持在 2000r/min，以便为混合动力电池充电。5min 后混合动力电池的电量达到 85%，关闭发动机试车，车辆行驶正常。

## 参 考 文 献

[1] 李兴虎．混合动力汽车结构与原理［M］．北京：人民交通出版社，2009.
[2] 崔胜民．新能源汽车技术解析［M］．北京：化学工业出版社，2016.
[3] 朱帆．混合动力汽车使用与维修［M］．北京：金盾出版社，2012.
[4] 赵航，史广奎．混合动力电动汽车技术［M］．北京：机械工业出版社，2012.
[5] 张金柱．混合动力汽车结构、原理与维修［M］．第2版．北京：化学工业出版社，2011.
[6] 谭克诚，宛东．混合动力汽车构造、原理与检修［M］．北京：化学工业出版社，2016.
[7] 约翰M. 米勒著．混合动力汽车驱动系统［M］．（第2版）．刘玉梅等译．北京：机械工业出版社，2016.
[8] 李伟．手把手教您学修混合动力汽车［M］．北京：机械工业出版社，2015.
[9] 霍尔德曼，马丁著．混合动力与替代燃料汽车［M］．夏志强，陈黎明译．北京：机械工业出版社，2014.